Wilke/Weber

Lehrbuch
Internationales Steuerrecht

Online-Version inklusive!

Stellen Sie dieses Buch jetzt in Ihre „digitale Bibliothek" in der NWB Datenbank und nutzen Sie Ihre Vorteile:

- Ob am Arbeitsplatz, zu Hause oder unterwegs: Die Online-Version dieses Buches können Sie jederzeit und überall da nutzen, wo Sie Zugang zu einem mit dem Internet verbundenen PC haben.

- Die praktischen Recherchefunktionen der NWB Datenbank erleichtern Ihnen die gezielte Suche nach bestimmten Inhalten und Fragestellungen.

- Die Anlage Ihrer persönlichen „digitalen Bibliothek" und deren Nutzung in der NWB Datenbank online ist kostenlos. Sie müssen dazu nicht Abonnent der Datenbank sein.

Ihr Freischaltcode:

BLBUUHWUIIEUJFUUTEPUIK

Wilke, Lehrbuch Internationales Steuerrecht

So einfach geht's:

1. Rufen Sie im Internet die Seite **www.nwb.de/go/online-buch** auf.
2. Geben Sie Ihren Freischaltcode in Großbuchstaben ein und folgen Sie dem Anmeldedialog.
3. Fertig!

Alternativ können Sie auch den Barcode direkt mit der **NWB Mobile** App einscannen und so Ihr Produkt freischalten! Die NWB Mobile App gibt es für iOS, Android und Windows Phone!

Die NWB Datenbank – alle digitalen Inhalte aus unserem Verlagsprogramm in einem System.

Steuerfachkurs · Lehrbuch

Lehrbuch Internationales Steuerrecht

Von
Prof. Dr. iur. Kay-Michael Wilke,
Vorsitzender Richter am Finanzgericht
und
Prof. Dr. iur. Jörg-Andreas Weber,
LL.M., Steuerberater

12., überarbeitete Auflage

ISBN 978-3-482-**63962**-3
12., überarbeitete Auflage 2014

© NWB Verlag GmbH & Co. KG, Herne 1981
   www.nwb.de

Alle Rechte vorbehalten.

Dieses Buch und alle in ihm enthaltenen Beiträge und Abbildungen sind urheberrechtlich geschützt. Mit Ausnahme der gesetzlich zugelassenen Fälle ist eine Verwertung ohne Einwilligung des Verlages unzulässig.

Satz: Griebsch & Rochol Druck GmbH & Co. KG, Hamm
Druck: Stückle Druck und Verlag, Ettenheim

VORWORT

Die vorliegende überarbeitete und erweiterte 12. Auflage berücksichtigt die Entwicklung auf dem Gebiet des internationalen Steuerrechts in Gesetzgebung, Rechtsprechung, Literatur und Verwaltung bis Mai 2014.

Der bewährte und an den Bedürfnissen sowohl der Ausbildung als auch der Praxis orientierte Aufbau wurde beibehalten. Neu aufgenommen wurden je ein Kapitel über Gewerbesteuer sowie internationales Umwandlungssteuerrecht.

Die Zielsetzung dieses Buches ist und bleibt unverändert: Dem Leser soll ein solider Einstieg in die komplexe Materie des internationalen Steuerrechts ermöglicht werden mit dem Ziel, ihn in die Lage zu versetzen, Fälle des internationalen Steuerrechts von durchschnittlicher Schwierigkeit, wie sie in der alltäglichen Praxis vorkommen, lösen zu können. Grundlage der Darstellung ist dabei neben den gesetzlichen Bestimmungen, Verwaltungserlassen und Doppelbesteuerungsabkommen insbesondere die Rechtsprechung des Bundesverfassungsgerichts, des Europäischen Gerichtshofs, des Bundesfinanzhofs sowie der Finanzgerichte. Versucht wurde im Rahmen des Möglichen auch auf Fragen der Gestaltungsmöglichkeiten, Gesamtsteuerbelastung usw. einzugehen.

Hinweisen möchten wir, wie auch schon bei den Vorauflagen, dass naturgemäß im Rahmen eines kleineren Lehrbuches manche Probleme vereinfacht dargestellt werden müssen. Dies glauben wir vor der Zielsetzung des Buches – Einstieg in das internationale Steuerrecht – verantworten zu können, zumal der Leser anhand der zitierten Urteile und Erlasse viele Fragen im Selbststudium vertiefen kann. Diesem Selbststudium dient auch das Internetverzeichnis. Denn das gefundene Ergebnis ist immer an der konkreten Norm, dem konkreten Abkommen, zu überprüfen.

Herr Prof. Dr. Jörg-Andreas Weber, L.L.M., hat zusätzlich zu dem bereits bisher von ihm betreuten Kapitel 6 das Kapitel 2.4 sowie das Kapitel 4 übernommen.

Karlsruhe/Offenburg, im Mai 2014

Kay-Michael Wilke
Jörg-Andreas Weber

Kein Produkt ist so gut, dass es nicht noch verbessert werden könnte. Ihre Meinung ist uns wichtig! Was gefällt Ihnen gut? Was können wir in Ihren Augen noch verbessern? Bitte verwenden Sie für Ihr Feedback einfach unser Online-Formular auf:

www.nwb.de/go/feedback_lb

Als kleines Dankeschön verlosen wir unter allen Teilnehmern einmal pro Quartal ein Buchgeschenk.

INHALTSÜBERSICHT

	Rdn.	Seite
Vorwort		V
Literaturverzeichnis		XI
Abkürzungsverzeichnis		XIII
Internetverzeichnis		XIX
Übereinstimmungstabelle EUV/EGV – EUV/AEUV		XXI

Kapitel 1: Einführung in das internationale Steuerrecht, Grundlagen, Grundbegriffe — 3

		Rdn.	Seite
1.1	Begriff des internationalen Steuerrechts	1	3
1.2	Staats- und völkerrechtliche Grundlagen der Steuererhebung	8	4
1.3	Grundprinzipien der Besteuerung	16	6
1.4	Persönliche Anknüpfungspunkte für die Besteuerung	22	7
1.5	Entstehung der Doppelbesteuerung	47	13
1.6	Maßnahmen zur Vermeidung der Doppelbesteuerung	54	15
1.7	Gliederung des internationalen Steuerrechts	67	17
1.8	Zielsetzungen des internationalen Steuerrechts	69	18
1.9	Qualifikationskonflikt	88	23
1.10	Ausland	91	24
1.11	Der Steuerpflichtige im internationalen Steuerrecht	97	25
1.12	Mitwirkungspflichten bei Auslandssachverhalten (§ 90 Abs. 2, 3 AO)	101	26
1.13	Anzeigepflichten von Auslandssachverhalten (§ 138 AO)	107	28
1.14	Führung und Aufbewahrung von Büchern (§ 146 AO)	109	28

Kapitel 2: Steuerinländer mit Auslandsbeziehungen – Die Einzelsteuergesetze — 34

		Rdn.	Seite
2.1	Ausländische Einkünfte im Einkommensteuerrecht	150	34
2.2	Ausländische Einkünfte im Körperschaftsteuerrecht	358	84
2.3	Ausländische Einkünfte im Gewerbesteuerrecht	398	95
2.4	Internationales Umwandlungssteuerrecht	412	98
2.5	Auslandsvermögen im Vermögensteuergesetz	471	116
2.6	Auslandsvermögen im Erbschaftsteuer- und Schenkungsteuergesetz	474	117

		Rdn.	Seite
Kapitel 3:	**Das Recht der Doppelbesteuerungsabkommen**		**132**
3.1	Einführung	550	132
3.2	Geschichte der Doppelbesteuerungsabkommen	553	133
3.3	Völkerrechtliche und staatsrechtliche Grundlagen	562	134
3.4	Aufbau eines Doppelbesteuerungsabkommens	572	137
3.5	Wirkungsweise eines Doppelbesteuerungsabkommens	581	138
3.6	Geltungsbereich eines Doppelbesteuerungsabkommens	608	146
3.7	Zuordnungsprinzipien	656	156
3.8	Rechtsbehelfe und Verständigungsverfahren (Art. 25 OECD-MA/Art. 24 VG-DBA)	1101	252
3.9	Internationale Amts- und Rechtshilfe	1117	256
3.10	Mitglieder diplomatischer Missionen und konsularischer Vertretungen (Art. 28 OECD-MA/Art. 29 VG-DBA)	1144	261
3.11	Diskriminierungsverbot (Art. 24 OECD-MA/ Art. 23 VG-DBA)	1145	261
3.12	Besondere Regelungen in der VG-DBA	1156	264
Kapitel 4:	**Besonderes Außensteuerrecht**		**267**
4.1.	Verlagerung von Einkünften in Steueroasenländer – Basisgesellschaften	1200	267
4.2	Außensteuergesetz	1203	268
4.3	Sonstige Gesetze	1398	309
Kapitel 5:	**Die Europäischen Union**		**314**
5.1	Grundlagen der Europäischen Union	1450	314
5.2	Ziele, Organe und Rechtsakte	1453	315
5.3	Der Gerichtshof der Europäischen Union	1479	320
5.4	Verhältnis nationales Recht – Europarecht	1484	322
5.5	Steuerliche Zielsetzungen der EU – Steuerharmonisierung	1487	323
5.6	Stand der Harmonisierung	1495	325
5.7	Amts- und Rechtshilfe	1536	337
5.8	Die Bekämpfung des Steuerbetrugs und der Steuerhinterziehung	1548	339
5.9	Beitreibungshilfe	1551	340
5.10	Der Europäische Wirtschaftsraum	1554	341

	Rdn.	Seite
Kapitel 6: Steuerausländer mit Inlandsbeziehungen – Die Einzelsteuergesetze		**347**
6.1 Einkommensteuerrecht	1600	347
6.2 Körperschaftsteuerrecht	1713	378
6.3 Erbschaft- und Schenkungsteuerrecht	1734	384
Stichwortverzeichnis		387

Anhang: OECD-MA 2010 in Online-Version

LITERATURVERZEICHNIS

Bächle/Knies/Ott/Rupp, Internationales Steuerrecht, 2. Aufl., Stuttgart, 2010

Brähler, Internationales Steuerrecht, 7. Aufl., Wiesbaden, 2012

Fischer/Kleineidam/Warneke, Internationale Betriebswirtschaftliche Steuerlehre, 5. Aufl., Bielefeld, 2005

Flick/Piltz, Der Internationale Erbfall, München, 2. Aufl., 2008

Flick/Wassermeyer/Baumhoff/Schönfeld, Außensteuerrecht – Kommentar, Loseblatt, Köln

Frotscher, Internationales Steuerrecht, 3. Aufl., München, 2009

Gosch/Kroppen/Grotherr, DBA-Kommentar, Loseblatt, Herne

Grotherr, Handbuch der internationalen Steuerplanung, 3. Aufl., Herne, 2011

Grotherr/Herfort/Strunk, Internationales Steuerrecht, 3. Aufl., Achim, 2010

Haase, Internationales und Europäisches Steuerrecht, 3. Aufl., Heidelberg, 2011

Höhn/Höring, Das Steuerrecht international agierender Unternehmen, Wiesbaden, 2010

Jacobs, Internationale Unternehmensbesteuerung, 7. Aufl., München, 2011

Kaminski/Strunk, Steuern in der internationalen Unternehmenspraxis, Wiesbaden, 2006

Kraft, Außensteuergesetz (AStG) – Kommentar, München, 2009

Kroppen, Handbuch Internationale Verrechnungspreise, Loseblatt, Köln

Löwenstein/Looks/Heinsen, Betriebsstättenbesteuerung, 2. Aufl., München, 2011

Mennel/Förster, Steuern in Europa, Amerika und Asien, Loseblatt, Herne

Mössner/Fuhrmann, Außensteuergesetz – Kommentar, 2. Aufl., Herne, 2011

Mössner (u. a.), Steuerrecht international tätiger Unternehmen, 4. Aufl., Köln, 2012

Prinz, Umwandlungen im Internationalen Steuerrecht, Köln, 2013

Raupach/Pohl/Ditz/Klein/Reimer/Spierts, Praxis des Internationalen Steuerrechts 2013, Herne

Rek/Brück/Labermeier/Pache, Internationales Steuerrecht in der Praxis, Wiesbaden, 2008

Schaumburg, Internationales Steuerrecht, 3. Aufl., Köln, 2011

Schönfeld/Ditz, DBA – Kommentar, Köln, 2013

Strunk/Kaminski/Köhler, Außensteuergesetz – Doppelbesteuerungsabkommen, Loseblatt, Bonn

Vogel/Lehner, Doppelbesteuerungsabkommen (DBA) der Bundesrepublik Deutschland auf dem Gebiet der Steuern vom Einkommen und Vermögen, 5. Aufl. München, 2008

Vögele/Borstell/Engler, Verrechnungspreise, 3. Aufl., München, 2011

Wassermeyer, Doppelbesteuerung: DBA, Loseblatt, München

Wassermeyer/Andresen/Ditz/Schönfeld, Betriebsstätten-Handbuch – Gewinnermittlung und Besteuerung in- und ausländischer Betriebsstätten, Köln, 2006

Wassermeyer/Baumhoff, Verrechnungspreise international verbundener Unternehmen, Köln, 2014

Wassermeyer/Richter/Schnittker, Personengesellschaften im Internationalen Steuerrecht, 2. Aufl., Köln, 2014

Wilke (Hrsg.), Fallsammlung Internationales Steuerrecht, 10. Aufl., Herne, 2013

Wöhrle/Schelle/Groß, AStG – Kommentar, Loseblatt, Stuttgart

ABKÜRZUNGSVERZEICHNIS

A

ABl	Amtsblatt der Europäischen Union
Abs.	Absatz
Abschn.	Abschnitt
AEAO	Anwendungserlass zur AO
AEUV	Konsolidierte Fassung des Vertrags über die Arbeitsweise der Europäischen Union
AIG	Auslandsinvestitionsgesetz
AktG	Aktiengesetz
AmtshilfeRLUmsG	Amtshilferichtlinie-Umsetzungsgesetz
AO	Abgabenordnung
AOA	Authorised OECD Approach
APA	Advanced Pricing Agreements
Art.	Artikel
AStG	Außensteuergesetz
AStG-AE	Grundsätze zur Anwendung des Außensteuergesetzes (BMF v. 14.5.2004, BStBl I Sondernummer 1/2004)
ATE	Auslandstätigkeitserlass
AuslInvestmG	Auslandsinvestmentgesetz

B

Ba-Wü	Baden-Württemberg
Bay	Bayern
BB	Betriebs-Berater (Zeitschrift)
BeitrRLUmsG	Gesetzes zur Umsetzung der Beitreibungsrichtlinie sowie zur Änderung steuerlicher Vorschriften (Beitreibungsrichtlinie-Umsetzgesetz)
BEPS	Base Erosion and Profit Shifting
BewG	Bewertungsgesetz
BfF	frühere Bundesamt für Finanzen
BFH	Bundesfinanzhof
BFHE	Entscheidungen des BFH
BFH/NV	Sammlung der Entscheidungen des BFH (Zeitschrift)
BGB	Bürgerliches Gesetzbuch
BGBl	Bundesgesetzblatt
BGH	Bundesgerichtshof
BGHZE	Sammlung der Entscheidung des Bundesgerichtshofs in Zivilsachen
BMF	Bundesministerium der Finanzen
BR-Drs.	Bundesrat-Drucksache
BsGaV	Betriebsstättengewinnaufteilungsverordnung
Bsp.	Beispiel
BS-VwG	Betriebsstätten-Verwaltungsgrundsätze (BMF v. 24.12.2009, BStBl 1999 I 1076)
BStBl	Bundessteuerblatt

BT-Drs.	Bundestag-Drucksache
Buchst.	Buchstabe
BVerfG	Bundesverfassungsgericht
BVerfGE	Entscheidungen des BVerfG
BZSt	Bundeszentralamt für Steuern

C

CCCTB	Common Consolidated Corporate Tax Base
CFC	Controlled foreign corporation

D

DB	Der Betrieb (Zeitschrift)
DBA	Abkommen zur Vermeidung der Doppelbesteuerung/Doppelbesteuerungsabkommen
DBG	(Schweizer) Bundesgesetz über die direkte Besteuerung
DDR	Deutsche Demokratische Republik
DStR	Deutsches Steuerrecht (Zeitschrift)
DStZ/E	Deutsche Steuerzeitung/Eildienst (Zeitschrift)
DVBl	Deutsches Verwaltungsblatt (Zeitschrift)

E

EAG	Europäische Atomgemeinschaft
EFG	Entscheidungen der Finanzgerichte (Zeitschrift)
EFTA	European Free Trade Association
EG	Europäische Gemeinschaft
EGAHiG	EG-Amtshilfegesetz
EGBeitrG	EG-Beitreibungsgesetz
EGBGB	Einführungsgesetz zum Bürgerlichen Gesetzbuch
EGKS	Europäische Gemeinschaft für Kohle und Stahl
EGMR	Europäischer Gerichtshof für Menschenrechte
EGV	Vertrag zur Gründung der Europäischen Gemeinschaft
EntwLStG	Entwicklungsländer-Steuergesetz
ErbStG	Erbschaft- und Schenkungsteuergesetz
ErbStH	Hinweise zu den Erbschaftsteuer-Richtlinien
ErbStR	Erbschaftsteuer-Richtlinien
EStDV	Einkommensteuer-Durchführungsverordnung
EStG	Einkommensteuergesetz
EStH	Einkommensteuer-Richtlinien, Amtliche Hinweise
EStR	Einkommensteuer-Richtlinien
EU	Europäische Union
EUAHiG	EU-Amtshilfegesetz
EUBeitrG	Gesetz über die Durchführung der Amtshilfe bei der Beitreibung von Forderungen in Bezug auf bestimmte Steuern, Abgaben und sonstige Maßnahmen zwischen den Mitgliedstaaten der Europäischen Union (EU-Beitreibungsgesetz)

EuGH	Europäischer Gerichtshof
EuGHDiVUmsG	Gesetz zur Umsetzung des EuGH-Urteils vom 20.10.2011 in der Rechtssache c-284/09
EURATOM	Europäische Atomgemeinschaft
EUV	Konsolidierte Fassung des Vertrags über die Europäische Union
EuZW	Europäische Zeitschrift für Wirtschaftsrecht (Zeitschrift)
EWG	Europäische Wirtschaftsgemeinschaft
EWIV	Europäische Wirtschaftliche Interessenvereinigung
EWR	Europäischer Wirtschaftsraum
EWS	Europäisches Wirtschafts & Steuerrecht (Zeitschrift)

F

FA	Finanzamt
FATCA	(US-amerikanischer) Foreign Account Tax Compliance Act
FG	Finanzgericht
FGO	Finanzgerichtsordnung
f./ff.	folgend/fortfolgend
FinBeh	Finanzbehörde
FinMin	Finanzministerium
FR	Finanzrundschau (Zeitschrift)
FVerlV	Funktionsverlagerungsverordnung
FVG	Finanzverwaltungsgesetz

G

GAufzV	Gewinnabgrenzungsaufzeichnungsverordnung
GbR	Gesellschaft bürgerlichen Rechts
gem.	gemäß
GewStDV	Gewerbesteuer-Durchführungsverordnung
GewStG	Gewerbesteuergesetz
GewStR	Gewerbesteuer-Richtlinien
GG	Grundgesetz
GKKB	Gemeinsame Konsolidierte Körperschaftsteuer-Bemessungsgrundlage
GmbH	Gesellschaft mit beschränkter Haftung
GmbHG	GmbH-Gesetz
GmbHR	GmbH-Rundschau (Zeitschrift)
GUS	Gemeinschaft unabhängiger Staaten

H

H	Hinweis
HGB	Handelsgesetzbuch

I

IFSC	International Financial Service Centre Dublin
InvG	Investmentgesetz
InvStG	Investmentsteuergesetz
i. d. R.	in der Regel
i. S.	im Sinne
IStR	Internationales Steuerrecht (Zeitschrift)
i. V. m.	in Verbindung mit
IWB	Internationale Wirtschafts-Briefe (Zeitschrift)

J

JStG	Jahressteuergesetz

K

KG	Kommanditgesellschaft
KGaA	Kommanditgesellschaft auf Aktien
KMU	Kleine und mittlere Unternehmen
KraftStG	Kraftfahrzeugsteuergesetz
KStDV	Körperschaftsteuer-Durchführungsverordnung
KStG	Körperschaftsteuergesetz
KStR	Körperschaftsteuer-Richtlinien
KWG	Kreditwesengesetz

L

LOB	Limitation-on-Benefits-Klausel
LStDV	Lohnsteuer-Durchführungsverordnung
LStR	Lohnsteuer-Richtlinien

M

Mio.	Million
MV	Mecklenburg-Vorpommern
m. w. N.	mit weiteren Nachweisen

N

n. v.	nicht veröffentlicht
Nds	Niedersachsen
NJW	Neue Juristische Wochenschrift (Zeitschrift)
NRW	Nordrhein-Westfalen
NWB	Neue Wirtschafts-Briefe (Zeitschrift)

O

OECD	Organization for Economic Cooperation and Development
OECD-MA	Musterabkommen zur Vermeidung der Doppelbesteuerung der OECD
OECD-MK	Musterkommentar zum OECD-MA der OECD
OFD	Oberfinanzdirektion
OHG	Offene Handelsgesellschaft

R

Rdn.	Randnummer
REIT	Real Estate Investment Trusts
RFH	Reichsfinanzhof
RIW	Recht der internationalen Wirtschaft (Zeitschrift)
R-P	Rheinland-Pfalz
RStBl	Reichssteuerblatt

S

S.	Seite
SCE	Societas Cooperativa Europaea (= Europäische Genossenschaft)
SE	Societas Europaea (= Europäische Gesellschaft)
SEStEG	Gesetz über steuerliche Begleitmaßnahmen zur Einführung der Europäischen Gesellschaft und zur Änderung weiterer steuerlicher Vorschriften
SGB	Sozialgesetzbuch
StandOG	Standortsicherungsgesetz
StÄndG	Steueränderungsgesetz
StBereinG	Steuerbereinigungsgesetz
StEd	Steuer-Eildienst (Zeitschrift)
StEntlG	Steuerentlastungsgesetz 1999/2000/2002
StEK	Steuererlasse in Karteiform
SteuerHBekG	Gesetz zur Bekämpfung der Steuerhinterziehung
SteuerHBekV	Steuerhinterziehungsbekämpfungsverordnung
StGB	Strafgesetzbuch
StHG	(Schweizer) Bundesgesetz über die Harmonisierung der direkten Steuern der Kantone und Gemeinden
StRefG	Steuerreformgesetz 1990
st. Rspr.	ständige Rechtsprechung
StVergAbG	Steuervergünstigungsabbaugesetz

T

TIEA	Tax Information Exchange Agreement
Tz.	Textziffer

U

UmwG	Umwandlungsgesetz

UmwStG	Umwandlungssteuergesetz
UmwStE	Umwandlungssteuererlass 2011
UntStFG	Unternehmenssteuerfortentwicklungsgesetz
UntStRefG	Unternehmenssteuerreformgesetz 2008

V

vGA	verdeckte Gewinnausschüttung
VG-DBA	(Deutsche) Verhandlungsgrundlage für Doppelbesteuerungsabkommen im Bereich der Steuern vom Einkommen und Vermögen
vgl.	vergleiche
VStG	Vermögensteuergesetz
VVaG	Versicherungsverein auf Gegenseitigkeit
VwG	Verwaltungsgrundsätze für die Prüfung der Einkunftsabgrenzung bei international verbundenen Unternehmen (BMF v. 23. 2. 1983, BStBl 1983 I 218)
VwG-Entsendung	Grundsätze für die Prüfung der Einkunftsabgrenzung zwischen international verbundenen Unternehmen in Fällen der Arbeitnehmerentsendung (Verwaltungsgrundsätze – Arbeitnehmerentsendung; BMF v. 9. 11. 2001, BStBl 2001 I 796)
VwG-Umlageverträge	Grundsätze für die Prüfung der Einkunftsabgrenzung durch Umlageverträge zwischen international verbundenen Unternehmen (BMF v. 30. 12. 1999, BStBl 1999 I 1122)
VwGV	Grundsätze für die Prüfung der Einkunftsabgrenzung zwischen nahestehenden Personen mit grenzüberschreitenden Geschäftsbeziehungen in Bezug auf Ermittlungs- und Mitwirkungspflichten, Berichtigungen sowie Verständigungs- und EU-Schiedsverfahren (Verwaltungsgrundsätze – Verfahren; BMF v. 12. 4. 2005, BStBl 2005 I 570)
VZ	Veranlagungszeitraum

W

WÜRV	Wiener Übereinkommen über das Recht der Verträge

Z

z. B.	zum Beispiel
ZIV	Zinsinformationsverordnung

INTERNETVERZEICHNIS

1. **Gerichte**

Bundesfinanzhof: www.bundesfinanzhof.de

Bundesgerichtshof: www.bundesgerichtshof.de

Bundesverfassungsgericht: www.bundesverfassungsgericht.de

Europäischer Gerichtshof: http://curia.europa.eu

2. **Verwaltungen**

a) **national**

Bundeszentralamt für Steuern: www.bzst.de

Bundesfinanzministerium: www.bundesfinanzministerium.de

Finanzämter/Finanzverwaltung: www.steuerliches-info-center.de

b) **ausländische Finanzverwaltungen (Auswahl)**

Frankreich: www.impots.gouv.fr

Großbritannien: www.hm-treasury.gov.uk

Irland: www.revenue.ie

Kanada: www.fin.gc.ca

Liechtenstein: www.liechtenstein.li

Niederlande: www.rijksoverheid.nl

Österreich: www.bmf.gv.at

Schweiz: www.estv.admin.ch

USA: www.irs.gov

3. **Sonstige Institutionen**

Bundestag: www.bundestag.de

Bundesrat: www.bundesrat.de

Europäische Union: http://europa.eu

Europäisches Parlament: www.europarl.europa.eu

Europarat: www.coe.int

OECD: www.oecd.org

UN: www.un.org

4. **Verkündungsblätter/Rechtssammlungen**

Bundesgesetzblatt: www.bgbl.de

Bundessteuerblatt: www.bundessteuerblatt.de

Amtsblatt der Europäischen Gemeinschaft/EU-Recht (EUR-Lex): http://eur-lex.europa.eu

Deutsche Gesetze: www.gesetze-im-internet.de

ÜBEREINSTIMMUNGSTABELLE EUV/EGV – EUV/AEUV

Seit dem 1.12.2009 existieren der „Vertrag über die Europäische Union" (EUV) und der „Vertrag zur Gründung der Europäischen Gemeinschaft" (EGV) in der Form der „Konsolidierten Fassung des Vertrags über die Europäische Union" (EUV) sowie in der Form der „Konsolidierten Fassung des Vertrags über die Arbeitsweise der Europäischen Union" (AEUV).

Die konsolidierten Vertragsfassungen haben auch eine neue Zählweise der einzelnen Artikel gebracht. Im Lehrbuch wird nur noch die neue Zählweise verwandt. Eine ausführliche Übereinstimmungstabelle betreffend alte und neue Zählweise findet sich in ABl 2008 C 115 vom 9.5.2008, Seite 361. Nachfolgend sind die aus steuerlicher Sicht wichtigsten Bestimmungen aufgeführt, u.a. im Hinblick auf ältere Rechtsprechung des EuGH und des BFH:

EGV	AEUV
Art. 12: Diskriminierungsverbot	Art. 18
Art. 18: Freizügigkeit	Art. 21
Art. 28: Mengenmäßige Einfuhrbeschränkungen	Art. 34
Art. 29: Mengenmäßige Ausfuhrbeschränkungen	Art. 35
Art. 39: Freizügigkeit der Arbeitnehmer	Art. 45
Art. 43: Niederlassungsfreiheit	Art. 49
Art. 49: Dienstleistungsfreiheit	Art. 56
Art. 56: Kapitalverkehrsfreiheit	Art. 63
Art. 87–89: Staatliche Beihilfen	Art. 107–109
Art. 90–93: Steuerliche Vorschriften	Art. 110–113
Art. 94–97: Angleichung der Rechtsvorschriften	Art. 114–117
Art. 221–245: Der Gerichtshof	Art. 251–281

KAPITEL 1: EINFÜHRUNG IN DAS INTERNATIONALE STEUERRECHT, GRUNDLAGEN, GRUNDBEGRIFFE

		Rdn.	Seite
1.1	Begriff des internationalen Steuerrechts	1	3
1.2	Staats- und völkerrechtliche Grundlagen der Steuererhebung	8	4
1.3	Grundprinzipien der Besteuerung	16	6
1.4	Persönliche Anknüpfungspunkte für die Besteuerung	22	7
	1.4.1 Überblick	22	7
	1.4.2 Wohnsitz (§ 8 AO)	23	7
	1.4.3 Gewöhnlicher Aufenthalt (§ 9 AO)	34	10
	1.4.4 Geschäftsleitung (§ 10 AO)	37	11
	1.4.5 Sitz (§ 11 AO)	46	13
1.5	Entstehung der Doppelbesteuerung	47	13
1.6	Maßnahmen zur Vermeidung der Doppelbesteuerung	54	15
	1.6.1 Überblick	54	15
	1.6.2 Nationale Maßnahmen zu Vermeidung der Doppelbesteuerung	59	15
1.7	Gliederung des internationalen Steuerrechts	67	17
1.8	Zielsetzungen des internationalen Steuerrechts	69	18
1.9	Qualifikationskonflikt	88	23
1.10	Ausland	91	24
1.11	Der Steuerpflichtige im internationalen Steuerrecht	97	25

		Rdn.	Seite
1.12	Mitwirkungspflichten bei Auslandssachverhalten (§ 90 Abs. 2, 3 AO)	101	26
1.13	Anzeigepflichten von Auslandssachverhalten (§ 138 AO)	107	28
1.14	Führung und Aufbewahrung von Büchern (§ 146 AO)	109	28

Kapitel 1: Einführung in das internationale Steuerrecht, Grundlagen, Grundbegriffe

1.1 Begriff des internationalen Steuerrechts

Ohne auf die Frage nach der Staatsangehörigkeit, der Religion, dem Alter, dem Geschlecht oder dem Status einzugehen, unterwirft das Einkommensteuergesetz in § 1 Abs. 1 EStG alle natürlichen Personen, die in der Bundesrepublik Deutschland ihren Wohnsitz (§ 8 AO) oder gewöhnlichen Aufenthalt (§ 9 AO) haben, der unbeschränkten, allumfassenden Einkommensteuerpflicht. Dies folgt aus dem verfassungsrechtlichen Grundsatz der Besteuerung nach der Leistungsfähigkeit: Nicht auf die räumliche Herkunft der Einkünfte, sondern lediglich auf das individuell verfügbare Einkommen der Person wird abgestellt (sog. **Welteinkommen**).[1] Gleiches gilt nach § 1 Abs. 1 KStG für die Körperschaftsteuersubjekte, die ihre Geschäftsleitung (§ 10 AO) oder ihren Sitz (§ 11 AO) im Inland haben.[2]

Solange der Staat, in dem die Einkünfte erzielt werden, und der Staat, in dem der Steuerpflichtige der unbeschränkten Steuerpflicht unterworfen ist, identisch sind, wirft dieses System der Besteuerung weder für den steuererhebenden Staat noch für den der Besteuerung unterworfenen Bürger Probleme auf. Anders sieht es aber dagegen dann aus, wenn in Deutschland Einkünfte besteuert werden, die durch den im Inland unbeschränkt Steuerpflichtigen ausschließlich im Ausland verwirklicht worden sind (Bsp.: Vermietung eines Ferienhauses in Spanien; Montagearbeiten in Saudi Arabien), und sowohl der Wohnsitzstaat (Deutschland) als auch der Staat, aus dem die Einkünfte stammen (Quellenstaat), dieselben Einkünfte besteuern möchten. Hier setzt nun der **sachliche Geltungsbereich des internationalen Steuerrechts** ein: **Die steuerliche Regelung grenzüberschreitender Sachverhalte.**

Weitere exemplarische Beispiele für einen grenzüberschreitenden Sachverhalt wären die Verlagerung der Teilefertigung aus der Bundesrepublik Deutschland in einen osteuropäischen Staat (sog. **Funktionsverlagerung**), die „Flucht" eines Berufssportlers (Tennisspieler, Rennfahrer, Fußballspieler), der sich der seiner Meinung nach zu hohen Besteuerung in Deutschland durch Wohnsitzverlegung nach Belgien oder Monaco entzieht, die Beteiligung an einem Wettbewerber im Ausland, Vorortvertrieb durch eine ausländische Tochtergesellschaft, Arbeitnehmerentsendung ins Ausland usw. In all den vorgenannten Fällen muss das internationale Steuerrecht eine Antwort auf die Frage geben, wie dieser Sachverhalt steuerlich zu behandeln ist.

Bevor nun nachfolgend die Grundlagen des internationalen Steuerrechts dargestellt werden, ist vorab der Begriff **internationales** Steuerrecht zu erläutern: Es hat sich in der Rechtswissenschaft allgemein eingebürgert, Tatbestände und Rechtsbeziehungen, die sich nicht ausschließlich innerhalb eines Staatsgebietes vollziehen, als „international" zu bezeichnen. Die Rechtsgebiete, die sich mit derartigen Fällen befassen, tragen das Adjektiv „international", obwohl es sich um nationale Gesetze handelt.

---

1 Ständige Rechtsprechung; vgl. BFH v. 12. 1. 2011 I R 25/10, BStBl 2011 II 494.
2 BFH v. 6. 6. 2012 I R 6/11, BStBl 2013 II 111.

> **BEISPIEL:** (1) Der in die USA ausgewanderte Großvater hinterlässt bei seinem Tod dem in Deutschland wohnhaften Enkel ein Haus in Chicago: Die rein erbrechtliche Seite regelt das „internationale Privatrecht" (Art. 25 ff. EGBGB).
>
> (2) Der Deutsche D wird bei seinem Urlaub auf Sizilien von dem Sizilianer S überfallen und ausgeraubt: Die Strafbarkeit dieser Tat in Deutschland regelt das „internationale Strafrecht" (§§ 5 ff. StGB).

5   In diesem Sinne ist **internationales Steuerrecht als das nationale Steuerrecht zu definieren, das sich mit der Besteuerung grenzüberschreitender Sachverhalte befasst.**

6   Neben dem Begriff „internationales Steuerrecht" findet man auch den Begriff **Außensteuerrecht**. In der Regel wird hierunter nur das Außensteuergesetz (AStG) bzw. das Außensteuerreformgesetz verstanden. In diesem Sinne wird es nachfolgend gebraucht.

7   Mit der Definition des Begriffs „internationales Steuerrecht" ist nichts über die Art des Rechtssystems und der einzelnen Bestimmungen ausgesagt: Das in Deutschland geltende internationale Steuerrecht ist nicht in einem einzigen Gesetz zusammengefasst; es umfasst vielmehr eine Vielzahl von Bestimmungen in den Einzelsteuergesetzen, von speziellen Gesetzen, Verwaltungsvereinbarungen, Erlassen, Verfügungen, völkerrechtlichen Verträgen mit anderen Staaten und Bestimmungen des EU-Rechts. Traditionell spricht man nur im Zusammenhang mit dem Ertragsteuerrecht (Einkommen-, Körperschaft- und Gewerbesteuerrecht) sowie Vermögensteuerrecht vom internationalen Steuerrecht. Bei der Umsatzbesteuerung grenzüberschreitender Lieferungen und sonstiger Leistungen spricht man vom „internationalen Umsatzsteuerrecht".

Internationales Steuerrecht ist demnach eine Sammelbezeichnung für all diejenigen nationalen steuerlichen Regelungen, die sich mit grenzüberschreitenden Tatbeständen im Bereich der Ertragsbesteuerung befassen.

1.2 Staats- und völkerrechtliche Grundlagen der Steuererhebung

8   Nach der klassischen Staatslehre ist ein Staat durch die drei Elemente **Staatsvolk**, **Staatsgewalt** und **Staatsgebiet** gekennzeichnet. Das Recht und die Macht, Abgaben festzusetzen, zu erheben und ggf. zwangsweise einzutreiben, kann wohl als eines der ältesten und originären Rechte jedes Staatswesens bezeichnet werden. Es ist Ausdruck der Staatsgewalt, die in der Lage ist, ihren Willen innerhalb des Staatsgebiets durchzusetzen.

9   **Souveränität** eines Staates kann im Völkerrecht vereinfacht definiert werden als Unabhängigkeit eines Staates und seiner Staatsgewalt von jedem anderen Staatswesen. Kann die Staatsgewalt innerhalb ihres Staatsgebietes gegenüber den dort lebenden Personen ihren Willen durchsetzen, so wird dies in Bezug auf andere Staaten als äußere Souveränität, und in Bezug auf die unterworfenen Personen als innere Souveränität bezeichnet.

10 Die Tatsache, dass heutzutage ein Staat durch völkerrechtliche Verträge und Mitgliedschaften in internationalen Organisationen vielfach so in seinen Entscheidungen gebunden ist, dass die Souveränität de facto eingeschränkt ist (Bsp.: Aus der Mitglied-

schaft in der EU entstehen für die Bundesrepublik Deutschland Verpflichtungen gegenüber ihren Staatsangehörigen sowie gegenüber den übrigen Mitgliedstaaten; Art. 23, 24 GG), berührt die Definition der Souveränität grundsätzlich nicht. Auch wird dadurch die Existenz des Staates nicht beeinträchtigt, solange die drei Elemente in ihrem Kerngehalt vorhanden sind.

Verbunden mit der Existenz und der Souveränität eines Staates sind sog. **völkerrechtliche Grundrechte der Staaten**, die auch für das Recht auf Steuererhebung von Bedeutung sind: Jeder Staat hat das Recht auf Achtung seiner Unabhängigkeit. Kein Staat darf sich in die inneren Angelegenheiten eines anderen Staates einmischen (**Gebot der Nichteinmischung in die inneren Angelegenheiten**). Daraus folgt, dass jeder Staat innerhalb seines Hoheitsgebietes die ausschließliche und umfassende Staatsmacht ausübt, die von den anderen Staaten zu respektieren ist (**Achtung der Gebietshoheit, Territorialitätsprinzip**). Dieser Gebietshoheit unterliegen alle Personen, die sich innerhalb der Grenzen des jeweiligen Staates aufhalten, unabhängig davon, ob sie Staatsangehörige dieses Staates sind oder nicht. Somit unterliegen der Gebietshoheit auch Ausländer (Bsp.: Touristen) und Staatenlose, die sich in dem jeweiligen Staat aufhalten. 11

Auf das Recht zur Steuererhebung bezogen bedeuten die vorstehenden Grundsätze, dass jeder Staat prinzipiell seine nationalen Steuergesetze so gestalten kann, wie es ihm beliebt. Andere Staaten haben grundsätzlich kein Recht, auf die Ausgestaltung dieser nationalen Gesetze in irgendeiner Weise Einfluss zu nehmen, es sei denn, die betreffenden Gesetze tangieren ihrerseits die Grundrechte anderer Staaten. 12

Aus dem Gebot zur Achtung der Gebietshoheit folgt, dass grundsätzlich kein **Staat auf dem Gebiet eines anderen Staates Hoheitsakte setzen darf – Achtung der Souveränität** (Bsp.: Zustellung von Steuerbescheiden im Ausland),[3] es sei denn, dass besondere völkerrechtliche Vereinbarungen getroffen sind (Bsp.: Durchführung von Betriebsprüfungen im Ausland).[4] 13

Ein weiteres Grundrecht der Staaten ist das **Gebot zur Achtung der Personalhoheit**. Da der Gebietshoheit alle auf dem Territorium befindlichen Personen unterworfen sind, muss das Staatsvolk als Element des Staates von den sonstigen Personen, die sich auf dem Staatsgebiet aufhalten, abgegrenzt werden. Dieses Unterscheidungsmerkmal ist die Staatsangehörigkeit. Mittels der Staatsangehörigkeit übt der Staat die Personalhoheit über seine Staatsangehörigen aus, gleich ob sie sich im In- oder Ausland befinden. Die Personalhoheit ist von anderen Staaten zu achten (Bsp.: Die Bundesrepublik Deutschland durfte grundsätzlich nicht ausländische Staatsangehörige zum Wehrdienst einziehen). Sie ist u. a. Grundlage für den diplomatischen Schutz im Ausland. Das Prinzip der Personalhoheit findet auch auf Schiffe und Flugzeuge des Staates Anwendung, in dem sie registriert sind. 14

Damit ergibt sich in Bezug auf Steuergesetzgebung und Steuererhebung völkerrechtlich folgende Situation: Ein Staat kann kraft seiner Gebiets- oder Territorialhoheit innerhalb seines Staatsgebietes alle öffentlich-rechtlichen Anordnungen – wozu auch Geset- 15

---

3 Vgl. AEAO zu § 122 Nr. 3.1.4; vgl. ferner §§ 11, 12 EUAHiG.
4 BFH v. 11. 12. 1991 I R 66/90, BStBl 1992 II 595; § 10 EUAHiG.

ze und Verwaltungsakte (Bsp.: Steuerbescheid) zählen – erzwingen. Außerhalb seines Staatsgebietes ist er zur Achtung der Souveränität der anderen Staaten verpflichtet. Hier kann er nur kraft seiner Personalhoheit Regelungen gegenüber den seiner Personalhoheit unterworfenen Personen aufstellen, aber nicht erzwingen. Geraten die beiden Grundrechte der Staaten miteinander in Konflikt, so erfolgt i. d. R. eine Lösung zugunsten der Gebietshoheit/der Souveränität.

> **BEISPIEL:** ▶ In Deutschland ist es den Finanzbehörden staats- und völkerrechtlich möglich, innerhalb der Staatsgrenzen eine Steuerschuld zwangsweise auch gegen den Willen des Steuerschuldners einzutreiben. Dies ist im Ausland nicht möglich. Hier bedarf es eines Hoheitsaktes des anderen Staates (**zwischenstaatliche Beitreibungshilfe**).[5] Gleiches gilt für die Zustellung von Verwaltungsakten, soweit dies nicht völkerrechtlich vom Empfangsstaat geduldet wird.

1.3 Grundprinzipien der Besteuerung

16 Wendet man die dargestellten Prinzipien des Völkerrechts auf das Recht zur Steuererhebung an, so ist demnach jeder Staat aufgrund seiner Gebietshoheit berechtigt, alle auf seinem Territorium verwirklichten Tatbestände zum Anlass einer Besteuerung zu nehmen (**Territorialitätsprinzip**).[6]

17 Darüber hinaus wird aus dem Prinzip der Gebietshoheit abgeleitet, dass ein Staat grundsätzlich auch außerhalb seines Staatsgebietes verwirklichte Tatbestände der Besteuerung unterwerfen kann (**Welteinkommensprinzip**), solange der Anknüpfungspunkt der Besteuerung nicht außerhalb des eigenen Staatsgebiets Wirkungen entfaltet, die die Gebietshoheit eines anderen Staates tangieren.[7]

18 Davon ist im Rahmen der Ertrags- und Vermögensbesteuerung das **Zugriffsobjekt der Besteuerung** zu unterscheiden. Hier hat ein Staat grundsätzlich zwei Möglichkeiten:

▶ Zugriff lediglich auf die auf seinem Staatsgebiet befindlichen Einkommens- und Vermögensquellen: **Quellenbesteuerung** (Bsp.: Einkünfte aus Vermietung und Verpachtung von auf dem Staatsgebiet belegenen unbeweglichen Vermögen ohne Ansehen der Person);

▶ Zugriff auf die auf seinem Staatsgebiet befindlichen Personen: **Wohnsitzbesteuerung** (Bsp.: Besteuerung aller Personen, die sich im Staatsgebiet aufhalten, mit allen Einkünften, gleich, ob es sich um in- oder ausländische Einkünfte handelt).

19 Während bei der Quellenbesteuerung allgemein anerkannt ist, dass das Vorhandensein der Einkommensquelle für die Unterwerfung der Einkünfte unter die Besteuerung ausreicht, muss bei der Wohnsitzbesteuerung noch ein weiteres Merkmal hinzutreten:

---

5 Vgl. ausführlich Rdn. 1141, 1551.
6 BFH v. 13. 12. 1989 I R 25/86, BStBl 1990 II 1056; v. 4. 12. 1990 VII R 52/88, DB 1991, 582; v. 16. 5. 2002 I B 80/01, BFH/NV 2002, 1423; v. 18. 9. 2003 X R 2/00, BStBl 2004 II 17; v. 31. 5. 2006 II R 66/04, BStBl 2007 II 49; v. 10. 1. 2007 VIII B 221/05, BFH/NV 2007, 1079; v. 10. 4. 2013 I R 22/12, BStBl 2013 II 728; EuGH v. 15. 5. 1997 C-250/95 Futura Participations SA und Singer, IStR 1997, 366; v. 18. 9. 2003 C-168/01 Bosal, IStR 2003, 666; v. 18. 7. 2007 C-231/05 Oy AA, IStR 2007, 631; zur Anknüpfung der Kindergeldberechtigung an den Wohnsitz oder gewöhnlichen Aufenthalt des Kindes BFH v. 12. 7. 2011 III B 111/10, BFH/NV 2011, 1897; v. 4. 7. 2013 III B 24/13, BFH/NV 2013, 1568.
7 BFH v. 1. 4. 1969 II R 75/67, BFHE 95, 345.

Würde man der Wohnsitzbesteuerung alle Personen unterwerfen, die sich auf dem Staatsgebiet aufhalten, würde man auch solche Personen besteuern, die sich dort nur vorübergehend aufhalten (Bsp.: Touristen, Monteure zur vorübergehenden Montage). Dies ist aber nicht gewollt, zumal die Gefahr besteht, dass die Personalhoheit des anderen Staates verletzt wird. Daher ist weitere **Voraussetzung für die Wohnsitzbesteuerung die Ansässigkeit** im Sinne eines Wohnsitzes oder gewöhnlichen Aufenthaltes.

Für die Besteuerung des Einkommens und des Vermögens haben sich weltweit zwei bestimmte Prinzipien durchgesetzt:

- **Wohnsitzbesteuerung:** Unbeschränkte, allumfassende Steuerpflicht (Bsp.: § 1 Abs. 1 EStG, § 1 Abs. 2 KStG);
- **Quellenbesteuerung:** Beschränkte Steuerpflicht mit den Territorialeinkünften (Bsp.: § 1 Abs. 4 EStG, §§ 49 ff. EStG, § 2 Nr. 1 KStG).

Es bleibt natürlich jedem Staat unbenommen, auf bestimmte Einkünfte oder Steuerquellen zu verzichten (Bsp.: Monaco verzichtet auf die Einkommensbesteuerung der natürlichen, in Monaco ansässigen Personen, ausgenommen französische Staatsangehörige).

1.4 Persönliche Anknüpfungspunkte für die Besteuerung

1.4.1 Überblick

Persönliche Anknüpfungspunkte für die unbeschränkte Steuerpflicht sind bei natürlichen Personen der Wohnsitz oder gewöhnliche Aufenthalt im Inland (Bsp.: § 1 EStG), und bei juristischen Personen, Körperschaften, Personenvereinigungen und Vermögensmassen die Geschäftsleitung oder der Sitz im Inland (Bsp.: §§ 1, 2 KStG). Dagegen ist für die beschränkte Steuerpflicht die Erzielung inländischer Einkünfte der Anknüpfungspunkt.

1.4.2 Wohnsitz (§ 8 AO)

Der steuerliche Wohnsitz i. S. des § 8 AO bedeutet das **Innehaben einer Wohnung unter Umständen, die den Schluss rechtfertigen, dass der Wohnungsinhaber diese Wohnung beibehalten und benutzen wird.**[8] Eine Wohnung setzt neben zum dauerhaften Wohnen geeigneten Räumlichkeiten das Innehaben der Wohnung in dem Sinne voraus, dass der Steuerpflichtige tatsächlich über sie verfügen kann und sie als Bleibe entweder ständig benutzt oder sie doch mit einer gewissen Regelmäßigkeit, wenn auch in

---

8 St. Rspr., vgl. BFH v. 23. 11. 2000 VI R 107/99, BStBl 2001 II 294 m. w. N.; v. 24. 4. 2007 I R 64/06, BFH/NV 2007, 1893.

größeren Zeitabständen, aufsucht; auf die Nutzungsdauer pro Jahr kommt es nicht an;[9] auch unregelmäßige Aufenthalte in einer Wohnung können zur Aufrechterhaltung des dort bestehenden Wohnsitzes führen.[10] Entscheidend für die Begründung eines Wohnsitzes ist, dass nach den objektiv erkennbaren Umständen die tatbestandlichen Voraussetzungen des Wohnsitzbegriffes erfüllt sind. Der bloße Wille des Betroffenen ist hingegen nicht maßgebend.[11] Gleiches gilt auch für die Aufgabe eines Wohnsitzes; auch insoweit ist ein entgegenstehender Wille unbeachtlich. Die Feststellung einer Rückkehrabsicht sagt grundsätzlich nichts darüber aus, ob ein Inlandswohnsitz während eines Auslandsaufenthaltes beibehalten oder aber aufgegeben und nach der Rückkehr neu begründet wird.[12]

24 Bei einem **ins Ausland versetzten Arbeitnehmer** begründet die Beibehaltung einer eingerichteten Wohnung im Inland eine Vermutung für das Fortbestehen eines inländischen Wohnsitzes.[13] Allerdings wird bei einem auf mehr als ein Jahr angelegten Auslandsaufenthalt ein inländischer Wohnsitz durch kurzzeitige Besuche und sonstige kurzfristige Aufenthalte zu Urlaubszwecken, Berufszwecken oder familiären Zwecken, die nicht einem Aufenthalt mit Wohncharakter gleichkommen, nicht beibehalten oder begründet.[14]

25 Ein von vornherein nur vorübergehendes Innehaben der Wohnung oder ein nur gelegentliches Verweilen zu Erholungszwecken begründet keinen Wohnsitz,[15] wobei der 6-Monats-Frist (§ 9 Satz 2 AO) eine, allerdings widerlegbare, Indizwirkung für das Vorliegen einer Wohnung zukommt.[16]

26 Außer dem Innehaben einer Wohnung setzt der Wohnsitzbegriff Umstände voraus, die darauf schließen lassen, dass die Wohnung durch den Inhaber **beibehalten und als solche genutzt werden soll**. Das Wesen eines Wohnsitzes im steuerrechtlichen Sinne besteht somit darin, dass objektiv die Wohnung ihrem Inhaber jederzeit (wann immer er es wünscht) als Bleibe zur Verfügung steht und von ihm subjektiv zu entsprechender Nutzung auch bestimmt ist (im Gegensatz zur Widmung als Büro). Es muss sich um eine zum dauernden Wohnen geeignete Räumlichkeit handeln, die insgesamt den persönlichen und wirtschaftlichen Verhältnissen des Steuerpflichtigen entspricht, und über die er tatsächlich verfügen kann. Es ist ausreichend, wenn die Wohnung mit einfachsten Mitteln ausgestattet ist; unerheblich ist es, ob die Einrichtung vom Vermieter gestellt oder von Mieter selbst beschafft worden ist.[17] **Der steuerrechtliche Wohnsitz-**

---

[9] BFH v. 29. 8. 1996 I B 12-13/96, BFH/NV 1997, 96; v. 19. 3. 2002 I R 15/01, BFH/NV 2002, 1411; v. 5. 6. 2007 I R 22/06 BFH/NV 2007, 2195; v. 24. 7. 2007 I R 64/06, BFH/NV 2007, 1893; vgl. ferner AEAO zu § 8 AO; andererseits verneint der BFH das Vorliegen einer Wohnung i. S. des § 8 AO, wenn die Wohnung im Inland nach dem dauerhaften Umzug ins Ausland nur zweimal im Jahr zwei bis drei Wochen genutzt wird (BFH v. 26. 1. 2001 VI R 89/00, BFH/NV 2001, 1018).
[10] BFH v. 27. 9. 1999 I B 83/98, BFH/NV 2000, 673.
[11] BFH v. 5. 11. 2001 VI B 219/00, BFH/NV 2002, 311.
[12] BFH v. 21. 3. 2003 III B 123/01, BFH/NV 2003, 944.
[13] BFH v. 27. 9. 1999 I B 83/98, BFH/NV 2000, 673; v. 5. 1. 2012 III B 42/1, BFH/NV 2012, 978.
[14] BFH v. 14. 1. 2011 III B 202/10, BFH/NV 2012, 226; v. 17. 5. 2013 III B 121/12, BFH/NV 2013, 1381.
[15] BFH v. 23. 11. 1988 II R 139/87, BStBl 1989 II 182.
[16] BFH v. 19. 11. 1989 VI R 27/86, BStBl 1990 II 308.
[17] BFH v. 10. 4. 2013 I R 50/12, BFH/NV 2013, 1909.

begriff ist objektiviert, stellt auf die tatsächliche Gestaltung ab und knüpft an äußeren Merkmalen an, ohne subjektiven Absichten Raum zu geben; er weicht vom Wohnsitzbegriff des Zivilrechts und des öffentlich-rechtlichen Melderechts[18] ab.

Im Einzelfall können auch mehrere Wohnsitze nebeneinander bestehen (vgl. auch § 19 Abs. 1 Satz 2 AO), wenn nach den äußeren Umständen der Lebensmittelpunkt zeitlich und örtlich mehreren Wohnungen in verschiedenen Orten zuzuordnen ist und so mehrere Schwerpunkte der Lebensverhältnisse gebildet worden sind.[19] Allerdings gibt es immer nur einen Mittelpunkt der Lebensinteressen.[20] Eine vorübergehende räumliche Trennung vom Wohnort steht der Beibehaltung eines Wohnsitzes nicht entgegen. 27

Für die unbeschränkte Steuerpflicht reicht es aus, wenn bei einer natürlichen Person, die über mehrere Wohnsitze verfügt, sich nur ein einziger von ihnen im Inland befindet.[21] Ein inländischer Wohnsitz führt auch dann zur unbeschränkten Einkommensteuerpflicht, wenn sich der Mittelpunkt der Lebensinteressen im Ausland befindet.[22] 28

Bei **Eheleuten** kann man grundsätzlich davon ausgehen, dass ein Ehepartner die Wohnung, in der seine Familie wohnt, auch nutzt und daher dort einen Wohnsitz hat.[23] Dies gilt grundsätzlich auch für minderjährige Kinder.[24] 29

Zu einem **Kind**, das im Heimatland bei Verwandten untergebracht ist, dort die Schule besucht und die Ferien jeweils bei seinen Eltern in Deutschland verbringt, hat der BFH in ständiger Rechtsprechung zum Kindergeld entschieden, dass es grundsätzlich nicht unbeschränkt steuerpflichtig ist, weil es keinen Wohnsitz im Inland hat.[25] Es teilt auch nicht automatisch den Wohnsitz der Eltern.[26] 30

Begibt sich ein Kind zum Zwecke des Studiums für mehrere Jahre ins Ausland, behält es seinen Wohnsitz in der Wohnung der Eltern im Inland nur dann bei, wenn es diese Wohnung zum zwischenzeitlichen Wohnen in ausbildungsfreien Zeiten nutzt.[27] Die Absicht des Kindes, nach Beendigung des Auslandsstudiums in die Bundesrepublik Deutschland zurückzukehren, besagt nichts darüber, ob der Wohnsitz bei den Eltern zwischenzeitlich beibehalten wird. Auch bei langjährigen Auslandsaufenthalten kann ein Wohnsitz des Kindes jedenfalls dann gegeben sein, wenn es sich im Jahr fünf Monate im Inland in der Wohnung der Eltern aufhält.[28] 31

---

18 BFH v. 14.11.1969 III R 95/68, BStBl 1970 II 153; v. 17.5.1995 I R 8/94, BStBl 1996 II 2; v. 30.10.2002 VIII R 86/00, BFH/NV 2003, 464.
19 BFH v. 23.11.2000 VI R 107/99, BStBl 2001 II 294; v. 28.1.2004 I R 56/02, BFH/NV 2004, 917; v. 10.4.2013 I R 50/12, BFH/NV 2013, 1909.
20 BFH v. 4.5.2011 VI B 152/10, BFH/NV 2011, 1347.
21 BFH v. 19.3.1997 I R 69/96, BStBl 1997 II 447; v. 19.3.2002 I R 15/01, BFH/NV 2002, 1411.
22 BFH v. 24.1.2001 I R 100/99, BFH/NV 2001, 1402; v. 28.1.2004 I R 56/02, BFH/NV 2004, 917.
23 BFH v. 2.11.1994 I B 110/94, BFH/NV 1995, 753; v. 17.5.1995 I R 8/94, BStBl 1996 II 2; zu beachten ist aber, dass die Frage des Wohnsitzes grundsätzlich für jeden Ehegatten gesondert zu prüfen ist.
24 BFH v. 20.12.2001 VI B 123/00, n.v.
25 BFH v. 23.11.2000 IV R 165/99, BStBl 2001 II 279; v. 30.6.2004 VIII B 132/04, BFH/NV 2004, 1639; v. 31.5.2007 III B 50/07, BFH/NV 2007, 1907; v. 27.12.2011 III B 14/10, BFH/NV 2012, 555; v. 11.12.2012 III B 108/12, BFH/NV 2013, 538.
26 BFH v. 7.4.2011 III R 77/09, BFH/NV 2011, 1351.
27 BFH v. 23.11.2000 VI R 107/99, BStBl 2001 II 294; v. 23.4.2002 IX R 52/99, BStBl 2003 II 234.
28 BFH v. 28.4.2010 III 52/09, BStBl 2010 II 1013; v. 26.6.2013 III B 5/13, BFH/NV 2013, 1386.

32 Hinzuweisen ist, dass der EuGH in seiner Rechtsprechung[29] den Begriff „Wohnsitz" jeweils im Zusammenhang mit dem Regelungsgegenstand der konkreten Verordnung oder Richtlinie sieht.[30]

33 Zum Wohnsitz von NATO-Truppenangehörigen, Angehörigen internationaler Organisationen sowie Diplomaten und Konsuln vgl. Rdn. 353, zum Wohnsitzbegriff im DBA-Recht vgl. Rdn. 617 ff.

1.4.3 Gewöhnlicher Aufenthalt (§ 9 AO)

34 § 9 AO definiert den gewöhnlichen Aufenthalt als Anknüpfungsmerkmal für die unbeschränkte Steuerpflicht; dabei stellt die Vorschrift nicht auf den Aufenthalt innerhalb eines Kalenderjahres ab: Den gewöhnlichen (= nicht nur vorübergehenden) Aufenthalt hat ein Steuerpflichtiger dort, **wo er sich im Inland tatsächlich unter Umständen aufhält, die erkennen lassen, dass er dort nicht nur vorübergehend weilt,**[31] ausgenommen, es liegt ein Tatbestand i. S. des § 9 Satz 3 AO vor.[32] Demnach stellt der gewöhnliche Aufenthalt i. S. des § 9 AO auf die Begleitumstände des Aufenthaltes ab. Als gewöhnlicher Aufenthalt wird stets und von Beginn an ein zeitlich zusammenhängender Aufenthalt von mehr als 6 Monaten betrachtet (§ 9 Satz 2 AO), wobei die Frist nicht innerhalb eines Kalenderjahres verwirklicht sein muss.[33] Da es auf die Absicht des Steuerpflichtigen ankommt, kann im Einzelfall auch ein Aufenthalt von weniger als 6 Monaten zum gewöhnlichen Aufenthalt führen, sofern sich die Absicht auf einen längeren Aufenthalt bezogen hat und umgekehrt.[34] Zur erstmaligen Begründung des gewöhnlichen Aufenthalts ist der persönliche Aufenthalt erforderlich. Es gibt immer nur einen gewöhnlichen Aufenthalt: Aus dem Wortlaut des Gesetzes („den" gewöhnlichen Aufenthalt) folgt, dass eine Person nicht gleichzeitig verschiedene gewöhnliche Aufenthalte, sondern zu einer bestimmten Zeit immer nur einen einzigen gewöhnlichen Aufenthalt haben kann.[35]

35 Bei Unterbrechungen der Anwesenheit kommt es darauf an, ob noch ein einheitlicher Aufenthalt oder mehrere getrennte Aufenthalte anzunehmen sind. Ein einheitlicher Aufenthalt ist gegeben, wenn der Aufenthalt nach den Verhältnissen fortgesetzt werden sollte und die Unterbrechung nur kurzfristig ist. Als kurzfristige Unterbrechung kommen in Betracht Familienheimfahrten, Jahresurlaub, längerer Heimaturlaub, Kur und Erholung, aber auch geschäftliche Reisen.[36] Die Rechtsprechung sieht eine einzel-

---

29 EuGH v. 12. 7. 2001 C-262/99 Louloudakis, NJW 2001, 2702.
30 BFH v. 11. 2. 2003 VII B 244/02, BFH/NV 2003, 833.
31 St. Rspr., z. B. BFH v. 22. 8. 2007 III R 89/06, BFH/NV 2008, 351.
32 Vgl. auch AEAO zu § 9 AO Nr. 3.
33 BFH v. 22. 6. 2011 I R 26/10, BFH/NV 2011, 2001.
34 BFH v. 30. 8. 1989 I R 215/85, BStBl 1989 II 956.
35 BFH v. 27. 4. 2005 I R 112/04, BFH/NV 2005, 1756.
36 AEAO zu § 9 AO Nr. 1.

fallbezogene zeitliche Gewichtung der „kurzfristigen Unterbrechung" unter Berücksichtigung der Dauer des Gesamtaufenthalts als maßgebend an.[37]

Das Vorhandensein der wirtschaftlichen Existenzgrundlage im Inland, die die tägliche Anwesenheit im Inland erfordert, reicht nicht aus, wenn der Steuerpflichtige allabendlich zu seiner Familie in die außerhalb des Geltungsbereichs des Grundgesetzes gelegene Wohnung zurückkehrt, sog. Grenzpendler.[38] Vielmehr setzt der gewöhnliche Aufenthalt im Inland voraus, dass der Steuerpflichtige seine Tätigkeit im Inland nicht unter Benutzung seiner im Ausland belegenen Wohnung ausübt, also sich nicht nur zu den Arbeitszeiten während eines Teils des Tages im Inland aufhält. Wer somit auch an Arbeitstagen am Arbeitsort im Inland übernachtet und sich nur an Wochenenden zu seiner Wohnung im Ausland begibt, der hat an dem inländischen Arbeitsort seinen gewöhnlichen Aufenthalt.[39] Gleiches gilt für sog. Grenzgänger.[40] Bleibt die Person an Arbeitstagen regelmäßig am Beschäftigungsort und kehrt lediglich an den Wochenenden, Feiertagen und Urlaub zu ihrer Wohnung im Ausland zurück, so ist ein gewöhnlicher Aufenthalt im Inland gegeben.

36

1.4.4 Geschäftsleitung (§ 10 AO)

Geschäftsleitung i. S. des § 10 AO ist der **Mittelpunkt der geschäftlichen Oberleitung**.[41] Dieser bestimmt sich danach, wo die für die Geschäftsleitung nötigen Maßnahmen von einiger Wichtigkeit angeordnet werden. Jedes Unternehmen hat mindestens einen Ort der geschäftlichen Oberleitung. Befindet sich die Geschäftsleitung nicht nur an einem Ort, so ist der Mittelpunkt der geschäftlichen Oberleitung dort, wo sich die nach dem Gesamtbild der Verhältnisse in organisatorischer und wirtschaftlicher Hinsicht bedeutungsvollste Stelle befindet, wo dauernd die für die Geschäftsführung nötigen Maßnahmen von einigem Gewicht angeordnet werden, wo sich das kaufmännische Büro, ggf. auch der Wohnsitz des leitenden Geschäftsführers befindet.

37

Zur laufenden Geschäftsführung gehören die tatsächlichen und rechtsgeschäftlichen Handlungen, die der gewöhnliche Betrieb der Gesellschaft mit sich bringt, und solche organisatorischen Maßnahmen, die zur gewöhnlichen Verwaltung der Gesellschaft gehören. Der Begriff der „Geschäfte, die der gewöhnliche Betrieb des Handelsgewerbes mit sich bringt", findet sich auch in §§ 116, 164 HGB. Es handelt sich um diejenigen Geschäfte, die in die alleinige Zuständigkeit des Geschäftsführers fallen und keines Gesellschafterbeschlusses bedürfen. Zu ihnen gehören nicht die Festlegung der Grundsätze der Unternehmenspolitik und die Mitwirkung der Gesellschafter an ungewöhnlichen

38

---

37 BFH v. 22. 6. 2011 I R 26/10, BFH/NV 2011, 2001, zu dem Fall, dass ein Ausländer über einen Zeitraum von mehr als 2 Jahren sich jeweils montags bis freitags in Deutschland aufhielt und in einem Hotel übernachtete.
38 BFH v. 10. 8. 1983 I R 241/82, BStBl 1984 II 11; v. 6. 2. 1985 I R 23/82, BStBl 1985 II 331.
39 BFH v. 25. 5. 1988 I R 225/82, BStBl 1988 II 944.
40 Ausführlich Rdn. 1032.
41 St. Rspr., z. B. BFH v. 15. 7. 1998 I B 137/97, BFH/NV 1999, 372; v. 16. 12. 1998 I R 138/97, BStBl 1999 II 437; v. 25. 8. 1999 VIII R 76/95, BFH/NV 2000, 300; v. 19. 3. 2002 I R 15/01, BFH/NV 2002, 1411 m.w.N.; v. 9. 7. 2003 I R 4/02, BFH/NV 2004, 83.

Maßnahmen bzw. an Entscheidungen von besonderer wirtschaftlicher Bedeutung und Tragweite.

39 Führt ein Unternehmer ganzjährig im Ausland Bau- oder Montagearbeiten aus, so hat er dennoch seine Geschäftsleitung im Inland, wenn er am inländischen Familienwohnsitz ein für seinen Betrieb genutztes Büro unterhält und an den Wochenenden regelmäßig dorthin zurückkehrt.[42]

40 Eine **Kapitalgesellschaft** kann grundsätzlich nur einen Ort der Geschäftsleitung haben.[43] Er befindet sich in der Regel dort, wo die zur Vertretung der Gesellschaft befugte Person die ihr nach dem Gesellschaftsvertrag und dem Gesetz obliegende geschäftsführende Tätigkeit entfaltet, d. h. an dem sie die tatsächlichen, organisatorischen und rechtsgeschäftlichen Handlungen vornimmt, die der gewöhnliche Betrieb der Gesellschaft mit sich bringt (sog. **Tagesgeschäfte**).[44] Dabei sind jedoch die Verhältnisse des Einzelfalles zu beachten; es hängt letztlich von den tatsächlich ausgeübten Tätigkeiten ab, welche von ihnen für die Gesellschaft besonderes Gewicht haben, und auf welche deshalb bei der Bestimmung des Ortes der Geschäftsleitung abzustellen ist. Dies schließt nicht aus, dass ein Unternehmen mehrere Orte der Geschäftsleitung haben kann, und dass einzelne Geschäftsleitungstätigkeiten verschiedenen Mittelpunkten zugeordnet sein können.[45]

41 Der Ort der Geschäftsleitung einer Kapitalgesellschaft liegt im Inland, wenn diese im Ausland nicht wirtschaftlich tätig ist und dort auch über keine Geschäftsausstattung verfügt, sondern ihre Geschäfte lediglich über eine inländische Niederlassung abschließt und auch den wesentlichen Teil ihrer Umsätze dieser Niederlassung zuordnet.[46]

42 Der Mittelpunkt der geschäftlichen Oberleitung einer ausländischen Kapitalgesellschaft kann sich u.U. in der Wohnung ihres Geschäftsführers oder in einem im Inland befindlichen Baucontainer befinden.[47]

43 Auch eine **Organgesellschaft** hat grundsätzlich einen „eigenen" Ort der Geschäftsleitung. Dieser kann zwar mit dem Ort der Geschäftsleitung des Organträgers übereinstimmen. Jedoch ist nicht automatisch der Ort der Geschäftsleitung des Organträgers zugleich auch der der Organgesellschaft.[48]

44 Diese ursprünglich für Kapitalgesellschaften entwickelten Grundsätze gelten auch für **Personengesellschaften**.[49] Daher befindet sich bei einer Personengesellschaft der Mittelpunkt der Geschäftsleitung regelmäßig an dem Ort, an dem die zur Vertretung be-

---

[42] BFH v. 9.7.2003 I R 4/02, BFH/NV 2004, 83.
[43] Werden die laufenden Geschäfte bzw. die Vertretung der Gesellschaft durch mehrere Personen wahrgenommen, ist zu gewichten, um den Ort der Geschäftsleitung festzulegen; BFH v. 3.7.1997 IV R 58/95, BStBl 1998 II 86; v. 25.8.1999 VIII R 76/95, BFH/NV 2000, 300.
[44] BFH v. 19.3.2002 I R 15/01, BFH/NV 2002, 1411.
[45] BFH v. 30.1.2002 I R 12/01, BFH/NV 2002, 1128.
[46] BFH v. 19.3.2002 I R 15/01, BFH/NV 2002, 1411.
[47] BFH v. 16.12.1998 I R 138/97, BStBl 1999 II 437.
[48] BFH v. 7.12.1994 I R 1/95, BStBl 1995 II 175.
[49] BFH v. 12.2.2004 IV R 29/02, BStBl 2004 II 602.

fugten Personen die ihnen obliegende Geschäftsführertätigkeit entfalten. Handelt es sich bei der Gesellschaft z. B. um eine Kapitalgesellschaft & Co. KG, kommt es demnach darauf an, an welchem Ort die für die Komplementär-Kapitalgesellschaft handelnde Geschäftsführung die Geschäfte, die der gewöhnliche Betrieb des Handelsgewerbes mit sich bringt, tatsächlich wahrnimmt.

Zum DBA-Recht vgl. Rdn. 624, 686.

45

1.4.5 Sitz (§ 11 AO)

Eine Kapitalgesellschaft, Personenvereinigung oder Vermögensmasse (§ 1 Abs. 1 KStG) hat steuerrechtlich ihren Sitz an dem Ort, der durch den Gesellschaftsvertrag oder die Satzung bestimmt wird.[50] Ein u. U. zivilrechtlich zulässiger Doppelsitz ist steuerrechtlich unbeachtlich; in diesem Falle sind zur zutreffenden Sitzbestimmung die Regeln über die Geschäftsleitung ergänzend heranzuziehen.

46

1.5 Entstehung der Doppelbesteuerung

Bei einem grenzüberschreitenden Sachverhalt ergibt sich aufgrund der Konkurrenz des Prinzips der Wohnsitzbesteuerung und des der Quellenbesteuerung fast zwangsläufig eine Konkurrenz von Steueransprüchen zweier Staaten.

47

> **BEISPIEL:** Rechtsanwalt RA, wohnhaft in Freiburg, besitzt in den Vogesen/Frankreich ein Ferienhaus. Dieses nutzt er 2011 insgesamt vier Monate selbst, die übrige Zeit ist es fremd vermietet. Frankreich als Quellenstaat möchte alle Einkünfte aus dieser Quelle besteuern, während Deutschland als Wohnsitzstaat alle weltweit erzielten Einkünfte besteuern will. Bestehen beide Staaten uneingeschränkt auf ihrem Besteuerungsrecht, muss RA dieselben Einkünfte zweimal versteuern.

Dieser Besteuerungskonflikt kann zu einer „internationalen Doppelbesteuerung" führen, wenn die nachfolgenden Voraussetzungen erfüllt sind:

48

- ▶ Identität des Abgabenpflichtigen (im obigen Beispiel RA);
- ▶ Identität des Tatbestandes, an den die Besteuerung anknüpft (im obigen Beispiel Einkunftserzielung aus der Vermietung eines Ferienhauses);
- ▶ Gleichartigkeit der Besteuerung (im obigen Beispiel nur dann gegeben, wenn beide Staaten Einkommensteuer erheben; erhebt dagegen der eine Staat Grundsteuer und der andere Staat Einkommensteuer, fehlt es an der Gleichartigkeit);
- ▶ Identität des Besteuerungszeitraumes (im obigen Beispiel Einkünfte des Jahres 2011);
- ▶ Konkurrierende Steueransprüche verschiedener Staaten (im obigen Beispiel Steueransprüche Deutschlands und Frankreichs).

Anzumerken ist, dass eine internationale Doppelbesteuerung auch dann gegeben ist, wenn auf der einen Seite ein Staat und auf der anderen Seite eine Gliedkörperschaft

49

---

50 BFH v. 28. 2. 1990 I R 120/86 BStBl 1990 II 553; v. 10. 11. 1998 I R 91, 102/97, BStBl 1999 II 306.

(Kanton, Gemeinde) den Steueranspruch erheben;[51] erfasst werden im Rahmen der Gleichartigkeit der Besteuerung auch Zusatzsteuern und Zuschläge.

> **BEISPIEL:** (1) Der in Frankfurt wohnhafte Arzt D besitzt in der Schweiz ein Chalet. Die Einkünfte aus Vermietung und Verpachtung werden zur schweizerischen Bundeseinkommensteuer und zur kantonalen Staatssteuer herangezogen.
>
> (2) In den USA erheben einige Gemeinden zusätzlich zur Bundeseinkommensteuer und zur Einkommensteuer des jeweiligen Bundesstaates eine eigene kommunale Einkommensteuer.

50 Man spricht auch dann von einer Doppelbesteuerung, wenn eine **effektive Doppelbelastung/effektive Doppelbesteuerung** konkret nicht eingetreten ist. Ausreichend für die Bejahung der Doppelbesteuerung ist allein die abstrakte Möglichkeit der doppelten Besteuerung (sog. **virtuelle Doppelbesteuerung**).[52]

51 Immer wieder muss man sich in Erinnerung rufen, dass eine unterschiedliche steuerliche Behandlung eines bestimmten Sachverhalts im Wohnsitzstaat und in dem Staat, in dem der Sachverhalt verwirklicht wurde (Quellenstaat), u. a. damit zusammenhängen kann, dass die Einkommensermittlung grundsätzlich nach den jeweiligen nationalen Gesetzen erfolgt und hierbei Differenzen auftreten können.

> **BEISPIEL:** Die inländische Textil AG unterhält in Thailand eine Betriebsstätte. Da die Einkommensermittlung nach nationalen Gesetzen erfolgt, kann der Fall eintreten, dass nach thailändischen Gesetzen, etwa aufgrund von Sonderabschreibungen, die Betriebsstätte einen steuerlichen Verlust erzielt und keine örtlichen Steuern entrichten muss, während sich nach den deutschen Steuergesetzen ein Gewinn ergibt.

52 In der Regel ergibt sich bei natürlichen Personen eine internationale Doppelbesteuerung aus dem Zusammentreffen von Wohnsitz- und Quellenbesteuerung. Ein in der Praxis seltener vorkommender Fall ist das Zusammentreffen von Wohnsitzbesteuerung mit Wohnsitzbesteuerung.[53]

> **BEISPIEL:** Ingenieur I wird von seinem Arbeitgeber für 12 Monate nach Spanien versetzt und nimmt seine Familie mit. Während des Auslandsaufenthalts wird die Familienwohnung im Inland beibehalten und auch in regelmäßigen Abständen aufgesucht.

53 Sowohl in der Rechtsprechung als auch in der Literatur findet man schließlich auch noch den Begriff der **wirtschaftlichen Doppelbesteuerung**. Hierunter versteht man die Tatsache, dass unabhängig von der Art der Entstehung der Doppelbesteuerung und der Art der Vermeidung oder Milderung der Doppelbesteuerung eine Doppelbesteuerung im Inland immer dann eintritt, wenn im Ausland bereits versteuerte Gewinnanteile oder Einkünfte im Inland besteuert werden. Sie wird nur vermieden, wenn im Inland auf jegliche Besteuerung verzichtet wird.[54]

---

51 BFH v. 12.7.1989 I R 46/85, BStBl 1990 II 113; v. 31.7.1991 I R 59/89, BStBl 1991 II 922; v. 8.4.1992 I R 68/91, BFH/NV 1993, 295.
52 BFH v. 19.5.1993 I R 64/92, BFH/NV 1994, 11; v. 8.3.1995 II R 10/92, BFHE 177, 132; v. 24.8.2011 I R 46/10, BFH/NV 2011, 2165; vgl. ausführlich Rdn. 593.
53 BFH v. 23.10.1985 I R 274/84, BStBl 1986 II 133; v. 23.11.1988 II R 139/87, BStBl 1989 II 182; v. 24.1.2001 I R 100/99, BFH/NV 2001, 1402; v. 5.6.2007 I R 22/06, BFH/NV 2007, 2195.
54 BFH v. 17.7.1985 I R 104/82, BStBl 1986 II 129.

1.6 Maßnahmen zur Vermeidung der Doppelbesteuerung

1.6.1 Überblick

Um eine Doppelbesteuerung beseitigen oder mildern zu können, wozu ein Staat aufgrund seiner Fürsorgepflicht gegenüber seinen Staatsangehörigen und Steuerpflichtigen als Wohnsitzstaat verpflichtet ist,[55] existieren mehrere Möglichkeiten. Allgemein üblich sind folgende Maßnahmen, u. U. auch nebeneinander: 54

Einseitige oder unilaterale Maßnahmen: Der jeweilige Staat versucht durch Regelungen in seinen nationalen Steuergesetzen eine bereits eingetretene Doppelbesteuerung zu beseitigen oder zu mildern (Bsp.: § 34c EStG, § 26 KStG). 55

Zweiseitige oder bilaterale Maßnahmen: Durch Abschluss eines sog. Abkommens zur Vermeidung der Doppelbesteuerung (DBA) wird die Besteuerung zwischen den beiden beteiligten Staaten durch Zuweisung von Besteuerungsrechten geregelt; damit soll bereits das Entstehen einer Doppelbesteuerung vermieden werden. In diesen Bereich gehören auch sonstige völkerrechtliche Verträge, die sich mit Steuern befassen, z. B. Kapitalschutzabkommen, Luftfahrtabkommen, Schifffahrtsabkommen usw. 56

Mehrseitige oder multilaterale Maßnahmen: Mehrseitige völkerrechtliche Verträge und zwischenstaatliche Vereinbarungen, z. B. über die Errichtung internationaler Organisationen (Bsp.: Wiener Übereinkommen über diplomatische und konsularische Beziehungen – H 3.29 EStH „Wiener Übereinkommen").[56] 57

Supranationale Maßnahmen: Steuerharmonisierung innerhalb der Europäischen Union.[57] 58

1.6.2 Nationale Maßnahmen zu Vermeidung der Doppelbesteuerung

Aufgrund seiner Steuergesetzgebungshoheit kann ein Staat in seinen nationalen Gesetzen alle rechtlich zulässigen Maßnahmen ergreifen, um eine Doppelbesteuerung zu vermeiden oder zumindest zu mildern. In den Steuergesetzen Deutschlands sind u. a. folgende Möglichkeiten vorgesehen (grundsätzliche Darstellung; vgl. die ausführliche Darstellung in den nachfolgenden Kapiteln): 59

Freistellung mit Progressionsvorbehalt (§§ 32b EStG): Die ausländischen Einkünfte werden von der inländischen Besteuerung freigestellt; für die Ermittlung des auf das zu versteuernde Einkommen anzuwendenden Steuersatzes werden aber die ausländischen Einkünfte berücksichtigt. 60

Anrechnung der ausländischen Steuer (§ 34c Abs. 1 EStG): Im Inland werden alle Einkünfte einschließlich der ausländischen Einkünfte besteuert; die im Ausland entrichtete 61

---

55 BFH v. 20. 4. 1988 I R 219/82, BStBl 1990 II 701.
56 BMF v. 18. 3. 2013 betr. steuerliche Vorrechte und Befreiungen aufgrund zwischenstaatlicher Vereinbarungen, BStBl 2013 I 404.
57 Vgl. Rdn. 1487 ff.

Steuer wird auf die deutsche Einkommensteuer, die auf die ausländischen Einkünfte entfällt, angerechnet.

62 **Anrechnung einer fiktiven ausländischen Steuer**: Viele Entwicklungsländer gewähren ausländischen Investoren steuerliche Anreize, z. B. Steuerbefreiungen[58]. Um diesen Investitionsanreiz im Inland zum Tragen kommen zu lassen, wird auf die inländische Steuerschuld eine fiktive (= tatsächlich nicht erhobene und nicht gezahlte) ausländische Steuer angerechnet – grundsätzlich nur in DBA zu finden.

63 **Abzug bei der Ermittlung der Einkünfte** (§ 34c Abs. 2 und 3 EStG): Die ausländische Steuer wird bei der Ermittlung der Einkünfte abgezogen und mindert somit das zu versteuernde Einkommen; eine Freistellung der ausländischen Einkünfte von der inländischen Besteuerung oder eine Anrechnung der ausländischen Steuern scheiden aus.

64 **Pauschalierung der inländischen Steuer** (§ 34c Abs. 5 EStG): Auf die ausländischen Einkünfte wird ein geminderter, pauschaler Steuersatz erhoben; eine Freistellung von der inländischen Besteuerung, eine Anrechnung oder ein Abzug der ausländischen Steuer ist ausgeschlossen.

65 **Besonderer Steuersatz** (§ 5a EStG): Die Einkünfte aus dem Betrieb von Handelsschiffen im internationalen Verkehr werden mit einem bestimmten, ermäßigten Steuersatz besteuert ohne die Möglichkeit der Anrechnung oder des Abzuges der ausländischen Steuer.

66 Die unterschiedlichen Auswirkungen der vier erstgenannten Methoden zur Vermeidung der Doppelbesteuerung auf die Gesamtsteuerbelastung sollen an dem nachfolgenden, stark vereinfachten Beispiel verdeutlicht werden (ohne Solidaritätszuschlag, Kirchensteuer und Gewerbesteuer):

> **BEISPIEL:** Der unbeschränkt steuerpflichtige ledige Unternehmer U hat Einkünfte i. H. von 100 000 €, darin enthalten ausländische Einkünfte i. H. von 25 000 € (ausländischer Steuersatz: 20 %); die das zu versteuernde Einkommen beeinflussenden Abzugsbeträge belaufen sich auf 10 000 €.
>
> **1.6.2.1 Freistellung mit Progressionsvorbehalt**
>
> | | |
> |---|---:|
> | Deutsche Einkommensteuer auf 90 000 € | 29 604 € |
> | durchschnittlicher Steuersatz | 32,89 % |
> | zu versteuerndes Einkommen | 65 000 € |
> | multipliziert mit 65 000 € | 21 378 €[59] |
> | **Gesamtsteuerbelastung**: | |
> | Inländische Einkommensteuer | 21 378 € |
> | zzgl. ausländische Steuer | 5 000 € |
> | | 26 378 € |
>
> Die Freistellung führt demnach bei einer Gesamtbetrachtung zu einer niedrigeren Steuerlast, als wenn die Einkünfte insgesamt in Inland erzielt worden wären (Einkommensteuer bei einem zu versteuernden Einkommen von 90 000 €: 29 604 €).

---

58 Vgl. BFH v. 29. 3. 2000 I R 15/99, BStBl 2000 II 577.
59 Zum Vergleich: Die tarifliche Einkommensteuer beträgt bei einem zu versteuerndes Einkommen von 65 000 €: 19 104 €.

An der inländischen Steuerbelastung ändert sich im Rahmen des Progressionsvorbehalts auch dann nichts, wenn im Ausland keine Einkommensteuer oder eine höhere Einkommensteuer als im Inland erhoben wird.

1.6.2.2 Anrechnung der ausländischen Steuer

Zu versteuerndes Einkommen		90 000 €
Einkommensteuer	29 604 €	
abzgl. ausländische Steuer	5 000 €	
Einkommensteuer nach Anrechnung		24 605 €
Gesamtsteuerbelastung:		
Inländische Einkommensteuer		24 604 €
zzgl. ausländische Steuer		5 000 €
		29 604 €

Das Anrechnungsverfahren führt demnach grundsätzlich dazu, dass es aus der Sicht des Steuerpflichtigen unerheblich ist, ob er die Einkünfte im Inland oder im Ausland erzielt.

1.6.2.3 Fiktive Anrechnung

Unterstellt, der Staat X erhebt zur Förderung ausländischer Investitionen fünf Jahre lang keine Steuern, und die Bundesrepublik Deutschland gewährt die Anrechnung der sonst üblicherweise erhobenen Steuer, so beträgt die inländische Einkommensteuer wie im Falle (2) 24 604 €; dies stellt zugleich die Gesamtsteuerbelastung dar.

1.6.2.4 Abzug bei der Ermittlung der Einkünfte

Summe der Einkünfte	100 000 €
abzgl. ausländischer Steuer	5 000 €
Einkommen	95 000 €
Abzugsbeträge	10 000 €
zu versteuerndes Einkommen	85 000 €
Einkommensteuer	27 504 €
Gesamtsteuerbelastung:	
inländische Einkommensteuer	27 504 €
zzgl. ausländischer Steuer	5 000 €
	32 504 €

Der Abzug der ausländischen Steuer bei der Bemessungsgrundlage der inländischen Steuer führt demnach zu der geringsten steuerlichen Entlastung der eingetretenen wirtschaftlichen Doppelbesteuerung, im konkreten Beispiel sogar zu einer höheren Steuerbelastung, als wenn die Einkünfte nur in Deutschland erzielt worden wären.

1.7 Gliederung des internationalen Steuerrechts

Für eine Gliederung des internationalen Steuerrechts ist von folgenden Grundtatbeständen auszugehen: 67

- Steuerinländer mit Auslandsbeziehungen – sog. **Outboundbeziehungen**
- Steuerausländer mit Inlandsbeziehungen – sog. **Inboundbeziehungen**

68 Hinsichtlich der nationalen **Rechtsquellen** kann man folgende Gliederung aufstellen:

- **Allgemeines internationales Steuerrecht**: Die einzelnen Bestimmungen in den jeweiligen Einzelsteuergesetzen (EStG, KStG, BewG, ErbStG).
- **Besonderes internationales Steuerrecht**: Einzelsteuergesetze, die sich speziell mit grenzüberschreitenden Sachverhalten befassen, wie Außensteuergesetz (AStG), Auslandsinvestitionsgesetz (AIG), Entwicklungsländer-Steuergesetz (EntwLStG), Auslandsinvestmentgesetz (AuslInvG) bzw. Investmentsteuergesetz (InvStG).
- **Doppelbesteuerungsabkommen.**
- **Supranationales Steuerrecht:** Steuerharmonisierung in der EU.

1.8 Zielsetzungen des internationalen Steuerrechts

69 Das internationale Steuerrecht verfolgt eine Reihe unterschiedlicher Ziele:

- Vermeidung der virtuellen Doppelbesteuerung;
- Vermeidung der effektiven Doppelbesteuerung;
- Vermeidung sog. weißer Einkünfte (= nichtbesteuerter Einkünfte, Keinmalbesteuerung, doppelte Nichtbesteuerung);
- steuerliche Förderung von Auslandsinvestitionen;
- Bekämpfung aggressiver Steuerplanung, Vermeidung der Ausnutzung von tatsächlichen oder vermeintlichen Steuerschlupflöchern;
- Bekämpfung der Steuerumgehung durch gegenseitigen Informationsaustausch;
- Bekämpfung der Steuerflucht.

70 Hinsichtlich der Vermeidung der virtuellen Doppelbesteuerung sind heutzutage unterschiedliche Standpunkte von Rechtsprechung und Finanzverwaltung/Gesetzgeber zu verzeichnen. So vertritt der BFH z. B. die Auffassung, dass die im Rahmen eines DBA verabredete Freistellung zur Vermeidung einer virtuellen Doppelbesteuerung unabhängig davon zu gewähren ist, ob der Besteuerungsverzicht im anderen Vertragsstaat freiwillig auf Basis einer bewussten Entscheidung oder aber unfreiwillig wegen mangelnder Informationen beim Steuervollzug erfolgt.[60] Dem gegenüber möchte der Gesetzgeber lediglich eine Entlastung bei einer tatsächlich eingetretenen (= effektiven) Doppelbesteuerung gewähren (vgl. § 50d Abs. 8, 9 EStG). Auch die Finanzverwaltung versucht in den Verhandlungen über die Revision einer DBA oder bei Neuverhandlungen lediglich die effektive Doppelbesteuerung auszuschließen oder zu mildern.

71 Um weiße Einkünfte zu verhindern, ist das Steuerabzugsverfahren ein legitimes Mittel,[61] damit nicht Einkünfte sowohl im Wohnsitzstaat als auch im Staat der Leistungserbringung unversteuert bleiben. Ein weiteres Mittel ist die Erbringung des Nachweises, dass im Ausland die Einkünfte versteuert wurden.[62]

---

[60] BFH v. 10. 1. 2012 I R 66/09, BFH/NV 2012, 1056.
[61] BFH v. 29. 11. 2007 I B 181/07, BStBl 2008 II 195; EuGH v. 3. 10. 2006 C-290/04 Scorpio, BStBl 2007 II 352.
[62] Vgl. § 50d Abs. 8 Satz 1 EStG einerseits, BMF-Schreiben v. 31. 10. 1983, BStBl 1983 I 470, Tz. VI.1. Satz 2 andererseits.

Für einen hochtechnologischen Industriestaat wie Deutschland ist es von entscheidender volkswirtschaftlicher Bedeutung, die Auslandsaktivitäten der heimischen Wirtschaft zu fördern, um so die internationale Wettbewerbsfähigkeit zu garantieren (Stichwort Internationalisierung, Globalisierung). Dieses Ziel kann aber in zwei- oder mehrseitigen völkerrechtlichen Verträgen nicht immer zufriedenstellend geregelt werden. Deshalb müssen unterstützend und begleitend nationale Maßnahmen auf steuerlichem Gebiet ergriffen werden, um der inländischen Wirtschaft Auslandsinvestitionen und Kapitalexport zu erleichtern. Diese Förderung kann auf verschiedene Art und Weise erfolgen, z. B. durch Steuerfreistellung der Bezüge von ausländischen Tochtergesellschaften, um somit auch den Transfer der ausländischen Gewinne ins Inland zu erleichtern (Bsp.: § 8b KStG), Gewinn mindernde Rücklagenbildung (Bsp.: § 6b EStG), Berücksichtigung ausländischer Verluste (Bsp.: negativer Progressionsvorbehalt) usw. 72

In Deutschland wurde bis einschließlich 1989 die Förderung der Auslandsinvestitionen durch zwei besondere Gesetze geregelt: Auslandsinvestitionsgesetz (AIG)[63] und Entwicklungsländer-Steuergesetz (EntwLStG).[64] Inzwischen sind die wichtigsten Regelungen aus den vorgenannten Gesetzen in das EStG bzw. KStG übernommen worden. 73

Die Bekämpfung der **Steuerflucht** ist ein Problem, das die meisten westlichen Industriestaaten betrifft. Dies beruht auf der relativ hohen Einkommensteuerbelastung in diesen Ländern. 74

> **BEISPIEL:** ▶ Die Einkommensteuer-Spitzensteuersätze (einschließlich Zuschläge der Gebietskörperschaften und sonstiger Zuschläge) betrugen 2013 z. B. in Deutschland 47,48 %, in Belgien 53,5 %, in Dänemark 51,7 %, in Frankreich 54,61 %, in Großbritannien 45 %, in Italien 47,63 %, in Japan 50,84 %, in den USA 47,27 % und in der Schweiz 39,97 %.[65]

Der objektive Tatbestand der Wohnsitzverlagerung allein aus steuerrechtlichen Gründen (Steuerflucht)[66] lässt sich relativ genau umschreiben: Verlegung des Wohnsitzes oder Sitzes in ein Gebiet mit keiner oder einer sehr niedrigen Ertragsbesteuerung und Beibehaltung der wirtschaftlichen Aktivitäten im bisherigen Wohnsitzstaat. 75

> **BEISPIEL:** ▶ Keine Einkommensteuer wird erhoben u. a. in Andorra und Monaco sowie auf den Bahamainseln und den Bermudas, eine niedrige Einkommensteuer wird erhoben z. B. in Gibraltar und auf den britischen Kanalinseln.

Mit der Wohnsitz- oder Sitzverlegung ist grundsätzlich das Entweichen aus der inländischen Besteuerung verbunden. Diese Sitzverlegung braucht aber nicht notwendigerweise auf der für eine Steuerflucht erforderlichen subjektiven Absicht beruhen, Steuern zu sparen. 76

> **BEISPIEL:** ▶ Das Unternehmen F verlegt einen Teil der Produktion nach Rumänien. Entscheidend für diese Verlagerung der Produktion war die Tatsache, dass die Fertigungslöhne in Rumänien nur ca. 20 % derjenigen in Deutschland betragen. Die Tatsache, dass die Gewinnbesteuerung

---

63 Vgl. Rdn. 1397.
64 Vgl. Rdn. 1400.
65 Quelle: BMF, Die wichtigsten Steuern im internationalen Vergleich 2013, S. 30 ff.
66 BVerfG v. 14. 5. 1986 2 BvL 2/83, BStBl 1986 II 259, unter C. 4. a) der Entscheidungsgründe.

ebenfalls deutlich niedriger ist als in Deutschland, war nicht entscheidend; maßgebend war der vom Markt ausgeübte Druck, die Kosten zu senken.

77 Daher bereitet es der Steuergesetzgebung und auch der Rechtsprechung gewisse Schwierigkeiten, das Problem der **Wohnsitz- oder Sitzverlegung allein aus steuerlichen Gründen** in den Griff zu bekommen. In Deutschland hat man versucht, den gesamten Bereich der – aus steuerlicher Sicht – schädlichen Wohnsitzverlegung und Gewinnverlagerung ins Ausland durch das **Außensteuergesetz** (AStG) zu regeln, wobei an zwei objektive Punkte angeknüpft wird: Niedrige Ertragsbesteuerung und nichtproduktive Einkünfte.[67] Unabhängig davon ist natürlich in solchen Fällen immer auch die Anwendung des § 42 AO zu prüfen.[68]

78 Nicht unbedingt mit Steuerflucht, aber mit dem Ziel, die Besteuerung zu minimieren, hängt der Versuch zusammen, die Steuer dort entstehen zu lassen, wo die Steuerlastquote am niedrigsten ist. Dies geht natürlich in einem Konzern relativ leicht, wenn z.B. Leistungen zwischen inländischer Muttergesellschaft und ausländischer Tochtergesellschaft so berechnet werden, dass im Sitzland der Tochtergesellschaft mehr Gewinne entstehen als unter Berücksichtigung aller Umstände wirtschaftlich entstehen dürften. Dies kann leicht im Zusammenhang mit konzerninternen Transaktionen geschehen, wenn die **Verrechnungspreise** zwischen Mutter- und Tochtergesellschaft oder Stammhaus und Betriebsstätte nicht wie unter fremden Dritten berechnet werden. Demgemäß gebührt heute eine sehr große Aufmerksamkeit der Finanzverwaltung im Rahmen von Betriebsprüfungen den Verrechnungspreisen.[69]

79 Ein weiterer in diesem Zusammenhang zu erwähnender Problembereich sind die Fälle der sog. **Funktionsverlagerung**, z.B. (Teil-)Verlagerung von Produktion oder Vertrieb ins Ausland[70]. Hintergrund ist die Prüfung der Frage, ob Gewinnpotenzial zu angemessenen steuerlichen Bedingungen ins Ausland verlagert wird.

80 Schließlich gehört in diesen Zusammenhang auch der Begriff der **aggressiven Steuerplanung**, den die EU-Kommission in einer Empfehlung näher untersucht.[71] Aggressive Steuerplanung ist keine Steuerumgehung oder Steuerhinterziehung; sie besteht vielmehr darin, die Feinheiten eines Steuersystems oder Unstimmigkeiten zwischen zwei oder mehr Steuersystemen auszunutzen, um die Steuerschuld zu senken. Zu ihren Folgen gehören doppelte Abzüge (d.h. ein und derselbe Verlust wird sowohl im Quellenstaat als auch im Ansässigkeitsstaat abgezogen)[72] und doppelte Nichtbesteuerung (d.h. Einkünfte, die im Quellenstaat nicht besteuert werden, sind im Ansässigkeitsstaat steuerbefreit). Die Folge ist, dass dem jeweiligen Fiskus Steuereinnahmen entgegen.

> **BEISPIEL:** (1) Der Konzern X, in der Computerbranche tätig, ist in den USA ansässig. Die Waren werden in Asien gefertigt und von der X-Asia gekauft; sodann werden die Waren an die jeweiligen nationalen Vertriebsgesellschaften weiterverkauft. X-Asia ist zwar in Irland gegründet und

---

67 Vgl. Rdn. 1296 ff.
68 BFH v. 1.4.2003 I R 39/02, BStBl 2003 II 869; v. 23.10.2002 I R 39/01, BFH/NV 2003, 289; v. 20.3.2002 I R 38/00, BStBl 2002 II 819.
69 Ausführlich Rdn. 787.
70 Ausführlich Rdn. 884.
71 K(2012) 8806 v. 6.12.2012.
72 Sog. Double Dip.

formal ansässig, die Geschäftsführung wird aber in den USA ausgeübt; damit wird zum einen das irische Steuersystem umgangen, welches auf den Ort der Geschäftsführung abhebt, und zum anderen das US-amerikanische, welches auf den Sitz abhebt. Um den amerikanischen Regelungen über Tochtergesellschaften zu entgehen, werden zwischen X und allen anderen Tochtergesellschaften die X-International (Holding) geschaltet, die ihrerseits wieder zwar in Irland gegründet und auch formal ihren Sitz hat, die Geschäftsführung aber residiert in den USA.

(2) Der Y-Konzern, ansässig in den USA, überträgt seine immateriellen Wirtschaftsgüter an die Y-Holding, Sitz formell in Irland, Geschäftsleitung auf den Bermudas. Die Y-Holding vergibt Lizenzen an die Y-Ireland, die ihrerseits Unterlizenzen an Y-Niederlande vergibt, die dafür Lizenzgebühren an die Y-Holding zahlt. Da nach niederländischem Steuerrecht für Lizenzzahlungen an ausländische Gläubiger keine Quellensteuern erhoben werden, gelangen die Gewinne steuerfrei auf die Bermudas.

Um derartigen Steuerminderungen entgegenzuwirken, hat die OECD am 12.2.2013 ihre im Auftrag der G-20-Staaten erstellte Studie veröffentlicht, die sich unter dem Titel **„Addressing Base Erosion and Profit Shifting"** (**BEPS**) mit der Gewinnverlagerung und der Aushöhlung von Steuerbemessungsgrundlagen durch multinationale Konzerne befasst. In diesem Bericht werden sechs konkrete Handlungsfelder (sog. key pressure areas) benannt, die aus der Sicht der OECD einer Lösung zugeführt werden müssen: 81

▶ Einsatz hybrider Gesellschaften;

▶ Quellenbesteuerung insbesondere im Bereich der Lieferung digitaler Güter und Leistungen;

▶ steuerliche Behandlung von Fremdfinanzierungen durch nahestehende Personen, Eigenversicherung und andere konzerninterne Finanztransaktionen;

▶ Verrechnungspreise vor allem in Bezug auf die Risikoverlagerung und immaterielle Vermögenswerte;

▶ Wirksamkeit von Missbrauchsvorschriften, Hinzurechnungsbesteuerung, Finanzierungsregeln und Vorschriften zur Vorbeugung des Missbrauchs von DBA,

▶ Existenz sog. schädlicher Präferenzsysteme.

Am 19.7.2013 hat die OECD einen Aktionsplan vorgelegt: „Action Plan on Base Erosion and Profit Shifting". Der Aktionsplan der OECD strebt grundlegende Änderungen der derzeitigen internationalen Besteuerungsregeln und einen abgestimmten Ansatz zur Bekämpfung von BEPS an. Im Einzelnen enthält der Aktionsplan der OECD u.a. folgende Maßnahmen: 82

▶ Stärkung der Vorschriften zur Hinzurechnungsbesteuerung,[73]

▶ Begrenzung der Reduzierung der steuerlichen Bemessungsgrundlage durch Zinsabzug und andere Finanztransaktionen,

▶ wirksame Beschränkung schädlicher Steuerpraktiken durch Herstellung von Transparenz und die Berücksichtigung der Substanz,

▶ bessere Regeln für immaterielle Wirtschaftsgüter,

▶ bessere Regeln für Risiken und Kapital,

---

73 Vgl. ausführlich Rdn. 1276 ff.

- Einschränkung sonstiger Transaktionen mit hohem Risiko,
- Überprüfung der Verrechnungspreisdokumentation.

Der Plan ist sehr ambitioniert und soll bis Ende 2015 abgearbeitet sein.

83 Im Rahmen des **Steuerwettbewerbs innerhalb der EU** stellt sich ebenfalls das Problem der „Steuerflucht": So hat der EuGH im Fall Cadbury Schweppes[74] ausgeführt, dass allein das Ausnutzen der niedrigen Besteuerung in einem anderen Mitgliedstaat keinen Tatbestand darstellt, der Abwehrmaßnahmen des Staates rechtfertigt, aus dem das Unternehmen „geflohen" ist.

84 2009 hat der deutsche Gesetzgeber zu diesem Komplex **das Gesetz zur Bekämpfung der Steuerhinterziehung (SteuerHBekG)**,[75] mit dem eine Reihe von Vorschriften verschärft wurden, und die **Steuerhinterziehungsbekämpfungsverordnung (SteuerHBekV)**[76] erlassen.

85 Eine Art Vorstufe der Steuerflucht ist der Versuch, die Steuer dadurch zu umgehen, dass man in In- und Ausland unterschiedliche, gegebenenfalls sogar einander widersprechende Angaben macht und darauf vertraut, dass diese nicht ausgetauscht werden mit der Folge, dass man in beiden Staaten zu weißen Einkünften, d. h. nicht besteuerten Einkünften gelangt: Der inländische Gesetzgeber hat in den DBA auf die Besteuerung ausländischer Einkünfte im Inland grundsätzlich in der Erwartung der Besteuerung dieser Einkünfte durch den anderen Staat verzichtet (Vermeidung der effektiven Doppelbesteuerung, nicht der virtuellen Doppelbesteuerung). Besteuert der andere Staat die Einkünfte nur deshalb nicht, weil er von den Einkünften keine Kenntnis erhält, so findet eine Ungleichbesteuerung statt, die sowohl die Steuergerechtigkeit berührt als auch wettbewerbsverzerrend wirken kann.[77] Im Hinblick auf den Grundsatz der Besteuerung eines jeden nach seiner persönlichen Leistungsfähigkeit besteht demnach grundsätzlich eine Pflicht der deutschen Finanzbehörden, Kontrollmitteilungen ins Ausland zu versenden, um so im Wege der Gegenseitigkeit die notwendigen Informationen auszutauschen.[78]

86 Heute kommt dem Informationsaustausch eine ganz herausragende Bedeutung zu. So hat die Bundesrepublik Deutschland mit einer Reihe von Steueroasen spezielle Abkommen zum Informationsaustausch geschlossen.[79] Mit den USA hat die Bundesrepublik Deutschland das Abkommen v. 31. 5. 2013 zur „Förderung der Steuerehrlichkeit bei internationalen Sachverhalten und hinsichtlich der als Gesetz über die Steuerehrlichkeit bezüglich Auslandskonten bekannten US-amerikanischen Informations- und Meldebestimmungen" – sog. **FATCA-Abkommen**[80] – geschlossen, das zwecks Vermeidung ei-

---

74 EuGH v. 12. 9. 2006 C-196/04 Cadbury Schweppes, IStR 2006, 670.
75 BGBl 2009 I 2302.
76 BGBl 2009 I 3046.
77 BFH v. 16. 8. 2010 I B 119/09, BFH/NV 2010, 2055.
78 BFH v. 8. 2. 1995 I B 92/94, BStBl 1995 II 358; v. 17. 5. 1995 I B 118/94, BStBl 1994 II 497.
79 Ausführlich Rdn. 1119.
80 Foreign Account Tax Compliance Act; vgl. weitere Einzelheiten auf den Internetseiten der US-amerikanischen Steuerbehörde www.irs.gov; Text des Abkommens BGBl 2013 II 1363; Zustimmungsgesetz v. 10. 10. 2013, BGBl 2013 II 1362; das Abkommen ist am 11. 12. 2013 in Kraft getreten (BGBl 2014 II 111).

ner Strafsteuer umfassende Mitwirkungs- und Informationspflichten von Banken und Vermögensverwaltern vorsieht. Ergänzt wird das Abkommen durch die FATCA-Verordnungsermächtigung in § 117c AO[81] sowie den neuen Bußgeldtatbestand in § 379 Abs. 2 Nr. 1b AO. Bereits im April 2013 hatten die Finanzminister Deutschlands, Frankreichs, Großbritanniens, Italiens und Spaniens untereinander einen erweiterten Informationsaustausch vereinbart, orientiert an dem FATCA-Abkommen. Am 27.11.2013 haben sich Griechenland, Island, Kolumbien, Liechtenstein, Luxemburg und Malta dieser Initiative zum automatischen Informationsaustausch in Steuersachen angeschlossen.

Zum Bereich „Internationaler Auskunftsverkehr" vgl. ausführlich Rdn. 1117 ff.

87

1.9 Qualifikationskonflikt

Unter dem Stichwort **Qualifikationskonflikt** werden verschiedene Dinge erfasst: Ganz allgemein geht es darum, dass durch die unterschiedlichen Wertungen der verschiedenen in- und ausländischen Rechts- und Steuersysteme Schwierigkeiten bei der Beurteilung eines grenzüberschreitenden Steuerfalls auftreten können (Bsp.: Zusammenveranlagung eines mit zwei Frauen verheirateten marokkanischen Gastarbeiters).[82] Diese können dann u.U. trotz aller getroffenen generellen Maßnahmen im konkreten Einzelfall zu einer nicht beabsichtigten Doppelbesteuerung bzw. unerwünschten Doppelentlastung/Keinmalbesteuerung führen.

88

Qualifikationsprobleme können sich z. B. bei der Frage stellen,

89

- ▶ Entspricht eine ausländische Steuer der deutschen Einkommensteuer?[83]
- ▶ Wie ist die Besteuerung durchzuführen, wenn die ausländische Gesellschaft, die im Ausland als transparente Personengesellschaft behandelt wird, nach deutschem Rechtsverständnis mit einer Kapitalgesellschaft vergleichbar ist?[84]
- ▶ Wie ist die Besteuerung durchzuführen, wenn die Einkünfte nach ausländischem Steuerrecht Einkünfte aus Kapitalvermögen (Dividenden), nach deutschem Steuerrecht aber Einkünfte aus Gewerbebetrieb (Einkünfte aus der Beteiligung an einer Mitunternehmerschaft) darstellen?[85]
- ▶ Kann eine ausländische Kapitalgesellschaft Einkünfte aus selbständiger Arbeit erzielen?[86]

---

81 FATCA-USA-Umsetzungsverordnung, Entwurf v. 6.3.2014, Internetseiten des BMF.
82 BFH v. 6.12.1985 VI R 56/82, BStBl 1986 II 390; v. 25.3.1988 VI R 142/87, BStBl 1988 II 584; vgl. auch BFH v. 17.4.1998 VI R 16/97, BStBl 1998 II 473, zur lediglich nach islamischen Recht gültigen Ehe; ebenso BFH v. 19.4.2007 III R 85/03, BFH/NV 2007, 1855.
83 BFH v. 5.2.1992 I R 9/90, BStBl 1992 II 607; FG Hamburg v. 13.9.2006 6 K 242/02, EFG 2007, 616, zur US-amerikanischen Withholding Tax.
84 BFH v. 19.3.1996 VIII R 15/94, BStBl 1996 II 312 m.w.N.; v. 4.4.2007 I R 110/05, BStBl 2007 II 521.
85 BFH v. 27.2.1991 I R 15/89, BStBl 1991 II 444; v. 26.2.1992 I R 85/91, BStBl 1992 II 937; v. 16.10.2002 I R 17/01, BStBl 2003 II 632; BMF v. 16.4.2010, BStBl 2010 I 354, Tz. 4.1.4.2; Neufassung geplant, Entwurf v. 5.11.2013 im Internet.
86 BFH v. 1.12.1982 I R 238/81, BStBl 1983 II 213.

- Liegen gewerbliche oder selbständige Einkünfte vor?
- Liegen inländische oder ausländische Einkünfte vor?[87]
- Wie ist ein grenzüberschreitender Leasingvertrag zu behandeln, wenn der Leasinggegenstand aufgrund unterschiedlicher Zuordnungsprinzipien in beiden Staaten jeweils dem Leasinggeber zugeordnet wird?[88]

90 Nicht immer lassen sich derartige Konflikte zur Zufriedenheit der Beteiligten lösen. Häufig hilft bei derartigen Qualifikationsproblemen – sofern ein DBA abgeschlossen ist – eine Auslegung des Abkommens. Lässt sich aber trotz aller Bemühungen eine effektive Doppelbesteuerung nicht vermeiden, bleibt bei Bestehen eines DBA als Ausweg nur die Einleitung eines Verständigungsverfahrens zwischen den Finanzbehörden der beteiligten Staaten.[89]

1.10 Ausland

91 Unter **Ausland** ist bis zur Herstellung der Einheit Deutschlands am 3.10.1990 ertragsteuerlich dasjenige Gebiet zu verstehen, das nicht zu den sog. alten Bundesländern einschließlich Berlin (West) (= Inland) zählt.[90] Das Gebiet der ehemaligen **DDR einschließlich Berlin (Ost)** wurde steuerrechtlich als Ausland,[91] staatsrechtlich weder als In- noch als Ausland behandelt.[92]

92 Der **Festlandsockel**[93] zählt nur insoweit zum Inland, soweit dort eine Tätigkeit in Verbindung mit Erforschung und Ausnutzung der Naturschätze des Meeresgrundes und -untergrundes (Bsp.: Öl-Bohrplattform) ausgeübt wird oder dieser der Energieerzeugung unter Nutzung erneuerbarer Energien dient (§ 1 Abs. 1 Satz 2 EStG;[94] Bsp.: Gewinne aus dem Betrieb von Offshore-Windkraftanlagen unterliegen der deutschen Besteuerung); ansonsten gilt der Festlandsockel als steuerliches Ausland.

93 **Schiffe auf hoher See**, d.h. außerhalb der sog. Zwölf-Seemeilen-Zone[95] und einer sich etwa anschließenden Ausschließlichen Wirtschaftszone,[96] gelten als schwimmender

---

[87] BFH v. 24.3.1998 I R 38/97, BStBl 1998 II 471.
[88] Diese Konstellation ist u.a. Grundlage für ein Cross-Border-Leasing, weil dann z.B. die Abschreibungen in beiden Staaten in Anspruch genommen werden können (Double Dip).
[89] BFH v. 29.1.2003 I R 6/99, BFH/NV 2003, 969; ausführlich Rdn. 1102 ff.
[90] BFH v. 25.3.1992 I B 98/91, BStBl 1992 II 878; für die Zeit zwischen dem 3.10.1990 und 31.12.1990 verbleibt es nach dem Einigungsvertrag vom 31.8.1990 bei der bisherigen Regelung.
[91] BFH v. 7.5.1993 VI R 98/92, BFH/NV 1994, 91 m.w.N.
[92] BVerfG v. 31.7.1973 2 BvF 1/73, BVerfGE 36,1 zum Grundlagenvertrag.
[93] Breite bis zu 200 Seemeilen (Art. 76 UN-Seerechtsübereinkommen vom 10.2.1982, BGBl 1994 II 1798); BFH v. 6.2.2006 VIII B 198/05, BFH/NV 2006, 1084: Es ist ernstlich zweifelhaft, ob neben dem Küstenmeer auch der der Bundesrepublik Deutschland zustehende Anteil am Festlandsockel zum Fördergebiet gehört.
[94] BMF v. 1.12.1982, BStBl 1982 I 309, betr. DBA Dänemark sowie ausführlich Art. 20 DBA-Norwegen; R 2.8 GewStR 2009, Amtl. Hinweise zu den GewStR H 2.8.
[95] Proklamation über die Ausweitung des deutschen Küstenmeeres vom 11.11.1994, BGBl 1994 I 3428, entsprechend Art. 2, 3 UN-Seerechtsübereinkommen.
[96] Art. 55 UN-Seerechtsübereinkommen; Breite bis zu 200 Seemeilen; Ergänzung des § 1 Abs. 1 Satz 2 EStG geplant durch das Gesetz zur Anpassung des nationalen Steuerrechts an den Beitritt Kroatiens zur EU und zur Änderung weiterer steuerlicher Vorschriften (JStG 2015).

Gebietsteil des Staates, dessen Flagge sie führen –[97] sog. Flaggenprinzip;[98] innerhalb der Hoheitsgewässer eines anderen Staates unterliegen sie dessen Steuergesetzen.

Die **Luftsäule oberhalb der Staatsfläche** zählt völkerrechtlich und steuerrechtlich zum Staatsgebiet des jeweils betroffenen Staates,[99] unabhängig davon, ob der ausländische Staat sein Besteuerungsrecht wahrnimmt. Im Übrigen gelten für Flugzeuge die Ausführungen in Rdn. 93 betreffend Seeschiffe entsprechend. 94

Zum ertragsteuerrechtlichen Inland gehören auch **Helgoland** und **Büsingen** sowie grundsätzlich **Freizonen (Freihäfen)**;[100] das Klein-Walsertal ist ertragsteuerlich Ausland. 95

Eine Besonderheit stellen die Vereinbarungen mit den Niederlanden über **grenzüberschreitende Gewerbegebiete** dar.[101] Hierunter ist ein räumlich abgeschlossenes Gebiet zu verstehen, das sich sowohl auf niederländisches als auch auf deutsches Hoheitsgebiet erstreckt und durch das die gemeinsame Grenze der beiden Vertragsstaaten verläuft, sofern die Vertragsstaaten das Gebiet einvernehmlich als grenzüberschreitendes Gewerbegebiet bestimmt haben. 96

1.11 Der Steuerpflichtige im internationalen Steuerrecht

Grundsätzlich kann man von drei unterschiedlichen Steuerpflichtigen ausgehen: 97

- Natürliche Personen,
- Personengesellschaften,
- Kapitalgesellschaften.

Weiter wird man grundsätzlich davon ausgehen können, dass derjenige, der im Ausland zu einer Steuer herangezogen wird, auch derjenige ist, der im Inland der Besteuerung unterliegt. Aber bereits oben wurde zum Problembereich Qualifikationskonflikt ausgeführt, dass die unterschiedlichen Rechts- und Steuersysteme häufig nicht miteinander harmonieren, auch nicht in der EU. Um nun die Steuervergünstigungen der Einzelsteuergesetze oder eines DBA bei ausländischen Einkünften in Anspruch nehmen zu können, muss die **Identität des Abgabenpflichtigen** gegeben sein: Derjenige, der im Ausland die Einkünfte erzielt hat und dort zur Steuer herangezogen wurde, muss auch derjenige sein, der im Inland Steuerpflichtiger ist; dabei ist auf die wirtschaftliche Steuerlast abzustellen (sog. **Subjektidentität**).[102] 98

Schwierigkeiten können sich bei **Beteiligungen an Personengesellschaften im Ausland** ergeben, wenn, wie z. B. in Frankreich, Spanien oder Tschechien, die Gesellschaft und 99

---

97 BFH v. 13.2.1974 I R 218/71, BFHE 111, 416; v. 5.10.1977 I R 250/75, BStBl 1978 II 50; v. 12.11.1986 I R 24/84, BStBl 1987 II 377; v. 5.2.1992 I R 9/90, BStBl 1992 II 607; v. 19.3.1997 I R 37/96, BFH/NV 1997, 666.
98 BGH v. 7.4.2009 2 Ars 180/09, NJW 2009, 3735; wegen der Einzelheiten vgl. die Internetseiten unter www.deutsche-flagge.de.
99 BFH v. 14.12.1988 I R 148/87, BStBl 1989 II 319; v. 27.11.1992 VI R 95/90, BFH/NV 1993, 365; v. 7.5.1993 VI R 98/92, BFH/NV 1994, 91.
100 BFH v. 13.4.1989 IV R 196/85, BStBl 1989 II 614.
101 Drittes Zusatzprotokoll zum DBA-Niederlande v. 4.6.2004, BGBl 2004 II 1653, 1655.
102 BFH v. 1.4.2003 I R 39/02, BStBl 2003 II 869.

nicht der einzelne Gesellschafter – ggf. als juristische Person – Steuerpflichtiger ist.[103] Hier muss man sich vergegenwärtigen, dass der Begriff „Personengesellschaft" ein Begriff ist, der aus dem zivilrechtlichen Handels- und Gesellschaftsrecht stammt; im Steuerrecht – vgl. § 15 Abs. 1 Nr. 2 EStG – ist entscheidendes Kriterium die Mitunternehmerschaft. Somit kann man ganz grob eine ausländische Gesellschaft anhand folgender Frage prüfen: Entspricht die ausländische Gesellschaft nach Aufbau, Struktur und wirtschaftlicher Bedeutung einer Mitunternehmerschaft nach § 15 EStG? Ist die Frage zu bejahen, so wird der inländische Gesellschafter so behandelt, als wenn er selbst die ausländischen Einkünfte erzielt hätte, d. h., die Subjektidentität wird bejaht.

> **BEISPIEL:**
>
> Der Inländer X ist als Kommanditist an der spanischen Z Sociedad en Comandita (S.C. = KG) mit Sitz in Madrid beteiligt. Nach dem spanischen Zivilgesetzbuch ist sie eine juristische Person und wird auch als solche in Spanien besteuert. Für Zwecke der deutschen Besteuerung ist sie als Personengesellschaft (Mitunternehmerschaft) einzustufen.[104]

100 Gleich verhält es sich, wenn die Frage zu entscheiden ist, ob das ausländische Rechtsgebilde einer **Kapitalgesellschaft** nach deutschem Recht entspricht: Man vergleicht die Struktur und Kennzeichen der ausländischen Gesellschaft mit denen einer deutschen Kapitalgesellschaft;[105] wenn sie eine korporationsrechtliche Struktur aufweist, kann sie aus der insoweit maßgebenden deutschen Sicht als eine Kapitalgesellschaft angesehen werden. Erst dann ist Subjektidentität zu bejahen.[106]

1.12 Mitwirkungspflichten bei Auslandssachverhalten (§ 90 Abs. 2, 3 AO)

101 Da es den deutschen Finanzbehörden aus völkerrechtlichen Grundsätzen heraus verwehrt ist, außerhalb des Hoheitsgebiets der Bundesrepublik Deutschland Ermittlungsmaßnahmen vorzunehmen, hat der Gesetzgeber in § 90 Abs. 2 AO die **erhöhte Mitwirkungspflicht des Steuerpflichtigen bei Auslandssachverhalten** normiert, die de facto zu einer Umkehr der Beweislast führt: Der Steuerpflichtige ist verpflichtet, alle erforderlichen und notwendigen Unterlagen beizubringen und ggf. innere Tatsachen, wie etwa eine Gewinnerzielungsabsicht, nachzuweisen, wobei für den Grad der Mitwirkungspflicht die Beweisnähe maßgebend ist.[107] Er hat dabei alle für ihn bestehenden rechtlichen und tatsächlichen Möglichkeiten auszuschöpfen. Die Mitwirkungspflicht des Steuerpflichtigen ist umso größer, je mehr Tatsachen und Beweismittel der von ihm beherrschten Informations- und Tätigkeitssphäre angehören und je ungewöhnlicher die Gestaltung ist.

---

103 Vgl. ausführlich Rdn. 630 ff. zum Thema Personengesellschaften im Abkommensrecht.
104 BMF v. 16. 4. 2010, BStBl 2010 I 354, Tz. 4.1.4.1 – Neufassung vgl. Fußnote 85; BFH v. 19. 5. 2010 I B 191/09, BStBl 2011 II 156.
105 BFH v. 26. 6. 2013 I R 48/12, BFH/NV 2013, 2002.
106 Vgl. Rdn. 927 ff.
107 BFH v. 12. 12. 2000 VIII R 36/99, BFH/NV 2001, 789; v. 1. 9. 2006 VIII B 81/05, BFH/NV 2006, 2297; v. 18. 12. 2012 I B 99/12, BFH/NV 2013, 728 ; v. 11. 7. 2013 IV R 27/09, BFH/NV 2013, 1826.

Die erhöhte Mitwirkungspflicht beinhaltet vor allem eine umfassende **Auskunfts- und Darlegungspflicht** (= Darlegung des wirtschaftlichen Zusammenhangs zwischen Leistungen und Aufwendungen)[108] sowie eine **Beweisvorsorge- und Beweisbeschaffungspflicht**[109] (Bsp.: Nachweis über die Höhe der ausländischen Einkünfte und über die Zahlung der ausländischen Steuer, Nachweis über Unterhaltszahlungen ins Ausland[110] usw.) einschließlich Vorlage ausländischer Bilanzen[111] und ggf. Benennung der hinter der ausländischen Gesellschaft stehenden Personen.[112] Der Steuerpflichtige kann sich dabei nicht auf entgegenstehendes ausländisches Recht berufen.[113]

102

Finanzbehörden und Finanzgerichte dürfen bei außergewöhnlichen Gestaltungen[114] und bei Steueroasen strengere Maßstäbe anlegen. Die Finanzverwaltung darf auf die Erkenntnisse des BZSt über steuerliche Auslandsbeziehungen (§ 5 Abs. 1 Nr. 6 FVG) zurückgreifen.[115]

103

Verletzt der Steuerpflichtige seine erhöhte Mitwirkungspflicht, so wird die den Finanzbehörden obliegende Amtsermittlungspflicht (vgl. §§ 86, 88 AO) zulasten des Steuerpflichtigen begrenzt.

104

Im **finanzgerichtlichen Verfahren** gilt hinsichtlich der erhöhten Mitwirkungspflicht Folgendes: Kommt der Steuerpflichtige seiner auch im finanzgerichtlichen Verfahren geltenden erhöhten Mitwirkungspflicht (vgl. § 76 Abs. 1 Satz 4 FGO) nicht nach, trifft den Steuerpflichtigen die Feststellungslast;[116] in diesem Fall kann das Finanzgericht seiner Entscheidung den Sachverhalt zugrunde legen, für den die größte Wahrscheinlichkeit spricht.[117] Einen im Ausland ansässigen Zeugen muss das Finanzgericht nicht von Amts wegen laden, sondern er muss nach der ständigen Rechtsprechung des BFH von demjenigen Prozessbeteiligten, der sich auf diesen Zeugen beruft, in die Sitzung gestellt werden.[118] Wird der Zeuge nicht gestellt, darf das Finanzgericht ohne Berücksichtigung dieses Beweismittels den ihm vorliegenden Sachverhalt nach freier Überzeugung (§ 96 Abs. 1 FGO) würdigen.[119]

105

Neu eingefügt wurde durch das StVergAbG die Bestimmung des **§ 90 Abs. 3 AO** über die besondere Form der Mitwirkung in Form der Aufzeichnung über die Art und den Inhalt der Geschäftsbeziehungen mit nahestehenden Personen im Sinne des § 1 Abs. 2

106

---

108 BFH v. 20. 7. 1988 I R 49/84, BStBl 1989 II 140.
109 BFH v. 20. 3. 2002 II R 84/99, BFH/NV 2002, 1017.
110 BFH v. 2. 12. 2004 III R 49/03, BFH/NV 2005, 739, mit ausführlicher Darlegung der Rechtsprechung.
111 BFH v. 16. 4. 1986 I R 32/84, BStBl 1986 II 736.
112 BFH v. 25. 11. 1999 I B 34/99, BFH/NV 2000, 677; v. 5. 11. 2001 VIII B 16/01, BFH/NV 2002, 312.
113 BFH v. 16. 4. 1980 I R 75/8, BStBl 1981 II 492; v. 16. 4. 1986 I R 32/84, BStBl 1986 II 736; v. 20. 4. 2000 V B 156/99, BFH/NV 2000, 1347.
114 BFH v. 11. 2. 1993 V R 128/89, BFH/NV 1994, 109.
115 BFH v. 19. 5. 2004 III B 23/03, n.v.
116 St. Rspr.; grundlegend BFH v. 15. 2. 1989 X R 16/86, BStBl 1989 II 462.
117 BFH v. 18. 12. 2002 I R 92/01, BFH/NV 2003, 964.
118 St. Rspr., BFH v. 5. 2. 2004 V B 205/02, BFH/NV 2004, 964; v. 1. 9. 2006 VIII B 81/05, BFH/NV 2006, 2297; v. 6. 11. 2006 V B 107/05, BFH/NV 2007, 467; v. 30. 5. 2011 XI B 90/10, BFH/NV 2011, 1479.
119 BFH v. 23. 9. 2010 XI B 97/09, BFH/NV 2011, 269; v. 12. 2. 2010 VIII B 192/09, BFH/NV 2010, 833.

AStG (**Dokumentationspflichten**) sowie die dazu erlassene **Gewinnabgrenzungsaufzeichnungsverordnung (GAufzV)**,[120] die sich in Tz. 3 umfänglich mit den Mitwirkungspflichten befasst. Einzelheiten hierzu werden im Zusammenhang mit den Verrechnungspreisen dargestellt.[121]

1.13 Anzeigepflichten von Auslandssachverhalten (§ 138 AO)

107 Um die Finanzbehörden in die Lage zu versetzen, ihrem Gesetzauftrag aus § 88 AO nachkommen zu können, die Steuern zutreffend festzusetzen, sieht § 138 Abs. 2 AO eine Anzeigepflicht von steuerrechtlich relevanten Auslandsbeziehungen vor (zur Frist vgl. § 138 Abs. 3 AO):

- ▶ Die Gründung und den Erwerb von Betrieben und Betriebstätten im Ausland;
- ▶ die Beteiligung an ausländischen Personengesellschaften oder deren Aufgabe oder Änderung;
- ▶ den Erwerb von Beteiligungen an einer Körperschaft, Personenvereinigung oder Vermögensmasse im Sinne des § 2 Nr. 1 KStG, wenn damit unmittelbar eine Beteiligung von mindestens 10 % oder mittelbar eine Beteiligung von mindestens 25 % am Kapital oder am Vermögen der Körperschaft, Personenvereinigung oder Vermögensmasse erreicht wird oder wenn die Summe der Anschaffungskosten aller Beteiligungen mehr als 150 000 Euro beträgt.

108 Einzelheiten regelt ein Schreiben des BMF;[122] eine Verletzung der Verpflichtung aus § 138 Abs. 2 AO kann als Steuergefährdung mit einem Bußgeld geahndet werden (§ 379 Abs. 2 Nr. 1 AO). Die Anzeigen und die beizufügenden Unterlagen wertet das BZSt aus und stellt sie in die finanzverwaltungsinterne Datenbank „Informationszentrale für steuerliche Auslandsbeziehungen (IZA)" ein. Rechtsgrundlage hierfür ist § 5 Abs. 1 Nr. 6 FVG.

1.14 Führung und Aufbewahrung von Büchern (§ 146 AO)

109 Bücher und die sonstigen Aufzeichnungen sind gemäß § 146 Abs. 2 Satz 1 AO grundsätzlich im Inland zu führen und aufzubewahren. Unter bestimmten, im Gesetz genau bezeichneten Voraussetzungen lässt § 146 Abs. 2a AO abweichend von diesem Grundsatz die Verlagerung der elektronischen Bücher und der sonstigen elektronischen Aufzeichnungen ins Ausland zu. Papierunterlagen sind dagegen weiterhin im Inland aufzubewahren.[123]

110–149   *Vorläufig nicht besetzt*

---

120 BStBl 2003 I 739.
121 Vgl. Rdn. 853 ff.
122 BMF v. 15. 4. 2010, BStBl 2010 I 346.
123 Ministerium der Finanzen Schleswig-Holstein v. 1. 3. 2012 - VI 328 - S 0316 - 032.

KAPITEL 2: STEUERINLÄNDER MIT AUSLANDSBEZIEHUNGEN – DIE EINZELSTEUERGESETZE

			Rdn.	Seite
2.1	Ausländische Einkünfte im Einkommensteuerrecht		150	34
	2.1.1 Unbeschränkte Einkommensteuerpflicht		150	34
		2.1.1.1 Grundsätze (§ 1 Abs. 1, 4 EStG)	150	34
		2.1.1.2 Erweitert unbeschränkte Steuerpflicht (§ 1 Abs. 2 EStG)	151	34
		2.1.1.3 Unbeschränkte Steuerpflicht auf Antrag (§ 1 Abs. 3 EStG)	153	35
		2.1.1.4 Steuerpflicht für Staatsangehörige eines EU-Mitgliedstaates (§ 1a EStG)	157	36
		2.1.1.5 Wechsel zwischen beschränkter und unbeschränkter Steuerpflicht (§ 2 Abs. 7 EStG)	160	36
	2.1.2 Ausländische Einkünfte		162	37
		2.1.2.1 Überblick	162	37
		2.1.2.2 Einkünfte aus Land- und Forstwirtschaft (§ 34d Nr. 1 EStG)	163	37
		2.1.2.3 Einkünfte aus Gewerbebetrieb (§ 34d Nr. 2 EStG)	168	38
		2.1.2.4 Einkünfte aus selbständiger Arbeit (§ 34d Nr. 3 EStG)	175	39
		2.1.2.5 Einkünfte aus Veräußerungsgeschäften (§ 34d Nr. 4 EStG)	179	39
		2.1.2.6 Einkünfte aus nichtselbständiger Arbeit (§ 34d Nr. 5 EStG)	183	40
		2.1.2.7 Einkünfte aus Kapitalvermögen (§ 34d Nr. 6 EStG)	189	40
		2.1.2.8 Einkünfte aus Vermietung und Verpachtung (§ 34d Nr. 7 EStG)	193	41
		2.1.2.9 Sonstige Einkünfte (§ 34d Nr. 8 EStG)	196	41
	2.1.3 Ermittlung der ausländischen Einkünfte		199	42
		2.1.3.1 Überblick	199	42
		2.1.3.2 Benennung von Zahlungsempfängern (§ 160 AO)	204	43
		2.1.3.3 Umrechnung	209	45
		2.1.3.4 Wechselkursgewinne und -verluste, Währungskursschwankungen	210	45
		2.1.3.5 Währungsverluste am Dotationskapital	212	46
		2.1.3.6 Ermittlung gewerblicher Einkünfte – Grundsätze	213	47
		2.1.3.7 Entnahme (§ 4 Abs. 1 Satz 3 und 4, § 4g, § 15 Abs. 1a EStG)	214	47
		2.1.3.8 Einlage (§ 4 Abs. 1 Satz 8 EStG)	222	50

			Rdn.	Seite
	2.1.3.9	Sitzverlegung einer Kapitalgesellschaft (§ 17 Abs. 5 EStG)	223	50
	2.1.3.10	Zinsschranke (§ 4h EStG)	225	51
	2.1.3.11	Ermittlung der Einkünfte aus Kapitalvermögen	226	51
	2.1.3.12	Ermittlung der Einkünfte aus Vermietung und Verpachtung	228	52
	2.1.3.13	Gewinnermittlung bei Handelsschiffen im internationalen Verkehr (§ 5a EStG)	231	53
2.1.4	Einschränkung des Verlustausgleichs (§ 2a Abs. 1, 2 EStG)		236	54
2.1.5	Anrechnungsverfahren (§ 34c Abs. 1 EStG)		247	57
	2.1.5.1	Überblick	247	57
	2.1.5.2	Anrechenbare ausländische Steuer	255	58
	2.1.5.3	Berechnungsmethode, Durchführung der Anrechnung	262	59
2.1.6	Abzug der ausländischen Steuer bei der Ermittlung der Einkünfte (§ 34c Abs. 2, 3 EStG)		284	65
	2.1.6.1	Abzug auf Antrag (§ 34c Abs. 2 EStG)	284	65
	2.1.6.2	Abzug von Amts wegen (§ 34c Abs. 3 EStG)	292	67
2.1.7	Ermäßigungsverfahren bei Doppelbesteuerungsabkommen (§ 34c Abs. 6 EStG)		294	68
2.1.8	Ausländische Einkünfte aus Kapitalvermögen (§ 32d Abs. 5 EStG)		300	68
2.1.9	Steuerpauschalierung (§ 34c Abs. 5 EStG)		303	69
	2.1.9.1	Überblick	303	69
	2.1.9.2	Pauschalierungserlass	307	70
	2.1.9.3	Auslandstätigkeitserlass	313	72
2.1.10	Verfahrensrechtliche Bestimmungen		324	74
	2.1.10.1	Nachweise, Übersetzungen ausländischer Urkunden	324	74
	2.1.10.2	Änderungsvorschriften, Nacherklärungspflicht	325	74
2.1.11	Progressionsvorbehalt bei steuerfreien ausländischen Einkünften (§ 32b EStG)		327	75
	2.1.11.1	Überblick	327	75
	2.1.11.2	Progressionsvorbehalt für steuerfreie DBA-Einkünfte (§ 32b Abs. 1 Satz 1 Nr. 3 EStG)	330	76
	2.1.11.3	Anpassung an EU-Recht	337	78
	2.1.11.4	Sonstige zwischenstaatliche Abkommen (§ 32b Abs. 1 Satz 1 Nr. 4 EStG)	338	79
	2.1.11.5	Progressionsvorbehalt bei unbeschränkter Steuerpflicht auf Antrag (§ 32b Abs. 1 Satz 1 Nr. 5 EStG)	339	79
	2.1.11.6	Organschaft und Progressionsvorbehalt (§ 32b Abs. 1a EStG)	342	80

			Rdn.	Seite
	2.1.11.7	Progressionsvorbehalt bei zeitweiser unbeschränkter Steuerpflicht sowie bei Doppelwohnsitz (§ 32b Abs. 1 Satz 1 Nr. 2 EStG)	343	80
2.1.12		Begünstigung der nicht entnommenen Gewinne (§ 34a EStG)	346	81
2.1.13		Besteuerung von Diplomaten, Konsuln, NATO-Truppenangehörigen und Angehörigen internationaler Organisationen	353	83
2.2	**Ausländische Einkünfte im Körperschaftsteuerrecht**		**358**	**84**
2.2.1	Grundlagen		358	84
	2.2.1.1	Steuerpflicht, ausländische Einkünfte, Einkunftsermittlung	358	84
	2.2.1.2	Zinsschranke, Gesellschafterfremdfinanzierung (§ 8a KStG)	361	85
	2.2.1.3	Verlust oder Beschränkung des Besteuerungsrechts (§ 12 KStG)	363	86
		2.2.1.3.1 Verlust oder Beschränkung des Besteuerungsrechts (§ 12 Abs. 1 KStG)	363	86
		2.2.1.3.2 Umwandlung von Nicht-EU-Gesellschaften (§ 12 Abs. 2 KStG)	364	86
		2.2.1.3.3 Sitzverlegung (§ 12 Abs. 3 KStG)	365	86
2.2.2	Besteuerung ausländischer Einkünfte – Überblick		366	86
2.2.3	Steuerfreie ausländische Einkünfte		367	87
2.2.4	Direkte Anrechnung (§ 26 KStG)		368	87
2.2.5	Abzug bei der Ermittlung der Summe der Einkünfte		373	88
2.2.6	Tonnagebesteuerung		374	89
2.2.7	Beteiligung an ausländischen Körperschaften und Personenvereinigungen (§ 8b KStG)		375	89
	2.2.7.1	Überblick	375	89
	2.2.7.2	Laufende Erträge (§ 8b Abs. 1 Satz 1 KStG)	378	89
	2.2.7.3	Hybride Finanzierung und sonstige Bezüge (§ 8b Abs. 1 Satz 2 bis 4 KStG)	380	90
	2.2.7.4	Erträge aus Veräußerungen (§ 8b Abs. 2 KStG)	383	91
	2.2.7.5	Abzug von Betriebsausgaben (§ 8b Abs. 3 und 5 KStG)	386	92
	2.2.7.6	Ausschüttungen aus Streubesitzdividenden	396	94
2.2.8	Organschaft (§§ 14 ff. KStG)		397	94

			Rdn.	Seite
2.3	Ausländische Einkünfte im Gewerbesteuerrecht		398	95
	2.3.1 Steuersubjekt		398	95
	2.3.2 Gewerbeertrag, Hinzurechnungen, Kürzungen		402	96

			Rdn.	Seite
2.4	Internationales Umwandlungssteuerrecht		412	98
	2.4.1 Einführung		412	98
	2.4.2 Verschmelzung auf eine Personengesellschaft oder auf eine natürliche Person und Formwechsel einer Kapitalgesellschaft in eine Personengesellschaft (§§ 3–10 UmwStG)		419	100
		2.4.2.1 Inländische Verschmelzung auf eine Personengesellschaft	419	100
		2.4.2.2 Ausländische Verschmelzung auf eine Personengesellschaft	428	103
		2.4.2.3 Grenzüberschreitende Verschmelzung auf eine Personengesellschaft	430	103
	2.4.3 Verschmelzung oder Vermögensübertragung (Vollübertragung) auf eine andere Körperschaft (§§ 11–13 UmwStG)		435	105
		2.4.3.1 Inländische Verschmelzung mit Auslandsbezug	435	105
		2.4.3.2 Ausländische Verschmelzung mit Inlandsbezug	438	106
		2.4.3.3 Grenzüberschreitende Verschmelzung	441	107
	2.4.4 Aufspaltung, Abspaltung und Vermögensübertragung (§§ 15 f. UmwStG)		449	109
	2.4.5 Gewerbesteuer (§§ 18 f. UmwStG)		452	109
	2.4.6 Einbringung von Unternehmensteilen in eine Kapitalgesellschaft oder Genossenschaft und Anteilstausch (§§ 20–23 UmwStG)		453	110
		2.4.6.1 Einbringung in eine inländische Kapitalgesellschaft mit Auslandsbezug	458	112
		2.4.6.2 Einbringung in eine ausländische Kapitalgesellschaft mit Inlandsbezug	460	112
		2.4.6.3 Grenzüberschreitende Einbringung in eine Kapitalgesellschaft	461	113
	2.4.7 Einbringung eines Betriebs, Teilbetriebs oder Mitunternehmeranteils in eine Personengesellschaft (§ 24 UmwStG)		466	114
		2.4.7.1 Einbringung in eine inländische Personengesellschaft	467	115
		2.4.7.2 Einbringung in eine ausländische Personengesellschaft	468	115
		2.4.7.3 Grenzüberschreitende Einbringung in eine Personengesellschaft	469	115

			Rdn.	Seite
	2.4.8	Formwechsel einer Personengesellschaft in eine Kapitalgesellschaft oder Genossenschaft (§ 25 UmwStG)	470	116
2.5	Auslandsvermögen im Vermögensteuergesetz		471	116
2.6	Auslandsvermögen im Erbschaftsteuer- und Schenkungsteuergesetz		474	117
	2.6.1	Überblick	474	117
	2.6.2	Unbeschränkte und beschränkte Steuerpflicht (§ 2 ErbStG)	477	117
	2.6.3	Anrechnung, Auslandsvermögen (§ 21 ErbStG)	485	119
	2.6.4	Anrechnungsverfahren bei Doppelbesteuerungsabkommen (§ 21 Abs. 4 ErbStG)	499	122
	2.6.5	Progressionsvorbehalt (§ 19 Abs. 2 ErbStG)	501	123
	2.6.6	Korrekturvorschriften	502	123
	2.6.7	Anzeigepflicht (§ 33 ErbStG)	504	124
	2.6.8	ErbStG und Europarecht	505	124

Kapitel 2: Steuerinländer mit Auslandsbeziehungen – Die Einzelsteuergesetze

2.1 Ausländische Einkünfte im Einkommensteuerrecht

2.1.1 Unbeschränkte Einkommensteuerpflicht

2.1.1.1 Grundsätze (§ 1 Abs. 1, 4 EStG)

150 Der **unbeschränkten Einkommensteuerpflicht** mit der Folge der **Besteuerung des Welteinkommens** unterliegen diejenigen natürlichen Personen, die im Inland einen Wohnsitz oder ihren gewöhnlichen Aufenthalt haben (§ 1 Abs. 1 Satz 1 EStG). Umgekehrt unterliegen diejenigen, die zwar inländische Einkünfte beziehen, aber im Inland weder über einen Wohnsitz noch einen gewöhnlichen Aufenthalt verfügen, nach § 1 Abs. 4 EStG lediglich mit ihren Quelleneinkünften der beschränkten Steuerpflicht.[124]

2.1.1.2 Erweitert unbeschränkte Steuerpflicht (§ 1 Abs. 2 EStG)

151 In § 1 Abs. 2 EStG wird die sog. **erweitert unbeschränkte Steuerpflicht für deutsche Auslandsbeamte** geregelt.[125] Danach unterliegen auch diejenigen natürlichen Personen der unbeschränkten Steuerpflicht, die

- ▶ die deutsche Staatsangehörigkeit besitzen,
- ▶ im Inland weder über Wohnsitz noch gewöhnlichen Aufenthalt verfügen,
- ▶ zu einer inländischen juristischen Person des öffentlichen Rechts in einem konkreten Dienstverhältnis stehen,[126]
- ▶ Arbeitslohn hierfür aus einer inländischen öffentlichen Kasse[127] beziehen,[128]
- ▶ in dem Staat, in dem sie ihren Wohnsitz oder gewöhnlichen Aufenthalt haben, lediglich in einem der beschränkten Steuerpflicht entsprechenden Umfang zu einer Steuer vom Einkommen herangezogen werden.[129]

152 Diese erweitert unbeschränkte Einkommensteuerpflicht gilt auch für die zum Haushalt gehörenden Angehörigen (§ 15 AO), die die deutsche Staatsangehörigkeit besitzen oder über keine oder nur im Inland steuerpflichtigen Einkünfte verfügen.

---

[124] Zur beschränkten Steuerpflicht vgl. Abschnitt 6.
[125] Zur Besteuerung der ausländischen Diplomaten Rdn. 353 ff.
[126] Erfasst werden Beamte, Angestellte, Arbeiter und Richter; BFH v. 4.12.1991 I R 38/91, BStBl 1992 II 548; v. 16.2.1996 I R 64/95, BFHE 180, 104; v. 23.9.1998 I R 53/98, BFH/NV 1999, 458.
[127] Zum Begriff öffentliche Kasse Rdn. 185.
[128] BFH v. 16.2.1996 I R 64/95, BFHE 180, 104; v. 23.9.1998 I R 53/98, BFH/NV 1999, 458; abgelehnt z. B. für Mitarbeiter des Goethe-Instituts: BFH v. 22.2.2006 I R 60/05, BStBl 2007 II 106.
[129] Vgl. BFH v. 5.9.2001 I R 88/00, BFH/NV 2002, 623: Der Steuerpflichtige darf im anderen Staat nicht aufgrund seines Wohnsitzes unbeschränkt steuerpflichtig sein.

2.1.1.3 Unbeschränkte Steuerpflicht auf Antrag (§ 1 Abs. 3 EStG)

Aufgrund des sog. Schumacker-Urteils des EuGH[130] wurde § 1 Abs. 3 EStG ab VZ 1996 den Erfordernissen des Gemeinschaftsrechts angepasst sowie § 1a EStG in das Gesetz eingefügt. Der EuGH hat in diesem Urteil gefordert, dass in Deutschland (Tätigkeitsstaat) beschränkt steuerpflichtige EU-Angehörige mit Wohnsitz in einem anderen EU-Mitgliedstaat, die ihr Einkommen ausschließlich oder fast ausschließlich aus nichtselbständiger Tätigkeit im (anderen) Tätigkeitsstaat beziehen, unbeschränkt Steuerpflichtigen gleichzustellen sind, wenn sie im Wohnsitzstaat keine ausreichenden Einkünfte erzielen, um dort der Besteuerung unterworfen zu werden.

153

Auf Antrag nach **§ 1 Abs. 3 EStG** werden **natürliche Personen unabhängig von ihrer Staatsangehörigkeit**[131] **als unbeschränkt steuerpflichtig** behandelt, die

154

- im Inland weder über Wohnsitz noch gewöhnlichen Aufenthalt verfügen und
- inländische Einkünfte i. S. des § 49 EStG haben,

wenn ihre Einkünfte ausschließlich oder fast ausschließlich (mindestens 90 %) der deutschen Einkommensteuer unterliegen oder die nicht der deutschen Einkommensteuer unterliegenden Einkünfte den Grundfreibetrag nach § 32a Abs. 1 Satz 2 Nr. 1 EStG nicht übersteigen; dieser Betrag ist zu kürzen, soweit es nach den Verhältnissen im Wohnsitzstaat des Steuerpflichtigen notwendig und angemessen ist.[132] Die Einkünfte von Eheleuten sind nach deutschem Recht zu ermitteln, auch wenn die Einkünfte im ausländischen Wohnsitzstaat steuerfrei sind.[133] Inländische Einkünfte, die nach einem DBA nur der Höhe nach beschränkt besteuert werden dürfen (Bsp.: Kapitaleinkünfte), gelten hierbei als nicht der deutschen Einkommensteuer unterliegend. Unberücksichtigt bleiben bei der Ermittlung der Einkünfte nicht der deutschen Einkommensteuer unterliegende Einkünfte, die im Ausland nicht besteuert werden, soweit vergleichbare Einkünfte im Inland steuerfrei sind (Bsp.: Lohnersatzleistungen). Die Höhe der ausländischen Einkünfte ist durch eine Bescheinigung der ausländischen Steuerbehörde nachzuweisen, und zwar auch dann, wenn der Steuerpflichtige vorträgt, keine derartigen Einkünfte erzielt zu haben.[134] Ein Steuerabzug nach § 50a EStG darf für die dort genannten Einkünfte – Aufsichtsratstätigkeit, Künstler, Sportler, Entertainer, Journalist, Lizenzgeber usw. – zur Sicherung des Steueraufkommens vorgenommen werden.

155

Der Splittingtarif wird nur gewährt, wenn beide Ehegatten die Voraussetzungen des § 1 Abs. 3 EStG erfüllen;[135] die Beträge nach Satz 2 werden dann verdoppelt.

156

---

130 EuGH v. 14. 2. 1995 C-273/93 Schumacker, NJW 1995, 1207.
131 Einschließlich der deutschen Staatsangehörigen.
132 Ländergruppeneinteilung lt. BMF v. 18. 11. 2013, BStBl 2013 I 1462.
133 BFH v. 20. 8. 2008 I R 78/07, BStBl 2009 II 708.
134 BFH v. 8. 9. 2010 I R 80/09, BStBl 2011 II 447.
135 BFH v. 22. 2. 2006 I R 60/05, BStBl 2007 II 106.

2.1.1.4 Steuerpflicht für Staatsangehörige eines EU-Mitgliedstaates (§ 1a EStG)

157 Zielgruppe des § 1a Abs. 1 EStG sind verheiratete Personen mit EU-Staatsangehörigkeit, wenn der Ehegatte[136] und die ggf. gemeinsamen Kinder im EU-Ausland wohnen. Aufgrund des **EWR-Vertrags**[137] müssen darüber hinaus die Staatsangehörigen Islands, Liechtensteins und Norwegens den EU-Bürgern gleichgestellt werden.

158 Der Ehegatte, der die inländischen Einkünfte erzielt, muss entweder nach § 1 Abs. 1 oder nach § 1 Abs. 3 EStG unbeschränkt steuerpflichtig sein. Sind die vorgenannten Voraussetzungen erfüllt, wird eine Zusammenveranlagung (Splittingtarif) mit dem im Ausland wohnhaften Ehegatten nebst Verdoppelung von Höchst- und Pauschbeträgen – einschließlich der Kinderkomponenten – und unter Berücksichtigung des Progressionsvorbehalts (§ 32b Abs. 1 Nr. 5 EStG) durchgeführt (§ 1a Abs. 1 Nr. 2 EStG), wobei in den Fällen, in denen der eine Ehegatte nach § 1 Abs. 1 EStG unbeschränkt steuerpflichtig ist, es nicht erforderlich ist, dass die gemeinsamen Einkünfte der Ehegatten zu mindestens 90 % der deutschen Einkommensteuer unterliegen oder die ausländischen Einkünfte der Ehegatten den doppelten Grundfreibetrag nicht übersteigen.[138]

159 Ferner ist es möglich, Versorgungsleistungen (§ 10 Abs. 1 Nr. 1a EStG) an einen im Ausland ansässigen Empfänger sowie Unterhaltsleistungen an den geschiedenen oder dauernd getrennt lebenden Ehegatten (§ 10 Abs. 1 Nr. 1 EStG) als Sonderausgaben abzuziehen. Sind im Wohnsitzstaat des Empfängers der Leistungen diese nicht steuerpflichtig, scheidet insoweit ein Abzug aus (§ 1a Abs. 1 Nr. 1 Satz 3 EStG).[139]

2.1.1.5 Wechsel zwischen beschränkter und unbeschränkter Steuerpflicht (§ 2 Abs. 7 EStG)

160 Die Einkommensteuer ist eine Jahressteuer (§ 2 Abs. 7 Satz 1 EStG), deren Grundlagen jeweils für ein Kalenderjahr zu ermitteln sind (§ 2 Abs. 7 Satz 2 EStG). Bei einem Steuerpflichtigen, der während eines Kalenderjahres von der unbeschränkten in die beschränkte Steuerpflicht oder umgekehrt wechselt, sind die während der Zeit der beschränkten Steuerpflicht erzielten inländischen Einkünfte in die Veranlagung zur unbeschränkten Steuerpflicht einzubeziehen.[140] In diesen Fällen ist eine einheitliche Einkommensteuerveranlagung für den VZ vorzunehmen.

> **BEISPIEL:** Der Steuerpflichtige A mit Einkünften aus nichtselbständiger Arbeit wird von seinem Arbeitgeber auf den 1.7.2013 nach Riad/Saudi Arabien versetzt und verlegt seinen Wohnsitz dorthin. Seine Vierzimmerwohnung in Köln, die bisher eigengenutzt war, wird ab dem Zeitpunkt des Wohnsitzwechsels fremdvermietet. In die Einkommensteuerveranlagung 2013 sind

---

136 Der Ehegatte muss nicht die EU- bzw. EWR-Staatsangehörigkeit besitzen.
137 BGBl 1993 II 266; ABl 1994 L 1, 3; vgl. Rdn. 1554.
138 BFH v. 8.9.2010 I R 28/10, BStBl 2011 II 269.
139 BFH v. 13.12.2005 XI R 5/02, BFH/NV 2006, 1069.
140 BFH v. 25.8.2009 I R 33/08, BFH/NV 2009, 2033.

auch die ab 1.7.2013 erzielten Einkünfte aus Vermietung und Verpachtung mit einzubeziehen.

Soweit der Steuerpflichtige ausländische Einkünfte erzielt hat, die nicht der deutschen Einkommensteuer unterlegen haben, sind diese im Rahmen des Progressionsvorbehalts nach § 32b Abs. 1 Nr. 2 EStG zu berücksichtigen.[141]

161

2.1.2 Ausländische Einkünfte
2.1.2.1 Überblick

In § 34d EStG werden insbesondere für Zwecke der Anrechnung der ausländischen Steuern nach § 34c EStG die ausländischen Einkünfte i. S. des EStG einzeln definiert und erläutert. Die Qualifizierung der ausländischen Einkünfte erfolgt nach deutschem Steuerrecht; sie werden dann der entsprechenden Einkunftsart i. S. des § 34d EStG zugeordnet[142]. Nicht zu den ausländischen Einkünften i. S. des § 34d EStG zählen diejenigen ausländischen Einkünfte, die aufgrund der Bestimmungen der Hinzurechnungsbesteuerung nach §§ 7 ff. AStG dem Steuerpflichtigen als Einkünfte hinzugerechnet werden.[143]

162

2.1.2.2 Einkünfte aus Land- und Forstwirtschaft (§ 34d Nr. 1 EStG)

Voraussetzung ist die **Auslandsbelegenheit der bewirtschafteten Flächen**.[144] Zu den Einkünften aus einer im Ausland betriebenen Land- und Forstwirtschaft können auch Einkünfte aus der Veräußerung von Wirtschaftsgütern und Kapitalanteilen (§ 34d Nr. 4 EStG), Einkünfte aus Kapitalvermögen (§ 34d Nr. 6 EStG), Einkünfte aus Vermietung und Verpachtung (§ 34d Nr. 7 EStG) und sonstige Einkünfte (§ 34d Nr. 8 EStG) zählen, soweit sie wirtschaftlich zu den Einkünften aus Land- und Forstwirtschaft gehören. Unerheblich ist, ob der Steuerpflichtige selbst den Betrieb betreibt oder durch einen Angestellten im Ausland bewirtschaften lässt und vom Inland aus führt.[145]

163

Werden von einem inländischen Betrieb aus im Ausland belegene Grundstücke bewirtschaftet, so ist bei einer Gewinnermittlung nach § 13a EStG der auf die ausländischen Grundstücke entfallende Gewinn in der Weise zu ermitteln, dass der Gesamtgewinn nach dem Verhältnis der in- und ausländischen Grundstücke aufgeteilt wird.[146]

164

Bei buchführungspflichtigen Landwirten wird vorab ein Teil des Gesamtgewinns dem Hof zugerechnet und sodann die Aufteilung des Restgewinns nach dem Verhältnis der Flächen vorgenommen.

165

---

141 Vgl. Rdn. 343 ff.
142 Zur Frage, wann ausländische Einkünfte (= Auslandsbezug der Einkünfte) vorliegen vgl. BFH v. 24.3.1998 I R 38/97, BStBl 1998 II 471; v. 8.7.1998 I R 112/97, BStBl 1999 II 123; v. 1.4.2003 I R 39/02, BStBl 2003 II 869.
143 BFH v. 20.4.1988 I R 197/84, BStBl 1988 II 983.
144 Vgl. BFH v. 17.12.1997 I R 95/96, BStBl 1998 II 260, zu dem insoweit wortgleichen § 49 Abs. 1 Nr. 1 EStG.
145 Zur Führung einer im Ausland belegenen Farm sowie zur Unternehmensinitiative vgl. u. a. BFH v. 12.12.1990 I R 127/88, BFH/NV 1992, 104; v. 13.5.1993 IV R 69/92, BFH/NV 1994, 100; v. 11.12.1997 IV R 86/95, BFH/NV 1998, 950; v. 2.7.1998 IV R 90/96, BFH/NV 1999, 754.
146 BFH v. 17.12.1997 I R 95/96, BStBl 1998 II 260.

166 Bei **Verlusten** ist § 2a Abs. 1 Nr. 1 EStG zu prüfen (vgl. Rdn. 236 ff.).

167 Zu Einkünften aus Land- und Forstwirtschaft im Rahmen eines DBA vgl. Rdn. 656 ff.

2.1.2.3 Einkünfte aus Gewerbebetrieb (§ 34d Nr. 2 EStG)

168 Die gewerblichen Einkünfte müssen durch eine **im Ausland belegene Betriebsstätte** (§ 12 AO)[147] oder einen dort tätigen **ständigen Vertreter** (§ 13 AO) erzielt werden (§ 34d Nr. 2 Buchst. a EStG).

169 Für die Begründung ausländischer Einkünfte genügt es, dass im Ausland eine Betriebsstätte für den Gewerbebetrieb einer inländischen Personengesellschaft unterhalten wird und die Betriebsstätteneinkünfte anteilig dem unbeschränkt Steuerpflichtigen zuzurechnen sind. Ist der unbeschränkt Steuerpflichtige an einer ausländischen Personengesellschaft beteiligt, wird der Gesellschafter so behandelt, als betreibe er mit seinem Gesellschaftsanteil ein eigenes, von den Mitgesellschaftern unabhängiges Unternehmen, für das er eine Betriebsstätte am Ort der Geschäftseinrichtung der ausländischen Personengesellschaft unterhält.[148]

170 Wie bei den Einkünften aus Land- und Forstwirtschaft sind den Einkünften nach § 34d Nr. 2 Buchst. a) EStG Veräußerungseinkünfte, Kapitaleinkünfte, Einkünfte aus Vermietung und Verpachtung sowie Einkünfte aus sonstigen Leistungen hinzuzurechnen, sofern sie wirtschaftlich zu den Einkünften aus Gewerbebetrieb gehören.

171 Ferner fallen unter die gewerblichen Einkünfte nach § 34d Nr. 2 Buchst. b) EStG **Einkünfte aus Bürgschafts- und Avalprovisionen** (= Wechselbürgschaft, Wechselkredit; Art. 30 ff. WechselG) und nach § 34d Nr. 2 Buchst. c) EStG **Einkünfte aus dem Betrieb von Seeschiffen und Luftfahrzeugen zwischen ausländischen und von ausländischen zu inländischen Häfen**.

172 **Nachträgliche Einkünfte aus Gewerbebetrieb** (= Einkünfte nach Aufgabe der Betriebsstätte) sind in dem Staat zu besteuern, in dem die aktive Tätigkeit ausgeübt wurde, sofern die frühere Tätigkeit der Betriebsstätte ursächlich für diese Einkünfte ist.[149] Diese Einkünfte sind in sinngemäßer Anwendung des § 4 Abs. 3 EStG unter Berücksichtigung des Zu- und Abflussprinzips zu ermitteln.[150]

173 Bei **Verlusten** ist § 2a Abs. 1, 2 EStG zu prüfen (vgl. Rdn. 236 ff.).

174 Zu gewerblichen Einkünften im Rahmen eines DBA vgl. Rdn. 666 ff., 727 ff.

---

147 Ausführlich zum Begriff der Betriebsstätte Rdn. 671 ff.
148 Ausführlich Rdn. 630 ff.
149 H 34d EStH; streitig – aus BFH v. 8. 11. 2010 I R 106/09, BFH/NV 2011, 365, wird in der Literatur abgeleitet, dass nachträgliche Betriebsstätteneinkünfte nur dann vom Betriebsstättenstaat besteuert werden dürfen, wenn die Betriebsstätte im Zeitpunkt der Vereinnahmung / Zahlung noch besteht; lt. BFH v. 19. 12. 2007 I R 19/06, BStBl 2010 II 398, und v. 28. 10. 2009 I R 99/08, BFH/NV 2010, 346 – bestätigt durch BFH v. 12. 6. 2013 I R 47/12, DStR 2013, 2320 –, gibt es keine „betriebsstättenlose" Einkünfte.
150 BFH v. 23. 2. 2012 IV R 31/09, BFH/NV 2012, 1448.

2.1.2.4 Einkünfte aus selbständiger Arbeit (§ 34d Nr. 3 EStG)

Wird eine selbständige Tätigkeit i. S. des § 18 EStG im Ausland ausgeübt oder verwertet, so liegen ausländische Einkünfte aus selbständiger Arbeit vor. **Ausgeübt** wird die selbständige Tätigkeit dort, **wo sich die ausübende Person physisch aufhält** und die Berufstätigkeit persönlich entfaltet.[151] Einkünfte aus selbständiger Arbeit kann nur eine natürliche Person erzielen.[152] Zur selbständigen Arbeit gehören auch künstlerische, sportliche, artistische und ähnliche Darstellungen. Soweit durch diese Tätigkeit Einkünfte gemäß § 34d Nr. 4, 6, 7 und 8 Buchst. c EStG veranlasst sind, zählen diese ebenfalls zu den Einkünften aus selbständiger Arbeit. 175

Verwertung setzt einen über die Arbeitsleistung hinausgehenden Vorgang voraus, mit dem das Ergebnis der Arbeitsleistung vom Steuerpflichtigen selbst dem Ausland zugeführt wird, d. h. Nutzbarmachung an einem Ort, der nicht mit dem Ort der Ausübung identisch ist.[153] Problematisch kann im Einzelfall die Abgrenzung zu Einkünften aus Vermietung und Verpachtung sein. Beispiele für Verwertung: Vergabe von Lizenzen für die Auswertung einer Erfindung,[154] Verwertung durch Verfilmung eines Romans,[155] Verwertung von Autorenrechten (in der Regel am Ort der Geschäftsleitung des Verlages)[156] sowie Vergütungen für spätere Verwertung schriftstellerischer Tätigkeit.[157] 176

Verluste aus selbständiger Arbeit fallen **nicht unter § 2a EStG**. 177

Zu Einkünften aus selbständiger Tätigkeit im Rahmen eines DBA vgl. Rdn. 979 ff. 178

2.1.2.5 Einkünfte aus Veräußerungsgeschäften (§ 34d Nr. 4 EStG)

Hierunter fallen Einkünfte aus der **Veräußerung von beweglichen und unbeweglichen Wirtschaftsgütern**, sofern das Wirtschaftsgut zum Anlagevermögen eines Betriebes gehört und sich im Ausland befindet und nicht im Rahmen der Einkünfte gemäß § 34d Nr. 1, 2, oder 3 EStG veräußert wird. 179

Weiter zählen zu dieser Einkunftsart die Einkünfte aus der **Veräußerung von Anteilen an Kapitalgesellschaften** mit Geschäftsleitung oder Sitz im Ausland. 180

Bei **Verlusten** ist § 2a Abs. 1 EStG zu prüfen (vgl. Rdn. 236 ff.). 181

Zu Einkünften aus Veräußerungsgeschäften im Rahmen eines DBA vgl. Rdn. 972 ff. 182

---

151 BFH v. 12.11.1986 I R 268/83, BStBl 1987 II 372; v. 11.4.1990 I R 82/86, BFH/NV 1991, 143; schriftstellerische Tätigkeit an dem Ort, an dem die Texte verfasst werden: BFH v. 15.2.1990 IV R 13/89, BStBl 1990 II 621.
152 BFH v. 4.3.1970 I R 140/66, BStBl 1970 II 428.
153 BFH v. 5.11.1992 I R 41/92, BStBl 1993 II 407.
154 BFH v. 13.10.1976 I R 261/70, BStBl 1977 II 76; v. 11.4.1990 I R 82/86, BFH/NV 1991, 143.
155 BFH v. 12.11.1986 I R 268/83, BStBl 1987 II 372.
156 BFH v. 20.7.1988 I R 174/85, BStBl 1989 II 87.
157 BFH v. 15.2.1990 IV R 13/98, BStBl 1990 II 621.

2.1.2.6 Einkünfte aus nichtselbständiger Arbeit (§ 34d Nr. 5 EStG)

183 Wird die nichtselbständige Arbeit i. S. des § 19 EStG im Ausland ausgeübt, so liegen ausländische Einkünfte[158] i. S. des § 34d Nr. 5 EStG vor. Die Besteuerung erfolgt grundsätzlich nach dem sog. **Arbeitsortsprinzip = Besteuerung an dem Ort, an dem die Arbeitsleistung erbracht wird. Ausgeübt** wird die Tätigkeit auf dem Gebiet des Staates, in dem sich der Arbeitnehmer **tatsächlich physisch** aufhält und die vereinbarte Arbeitsleitung erbracht wird (Bsp.: Ein Fernfahrer übt seine nichtselbständige Tätigkeit dort aus, wo er das ihm anvertraute Fahrzeug lenkt).[159]

184 **Der Ausübungstatbestand hat Vorrang vor dem Verwertungstatbestand:** Wird die Arbeit im Ausland verwertet, so handelt es sich nur dann um ausländische Einkünfte i. S. des § 34d Nr. 5 EStG, wenn sie nicht im Inland ausgeübt worden ist. Eine **Verwertung** nichtselbständiger Arbeit ist ein Vorgang, durch den der Arbeitnehmer das Ergebnis seiner Arbeit seinem Arbeitgeber zuführt.[160] Unerheblich ist, ob der Arbeitslohn zulasten eines inländischen Arbeitgebers gezahlt wird.

> **BEISPIEL** Die Tätigkeit des Arbeitnehmers besteht darin, mit ausländischen Interessenten vor Ort im Ausland Kontakt aufzunehmen und diesen Auskünfte über Produkte seines inländischen Arbeitgebers zu erteilen, wodurch deren Meinungsbildung derart beeinflusst wird, dass diese bei irgendwelchen Projekten an den Arbeitgeber denken und ihn bei der Auftragsvergabe bedenken. Dies stellt eine Verwertung der Tätigkeit im Ausland dar.

185 Ferner fallen unter Nr. 5 Einkünfte aus **ausländischen öffentlichen Kassen** (sog. **Kassenstaatsprinzip**).[161] Unter „öffentlicher Kasse" ist die Kasse einer Körperschaft des öffentlichen Rechts zu verstehen, die einer Dienstaufsicht und Prüfung hinsichtlich des Finanzgebarens durch die öffentliche Hand unterliegt.[162]

186 Nicht zu den ausländischen Einkünften i. S. des § 34d Nr. 5 EStG zählen die Zahlungen **inländischer öffentlicher Kassen** einschließlich der der Deutschen Bundesbahn und der Deutschen Bundesbank für eine im Ausland ausgeübte Arbeit.[163]

187 **Verluste** aus nichtselbständiger Arbeit **fallen nicht unter § 2a EStG**.

188 Zu Einkünften aus nichtselbständiger Arbeit im Rahmen eines DBA vgl. Rdn. 995 ff.

2.1.2.7 Einkünfte aus Kapitalvermögen (§ 34d Nr. 6 EStG)

189 Ausländische Einkünfte aus Kapitalvermögen i. S. des § 20 EStG liegen dann vor, wenn der Schuldner Wohnsitz, Geschäftsleitung oder Sitz im Ausland hat, oder wenn das Ka-

---

158 Zum Umfang der Einkünfte aus nichtselbständiger Arbeit vgl. BFH v. 20. 12. 2000 XI R 32/00, BFH/NV 2001, 860.
159 BFH v. 16. 5. 2002 I B 80/01, BFH/NV 2002, 1423, mit weiteren Nachweisen der Rechtsprechung.
160 BFH v. 12. 11. 1986 I R 69/83, BStBl 1987 II 379; v. 12. 11. 1986 I R 320/83, BStBl 1987 II 381; v. 12. 11. 1986 I R 192/85, BStBl 1987 II 383; v. 12. 11. 1986 I R 38/83, BStBl 1987 II 377; v. 12. 11. 1986 I R 140/80, BFH/NV 1987, 761; v. 12. 11. 1986 I R 24/84, BFH/NV 1988 298.
161 Vgl. Rdn. 1081 ff.
162 BFH v. 9. 2. 1956 IV 609/54 U, BStBl 1956 III 183; BFH v. 7. 8. 1986 IV R 228/82, BStBl 1986 II 848.
163 BFH v. 23. 9. 1998 I B 53/98, BFH/NV 1999, 458, und v. 13. 8. 1997 I R 65/95, BStBl 1998 II 21 (Auslandslehrer), v. 17. 12. 1997 I R 60-61/97, BStBl 1999 II 13 (Beamter mit Wohnsitz im Ausland bei privatrechtlicher Versicherungsanstalt) und v. 5. 9. 2001 I R 88/00, BFH/NV 2002, 373.

pitalvermögen durch im Ausland belegenen Grundbesitz gesichert ist (Hypothek, Grundschuld auf einem ausländischen Grundstück).[164]

Ausländische Kapitalerträge mit Steuerabzug (§ 43 Abs. 1 Satz 1 Nr. 6 EStG) liegen dann vor, wenn der Schuldner keinen Wohnsitz, Geschäftsleitung oder Sitz im Inland hat (§ 43 Abs. 3 Satz 4 EStG). 190

Bei **Verlusten** ist § 2a Abs. 1 EStG zu prüfen (vgl. Rdn. 236 ff.). 191

Zu Kapitaleinkünften im Rahmen eines DBA vgl. Rdn. 907 ff. (Dividendeneinkünfte), Rdn. 955 ff. (Zinseinkünfte). 192

2.1.2.8 Einkünfte aus Vermietung und Verpachtung (§ 34d Nr. 7 EStG)

Ausländische Einkünfte aus Vermietung und Verpachtung i. S. des § 21 EStG sieht das Gesetz vor, wenn das unbewegliche Vermögen oder die vermieteten Sachinbegriffe im Ausland belegen oder die Rechte zur Nutzung (§ 21 Abs. 1 EStG; Bsp.: Überlassung geschützter Filmrechte,[165] Lizenzen,[166] Autorenrechte,[167] Überlassung von Nutzungsrechten an Standardsoftware,[168] Einräumung des Rechts zur Bandenwerbung)[169] im Ausland überlassen sind. Nicht zu den Einkünften aus Vermietung und Verpachtung gehören Zinsen eines der Immobilienverwaltung dienenden Bankkontos; hierbei handelt es sich um Kapitaleinkünfte. 193

Bei **Verlusten** ist § 2a Abs. 1 EStG zu prüfen (vgl. Rdn. 236 ff.). 194

Zu Einkünften aus unbeweglichem Vermögen im Rahmen eines DBA vgl. Rdn. 656 ff. 195

2.1.2.9 Sonstige Einkünfte (§ 34d Nr. 8 EStG)

Sonstige ausländische Einkünfte sind in folgenden Fällen gegeben: 196

Der zur Leistung wiederkehrender Bezüge (§ 22 Nr. 1 EStG) Verpflichtete muss in einem ausländischen Staat Wohnsitz, Geschäftsleitung oder Sitz haben (Bsp.: Zahlungen aus einer ausländischen Rentenversicherung);

bei privaten Veräußerungsgeschäften (§ 23 EStG) muss das veräußerte Wirtschaftsgut in einem ausländischen Staat belegen sein;

bei Einkünften aus Leistungen (§ 22 Nr. 3 EStG) einschließlich der Einkünfte aus Leistungen i. S. des § 49 Abs. 1 Nr. 9 EStG (Bsp.: Überlassung von Know-how,[170] Gebrauchsmus-

---

164 BFH v. 6.2.1985 I R 87/84, BFH/NV 1985, 104; v. 13.4.1994 I R 97/93, BStBl 1994 II 743; v. 17.11.1999 I R 11/99, BStBl 2001 II 822.
165 BFH v. 25.4.2012 I R 76/10, BFH/NV 2012, 1444.
166 BFH v. 27.7.1988 I R 130/84, BStBl 1989 II 101; v. 5.11.1992 I R 41/92, BStBl 1993 II 407; v. 23.4.2003 IX R 57/99, BFH/NV 2003, 1311.
167 BFH v. 20.7.1988 I R 174/85, BStBl 1989 II 87.
168 BFH v. 27.2.2002 I R 62/01, BFH/NV 2002, 1142.
169 BFH v. 16.5.2001 I R 64/99, BStBl 2003 II 641.
170 BFH v. 13.11.2002 I R 90/01, BStBl II 2003, 249; v. 10.4.2013 I R 22/12, BStBl II 2013, 728 (Nutzung einer beweglichen Sache im Inland).

tern, Produktionsverfahren u. Ä.)[171] muss der Schuldner der Leistung Wohnsitz, Sitz oder Geschäftsleitung im Ausland haben.

197 Bei **Verlusten** ist § 2a Abs. 1 EStG zu prüfen (vgl. Rdn. 236 ff.).

198 Zu sonstigen Einkünften im Rahmen eines DBA vgl. Rdn. 1094 f.

2.1.3 Ermittlung der ausländischen Einkünfte

2.1.3.1 Überblick

199 Aus dem völkerrechtlichen Grundsatz der Gebietshoheit folgt, dass für die Bearbeitung und Lösung eines internationalen Steuerfalls das jeweils eigene nationale Steuerrecht anzuwenden ist. Auch soweit der Steuerfall den Bestimmungen eines DBA unterliegt, wird nationales Recht angewendet, weil das DBA nicht als völkerrechtlicher Vertrag unmittelbar, sondern lediglich mittelbar in der Form des jeweiligen Zustimmungsgesetzes und damit als innerstaatliches Recht zur Anwendung gelangt.[172] Dies gilt auch für die Frage, wem die Einkünfte zuzurechnen sind, denn die Frage, welcher Person bestimmte Einkünfte nach steuerlichen Gesichtspunkten zuzurechnen ist, ist nicht Gegenstand der abkommensrechtlichen Zuordnung des Besteuerungssubstrats.[173] Die Regelungen eines ordnungsgemäß transformierten DBA haben grundsätzlich Vorrang vor dem bestehenden innerstaatlichen Recht und sind von den Steuerbehörden von Amts wegen zu beachten (§ 2 AO).[174] Allerdings kann der Gesetzgeber später eine vom Zustimmungsgesetz abweichende Regelung treffen, die dann nach der lex-posterior-Regel dem DBA vorgeht (= treaty override).[175]

200 **Die ausländischen Einkünfte sind nach den Grundsätzen des deutschen Einkommensteuerrechts einschließlich der Grundsätze ordnungsgemäßer Buchführung zu ermitteln;**[176] dabei sind alle Betriebsausgaben und Werbungskosten zu berücksichtigen, die mit den im Ausland erzielten Einnahmen in wirtschaftlichem Zusammenhang stehen, unabhängig davon, ob sie im Ausland oder im Inland angefallen sind. Für den Abzug von Betriebsausgaben oder Werbungskosten sind § 4 Abs. 4[177] oder § 9 EStG maßgebend. Der Gewinn ist entsprechend § 4 Abs. 1 oder § 4 Abs. 3 zu ermitteln,[178] und zwar auch bei den Erträgen aus der Beteiligung an einer ausländischen Personengesellschaft.

201 Im Zusammenhang mit **steuerfreien ausländischen Einkünften** – sei es, weil es sich um im Inland nicht steuerbare Einkünfte handelt, sei es, weil die Einkünfte nach einem

---

171 BFH v. 20. 7. 1988 I R 174/85, BStBl 1989 II 99.
172 BFH v. 13. 7. 1994 I R 120/93, BStBl 1995 II 129.
173 BFH v. 25. 5. 2011 I R 95/10, BFH/NV 2011, 1602.
174 BFH v. 28. 11. 2001 I B 169/00, BFH/NV 2002, 774.
175 BFH v. 21. 5. 1997 I R 79/96, BStBl 1998 II 113; v. 28. 11. 2001 I B 169/00, BFH/NV 2002, 774; streitig; vgl. hierzu BFH v. 10. 1. 2012 I R 66/09, BFH/NV 2012, 1056, zur Vorlage an das BVerfG, zur Prüfung, ob sich der Gesetzgeber über abgeschlossene DBA hinwegsetzen kann.
176 H 2a EStH Stichwort „Einkünfteermittlung"; R 34c Abs. 3 Satz 3 EStR.
177 BFH v. 20. 9. 2006 I R 59/05, BStBl 2007 II 756.
178 BFH v. 13. 9. 1989 I R 117/87, BStBl 1990 II 57; v. 22. 5. 1991 I R 32/90, BStBl 1992 II 94.

DBA steuerfrei sind – stehende Betriebsausgaben und Werbungskosten können nach § 3c Abs. 1 EStG nicht berücksichtigt werden.

Weiter ist in diesem Zusammenhang zu beachten, dass durch das **SteuerHBekG** und die **SteuerHBekV** die **Nachweispflichten** (Mitwirkungs- und Aufzeichnungspflichten) für die Anerkennung von Aufwendungen im Zusammenhang mit grenzüberschreitenden Vorgängen mit Wirkung ab dem VZ 2010 deutlich erhöht worden sind. Dies gilt bei Geschäftsbeziehungen zu Staaten und Gebieten, die in Steuersachen nicht zum Auskunftsverkehr entsprechend dem aktuellen OECD-Standard[179] bereit sind.

202

Im Rahmen des Welteinkommens sind in- und ausländische Gewinne und Verluste grundsätzlich uneingeschränkt miteinander zu verrechnen, es sei denn, die Regelung des § 2a EStG greift ein.[180]

203

2.1.3.2 Benennung von Zahlungsempfängern (§ 160 AO)

Nach **§ 160 AO** sind Betriebsausgaben steuerlich regelmäßig nicht zu berücksichtigen, wenn der Steuerpflichtige dem Verlangen der Finanzbehörde nicht nachkommt, den Empfänger genau zu benennen. Nicht zu berücksichtigen sind hiernach auch Ausgaben für den Erwerb eines Wirtschaftsguts, die infolge einer zunächst stattfindenden Aktivierung erst später zu einer Gewinnminderung führen, sei es in Gestalt von Abschreibungen auf den aktivierten Betrag, sei es durch gewinnmindernde Ausbuchung des Buchwerts bzw. Restbuchwerts bei Veräußerung oder Untergang des aktivierten Wirtschaftsguts.[181] Empfänger der in § 160 Abs. 1 Satz 1 AO bezeichneten Ausgaben ist derjenige, dem der in der Betriebsausgabe enthaltene wirtschaftliche Wert übertragen worden ist.[182] Dies kann anstelle der im Ausland ansässigen (Domizil-) Gesellschaft die hinter ihr stehende Person oder Personenmehrheit sein,[183] d. h. der Empfänger i. S. des § 160 AO ist nicht benannt, wenn zwar die ausländische (Domizil-) Gesellschaft, nicht aber die hinter der Gesellschaft stehenden Personen benannt sind;[184] denn nach Auffassung des BFH ist nicht die Domizilgesellschaft Empfänger, sondern die Person, an die diese Gesellschaft die Gelder weitergeleitet hat.[185] Benannt ist ein Empfänger erst, wenn er nach Namen und Adresse ohne Schwierigkeiten und eigene Ermittlungen der Finanzbehörden bestimmt und ermittelt werden kann.[186]

204

---

179 Vgl. Rdn. 1117 ff.
180 Vgl. Rdn. 236 ff.
181 BFH v. 11. 7. 2013 IV R 27/09, BFH/NV 2013, 1826.
182 BFH v. 10. 11. 1998 I R 108/97, BStBl 1999 II 121; v. 12. 8. 1999 XI R 51/98, BFH/NV 2000, 300; v. 13. 12. 1999 IV B 41/99, BFH/NV 2000, 817; v. 24. 10. 2006 I R 90/05, BFH/NV 2007, 849; v. 24. 4. 2009 IV B 104/07, BFH/NV 2009, 1398; v. 17. 11. 2010 I B 143/10, BFH/NV 2011, 198; v. 11. 10. 2013 III B 50/13 n.v.
183 BFH v. 16. 1. 2003 VIII B 114/02, BFH/NV 2003, 738; v. 25. 1. 2006 I R 39/05, BFH/NV 2006, 1618.
184 BFH v. 25. 11. 1999 I B 34/99, BFH/NV 2000, 677; v. 5. 11. 2001 VIII B 16/01, BFH/NV 2002, 312; v. 17. 10. 2001 I R 19/01, BFH/NV 2002, 629.
185 BFH v. 10. 11. 1998 I R 108/97, BStBl 1999 II 1999; v. 13. 12. 1999 IV B 41/99, BFH/NV 2000, 817; v. 24. 4. 2009 IV B 104/07, BFH/NV 2009, 1398; v. 16. 11. 2011 X B 61/10, BFH/NV 2012, 374.
186 BFH v. 1. 4. 2003 I R 28/02, BStBl 2007 II 855; v. 11. 7. 2013 IV R 27/09, BFH/NV 2013, 1826.

205 Das **Benennungsverlangen** der Finanzbehörden steht unter dem Vorbehalt der Zumutbarkeit: Es darf für den Steuerpflichtigen nicht unverhältnismäßig sein,[187] und die für den Steuerpflichtigen zu befürchtenden Nachteile dürfen nicht außer Verhältnis zum beabsichtigten Aufklärungserfolg stehen. Auf die Benennung des Empfängers kann aber nur dann verzichtet werden, wenn er mit an Sicherheit grenzender Wahrscheinlichkeit im Inland nicht steuerpflichtig ist. Die bloße Möglichkeit, dass er im Inland nicht steuerpflichtig ist, reicht allein nicht aus, um von der Rechtsfolge des § 160 AO abzusehen. Die Rechtsfolge der Norm ist somit nicht schon dann ausgeschlossen, wenn keine konkreten Anhaltspunkte für eine inländische Steuerpflicht des Empfängers bestehen, sondern erst dann, wenn dem FA oder dem Finanzgericht Tatsachen bekannt sind, nach denen der Empfänger mit sehr hoher Wahrscheinlichkeit im Inland nicht steuerpflichtig ist.[188] Ein Benennungsverlangen ist grundsätzlich dann rechtmäßig, wenn aufgrund der Lebenserfahrung die Vermutung nahe liegt, dass der Empfänger einer Zahlung die Einnahmen nicht versteuert; diese Vermutung begründet bei Auslandsbeziehungen eine erhöhte Mitwirkungspflicht, unabhängig von der regelmäßig schwierigen Aufklärung der Verhältnisse.[189] Sprechen z. B. konkrete Anhaltspunkte dafür, dass die Anteile an einer ausländischen Basisgesellschaft treuhänderisch für Dritte gehalten werden, kann das FA gemäß § 160 Abs. 1 Satz 1 AO deren Benennung verlangen.[190] Allerdings ist im Rahmen der Prüfung der Zumutbarkeit des Benennungsverlangens nach § 160 Abs. 1 Satz 1 AO (auch) zu würdigen, ob zwischen einer Ausgabe zum Erwerb eines aktivierungspflichtigen Wirtschaftsguts, darauf beruhenden erfolgswirksamen Buchungen des bilanzierenden Steuerpflichtigen und einem hieran anknüpfenden Benennungsverlangen der Finanzverwaltung ein Zeitraum liegt, der das Benennungsverlangen im konkreten Einzelfall als unverhältnismäßig erscheinen lässt.[191]

206 Ein **Benennungsverlangen** darf auch dann gestellt werden, wenn der Steuerpflichtige den Empfänger nicht bezeichnen kann, weil ihm bei Auszahlung des Geldes dessen Name und Anschrift unbekannt waren; denn bei Auslandssachverhalten ist der Steuerpflichtige nach § 90 Abs. 2 AO in erhöhtem Maße zur Erbringung von Nachweisen und zur Beschaffung und Vorlegung von Beweismitteln verpflichtet.[192] Dies gilt umso mehr, je ungewöhnlicher der grenzüberschreitende Sachverhalt gestaltet ist.[193]

207 Die **Rechtsfolgen einer nicht ordnungsgemäßen Empfängerbezeichnung** stehen grundsätzlich im Ermessen der Finanzverwaltung: Aus § 160 Abs. 1 Satz 1 AO folgt, dass regelmäßig (= 2. Ermessensstufe) die Betriebsausgaben/Werbungskosten nicht zu berücksichtigen sind. Bei der Bemessung des als Betriebsausgaben nicht abziehbaren Betrages sind die jeweiligen steuerlichen Verhältnisse des Empfängers zugrunde zu legen.[194] Der Betriebsausgabenabzug ist daher nicht zu versagen, wenn feststeht, dass

---

187 BFH v. 17. 10. 2001 I R 19/01, BFH/NV 2002, 609.
188 BFH v. 25. 2. 2004 I B 66/02, BFH/NV 2004, 919.
189 BFH v. 16. 1. 2003 VIII B 114/01, BFH/NV 2003, 738; v. 13. 7. 2011 X B 187/10, BFH/NV 2011, 1899.
190 BFH v. 1. 4. 2003 I R 28/02, BFH/NV 2003, 1241.
191 BFH v. 11. 7. 2013 IV R 27/09, BFH/NV 2013, 1826.
192 BFH v. 30. 8. 1995 I R 126/94, BFH/NV 1996, 267; v. 31. 10. 2002 IV B 126/01, BFH/NV 2003, 291; v. 20. 4. 2005 X R 40/04, BFH/NV 2005, 1739.
193 BFH v. 1. 6. 1994 X R 73/91, BFH/NV 1995, 2.
194 BFH v. 10. 3. 1999 XI R 10/98, BStBl 1999 II 434.

der Empfänger im Inland keiner Besteuerung unterliegt oder sein zu versteuerndes Einkommen unterhalb des für die Steuerfestsetzung relevanten Betrages liegt. Aber auch in den Fällen, in denen von einer Besteuerung des Empfängers auszugehen ist, sind bei der Bemessung des nicht abziehbaren Betrages seine jeweiligen steuerlichen Verhältnisse zugrunde zu legen.

Im Rahmen der Ermessensentscheidung zweiter Stufe sind pauschale Berechnungen unumgänglich und daher ohne Ermessensfehler möglich; es ist lediglich die Steuerbelastung des jeweiligen Empfängerkreises angemessen zu berücksichtigen; Ungenauigkeiten in der Schätzung gehen zulasten des Steuerpflichtigen.

2.1.3.3 Umrechnung

Die in **ausländischer Währung ermittelten Gewinne** sind in Euro umzurechnen; dabei kann dann, wenn nicht wesentliche **Kursschwankungen** vorliegen, auf das Stichtagskursverfahren zurückgegriffen werden.[195] Grundsätzlich darf nur ein solches Umrechnungsverfahren gewählt werden, das im Einzelfall zu keinem Verstoß gegen die deutschen Grundsätze ordnungsmäßiger Bilanzierung führt.[196] Nach Auffassung des BFH ist es in der Regel rechtsfehlerhaft, den Gewinn ausschließlich nach dem Kurswert umzurechnen, der für den Bilanzstichtag gilt. Diese Grundsätze gelten auch bei Anwendung eines DBA. Lohnzahlungen sind bei Zufluss des Arbeitslohns umzurechnen; Umrechnungsmaßstab ist – soweit vorhanden – der auf den Umrechnungszeitpunkt bezogene Euro-Referenzkurs der Europäischen Zentralbank.[197] Bei in ausländischer Währung angeschafften und veräußerten Wirtschaftsgütern sind die für die Ermittlung des Veräußerungsgewinns maßgeblichen Bemessungsgrundlagen (Anschaffungskosten, Veräußerungspreis, Veräußerungskosten) im Zeitpunkt ihrer jeweiligen Entstehung in DM/€ umzurechnen.[198] Gleiches gilt für einen Auflösungsgewinn bei Veräußerung von Beteiligungen.

2.1.3.4 Wechselkursgewinne und -verluste, Währungskursschwankungen

Bei der Gewinnermittlung nach § 4 Abs. 1 EStG müssen wechselkursbedingte Wertverluste oder Wertsteigerungen bei der Umrechnung der Geschäftsvorfälle in DM bzw. Euro berücksichtigt werden.[199] Eine Dividendenforderung ist bereits mit dem Zeitpunkt der Entstehung der Forderung zu aktivieren. Lautet sie auf eine ausländische Währung, so ist sie unter Zugrundelegung des maßgeblichen Wechselkurses am Tag der Entste-

---

195 Ausführlich BMF v. 24.12.1999, BStBl 1999 I 1076, unter Tz. 2.8.
196 BFH v. 13.9.1989 I R 117/87, BStBl 1990 II 57, mit Darstellung der einzelnen grundsätzlich zulässigen Methoden; v. 16.12.2008 I B 44/08, BFH/NV 2009, 940 m.w.N.; v. 3.12.2009 VI R 4/08, BFH/NV 2010, 727 zur Umrechnung von Arbeitslohn in fremder Währung.
197 BFH v. 3.12.2009 VI R 4/08, BStBl II 2010, 698.
198 BFH v. 24.1.2012 IX R 62/10, BStBl II 2012, 564.
199 BFH v. 16.12.2008 I B 44/08, BFH/NV 2009, 940 m.w.N.

hung der Forderung in die inländische Währung umzurechnen.[200] Ist diese Forderung zum Bilanzstichtag auf einen niedrigeren Wert abzuschreiben, weil sich der Wechselkurs verschlechtert hat, dann ergibt sich ein Verlust, der nach Auffassung des BFH auf die Verwaltung der Forderung, nicht aber auf die Erzielung der ausländischen Einnahmen zurückzuführen ist. Dieser Kursverlust mindert den inländischen Gewinn bzw. erhöht ihn, wenn ein Kursgewinn zwischen dem Zeitpunkt der Entstehung der Forderung und der Zahlung entsteht.[201] Entstehen zwischen der Aktivierung der Forderung und der Zahlung durch Veränderung des Wechselkurses Währungsgewinne, so unterliegen auch diese Gewinne der deutschen Ertragsbesteuerung.[202] Allerdings ist bei Fremdwährungsverbindlichkeiten mit langer Laufzeit davon auszugehen, dass sich Kursschwankungen in der Regel auf die Laufzeit bezogen ausgleichen.[203]

211 Ermittelt der Steuerpflichtige den Gewinn im Wege der Einnahmeüberschussrechnung nach § 4 Abs. 3 EStG, ist die ausländische Forderung mit dem Wechselkurs am Tage des Zuflusses umzurechnen.[204] Betriebsausgaben in Fremdwährung sind nach dem Briefkurs des Tages der Zahlung umzurechnen. Bei Wirtschaftsgütern des Anlagevermögens ist auf den Briefkurs im Zeitpunkt der Anschaffung oder Herstellung abzustellen. Währungskursschwankungen im Privatvermögen gehören bis zur Einführung der Abgeltungsteuer zum nichtsteuerbaren Bereich, sofern nicht der Tatbestand eines privaten Veräußerungsgeschäfts erfüllt ist.[205]

2.1.3.5 Währungsverluste am Dotationskapital

212 Nach der bisherigen Rechtsprechung des BFH sind Währungsverluste, die das inländische Stammhaus einer ausländischen Betriebsstätte an deren Dotationskapital erleidet, im Inland steuerlich nicht zu berücksichtigen.[206] Demgegenüber hat der EuGH entschieden:[207] Nach Art. 49 AEUV ist eine innerstaatliche Regelung nicht mit dem Vertrag vereinbar, wonach die Berücksichtigung eines Währungsverlustes aus der Rückführung von Dotationskapital, das ein Steuerpflichtiger seiner in einem anderen Mitgliedstaat belegenen Betriebsstätte gewährt hatte, ausgeschlossen ist. Auch eine innerstaatliche Regelung, nach der ein Währungsverlust nur in dem Umfang abgezogen werden darf, in dem die in einem anderen Mitgliedstaat belegene Betriebsstätte keine steuerfreien Gewinne erzielt hat,[208] ist europarechtswidrig. Zur Umsetzung dieses EuGH-Urteils hat sich das BMF in einem Schreiben geäußert.[209]

---

200 BFH v. 7. 11. 2001 I R 3/01, BStBl 2002 II 865.
201 BFH v. 7. 11. 2001 I R 3/01, BStBl 2002 II 865, unter 2. b) der Entscheidungsgründe.
202 BFH v. 31. 5. 1995 I R 74/93, BStBl 1995 II 683.
203 BFH v. 23. 4. 2009 IV R 62/06, BFH/NV 2009, 1307.
204 BFH v. 7. 11. 2001 I R 3/01, BStBl 2002 II 865; BMF v. 24. 12. 1999, BStBl 1999 I 1070, Tz. 2.8.2.
205 BFH v. 30. 11. 2010 VIII R 58/07, BStBl II 2011, 491.
206 BFH v. 16. 2. 1996 I R 43/95, BStBl 1997 II 128, und I R 46/95, BFH/NV 1997, 111; v. 18. 9. 1996 I R 69/95, BFH/NV 1997, 408; v. 7. 11. 2001 I R 3/01, BStBl 2002 II 865.
207 EuGH v. 28. 2. 2008 C-293/06 Deutsche Shell GmbH, IStR 2008, 224.
208 Die Finanzverwaltung hatte auf § 3c Abs. 1 EStG und die dazu ergangene Rechtsprechung des BFH verwiesen.
209 BMF v. 23. 11. 2009, BStBl 2009 I 1332.

2.1.3.6 Ermittlung gewerblicher Einkünfte – Grundsätze

Bei **ausländischen gewerblichen Einkünften** ist der Gewinn grundsätzlich nach der sog. **direkten Methode**[210] zu ermitteln, die zu genaueren Ergebnissen als andere Methoden führt: Die ausländische Betriebsstätte ist als wirtschaftlich selbständige Einheit zu sehen. Führt diese Gewinnermittlungsmethode zu keinem sinnvollen Ergebnis, kann u.U. die sog. **indirekte Methode**[211] angewandt werden, bei der der Gewinn des Gesamtunternehmens im Wege der Schätzung auf Inland und Ausland aufgeteilt wird. Die sog. **Kapitalspiegelmethode** als Schätzungsmethode ist grundsätzlich nicht zulässig, weil sie nicht den vom Gesetz geforderten wirtschaftlichen Zusammenhang gewährleistet;[212] dabei können sich für bestimmte Branchen (Bsp.: Banken) Besonderheiten ergeben.[213] Wegen der Einzelheiten der Gewinnermittlung (im Zusammenhang mit dem Betriebsstättengewinn) vgl. die Betriebsstättengewinnaufteilungsverordnung – BsGaV sowie Rdn. 737 ff.

213

2.1.3.7 Entnahme (§ 4 Abs. 1 Satz 3 und 4, § 4g, § 15 Abs. 1a EStG)

Nach § 4 Abs. 1 Satz 3 EStG steht einer steuerpflichtigen Entnahme für betriebsfremde Zwecke der Ausschluss oder die Beschränkung des deutschen Besteuerungsrechts hinsichtlich des Gewinns aus der Veräußerung oder der Nutzung eines Wirtschaftsguts gleich – sog. **Entstrickung**.[214] Als Wert der Entnahme wird nach § 6 Abs. 1 Nr. 4 Satz 1 2. Halbsatz EStG der gemeine Wert angesetzt.

214

Aus der Sicht der Finanzverwaltung wird der Entnahmetatbestand dann erfüllt, wenn ein Wirtschaftsgut aus einem inländischen Betrieb in eine ausländische Betriebsstätte überführt wird und im Rahmen der Gewinnbesteuerung der Gewinn aus der Veräußerung des Wirtschaftsguts entweder von der deutschen Besteuerung freigestellt ist (Bsp.: § 32b Abs. 1 Nr. 3 EStG i.V. mit einem DBA) oder die ausländische Steuer angerechnet werden muss (Bsp.: § 34c Abs. 1 EStG). Ob allerdings die Vorschrift des § 4 Abs. 1 Satz 3 und 4 EStG (noch) den Vorgaben des EU-Rechts entspricht, darf nach Ergehen des Urteils des EuGH in der Sache National Grid Indus BV[215] bezweifelt werden;[216] in dieser Entscheidung hat das Gericht Folgendes entschieden: Verlegt eine Kapitalgesellschaft ihren tatsächlichen Verwaltungssitz in einen anderen EU-Mitgliedstaat ohne Verlust ihrer rechtlichen Identität und ohne Verlust ihrer Eigenschaft als Gesellschaft, dann darf der Wegzugsstaat die bis zu diesem Zeitpunkt entstandenen stillen Reserven grundsätzlich besteuern, ohne dass ein Verstoß gegen die Niederlassungsfreiheit gemäß Art. 49 AEUV gegeben ist. Allerdings stellt die sofortige Einziehung der Steuer einen Verstoß gegen die Niederlassungsfreiheit dar; dem Steuerpflichtigen muss die

215

---

210 BFH v. 20. 3. 2002 II R 84/99, BFH/NV 2002, 1017, mit umfangreichen Nachweisen der Rechtsprechung.
211 BFH v. 18. 8. 1993 II S 7/93, BFH/NV 1994, 151, m.w.N.
212 BFH v. 12. 1. 1994 II R 95/89, BFH/NV 1994, 690; v. 20. 3. 2002 II R 84/99, BFH/NV 2002, 1017.
213 BFH v. 22. 8. 2011 I B 169/10, BFH/NV 2011, 2119.
214 Zur Begründung der Vorschrift vgl. BT-Drs. 16/2710, S. 28.
215 EuGH v. 29. 11. 2011 C-371/10 National Grid Indus BV, IStR 2012, 27.
216 Vgl. Vorlagebeschluss des FG Düsseldorf v. 5. 12. 2013 8 K 3664/11 F, EFG 2014, 119 – Aktenzeichen des EuGH C-657/13.

Wahlmöglichkeit eingeräumt werden zwischen einer sofortigen Versteuerung einerseits und einer Aufschiebung der Zahlung dieses Steuerbetrags andererseits, gegebenenfalls zuzüglich Zinsen – sog. **Wegzugsbesteuerung**. Diese Linie ist in einer Reihe von weiteren Entscheidungen durch der EuGH bestätigt worden.[217]

> **BEISPIEL:** (1) Das Einzelunternehmen E produziert Polsterkissen für Autositze zum Preis von 50 €/Stück. An die in Frankreich befindliche Betriebsstätte werden im Januar 2008 10 000 Stück geliefert; der gemeine Wert beträgt 70 €/Stück. In der französischen Betriebsstätte fallen weitere Kosten i. H. von 5 €/Stück an; für die an die französische Automobilfirma C gelieferten Polsterkissen werden 80 €/Stück berechnet.
>
> Nach § 4 Abs. 1 Satz 3 EStG sind 200 000 € (= 10 000 mal 20 €) zu versteuern.
>
> (2) Das deutsche Automobilunternehmen „Auto AG" überführt die für die Produktion des veralteten Modells „K" nicht mehr benötigten Werkzeuge, Maschinen und Pressen nach Mexiko in die dortige Betriebsstätte; die Maschinen sind alle abgeschrieben und haben aus der Sicht des abgebenden Unternehmens nur noch Schrottwert. Allerdings wird in Mexiko für den südamerikanischen Markt noch das Model „K" produziert.
>
> Hier ist wiederum der gemeine Wert der Werkzeuge, Maschinen und Pressen als Entnahmewert anzusetzen. Streitpunkt wird in der Praxis die Ermittlung des gemeinen Werts in diesem Fall sein.
>
> (3) Das inländische Bauunternehmen B errichtet in einem Nicht-DBA-Staat ein Hochhaus; da die Bauausführung mehr als sechs Monate beträgt, wird nach § 12 Nr. 8 AO eine Betriebsstätte begründet; in diese Betriebsstätte wird ein Baukran aus Deutschland überführt (Buchwert 100 000 €, gemeiner Wert 250 000 €).
>
> Der Entnahmetatbestand ist erfüllt, die aufgedeckten stillen Reserven sind zu versteuern.
>
> Problem in diesem Beispiel ist die Frage, ob im Zeitpunkt des „Wegzuges" des Baukrans seine Rückführung bereits hinreichend sicher ist; ist von Anfang an nur die Nutzungsüberlassung geplant, ist diese dann Gegenstand der Entnahme; als gemeiner Wert wären dann z. B. die Mietkosten eines vergleichbaren Krans abzüglich der im Inland angefallenen Kosten anzusetzen.

216 Bei der Überführung vom Stammhaus in die ausländische Betriebsstätte ist zwischen Umlaufvermögen und Anlagevermögen zu unterscheiden.[218] Während bis einschließlich VZ 2005 galt, dass, soweit die überführten Wirtschaftsgüter des **Umlaufvermögens** am Bilanzstichtag noch nachweisbar in der ausländischen Betriebsstätte vorhanden sind, der Gewinn (Verlust) im Zeitpunkt der Überführung des Wirtschaftsguts aus Billigkeit noch nicht zu besteuern war und deshalb zunächst durch einen passiven (aktiven) Merkposten in einer Nebenrechnung neutralisiert werden konnte, ist dies seit VZ 2006 nicht mehr möglich;[219] der Gewinn ist sofort zu versteuern. Um die sofortige Versteuerung der stillen Reserven bei Entnahme von **Anlagevermögen** zugunsten von EU-Staaten (nicht EWR -Staaten!) zu mildern, sieht **§ 4g EStG** die Bildung eines Ausgleichspostens bei Entnahmen nach § 4 Abs. 1 Satz 3 EStG vor: Der **unbeschränkt Steuerpflichtige** kann beantragen, dass ein **Ausgleichsposten** in Höhe der stillen Reserven gebildet wird, der im Jahr der Bildung und den vier folgenden Veranlagungszeiträumen mit je einem Fünftel gewinnerhöhend aufzulösen ist.[220] Einzelheiten ergeben sich aus § 4g

---

217 EuGH v. 6.9.2012 C-38/10 Kommission/Portugal, IStR 2012, 763; v. 31.1.2013 C-301/11 Kommission/Niederlande, ABl 2013 C 86, 4; v. 25.4.2013 C-64/11 Kommission/Spanien, ABl 2013 C 171, 2; v. 18.7.2013 C-261/11 Kommission/Dänemark, ABl 2013 C 260, 5; v. 23.1.2014 C-164/12, IStR 2014, 106.
218 BMF v. 25.8.2009, BStBl 2009 I 888, Tz. 2.6.1.
219 § 52 Abs. 8b EStG.
220 Hierzu FG Köln v. 16.11.2011 10 V 2336/11, EFG 2012, 302.

Abs. 2 EStG. Bei einer Gewinnermittlung nach § 4 Abs. 3 EStG gilt die Vorschrift entsprechend (§ 4g Abs. 4 EStG). Dagegen kann der lediglich beschränkt Steuerpflichtige diese Vergünstigung nicht in Anspruch nehmen.

BEISPIEL: ▶ Der Mobilkran, der bisher in der deutschen Betriebsstätte des französischen Bauunternehmens in Karlsruhe zum Einsatz kam, wird auf Dauer ins Stammhaus nach Lyon verlegt: Das Wirtschaftsgut scheidet aus der deutschen Besteuerungshoheit aus. Deshalb sind die stillen Reserven im Zeitpunkt der Überführung zu besteuern; der Überführungswert entspricht dem Fremdvergleichspreis im Zeitpunkt der Überführung.

Bei **Rücküberführung des Wirtschaftsguts** vor Ablauf von fünf Jahren ist der Ausgleichsposten gewinnneutral aufzulösen und das zurückgekehrte Wirtschaftsgut mit den fortgeführten Anschaffungskosten, höchstens aber mit dem gemeinen Wert, anzusetzen (§ 4g Abs. 3 EStG). 217

BEISPIEL: ▶ Fortsetzung des obigen Beispiels: Wegen des gesunkenen Auftragsvolumens wird der Baukran wieder nach Deutschland überführt; aus Kostengründen war im Ausland eine Generalüberholung vorgenommen worden, was zu einer Wertsteigerung geführt hat; der Baukran ist mit dem gemeinen Wert wieder dem inländischen Betrieb zuzuordnen.

Der Entnahmebegriff gilt nicht für Anteile an einer SE oder SCE in den Fällen einer Sitzverlegung (§ 4 Abs. 1 Satz 5 EStG). Ergänzt wird diese Regelung durch **§ 15 Abs. 1a EStG**. Da in den vorgenannten Fällen keine Aufdeckung der stillen Reserven erfolgt, ist der Gewinn aus einer späteren Veräußerung der Anteile ungeachtet der Bestimmungen eines DBA in der gleichen Art und Weise zu besteuern, wie die Veräußerung dieser Anteile zu besteuern gewesen wäre, wenn keine Sitzverlegung stattgefunden hätte. Dies gilt auch, wenn später die Anteile verdeckt in eine Kapitalgesellschaft eingelegt werden, die SE oder SCE aufgelöst wird oder wenn ihr Kapital herabgesetzt und zurückgezahlt wird oder wenn Beträge aus dem steuerlichen Einlagenkonto i. S. des § 27 KStG ausgeschüttet oder zurückgezahlt werden. 218

Mit Urteil vom 17. 7. 2008 hat der BFH die **Theorie der finalen Entnahme** aufgegeben.[221] Nach dieser Theorie ist in der Überführung von Einzelwirtschaftsgütern aus einem inländischen Stammhaus in eine ausländische Betriebsstätte stets eine Gewinn verwirklichende Entnahme i. S. von § 4 Abs. 1 Satz 2 EStG zu erblicken, wenn die ausländischen Betriebsstättengewinne aufgrund eines DBA von der Besteuerung im Inland freigestellt sind.[222] 219

Mit den weiteren Urteilen vom 28. 10. 2009 hat der BFH zum einen das vorgenannte Urteil zur finalen Entnahme bestätigt und zum anderen seine **Theorie der finalen Betriebsaufgabe** aufgegeben.[223] Diese Theorie war eine Fortentwicklung der Theorie der finalen Entnahme: Eine Sitzverlegung ins Ausland wurde als Betriebsaufgabe angesehen, wenn der Gewinn aus dem in das Ausland verlagerten Gewerbebetrieb aufgrund eines DBA nicht der inländischen Besteuerung unterliegt. 220

---

221 BFH v. 17. 7. 2008 I R 77/06, BStBl 2009 II 464; Nichtanwendungserlass: BMF v. 20. 5. 2009 BStBl 2009 I 671 sowie BMF v. 18. 11. 2011, BStBl 2011 I 1278.
222 Vgl. BFH Urteile vom 16. 7. 1969 I 266/65, BStBl II 1970, 175; vom 28. 4. 1971 I R 55/66, BStBl II 1971, 630; vom 24. 11. 1982 I R 123/78, BStBl II 1983, 113; BMF v. 20. 12. 1977, BStBl 1978 I 8, Tz. 55.
223 BFH v. 28. 10. 2009 I R 99/08, BFH/NV 2010, 346; v. 28. 10. 2009 I R 28/08, BFH/NV 2010, 432; hierzu BMF v. 18. 11. 2011, BStBl 2011 I 1278.

221 Der Gesetzgeber hat auf diese Rechtsprechung durch die Einfügung des Satzes 4 in § 4 Abs. 1 EStG (hinsichtlich der Entnahme) sowie durch die Einfügung des § 16 Abs. 3a EStG (hinsichtlich der Betriebsaufgabe) reagiert. Die Frage der Vereinbarkeit der Einfügung mit EU-Recht ist nach dem Ergehen des EuGH-Urteils zum Wegzug von Kapitalgesellschaften[224] wieder offen.

2.1.3.8 Einlage (§ 4 Abs. 1 Satz 8 EStG)

222 Einer Einlage steht die Begründung des Besteuerungsrechts Deutschlands hinsichtlich des Gewinns aus der Veräußerung eines Wirtschaftsguts gleich. **Das eingelegte Wirtschaftsgut ist mit dem gemeinen Wert zu bilanzieren (§ 6 Abs. 1 Nr. 5a EStG).** Nach Auffassung der Finanzverwaltung ist die Regelung des § 4 Abs. 1 Satz 8 EStG nur dann anzuwenden, wenn das Wirtschaftsgut aus einem DBA-Staat in das inländische Stammhaus überführt wird und das DBA bisher die Freistellungsmethode vorsah, denn nur dann wird ein bisher nicht vorhandenes Besteuerungsrecht Deutschlands begründet.[225]

> **BEISPIEL:** ▶ (1) Die französische Muttergesellschaft bringt in ihre deutsche Tochtergesellschaft ein Patent ein, welches in Frankreich geschaffen wurde (Herstellungskosten: 1 Mio. €) und einen gemeinen Wert von 1,5 Mio. besitzt. Damit wird hinsichtlich des Patents das Besteuerungsrecht der Bundesrepublik Deutschland nach § 4 Abs. 1 Satz 8 EStG begründet. In der Bilanz der Tochtergesellschaft ist – unabhängig von der steuerlichen Behandlung bei der Muttergesellschaft – das Patent mit 1,5 Mio. € anzusetzen - § 6 Abs. 1 Nr. 5a EStG.
>
> (2) Das britische Bauunternehmen errichtet in Frankfurt ein Hochhaus (Dauer: 10 Monate); in diese Betriebsstätte wird ein Baukran aus Großbritannien überführt. Im Gegensatz zu § 4 Abs. 1 Satz 3 begründet die zeitweise Nutzung im Inland keine Einlage.

2.1.3.9 Sitzverlegung einer Kapitalgesellschaft (§ 17 Abs. 5 EStG)

223 Zusammen mit der Einfügung des § 4 Abs. 1 Satz 3 EStG wurde auch § 17 EStG um einen Absatz 5 ergänzt: Danach gilt, dass die Beschränkung oder der Ausschluss des Besteuerungsrechts Deutschlands hinsichtlich des Gewinns aus der Veräußerung der Anteile an einer Kapitalgesellschaft im Fall der Verlegung des Sitzes oder des Orts der Geschäftsleitung der Kapitalgesellschaft in einen anderen Staat der Veräußerung der Anteile zum gemeinen Wert gleich stehen (§ 17 Abs. 5 Satz 1 EStG).

> **BEISPIEL:** ▶ Der unbeschränkt steuerpflichtige A ist Gesellschafter der Z-AG, die Sitz und Geschäftsleitung nach Tunesien verlegt. Da nach Art. 13 Abs. 3 DBA-Tunesien Gewinne aus der Veräußerung von Anteilen an einer in Tunesien ansässigen Gesellschaft in Tunesien besteuert werden können, liegt nach § 17 Abs. 5 Satz 1 EStG eine fiktive steuerpflichtige Veräußerung vor.

224 Die vorgenannte Regelung gilt nicht für die Sitzverlegung einer SE in einen anderen Mitgliedstaat der EU sowie die Sitzverlegung einer anderen Kapitalgesellschaft in einen anderen EU-Mitgliedstaat (§ 17 Abs. 5 Satz 2 EStG). In diesen Fällen ist der Gewinn aus einer späteren Veräußerung der Anteile ungeachtet der Bestimmungen eines DBA nach

---

224 Vgl. Rdn. 215.
225 BMF v. 25. 8. 2009, BStBl 2009 I 888, Tz. 2.6.2.

§ 17 Abs. 5 Satz 3 EStG in der gleichen Art und Weise zu besteuern, wie die Veräußerung dieser Anteile zu besteuern gewesen wäre, wenn keine Sitzverlegung stattgefunden hätte (vgl. auch § 15 Abs. 1a EStG).

> **BEISPIEL:** Die in der Bundesrepublik Deutschland ansässige Y-SE, an der der unbeschränkt steuerpflichtige B beteiligt ist, verlegt Sitz und Geschäftsleitung nach Tschechien. Da Art. 13 Abs. 3 des fortgeltenden DBA-Tschechoslowakei von 1980 die Versteuerung des Gewinns aus der Veräußerung von Anteilen im Sitzstaat der Gesellschaft vorsieht, verliert Deutschland das Besteuerungsrecht, aber wegen § 17 Abs. 5 Satz 2 EStG erfolgt keine Veräußerungsgewinnbesteuerung. Wenn Z später seine Anteile veräußert, werden diese im Rahmen des § 17 EStG „normal" versteuert.

2.1.3.10 Zinsschranke (§ 4h EStG)

Durch das UntStRefG wurde u. a. als neues Rechtsinstitut die sog. Zinsschranke in § 4h EStG geschaffen. Auf die Einzelheiten dieser Regelung soll an dieser Stelle nicht eingegangen werden.[226] Da die ausländischen Einkünfte für deutsche Besteuerungszwecke nach deutschem Steuerrecht zu ermitteln sind, ist die Zinsschranke auch bei der Ermittlung der ausländischen Einkünfte ggf. zu berücksichtigen; für die Dotation der Betriebsstätte mit Eigenkapital gelten die BS-VwG[227] weiter;[228] vgl. auch §§ 12 bis 15 und § 20 BsGaV.

225

2.1.3.11 Ermittlung der Einkünfte aus Kapitalvermögen

Für die Ermittlung der **ausländischen Einkünfte aus Kapitalvermögen** gemäß § 34d Nr. 6 EStG gelten dieselben Grundsätze wie für die Ermittlung der inländischen Einkünfte aus Kapitalvermögen, so dass insoweit auf diese verwiesen werden darf.[229] Werden Dividenden innerhalb eines inländischen Betriebsvermögens erzielt, so ist bei der Anwendung des § 34d Nr. 6 EStG darauf abzustellen, ob die Dividenden „isoliert gesehen" ausländische i. S. der Vorschrift sind.[230] Den ausländischen Einkünften können nur solche Aufwendungen zugeordnet werden, die im direkten wirtschaftlichen Zusammenhang mit der Einnahmeerzielung stehen und, sofern die Einnahmen im Privatvermögen erzielt werden, als Werbungskosten angesetzt werden könnten.[231] Bei der Ermittlung ausländischer Einkünfte i. S. des § 34d Nr. 6 EStG können Wertverluste von Darlehensforderungen und Beteiligungen nicht berücksichtigt werden.[232]

226

---

226 BMF v. 4. 7. 2008, BStBl 2008 I 718: Anwendungsschreiben zur Zinsschranke (§ 4h EStG; § 8a KStG).
227 BMF v. 24. 12. 1999, BStBl 1999 I 1076.
228 BMF v. 4. 7. 2008, BStBl 2008 I 718, Tz. 64.
229 BFH v. 29. 3. 2001 IV R 71/99, BFH/NV 2001, 1251, mit ausführlichen Rechtsprechungsnachweisen; v. 26. 1. 2011 VIII R 14/10, BFH/NV 2011, 1512.
230 BFH v. 9. 4. 1997 I R 178/94, BStBl 1997 II 657.
231 BFH v. 7. 3. 1995 VIII R 9/94, BStBl 1995 II 697.
232 BFH v. 16. 3. 1994 I R 42/93, BStBl 1994 II 799; v. 30. 11. 2010 VIII R 58/07, BStBl II 2011, 491.

227 Ausländischen **Zinsen oder Dividenden** sind als Betriebsausgaben nur solche Aufwendungen zuzuordnen, die im Sinne der direkten Gewinnermittlungsmethode einen Bezug zu der Erzielung der Zinsen und Dividenden haben.[233] Diese Voraussetzung ist bei Refinanzierungskosten nur dann erfüllt, wenn das Darlehen, das die Refinanzierungskosten auslöste, aufgenommen wurde, um mit seiner Hilfe ein Darlehen an einen anderen Darlehensnehmer zu vergeben oder den Erwerb einer Beteiligung zu finanzieren.[234] Allgemeine Verwaltungskosten können den Einnahmen nur dann aufwandsmäßig zugeordnet werden, wenn sie durch die Verwaltung der Kapitaleinkünfte anfallen. Unzulässig ist es, den Einkünften aus Zinsen einen nach einem indirekten Aufteilungsschlüssel (z.B. nach dem Verhältnis der Buchwerte der aktivierten Forderungen und Beteiligungen oder nach dem Verhältnis der Bruttoerträge) global ermittelten Aufwand zuzurechnen;[235] vgl. auch § 7 BsGaV.

2.1.3.12 Ermittlung der Einkünfte aus Vermietung und Verpachtung

228 Für die Ermittlung der **ausländischen Einkünfte aus Vermietung und Verpachtung** gelten grundsätzlich dieselben Prinzipien wie für die Ermittlung von inländischen Einkünften aus Vermietung und Verpachtung, so dass insoweit auf diese verweisen werden darf.[236]

229 Auch die Rechtsprechung des BFH zu den Ferienwohnungen im Inland gilt uneingeschränkt bei **Ferienwohnungen im Ausland.**[237] Die Vermietung von Ferienwohnungen kann u.U. nach den allgemeinen Grundsätzen gewerbliche Einkünfte darstellen, wenn der Vermieter über die Vermietung hinausgehende Leistungen erbringt.[238] Ob es sich hierbei um ausländische Einkünfte i.S. des § 34d Nr. 2a EStG handelt, hängt davon ab, ob der Steuerpflichtige im Ausland über eine Betriebsstätte verfügt.

230 Bei der Nutzung von Immobilien im Ausland kommt ggf. auch das **Prinzip der Liebhaberei** zum Tragen.

---

233 Vgl. auch betreffend Zuordnung von Betriebsausgaben zu Dividenden BFH v. 9.4.1997 I R 178/94, BStBl 1997 II 657.
234 Ausführlich zu Refinanzierungskosten BFH v. 29.3.2000 I R 15/99, BStBl 2000 II 577.
235 BFH v. 16.3.1994 I R 42/93, BStBl 1994 II 799.
236 BMF v. 16.5.2011, BStBl 2011 I 530, zur Einkünfte aus Vermietung und Verpachtung gemäß § 49 Abs. 1 Nr. 2 Buchst. f Doppelbuchst. aa und § 49 Abs. 1 Nr. 6 EStG.
237 Neuere Rechtsprechung des BFH z.B. zum Nachweis der Gewinnerzielungsabsicht BFH v. 29.3.2007 IV R 6/05, BFH/NV 2007, 1492; v. 5.3.2007 X B 146/05, BFH/NV 2007, 1125; v. 20.9.2006 IX B 102/05, BFH/NV 2007, 32; v. 4.3.2008 IX R 11/07, BFH/NV 2008, 1462; v. 19.8.2008 IX R 39/07, BStBl 2009 II 138; v. 7.10.2008 IX B 92/08, BFH/NV 2009, 22; BMF v. 8.10.2004, BStBl 2004 I 933.
238 BFH v. 23.7.2003 IX B 23/03, BFH/NV 2003 1425 m.w.N.; v. 17.3.2009 IV B 52/08, BFH/NV 2009, 1114.

2.1.3.13 Gewinnermittlung bei Handelsschiffen im internationalen Verkehr (§ 5a EStG)

Durch das „Gesetz zur Anpassung der technischen und steuerlichen Bedingungen in der Seeschifffahrt an den internationalen Standard"[239] wurde die sog. **Tonnagebesteuerung**[240] eingeführt und die bisher in § 34c Abs. 4 EStG enthaltene Regelung aufgehoben. § 5a EStG soll dem Anreiz der inländischen Bereederung von Seeschiffen durch Einführung einer pauschalen Besteuerung dienen. Denn anstelle der Ermittlung des Gewinns nach § 4 Abs. 1 oder § 5 EStG ist bei einem Gewerbebetrieb mit Geschäftsleitung im Inland auf Antrag der Gewinn, soweit er auf den Betrieb von Handelsschiffen im internationalen Verkehr entfällt, pauschal nach der bereederten Tonnage zu ermitteln. Die Vergünstigung wird auf Antrag gewährt (§ 5a Abs. 3 EStG), der im Wirtschaftsjahr der Anschaffung oder Herstellung mit Wirkung ab Beginn dieses Wirtschaftsjahres zu stellen ist; der Steuerpflichtige ist zehn Jahre an die einmal gewählte Gewinnermittlung gebunden. Bei der Tonnagebesteuerung scheidet eine Steuerermäßigung für die im Ausland bezahlten Steuern nach § 34c Abs. 1 bis 3 EStG aus (§ 5a Abs. 5 EStG); zur Betriebsausgabenbeschränkung vgl. § 4 Abs. 5 Satz 1 Nr. 11 EStG.

231

Der Begriff **Betrieb von Handelsschiffen im internationalen Verkehr** wird in § 5a Abs. 2 EStG definiert: Im betreffenden Wirtschaftsjahr muss das Schiff überwiegend (= mehr als die Hälfte der Seereisetage) in einem inländischen Schiffsregister eingetragen sein und die Flagge der Bundesrepublik Deutschland führen, und es muss mit eigener Kraft überwiegend der Erbringung internationaler Beförderungsleistungen dienen. Zu den begünstigten Einkünften gehören Neben- und Hilfsgeschäfte, u. a. auch die Vercharterung und Veräußerung.

232

Für die **Versteuerung der gezahlten Heuer** auf Schiffen, die unter § 5a EStG fallen, ist in § 41a Abs. 4 EStG eine gesonderte Regelung enthalten.[241]

233

Gewerbesteuerrechtliche Konsequenzen sind in § 7 Satz 3 GewStG geregelt.[242] § 35 EStG findet keine Anwendung auf Gewinne, die der Tonnagebesteuerung nach § 5a Abs. 1 EStG unterliegen (§ 5a Abs. 5 EStG).

234

Durch § 5a EStG soll die deutsche Handelsschifffahrt subventioniert werden, damit sie im internationalen Wettbewerb mit Handelsschiffen aus Staaten mit „billigen Flaggen" (Bsp.: Liberia, Panama) konkurrenzfähig bleiben kann. Denn diese Staaten gewähren nicht nur Erleichterungen in schifffahrtstechnischer Hinsicht, sondern besteuern diese Einkünfte lediglich mit einem Minimalsteuersatz.[243]

235

---

239 BStBl 1998 I 1158.
240 BMF v. 24.3.2000, BStBl 2000 I 453; v. 12.6.2002, BStBl 2002 I 614; v. 31.10.2008, BStBl 2008 I 956; v. 10.9.2013, BStBl 2013 I 1152; BFH v. 20.11.2006 VIII R 33/05, BStBl 2007 II 261; v. 21.10.2010 IV R 23/08, BStBl II 2011, 277; v. 19.7.2011 IV R 42/10, BStBl 2011 II 878; v. 19.7.2011 IV R 40/08, BFH/NV 2012, 393; v. 31.5.2012 IV R 14/09, BFH/NV 2012, 1533; v. 26.9.2013 IV R 46/10, BFH/NV 2014, 221; v. 26.9.2014 IV R 45/11, BFH/NV 2014, 271.
241 BFH v. 13.7.2011 VI R 84/10, BFH/NV 2011, 1954.
242 BFH v. 6.7.2005 VIII R 72/02, BFH/NV 2006, 363; v. 13.12.2007 IV R 92/05, BStBl II 2008, 583.
243 BFH v. 5.8.1976 IV R 12/73, BStBl 1976 II 710; v. 7.12.1989 IV R 86/88, BStBl 1990 II 433; v. 11.3.1992 XI R 57/89, BStBl 1992 II 798.

2.1.4 Einschränkung des Verlustausgleichs (§ 2a Abs. 1, 2 EStG)

236 Aus dem Grundsatz der Besteuerung des Welteinkommens folgt, dass nicht nur ausländische Gewinne, sondern auch ausländische Verluste bei der Ermittlung der Summe der Einkünfte zu berücksichtigen sind. Diese Tatsache wurde in der Vergangenheit von Abschreibungs- und Verlustzuweisungsgesellschaften dazu ausgenutzt, möglichst hohe Verluste im Ausland zu produzieren, z. B. bei Einkünften aus Vermietung und Verpachtung, Erwerb von Tierfarmen und Plantagen usw. Nach Auffassung des Gesetzgebers sind und waren derartige Aktivitäten für die deutsche Volkswirtschaft nicht sinnvoll.[244] Deswegen wurde mit Wirkung ab dem VZ 1983 § 2a Abs. 1, 2 EStG in das Gesetz eingefügt, der in bestimmten Fällen **den Ausgleich ausländischer Verluste mit inländischen positiven Einkünften ausschließt**.[245] Da nach der Rechtsprechung des EuGH[246] sowie der Rechtsauffassung der EU-Kommission die Regelung des § 2a EStG nicht mit den Verpflichtungen Deutschlands aus den Verträgen, insbesondere mit der Niederlassungs- sowie Kapitalverkehrsfreiheit und der Freizügigkeit der Arbeitnehmer, vereinbar gewesen ist, sah sich der Gesetzgeber gezwungen, den § 2a EStG **durch das JStG 2009 europarechtskonform auszugestalten**. Durch die Neufassung des § 2a EStG wird nunmehr die Verlustausgleichs- und -abzugsbeschränkung auf Tatbestände beschränkt, die außerhalb von EU- und EWR-Mitgliedstaaten verwirklicht werden. Das heißt, § 2a EStG ist nur noch auf sog. **Drittstaaten** anwendbar. Hierzu zählen diejenigen Staaten, die nicht EU-Mitgliedstaaten sind (§ 2a Abs. 2a Satz 1 Nr. 1 EStG) sowie die EWR-Staaten, sofern Amtshilfe nicht in dem erforderlichen Umfang geleistet wird (§ 2a Abs. 2a Satz 2 EStG). Nachdem nun auch Liechtenstein ein allgemeines DBA mit der Bundesrepublik Deutschland abgeschlossen hat, sind alle drei EWR-Staaten von der Anwendung des § 2a EStG ausgeschlossen. Soweit aber ein Staat der EU erst in jüngerer Zeit beigetreten ist (Bsp.: Kroatien), kann die Vorschrift für die Jahre, in denen er noch nicht EU-Mitgliedstaat gewesen ist, angewandt werden.[247] Noch nicht höchstrichterlich geklärt ist, ob aufgrund des Freizügigkeitsabkommens[248] auch die Schweiz den EU- und EWR-Staaten gleichgestellt wird.[249]

237 Uneingeschränkt anwendbar ist § 2a Abs. 1, 2 EStG auf Einkünfte aus Nicht-DBA-Staaten. Ferner ist davon auszugehen, dass Einkünfte aus Drittstaaten, die unter § 2a EStG fallen und durch ein DBA aber freigestellt werden, nicht im Wege des negativen Progressionsvorbehalts[250] zu berücksichtigen sind.[251]

---

244 BT-Drs. 9/2074, S. 62.
245 Zur Verfassungsmäßigkeit und der Geschichte dieser Vorschrift sowie zur Rechtsprechung des BFH und des BVerfG zu § 2a EStG vgl. ausführlich BFH v. 29. 5. 2001 VIII R 43/00, BFH/NV 2002, 14.
246 EuGH v. 21. 2. 2006 C-152/03 Ritter-Coulais, IStR 2006, 196 (betreffend 2a Abs. 1 Nr. 6 EStG); hierzu: BFH v. 20. 9. 2006 I R 13/02, BFH/NV 2007, 410 sowie BMF v. 24. 11. 2006, BStBl I 2006, 763 – sowie EuGH v. 29. 3. 2007 C-347/04 Rewe Zentralfinanz, BStBl II 2007, 492 (betreffend § 2a Abs. 1 Nr. 3 EStG), hierzu BMF v. 11. 6. 2007, BStBl I 2007, 488.
247 Zur geplanten Einfügung eines Abs. 3 JStG 2015 vgl. Rdn. 96.
248 Vgl. Rdn. 1562.
249 Ablehnend FG Münster v. 22. 9. 2011 2 K 2779/06 E,F, nur in juris.
250 Vgl. Rdn. 334.
251 BFH v. 12. 1. 2011 I R 35/10, BStBl 2011 II 494.

Nach § 2a Abs. 1 EStG sind bestimmte **negative ausländische Einkünfte nicht ausgleichsfähig**. Die Verluste müssen aus den in § 2a Abs. 1 EStG abschließend aufgeführten Einkunftsquellen stammen. Hierbei handelt es sich nicht um Einkunftsarten i. S. des § 2 Abs. 1, § 34d EStG, sondern es werden Einkunftsbereiche umschrieben. Daher kann die Umqualifizierung nach dem Subsidiaritätsprinzip gemäß § 20 Abs. 8 EStG oder § 8 Abs. 2 KStG außer Acht gelassen werden. Die Einkünfte sind nach den Vorschriften des deutschen Einkommensteuerrechts zu ermitteln. Die schädlichen Bereiche (abschließende Aufzählung!) sind:

238

▶ Verluste aus einer land- und forstwirtschaftlichen Betriebsstätte (Nr. 1);

▶ Verluste aus einer gewerblichen Betriebsstätte (Nr. 2; vgl. aber § 2a Abs. 2 EStG); bei mehreren ausländischen Betriebsstätten ist für jede ausländische Betriebsstätte gesondert zu prüfen, ob negative Einkünfte vorliegen.[252] Negative Einkünfte aus einer nicht aktiven gewerblichen Betriebsstätte dürfen nicht mit positiven Einkünften aus einer aktiven gewerblichen Betriebsstätte im selben Drittstaat ausgeglichen werden;

▶ Verluste aus dem Ansatz des niedrigeren Teilwerts (Nr. 3 Buchst. a)), der Veräußerung oder Entnahme von Anteilen an einer ausländischen Kapitalgesellschaft, sofern die Beteiligung zum Betriebsvermögen gehört (Nr. 3 Buchst. b));

▶ Verluste aus der Veräußerung von Anteilen i. S. des § 17 EStG an einer ausländischen Kapitalgesellschaft (Nr. 4);

▶ Verluste aus der Beteiligung als stiller Gesellschafter oder aus einem partiarischen Darlehen, wenn der Schuldner Wohnsitz, Sitz oder Geschäftsleitung in einem ausländischen Staat hat (Nr. 5);[253]

▶ Verluste aus Vermietung und Verpachtung unbeweglichen Vermögens oder von Sachinbegriffen (Nr. 6 Buchst. a)) sowie aus der entgeltlichen Überlassung von Schiffen unter bestimmten Voraussetzungen (Nr. 6 Buchst. b)) oder aus dem Ansatz des niedrigeren Teilwerts der vermieteten Wirtschaftsgüter (Nr. 6 Buchst. c)); wegen der Anwendung vgl. § 52 Abs. 3 Satz 1 EStG;

▶ Verluste aus der zum Betriebsvermögen gehörenden Beteiligung an einer zwischengeschalteten inländischen Kapitalgesellschaft (Nr. 7).[254]

Liegen unter die Katalogeinkünfte des § 2a Abs. 1 EStG fallende ausländische Verluste vor, so können **diese ausländischen Verluste nicht mit inländischen positiven Einkünften verrechnet werden**. Lediglich ein Ausgleich dieser Verluste innerhalb desselben VZ mit positiven Einkünften **der jeweils selben Art**,[255] die **aus demselben ausländischen Staat** stammen (**Staatenidentität**), ist möglich.[256] Beide Voraussetzungen müssen kumulativ erfüllt sein. Nach Verwaltungsauffassung sind die Worte „der jeweils selben

239

---

252 R 2a Abs. 2 EStR.
253 BFH v. 17.12.1998 I B 89/98, BStBl 1999 II 293, bei vorbereitenden Aufwendungen für gescheiterte stille Beteiligung an ausländischem Handelsgewerbe.
254 Ausführlich H 2a EStH.
255 Vgl. R 2a Abs. 1 EStR.
256 Unter dieser Voraussetzung sind auch negative ausländische Einkünfte des einen Ehegatten mit den positiven ausländischen Einkünften des anderen Ehegatten ausgleichsfähig (R 2a Abs. 7 EStR).

Art" eng auszulegen, d. h., ausgleichsfähig sind nur positive und negative Einkünfte derselben Katalogziffer (**Quellengleichheit**). Somit können z. B. negative Einkünfte, die unter § 2a Abs. 1 Nr. 4 EStG fallen, nicht mit positiven Einkünften aus demselben ausländischen Staat, die unter § 2a Abs. 1 Nr. 2 EStG fallen, ausgeglichen werden. Liegt zwar Quellengleichheit vor, befinden sich aber die Einkunftsquellen in verschiedenen ausländischen Staaten, scheidet ein Verlustausgleich ebenfalls aus, da das Gesetz weiter **Staatenidentität** fordert.

> **BEISPIEL:** Verluste aus Vermietung und Verpachtung einer Wohnung auf den Bahamas sind nicht ausgleichsfähig mit positiven Einkünften aus der Vermietung eines Appartements in Monaco (fehlende Staatenidentität). Ebenso sind die Verluste aus der Beteiligung an einer Rinderfarm in Paraguay nicht ausgleichsfähig mit Gewinnen aus der Vermietung einer Wohnung in Ascunción/Paraguay (fehlende Quellengleichheit).

240 Sind die Verluste in einem VZ nicht ausgleichsfähig, so sieht § 2a Abs. 1 Satz 3 EStG einen **eingeschränkten Verlustausgleich** vor: Ausgleich mit positiven Einkünften der jeweils selben Art aus demselben ausländischen Staat in den folgenden Veranlagungszeiträumen. Auch hier gilt das Prinzip der Quellenidentität. Nicht erforderlich ist Objektidentität. Soweit in einem der folgenden Veranlagungszeiträume positive Einkünfte mit Verlusten verrechnet werden, liegen im Inland steuerfreie Einkünfte vor. Die am Schluss eines VZ verbleibenden negativen Einkünfte werden entsprechend § 180 AO gesondert festgestellt (§ 2a Abs. 1 Satz 5 EStG).

> **BEISPIEL:** Verluste 2009 aus einem Mietshaus in A-Stadt, das 2010 verkauft wurde, können mit positiven Einkünften aus einer Wohnung in B-Burg 2012 verrechnet werden, wenn A-Stadt und B-Burg im selben ausländischen Staat liegen.

241 Soweit im Ausland eine Steuer vom Einkommen erhoben wurde, scheidet hinsichtlich dieser Steuer eine Anrechnung nach § 34c Abs. 1 EStG aus. Möglich ist ein Abzug bei der Ermittlung der Summe der Einkünfte nach § 34c Abs. 2, 3 EStG. Somit werden die nicht ausgleichsfähigen Verluste um die ausländische Steuer erhöht und wirken sich erst dann aus, wenn sie mit späteren positiven ausländischen Einkünften verrechnet werden. Dies gilt auch dann, wenn ein DBA nur die Anrechnung vorsieht.

242 Von dem Ausgleichsverbot des § 2a Abs. 1 EStG trifft **§ 2a Abs. 2 EStG** eine Ausnahme bei **negativen Einkünften aus einer im Ausland belegenen gewerblichen Betriebsstätte**. Voraussetzung ist, dass die Betriebsstätte ausschließlich oder fast ausschließlich (mindestens 90 %)[257] bestimmte Tätigkeiten zum Gegenstand hat, z. B. Herstellung oder Lieferung von Waren (ausgenommen Waffen[258]),[259] Gewinnung von Bodenschätzen, Bewirkung gewerblicher Leistungen usw. (**Aktivitätsklausel**) mit gewissen Ausnahmen.[260]

---

[257] BFH v. 30. 8. 1995 I R 77/94, BStBl 1996 II 122.
[258] Nach BFH v. 30. 4. 2003 I R 95/02, BStBl 2003 II 918, stellt der Handel mit Jagd- und Sportmunition keine „Lieferung von Waffen" i. S. des § 2a Abs. 2 EStG dar.
[259] BFH v. 28. 10. 2008 IX R 22/08, BStBl 2009 II 527 zur Qualifizierung von Standardsoftware als bewegliche Sache.
[260] BFH v. 25. 4. 2007 I B 52/06, BFH/NV 2007, 1646 zu einem Bistro als dem Fremdenverkehr dienende Anlage; der Ausschluss des Abzugs von Verlusten aus Fremdenverkehrsleistungen in EU-Staaten widerspricht nach Auffassung des BFH Art. 49 und 56 AEUV - BFH v. 29. 1. 2008 I R 85/06, BStBl II 2008, 671; hierzu Nichtanwendungserlass BMF v. 4. 8. 2008, BStBl 2008 I 837.

Zusätzlich gilt das unmittelbare Halten einer Beteiligung von mindestens 25 % am Nennkapital einer ausländischen Kapitalgesellschaft, die ihrerseits die Aktivitätsklausel erfüllt, als unschädliche Bewirkung gewerblicher Leistungen.

243

Ob eine gewerbliche Betriebsstätte ausschließlich oder fast ausschließlich eine aktive Tätigkeit zum Gegenstand hat, ist für jedes Wirtschaftsjahr gesondert zu prüfen.[261]

244

Negative ausländische Einkünfte i. S. des § 2a Abs. 1 Nr. 3 und 4 EStG fallen nicht unter das Ausgleichsverbot, wenn der Steuerpflichtige nachweist, dass die in § 2a Abs. 2 Satz 1 EStG genannten Voraussetzungen bei der Körperschaft entweder seit ihrer Gründung oder während der letzten fünf Jahre vor und in dem VZ vorgelegen haben, in dem die negativen Einkünfte bezogen werden.

245

Sind die Voraussetzungen des § 2a Abs. 2 EStG erfüllt, so können negative ausländische Einkünfte uneingeschränkt mit positiven inländischen sowie ausländischen Einkünften verrechnet werden.

246

2.1.5 Anrechnungsverfahren (§ 34c Abs. 1 EStG)

2.1.5.1 Überblick

Nach § 34c Abs. 1 Satz 1 EStG ist bei unbeschränkt steuerpflichtigen natürlichen Personen, die mit ihren aus einem ausländischen Staat stammenden Einkünften dort zu einer der deutschen Einkommensteuer entsprechenden Steuer herangezogen wurden, die festgesetzte und gezahlte und um einen entstandenen Ermäßigungsanspruch gekürzte ausländische Steuer auf die deutsche Einkommensteuer anzurechnen, die auf die ausländischen Einkünfte entfällt (anteilige Anrechnung). Voraussetzung ist, dass **mit dem ausländischen Staat kein DBA** abgeschlossen ist (§ 34c Abs. 6 Satz 1 EStG).

247

Die Anrechnung ist **von Amts wegen** durchzuführen, und zwar auch dann, wenn sich der Steuerpflichtige nicht darauf beruft;[262] insoweit besteht seitens des Steuerpflichtigen kein Wahlrecht.

248

Liegen die Voraussetzungen **für eine Anrechnung nicht vor**, so ist ein Abzug der ausländischen Steuer bei der Ermittlung der Einkünfte nach § 34c Abs. 2 und 3 EStG zu prüfen.[263]

249

Besteht mit dem Staat, aus dem die ausländischen Einkünfte stammen, **ein DBA**, so regelt sich ein im Abkommen vereinbartes Anrechnungsverfahren nach § 34c Abs. 6 Satz 2 ff. EStG.

250

Anrechnungsregelungen finden sich ferner in § 4 Abs. 2 **Investmentsteuergesetz (InvStG)**.[264]

251

---

261 R 2a Abs. 3 EStR.
262 BFH v. 19. 3. 1996 VIII R 15/94, BStBl 1996 II 312.
263 Vgl. Rdn. 284 ff.
264 Vgl. Rdn. 1404.

252 **Ausgeschlossen** ist das Anrechnungsverfahren in den Fällen der sog. erweitert beschränkten Einkommensteuerpflicht nach § 2 AStG.[265]

253 Bei **beschränkt steuerpflichtigen natürlichen Personen** regelt § 50 Abs. 3 EStG das Anrechnungsverfahren.

254 Bei **ausländischen Einkünften aus Kapitalvermögen** regelt § 32d Abs. 5 EStG die Anrechnung ausländischer Steuern.

2.1.5.2 Anrechenbare ausländische Steuer

255 Auf die deutsche Einkommensteuer kann nur **diejenige ausländische Steuer angerechnet werden, die der deutschen Einkommensteuer entspricht**. Unter entsprechender Steuer ist eine ausländische Steuer zu verstehen, die ihrem Grundsystem nach der deutschen Einkommensteuer entspricht und das Einkommen besteuert. Unerheblich sind u. a. Bezeichnung, Bemessungsgrundlage, Erhebungsform und Steuersatz, sofern das Grundprinzip - Besteuerung des Einkommens - gewahrt bleibt. Dies kann dazu führen, dass in einem ausländischen Staat auch mehrere der deutschen Einkommensteuer entsprechende Steuern vom Einkommen existieren.[266]

256 Wegen der mit der Einordnung der ausländischen Steuer verbundenen Schwierigkeiten, und um die Gleichmäßigkeit der Besteuerung zu wahren, **trifft das BMF über die Frage der Entsprechung eine abschließende Entscheidung**. In Anhang 12 II. zum Einkommensteuer-Handbuch 2012 „Verzeichnis ausländischer Steuern in Nicht-DBA-Staaten" befindet sich eine Liste derjenigen ausländischen Steuern, die der deutschen Einkommensteuer entsprechen. Ist eine Steuer nicht in dieser Liste aufgeführt, entscheidet das BMF über die Gleichartigkeit.[267] Wird sie verneint, ist eine Anrechnung nach § 34c Abs. 1 EStG nicht möglich; in Betracht kommt dann ein Abzug der ausländischen Steuer nach § 34c Abs. 3 EStG.[268]

257 Ferner ist die ausländische Steuer um **einen entstandenen Ermäßigungsanspruch zu kürzen**. Die Praktikabilität der Regelung muss man bezweifeln, denn sie setzt eine umfassende Kenntnis der Steuerpflichtigen und/oder des Finanzbeamten vom ausländischen Steuerrecht voraus. Bedeutung hat die Bestimmung vor allem für die Anrechnung ausländischer Quellensteuer bei Zinsen, Dividenden und Lizenzen; denn häufig kann nach dem innerstaatlichen Recht des ausländischen Staates (oder nach dem DBA mit dem Quellenstaat) die Quellensteuer – ggf. auf Antrag – ermäßigt werden.[269]

> **BEISPIEL:** Die Schweizer Quellensteuer i. H. von 35 % wird auf Antrag auf den Satz nach dem DBA (15 %) herabgesetzt und insoweit erstattet, als der Erstattungsantrag rechtzeitig gestellt

---

[265] BFH v. 20. 4. 1988 I R 197/84, BStBl 1988 II 983.
[266] BFH v. 9. 11. 1983 I R 120/79, BStBl 1984 II 468; v. 12. 7. 1989 I R 46/85, BStBl 1990 II 113, zur Anrechnung schweizerischer kantonaler und gemeindlicher Einkommensteuer.
[267] BMF v. 12. 6. 1992, BStBl 1992 I 393, betreffend die Gleichartigkeit der in San Marino erhobenen Steuer.
[268] Vgl. Rdn. 292.
[269] Vgl. OFD Frankfurt v. 31. 7. 2013 S 2293 A-107-St 513, FMNR32e310013, abgedruckt bei juris.

wird. Entstanden ist aber der Erstattungsanspruch und somit zu berücksichtigen, auch wenn der Antrag nicht gestellt wurde.

Nur die ermäßigte Steuer kann angerechnet oder abgezogen werden; unerheblich ist, ob der Steuerpflichtige tatsächlich eine bestehende Steuerermäßigung bei der ausländischen Steuerverwaltung beantragt hat oder nicht.   258

Die ausländische Steuer muss festgesetzt sein, d. h., es muss grundsätzlich ein Steuerbescheid existieren, aus dem sich die festgesetzte ausländische Steuer ergibt (vgl. § 68b EStDV). **Steuerfestsetzung i. S. des § 34c Abs. 1 EStG** kann auch die Steueranmeldung durch den privaten Arbeitgeber sein.[270]   259

Die gemäß § 34c Abs. 1 bis 3, 6 EStG zu berücksichtigende ausländische Steuer **muss gezahlt worden sein**; der gezahlte Betrag ist **in € umzurechnen**.[271]   260

Anrechenbar ist nur die ausländische Steuer, die in dem Staat erhoben wurde, aus dem die Einkünfte stammen. Das heißt **Drittstaatsteuern können nicht angerechnet** werden; in Betracht kommt insoweit lediglich der Abzug nach § 34c Abs. 3 EStG.   261

> **BEISPIEL:** ▶ Der Steuerpflichtige S erzielt gewerbliche Einkünfte aus der in einem Nicht-DBA-Staat belegenen Betriebsstätte; zu den Betriebsstätteneinkünften zählen Dividenden aus einem Drittstaat, in dem eine Quellensteuer auf die Dividenden erhoben wurde.

2.1.5.3 Berechnungsmethode, Durchführung der Anrechnung

Nach dem ausdrücklichen Wortlaut des § 34c Abs. 1 Satz 1 EStG wird nur diejenige ausländische Steuer auf die deutsche Einkommensteuer angerechnet, die auf die im Inland steuerpflichtigen ausländischen Einkünfte –durchschnittlich – entfällt (**anteilige Anrechnung**: § 68a Satz 1 EStDV).   262

Die auf die ausländischen Einkünfte entfallende deutsche Einkommensteuer ist in der Weise zu ermitteln, dass die sich bei der Veranlagung des zu versteuernden Einkommens - einschließlich der ausländischen Einkünfte - nach den §§ 32a, 32b, 34, 34a und 34b EStG ergebende deutsche Einkommensteuer im Verhältnis dieser ausländischen Einkünfte zur Summe der Einkünfte aufgeteilt wird (= **Verhältnisrechnung**). Bei **Einkünften aus EU- und EWR-Mitgliedstaaten** ist das Urteil des EuGH zu berücksichtigen, dass eine Berechnung der anrechenbaren Steuer unionswidrig ist, bei der Sonderausgaben und außergewöhnliche Belastungen als Kosten der persönlichen Lebensführung sowie der personen- und familienbezogenen Umstände nicht berücksichtigt werden.[272] Bis zu einer geplanten gesetzlichen Neuregelung hat das BMF mit einem Übergangsschreiben reagiert.[273] Der BFH hat mit dem Folgeurteil zu der Rechtssache Beker entschieden,[274] dass die Summe der Einkünfte um alle steuerrechtlich abzugsfähigen personenbezogenen und familienbezogenen Positionen, vor allem Sonderausgaben und   263

---

[270] BFH v. 5. 2. 1992 I R 9/90, BStBl 1992 II 607; H 34c (1–2) EStH.
[271] R 34c Abs. 1 EStR.
[272] EuGH v. 28. 2. 2013 C-168/11 Beker, IStR 2013, 275.
[273] BMF v. 30. 9. 2013, BStBl 2013 I 1612.
[274] BFH v. 18. 12. 2013 I R 71/10, BFH/NV 2014, 759.

außergewöhnliche Belastungen, aber auch den Altersentlastungsbetrag sowie den Grundfreibetrag zu vermindern ist.

264 Bei der Ermittlung des Höchstbetrags der anrechenbaren ausländischen Steuer bleiben ausländische Einkünfte, die nach § 34c Abs. 5 EStG **pauschal besteuert** werden, und die darauf entfallende Pauschsteuer **außer Betracht**.[275]

265 Ebenfalls nicht zu berücksichtigen sind die ausländischen **Einkünfte**, die in dem Staat, aus dem sie stammen, nach dessen Recht **nicht besteuert** werden (§ 34c Abs. 1 Satz 3 2. Halbsatz EStG);[276] Begründung: Diese im Ausland nicht besteuerten Einkünfte unterliegen keiner Doppelbesteuerung, so dass eine Nichtberücksichtigung dem Sinn und Zweck des § 34c EStG entspricht.

266 Schließlich sind bei der Ermittlung des zu versteuernden Einkommens, der Summe der Einkünfte und der ausländischen Einkünfte diejenigen **Einkünfte aus Kapitalvermögen nicht zu berücksichtigen**, auf die § 32d Abs. 1 und 3 bis 6 EStG anzuwenden sind (§ 34c Abs. 1 Satz 3 1. Halbsatz EStG).

267 Zum **Anrechnungsverfahren bei Verlusten**, die unter § 2a EStG fallen, vgl. Rdn. 241.

268 Ist die **Bemessungsgrundlage** der ausländischen Einkünfte im Inland niedriger als im Ausland, so ist die anzurechnende ausländische Steuer dennoch ungekürzt bei der Höchstbetragsberechnung gemäß § 34c Abs. 1 Satz 2 EStG anzusetzen.[277]

269 Zur **Berechnung** der anteilig anrechenbaren deutschen Einkommensteuer benötigt man folgende Rechengrößen:

- ausländische Einkünfte = Summe der nach deutschem Steuerrecht steuerpflichtigen ausländischen Einkünfte aus einem[278] ausländischen Staat;
- Summe der Einkünfte einschließlich der ausländischen Einkünfte;
- deutsche tarifliche Einkommensteuer (§ 2 Abs. 5 EStG) auf das zu versteuernde Einkommen.

Nach dem BMF-Schreiben ist die Summe der Einkünfte zu vermindern um den Altersentlastungsbetrag (§ 24a EStG), den Entlastungsbetrag für Alleinerziehende (§ 24b EStG), Sonderausgaben (§§ 10, 10a, 10b, 10c EStG), außergewöhnliche Belastungen (§§ 33 bis 33b EStG) und die berücksichtigten Freibeträge für Kinder (§ 31, § 32 Abs. 6 EStG).[279]

270 Nicht die festgesetzte ausländische Steuer ist für das Anrechnungsverfahren maßgebend, sondern die ausländische **Tarifsteuer** vor Anrechnung etwaiger Drittstaatsteuern einschließlich der deutschen Einkommensteuer.[280] Damit wird sichergestellt, dass nur die ausländische Steuer der Höchstbetragsberechnung zugrunde gelegt wird, die anteilmäßig auf die im Ausland bezogenen Einkünfte entfällt.

---

275 R 34c Abs. 3 Satz 1 EStR.
276 R 34c Abs. 3 Satz 2 EStR.
277 BFH v. 2. 2. 1994 I R 66/92, BStBl 1994 II 727; H 34c (3) EStH Stichwort „Anrechnung".
278 Bei Einkünften aus mehreren ausländischen Staaten vgl. Rdn. 276.
279 BMF v. 30. 9. 2013 BStBl 2013 I 1612.
280 BFH v. 21. 5. 1986 I R 37/83, BStBl 1986 II 739.

In die anzurechnenden ausländischen Steuern sind auch die ausländischen Steuern einzubeziehen, die auf Einkünfte im Sinne des § 2a Abs. 1 EStG entrichtet worden sind.[281]

Anrechenbar ist nur diejenige ausländische Steuer, die sich ergibt, wenn man das Verhältnis ausländische Einkünfte zur Summe der Einkünfte mit der Einkommensteuer multipliziert:

$$\frac{\text{ausländische Einkünfte}}{\text{Summe der Einkünfte}} \times \text{Einkommensteuer} = \text{anteilig anrechenbarer Höchstbetrag}$$

BEISPIEL: (1) Summe der Einkünfte 60 000 €, hierin enthalten ausländische Einkünfte i. H. von 10 000 €, gezahlte ausländische Steuer 2 000 €, Einkommensteuer lt. Grundtarif 17 004 €.[282]
Anteilig anrechenbarer Höchstbetrag:

$$\frac{10\,000\,€}{60\,000\,€} \times 17\,004\,€ = 2\,834\,€$$

Die ausländische Steuer i. H. 2 000 € kann in voller Höhe angerechnet werden.

(2) Summe der Einkünfte 60 000 €, hierin enthalten ausländische Einkünfte i. H. von 3 500 €, gezahlte ausländische Steuer 1 700 €, Einkommensteuer lt. Grundtarif 17 136 €.
Anteilig anrechenbarer Höchstbetrag:

$$\frac{3\,500\,€}{60\,000\,€} \times 17\,004\,€ = 992\,€$$

Die ausländische Steuer kann nur i. H. von 992 € angerechnet werden, das bedeutet i. H. von 700 € verbleibt eine zusätzliche Belastung:

deutsche Einkommensteuer	17 004 €
abzüglich Anrechnungsbetrag	992 €
festzusetzende Einkommensteuer	16 012 €
zuzüglich ausländische Steuer	1 700 €
Gesamtsteuerbelastung	17 712 €

Das Anrechnungsverfahren führt in diesem Fall zu einer steuerlichen Mehrbelastung i. H. von 708 €.

Aus den Beispielen ergibt sich, dass das Anrechnungsverfahren nicht immer zur völligen Beseitigung der Doppelbesteuerung führt. Dem Steuerpflichtigen kann u. U. eine nicht zu beseitigende Doppelbelastung oder eine nicht mehr anrechenbare ausländische Steuer verbleiben (sog. **Anrechnungsüberhang**). Zu beachten ist, dass **der nicht ausgeschöpfte Betrag des anteilig anrechenbaren Höchstbetrages verfällt** (Beispiel (1)) und **nicht zu einer weiteren Minderung der deutschen Einkommensteuer** auf die übrigen Einkünfte oder gar zu einer Erstattung deutscher Einkommensteuer auf inländische Einkünfte führt.

Da die ausländischen Einkünfte nach den Vorschriften des deutschen Steuerrechts ermittelt werden, kann der Fall eintreten, dass die ausländischen Einkünfte nach ausländischem Steuerrecht positiv, nach deutschem Steuerrecht aber negativ sind bzw. um-

---

[281] R 34c Abs. 2 EStR.
[282] In diesem und den folgenden Beispielen ist unterstellt, dass die Summe der Einkünfte um die im BMF-Schreiben vom 30. 9. 2013 genannten Elemente vermindert ist und ohne Solidaritätszuschlag.

gekehrt. Hierbei ist auch § 15a EStG (in Bezug auf die Beteiligung an einer ausländischen Mitunternehmerschaft) zu berücksichtigen.

> **BEISPIEL:** (1) Inländische Einkünfte i. H. von 100 000 €; die Einkünfte der ausländischen Betriebsstätte betragen nach dem Steuerrecht des Belegenheitsstaates 20 000 € (ausländische Steuer 4 000 €); nach deutschem Steuerrecht ergibt sich ein Verlust von 10 000 €. Anrechnung ausgeschlossen, da keine deutsche Einkommensteuer entstanden ist, auf die die ausländische Steuer angerechnet werden könnte; in Betracht kommt ein Abzug nach § 34c Abs. 2, 3 EStG.
>
> (2) Inländische Einkünfte i. H. von 100 000 €; die Einkünfte der ausländischen Betriebsstätte betragen nach dem Steuerrecht des Belegenheitsstaates ./. 20 000 €; nach deutschem Steuerrecht ergibt sich ein Gewinn von + 10 000 €. Eine etwa im Ausland erhobene Steuer kann angerechnet werden.

275 Sind im Ausland Einkünfte besteuert worden, die im Inland nicht der Besteuerung unterliegen, so sind zuerst die steuerpflichtigen ausländischen Einkünfte und sodann im Wege der Verhältnisrechnung die darauf entfallende ausländische Einkommensteuer zu ermitteln. Danach erst kann die Berechnung des Höchstbetrages erfolgen.

> **BEISPIEL:** Inländische Einkünfte i. H. von 78 000 €, ausländische Einkünfte aus Vermietung und Verpachtung i. H. von 30 000 €, hierin enthalten ein im Inland nicht steuerpflichtiger Veräußerungsgewinn i. H. von 10 000 €; ausländische Steuer 7 500 €.
>
> Im Inland steuerpflichtige ausländische Einkünfte: 20 000 €
>
> Hierauf entfallende ausländische Steuer:
>
> $$\frac{20\,000\,€}{30\,000\,€} \times 7\,500\,€ = 5\,000\,€$$
>
> Anrechnungsverfahren:
>
> Einkommensteuer lt. Grundtarif auf 98 000 €: 32 964 €
>
> $$\frac{20\,000\,€}{98\,000\,€} \times 32\,964\,€ = 6\,728\,€$$
>
> Ergebnis:
>
> Die auf die steuerpflichtigen ausländischen Einkünfte entfallende ausländische Steuer i. H. von 5 000 € ist in vollem Umfange anrechenbar.

276 Stammen die **ausländischen Einkünfte aus mehreren ausländischen Staaten**, so ist das Berechnungsverfahren für die Ermittlung der anrechenbaren ausländischen Steuer für jeden einzelnen ausländischen Staat **getrennt** durchzuführen (§ 68a Satz 2 EStDV). Verschiedene ausländische Einkünfte i. S. des § 34d EStG aus demselben ausländischen Staat sind zusammenzurechnen. Entscheidend ist bei dieser getrennten Ermittlung der anrechenbaren Steuer, dass der nicht ausgenutzte Höchstbetrag für die anteilig anrechenbare ausländische Steuer nicht auf die Besteuerung der Einkünfte aus einem anderen ausländischen Staat übertragen werden kann (**per-country-limitation**).[283]

> **BEISPIEL:** Summe der Einkünfte 100 000 €, darin enthalten ausländische Einkünfte aus Staat A i. H. von 11 500 € (ausländische Steuer 1 500 €) und aus dem Staat B i. H. von 7 500 € (ausländische Steuer 3 150 €), Einkommensteuer lt. Grundtarif 33 804 €.

---

[283] Der BFH hat in seinem Urteil vom 18. 12. 2013 I R 71/10, BFH/NV 2014, 759, entschieden, dass die länderbezogene Begrenzung der Anrechnung nicht gegen Unionsrecht verstößt.

Ausländische Einkünfte im Einkommensteuerrecht — KAPITEL 2

Einkünfte Staat A

$$\frac{11\,500\,€}{100\,000\,€} \times 33\,804\,€ = 3\,888\,€$$

Die ausländische Steuer i. H. von 1.500 € ist voll anrechenbar; nicht ausgenutzter und nicht übertragbarer Betrag: 2 388 €.

Einkünfte Staat B

$$\frac{7\,500\,€}{100\,000\,€} \times 33\,804\,€ = 2\,536\,€$$

Von der im Staat B festgesetzten und gezahlten ausländischen Steuer i. H. von 3.150 € können nur 2 536 € angerechnet werden; der Restbetrag i. H. von 614 € kann nicht auf den nicht ausgenutzten Anrechnungsbetrag betr. die Einkünfte aus dem Staat A übertragen werden.

Einkommensteuer	33 804 €
abzüglich anrechenbare Steuer Staat A	1 500 €
abzüglich anrechenbare Steuer Staat B	2 536 €
festzusetzende Einkommensteuer	29 768 €
zuzüglich Steuer Staat A	1 500 €
zuzüglich Steuer Staat B	3 150 €
Gesamtsteuerbelastung	34 418 €

Eine Anrechnung scheidet aus, wenn der Steuerpflichtige im betreffenden VZ keine inländische Einkommensteuer zu entrichten hat, weil z. B. der Gesamtbetrag der Einkünfte negativ ist oder das zu versteuernde Einkommen unter der Eingangsstufe der Steuertabelle liegt. 277

> **BEISPIEL:** Summe der Einkünfte 7 200 €, darin enthalten inländische Einkünfte i. H. von ./. 17 800 € und ausländische Einkünfte i. H. von 25 000 € (ausländische Steuer 5 000 €): inländische Einkommensteuer = 0 €, somit keine Anrechnung, ggf. Abzug der ausländischen Steuer nach § 34c Abs. 2 EStG.

Ferner kann der Fall eintreten, dass die Berechnung der anrechenbaren ausländischen Steuer überflüssig ist, weil die inländische Einkommensteuer ausschließlich auf ausländische Einkünfte entfällt. In derartigen Fällen führt die Verhältnisrechnung nach § 34c Abs. 1 Satz 2 EStG zu unzutreffenden Ergebnissen. 278

> **BEISPIEL:** Summe der Einkünfte 20 000 €, darin enthalten inländische Einkünfte i. H. von ./. 50 000 € und ausländische Einkünfte i. H. von 70 000 € (ausländische Steuer 15 400 €). Einkommensteuer lt. Grundtarif 2 759 €. Auf diese Steuer kann die ausländische Steuer bis zur Höhe von 2 759 € angerechnet werden, so dass die inländische Einkommensteuer 0 € beträgt. Die restliche Steuer kann im Inland nicht angerechnet werden, da dies zu einer Erstattung ausländischer Steuern im Inland führen würde.

Bei der Ermittlung der ausländischen Einkünfte sind die ausländischen Einkünfte nicht zu berücksichtigen, die in dem Staat, aus dem sie stammen, nach dem Recht dieses Staates nicht besteuert wurden (§ 34c Abs. 1 Satz 3 EStG). 279

> **BEISPIEL:** Der Inländer I hat inländische Einkünfte i. H. von 100 000 € sowie ausländische Einkünfte aus dem Staat X aus Gewerbebetrieb i. H. von 50 000 € (ausländischer Steuer: 20 000 EUR) sowie einen im Ausland nicht besteuerten Veräußerungserlös i. H. von 10 000 €.

Berechnung:

Zu versteuerndes Einkommen	160 000 €
Einkommensteuer	59 004 €

Für die Anwendung der Steuerermäßigung nach § 34c Abs. 1 EStG bleiben die nicht besteuerten ausländischen Einkünfte außer Betracht (§ 34c Abs. 1 Satz 3 EStG):

Formel für die Anrechnung nach § 34c Abs. 1 EStG:

$$\frac{50\,000\,€}{160\,000\,€} \times 59\,004\,€ = 18\,439\,€$$

Würde man die im Ausland nicht besteuerten Einkünfte in die o. a. Verhältnisrechnung mit einbeziehen, würde sich ein anteilig anrechenbarer Höchstbetrag i. H. von 22 126 EUR ergeben, d. h. die gesamte im Ausland entrichtete Steuer könnte angerechnet werden.

280   Eine Einschränkung der Anrechnung ergibt sich aus § 34c Abs. 1 Satz 5 EStG: Die ausländische Steuer darf nur insoweit angerechnet werden, als sie auf die im VZ bezogenen Einkünfte entfällt.[284] Unberührt bleibt die Möglichkeit, die ausländische Steuer in dem Jahr anzurechnen, in dem die Einkünfte im Inland zu versteuern sind.

> **BEISPIEL:** Bei einem mehrjährigen Bauvorhaben müssen bereits während der Bauausführung im Ausland Steuern entrichtet werden. Eine Anrechnung kann aber erst in dem VZ erfolgen, in dem der Gewinn aus der Bauausführung nach deutschem Steuerrecht zu versteuern ist.

281   Hat der Steuerpflichtige **ausländische Einkünfte aus Kapitalvermögen** erzielt, sind **bis einschließlich VZ 2008** die §§ 3 Nr. 40, 3c Abs. 2 EStG zu beachten; zur Rechtslage ab dem VZ 2009 vgl. Rdn. 300. Der Sparer-Freibetrag nach § 20 Abs. 4 EStG wird insoweit abgezogen,[285] als er auf die ausländischen Einkünfte entfällt. Die zu berücksichtigende ausländische Steuer ist nicht zu kürzen, wenn die entsprechenden Einnahmen nach § 3 Nr. 40 EStG nur zur Hälfte anzusetzen sind.

> **BEISPIEL:** A erzielt neben Einkünften aus selbständiger Arbeit i. H. von 100 000 € inländische Dividenden i. H. von 10 000 € und ausländische Dividenden i. H. von 5 000 €, auf die eine ausländische Steuer i. H. von 1 750 € (= 35 %) erhoben worden ist. Obwohl die ausländischen Dividendeneinkünfte der Halbeinkünftebesteuerung nach § 3 Nr. 40 Buchst. d) EStG unterliegen (= 2 500 € sind steuerpflichtig), kann die ausländische Steuer in voller Höhe in der Höchstbetragsberechnung berücksichtigt werden; der Werbungskostenpauschbetrag nach § 9a Nr. 2 EStG (51 €) ist nach dem Verhältnis der inländischen zu den ausländischen Einnahmen im Verhältnis 34 € zu 17 € aufzuteilen; sodann ist der Sparerfreibetrag i. H. von 750 € im Verhältnis 2/3 (= 500 €) zu 1/3 (= 250 €) auf die in- und ausländischen Einkünfte zu verteilen, so dass sich steuerpflichtige ausländische Einkünfte i. H. von 2 233 € (2 500 € ./. 17 € ./. 250 €) ergeben:
>
> $$\frac{2\,233\,€}{106\,699\,€} \times 36\,751\,€ = 769\,€$$
>
> Die ausländische Steuer kann bis zu einem Betrag von 769 € angerechnet werden.

282   Bei **getrennter Veranlagung** kann nur derjenige Steuerpflichtige die Steuerermäßigung nach § 34c EStG in Anspruch nehmen, der die ausländischen Einkünfte erzielt hat.

283   Bei **Zusammenveranlagung** wird die ausländische Steuer auf die deutsche Einkommensteuer angerechnet, die sich für das von beiden Ehegatten gemeinsam zu versteuernde

---

284   Ausführlich BFH v. 31. 7. 1991 I R 51/89, BStBl 1991 II 922; v. 4. 6. 1991 X R 35/88, BStBl 1992 II 187.
285   Vgl. R 34c Abs. 3 Satz 6 EStR; BFH v. 16. 5. 2001 I R 102/00, BStBl 2001 II 710.

Einkommen ergibt, unabhängig davon, wer welche Einkünfte erzielt hat; dementsprechend ist für die Höchstbetragsberechnung die Summe der Einkünfte der Ehegatten anzusetzen.[286]

2.1.6 Abzug der ausländischen Steuer bei der Ermittlung der Einkünfte (§ 34c Abs. 2, 3 EStG)

2.1.6.1 Abzug auf Antrag (§ 34c Abs. 2 EStG)

Der Abzug der ausländischen Steuer bei der Ermittlung der Einkünfte mindert im Regelfall eine eingetretene Doppelbesteuerung in weit geringerem Umfange als die Anrechnung nach § 34c Abs. 1 EStG.

284

> **BEISPIEL:** Summe der Einkünfte 98 000 €, darin enthalten ausländische Einkünfte i. H. von 18 000 € (ausländische Steuer 3 600 €). Ist die Anrechnung nach § 34c Abs. 1 EStG nicht möglich, so beträgt die Bemessungsgrundlage für die deutsche Einkommensteuer 94 400 € (98 000 € ./. 3 600 €) - Steuer lt. Grundtarif 31 584 € - und beträgt die Gesamtsteuerbelastung 35 184 € (= 31 584 € + 3 600 €). Könnte dagegen die ausländische Steuer in vollem Umfange angerechnet werden, so ergäbe sich eine Gesamtsteuerbelastung von 33 096 €.

Dieser steuerliche Nachteil muss sich aber nicht in jedem Fall ergeben: Ist die deutsche Einkommensteuer, die anteilig auf die ausländischen Einkünfte entfällt, im Verhältnis zur ausländischen Einkommensteuer, die für diese Einkünfte entrichtet wurde, gering, so ist der Abzug der ausländischen Steuer bei der Ermittlung der Einkünfte für den Steuerpflichtigen günstiger.

285

> **BEISPIEL:** Gesamtbetrag der Einkünfte 10 000 €, darin enthalten ausländische Einkünfte i. H. von 8 000 € (ausländische Steuer: 2 800 €), deutsche Einkommensteuer: 294 €.
>
> Anrechnung:
>
> $$\frac{8\,000\,€}{10\,000\,€} \times 294\,€ = \quad 236\,€$$
>
> | Gesamtsteuerbelastung | |
> |---|---:|
> | deutsche Einkommensteuer | 294 € |
> | abzüglich anrechenbare Einkommensteuer | 236 € |
> | Zwischensumme | 58 € |
> | zuzüglich Einkommensteuer | 2 800 € |
> | Gesamtbelastung | 2 858 € |
> | Abzug: | |
> | Gesamtbetrag der Einkünfte | 10 000 € |
> | abzüglich ausländische Einkommensteuer | 2 800 € |
> | zu versteuerndes Einkommen | 7 200 € |
> | deutsche Einkommensteuer | 0 € |
> | Gesamtsteuerbelastung | 2 800 € |

---

286 R 34c Abs. 3 Satz 7 und 8 EStR.

286 Daher räumt § 34c Abs. 2 EStG dem Steuerpflichtigen das **Wahlrecht** ein, statt der Anrechnung nach Abs. 1 den Abzug nach Abs. 2 zu beantragen. Die ausländischen Steuern mindern durch Berücksichtigung als Betriebsausgaben oder Werbungskosten die Einkünfte aus der jeweiligen Einkunftsart. Dabei ist zu berücksichtigen, dass dies nur gilt, soweit die ausländische Steuer auf ausländische Einkünfte entfällt, die in Deutschland steuerpflichtig sind (§ 34c Abs. 2 2. Halbsatz EStG).

287 Ferner wird durch den Abzug der ausländischen Steuer bei der Ermittlung der Einkünfte sichergestellt, **dass sich dieser Abzug beim Verlustabzug nach § 10d EStG auswirken kann**.

> BEISPIEL: Summe der Einkünfte ./. 150 000 €, darin enthalten ausländische Einkünfte i. H. von 50 000 € (ausländische Steuer 15 000 €). Eine Anrechnung nach § 34c Abs. 1 EStG scheidet mangels festzusetzender Einkommensteuer aus. Wird die ausländische Steuer bei der Ermittlung des Gesamtbetrags der Einkünfte abgezogen, so beträgt der nach § 10d EStG ausgleichsfähige Verlust insgesamt 165 000 €, d. h., die ausländische Steuer kann rückgetragen werden.

288 Schließlich ist der Abzug der ausländischen Steuer dann die einzige Ermäßigungsmöglichkeit, wenn die ausländischen Einkünfte nach den deutschen Gewinnermittlungsvorschriften negativ sind und/oder ein Verlustausgleich nach § 2a Abs. 1 EStG ausscheidet.

> BEISPIEL: (1) A erzielt ausländische Verluste aus dem Betrieb einer land- und forstwirtschaftlichen Betriebsstätte i. H. von 50 000 €, auf die eine ausländische Sockelsteuer i. H. von 5 % erhoben wird. Eine Anrechnung scheidet aus; in Betracht kommt ein Abzug nach § 34c Abs. 2 EStG.
>
> (2) B erzielt im Ausland Einkünfte aus Gewerbebetrieb i. H. von 10 000 € (ausländische Steuer 1 500 €); diese Einkünfte sind aber bei Anwendung der deutschen Gewinnermittlungsvorschriften negativ: die ausländische Steuer kann nicht angerechnet werden; in Betracht kommt nur ein Abzug.

289 **Voraussetzung für die Ausübung des Wahlrechts** ist, dass die Anrechnung gemäß § 34c Abs. 1 EStG dem Grunde nach möglich ist, d. h., die o. a. Voraussetzungen für eine Anrechnung müssen erfüllt sein. Anderenfalls kommt ein Abzug von Amts wegen nach § 34c Abs. 3 EStG in Betracht. Für die Ausübung des Wahlrechts gelten die allgemeinen abgabenrechtlichen Regelungen für nichtfristgebundene Anträge: Der Antrag kann bis zur Bestandskraft des Steuerbescheides gestellt werden, d. h. auch noch im Rechtsbehelfsverfahren oder im finanzgerichtlichen Verfahren bis zum Schluss der mündlichen Verhandlung vor dem Finanzgericht, nicht mehr aber vor dem BFH (§ 118 Abs. 2 FGO), bzw. solange, wie die Steuerfestsetzung unter dem Vorbehalt der Nachprüfung nach § 164 AO steht.[287] Der Antrag muss sich auf die gesamten Einkünfte und Steuern aus demselben Staat beziehen; stammen die ausländischen Einkünfte aus mehreren ausländischen Staaten, so kann das Wahlrecht für jeden Staat gesondert ausgeübt werden.

290 Bei **zusammenveranlagten Ehegatten** braucht das Wahlrecht nach § 34c Abs. 2 EStG nicht einheitlich ausgeübt zu werden. D. h. während ein Ehegatte den Abzug nach § 34c Abs. 2 EStG wählt, kann sich der andere für die Anrechnung nach § 34c Abs. 1 EStG entscheiden.[288]

---

287 R 34c Abs. 4 Satz 7 EStR.
288 R 34c Abs. 4 Satz 2 EStR.

Sind an den ausländischen Einkünften **mehrere Personen** beteiligt und sind daher die ausländischen Einkünfte gesondert und einheitlich festzustellen, so hat jeder Feststellungsbeteiligte ein eigenes Wahlrecht, das aber bereits im Feststellungsverfahren auszuüben ist.[289]

291

2.1.6.2 Abzug von Amts wegen (§ 34c Abs. 3 EStG)

Scheidet eine Anrechnung der ausländischen Steuer aus, weil die Voraussetzungen des § 34c Abs. 1 EStG ganz oder teilweise nicht vorliegen, kann der Steuerpflichtige auch nicht das Wahlrecht nach § 34c Abs. 2 EStG ausüben. In derartigen Fällen ist nach § 34c Abs. 3 EStG **von Amts wegen ein Abzug der ausländischen Steuer bei der Ermittlung der Einkünfte** vorzunehmen, soweit sie auf im Inland steuerpflichtige ausländische Einkünfte entfällt. Der Abzug ist in voller Höhe ohne eine Beschränkung durch die Höchstbetragsberechnung, allerdings unter Berücksichtigung eines entstandenen Ermäßigungsanspruchs, vorzunehmen.

292

Einen von Amts wegen vorzunehmenden Abzug sieht Abs. 3 in den nachfolgenden Fällen vor:

293

▶ Es handelt sich um eine ausländische Steuer, die nicht der deutschen Einkommensteuer entspricht;

▶ die ausländische Steuer wird nicht in dem Staat erhoben, aus dem die Einkünfte stammen (Bsp.: Steuern eines Drittstaates auf Einkünfte einer Betriebsstätte);

▶ es liegen keine ausländischen Einkünfte i. S. des § 34d EStG vor. Hierzu zählen die Fälle, in denen der ausländische Staat Steuern auf Einkünfte erhebt, die nach den Grundsätzen des EStG im Inland entstanden sind und daher inländische Einkünfte darstellen.

BEISPIEL: ▶ (1) Indien besteuert mit einer sog. capital gains Gewinne aus Veräußerungs- und Liefergeschäften. Liefert eine deutsche Firma, z. B. im Rahmen einer Montage, Maschinen nach Indien, so muss für den Gewinn aus dieser Lieferung u. U. indische Steuer bezahlt werden, obwohl der Gewinn aus der Lieferung nach deutschem Steuerrecht als inländischer Gewinn aus Gewerbebetrieb allein in Deutschland zu versteuern ist (Bsp.: Tz. 1 zu Artikel 7 Buchst. a) des Protokolls zum DBA-Indien).

(2) Eine in der Schweiz statuarisch ansässige Domizilgesellschaft – tatsächliche Geschäftsleitung in der Bundesrepublik Deutschland – reicht in der Schweiz eine Steuererklärung für angeblich Schweizer Einkünfte ein, die aber tatsächlich aus Deutschland stammende Einkünfte sind. Es wird die festgesetzte Schweizer Steuer entrichtet. Als nach Aufdeckung des tatsächlichen Sachverhalts die Schweizer Steuerbehörden eine Erstattung der zu Unrecht entrichteten Steuern ablehnen, kommt zwecks Verminderung der Doppelbesteuerung § 34c Abs. 3 EStG zur Anwendung.[290]

---

289 R 34c Abs. 4 Satz 3 bis 6 EStR.
290 Vgl. BFH v. 24. 3. 1998 I R 38/97, BStBl 1998 II 471.

2.1.7 Ermäßigungsverfahren bei Doppelbesteuerungsabkommen (§ 34c Abs. 6 EStG)

294 Nach § 34c Abs. 6 Satz 1 EStG ist das Ermäßigungsverfahren nach § 34c Abs. 1 bis 3 EStG nur dann anwendbar, wenn die Einkünfte aus einem Staat stammen, mit dem kein DBA auf dem Gebiet der Steuern vom Einkommen besteht. Ist dagegen mit dem ausländischen Staat ein DBA abgeschlossen worden, so treffen § 34c Abs. 6 Satz 2 bis 6 EStG folgende Regelungen:

295 **Das DBA sieht die Anrechnung der ausländischen Steuer vor** (§ 34c Abs. 6 Satz 2 EStG): Entsprechende Anwendung des § 34c Abs. 1 Satz 2 bis 5 sowie des Abs. 2, ausgenommen, es handelt sich um Einkünfte, auf die § 32d Abs. 1 und 3 bis 6 EStG (Einkünfte aus Kapitalvermögen) anzuwenden ist; sieht das DBA nur die Anrechnung vor, kann der Steuerpflichtige dennoch den Abzug der ausländischen Steuer bei der Ermittlung der Summe der Einkünfte wählen.[291]

296 Sieht das DBA die **Anrechnung einer fiktiven Steuer** vor, so scheidet nach § 34c Abs. 6 Satz 2 letzter Halbsatz EStG die Wahlmöglichkeit des § 34c Abs. 2 EStG aus; des Weiteren ist die Regelung des § 34c Abs. 1 Satz 3 EStG nicht anzuwenden, d. h., in die Höchstbetragsberechnung sind auch die im Ausland nicht besteuerten Einkünfte mit einzubeziehen; Begründung: Nur auf diese Weise kann den abkommensrechtlichen Verpflichtungen nachgekommen und eine Vertragsverletzung vermieden werden, da die Gewährung einer fiktiven Anrechnung im Regelfall eine im Abkommen vereinbarte besondere Förderungsmaßnahme darstellt.

297 **Das DBA erfasst nicht die ausländische Steuer vom Einkommen** (§ 34c Abs. 6 Satz 4 EStG): Entsprechende Anwendung der Regelungen in § 34c Abs. 1 und 2 EStG.

298 In den Fällen, in denen die **Einkünfte nach § 50d Abs. 9 EStG**[292] nicht von der Bemessungsgrundlage auszunehmen sind, ist eine Anrechnung der ausländischen Steuer nach § 34c Abs. 1 bis 3 EStG sowie nach § 34c Abs. 6 Satz 6 EStG sichergestellt.

299 **Trotz Bestehen eines DBA besteuert der ausländische Staat Einkünfte, die nicht aus diesem Staat stammen** (§ 34c Abs. 6 Satz 6 EStG):[293] Entsprechende Anwendung des § 34c Abs. 3 EStG, es sei denn, die Besteuerung hat ihre Ursache in einer Gestaltung, für die wirtschaftliche oder sonstige beachtliche Gründe fehlen (Bsp.: ausländische Domizilgesellschaft),[294] oder das Abkommen gestattet dem ausländischen Staat ausdrücklich die Besteuerung.

2.1.8 Ausländische Einkünfte aus Kapitalvermögen (§ 32d Abs. 5 EStG)

300 Durch die Einführung der Abgeltungssteuer und damit dem grundsätzlichen Ausschluss der konkreten Einzelbesteuerung war es erforderlich, für ausländische Einkünf-

---

291 R 34c Abs. 5 EStR.
292 Vgl. Rdn. 1701 ff.
293 Ausführlich zum Begriff „stammen" BFH v. 17.11.2010 I R 76/09, BFH/NV 2011, 674.
294 BFH v. 1.4.2003 I R 39/02, BStBl 2003 II 869, zur missbräuchlichen Benutzung einer schweizerischen Briefkastengesellschaft.

te aus Kapitalvermögen eine Regelung zur Vermeidung oder Milderung der Doppelbesteuerung zu treffen. Diese findet sich in § 32d Abs. 1 Satz 2 und Abs. 5 EStG; hinsichtlich der sog. Günstigerprüfung vgl. § 32d Abs. 6 Satz 2 i.V. m. § 32d Abs. 5 EStG.

Da die ausländischen Kapitalerträge nicht der Kapitalertragsteuer unterlegen haben,[295] hat der Steuerpflichtige sie in seiner Einkommensteuererklärung anzugeben (§ 32d Abs. 3 EStG). Ist der Steuerpflichtige mit seinen ausländischen Kapitalerträgen in dem Staat, aus dem die Kapitalerträge stammen, zu einer der deutschen Einkommensteuer entsprechenden Steuer herangezogen worden, ist die auf ausländische Kapitalerträge festgesetzte und gezahlte und um einen entstandenen Ermäßigungsanspruch gekürzte ausländische Steuer, jedoch höchstens 25 % der ausländischen Steuer auf den einzelnen Kapitalertrag, auf die deutsche Steuer anzurechnen, die auf den bezogenen Kapitalertrag entfällt (§ 32d Abs. 5 EStG). Bei ausländischen Zinseinkünften wird die Doppelbesteuerung durch die Regelung des § 14 ZIV gemildert oder vermieden. 301

Werden die Kapitaleinkünfte aus einem DBA-Staat bezogen und sieht das DBA die Anrechnung der ausländischen Steuer vor (Regelfall bei der Besteuerung natürlicher Personen), gilt die Anrechnung entsprechend (§ 32d Abs. 5 Satz 2 EStG), allerdings wird die Anrechnung auf 25 % begrenzt. Auch die Anrechnung fiktiver Quellensteuer ist in diesem Rahmen möglich (§ 32d Abs. 5 Satz 2 EStG). Zu beachten ist, dass § 32d Abs. 5 EStG eine sog. isolierte Betrachtungsweise jedes einzelnen ausländischen Kapitalertrags vorschreibt, sodass etwaige Verluste den Anrechnungshöchstbetrag nicht beeinflussen können. Nach Auffassung der Verwaltung ist die Wahlmöglichkeit des Abzugs entsprechend § 34c Abs. 2 EStG nicht zulässig. 302

> **BEISPIEL:** (1) X erzielt ausländische Kapitalerträge aus dem Nicht-DBA-Staat Y i. H. von 10 000 € und muss eine ausländische Quellensteuer i. H. von 1 500 € (= 15 %) entrichten. Diese ausländische Steuer kann nach § 32d Abs. 5 EStG angerechnet werden und vermindert die Einkommensteuer nach § 32d Abs. 1 EStG; die Steuer beträgt demnach: 2 500 € – 1 500 € = 1 000 €.
> (2) A erzielt Kapitalerträge aus einer Beteiligung an einer ausländischen Kapitalgesellschaft, für die im Ausland eine Quellensteuer i. H. von 25 % entrichtet werden muss. In diesem Fall beträgt die deutsche Steuer 0 €.
> (3) Wie (2), aber die Quellensteuer beträgt 30 %: keine Erstattung, keine Verrechnung des Anrechnungsüberhangs.

2.1.9 Steuerpauschalierung (§ 34c Abs. 5 EStG)

2.1.9.1 Überblick

Nach § 34c Abs. 5 EStG können die obersten Finanzbehörden der Länder oder die von ihnen beauftragten Finanzbehörden mit Zustimmung des BMF die auf die ausländischen Einkünfte entfallende deutsche Einkommensteuer ganz oder teilweise erlassen oder in einem Pauschbetrag festsetzen. Voraussetzung für diese Billigkeitsmaßnahmen ist, dass der Erlass oder die Pauschalierung aus volkswirtschaftlichen Gründen zweck- 303

---

295 Sofern sie nicht bei einem inländischem Kreditinstitut oder Investmentgesellschaft verwaltet und verwahrt werden.

mäßig oder dass die Anwendung des Anrechnungsverfahrens aus rechtlichen oder tatsächlichen Gründen besonders schwierig ist.

304 Sinn und Zweck des § 34c Abs. 5 EStG ist es u. a., Mängel der Anrechnungsmethode zu kompensieren und schnelle, auf den Einzelfall bezogene entlastende Maßnahmen zu ermöglichen,[296] wenn § 34c Abs. 1 bis 3 EStG im konkreten Einzelfall nicht zu sachgerechten, außenwirtschaftlich erwünschten Ergebnissen führt. Probleme können z. B. dann auftreten, wenn die ausländischen Einkünfte im Ausland nicht oder nur sehr niedrig besteuert werden: Industriell und wirtschaftlich unterentwickelte Länder versuchen häufig mit der (i. d. R. zeitlich begrenzten) Freistellung der Einkünfte von der eigenen Besteuerung Unternehmer und Kapitalgeber zu Investitionen in ihrem Land zu veranlassen. Bei Anwendung der Anrechnungsmethode geht dieser vom ausländischen Staat gewährte Investitionsanreiz verloren.

BEISPIEL: Gesamtbetrag der Einkünfte 1 Million €, darin enthalten ausländische Einkünfte i. H. von 300 000 €, die im Ausland nicht besteuert wurden. Im Rahmen des Welteinkommens werden die ausländischen Einkünfte anteilmäßig mit dem Spitzensteuersatz belegt; mangels ausländischer Steuer scheidet sowohl eine Anrechnung als auch ein Abzug aus. Das heißt, die Nichtbesteuerung im Ausland entfaltet demnach keine Wirkungen, der Investitionsanreiz geht verloren.

305 Von den zu § 34c Abs. 5 EStG ergangenen Verwaltungsanweisungen sind von Bedeutung der sog. **Pauschalierungserlass** und der sog. **Auslandstätigkeitserlass**. Daneben existieren noch Einzelfallregelungen (Bsp.: Erlass der Einkommensteuer für Arbeitnehmer, die zur Errichtung einer deutschen Forschungsstation in die Antarktis entsandt wurden;[297] Entsendung von Doktoranden ins Ausland).[298] Ausgeschlossen ist eine Pauschalierung gemäß § 34c Abs. 5 EStG bei der Hinzurechnungsbesteuerung nach § 7 AStG.[299]

306 Die beiden vorgenannten Erlasse stellen keine abschließende Regelung der Möglichkeiten des Steuererlasses nach § 34c Abs. 5 EStG dar.[300]

2.1.9.2 Pauschalierungserlass

307 Aufgrund des BMF-Schreibens v. 10. 4. 1984 betr. die **Pauschalierung der Einkommensteuer und Körperschaftsteuer für ausländische Einkünfte nach § 34c Abs. 5 EStG und § 26 Abs. 6 KStG**[301] können der unbeschränkten Einkommen- oder Körperschaftsteuerpflicht[302] unterliegende natürliche oder juristische Personen, die ihren Gewinn durch Betriebsvermögensvergleich ermitteln, **beantragen**, dass die Steuer für folgende ausländische Einkünfte **aus Nicht-DBA-Staaten pauschal festgesetzt wird**:

---

296 BFH v. 14. 6. 1991 VI R 185/87, BStBl 1991 II 926; BVerfG v. 19. 4. 1978 2 BvL 2/75, BStBl 1978 II 548.
297 FinMin Nds v. 30. 9. 1982, DB 1982, 2060; hierzu BFH v. 14. 6. 1991 VI R 185/87, BStBl 1991 II 926.
298 BMF v. 17. 6. 1991, StEd 1991, 242.
299 BFH v. 20. 4. 1988 I R 197/84, BStBl 1988 II 983.
300 BFH v. 18. 8. 1987 VIII R 297/82, BStBl 1988 II 139; v. 14. 6. 1991 VI R 185/87, BStBl 1991 II 926; v. 20. 5. 1992 I B 16/92, BFH/NV 1992, 740.
301 BStBl 1984 I 252.
302 Soweit der Erlass Vergünstigungen auch für die Körperschaftsteuer vorgesehen hat, ist er mit Wirkung vom VZ 2004 aufgehoben worden (BMF v. 24. 11. 2003, BStBl 2003 I 747).

- Einkünfte aus Gewerbebetrieb, die durch eine im Ausland belegene Betriebsstätte erzielt werden, wenn die ausländische Betriebsstätte von dem inländischen Teil des Gesamtunternehmens durch organisatorische Maßnahmen, z. B. in der Buchführung oder durch eine Kostenträgerrechnung, so getrennt ist, dass die Ausgliederung des Teils der Einkünfte sichergestellt ist, für den die pauschale Besteuerung beantragt wird;
- Einkünfte als Mitunternehmer einer ausländischen Personengesellschaft, wenn die Beteiligung zum Betriebsvermögen eines inländischen Gewerbebetriebes gehört;
- Einkünfte aus selbständiger Arbeit, wenn diese Einkünfte auf der technischen Beratung, Planung und Überwachung bei Anlagenerrichtung beruhen und in einer im Ausland belegenen Betriebsstätte (sog. feste Einrichtung) erzielt werden.

Für die Pauschalierung muss die sog. **Aktivitätsklausel oder Produktivitätsklausel**[303] (Tz. 5 des Pauschalierungserlasses) erfüllt sein: Die ausländische Betriebsstätte, Personengesellschaft oder Tochtergesellschaft muss ihre Einkünfte ausschließlich oder fast ausschließlich (= mindestens 90 %)[304] aus der Herstellung oder Lieferung von Waren (ausgenommen Waffen), der Gewinnung von Bodenschätzen oder der Bewirkung von gewerblichen Leistungen erzielen. Nicht begünstigt sind Einkünfte im Zusammenhang mit Fremdenverkehr, aus Vermietung und Verpachtung einschließlich der Rechtsüberlassung (Patente, Lizenzen, Know-how usw.) sowie dem Betrieb von Handelsschiffen im internationalen Verkehr.

308

Hat der Steuerpflichtige **in einem ausländischen Staat mehrere Einkunftsquellen** i. S. des Erlasses, so ist auf das Gesamtergebnis abzustellen, d. h., Gewinne und Verluste der einzelnen Einkunftsquellen sind zu saldieren. Ein negatives Gesamtergebnis mindert nicht die pauschal zu versteuernden Einkünfte der folgenden Veranlagungszeiträume (= kein Verlustvortrag).

309

Die **pauschale Steuer beträgt 25 %** der begünstigten Einkünfte, höchstens aber 25 % des zu versteuernden Einkommens ohne weitere Ermäßigungsmöglichkeiten nach § 34c Abs. 1 bis 3 EStG.

310

Auf die pauschal versteuerten Einkünfte entfallende ausländische Steuer kann weder angerechnet noch nach § 34c Abs. 2 EStG abgezogen werden.

BEISPIEL: (1) Gesamtbetrag der Einkünfte 1 000 000 €, darin enthalten ausländische Einkünfte i. H. von 300 000 €, die im Ausland nicht besteuert wurden.

a) Ohne Pauschalierung

Einkommensteuer lt. Grundtarif   434 282 €

b) Mit Pauschalierung

300 000 € x 25 %	75 000 €
700 000 € lt. Grundtarif	299 282 €
Gesamtsteuerbelastung	374 282 €
Steuerersparnis ggü. a)	60 000 €

---

[303] Vgl. zur im Wesentlichen vergleichbaren Aktivitätsklausel des § 2a EStG BFH v. 12.12.1990 I R 127/88, BFH/NV 1992, 104; v. 26.3.1991 IX R 162/85, BStBl 1991 II 704; v. 29.5.2001 VIII R 43/00, BFH/NV 2002, 14; v. 25.4.2007 I B 52/06, BFH/NV 2007, 1646.
[304] BFH v. 30.8.1995 I R 77/94, BStBl 1996 II 122.

(2) Inländische Einkünfte ./. 900 000 €, ausländische Einkünfte 1 000 000 €. Kein Rücktrag des inländischen Verlustes, sondern pauschale Besteuerung des zu versteuernden Einkommens i. H. von 100 000 € = 25 000 €.

311 Stammen ausländische Einkünfte i. S. des Erlasses aus **mehreren ausländischen Staaten**, so kann der Steuerpflichtige den Pauschalierungsantrag auf die Einkünfte aus einem ausländischen Staat beschränken und hinsichtlich der übrigen ausländischen Einkünfte die Anwendung des § 34c Abs. 1 bis 3 EStG wählen.

312 Verfügt der Steuerpflichtige in einem ausländischen Staat sowohl über Einkünfte i. S. des Erlasses als auch über andere Einkünfte, so kann für Letztere die Anrechnung gewählt werden. Allerdings sind in diesem Falle bei der Ermittlung der anrechenbaren ausländischen Steuer die pauschal besteuerten Einkünfte sowie die Pauschsteuer auszuscheiden; Gleiches gilt bei der Ermittlung des besonderen Steuersatzes im Rahmen des Progressionsvorbehalts.

2.1.9.3 Auslandstätigkeitserlass

313 Nach dem Erlass betreffend **Steuerliche Behandlung von Arbeitnehmereinkünften bei Auslandstätigkeit (Auslandstätigkeitserlass – ATE)**[305] können Einkünfte aus nichtselbständiger Arbeit im Ausland unter bestimmten Voraussetzungen von der deutschen Besteuerung auf Antrag freigestellt werden. In den Genuss der Vergünstigung können **unbeschränkt und beschränkt steuerpflichtige Arbeitnehmer** gelangen. **Voraussetzungen** für diese Freistellung sind:[306]

314 **Inländischer Arbeitgeber, soweit es sich um Drittstaaten handelt** (§ 38 Abs. 1 EStG);[307] nicht anwendbar ist der Erlass bei Zahlungen inländischer öffentlicher Kassen.

> **BEISPIEL:** (1) A hat seinen Wohnsitz im Inland und ist bei einem inländischen Unternehmen beschäftigt: ATE ist anwendbar.
>
> (2) B hat seinen Wohnsitz in Österreich und ist bei einem deutschen Unternehmen in Lindau beschäftigt: ATE ist anwendbar.
>
> (3) C hat seinen Wohnsitz in Inland und ist bei einem französischen Unternehmen in Frankreich beschäftigt: ATE ist nach EuGH anwendbar.
>
> (4) D hat seinen Wohnsitz im Inland und ist bei einem schweizerischen Unternehmen in der Schweiz beschäftigt: ATE ist nach EuGH und unter Berücksichtigung des sog. Freizügigkeitsabkommens (FZA)[308] anwendbar.

315 **Auslandstätigkeit für einen inländischen Lieferanten, Hersteller, Auftragnehmer, Inhaber von Mineralgewinnungsrechten.**

316 Die Auslandstätigkeit muss im Zusammenhang stehen mit einer **Montagetätigkeit** im weitesten Sinne (Planung, Errichtung, Einrichtung, Inbetriebnahme, Erweiterung, Mo-

---

305 BMF v. 31. 10. 1983, BStBl 1983 I 470.
306 Zu beachten ist das Urteil des EuGH v. 28. 2. 2013 C-544/11 Petersen, BStBl II 2013, 847, wonach die Beschränkung auf inländische Arbeitgeber unionsrechtswidrig ist; es ist geplant, den Erlass zu überarbeiten.
307 H 38.3 LStH „inländischer Arbeitgeber".
308 Vgl. Rdn. 1562.

dernisierung usw. von Fabriken, Bauwerken, ortsgebundenen großen Maschinen oder ähnlichen Anlagen[309] sowie Einbau, Aufstellung oder Instandsetzung sonstiger Wirtschaftsgüter; außerdem ist das Betreiben der Anlagen bis zur Übergabe an den Auftraggeber begünstigt), dem Aufsuchen oder der Gewinnung von Bodenschätzen, mit der Beratung (Consulting) ausländischer Auftraggeber oder mit der deutschen öffentlichen Entwicklungshilfe; zu den begünstigten Tätigkeiten gehören auch Hilfs- und Unterstützungstätigkeiten.

Die Auslandstätigkeit muss **mindestens 3 Monate** ununterbrochen im Ausland ausgeübt werden. Eine vorübergehende Rückkehr ins Inland oder ein kurzer Aufenthalt in einem Staat, mit dem ein DBA besteht, gelten bis zu einer Gesamtaufenthaltsdauer von zehn vollen Kalendertagen innerhalb der Mindestfrist nicht als Unterbrechung der Auslandstätigkeit, wenn sie zur weiteren Durchführung oder Vorbereitung eines begünstigten Vorhabens notwendig sind. **Urlaub und Krankheit** sind unschädliche Unterbrechungen, die bei der Mindestfrist aber nicht mitrechnen. Die Mindestfrist beginnt mit dem ersten Reisetag, unabhängig davon, ob der Arbeitnehmer an diesem Tag schon im Tätigkeitsstaat ist oder nicht, und endet entsprechend mit dem letzten Reisetag; 317

> **BEISPIEL:** ▶ X wird von seinem Arbeitgeber zur Montage einer Entsalzungsanlage nach Dschidda entsandt und fliegt am 15.10.2012 von Frankfurt/Main nach Dschidda. Vom 16.12.2012 bis zum 27.1.2013 muss X seinen tariflichen Jahresurlaub nehmen; vom 28.1.2013 bis zum 26.3.2013 setzt er die Montage in Dschidda fort: Der Urlaub ist unschädlich, rechnet aber nicht zur Mindestaufenthaltsfrist; die Gesamtdauer des ununterbrochenen Aufenthalts in Dschidda übersteigt 3 Monate, so dass der ATE zur Anwendung kommen kann.

Mit dem ausländischen Tätigkeitsstaat darf **kein DBA** bestehen, in das die Einkünfte aus nichtselbständiger Tätigkeit einbezogen sind. 318

Zum **begünstigten Arbeitslohn** gehören u.a. neben dem Regelgehalt folgende steuerpflichtigen Einnahmen, soweit sie für eine begünstigte Auslandstätigkeit gezahlt werden: 319

▶ Zulagen, Prämien oder Zuschüsse des Arbeitgebers für Aufwendungen des Arbeitnehmers, die durch eine begünstigte Auslandstätigkeit veranlasst sind, oder die entsprechende unentgeltliche Ausstattung oder Bereitstellung durch den Arbeitgeber,

▶ Weihnachtszuwendungen, Erfolgsprämien oder Tantiemen,

▶ Arbeitslohn, der auf den Urlaub – einschließlich eines angemessenen Sonderurlaubs aufgrund einer begünstigten Tätigkeit – entfällt, Urlaubsgeld oder Urlaubsabgeltung,

▶ Lohnfortzahlung aufgrund einer Erkrankung während einer begünstigten Auslandstätigkeit bis zur Wiederaufnahme dieser oder einer anderen begünstigten Tätigkeit oder bis zur endgültigen Rückkehr ins Inland.

Werden solche Zuwendungen nicht gesondert für die begünstigte Tätigkeit geleistet, so sind sie im Verhältnis der Kalendertage aufzuteilen (Bsp.: Weihnachtsgeld oder Urlaubsgeld sind aufzuteilen auf steuerpflichtige Inlandstätigkeit und nach dem ATE steuerfreie Tätigkeit). 320

---

309 BFH v. 12.2.1999 I B 96/98, BFH/NV 1999, 1218, zur Wartung von Schiffen als ortsgebundene Anlagen.

321 Sind die Voraussetzungen erfüllt, kann beim Lohnsteuer-Betriebsstättenfinanzamt (§ 41 Abs. 2 EStG) die **Freistellung des Arbeitslohns** beantragt werden. Der Arbeitgeber muss sich verpflichten, bei der Führung der Lohnkonten gewisse Formvorschriften zu beachten. Ein Nachweis, dass vom Arbeitslohn im Ausland eine der deutschen Lohnsteuer entsprechende Steuer erhoben wird, ist nicht erforderlich. Die freigestellten Einkünfte sind bei der Ermittlung des für die Besteuerung maßgebenden Steuersatzes zu berücksichtigen (**Progressionsvorbehalt**).

322 Soweit nicht bereits vom Steuerabzug abgesehen worden ist, kann der Arbeitnehmer den Verzicht auf die Besteuerung im Rahmen der Veranlagung bei seinem Wohnsitzfinanzamt beantragen.

323 Da es sich um i. S. des § 3c Abs. 1 EStG steuerfreie Einnahmen handelt, können Ausgaben, soweit sie mit diesen Einnahmen in unmittelbarem wirtschaftlichen Zusammenhang stehen, nicht als **Werbungskosten** abgezogen werden; Gleiches gilt für **Sonderausgaben** nach § 10 Abs. 1 Nr. 2 und 3 EStG (vgl. § 10 Abs. 2 Nr. 1 EStG).

2.1.10 Verfahrensrechtliche Bestimmungen

2.1.10.1 Nachweise, Übersetzungen ausländischer Urkunden

324 Nach § 68b Satz 1 EStDV hat der Steuerpflichtige durch geeignete Unterlagen (Bsp.: Steuerbescheid, Zahlungsquittung) die Höhe der ausländischen Einkünfte sowie die Festsetzung und Zahlung der ausländischen Steuer nachzuweisen. Hierbei handelt es sich um eine Konkretisierung der erhöhten Mitwirkungspflicht nach § 90 Abs. 2 AO. Sofern eine Steuerfestsetzung nicht durchzuführen war, hat der Steuerpflichtige auf geeignete Weise darzulegen, in welcher Weise die ausländische Steuer erhoben wurde.[310] Sind die Urkunden in einer fremden Sprache abgefasst, kann das Finanzamt vom Steuerpflichtigen auf dessen Kosten (§ 107 Satz 2 AO) eine **beglaubigte Übersetzung** verlangen (§ 68b Satz 2 EStDV, § 87 Abs. 2 AO; zu einer **Buchführung in fremder Sprache** vgl. § 146 Abs. 3 Satz 2 AO).

2.1.10.2 Änderungsvorschriften, Nacherklärungspflicht

325 Wird nach Bekanntgabe des Einkommensteuerbescheides die ausländische Steuer erstmals festgesetzt, nachträglich erhöht oder ganz oder teilweise erstattet, so ist der Einkommensteuerbescheid, in dem die ausländische Steuer angerechnet oder bei der Ermittlung der Einkünfte abgezogen wurde, nach den Bestimmungen der AO (§§ 175, 173) zu berichtigen.[311] Die **Änderung des Steuerbescheides ist nur bis zum Ablauf der Festsetzungsfrist** möglich, da die Anrechnung nach § 34c Abs. 1 EStG Bestandteil der

---

310 BFH v. 26. 8. 1993 I B 87/93, BFH/NV 1994, 175; v. 19. 3. 1996 VIII R 15/94, BFH/NV 1996, 672.
311 Bis einschließlich VZ 1995 vgl. § 68c EStDV.

Steuerfestsetzung ist.[312] Bei **Rechtsbehelfen gegen derartige Änderungsbescheide** ist § 351 Abs. 1 AO zu beachten.

Wird die ausländische Steuer nach Abgabe der Steuererklärung, aber vor Ablauf der Festsetzungsfrist ganz oder teilweise erstattet, so hat dies der Steuerpflichtige unverzüglich dem Finanzamt anzuzeigen (**Nacherklärungspflicht** – § 153 AO).

326

2.1.11 Progressionsvorbehalt bei steuerfreien ausländischen Einkünften (§ 32b EStG)

2.1.11.1 Überblick

Ein unbeschränkt Steuerpflichtiger hat grundsätzlich sein Welteinkommen zu versteuern. Bezieht er **nach einem DBA steuerbefreite ausländische Einkünfte** (Bsp.: Einkünfte aus im Ausland belegenem Grundbesitz, im Ausland ausgeübte unselbständige Tätigkeit), so scheiden nach dem betreffenden DBA i.d.R. derartige Einkünfte aus dem im Inland zu versteuernden Welteinkommen aus. Auf das nach § 32a Abs. 1 EStG zu versteuernde Einkommen ist aber ein **besonderer Steuersatz** anzuwenden. Dies ist der Steuersatz, der sich ergibt, wenn bei der Ermittlung des Steuersatzes das zu versteuernde Einkommen um die steuerfreien Einkünfte vermehrt oder vermindert wird (**Progressionsvorbehalt** – § 32b Abs. 1 Satz 1 Nr. 2 bis 5 EStG).

327

Aufgabe des Progressionsvorbehalts **ist die Sicherstellung der Besteuerung nach Maßgabe der Leistungsfähigkeit**: Trotz der Aufteilung des Steuergutes auf mehrere Staaten soll der Steuerpflichtige nicht besser – oder schlechter - gestellt werden als derjenige Steuerpflichtige, der gleich hohe Einkünfte nur in ein und demselben Staat zu versteuern hat. Demnach sind die der deutschen Besteuerung verbleibenden Einkünfte derjenigen prozentualen Steuerbelastung zu unterwerfen, die sich ergeben würde, wenn keine Steuerfreiheit vorhanden wäre.[313]

328

Nach BFH entscheidet sich allein nach innerstaatlichem Steuerrecht, ob ein Progressionsvorbehalt anzuwenden ist oder nicht.[314] Die Anwendung von § 32b Abs. 1 EStG setzt abkommensrechtlich lediglich voraus, dass das einschlägige DBA die Berücksichtigung eines Progressionsvorbehalts nicht verbietet.[315] Der Progressionsvorbehalt gilt – soweit das einschlägige DBA die Berücksichtigung eines Progressionsvorbehalts nicht verbietet – auch für diejenigen Einkünfte, die nach einem DBA nur im anderen Vertragsstaat besteuert werden dürfen und damit bereits durch die sog. Zuteilungsnorm im Wohnsitzstaat freigestellt sind. Der Progressionsvorbehalt gemäß § 32b EStG führt nicht zu einer Besteuerung der an sich steuerfreien oder nicht steuerbaren Einkünfte. Vielmehr wer-

329

---

312 BFH v. 19.3.1996 VIII R 15/94, BStBl 1996 II 312, m.w.N. der Rechtsprechung; v. 2.3.2010 I R 75/08, BFH/NV 2010, 1820.
313 Statt vieler vgl. BFH v. 30.5.1990 I R 179/86, BStBl 1990 II 906; v. 13.11.1991 I R 3/91, BStBl 1992 II 345; v. 12.1.2011 I R 35/10, BStBl II 2011, 494.
314 BFH v. 10.12.2008 I B 60/08, BFH/NV 2009, 769 mit umfangreichen Nachweisen der Rechtsprechung.
315 BFH v. 25.4.2006 I B 146/05, BFH/NV 2006, 2045; v. 14.7.2010 X R37/08, BStBl II 2011, 628.

den ausschließlich die steuerpflichtigen Einkünfte auf der Grundlage eines besonderen Steuersatzes besteuert.[316]

2.1.11.2 Progressionsvorbehalt für steuerfreie DBA-Einkünfte (§ 32b Abs. 1 Satz 1 Nr. 3 EStG)

330 Grundfall ist der Bezug von nach einem DBA in Deutschland steuerfreien ausländischen Einkünften (§ 32b Abs. 1 Satz 1 Nr. 3 EStG).

331 Zur **Ermittlung des besonderen Steuersatzes** sind nach § 32b Abs. 2 Nr. 2 EStG die nach Abs. 1 Nr. 3 steuerfreien ausländischen Einkünfte[317] dem zu versteuernden Einkommen hinzuzurechnen bzw. bei Verlusten abzuziehen, wobei die ausländischen außerordentlichen Einkünfte i. S. des § 34 Abs. 2 EStG mit einem Fünftel zu berücksichtigen sind[318]. Auch hier gilt der Grundsatz, dass die ausländischen Einkünfte nach deutschem Steuerrecht zu ermitteln sind.[319]

332 Bei der Ermittlung des für den Progressionsvorbehalt zu berechnenden besonderen Einkommensteuersatzes nach § 32b Abs. 2 Nr. 2 EStG sind alle nach einem DBA in Deutschland von der Besteuerung **freigestellten ausländischen Einkünfte**, um die das nach § 32a Abs. 1 EStG zu versteuernde Einkommen zu vermehren ist, **um die tatsächlich angefallenen Werbungskosten, die mit den steuerfreien ausländischen Einkünften wirtschaftlich zusammenhängen, zu kürzen.** Der Arbeitnehmerpauschbetrag nach § 9a Satz 1 Nr. 1 Buchstabe a) EStG ist abzuziehen, soweit er nicht bei der Ermittlung der Einkünfte aus nichtselbständiger Arbeit abziehbar ist. Werbungskosten bei den ausländischen Einkünften aus nichtselbständiger Arbeit sind nur insoweit abzuziehen, als sie zusammen mit den bei der Ermittlung der Einkünfte nach § 19 EStG abziehbaren Werbungskosten den Arbeitnehmerpauschbetrag übersteigen.

> **BEISPIEL:** Der inländische Arbeitslohn beträgt 30 000 €, die Werbungskosten betragen 550 €; der nach DBA unter Progressionsvorbehalt steuerfreie Arbeitslohn beträgt 10 000 €; im Zusammenhang mit dem steuerfreien Arbeitslohn sind Werbungskosten i. H. von 600 € angefallen.
>
> | | |
> |---|---:|
> | Inländischer Arbeitslohn | 30 000 € |
> | abzüglich Arbeitnehmerpauschbetrag | 1 000 € |
> | steuerpflichtige Einkünfte gemäß § 19 EStG | 29 000 € |
> | ausländische Progressionseinnahmen | 10 000 € |
> | tatsächliche inländische und ausländische Werbungskosten: 1 150 € abzüglich Arbeitnehmerpauschbetrag i. H. von 1 000 € | 150 € |
> | maßgebende Progressionseinkünfte | 9 850 € |

333 (Vorab entstandene) Werbungskosten und Betriebsausgaben, die durch eine im Ausland ausgeübte Tätigkeit veranlasst sind, die nach dem DBA mit dem ausländischen

---

316 BFH v. 26. 8. 1994 I B 35/94, BFH/NV 1995, 381; v. 13. 12. 1995 I B 83/95, BFH/NV 1996, 548.
317 Der Begriff Einkünfte entspricht dem in § 2 EStG - BFH v. 15. 5. 2002 I B 73/01, BFH/NV 2002, 1295.
318 BFH v. 11. 12. 2012 IX R 23/11, BStBl II 2013, 370; v. 1. 2. 2012 I R 34/11, BStBl II 2012, 405.
319 H 32b EStH „Ausländische Einkünfte".

Staat steuerfrei sind, mindern bei einem Progressionsvorbehalt auch dann den Steuersatz, wenn künftig die inländische Steuerpflicht entfällt.[320]

BEISPIEL: (1) X bewirbt sich um eine Chefarztstelle an einem Krankenhaus in Südafrika. Die Einkünfte aus seiner künftigen Tätigkeit sind in Deutschland steuerfrei; die Kosten für die Bewerbung können lediglich im Rahmen des Progressionsvorbehalts berücksichtigt werden.

(2) Der Steuerpflichtige U ist Inhaber einer Druckerei in Karlsruhe. In Nancy/Frankreich unterhält er eine Betriebsstätte. Gemäß Art. 4 DBA-Frankreich steht Frankreich das Besteuerungsrecht für den Betriebsstättengewinn zu, d. h. er ist im Inland steuerbefreit; das zu versteuernde Einkommen beträgt 185 000 €, die Einkünfte aus der Betriebsstätte 45 000 €.

Zu versteuerndes Einkommen	185 000 €
steuerfreie ausländische Einkünfte	45 000 €
für die Berechnung des Steuersatzes maßgebliches zu versteuerndes Einkommen	230 000 €
Steuer lt. Grundtarif	88 404 €
durchschnittlicher Steuersatz	38,4365 %
angewandt auf zu versteuerndes Einkommen	71 107 €
Zum Vergleich:	
185 000 € lt. Grundtarif	69 504 €

Im Rahmen des Progressionsvorbehalts ist auch die **Berücksichtigung ausländischer Verluste** möglich, die nach dem DBA nicht der inländischen Besteuerung unterliegen (**negativer Progressionsvorbehalt**[321] – **Symmetriethese**[322]). Der besondere Steuersatz nach § 32b EStG bestimmt sich nach der Bemessungsgrundlage, die sich ergibt, wenn man die ausländischen Einkünfte auch für Zwecke des Verlustabzuges so ansetzt, als ob das DBA nicht anzuwenden sei. Die Wirkung des negativen Progressionsvorbehalts erschöpft sich in der Modifikation des im Verlustentstehungsjahr zugrunde zu legenden Steuersatzes nach den Regeln des § 32b Abs. 2 EStG. 334

BEISPIEL: Wie oben, aber die Betriebsstätte hat einen Verlust von 45 000 €

Zu versteuerndes Einkommen	185 000 €
steuerfreie ausländische Einkünfte	./. 45 000 €
für die Berechnung des Steuersatzes maßgebliches zu versteuerndes Einkommen	140 000 €
Steuer lt. Grundtarif	50 604 €
durchschnittlicher Steuersatz	36,1457 %
angewandt auf das zu versteuernde Einkommen	66 869 €
Zum Vergleich:	
185 000 € lt. Grundtarif	69 504 €

---

320 BFH v. 6.10.1993 I R 32/93, BStBl II 1994, 113; v. 20.9.2006 I R 59/05, BStBl 2007 II 756; v. 11.2.2009 I R 25/08, BFH/NV 2009, 1318.
321 BFH v. 25.5.1970 I R 146/68, BStBl 1970 II 755, und I R 109/68, BStBl 1970 II 660; v. 11.10.1989 I R 124/86, BStBl 1990 II 157; v. 17.10.1990 I R 182/87, BStBl 1991 II 136; v. 6.10.1993 I R 32/93, BFHE 172, 385; v. 10.8.2011 I R 45/10, BStBl 2012 II 118; v. 16.11.2011 X R 15/09, BStBl 2012 II 325; v. 1.2.2012 I R 34/11, BStBl 2012 II 405.
322 Erfasst werden bei der Steuerfreistellung mit Progressionsvorbehalt lt. DBA sowohl positive als auch negative Einkünfte – BFH v. 17.7.2008 I R 84/04, BStBl II 2009, 630; v. 9.6.2010 I R 107/09, BFH/NV 2010, 1744.

335 Die Berücksichtigung ausländischer Verluste gemäß § 32b Abs. 2 Satz 2 EStG kann u.U. sogar dazu führen, dass sich ein **Steuersatz von 0 %** ergibt.[323] Umgekehrt kann sich auch der Fall ergeben, dass wegen der in § 32a Abs. 1 Satz 2 EStG angeordneten vorrangigen Anwendung des Progressionsvorbehalts des § 32b EStG auch ein zu versteuerndes Einkommen unterhalb des Grundfreibetrags der Einkommensteuer unterliegt.[324]

> **BEISPIEL:** (1) A hat inländische Einkünfte i. H. von 60 000 € und einen nach einem DBA steuerfreien ausländischen Verlust i. H. von 55 500 €. Bei einem zu versteuernden Einkommen von 4 500 € ergibt sich eine Einkommensteuer i. H. von 0 € und somit ein besonderer Steuersatz nach § 32b EStG i. H. von 0 %.
>
> (2) A hat inländische Einkünfte i. H. von 6 000 € und nach einem DBA steuerfreie Einkünfte i. H. von 100 000 €. Bei einem zu versteuernden Einkommen von 106 000 € betragen die Einkommensteuer 36 324 € und der besondere Steuersatz demnach 34,26 % und die Einkommensteuer somit 2 056 €.

336 Im Falle der **Zusammenveranlagung** ist der Progressionsvorbehalt auch dann auf das gemeinsam zu versteuernde Einkommen der Ehegatten anzuwenden, wenn nur einer der beiden steuerfreie ausländische Einkünfte bezogen hat.[325] Im Rahmen einer Antragsveranlagung nach § 46 Abs. 1 Nr. 8 EStG ist auch ein negativer Progressionsvorbehalt zu berücksichtigen.[326]

2.1.11.3 Anpassung an EU-Recht

337 Aufgrund verschiedener EuGH-Urteile war der Gesetzgeber gezwungen, § 32b Abs. 1 Nr. 3 EStG an die Vorgaben des EU-Gemeinschaftsrechts anzupassen. Diese Änderung erfolgte zusammen mit einer Änderung des § 2a EStG durch das **JStG 2009**. Aufgrund dieser Neuregelung, die erstmals für den Veranlagungszeitraum 2008 anzuwenden ist (§ 52 Abs. 43a Satz 2 EStG), werden der negative und der positive Progressionsvorbehalt bei bestimmten innerhalb der EU- oder EWR-Mitgliedstaaten verwirklichten Tatbeständen, in denen Einkünfte nach dem DBA freigestellt sind, ausgeschlossen. D. h. im EU- bzw. EWR-Ausland erzielte Gewinne bzw. Verluste werden bei der Ermittlung des Steuersatzes nicht berücksichtigt. Hintergrund ist die Überlegung, dass in Staaten der Gemeinschaft bzw. des EWR-Raums erlittene Verluste im Inland nicht berücksichtigt werden müssen, wenn umgekehrt auch in diesen Staaten erzielte Gewinne im Inland nicht berücksichtigt werden. Im Einzelnen handelt es sich um folgende im EU- bzw. EWR-Ausland erzielten Einkünfte:

▶ Einkünfte aus einer land- und forstwirtschaftlichen Betriebstätte (§ 32b Abs. 1 Satz 2 Nr. 1 EStG);

▶ Einkünfte aus einer gewerblichen Betriebsstätte, die nicht die Aktivitätsklausel des § 2a Abs. 2 Satz 1 EStG erfüllt (§ 32b Abs. 1 Satz 2 Nr. 2 EStG – sog. passiv tätige Betriebsstätte);

---

[323] BFH v. 25. 7. 1970 I R 146/68, BStBl 1970 II 660; v. 11. 10. 1989 I R 124/86, BStBl 1990 II 157; zur Berechnung – Einbeziehung in die sog. Fünftel-Methode – vgl. ferner BFH v. 1. 2. 2012 I R 34/11, BStBl 2012 II 405.
[324] BFH v. 9. 8. 2001 III R 50/00, BStBl 2001 II 778.
[325] BFH v. 27. 9. 1990 I R 181/87, BStBl 1991 II 84.
[326] R 46.2 Abs. 3 EStR.

- Einkünfte aus Vermietung oder Verpachtung von unbeweglichem Vermögen oder Sachinbegriffen (§ 32b Abs. 1 Satz 2 Nr. 3 EStG);
- Einkünfte aus der entgeltlichen Überlassung von Schiffen unter bestimmten, im Gesetz näher dargelegten Voraussetzungen (§ 32b Abs. 1 Satz 2 Nr. 4 EStG);
- Einkünfte aus dem Ansatz des niedrigeren Teilwertes oder der Übertragung eines zu einem Betriebsvermögen gehörenden Wirtschaftsgutes im Sinne des Nummern 3 und 4 (§ 32b Abs. 1 Satz 2 Nr. 5 EStG).

2.1.11.4 Sonstige zwischenstaatliche Abkommen (§ 32b Abs. 1 Satz 1 Nr. 4 EStG)

338 Der Progressionsvorbehalt ist ferner anzuwenden, wenn die **Einkünfte nach einem zwischenstaatlichen Übereinkommen** unter dem Vorbehalt der Einbeziehung bei der Berechnung der Einkommensteuer **steuerfrei** sind, z. B. bei Bediensteten internationaler Organisationen (Rdn. 353 ff.).

2.1.11.5 Progressionsvorbehalt bei unbeschränkter Steuerpflicht auf Antrag (§ 32b Abs. 1 Satz 1 Nr. 5 EStG)

339 Zur **Ergänzung der Vorschriften des § 1 Abs. 3, § 1a EStG und des § 50 Abs. 2 Satz 2 Nr. 4 EStG** sind die nicht der deutschen Einkommensteuer unterliegenden Einkünfte oder die Einkünfte, die nicht einem Steuerabzug unterliegen, in den Progressionsvorbehalt einzubeziehen (§ 32b Abs. 1 Satz 1 Nr. 5 2. Halbsatz EStG).

340 Zu den einzubeziehenden Einkünften zählen z. B. diejenigen Einkünfte, die nach einem DBA ausschließlich der Besteuerung im ausländischen Wohnsitzstaat unterliegen oder die in § 1 Abs. 3 Satz 3 EStG genannten Einkünfte.

> **BEISPIEL:** A, belgischer Staatsangehöriger mit Wohnsitz in Belgien, ist Geschäftsführer einer GmbH in Köln; aus seiner nichtselbständigen Tätigkeit erzielt er Einkünfte i. H. von 180 000 €; daneben hat er Einkünfte i. H. von 5 000 € aus der Vermietung einer Wohnung in Brüssel. Diese Einkünfte unterliegen nicht der deutschen Besteuerung[327] und sind somit nach § 32b Abs. 1 Satz 1 Nr. 5, Abs. 2 Nr. 2 EStG für die Ermittlung des besonderen Steuersatzes mit einzubeziehen.

341 Allerdings sieht § 32b Abs. 1 Satz 1 Nr. 5 EStG eine Einschränkung vor: Ausgenommen sind diejenigen Einkünfte, die nach einem sonstigen zwischenstaatlichen Übereinkommen im Sinne des § 32b Abs. 1 Satz 1 Nr. 4 EStG steuerfrei sind, und die nach diesem Übereinkommen nicht unter dem Vorbehalt der Einbeziehung bei der Berechnung der Einkommensteuer stehen.

---

327 Vgl. § 1 Abs. 3 Satz 3 EStG i. V. m. Art. 6, 23 Abs. 2 DBA-Belgien.

2.1.11.6 Organschaft und Progressionsvorbehalt (§ 32b Abs. 1a EStG)

342 Die Vorschrift des § 32b Abs. 1a EStG dient dazu, folgende Gestaltungsmöglichkeit auszuschließen: Eine inländische gewerblich tätige Personengesellschaft ist alleiniger Gesellschafter einer inländischen Kapitalgesellschaft, die ihrerseits steuerbefreite ausländische Einkünfte erzielt (Bsp.: gewerbliche Einkünfte einer Betriebsstätte, die nach Art. 7 OECD-MA im Betriebsstättenstaat zu besteuern sind). Zwischen der Personengesellschaft und der Kapitalgesellschaft wird Organschaft nach §§ 14ff. KStG vereinbart. Folge war, dass dem Organträger (= Personengesellschaft) der nach dem DBA steuerfreie Gewinn steuerfrei zugerechnet wurde; da nicht der Gesellschafter bzw. der Organträger die steuerfreien Einkünfte bezogen hatte, konnte mit dieser Konstruktion die Anwendung des Progressionsvorbehalts nach § 32b Abs. 1 Nr. 3 EStG beim Gesellschafter der Personengesellschaft umgangen werden. Ab VZ 1999 ist nunmehr beim Gesellschafter der Progressionsvorbehalt zu berücksichtigen, da das Gesetz das auf den unbeschränkt Steuerpflichtigen entfallende Einkommen der Organgesellschaft als unmittelbar vom Steuerpflichtigen selbst bezogene Einkünfte fingiert. Die Regelung in § 32b Abs. 1 a EStG wird durch die Regelung in § 15 Satz 2 KStG ergänzt (sog. Bruttomethode).

2.1.11.7 Progressionsvorbehalt bei zeitweiser unbeschränkter Steuerpflicht sowie bei Doppelwohnsitz (§ 32b Abs. 1 Satz 1 Nr. 2 EStG)

343 **§ 32b Abs. 1 Satz 1 Nr. 2 EStG** regelt den Progressionsvorbehalt für ausländische Einkünfte bei **zeitweiser unbeschränkter Steuerpflicht.** Allerdings erstreckt er sich lediglich auf die ausländischen Einkünfte i. S. des § 34d EStG, die nicht der deutschen Besteuerung unterlegen haben. Die Wirkung dieser Regelung lässt sich am besten an zwei Beispielen aus der Rechtsprechung verdeutlichen:[328]

> **BEISPIEL:** (1) X ist niederländischer Staatsangehöriger. Er wohnte bis zum 15. 3. 2004 im Inland und erzielte bis zu diesem Zeitpunkt Einkünfte aus nichtselbständiger Arbeit in Höhe von 70 000 €. Vom 16. 3. 2004 an wohnte er in den Niederlanden, wo er ebenfalls nichtselbständig tätig war und Einkünfte i. H. von 295 000 € erzielt hatte. Im Einkommensteuerbescheid 2004 bezieht das deutsche Finanzamt die von X in den Niederlanden bezogenen Einkünfte durch Anwendung des Progressionsvorbehalts nach § 32 b Abs. 1 Nr. 2 EStG in die Besteuerung mit ein.[329]
>
> (2) A wohnte in 2004 vom 1. 1. bis zum 31. 10. ausschließlich in Ungarn und hatte in dieser Zeit in Deutschland keine Einkünfte. Am 1. 11. verzog er nach Deutschland. In Ungarn erzielte er in dem Zeitraum vom 1. 1. bis zum 31. 10. Einkünfte in Höhe von 24 000 €. Im Zeitraum 1. 11. bis 31. 12. erzielte er inländische Einkünfte aus nichtselbständiger Arbeit in Höhe von 50 000 €. A wurde zur Einkommensteuer veranlagt. Dabei bezog das Finanzamt die ausländischen Einkünfte i. H. von 24 000 € nach § 32b Abs. 1 Satz 1 Nr. 2 EStG zur Bestimmung des Steuersatzes ein und setzte die Einkommensteuer entsprechend fest.[330]

---

328 Weitere Urteile: BFH v. 19. 12. 2001 I R 63/00, BStBl 2003 II 302; v. 14. 10. 2003 VIII 111/01, BFH/NV 2004, 331.
329 Sachverhalt nach BFH v. 15. 5. 2002 I R 40/01, BStBl 2002 II 660.
330 Sachverhalt nach BFH v. 19. 11. 2003 I R 19/03, BStBl 2004 II 549.

Aus der Begründung der vorgenannten Urteile zu § 32b EStG ergibt sich weiter, dass der Progressionsvorbehalt unabhängig von der Frage anzuwenden ist, ob Deutschland Ansässigkeitsstaat ist oder nicht, z. B. auch bei einer **Doppelansässigkeit (unbeschränkte Steuerpflicht sowohl im Inland als auch im Ausland)**.

> **BEISPIEL:** Der in Österreich ansässige Österreicher Z arbeitet bei der X-GmbH in München und bezieht Einkünfte aus nichtselbständiger Arbeit. Während der Woche übernachtet Z in einer angemieteten Wohnung in München, an den Wochenenden wohnt er bei seiner Familie in Graz. Aus der Vermietung einer in Wien gelegenen Eigentumswohnung erzielt er Einkünfte aus Vermietung und Verpachtung.
>
> Z hat in beiden Staaten einen Wohnsitz und ist deshalb in beiden Staaten unbeschränkt steuerpflichtig. Aber nach Art. 4 Abs. 2 Buchst. a) DBA-A gilt Z für Zwecke des Abkommens als in Österreich ansässig. In die Ermittlung des auf seine deutschen Einkünfte anzuwendenden Steuersatzes sind die Einkünfte aus der in Wien belegenen Eigentumswohnung mit einzubeziehen.

Allerdings sieht § 32b Abs. 1 Nr. 2 EStG eine Einschränkung vor: Ausgenommen aus den ausländischen Einkünften sind diejenigen Einkünfte, die nach einem sonstigen zwischenstaatlichen Übereinkommen im Sinne des § 32b Abs. 1 Nr. 4 EStG steuerfrei sind (Bsp.: Wiener Übereinkommen über diplomatischen Beziehungen) und die nach diesem Übereinkommen nicht unter dem Vorbehalt der Einbeziehung bei der Berechnung der Einkommensteuer stehen.

2.1.12 Begünstigung der nicht entnommenen Gewinne (§ 34a EStG)

§ 34a EStG sieht eine Tarifbegünstigung für nicht entnommene Gewinne aus Land- und Forstwirtschaft, Gewerbebetrieb oder aus selbständiger Arbeit vor; der ermäßigte Einkommensteuersatz beträgt 28,25 %. Auf die Einzelheiten dieser Regelung soll an dieser Stelle nicht eingegangen werden,[331] soweit nicht Fragen des internationalen Steuerrechts tangiert sind.

Sind in dem begünstigten Gewinn ausländische Einkünfte enthalten, für die im Ausland eine Ertragsteuer entrichtet wurde, die nach § 34c Abs. 1 EStG anzurechnen ist, ergeben sich gegenüber der oben zu § 34c EStG dargestellten Berechnung keine grundsätzlichen Veränderungen.

> **BEISPIEL:** (1) Der Steuerbilanzgewinn beträgt 100 000 €; in ihm sind ausländische Einkünfte i. H. von 10 000 € enthalten, für die im Ausland eine dem Grundsatz nach anrechenbare ausländische Steuer i. H. von 25 % entrichtet worden ist. Für den gesamten Gewinn wird die Tarifbegünstigung beantragt.
>
> $$\frac{10\,000\,€}{100\,000\,€} \times 28\,250\,€ = 2\,825\,€$$
>
> Da im Ausland nur eine Steuer i. H. von 2 500 € gezahlt wurde, ist die ausländische Steuer in voller Höhe anrechenbar
>
> (2) wie (1), aber die ausländische Steuer betrug 30 %.

---

[331] BMF v. 11.8.2008, BStBl 2008 I 838 - Anwendungsschreiben zur Begünstigung der nicht entnommenen Gewinne.

Da die anrechenbare ausländische Steuer nur 2 825 € beträgt, kommt es i. H. von 175 € zum Anrechnungsüberhang.

348 Werden später die nicht entnommenen ausländischen Gewinnanteile entnommen, so ist für diese die Nachversteuerung nach § 34a EStG durchzuführen. Nicht geklärt ist, ob dann ggf. ein ursprünglicher Anrechnungsüberhang (vgl. oben Bsp. 2) noch zu berücksichtigen ist.

349 Bezieht der Steuerpflichtige ausländische Einkünfte, die nach einem DBA von der Besteuerung in Deutschland unter Beachtung des **Progressionsvorbehalts** freigestellt sind, so gilt Folgendes:

350 Da sich die Begünstigung lt. Gesetzestext nur auf die im zu versteuernden Einkommen enthaltenen nicht entnommenen Gewinne erstreckt und die freigestellten ausländischen Einkünfte hierin nicht enthaltene sind, kann sich der Progressionsvorbehalt, der unter Einbeziehung der begünstigten Gewinne ermittelt wird, nur auf sonstige Einkünfte neben den in § 34a Abs. 1 Satz 1 EStG genannten Gewinnen erstrecken.[332]

> **BEISPIEL:** Der inländische Steuerpflichtige S unterhält im Inland ein gewerbliches Unternehmen und in einem DBA-Staat eine Betriebsstätte. Der Gewinn dieser Betriebsstätte i. H. von 50 000 € wird entsprechend Art. 7 OECD-MA im Belegenheitsstaat besteuert, in Deutschland erfolgt Freistellung mit Progressionsvorbehalt. Weiter erzielt S inländische Einkünfte aus der Vermietung eines im Privatvermögen befindlichen Mehrfamilienhauses i. H. von 10 000 €. S wählt für die gewerblichen Gewinne i. H. von 100 000 € die Begünstigung des nicht entnommenen Gewinns nach § 34a EStG. Der Steuersatz nach § 32b Abs. 2 EStG errechnet sich aus einem zu versteuernden Einkommen von 50 000 € + 100 000 € + 10 000 € = 160 000 €. Auf die gewerblichen Gewinne ist ein Steuersatz i. H. von 28,25 %, auf die Einkünfte aus der Vermietung der nach § 32b Abs. 2 EStG ermittelte Steuersatz anzuwenden.

351 Das Anwendungsschreiben zur Begünstigung der nicht entnommenen Gewinne befasst sich den Tz. 34 bis 40 mit grenzüberschreitenden Überführungen und Übertragungen von Wirtschaftsgütern und dem Entnahmetatbestand nach § 4 Abs. 1 Satz 3 EStG.

> **BEISPIEL:** Die X KG unterhält in einem Nicht-DBA-Staat eine Betriebsstätte. Vom Stammhaus wird eine Maschine in die Betriebsstätte überführt; somit ist grundsätzlich der Entnahmetatbestand nach § 4 Abs. 1 Satz 3 EStG erfüllt, der eine Besteuerung der stillen Reserven auslöst. Allerdings vertritt die Finanzverwaltung die Auffassung, dass dies keine Entnahme darstelle.[333]

352 Da § 34a EStG grundsätzlich neutral ausgestaltet ist, kann auch ein **beschränkt Steuerpflichtiger** die Tarifermäßigung in Anspruch nehmen. Bei beschränkt Steuerpflichtigen erstreckt sich die Anwendung des § 34a EStG auf die Gewinneinkünfte nach § 49 EStG (ggf. eingeschränkt durch ein DBA). Entnahmen und Einlagen, die nicht diesen Einkünften zugeordnet werden können, bleiben außer Ansatz. Zu grenzüberschreitenden Überführungen und Übertragungen vgl. Tz. 34 ff. des Anwendungsschreibens vom 11. 8. 2008.

---

332 BMF v. 11. 8. 2008, BStBl 2008 I 838, Tz. 18 Satz 3.
333 BMF v. 11. 8. 2008, BStBl 2008 I 838, Tz. 35.

2.1.13 Besteuerung von Diplomaten, Konsuln, NATO-Truppenangehörigen und Angehörigen internationaler Organisationen

Die **Einkünfte der Diplomaten und Konsuln** sowie des sonstigen Dienstpersonals einschließlich der Hausangestellten sind in Deutschland nach § 3 Nr. 29 EStG steuerfrei,[334] sofern sie nicht die deutsche Staatsangehörigkeit besitzen,[335] da fingiert wird, dass dieser Personenkreis in Deutschland weder über einen Wohnsitz noch über einen ständigen Aufenthalt verfügt.[336] Die Steuerfreiheit gilt aber lediglich für die Einkünfte aus dieser Tätigkeit. D. h. sonstige Einkünfte, z. B. aus Vermietung und Verpachtung oder selbständiger Tätigkeit (Bsp.: Tätigkeit als Fremdsprachenlehrer an einer Volkshochschule), werden nach §§ 49 ff. EStG besteuert.[337] Ein DBA mit dem Entsendestaat ist im Rahmen der Veranlagung zu berücksichtigen.   353

Zur steuerlichen Behandlung von Diplomaten und Konsuln im Rahmen eines DBA (Art. 28 OECD-MA) vgl. Rdn. 1144.   354

Die **Angehörigen der Land-, See- und Luftstreitkräfte von NATO-Staaten** (sog. Mitglied der Truppe) sowie des **zivilen Gefolges** haben nach Art. X Abs. 1 NATO-Truppenstatut[338] keinen Wohnsitz oder ständigen Aufenthalt in Deutschland, solange sie sich lediglich in dieser Eigenschaft[339] in der Bundesrepublik Deutschland aufhalten.[340] Bezüglich der Einkünfte aus dieser Tätigkeit sind sie von jeder Steuer befreit (Art. X Abs. 1 NATO-Truppenstatut). Entsprechendes gilt gemäß Art. 68 Abs. 4 des Zusatzabkommens zum NATO-Truppenstatut für deren nichtdeutsche Ehegatten und **technische Fachkräfte**,[341] wenn ihre Anwesenheit in der Bundesrepublik Deutschland allein auf dem Umstand beruht, dass einer der Ehegatten bei den Streitkräften beschäftigt ist. Erzielen die vorgenannten Personen daneben andere Einkünfte, z. B. aus Vermietung und Verpachtung oder Kapitalvermögen, erfolgt die Besteuerung nach §§ 49 ff. EStG (Art. X Abs. 2 NATO-Truppenstatut). Diese Vorrechte galten auch für die Streitkräfte der GUS und ihre Angehörigen in den neuen Bundesländern.[342]   355

Ist ein unbeschränkt Steuerpflichtiger mit einem Mitglied der Truppe verheiratet, so kann grundsätzlich keine Zusammenveranlagung erfolgen, sondern es wird eine Einzelveranlagung durchgeführt. Nach der zitierten Rechtsprechung hat das FA zu prüfen,   356

---

334 Vgl. H 3.29 EStH „Wiener Übereinkommen".
335 BFH v. 13. 11. 1996 I R 119/95, BFH/NV 1997, 664.
336 Vgl. Art. 23, 34 des Wiener Übereinkommens über diplomatische Beziehungen.
337 BFH v. 13. 11. 1996 I R 119/95, BFH/NV 1997, 664.
338 BGBl 1961 II 1190; AEAO vor §§ 8, 9 AO.
339 BFH v. 28. 2. 2008 VIII B 129/07, BFH/NV 2008, 973: Wenn erkennbar ist, dass die betreffende Person fest entschlossen ist, nach Beendigung des Dienstes in ihren Heimatstaat zurückzukehren; BFH v. 18. 9. 2012 I B 10/12, BFH/NV 2013, 27.
340 BFH v. 24. 2. 1988 I R 69/84, BStBl 1989 II 290; v. 24. 2. 1988 I R 121/84, BFH/NV 1988, 632; v. 24. 1. 1990 I B 58/89, BFH/NV 1990, 488; v. 26. 4. 1991 III R 104/89, BFH/NV 1992, 373; v. 18. 10. 1994 I B 27/94, BFH/NV 1995, 735; v. 16. 10 1996 I B 16/96, BFH/NV 1997, 468; v. 28. 2. 2008 VIII B 129/07, BFH/NV 2008, 973; v. 22. 11. 2006 X R 29/05, BStBl 2007 II 402: Ruhegehaltszahlungen an ehemalige NATO-Bedienstete sind Einkünfte aus nichtselbständiger Arbeit; v. 26. 5. 2010 VIII B 272/09, BFH/NV 2010, 1819 – hierzu BVerfG v. 14. 10. 2010 2 BvR 367/07, BFH/NV 2011, 180, sowie BFH v. 27. 11. 2013 X B 192/12, BFH/NV 2014, 337.
341 BFH v. 9. 11. 2005 I R 47/04, BStBl 2006 II 374.
342 FinMin Sachsen-Anhalt v. 28. 6. 1991, StEd 1991, 248.

aus welchen Gründen sich das Mitglied der Truppe in Deutschland aufhält. Eheschließung mit einem in Deutschland beschäftigten Inländer, gemeinsame Kinder, inländischer Grundbesitz, längerfristige Beibehaltung des inländischen Wohnsitzes können Indizien[343] dafür sein, dass sich das Mitglied der Truppe oder des zivilen Gefolges nicht mehr ausschließlich wegen seiner Tätigkeit in Deutschland aufhält. In diesem Fall kann eine Zusammenveranlagung durchgeführt werden. Hierbei sind ggf. die Bestimmungen des DBA des Entsendestaats zu beachten.

> **BEISPIEL:** Der Deutsche D ist seit 1969 mit der Französin F verheiratet, die Mitglied der Truppe und bei den französischen Streitkräften in der Bundesrepublik Deutschland beschäftigt ist. Für das Jahr 1978 führt das Finanzamt eine Zusammenveranlagung durch. Die Einkünfte der Ehefrau sind nach dem DBA-Frankreich steuerfrei, werden aber beim Progressionsvorbehalt berücksichtigt.[344]

357 Die **Angehörigen internationaler Organisationen wie z. B. der EU und ihrer Unterorganisationen** sind mit ihren Einkünften aus der Tätigkeit für die betreffende internationale Organisation grundsätzlich aufgrund zwischenstaatlicher Übereinkommen[345] in der Bundesrepublik Deutschland von der Einkommensteuer befreit.[346] Diese steuerbefreiten Einkünfte sind aber grundsätzlich im Rahmen der Ermittlung des Steuersatzes auf sonstige Einkünfte (Progressionsvorbehalt) zu berücksichtigen.[347]

2.2 Ausländische Einkünfte im Körperschaftsteuerrecht

2.2.1 Grundlagen

2.2.1.1 Steuerpflicht, ausländische Einkünfte, Einkunftsermittlung

358 Wie das Einkommensteuerrecht unterscheidet auch das Körperschaftsteuerrecht zwischen **unbeschränkter** und **beschränkter Steuerpflicht**. Unbeschränkt steuerpflichtig sind die in § 1 Abs. 1 Satz 1 Nr. 1 bis 6 KStG aufgeführten Körperschaften, Personenvereinigungen und Vermögensmassen, die ihre Geschäftsleitung oder ihren Sitz im Inland haben.[348] Aufgrund der Tatsache, dass alternativ an Geschäftsleitung oder Sitz angeknüpft wird, kann sich die Situation ergeben, dass eine ausländische Körperschaft (mit statuarischem Sitz im Ausland) trotzdem unbeschränkt steuerpflichtig ist, weil sich die Geschäftsleitung (der sog. Verwaltungssitz i. S. des internationalen Privatrechts) in

---

343 BFH v. 9. 11. 2005 I R 47/04 BStBl 2006 II 374; v. 26. 5. 2010 VIII B 272/09, BFH/NV 2010, 1819.
344 Sachverhalt nach BFH v. 24. 2. 1988 I R 121/84, BStBl 1989 II 290.
345 BMF v. 18. 3. 2013 BStBl 2013 I 404: Steuerliche Vorrechte und Befreiungen aufgrund zwischenstaatlicher Vereinbarungen.
346 BFH v. 23. 9. 1969 I R 141/67, BStBl 1969 II 729 (Eurocontrol); v. 6. 8. 1998 IV 75/97, BStBl 1998 II 732 (Europarat); v. 27. 9. 1990 I R 181/87, BStBl 1991 II 84 (Europäisches Patentamt); v. 15. 12. 1999 I R 80/98, BFH/NV 2000, 832 (Europaschulen); v. 15. 3. 2000 I R 28/99, BFH/NV 2000, 1016 (Europäische Gemeinschaften); v. 26. 2. 2008 VIII B 194/06, BFH/NV 2008, 952 (Dolmetschertätigkeit beim Europarat).
347 BFH v. 15. 12. 1999 I R 80/98, BFH/NV 2000, 832, zur Problematik, dass in dem jeweiligen Vertrag der Progressionsvorbehalt vereinbart sein muss.
348 § 1 Abs. 3 KStG; zur geplanten Ergänzung durch das JStG 2015 vgl. Rdn. 96.

Deutschland befindet.[349] Umgekehrt kann eine Gesellschaft, die zwar ihre Geschäftsleitung ins Ausland verlegt, aber ihren statuarischen Sitz in Deutschland belässt, unbeschränkt steuerpflichtig sein.[350] Dies kann dann weiter dazu führen, dass eine Gesellschaft in zwei Staaten unbeschränkt steuerpflichtig ist. Wenn zwischen diesen beiden Staaten ein DBA geschlossen ist, wird häufig die Gesellschaft in dem Staat im Sinne des Abkommens ansässig sein, in dem sich der Ort der tatsächlichen Geschäftsleitung befindet (vgl. Art. 4 Abs. 3 OECD-MA).[351]

Nach § 1 Abs. 2 KStG erstreckt sich die unbeschränkte Körperschaftsteuerpflicht auf sämtliche Einkünfte, sofern sie nach den Bestimmungen des KStG und des EStG (vgl. § 8 Abs. 1 KStG) steuerpflichtig sind (**Prinzip des Welteinkommens**). Nicht geregelt ist im KStG, was als **ausländische Einkünfte** anzusehen ist. Aber über § 8 Abs. 1, § 26 Abs. 6 Satz 1 KStG gelten die Regelung des § 34d EStG auch im KStG. 359

Die Ermittlung der ausländischen Einkünfte erfolgt im Körperschaftsteuerrecht nach den oben zur Ermittlung der Einkünfte im Einkommensteuergesetz aufgezeigten Regelungen (vgl. § 8 Abs. 1 Satz 1 KStG). Grundsätzlich gelten hier keine Besonderheiten; insbesondere gilt auch im Körperschaftsteuerrecht, dass die **ausländischen Einkünfte nach deutschem Steuerrecht** ermitteln werden. 360

2.2.1.2 Zinsschranke, Gesellschafterfremdfinanzierung (§ 8a KStG)

Die durch das UntStRefG im Einkommensteuerrecht eingeführte Zinsschranke des § 4h EStG wird für das Körperschaftsteuerrecht durch § 8a KStG übernommen.[352] Ferner wurde die bisherige Gesellschafterfremdfinanzierung (§ 8a KStG a. F.)[353] grundlegend neu geregelt (§ 8a Abs. 2 und 3 KStG). 361

Die Bestimmung des § 8a KStG kann für internationale Konzerne zu Schwierigkeiten führen, weil es jetzt um die Finanzierung des gesamten Konzerns geht; u. U. ist also die Anwendung des § 8a KStG davon abhängig, ob irgendeine andere ausländische Konzerngesellschaft, die mit der inländischen Konzerngesellschaft keine Beziehungen hat, i. S. des § 8a KStG schädlich finanziert ist; denn die Escape-Klausel kann nur dann in Anspruch genommen werden, wenn der Nachweis für sämtliche zum Konzern gehörende Rechtsträger – inländische oder ausländische Konzerngesellschaft – gelingt.[354] 362

---

349 BFH v. 29. 1. 2003 I R 6/99, BStBl 2004 II 1043; v. 8. 9. 2010 I R 6/09, BFH/NV 2011, 154; EuGH v. 5. 11. 2002 C-208/00 Fall: Überseering, IStR 2002, 809.
350 BFH v. 10. 6. 2010 I B 186/09, BFH/NV 2010, 1864.
351 Vgl. Rdn. 624.
352 Zur Verfassungsmäßigkeit des § 8a KStG BFH v. 13. 3. 2012 I B 111/11, BFH/NV 2012, 1073, sowie die anhängigen Revisionen zu § 8a KStG I R 2/13 und I R 57/13.
353 Vgl. Rdn. 1727 ff.
354 BMF v. 4. 7. 2008, BStBl 2008 I 718, Tz. 80.

2.2.1.3 Verlust oder Beschränkung des Besteuerungsrechts (§ 12 KStG)

2.2.1.3.1 Verlust oder Beschränkung des Besteuerungsrechts (§ 12 Abs. 1 KStG)

363 § 12 Abs. 1 KStG enthält einen allgemeinen **Entstrickungstatbestand** für Körperschaftsteuersubjekte. Als **Entstrickung** gilt der Ausschluss oder die Beschränkung des deutschen Besteuerungsrechts hinsichtlich des Gewinns aus der Veräußerung oder Nutzung eines Wirtschaftsgutes. Die Entstrickung führt zur Aufdeckung stiller Reserven. Damit wird die Regelung des § 4 Abs. 1 Satz 3 und 4, des § 4g und des § 15a EStG auch für die Steuerpflichtigen i. S. des KStG angeordnet.[355]

2.2.1.3.2 Umwandlung von Nicht-EU-Gesellschaften (§ 12 Abs. 2 KStG)

364 Unter den Voraussetzungen des § 12 Abs. 2 KStG kann die **Verschmelzung** zwischen Körperschaften, die nicht dem Anwendungsbereich des UmwStG unterliegen (= sich nicht auf den EU-Raum beziehen), zu Buchwerten erfolgen.[356]

2.2.1.3.3 Sitzverlegung (§ 12 Abs. 3 KStG)

365 § 12 Abs. 3 KStG befasst sich mit der Sitzverlegung. Um diesen Vorgang EU-kompatibel zu gestalten, gilt die Sitzverlegung nur noch dann als Auflösung, wenn die Gesellschaft nach der Sitzverlegung in keinem EU- oder EWR-Staat der unbeschränkten Steuerpflicht unterliegt. Das Gleiche gilt, wenn nach der Sitzverlegung aufgrund eines DBA die Gesellschaft als außerhalb des EU- oder EWR-Raums ansässig gilt.[357]

> **BEISPIEL:** (1) Eine Kapitalgesellschaft mit Sitz in Kanada und Geschäftsleitung im Inland verlegt ihre Geschäftsleitung nach Kanada: Auflösung der Gesellschaft.
>
> (2) Eine SE verlegt Sitz und Geschäftsleitung von Deutschland nach Frankreich: Keine Auflösung der Gesellschaft.

2.2.2 Besteuerung ausländischer Einkünfte – Überblick

366 Eine **unbeschränkt steuerpflichtige Körperschaft** kann bei ausländischen Einkünften aus einem **Nicht-DBA-Staat** zum einen die speziellen körperschaftlichen Bestimmungen - direkte Anrechnung der ausländischen Steuer nach § 26 KStG sowie die Besteuerung ausländischer Beteiligungserträge nach § 8b KStG - und zum anderen die vom EStG her bekannten Möglichkeiten des Abzugs der ausländischen Steuer bei der Ermittlung der Einkünfte und ggf. der Tonnagebesteuerung in Anspruch nehmen.[358] Besteht mit dem ausländischen Staat, in dem die Einkünfte erzielt wurden, ein DBA, gelten die Regeln des Abkommens sowie die Vorschriften über die Anrechnung ausländischer Steuern entsprechend.

---

355 Vgl. oben Rdn. 215, 221 zu § 4 Abs. 1 Satz 3 und 4 EStG hinsichtlich der europarechtlichen Bedenken sowie der einschlägigen EuGH-Rechtsprechung.
356 Vgl. Rdn. 440.
357 Vgl. Rdn. 432.
358 R 32 Abs. 1 KStR.

2.2.3 Steuerfreie ausländische Einkünfte

Im Inland steuerfreie - positive oder negative - ausländische Einkünfte wirken sich nicht auf das zu versteuernde Einkommen aus. Eine etwa im Ausland erhobene Steuer kann mangels inländischer Körperschaftsteuer nicht angerechnet werden und wird zur Definitivbelastung. Erfolgt die Freistellung nach einem DBA unter **Progressionsvorbehalt**, so kann sich der Progressionsvorbehalt nicht auswirken, da der Körperschaftsteuersatz ein **linearer Steuersatz/proportionaler Steuersatz** ist.

367

2.2.4 Direkte Anrechnung (§ 26 KStG)[359]

Nach § 26 Abs. 1 KStG ist bei unbeschränkt steuerpflichtigen Körperschaften, die mit ausländischen Einkünften in dem Staat, aus dem die Einkünfte stammen (mit dem kein DBA abgeschlossen sein darf – vgl. § 26 Abs. 6 Satz 1 KStG i.V. m. § 34c Abs. 6 Satz 1 EStG), zu einer der deutschen Körperschaftsteuer entsprechenden Steuer herangezogen werden, die festgesetzte und gezahlte und um einen entstandenen Ermäßigungsanspruch gekürzte ausländische Steuer auf die deutsche Körperschaftsteuer anzurechnen, die auf die Einkünfte aus diesem Staat entfällt: **direkte Anrechnung**.[360] Diese Regelung entspricht der des § 34c Abs. 1 EStG; daher sind die für die direkte Anrechnung der Einkommensteuer geltenden Vorschriften (§ 34c Abs. 1 Satz 2 bis 5 und Abs. 2 bis 7 EStG) entsprechend anzuwenden; auf die obigen Ausführungen wird verwiesen. Für beschränkt steuerpflichtige Körperschaften gilt das Anrechnungsverfahren durch Verweis auf § 50 Abs. 3 EStG entsprechend.

368

Bei der Berechnung der auf die ausländischen Einkünfte entfallenden inländischen Körperschaftsteuer sind Körperschaftsteuerminderung oder -erhöhung nach §§ 37, 38 KStG außer Acht zu lassen.[361]

369

Die direkte Anrechnung kann entweder zur **völligen Beseitigung – ggf. mit Anrechnungsüberhang – oder zu einer nur teilweisen Beseitigung der inländischen Steuerbelastung** führen.[362]

370

> **BEISPIEL:** (1) Auf die ausländischen Einkünfte von 100 000 € entfällt deutsche Körperschaftsteuer von 15 000 €; wird hierauf eine ausländische Steuer i. H. von 25 000 € angerechnet, so ergibt sich eine inländische Steuerschuld i. H. von 0 €; i. H. von 10 000 € kommt es zu einem Anrechnungsüberhang und damit zu einer Definitvbelastung.
>
> (2) Auf die ausländischen Einkünfte von 100 000 € entfällt deutsche Körperschaftsteuer i. H. von 15 000 €; wird hierauf eine ausländische Steuer von 12 500 € angerechnet, so verbleibt eine inländische Steuerschuld nach Anrechnung von 2 500 €.

---

359 Es ist eine umfassende Neufassung des § 26 KStG durch das Gesetz durch das Gesetz zur Anpassung des nationalen Steuerrechts an den Beitritt Kroatiens zur EU und zur Änderung weiterer steuerlicher Vorschriften – vgl. Fußnote 85.
360 BFH v. 25. 4. 1990 I R 70/88, BStBl 1990 II 1086; v. 16. 5. 1990 I R 80/87, BStBl 1990 II 920; v. 9. 4. 1997 I R 178/94, BStBl 1997 II 657; v. 29. 3. 2000 I R 15/99, BStBl 2000 II 577; v. 31. 5. 2005 I R 68/03, BStBl 2006 II 380.
361 Vgl. § 26 Abs. 6 Satz 2 KStG.
362 BFH v. 27. 3. 1996 I R 49/95, BStBl 1997 II 91.

371 § 26 Abs. 2 KStG übernimmt die Regelung in § 50d Abs. 10 EStG[363] für Körperschaften entsprechend.

372 Durch Art. 2 Nr. 1 des EG -Amtshilfe-Anpassungsgesetz[364] wurden die (jetzigen) Sätze 4 bis 10 in Abs. 6 angefügt. Im Einzelnen geht es um Folgendes: Griechenland, Lettland, Litauen, Polen und Portugal dürfen weiterhin Quellensteuern von den unter die Richtlinie 2003/49/EG des Rates vom 3. 6. 2003 über eine gemeinsame Steuerregelung für Zahlungen von Zinsen und Lizenzgebühren zwischen verbundenen Unternehmen verschiedener Mitgliedstaaten[365] fallenden Einkünften erheben. Für Spanien, die Slowakei und die Tschechische Republik ist dieses Recht auf Lizenzgebühren beschränkt. Ab dem 1. 7. 2005, dem Beginn der Anwendung der sog. Zins-Richtlinie gelten dann für die einzelnen vorgenannten Staaten bestimmte Höchstsätze.[366] Für die vorgenannten Steuern hat Deutschland Entlastung von der Doppelbesteuerung zu gewähren. Dies regelt § 26 Abs. 6 Satz 4 ff. KStG. Zinsen und Lizenzgebühren aus diesen Staaten, die an eine in Deutschland gelegene Betriebsstätte eines Unternehmens eines anderen Mitgliedstates gezahlt werden, gelten für Zwecke der Anwendung des § 50 Abs. 3 EStG als ausländische Einkünfte. Durch Satz 10 wird bestimmt, dass die Sätze 1 bis 8 im Fall der Besteuerung nach Art. 15 Abs. 2 Satz 2 des Abkommens zwischen der Europäischen Gemeinschaft und der Schweizerischen Eidgenossenschaft über Regelungen, die den in der Richtlinie 2003/48/EG des Rates im Bereich der Besteuerung von Zinserträgen festgelegten Regelungen gleichwertig sind,[367] entsprechend anzuwenden sind.

2.2.5 Abzug bei der Ermittlung der Summe der Einkünfte

373 Statt der Anrechnung kann auch der Abzug der ausländischen Steuer bei der Ermittlung der Summe der Einkünfte nach § 26 Abs. 6 Satz 3 KStG i.V. m. § 34c Abs. 2 EStG gewählt werden; dabei kann nur die ausländische Steuer abgezogen werden, soweit sie auf ausländische Einkünfte entfällt, die bei der Ermittlung der Einkünfte nicht außer Ansatz bleiben. Der Abzug der ausländischen Steuer kommt ggf. auch kraft Gesetzes zur Anwendung (§ 26 Abs. 6 Satz 1 i.V. m. § 34c Abs. 3 EStG).

> **BEISPIEL:** Ausländische Einkünfte 100 000 €, abzüglich nicht anrechenbarer ausländische Steuer i. H. von 22 000 € nach § 26 Abs. 6 Satz 1 KStG i.V. mit § 34c Abs. 3 EStG, ergibt ein zu versteuerndes Einkommen von 78 000 €, hierauf inländische Steuer i. H. von 15 % = 11 700 €. Die Gesamtsteuerbelastung beträgt 33 700 € (= 22 000 € + 11 700 €).

---

363 Vgl. Rdn. 1705 ff.
364 BGBl 2004 I 3112.
365 ABl 2003 L 157, 49.
366 Richtlinie 2003/48/EG des Rates v. 3. 6. 2003 im Bereich der Besteuerung von Zinserträgen – ABl 2003 L 157, 38.
367 ABl 2004 Nr. L 385, 30.

2.2.6 Tonnagebesteuerung

Auf Antrag können die Einkünfte aus dem Betrieb von Handelsschiffen im internationalen Verkehr nach den Grundsätzen der **Tonnagebesteuerung gemäß § 5a EStG** ermäßigt besteuert werden.

374

2.2.7 Beteiligung an ausländischen Körperschaften und Personenvereinigungen (§ 8b KStG)

2.2.7.1 Überblick

Die Körperschaftsteuerreform 2001 brachte eine grundlegende Neufassung des § 8b KStG. Diese Vorschrift gilt für Dividenden und andere Einkünfte i. S. des § 8b Abs. 1 KStG i. V. m. § 20 Abs. 1 Nr. 1, 2, 9 und 10 Buchst. a) EStG, sofern sie von ausländischen Körperschaften, Personenvereinigungen oder Vermögensmassen bezogen werden, bereits ab dem VZ 2001,[368] ansonsten erst ab dem VZ 2002.

375

Wichtig ist, dass § 8b KStG unabhängig davon gilt,

376

- ob es sich um inländische oder ausländische Kapitalerträge handelt und
- wie lange die empfangende Körperschaft an der ausschüttenden Körperschaft beteiligt ist, d. h. es ist keine Mindestbesitzfrist einzuhalten.

Dagegen gilt seit dem 29. 3. 2013,[369] dass die Vergünstigung des § 8b Abs. 1 Satz 1 KStG von einer Mindestbeteiligung abhängig ist (§ 8b Abs. 4 KStG – vgl. Rdn. 396).

Da es sich bei § 8b KStG nicht um eine spezielle Vorschrift für Beteiligungen an ausländischen Körperschaften und Personenvereinigungen handelt, sondern Beteiligungen an anderen Körperschaften generell behandelt werden, werden bei der nachfolgenden Darstellung des § 8b KStG lediglich diejenigen Besonderheiten, die sich insbesondere bei ausländischen Einkünften ergeben, dargestellt.

377

2.2.7.2 Laufende Erträge (§ 8b Abs. 1 Satz 1 KStG)

Soweit unbeschränkt steuerpflichtige Körperschaften, Personenvereinigungen oder Vermögensmassen Kapitaleinkünfte i. S. des § 20 Abs. 1 Nr. 1, 2, 9 und 10 Buchst. a EStG beziehen, gilt nach § 8b Abs. 1 Satz 1 KStG, dass derartige **Bezüge bei der Ermittlung des Einkommens der empfangenden Körperschaft außer Ansatz bleiben**. Bezüge i. S. des Satzes 1 sind auch Einnahmen aus der Veräußerung von Dividendenscheinen und sonstigen Ansprüchen i. S. des § 20 Abs. 2 Satz 1 Nr. 2 Buchst. a EStG sowie Einnahmen

378

---

368 Nach Auffassung des EuGH v. 18. 12. 2007 C-436/06 Grönfeldt, BStBl II 2009, 437, stellt die Tatsache, dass bei ausländischen Gesellschaften die UntStRef bereits ab 2001 greift, während bei inländischen Gesellschaften de facto erst ab 2002, einen Verstoß gegen Art. 63 AEUV dar; vgl. weiter EuGH v. 22. 1. 2009 C-377/07 STEKO Industriemontage GmbH, BStBl II 2011, 95 – hierzu BFH v. 28. 10. 2008 I R 27/08, BFH/NV 2010, 535 – sowie BFH v. 22. 4. 2009 I R 57/06, BFH/NV 2009, 1460; v. 11. 4. 2011 I B 180/10, BFH/NV 2011, 1696; v. 23. 5. 2011 I B 11/11, BFH/NV 2011, 1698.
369 Gesetz zur Umsetzung des EuGH-Urteils vom 20. 10. 2011 in der Rechtssache C-284/09, BGBl 2013 I 561.

aus der Abtretung von Dividendenansprüchen oder sonstigen Ansprüchen i. S. des § 20 Abs. 2 Satz 2 EStG.

> **BEISPIEL:** (1) Die inländische C-AG beteiligt sich zu 100 % an der inländischen T-AG; Gewinnanteile, die C von T bezieht, bleiben bei der Ermittlung des Einkommens der C nach § 8b Abs. 1 Satz 1 KStG außer Ansatz.
>
> (2) Die inländische D-AG beteiligt sich zu 100 % an der ausländischen R-SA, die in einem Nicht-DBA-Staat sitzt; Gewinnanteile, die D von R bezieht, bleiben bei der Ermittlung des Einkommens der D nach § 8b Abs. 1 Satz 1 KStG außer Ansatz.
>
> (3) Die inländische E-AG beteiligt sich zu 100 % an der in den USA ansässigen S-Inc.; nach den Bestimmungen des DBA-USA – Art. 23 Abs. 2 Buchst. a) Satz 2 DBA-USA – werden Dividenden bei einer Beteiligung von mindestens 10 % von der inländischen Steuer freigestellt;[370] Gewinnanteile, die E von S bezieht, bleiben demnach sowohl nach DBA als auch nach § 8b Abs. 1 KStG bei der Ermittlung des Einkommens der E außer Ansatz.[371]
>
> (4) Die inländische F-AG beteiligt sich zu 100 % an der in der Schweiz ansässigen P-AG, die die Aktivitätsklausel des Art. 24 Abs. 1 Nr. 1 Buchst. a) DBA-Schweiz nicht erfüllt; Gewinnanteile, die F von P bezieht, sind nach den Bestimmungen des DBA in Deutschland unter Anrechnung der ausländischen Steuer zu versteuern, bleiben hier aber nach § 8b Abs. 1 KStG bei der Ermittlung des Einkommens der F-AG außer Ansatz.

379 Ist auf die ausländischen Dividenden im Sitzstaat der ausschüttenden Gesellschaft Quellensteuer erhoben worden, so handelt es sich insoweit um eine definitive Steuerbelastung, da diese ausländischen Quellensteuern mangels inländischer Körperschaftsteuer auf den Dividendenbezug nicht angerechnet werden können.

> **BEISPIEL:** Die im ausländischen Staat X ansässige T-AG schüttet an die in der Bundesrepublik Deutschland ansässige M-AG den Gewinn nach Steuern i. H. von 100 000 € aus; X erhebt eine Kapitalertragsteuer i. H. von 10 %; da diese Einkünfte bei der Ermittlung des Einkommens der M-AG nach § 8b Abs. 1 Satz 1 KStG außer Ansatz bleiben, entfällt auf sie auch keine deutsche Körperschaftsteuer und kann demnach die ausländische Kapitalertragsteuer auch nicht angerechnet werden; somit wird die ausländische Kapitalertragsteuer aus der Sicht eines deutschen Investors zum Standortnachteil.

2.2.7.3 Hybride Finanzierung und sonstige Bezüge (§ 8b Abs. 1 Satz 2 bis 4 KStG)

380 Mit dem JStG 2007 wurden die Sätze 2 bis 4 des § 8b Abs. 1 KStG neu gefasst bzw. in das Gesetz eingefügt und Satz 2 durch das AmtshilfeRLUmsG erweitert. Sinn und Zweck dieser Regelung ist es, die Beteiligungsertragsbefreiung nach Satz 1 nur dann zu gewähren, wenn die sonstigen Bezüge (§ 20 Abs. 1 Nr. 1 Satz 2 EStG = vGA) auf der Ebene der leistenden Gesellschaft das Einkommen der leistenden Körperschaft nicht gemindert haben; bei ausländischen Gesellschaften gilt dies entsprechend. Zu der jetzigen Verwendung des Wortes „Bezüge" wird in der amtlichen Begründung aus-

---

[370] Es wird unterstellt, dass die Voraussetzungen des Art. 10 und 28 DBA-USA erfüllt werden.
[371] BFH v. 14.1.2009 I R 47/08, BFH/NV 2009, 854, befasst sich unter 3. der Gründe mit der Konkurrenz von Freistellung aufgrund eines DBA-Schachtelprivilegs einerseits und der unilateralen Freistellung des Dividendenbezugs aufgrund des § 8b Abs. 1 Satz 1 KStG andererseits: beide stehen unabhängig nebeneinander und verdrängen sich nicht gegenseitig; somit sind beide zu prüfen; v. 23.6.2010 I R 71/09, BStBl 2011 II 129.

geführt:[372] Bei einer sog. hybriden Finanzierung handelt es sich um die Hingabe von Kapital, das wegen der Konditionen der Kapitalhingabe in einem Staat als Fremdkapital, im anderen Staat als Eigenkapital qualifiziert wird. Die unterschiedliche Einordnung führt dazu, dass die Vergütungen für die Kapitalüberlassung im Quellenstaat als Betriebsausgaben (Fremdkapitalzinsen) abgezogen und im Empfängerstaat als Dividenden ermäßigt oder gar nicht besteuert werden. Qualifikationskonflikte dieser Art werden häufig zur Schaffung unbesteuerter sog. „weißer Einkünfte" genutzt. Diese Finanzierungsinstrumente sind international bekannt und auch Gegenstand von Erörterungen von internationalen Gremien. So beschäftigt sich beispielsweise auch die Gruppe Verhaltenskodex des Rates der EU mit der Problematik. Die dortigen Erörterungen führten zu der Empfehlung, dass die Qualifikationskonflikte durch nationale Regelungen im Empfängerstaat gelöst werden sollten. Diese Empfehlung wird durch die Ausdehnung der korrespondierenden Besteuerung umgesetzt. Zahlungen, die nach deutscher Qualifizierung Dividenden darstellen, werden nur noch von der Bemessungsgrundlage freigestellt, wenn sie im Quellenstaat keine Betriebsausgaben darstellen.

Auch bei Bestehen eines DBA werden die Bezüge nur freigestellt, soweit die Bezüge das Einkommen der leistenden Körperschaft nicht gemindert haben – § 8b Abs. 1 Satz 2 KStG; insoweit handelt es sich um einen Fall des treaty override. Die amtliche Begründung verweist darauf, dass im Falle der vGA mit einer entsprechenden Minderung des Einkommens der leistenden Körperschaft es an einer abkommenswidrigen Doppelbesteuerung fehlte;[373] demnach sei es mit Sinn und Zweck des Abkommens zu vereinbaren, von der Grundregel des § 8b Abs. 1 Satz 1 KStG abzuweichen. Hiervon macht § 8b Abs. 1 Satz 4 KStG eine Rückausnahme für die Fälle, in denen die vGA das Einkommen einer dem Steuerpflichtigen nahestehenden Person (i. S. des § 1 Abs. 2 AStG) erhöht hat und dies auch nicht nach § 32a KStG korrigiert werden kann. 381

Bei nach § 8b Abs. 1 Satz 2 und 3 KStG hinzuzurechnenden Bezügen sind die ausländischen Steuern entsprechend § 34c Abs. 1 bis 3 und Abs. 6 Satz 6 EStG anzurechnen (§ 26 Abs. 6 Satz 1 2. Halbsatz KStG). 382

2.2.7.4 Erträge aus Veräußerungen (§ 8b Abs. 2 KStG)

Da Gewinne nicht nur durch Ausschüttungen bezogen, sondern bei thesaurierenden Kapitalgesellschaften auch durch Verkauf dieser Beteiligung realisiert werden können, war es folgerichtig, auch diese Gewinne steuerfrei zu belassen. § 8b Abs. 2 KStG dehnt deshalb die Regelung des § 8b Abs. 1 Satz 1 KStG auf Gewinne aus der Veräußerung eines Anteils an einer Körperschaft oder Personenvereinigung, deren Leistungen beim Empfänger zu den Einnahmen im Sinne des § 20 Abs. 1 Nr. 1, 2, 9 und 10 Buchst. a) EStG gehören (= sog. Einmalausschüttung), oder der Veräußerung einer Organgesellschaft i. S. der §§ 14 ff. KStG, aus der Auflösung oder der Herabsetzung ihres Nennkapitals oder aus dem Ansatz des in § 6 Abs. 1 Satz 1 Nr. 2 Satz 3 des EStG bezeichneten Wertes (= voraussichtlich dauernde Wertminderung) aus. 383

---

372 BR-Drs. 139/13, S. 119, 156.
373 BT-Drs. 16/2712, S. 70.

384 **Veräußerungsgewinn** im Sinne des § 8b Abs. 2 Satz 2 KStG ist der Betrag, um den der Veräußerungspreis oder der an dessen Stelle tretende Wert nach Abzug der Veräußerungskosten den Wert übersteigt, der sich nach den Vorschriften über die steuerliche Gewinnermittlung im Zeitpunkt der Veräußerung ergibt (Buchwert).

385 Die Vergünstigung des § 8b Abs. 2 Satz 1 KStG wird aber nach § 8b Abs. 2 Satz 4 KStG nicht gewährt, soweit der veräußerte Anteil in früheren Jahren steuerwirksam auf den **niedrigeren Teilwert** abgeschrieben (= Realisierung eines steuermindernden Verlustes) und diese Gewinnminderung nicht durch den Ansatz eines höheren Werts ausgeglichen worden ist (= **Wertaufholung**). Diese Beschränkung gilt nach § 8b Abs. 2 Satz 5 KStG auch für sonstige vorgenommene Abzüge, insbesondere Abzüge nach § 6b EStG.

2.2.7.5 Abzug von Betriebsausgaben (§ 8b Abs. 3 und 5 KStG)

386 Die Bestimmung des § 8b Abs. 5 KStG – Betriebsausgaben **im Zusammenhang mit Bezügen nach § 8b Abs. 1 KStG** – ist mit Wirkung vom 1. 1. 2004[374] an europarechtsgemäß ausgestaltet, indem die fiktiv nichtabzugsfähigen Betriebsausgaben i. H. von 5 % (sog. **Schachtelstrafe**) nunmehr beim Bezug von Gewinnanteilen sowohl in- als auch ausländischer Tochtergesellschaften zu berücksichtigen sind. Das BVerfG hat entschieden, dass die Pauschalierung des Betriebsausgabenabzugsverbots durch die Hinzurechnung von 5% des Veräußerungsgewinns und der Bezüge aus Unternehmensbeteiligungen zu den Einkünften einer Körperschaft nach § 8b Abs. 3 Satz 1 und Abs. 5 Satz 1 KStG mit Art. 3 Abs. 1 GG vereinbar ist.[375]

387 Ferner ist seit 1. 1. 2004 der fiktive Betriebsausgabenabzug i. H. von 5 % nach § 8b Abs. 3 Satz 1, 2 KStG auf **Veräußerungsgewinne i. S. des § 8b Abs. 2 KStG** ausgedehnt.

388 Schließlich ist mit Wirkung ab 1. 1. 2004 die Abzugsbeschränkung nach **§ 3c Abs. 1 EStG ausdrücklich aufgehoben** worden.[376] D. h., dass die mit steuerfreien Gewinnanteilen zusammenhängenden Betriebsausgaben unbeschränkt abgezogen werden können.

> **BEISPIEL:** (1) Die inländische A-GmbH ist zu 100 % an der Tochterkapitalgesellschaft Y-Inc. im Staat X beteiligt. Die Tochtergesellschaft schüttet den gesamten Gewinn nach Steuern i. H. von 100 000 € an die inländische Mutter aus. X erhebt eine Kapitalertragsteuer i. H. von 10 %;[377] für die Berechnung nach § 8b Abs. 5 KStG maßgebender Bezug: 100 000 €, hiervon 5 % (§ 8b Abs. 5 KStG) = 5 000 €, hierauf Körperschaftsteuer i. H. von 15 % = 750 €; Gesamtsteuerbelastung bei der Muttergesellschaft: 10 750 €.
>
> (2) Wie (1), aber mit den erhaltenen Gewinnanteilen hängen bei der A-GmbH Betriebsausgaben i. H. von 8 000 € zusammen. Da nach Auffassung der Finanzverwaltung für die Anwendung des § 8b Abs. 5 KStG der Bezug maßgebend ist, können die Betriebsausgaben i. H. von 8 000 € abgezogen werden.

---

[374] Vgl. zur Rechtslage bis 31. 12. 2003: BFH v. 26. 11. 2008 I R 7/08, BFH/NV 2009, 849 (hierzu Verfassungsbeschwerde 2 BvR 862/09): Verstoß sowohl gegen die gemeinschaftsrechtliche Grundfreiheit der freien Wahl der Niederlassung nach Art. 49 AEUV als auch gegen die Grundfreiheit des freien Kapitalverkehrs nach Art. 63 AEUV und ist deswegen auch gegenüber sog. Drittstaaten unanwendbar; BFH v. 29. 8. 2013 I R 7/12, BStBl 2013 II 89.

[375] BVerfG v. 12. 10. 2010 1 BvL 12/07, BFH/NV 2011, 181.

[376] Zu § 8b Abs. 5 KStG a. F. und § 3c EStG: BFH v. 22. 2. 2006 I R 30/05, BFH/NV 2006, 1659.

[377] Lösung ohne Gewerbesteuer und Solidaritätszuschlag.

389 Aufgrund der insoweit eindeutigen Gesetzesformulierung in § 8b Abs. 3 und Abs. 5 KStG kann eine etwaige ausländische Körperschaftsteuer (Quellensteuer) auf die auf diesen Teil der Dividenden entfallende deutsche Körperschaftsteuer **nicht angerechnet werden**, da es sich um fingiert nichtabzugsfähige Betriebsausgaben handelt.

390 Die dargestellte Regelung des § 8b Abs. 5 KStG gilt für die fiktiven Betriebsausgaben im Zusammenhang mit Veräußerungsgewinnen nach **§ 8b Abs. 3 Satz 1, 2 KStG** entsprechend.

391 Um die Regelung des § 8b Abs. 5 KStG – de facto-Besteuerung i. H. von 5 % der steuerfreien Dividenden nach § 8b Abs. 1 Satz 1 KStG – legal zu umgehen, existiert folgende Möglichkeit:

392 Hintergrund des sog. **Ballooningmodells** ist, mehrere Jahre lang auf Ausschüttungen zu verzichten; d. h. mangels Bezüge i. S. des § 8b Abs. 1 KStG scheidet die Anwendung des § 8b Abs. 5 KStG aus. Erst wenn dann tatsächlich ausgeschüttet wird, kommt die Regelung des § 8b Abs. 5 KStG zur Anwendung. Diese Möglichkeit ist sowohl bei Beteiligungen an inländischen als auch an ausländischen Tochtergesellschaften möglich. Der Vorteil dieses Modells liegt vor allem in dem Zins- und Steuerstundungseffekt.

393 Das weitere in der Literatur empfohlenen Modell der **Organschaft**[378] scheidet bei Beteiligungen an ausländischen Gesellschaften zumindest z. Zt. noch aus, da die §§ 14 ff. KStG eine Organschaft über die Grenze in der Weise, dass die Organgesellschaft im Ausland Geschäftsleitung und Sitz hat und der Organträger unbeschränkt steuerpflichtig ist, nicht zulassen.

394 Letztlich bleibt zur definitiven Vermeidung der Besteuerung nach § 8b Abs. 3 Satz 1, Abs. 5 Satz 1 KStG nur die **Umwandlung der (empfangenden) Kapitalgesellschaft in eine Personengesellschaft oder die Umwandlung der ausländischen Tochterkapitalgesellschaft in eine Betriebsstätte**. Ob allerdings – abgesehen von den Umwandlungskosten – die steuerliche Belastung sinkt, bedarf einer genauen Analyse.

395 Die Regelung des § 8b Abs. 5 KStG führt ohne Gegenmaßnahmen dazu, dass es in einem mehrstufigen Konzern, wenn bis zur obersten Ebene ausgeschüttet wird, zu einer Art von **Kaskadenbesteuerung**[379] kommt, die die wirtschaftliche Leistungsfähigkeit ohne ersichtlichen Grund beeinträchtigt.

> **BEISPIEL:** Der X-Konzern ist wie folgt gegliedert: inländische Muttergesellschaft M-AG, inländische Tochter T-GmbH, inländische Enkelgesellschaft E-GmbH, ausländische Urenkelgesellschaft UE-SA. Wenn UE-SA 100 Einheiten an die E-AG ausschüttet, dann unterliegen bei der E-AG 5 Einheiten nach § 8b Abs. 5 KStG der Besteuerung; schüttet ihrerseits die E-AG an die T-GmbH aus, so kann sie[380] nur noch ca. 99 Einheiten weiterleiten; bei der Weiterleitung von der T-GmbH an die M-AG können nur 98,5 Einheiten nach Abzug der Besteuerung ausgeschüttet

---

378 Vgl. Rdn. 397.
379 Ausdrücklich offen gelassen in dem Beschluss des BVerfG v. 12. 10. 2010 1 BvL 12/07, BFH/NV 2011, 181, ob dies ggf. mit dem Grundgesetz vereinbar ist.
380 Ohne Gewerbesteuer und Solidaritätszuschlag berechnet.

werden; bei der M-AG stehen letztlich nur noch 97,7 Einheiten rein rechnerisch zur Ausschüttung an die Gesellschafter zur Verfügung.

2.2.7.6 Ausschüttungen aus Streubesitzdividenden

396 Durch das Gesetz[381] zur Umsetzung des EuGH-Urteils v. 20.10.2011 in in der Rechtssache C-284/09[382] wurde § 8b Abs. 4 KStG geändert und ist erstmals für Bezüge i. S. des § 8b Abs. 1 KStG anzuwenden, die nach dem 28.2.2013 zufließen. Nach der Neufassung ist die Beteiligungsertragsbefreiung des § 8b Abs. 1 KStG nur noch dann anwendbar, wenn die Beteiligung an der ausschüttenden Gesellschaft mindestens 10 % des Grund- oder Stammkapitals beträgt. Wie die Beteiligungshöhe zu berechnen ist, wird im Gesetz näher erläutert. Wichtig ist, dass die Regelung des § 8b Abs. 5 KStG über den pauschalen nichtabzugsfähigen Betriebsausgabenabzug nicht anzuwenden ist. Die Konsequenz dieser Neuregelung ist, dass Beteiligungserträge bei einer Beteiligung bis 10 % in das zu versteuernde Einkommen (mit-)einfließen; eine im Ausland erhobene Steuer ist dann gemäß § 26 Abs. 1 KStG anzurechnen.

2.2.8 Organschaft (§§ 14 ff. KStG)

397 In §§ 14 ff. KStG wird die Organschaft geregelt. Der bis in die jüngste Vergangenheit in diesen Vorschriften enthaltene doppelte Inlandsbezug (eine Organgesellschaft war nur möglich bei Sitz und Geschäftsleitung im Inland) verstieß nach Auffassung der EU-Kommission gegen Unionsrecht; sie leitete daher 2009 ein Vertragsverletzungsverfahren gegen die Bundesrepublik Deutschland ein. Der BFH hat sich in einem Urteil auch über den geltenden Wortlaut hinweggesetzt.[383] Um ein Verfahren vor dem EuGH[384] abzuwenden, hat dann die Finanzverwaltung im Wege eines BMF-Schreibens[385] von dem doppelten Inlandsbezug Abstand genommen. Nunmehr reichte es aus, dass die Organgesellschaft lediglich die Geschäftsleitung im Inland hat, während der Sitz sich im EU- oder EWR-Ausland befinden kann. Diese im Verwaltungswege vorgenommen Änderung des KStG wurde dann durch das Gesetz zur Änderung und Vereinfachung der Unternehmensbesteuerung und des steuerlichen Reisekostenrechts vom 20.2.2013[386] auch in den Gesetztext übernommen. Durch dieses Gesetz erfolgten aber weitere für das internationale Steuerrecht relevante Änderungen: Der neu gefasste § 14 Abs. 1 Satz 1 Nr. 2 KStG stellt nunmehr für alle an der steuerlichen Organschaft beteiligten Personen unterschiedslos darauf ab, ob die Beteiligung des Organträgers an der Organgesellschaft einer inländischen Betriebsstätte i. S. des § 12 AO des Organträgers zuzurechnen

---

381 BGBl 2013 I 561.
382 EuGH v. 20.10.2011 C-284/09 Kommission/Bundesrepublik Deutschland, IStR 2011, 840.
383 BFH v. 9.2.2011 I R 54, 55/10, BStBl 2012 II 106 – hierzu Nichtanwendungserlass vom 27.12.2011, BStBl 2012 I 119.
384 Die Kommission hat am 22.3.2012 beschlossen Deutschland wegen seiner Bestimmungen zur Organschaft vor dem EuGH zu verklagen; das Verfahren wurde am 26.9.2013 eingestellt, nachdem das KStG geändert worden war.
385 BMF v. 28.3.2011 BStBl 2011 I 119.
386 BGBl 2013 I 285.

ist. Da weder auf den Sitz noch auf den Ort der Geschäftsleitung des Organträgers abgestellt wird, wird nicht mehr nach den für die Anwendung des abkommensrechtlichen Gesellschafterdiskriminierungsverbots maßgebenden ansässigkeitsbegründenden Merkmalen des Art. 4 des OECD-MA unterschieden. Um eine Sicherstellung des deutschen Steuersubstrats zu garantieren, ist weiter bestimmt, dass die dieser Betriebsstätte zuzurechnenden Einkünfte sowohl nach innerstaatlichem Steuerrecht als auch nach einem anzuwendenden DBA der inländischen Besteuerung unterliegen müssen. Die Einschränkung gemäß § 14 Satz 1 Nr. 5 KStG des Anwendungsbereichs auf Verluste,[387] die in Drittstaaten (nicht EU- oder EWR-Staaten) berücksichtigt werden, soll möglicherweise bestehende europa-rechtliche Risiken vermeiden. Zudem wird die Anwendung auf doppeltansässige Gesellschaften beschränkt.

2.3 Ausländische Einkünfte im Gewerbesteuerrecht

2.3.1 Steuersubjekt

Die Gewerbesteuer als Objektsteuer beschränkt sich hinsichtlich der Steuerpflicht lediglich auf das Inland (vgl. § 2 Abs. 1 Satz 1 GewStG)[388] und unterscheidet nicht nach beschränkter und unbeschränkter Steuerpflicht. Das GewStG unterscheidet auch nicht nach der Rechtsform (vgl. § 2 Abs. 1 Satz 2 GewStG); dennoch muss sich – auch – das GewStG mit grenzüberschreitenden Sachverhalten und damit mit Fragen des internationalen Steuerrechts auseinandersetzen. 398

Neben den im Inland[389] ansässigen Einzelunternehmen, Personen- und Kapitalgesellschaften unterliegen der Gewerbesteuer auch ausländische Einzelunternehmen und Personengesellschaften, sofern sie im Inland eine Betriebsstätte unterhalten (§ 2 Abs. 1 Satz 3 GewStG), sowie ausländische Kapitalgesellschaften und Genossenschaften, sofern sie im Inland einer steuerpflichtigen Tätigkeit nachgehen (§ 2 Abs. 2 Satz 1 GewStG). Hiervon gibt es dann eine Ausnahme –vgl. § 2 Abs. 6 GewStG –, wenn die inländische Betriebsstätte eines Unternehmens mit Geschäftsleitung in einem Nicht-DBA-Staat steuerfreie Einkünfte im Rahmen der beschränkten Einkommensteuerpflicht erzielt (vgl. § 49 Abs. 4 EStG) und Gegenseitigkeit besteht. De facto fallen hierunter nur Einkünfte aus dem Bereich der See- und Luftschifffahrt. 399

Durch die Neuregelung der Organschaft im KStG[390] kann sich u. U. durch den Bezug des § 2 Abs. 2 Satz 2 GewStG auf § 14 KStG eine internationale gewerbesteuerliche Organschaft ergeben. 400

Bei **Schiffen** gilt grundsätzlich § 2 Abs 1 Satz 2 GewStG: Danach wird ein Gewerbebetrieb im Inland betrieben, wenn auf einem Schiff, das in ein inländisches Schiffsregister eingetragen ist, eine Betriebsstätte unterhalten wird. Dies gilt aber dann nicht, 401

---

387 Zur Begründung vgl. BT-Drs. 17/11217, S. 8.
388 Ergänzung geplant durch das Gesetz zur Anpassung des nationalen Steuerrechts an den Beitritt Kroatiens zur EU und zur Änderung weiterer steuerlicher Vorschriften.
389 Zur Definition vgl. § 2 Abs. 7 GewStG und R 2.8 GewStR sowie Rdn. 91.
390 Vgl. Rdn. 397.

wenn das Schiff im sog. regelmäßigen Liniendienst ausschließlich zwischen ausländischen Häfen verkehrt (§ 5 GewStDV). Sofern Binnen- und Küstenschifffahrt betrieben wird, gilt eine Betriebsstätte in dem Ort als vorhanden, der als Heimathafen (Heimatort) im Schiffsregister eingetragen ist (§ 6 GewStDV). Hierbei handelt es sich aber um eine Auffangregelung, die nur dann zum Tragen kommt, wenn sich nicht bereits auf andere Weise eine inländische Betriebsstätte ergibt (Bsp.: Arbeitszimmer in der Wohnung, von der aus die gesamte Korrespondenz sowie Buchhaltung betrieben wird).

2.3.2 Gewerbeertrag, Hinzurechnungen, Kürzungen

402 Bemessungsgrundlage für die Gewerbesteuer ist nach § 7 GewStG der nach den Vorschriften des EStG oder des KStG zu ermittelnde Gewinn aus Gewerbebetrieb, der bei der Ermittlung des Einkommens für den Erhebungszeitraum zu berücksichtigen ist, vermehrt und vermindert um die in den §§ 8 und 9 GewStG bezeichneten Beträge. § 7 Satz 6 GewStG bestimmt, dass § 50d Abs. 10 EStG (in der jeweiligen Fassung) bei der Ermittlung des Gewerbeertrags entsprechend anzuwenden ist.

403 Gemäß § 8 Nr. 1 GewStG wird ein Viertel des Summe aus den in den Buchstaben a) bis f) genannten Kürzungen des Gewinns wieder hinzugerechnet. Diese Hinzurechnungen sind mit dem EU-Recht vereinbar, wenn der Gläubiger seinen Sitz oder Wohnsitz im EU- oder EWR-Ausland hat.[391]

404 Hinzugerechnet werden nach § 8 Nr. 5 GewStG[392] die nach § 3 Nr. 40 EStG oder § 8b Abs. 1 KStG außer Ansatz bleibenden Gewinnanteile (Dividenden) und die diesen gleichgestellten Bezüge und erhaltenen Leistungen aus Anteilen an einer Körperschaft, Personenvereinigung oder Vermögensmasse i. S. des KStG, soweit sie nicht die Voraussetzungen des § 9 Nr. 2a oder 7 GewStG erfüllen, nach Abzug der mit diesen Einnahmen, Bezügen und erhaltenen Leistungen in wirtschaftlichem Zusammenhang stehenden Betriebsausgaben, soweit sie nach § 3c Abs. 2 EStG und § 8b Abs. 5 und 10 KStG unberücksichtigt bleiben. Dies gilt nicht für Gewinnausschüttungen, die unter § 3 Nr. 41 Buchst. a EStG fallen. Hierzu hat der BFH entschieden, dass Gewinnanteile aus Anteilen an einer ausländischen Kapitalgesellschaft, die nach § 8b Abs. 1 KStG bei der Ermittlung des Einkommens außer Ansatz bleiben, zugleich aber auch nach Maßgabe eines sog. abkommensrechtlichen Schachtelprivilegs von der Bemessungsgrundlage ausgenommen werden, nicht nach § 8 Nr. 5 GewStG dem Gewinn aus Gewerbebetrieb hinzuzurechnen sind.[393]

405 Weiter werden nach § 8 Nr. 8 GewStG die Anteile am Verlust einer ausländischen gewerblich tätigen Mitunternehmerschaft, sofern der Verlust bei der Ermittlung des Gewinns tatsächlich abgezogen worden ist, hinzugerechnet. Entscheidend ist, ob die ausländische Gesellschaft nach deutschem Verständnis einer deutschen Mitunternehmer-

---

391 EuGH v. 21.7.2011 C-397/09 Scheuten Solar Technology, BStBl 2012 II 528; BFH v. 7.12.2011 I R 30/08, BFH/NV 2012, 656.
392 Zur Vereinbarkeit der Vorschrift mit EU-Recht vgl. BFH v. 6.3.2013 I R 14/07, BFH/NV 2013, 1325: Anschluss an EuGH-Urteil v. 22.1. 2009 C-377/07 „STEKO Industriemontage", BStBl 2011 II 95.
393 BFH v. 23.6.2010 I R 71/09, BStBl 2011 II 129.

schaft i. S. des § 15 Abs. 3 EStG entspricht. Zweck der Vorschrift ist die Vermeidung der doppelten Erfassung von Verlusten.

Ferner werden nach § 8 Nr. 12 GewStG die ausländischen Steuern hinzugerechnet, die nach § 34c Abs. 2 und 3 EStG oder nach einer Bestimmung, die § 34c EStG für entsprechend anwendbar erklärt (Bsp.: § 26 Abs. 6 Satz 1 KStG), bei der Ermittlung der Einkünfte abgezogen werden, soweit sie auf Gewinne oder Gewinnanteile entfallen, die bei der Ermittlung des Gewerbeertrags außer Ansatz gelassen oder nach § 9 Nr. 7 oder Nr. 8 GewStG gekürzt werden. Sinn der Regelung ist es, eine zweifache Minderung des Gewerbeertrags zu vermeiden. 406

Die Summe des Gewinns und der Hinzurechnungen wird nach § 9 Nr. 2 GewStG gekürzt um die Anteile am Gewinn einer ausländischen gewerblich tätigen Mitunternehmerschaft, wenn die Gewinnanteile bei Ermittlung des Gewinns angesetzt worden sind (Pendant zu § 8 Nr. 8 GewStG). Dies gilt nicht bei Lebens- und Krankenversicherungsunternehmen sowie für Pensionsfonds. Entscheidend ist, ob die ausländische Gesellschaft nach deutschem Verständnis einer deutschen Mitunternehmerschaft i. S. des § 15 Abs. 3 EStG entspricht. 407

Nach § 9 Nr. 3 Satz 1 GewStG wird der Gewerbeertrag um den Teil des Gewerbeertrags eines inländischen Unternehmens gekürzt, der auf eine nicht im Inland belegene Betriebsstätte entfällt.[394] Für Unternehmen, die eigene oder gecharterte Handelsschiffe im internationalen Verkehr betreiben, gibt es in § 9 Nr. 3 Satz 2 bis 4 GewStG Sonderregelungen, für deren Anwendung § 5a Abs. 2 Satz 2 EStG[395] entsprechend gilt.[396] 408

In § 9 Nr. 7 GewStG wird das gewerbesteuerrechtliche internationale Schachtelprivileg geregelt.[397] Ob die Vorschrift angesichts ihrer Ausgestaltung unionskonform ist, ist in der Literatur umstritten; der BFH hat diese Frage unbeantwortet gelassen.[398] 409

Voraussetzung des Schachtelprivilegs ist die Beteiligung an einer ausländischen, aktiv tätigen[399] Tochterkapitalgesellschaft mit einer Mindestbeteiligung von 15 %[400] seit Beginn des Erhebungszeitraums; ist die Tochtergesellschaft im EU-Ausland ansässig, dann reicht eine Mindestbeteiligung von 10 %. Ferner ist begünstigt die Beteiligung an einer aktiv tätigen Enkelkapitalgesellschaft (§ 9 Nr. 7 Satz 4 bis 7 GewStG), wenn sowohl die Muttergesellschaft an der Tochtergesellschaft als auch die Tochtergesellschaft an der Enkelgesellschaft[401] zu mindestens 15 % beteiligt ist. Voraussetzung für die Gewährung des gewerbesteuerrechtlichen internationalen Schachtelprivilegs ist die Erfüllung diverser Nachweisvorschriften. 410

---

394 Nach BFH v. 9. 6. 2010 I R 107/09, BFH/NV 2010, 1744 sind die in den Gewinn ausnahmsweise einbezogenen „finalen" Betriebsstättenverluste auch in die Ermittlung des Gewerbeertrages einzubeziehen.
395 Vgl. Rdn. 231.
396 BFH v. 26. 9. 2013 IV R 45/11, BFH/NV 2014, 271.
397 Vgl. Rdn. 923.
398 BFH v. 23. 7. 2013 I B 13/13, BFH/NV 2013, 1948.
399 BFH v. 13. 2. 2008 I R 75/07, BStBl 2010 II 1028.
400 BFH v. 17. 5. 2000 I R 31/99, BStBl 2001 II 685.
401 BFH v. 21. 8. 1996 I R 186/94, BStBl 1997 II 434.

411 Schließlich bestimmt § 9 Nr. 8 GewStG, dass der Gewerbeertrag um die Gewinne aus Anteilen an einer ausländischen Gesellschaft, die nach einem DBA unter der Voraussetzung einer Mindestbeteiligung von der Gewerbesteuer befreit sind, zu kürzen sind, wenn die Beteiligung mindestens 15 % beträgt und die Gewinnanteile bei der Ermittlung des Gewinns angesetzt worden sind; ist in einem DBA eine niedrigere Mindestbeteiligungsgrenze vereinbart, ist diese maßgebend; dies gilt ebenso, wenn in dem DBA die Vergünstigung an weitere sachliche und/oder personelle Voraussetzungen geknüpft ist.[402]

2.4 Internationales Umwandlungssteuerrecht

2.4.1 Einführung

412 **Zivilrechtlich**, genauer gesagt gesellschaftsrechtlich, ist das Umwandlungsgesetz (**UmwG**)[403] die zentrale Rechtsgrundlage zur Umstrukturierung von Unternehmen. Es enthält in § 1 Abs. 1 UmwG eine Aufzählung von vier möglichen Umwandlungsarten (Verschmelzung, Spaltung, Vermögensübertragung und Formwechsel) und gestattet, das Vermögen eines Rechtsträgers im Wege der Universalsukzession auf einen anderen Rechtsträger zu übertragen, der insoweit die (Gesamt-)Rechtsnachfolge antritt. Dort nicht geregelte Fälle können nicht im Wege der Analogie geschlossen werden, da § 1 Abs. 2 UmwG andere Fälle der Umwandlung nur zulässt, wenn ein anderes Bundesgesetz oder ein Landesgesetz dies ausdrücklich vorsieht.

413 Die **steuerlichen** Folgen von Umwandlungen sind im Umwandlungssteuergesetz (**UmwStG**) geregelt. Der Aufbau des UmwStG folgt nicht den vier Umwandlungsarten des UmwG, sondern enthält eine eigene Systematik.[404] Obwohl das UmwStG in zehn Teile untergliedert ist, kann man zwei große Regelungsbereiche, den Umwandlungsteil (§§ 3–19 UmwStG) und den Einbringungsteil (§§ 20–25 UmwStG), unterscheiden. Umwandlungen und Einbringungen stellen steuerrechtlich auf der Ebene des übertragenden Rechtsträgers sowie des übernehmenden Rechtsträgers Veräußerungs- und Anschaffungsvorgänge hinsichtlich des übertragenen Vermögens dar.[405] Dies gilt (abweichend von den zivilrechtlichen Wertungen des UmwG) für ertragsteuerliche Zwecke auch für den Formwechsel einer Kapitalgesellschaft in eine Personengesellschaft und umgekehrt (rechtsforminkongruente Formwechsel).[406] Umstrukturierungen können steuerneutral, d. h. ohne die Besteuerung stiller Reserven erfolgen, wenn das UmwStG eine Buchwertfortführung gestattet. Das ist im Umwandlungsteil der Fall, wenn der übertragende Rechtsträger die übergehenden Wirtschaftsgüter in seiner steuerlichen

---

402 R 9.5 Satz 9 GewStR.
403 Umwandlungsgesetz (UmwG) v. 28.10.1994, BGBl 1994 I 3210, zuletzt geändert durch Art. 2 Abs. 48 Gesetz zur Änderung von Vorschriften über Verkündung und Bekanntmachungen sowie der ZPO, des EGZPO und der AO v. 22.12.2011, BGBl 2011 I 3044.
404 Vgl. BMF v. 11.11.2011, BStBl 2011 I 1314 (sog. Umwandlungssteuererlass 2011, nachfolgend: UmwStE), Tz. 01.03. bis 01.48 UmwStE.
405 BFH v. 15.10.1997 I R 22/96, BStBl 1998 II 168, BFH v. 16.5.2002 III R 45/98, BStBl 2003 II 10, BFH v. 17.9.2003 I R 97/02, BStBl 2004 II 686.
406 BFH v. 19.10.2005 I R 38/04, BStBl 2006 II 568; Tz. 00.02 UmwStE.

Schlussbilanz zu Buchwerten bewerten und der übernehmende Rechtsträger diese Werte in seiner Steuerbilanz fortführen kann. Im Einbringungsteil wird die Steuerneutralität dadurch erreicht, dass der übernehmende Rechtsträger das übergehende Vermögen mit den bisherigen Buchwerten erfasst und diese Werte für den Einbringenden als Veräußerungspreise gelten.

Sowohl das ursprünglich binnenorientierte Umwandlungsgesetz als auch das Umwandlungssteuergesetz wurden aufgrund der unionsrechtlich garantierten **Niederlassungsfreiheit** (Art. 49 AEUV) und hieraus abgeleiteter konkreter Vorgaben durch den EuGH für grenzüberschreitende Umwandlungen geöffnet.[407] 414

Im UmwG wurde mit Wirkung vom 25.4.2007 in §§ 122a ff. UmwG die Möglichkeit zur **grenzüberschreitenden Verschmelzung** von Kapitalgesellschaften geschaffen, wenn mindestens eine der beteiligten Kapitalgesellschaften[408] dem Recht eines EU-/EWR-Staats unterliegt. Darüber hinaus existiert nach Art. 17 SE-VO[409] bzw. Art. 19 SCE-VO[410] die Möglichkeit der grenzüberschreitenden Verschmelzung zur Gründung einer SE bzw. SCE. 415

Das UmwStG wurde durch Art. 6 des **SEStEG**[411] mit Wirkung ab dem 13.12.2006 neu gefasst und zumindest „europäisiert", wobei auf eine vollständige Internationalisierung verzichtet worden ist. Gesetzestechnisch erfolgt die Ausdehnung des sachlichen Anwendungsbereichs auf grenzüberschreitende Umwandlungen innerhalb der EU bzw. des EWR dadurch, dass „vergleichbare ausländische Vorgänge" gemäß § 1 Abs. 1 Nr. 1, 2, Abs. 3 Nr. 1–3 UmwStG den vom UmwStG geregelten Umstrukturierungsvorgängen gleichgestellt werden. Neben inländischen Rechtsträgern fallen unter den persönlichen Anwendungsbereich des UmwStG **Gesellschaften,** die nach dem Recht eines EU-/EWR-Mitgliedstaats gegründet worden sind und deren Sitz und Ort der Geschäftsleitung sich innerhalb des Hoheitsgebiets eines dieser Staaten befindet (§ 1 Abs. 2 Satz 1 Nr. 1 UmwStG), sowie **natürliche Personen,** die ihren Wohnsitz oder gewöhnlichen Aufenthalt innerhalb des Hoheitsgebiets der EU/EWR haben und nicht kraft eines DBA als in einem Drittstaat ansässig gelten (§ 1 Abs. 2 Satz 1 Nr. 2 UmwStG). 416

Das UmwStG erfasst **grundsätzlich keine Drittstaatenumwandlungen**, also Umwandlungen, bei denen mindestens ein beteiligter Rechtsträger nicht der EU/dem EWR angehört, oder Umwandlungen, die nach einer Rechtsordnung außerhalb der EU/EWR erfolgen. Nur ausnahmsweise finden sich in §§ 20, 21 und 24 UmwStG sowie in § 12 Abs. 2 KStG[412] partiell Regelungen mit Drittstaatenbezug. 417

---

407 EuGH v. 13.12.2005 C-411/03 Sevic, IStR 2006, 32; EuGH v. 12.07.2012 C-378/10 Vale, BB 2012, 2069.
408 Die Beschränkung auf Kapitalgesellschaften ergibt sich aus der sog. Verschmelzungsrichtlinie, Richtlinie 2005/56/EG des Europäischen Parlaments und des Rates v. 26.10.2005 über die Verschmelzung von Kapitalgesellschaften aus verschiedenen Mitgliedstaaten, ABl 2005 L 310, 1, zuletzt geändert durch Art. 2 ÄndRL 2012/17/EU v. 13.6.2012, ABl 2012 L 156, 1.
409 Verordnung (EG) Nr. 2157/2001 des Rates v. 8.10.2001 über das Statut der Europäischen Gesellschaft (SE), ABl 2001 L 294, 1, zuletzt geändert durch Art. 1 Abs. 1 Buchst. c) ÄndVO (EU) 517/2013 v. 13.5.2013, ABl 2013 L 158, 1.
410 Verordnung (EG) Nr. 1435/2003 des Rates v. 22.7.2003 über das Statut der Europäischen Genossenschaft (SCE), ABl 2003 L 207, 1, ber. ABl 2007 L 49, 35.
411 BGBl 2006 I 2782, berichtigt. BGBl 2007 I 68.
412 Vgl. Rdn. 457, 468.

418　Unter dem Begriff Internationales Umwandlungssteuerrecht sind alle Normen des Umwandlungssteuerrechts zusammenzufassen, die auslandsbezogene Sachverhalte regeln. Hierbei können drei Fallgruppen unterschieden werden:

- Inländische Umwandlungen mit Auslandsbezug,[413]
- ausländische Umwandlungen mit Inlandsbezug,[414] und
- grenzüberschreitende Umwandlungen[415]

Der Inlandsbezug (oder der Auslandsbezug) der beiden erstgenannten Fallgruppen ergibt sich hierbei jeweils durch inländische (oder durch ausländische) Gesellschafter und/oder durch inländisches (oder durch ausländisches) Vermögen. In den – der Systematik des UmwStG folgenden – Unterabschnitten wird diese Dreiteilung als Untergliederung beibehalten.

2.4.2 Verschmelzung auf eine Personengesellschaft oder auf eine natürliche Person und Formwechsel einer Kapitalgesellschaft in eine Personengesellschaft (§§ 3–10 UmwStG)

2.4.2.1 Inländische Verschmelzung auf eine Personengesellschaft

419　Nach § 3 Abs. 1 UmwStG muss die übertragende Körperschaft die übergehenden Wirtschaftsgüter in der steuerlichen Schlussbilanz grundsätzlich mit dem gemeinen Wert ansetzen, also ihre stillen Reserven aufdecken und den **Übertragungsgewinn** versteuern.

420　Das Wahlrecht zum Buchwertansatz, das ein Aufschieben der Besteuerung bewirkt, besteht nach § 3 Abs. 2 UmwStG nur, soweit die Wirtschaftsgüter Betriebsvermögen der übernehmenden Personengesellschaft oder natürlichen Person werden und sichergestellt ist, dass sie später der Besteuerung mit Einkommensteuer oder Körperschaftsteuer unterliegen (Nr. 1) und das Recht der Bundesrepublik Deutschland hinsichtlich der Besteuerung des Gewinns aus der Veräußerung der übertragenen Wirtschaftsgüter bei den Gesellschaftern der übernehmenden Personengesellschaft oder bei der natürlichen Person nicht ausgeschlossen oder beschränkt wird (Nr. 2) und eine Gegenleistung nicht gewährt wird oder in Gesellschaftsrechten besteht (Nr. 3). Bei inländischem Betriebsvermögen können diese Voraussetzungen unproblematisch erfüllt werden. Bei ausländischem Betriebsvermögen muss die **Entstrickungsklausel**[416] gewahrt bleiben, insbesondere das deutsche Besteuerungsrecht darf nicht ausgeschlossen oder beschränkt werden. Dies ist bei unbeschränkt steuerpflichtigen Gesellschaftern und bei beschränkt steuerpflichtigen Gesellschaftern in Abkommensfällen gegeben, in denen die Doppelbesteuerung durch Freistellung vermieden wird. Nur bei beschränkt steuer-

---

413　Zum Begriff der inländischen Umwandlung vgl. Tz. 01.03 ff. UmwStE.
414　Genauer vergleichbare ausländische Vorgänge vgl. Tz. 01.20 ff. UmwStE.
415　Nach Tz. 01.21 UmwStE zählt die Finanzverwaltung grenzüberschreitende Umwandlungsvorgänge auch zu den ausländischen Vorgängen i. S. des § 1 Abs. 1 UmwStG.
416　Weitere Entstrickungstatbestände enthalten § 4 Abs. 1 Satz 3 EStG und § 12 Abs. 1 KStG, vgl. Tz. 03.18, 03.20 UmwStE.

pflichtigen Gesellschaftern und (unilateraler oder abkommensrechtlicher) Steueranrechnung unterliegen Gewinne aus der Veräußerung von ausländischem Betriebsstättenvermögen nach der Verschmelzung auf eine Personengesellschaft als ausländische Betriebsstättengewinne nicht mehr der beschränkten Steuerpflicht gemäß § 49 Abs. 1 Nr. 2 Buchst. a) EStG, so dass sich insoweit das Entstehen eines Übertragungsgewinns nicht vermeiden lässt.

> **BEISPIEL:**[417] ▶ Die deutsche D-GmbH wird in die D-KG formgewechselt (so dass umwandlungssteuerrechtlich gemäß § 9 Satz 1 UmwStG die Verschmelzungsvorschriften der §§ 3–8, 10 UmwStG entsprechend anzuwenden sind). Anteilseigner und Mitunternehmer sind die Steuerausländer A und B zu gleichen Teilen. Die D-GmbH hat eine ausländische Betriebsstätte in einem Nicht-DBA-Staat.
>
> Durch die Verschmelzung der D-GmbH in die D-KG wird das deutsche Besteuerungsrecht hinsichtlich des Gewinns aus der Veräußerung der der ausländischen Betriebsstätte zuzurechnenden Wirtschaftsgüter zum steuerlichen Übertragungsstichtag ausgeschlossen, da die beiden Mitunternehmer mit den ausländischen Betriebsstätteneinkünften nicht der beschränkten Einkommensteuerpflicht i. S. des § 49 EStG unterliegen.

Die übernehmende Personengesellschaft hat nach § 4 Abs. 1 UmwStG die auf sie übergegangenen Wirtschaftsgüter mit dem in der steuerlichen Schlussbilanz der übertragenden Körperschaft enthaltenen Wert zu übernehmen (Grundsatz der Wertverknüpfung). Hierbei entsteht nach § 4 Abs. 4 Satz 1 UmwStG ein **Übernahmegewinn** (oder -verlust) in Höhe des Unterschiedsbetrags zwischen dem Wert, mit dem die übergegangenen Wirtschaftsgüter zu übernehmen sind, und dem Buchwert der Anteile an der übertragenden Körperschaft abzüglich der Kosten des Vermögensübergangs.[418] Soweit an den Wirtschaftsgütern kein deutsches Besteuerungsrecht im Hinblick auf deren Veräußerungsgewinn bestand, ist nach § 4 Abs. 4 Satz 2 UmwStG der gemeine Wert anstelle des Buchwerts anzusetzen (Zuschlag für neutrales Auslandsvermögen). Diese Vorschrift erfasst ausländische Grundstücke und Wirtschaftsgüter, die einer ausländischen Betriebsstätte zuzuordnen sind.

421

Das so ermittelte Übernahmeergebnis wird als Übernahmeergebnis der **ersten Stufe** bezeichnet, da der bis hierhin ermittelte Betrag gemäß § 4 Abs. 5 Satz 2 UmwStG anschließend noch um die Bezüge, die nach § 7 UmwStG zu den Einkünften aus Kapitalvermögen i. S. des § 20 Abs. 1 Nr. 1 EStG gehören, korrigiert werden muss, um zum Übernahmeergebnis der **zweiten Stufe** zu gelangen. Bei der zweistufige Ermittlung des Übernahmeergebnisses wird der Übernahmegewinn in einen Veräußerungsteil und einen Dividendenteil aufgeteilt, da nur die Bezüge i. S. des § 7 UmwStG nach § 43 Abs. 1 Satz 1 Nr. 1, 6 EStG dem Kapitalertragsteuerabzug unterliegen. Abkommensrechtlich findet auf Bezüge i. S. des § 7 UmwStG in grenzüberschreitenden Sachverhalten in der Regel eine Art. 10 OECD-MA entsprechende Vorschrift Anwendung.[419]

422

---

417 Vgl. Tz. 03.19 UmwStE.
418 Erfasst werden nur nicht objektbezogene Kosten des Vermögensübergangs; zu den objektbezogenen Kosten des Vermögensübergangs s. BMF v. 18. 1. 2010, BStBl 2010 I 70; zur Behandlung von durch Anteilsvereinigung ausgelöste Grunderwerbsteuer (§ 1 Abs. 3 GrEStG) s. aber BFH v. 20. 4. 2011 I R 2/10, BStBl 2011 II 761.
419 Tz. 07.02 UmwStE.

423 § 4 Abs. 6, 7 UmwStG machen die steuerliche Berücksichtigung eines Übernahmeverlusts bzw. die steuerliche Behandlung eines Übernahmegewinns davon abhängig, inwieweit er auf eine Körperschaft (§ 8b KStG) oder eine natürliche Person (§ 3 Nr. 40, § 3c EStG) als Mitunternehmer entfällt.

424 Sind die Anteilseigner **beschränkt steuerpflichtig**, unterliegt der Veräußerungsteil wegen der Einlagefiktion des § 5 Abs. 2 UmwStG und der Überführungsfiktion des § 5 Abs. 3 UmwStG der beschränkten Steuerpflicht i. S. von § 49 Abs. 1 Nr. 2 Buchst. a) EStG. Im Hinblick auf den ebenfalls gemäß § 49 Abs. 1 Nr. 2 Buchst. a) EStG beschränkt steuerpflichtigen Dividendenteil des Übertragungsgewinns hat der Steuerabzug gemäß § 50 Abs. 2 Satz 2 Nr. 1 EStG keine abgeltende Wirkung, so dass die Kapitalertragsteuer auf den Dividendenteil nach § 36 Abs. 2 Nr. 2 EStG, § 31 Abs. 1 KStG angerechnet oder mit einem gemäß § 4 Abs. 6 UmwStG abziehbaren Übernahmeverlust verrechnet werden kann.

425 Vom Übernahmegewinn i. S. des § 4 Abs. 4–6 UmwStG zu unterscheiden ist ein durch Vereinigung von Forderung und Verbindlichkeit (Konfusion) entstehender sog. **Übernahmefolgegewinn oder -verlust**. Der Übernahmefolgegewinn oder -verlust ist ein laufender Gewinn oder Verlust des übernehmenden Rechtsträgers, der auch bei der Gewerbesteuer zu berücksichtigen ist, § 18 Abs. 1 UmwStG.[420]

426 Die §§ 3–8 und 10 UmwStG sind gemäß § 9 Satz 1 UmwStG auf **Formwechsel** einer Kapitalgesellschaft in eine Personengesellschaft trotz ihres zivilrechtlich identitätswahrenden Charakters (vgl. §§ 190 ff. UmwG) entsprechend anzuwenden. Wie im umgekehrten (von § 25 UmwStG geregelten) Fall werden damit Formwechsel, die zu einem Wechsel des Besteuerungsregimes führen, wie Verschmelzungen behandelt.

427 Zivilrechtlich war die Zulässigkeit eines **grenzüberschreitenden** Formwechsels bis vor kurzem umstritten. Anders als die grenzüberschreitende Verschmelzung gemäß §§ 122a ff. UmwG ist der grenzüberschreitende Formwechsel im Umwandlungsgesetz nicht geregelt. Die abschließende Aufzählung der zulässigen Ausgangsrechtsformen (formwechselnde Rechtsträger) in § 191 Abs. 1 UmwG und der zulässigen Zielrechtsformen (Rechtsträger neuer Rechtsform) in § 191 Abs. 2 UmwG spricht gegen die Zulässigkeit eines grenzüberschreitenden Formwechsels. Der EuGH hat aber in seiner Entscheidung in der Rechtssache **Vale** ausdrücklich klargestellt, dass der grenzüberschreitende Formwechsel sowohl aus Sicht des Wegzugsstaates als auch aus Sicht des Zuzugsstaates von der Niederlassungsfreiheit (Art. 49 AEUV) geschützt ist.[421] Daher ist davon auszugehen, dass ein Formwechsel von einer deutschen Gesellschaftsform in eine EU-/EWR-Rechtsform jedenfalls dann zulässig ist, wenn das Recht der EU-/EWR-Zielrechtsform ihn zulässt und zugleich der inländische Verwaltungssitz aufgegeben wird. Gleiches gilt für den identitätswahrenden Wechsel einer EU-/EWR-Gesellschaft in eine deutsche Rechtsform, wenn die Gesellschaft zugleich ihren Verwaltungssitz nach Deutschland verlegt.

---

420 Tz. 06.02 UmwStE.
421 EuGH v. 12. 7. 2012 C-378/10 Vale, BB 2012, 2069.

2.4.2.2 Ausländische Verschmelzung auf eine Personengesellschaft

Eine ausländische Verschmelzung unterfällt zivilrechtlich nicht dem UmwG, sondern dem insoweit kollisionsrechtlich maßgebenden ausländischen Recht. Bei der **Verschmelzung** einer Kapitalgesellschaft auf eine Personengesellschaft **innerhalb der EU/EWR** finden die §§ 3–10 UmwStG Anwendung, wenn es sich um einen vergleichbaren ausländischen (Umwandlungs-)Vorgang i. S. von § 1 Abs. 1 Satz 1 Nr. 1 und 2 UmwStG handelt. Erforderlich ist hierfür neben der zivilrechtlichen Wirksamkeit nach ausländischem Recht[422] auch die Vergleichbarkeit der beteiligten Rechtsformen anhand eines Typenvergleichs.[423] Unter der Voraussetzung, dass das deutsche Besteuerungsrecht durch den Vorgang nicht ausgeschlossen oder beschränkt wird (§ 3 Abs. 2 Satz 1 Nr. 2 UmwStG), ist eine ausländische Verschmelzung in Deutschland somit steuerneutral möglich.

428

Da **Drittstaatenverschmelzungen** nicht vom sachlichen Anwendungsbereich des UmwStG erfasst sind, führen diese zu einer steuerpflichtigen Gewinnrealisierung, wenn die Voraussetzungen des § 12 Abs. 1 KStG erfüllt sind, d. h. der Vorgang den Ausschluss oder die Beschränkung des deutschen Besteuerungsrechts zur Folge hat. Auf der Gesellschafterebene erfolgt ein steuerpflichtiger Anteilstausch, wenn die Anteile an der ausländischen Kapitalgesellschaft zu einem Betriebsvermögen gehört haben oder nach § 17, § 20 Abs. 2 EStG steuerverhaftet sind. Beschränkt steuerpflichtige Gesellschafter sind hiervon gemäß § 49 Abs. 1 Nr. 1 Buchst. a) EStG nur betroffen, wenn die Anteile zu einer inländischen Betriebsstätte gehören.

429

2.4.2.3 Grenzüberschreitende Verschmelzung auf eine Personengesellschaft

Zivilrechtlich besteht in Deutschland keine gesetzliche Möglichkeit für eine grenzüberschreitende Verschmelzung einer Kapitalgesellschaft auf eine Personengesellschaft, da §§ 122a ff. UmwG tatbestandlich nicht eingreifen und das UmwG nicht analogiefähig ist (vgl. § 1 Abs. 2 UmwG). Um eine inländische Kapitalgesellschaft aus Deutschland heraus auf eine ausländische Personengesellschaft zu verschmelzen (**Hinausverschmelzung**) oder eine ausländische Kapitalgesellschaft auf eine inländische Personengesellschaft nach Deutschland herein zu verschmelzen (**Hereinverschmelzung**), müssen also rechtliche Gestaltungen als Ersatzkonstruktion gewählt werden.

430

Rechtlich gestaltbar wäre beispielsweise eine grenzüberschreitende **Sitzverlegung** einer Kapitalgesellschaft **mit** anschließender **Verschmelzung** der weg- oder zugezogenen Kapitalgesellschaft auf eine Personengesellschaft oder eine grenzüberschreitende **Einbringung** (grenzüberschreitende Sacheinlage i. S. von § 20 Abs. 1 UmwStG oder grenzüberschreitender Anteilstausch i. S. von § 21 Abs. 1 UmwStG) in eine Personengesellschaft **mit** anschließender **Liquidation** der Kapitalgesellschaft.

431

---

422 Tz. 01.23 UmwStE.
423 Eine tabellarische Übersicht über die Typisierung ausgewählter ausländischer Rechtsformen findet sich in Tabellen 1 und 2 des BMF-Schreibens v. 24. 12. 1999, BStBl 1999 I 1076 (Betriebsstätten-Verwaltungsgrundsätze); zur Qualifikation der LLC vgl. BMF-Schreiben v. 19. 3. 2004, BStBl 2004 I 411.

432 Im Rahmen von Sitzverlegungen müssen Wegzugsfälle (zur Konstruktion einer Hinausverschmelzung) und Zuzugsfälle (zur Konstruktion einer Hereinverschmelzung) unterschieden werden. Nach mittlerweile gefestigter Rechtsprechung des EuGH garantiert die Niederlassungsfreiheit (gemäß Art. 49 AEUV) nur den Zuzug ausländischer Gesellschaften nach Deutschland (sog. **Zuzugsfreiheit**).[424] Der Wegzug deutscher Kapitalgesellschaften ins EU-/EWR-Ausland hingegen wird europarechtlich nicht garantiert (insoweit existiert **keine** spiegelbildliche sog. **Wegzugsfreiheit**).[425] Zwar hat der Gesetzgeber durch die Neufassung von § 4a GmbHG und § 5 AktG durch das MoMiG[426] auf das Erfordernis eines inländischen Verwaltungssitzes verzichtet, gleichzeitig aber den Anspruch auf einen inländischen Satzungssitz aufrechterhalten, so dass ein vollständiger Wegzug aus Deutschland gemäß Art. 8 Abs. 1 SE-VO der SE und gemäß Art. 7 Abs. 1 SCE-VO der SCE vorbehalten bleibt. Bewirkt der Wegzug den Verlust oder die Beschränkung des deutschen Besteuerungsrechts, fingiert § 12 Abs. 1 Satz 1 KStG die Veräußerung oder Überlassung des Wirtschaftsguts zum gemeinen Wert. Hierzu kommt es nach § 12 Abs. 1 Satz 2 KStG insbesondere, wenn ein (vor dem Wegzug) einer inländischen Betriebsstätte zuzuordnendes Wirtschaftsgut (nach dem Wegzug) einer ausländischen Betriebsstätte zuzuordnen ist. Ein weiterer Umzug in einen Drittstaat führt gemäß § 12 Abs. 3 Satz 1 KStG zur fiktiven Liquidation und Liquidationsbesteuerung gemäß § 11 KStG, der in diesem Fall entsprechend anzuwenden ist.

433 Erfolgt nach einem grenzüberschreitenden Zuzug einer ausländischen Kapitalgesellschaft eine inländische Verschmelzung auf eine Personengesellschaft, treten die oben unter 2.4.2.1 beschriebenen Rechtsfolgen ein. Erfolgt nach einem grenzüberschreitenden Wegzug einer inländischen SE/SCE ein – der Verschmelzung einer Kapital- auf eine Personengesellschaft – vergleichbarer ausländischer Umwandlungsvorgang, dann treten die oben unter 2.4.2.2 beschriebenen Rechtsfolgen ein.

434 Soll die grenzüberschreitende Verschmelzung einer Kapitalgesellschaft auf eine Personengesellschaft durch grenzüberschreitende (Betriebs- oder Anteils-)Einbringung in eine Personengesellschaft und anschließende Liquidation der Kapitalgesellschaft erfolgen, findet § 24 UmwStG Anwendung. Die Einzelheiten hierzu werden unter 2.4.7 dargestellt.

---

424 Vgl. EuGH v. 9. 3. 1999 C-212–97 Centros, NJW 1999, 2027; v. 5. 11. 2002 C-208/00 Überseering, NJW 2002, 3614; v. 30. 9. 2003 C-167/01 Inspire Art, NJW 2003, 3331; damit gilt für EU-/EWR-Zuzugsfälle in Deutschland die sog. Gründungstheorie, vgl. BGH v. 13. 3. 2003 VII ZR 370/98, NJW 2003, 1461; v. 14. 3. 2005 II ZR 5/03, NJW 2005, 1648; v. 27. 10. 2008 II ZR 158/06, NJW 2009, 289; v. 21. 7. 2011 IX ZR 185/10, NZG 2011, 1195; gegen eine Verlegung des Satzungs- und Verwaltungssitzes einer ausländischen Kapitalgesellschaft nach Deutschland unter identitätswahrendem Formwechsel in eine Kapitalgesellschaft deutschen Rechts, OLG Nürnberg v. 13. 2. 2012 12 W 2361/11, DStR 2012, 571.
425 Vgl. EuGH v. 16. 12. 2008 C-210/06 Cartesio, DStR 2009, 121.
426 Gesetz zur Modernisierung des GmbH-Rechts und zur Bekämpfung von Missbräuchen (MoMiG) v. 23. 10. 2008, BGBl 2008 I 2026.

2.4.3 Verschmelzung oder Vermögensübertragung (Vollübertragung) auf eine andere Körperschaft (§§ 11–13 UmwStG)

2.4.3.1 Inländische Verschmelzung mit Auslandsbezug

Die §§ 11–13 UmwStG sind sowohl auf Auf-, Ab- als auch Seitwärtsverschmelzungen (Up-, Down- oder Side-Stream-Merger) von Körperschaften auf andere Körperschaften anzuwenden.[427] Nach § 11 Abs. 1 Satz 1 UmwStG sind die übergehenden Wirtschaftsgüter in der steuerlichen Schlussbilanz der übertragenden Körperschaft mit dem gemeinen Wert anzusetzen. Das Entstehen eines Übertragungsgewinns (oder -verlusts) kann vermieden werden, wenn § 11 Abs. 2 UmwStG den Ansatz des Buchwerts auf Antrag gestattet. Die Voraussetzungen dieser Entstrickungsklausel entsprechen denjenigen von § 3 Abs. 2 UmwStG. Bei einer Inlandsverschmelzung kann ein **Übertragungsgewinn** grundsätzlich durch Buchwertfortführung vermieden werden, soweit die Verschmelzung nicht dazu führt, dass Wirtschaftsgüter, die bisher einer inländischen Betriebsstätte zuzuordnen waren, anschließend einer ausländische Betriebsstätte zuzuordnen sind (vgl. § 4 Abs. 1 Satz 4 EStG). Handelt es sich um eine Betriebsstätte in einem anderen Mitgliedstaat der Europäischen Union, kann nach § 4g EStG i.V. m. § 12 Abs. 1 Satz 1 KStG ein Ausgleichsposten gebildet und die Besteuerung des Übertragungsgewinns auf fünf Jahre verteilt werden (§ 4g Abs. 2 Satz 1 EStG).[428]

435

Nach der Wertverknüpfung des § 12 Abs. 1 Satz 1 UmwStG hat die übernehmende Körperschaft das auf sie übergegangene Vermögen mit dem in der steuerlichen Schlussbilanz der übertragenden Körperschaft enthaltenen Wert zu übernehmen. Nach § 12 Abs. 2 Satz 1 UmwStG bleibt ein **Übernahmegewinn** oder -verlust (in Höhe des Unterschieds zwischen dem Buchwert der Anteile an der übertragenden Körperschaft und dem Wert, mit dem die übergegangenen Wirtschaftsgüter zu übernehmen sind, abzüglich der Kosten für den Vermögensübergang) außer Ansatz, so dass dieser Betrag außerbilanziell zu korrigieren ist. Ein Übernahmeergebnis i. S. des § 12 Abs. 2 Satz 1 UmwStG ist auch in Fällen der Ab- und Seitwärtsverschmelzung zu ermitteln.[429] Gemäß § 12 Abs. 2 Satz 2 UmwStG ist bei einer Aufwärtsverschmelzung auf den Übernahmegewinn, soweit die übernehmende Muttergesellschaft unmittelbar an der übertragenden Tochtergesellschaft beteiligt ist, § 8b KStG anzuwenden.

436

> **BEISPIEL:**[430] Die übernehmende M-AG ist an der übertragenden T-GmbH zu 50 % beteiligt. Der Buchwert der Anteile beträgt 100 000 € und der Buchwert des übertragenen Vermögens beträgt 1 150 000 €. Die Kosten des Vermögensübergangs betragen 50 000 €.
>
> Der Übernahmegewinn i. S. des § 12 Abs. 2 Satz 1 UmwStG der M-GmbH beträgt 1 000 000 € (= 1 150 000 € ./. 100 000 € ./. 50 000 €). Der Gewinn i. S. des § 12 Abs. 2 Satz 2 UmwStG beträgt 500 000 € (= 50 % von 1 000 000 €). Wendet man auf diesen Betrag § 8b KStG an, so sind 500 000 € nach § 8b Abs. 2 Satz 1 KStG steuerfrei, wobei 25 000 € (= 5 % von 500 000 €) nach § 8b Abs. 3 Satz 1 KStG als nicht abziehbare Betriebsausgaben gelten.

---

427 Vgl. Tz. 11.01 UmwStE.
428 Diese „Zahlungsstreckung" über einen Fünfjahreszeitraum entspricht der früheren Regelung in § 20 Abs. 6 i.V. m. § 21 Abs. 2 Satz 3–6 UmwStG 1995 und ist somit als europarechtskonform anzusehen, vgl. das hierzu ergangene Urteil des EuGH v. 23. 1. 2014 C-164/12 DMC Beteiligungsgesellschaft mbH, IStR 2014, 106.
429 BFH v. 9. 1. 2013 I R 24/12, BFH/NV 2013, 881.
430 In Anlehnung an Tz. 12.06 UmwStE.

437　Die **Besteuerung der Anteilseigner** der übertragenden Körperschaft richtet sich nach § 13 UmwStG, der die Veräußerung der Anteile an der übertragenden Körperschaft zum gemeinen Wert und die Anschaffung der Anteile an der übernehmenden Körperschaft mit diesem Wert (also einen Anteilstausch zum gemeinen Wert) fingiert, wenn Anteile im Betriebsvermögen gehalten werden, Anteile i. S. von § 17 EStG oder sog. alteinbringungsgeborene Anteile (i. S. von § 21 Abs. 1 UmwStG 1995) vorliegen. In allen anderen Fällen greift die Sonderregelung in § 20 Abs. 4a Satz 1, 2 EStG.[431] Das Entstehen eines (gemäß § 4 Abs. 1 i.V. m. § 5, § 17, § 20 Abs. 2, § 23 Nr. 3 EStG oder § 21 UmwStG 1995 steuerpflichtigen) Veräußerungsgewinns oder –verlusts kann durch Buchwertfortführung gemäß § 13 Abs. 2 Satz 1 UmwStG vermieden werden, wenn das deutsche Besteuerungsrecht hinsichtlich des Gewinns aus der Veräußerung der Anteile an der übernehmenden Körperschaft nicht ausgeschlossen oder beschränkt wird (Nr. 1) oder Deutschland als EU-Mitgliedstaat bei der Verschmelzung Art. 8 der Fusionsrichtlinie[432] anzuwenden hat (Nr. 2). Wenn der Buchwertansatz gemäß § 13 Abs. 2 Satz 1 Nr. 2 UmwStG trotz Beschränkung oder Ausschluss des deutschen Besteuerungsrechts erfolgt, dann ist nach § 13 Abs. 2 Satz 1 Nr. 1 UmwStG der Gewinn aus einer späteren Veräußerung der erworbenen Anteile ungeachtet eines DBA zu besteuern und § 15 Abs. 1a Satz 2 EStG entsprechend anzuwenden. Da bei inländischen Verschmelzungen das deutsche Besteuerungsrecht in der Regel nicht ausgeschlossen oder beschränkt wird, ist der Anteilstausch auch für beschränkt steuerpflichtige Anteilseigner gemäß § 13 Abs. 2 Satz 1 Nr. 1 UmwStG steuerneutral möglich.

2.4.3.2　Ausländische Verschmelzung mit Inlandsbezug

438　Im Rahmen ausländischer Verschmelzungen von Körperschaften auf Körperschaften muss zwischen Verschmelzungen inner- und außerhalb der EU/EWR unterschieden werden.

439　Auf Verschmelzungen **innerhalb** der **EU** bzw. des **EWR** finden die §§ 11–13 UmwStG Anwendung, so dass ein Übertragungsgewinn gemäß § 11 Abs. 2 UmwStG vermieden werden kann und ein Übernahmegewinn im Hinblick auf inländisches Betriebsstättenvermögen nach § 12 Abs. 2 Satz 1 UmwStG außer Ansatz bleibt.

440　Auf Verschmelzungen **in Drittsaaten** sind die §§ 11–13 UmwStG nicht anwendbar. Die Besteuerung der stillen Reserven, die in einem inländischen Betriebsvermögen ruhen, kann in diesen Fällen nur durch die Anwendung der (gemäß § 12 Abs. 2 Nr. 4 KStG subsidiären) Regelung des **§ 12 Abs. 2 KStG** vermieden werden. Wichtigste Anwendungsvoraussetzung von § 12 Abs. 2 KStG ist, dass sich Geschäftsleitung und Sitz der übertragenden und der übernehmenden Körperschaft in demselben ausländischen (Dritt-)Staat befinden, so dass grenzüberschreitende (Drittstaaten-)Verschmelzungen nicht erfasst werden. Bei Vorliegen der übrigen Voraussetzungen (Vergleichbarkeit des ausländischen Vorgangs mit einer inländischen Verschmelzung, Sicherstellung der spä-

---

[431] Vgl. Tz. 13.01 UmwStE.
[432] Richtlinie des Rates v. 19. 10. 2009, 2009/133/EG, ABl 2009 L 310, 34 (zuvor Richtlinie des Rates v. 23. 6. 1990, 90/434/EWG, ABl 1990 L 225, 1).

teren Besteuerung, kein Ausschluss oder Beschränkung des deutschen Besteuerungsrechts und keine Gegenleistung außer Gesellschaftsrechten) ermöglicht § 12 Abs. 2 Satz 1 KStG ebenfalls den Buchwertansatz und verhindert so das Entstehen eines Übertragungsgewinns. Für einen ggf. entstehenden Übernahmegewinn existiert keine Sonderregelung. Für die Besteuerung der Anteilseigner der übertragenden Körperschaft gilt § 13 UmwStG entsprechend (§ 12 Abs. 2 Satz 2 KStG).

2.4.3.3 Grenzüberschreitende Verschmelzung

Durch das SEStEG ist der Anwendungsbereich der §§ 11–13 UmwStG auf Verschmelzungen **innerhalb** der **EU/EWR**[433] ausgedehnt worden (Rdn. 416 f.). Auch zivilrechtlich besteht nach §§ 122a ff. UmwG die Möglichkeit zur grenzüberschreitenden Verschmelzung von Kapitalgesellschaften,[434] die nach dem Recht eines EU-/EWR-Mitgliedstaats gegründet worden sind und ihren satzungsmäßigen Sitz, ihre Hauptverwaltung oder ihre Hauptniederlassung in einem EU- bzw. EWR-Mitgliedstaat haben (vgl. § 122b Abs. 1 UmwG). Zu einer grenzüberschreitenden Verschmelzung kommt es auch bei der Gründung einer SE gemäß Art. 17 SE-VO oder SCE gemäß Art. 19 SCE-VO. Aus deutscher Sicht müssen die Fälle der Hinaus- und Hereinverschmelzung unterschieden werden.   441

Die grenzüberschreitende Verschmelzung an sich ändert (abkommensrechtlich) nichts an der Zuordnung von Wirtschaftsgütern zu einer inländischen oder einer ausländischen Betriebsstätte (vgl. auch die Entstrickungsregelungen in § 4 Abs. 1 Satz 4 EStG, § 12 Abs. 1 Satz 2 KStG),[435] so dass die Finanzverwaltung die funktionale Zuordnung weiterhin anhand der Betriebsstätten-Verwaltungsgrundsätze vornimmt.[436]   442

Im Rahmen einer **Hinausverschmelzung** kann ein Übertragungsgewinn durch Antrag gemäß § 11 Abs. 2 UmwStG (anteilig) nur dann vermieden werden, wenn inländisches Betriebsstättenvermögen auch nach der Verschmelzung funktional noch der inländischen Betriebsstätte zuzuordnen und die Besteuerung der stillen Reserven im Rahmen der beschränkten Steuerpflicht (§ 8 Abs. 1 KStG i. V. m. § 49 Abs. 1 Nr. 2 Buchst. a EStG) sichergestellt ist oder wenn ausländisches Betriebsstättenvermögen (schon) vor der Verschmelzung nicht der deutschen Besteuerung unterlag, weil es durch ein DBA freigestellt war. Nur in diesen Fällen führt die Hinausverschmelzung nicht zum Ausschluss oder einer Beschränkung des deutschen Besteuerungsrechts. In allen übrigen Fällen entsteht ein **Übertragungsgewinn** nach Maßgabe von § 11 Abs. 1 UmwStG. Gemäß § 11 Abs. 3 i. V. m. § 3 Abs. 3 UmwStG ist auf die insoweit erhobene inländische Steuer eine fiktive ausländische Steuer anzurechnen. Die Anrechnung dieser fiktiven ausländischen Steuer erfolgt nach § 26 KStG mit dem Betrag, der nach den Rechtsvorschriften   443

---

433 Grenzüberschreitende Verschmelzungen in (oder aus) Drittstaaten sind zivilrechtlich nicht möglich. Gestaltungen, die einer Verschmelzung wirtschaftlich möglichst nahe kommen, unterfallen steuerlich nicht dem Umwandlungs- sondern dem Einbringungsteil und werden daher nicht hier sondern unter Kapitel 2.4.7 dargestellt.
434 Im Sinne des Art. 2 Nr. 1 der Richtlinie 2005/56/EG des Europäischen Parlaments und des Rates v. 26. 10. 2005 über die Verschmelzung von Kapitalgesellschaften aus verschiedenen Mitgliedstaaten (IntV-RL), ABl 2005 L 310, 1.
435 So und wie folgt Tz. 03.20 UmwStE.
436 BMF v. 24. 12. 1999, BStBl 1999 I 1076 , zuletzt geändert durch BMF v. 25. 8. 2009, BStBl 2009 I 888.

des anderen Mitgliedstaats erhoben worden wäre, wenn das übergehende Vermögen zum Zeitpunkt der Übertragung zum gemeinen Wert veräußert worden wäre. Zur Ermittlung dieses Betrags ist regelmäßig ein Auskunftsersuchen nach § 117 AO an den ausländischen Staat erforderlich.[437] Ein durch die Wertverknüpfung des § 12 Abs. 1 Satz 1 UmwStG bei der übernehmenden ausländischen Kapitalgesellschaft entstehender **Übernahmegewinn** betrifft aus deutscher Sicht nur die einer inländischen Betriebsstätte zuzuordnenden Wirtschaftsgüter.

444 Das Bewertungswahlrecht des § 13 Abs. 2 UmwStG auf **Ebene der Anteilseigner** kann unabhängig vom Wertansatz gemäß § 11 UmwStG auf Ebene der Kapitalgesellschaft ausgeübt werden. Ein Buchwertansatz ist möglich, wenn das deutsche Besteuerungsrecht nicht ausgeschlossen oder beschränkt wird. Das ist bei Hinausverschmelzungen regelmäßig der Fall, wenn die Anteile vor und nach Verschmelzung einer inländischen oder ausländischen Betriebsstätte zuzuordnen sind. Werden die Anteile im Privatvermögen gehalten, ist ein Buchwertansatz nur möglich, wenn eine Beteiligung i. S. von § 17 EStG oder sog. alteinbringungsgeborene Anteile i. S. von § 21 UmwStG 1995 vorliegen.[438]

445 Auf **Hereinverschmelzungen** von EU-/EWR-Kapitalgesellschaften auf deutsche Kapitalgesellschaften gemäß §§ 122a ff. UmwG finden gemäß § 1 Abs. 2 Satz 1 Nr. 1 UmwStG unmittelbar die §§ 11–13 UmwStG Anwendung.[439]

446 Geht bei der Verschmelzung inländisches Betriebsvermögen von der ausländischen auf die inländische Kapitalgesellschaft über, wird das deutsche Besteuerungsrecht hierdurch regelmäßig weder ausgeschlossen noch beschränkt, so dass ein **Übertragungsgewinn** durch Buchwertfortführung gemäß § 11 Abs. 2 UmwStG vermieden werden kann. Der Übergang von ausländischem Betriebsvermögen führt allerdings regelmäßig zur Begründung des deutschen Besteuerungsrechts (Steuerverstrickung), so dass diesbezüglich der gemeine Wert angesetzt werden muss, § 4 Abs. 1 Satz 7 i. V. m. § 6 Abs. 1 Nr. 5 EStG.

447 Der **Übernahmegewinn** der übernehmenden inländischen Kapitalgesellschaft bleibt gemäß § 12 Abs. 2 Satz 1 UmwStG in Höhe des Unterschieds zwischen dem Buchwert der Anteile an der übertragenden Körperschaft und dem Wert, mit dem die übergegangenen Wirtschaftsgüter zu übernehmen sind, abzüglich der Kosten für den Vermögensübergang außer Ansatz. Soweit der Übernahmegewinn dem Anteil der übernehmenden Körperschaft an der übertragenden Körperschaft entspricht, ist er gemäß § 12 Abs. 2 Satz 2 UmwStG i. V. m. § 8b Abs. 2 und 3 KStG zu 95 % steuerfrei.

448 Die Hereinverschmelzung führt regelmäßig nicht dazu, dass das deutsche Besteuerungsrecht im Hinblick auf den Veräußerungsgewinn der Anteile an der übernehmenden Körperschaft ausgeschlossen oder beschränkt wird, so dass gemäß § 13 Abs. 2 UmwStG eine **Besteuerung der Anteilseigner** vermieden werden kann.

---

[437] Vgl. Tz. 03.32 UmwStE.
[438] Vgl. Tz. 13.01 UmwStE.
[439] Nach Tz. 01.21 UmwStE ist eine grenzüberschreitende Verschmelzung i. S. d. § 122a UmwG grundsätzlich ein mit einer Verschmelzung i. S. d. § 2 UmwG vergleichbarer ausländischer Vorgang.

2.4.4 Aufspaltung, Abspaltung und Vermögensübertragung (§§ 15 f. UmwStG)

§ 15 Abs. 1 UmwStG erklärt bei Auf- und Abspaltung (§ 123 Abs. 1 und 2 UmwG) und Teilübertragung (§ 174 Abs. 2 Nr. 1 und 2 UmwG) **von Körperschaften auf Körperschaften** die §§ 11–13 UmwStG für entsprechend anwendbar, so dass diese Umwandlungsformen steuerlich wie Verschmelzungen behandelt werden. Die dritte zivilrechtliche Spaltungsart der Ausgliederung (§ 123 Abs. 3 UmwG) ist nicht erfasst (§ 1 Abs. 1 Satz 2 UmwStG) und wird steuerlich als Einbringung i. S. von §§ 20, 21, 24 UmwStG behandelt.[440]

449

Der Verweis des § 15 UmwStG auf die Verschmelzungsvorschriften der §§ 11–13 UmwStG greift nicht nur bei inländischen Aufspaltungen, Abspaltungen und Vermögensübertragungen, sondern nach § 1 Abs. 1 Satz 1 Nr. 1 UmwStG auch bei vergleichbaren ausländischen Vorgängen und bei Umwandlungen nach der SE-VO und der SCE-VO.[441] Ausländische oder grenzüberschreitende Auf- oder Abspaltungen sind aber gemäß § 1 Abs. 2 UmwStG nur bei EU-/EWR-Körperschaften und nicht bei Drittstaaten-Körperschaften vom UmwStG erfasst. Die Regelung des § 12 Abs. 2 KStG greift bei der Spaltung von Drittstaaten-Körperschaften ebenfalls nicht ein. Das UmwG sieht (im Gegensatz zur grenzüberschreitenden Verschmelzung gemäß §§ 122a ff. UmwG) zivilrechtlich keine Möglichkeit der (EU-/EWR-)grenzüberschreitenden Spaltung vor. Unmittelbar von § 15 i. V. m. § 1 Abs. 1 Satz 1 Nr. 1 und Abs. 2 UmwStG erfasst sind aber ausländische Spaltungen von EU-/EWR-Körperschaften, die inländisches Vermögen oder inländische Anteilseigner haben, so dass in diesen Fällen bei Vorliegen der Voraussetzungen von §§ 11–13 UmwStG (hierzu s. o. Rdn. 435 ff.) dieser der Spaltung vergleichbare ausländische Vorgang nach nationalem Recht steuerneutral erfolgen kann.

450

§ 16 Satz 1 UmwStG verweist bei Auf- und Abspaltungen (§ 123 Abs. 1 und 2 UmwG) **von Körperschaften auf Personengesellschaften** auf die §§ 3–8, 10 und 15 UmwStG. Zivilrechtlich besteht keine Möglichkeit zur Teilübertragung von einer Körperschaft auf eine Personengesellschaft (vgl. § 175 UmwG), so dass die Teilübertragung auch steuerrechtlich nicht von der Vorschrift des § 16 UmwStG (im Gegensatz zur Regelung des § 15 UmwStG) erfasst ist. Obwohl für die Auf- und Abspaltung von Körperschaften auf Personengesellschaften auch § 15 UmwStG entsprechend gilt, sind die §§ 11–13 UmwStG in diesen Fällen grundsätzlich nicht anzuwenden, weil § 16 Satz 1 UmwStG vorrangig auf die §§ 3–8 und 10 UmwStG verweist.[442]

451

2.4.5 Gewerbesteuer (§§ 18 f. UmwStG)

Nach § 18 Abs. 1 Satz 1 UmwStG gelten **bei Vermögensübergang auf eine Personengesellschaft** oder auf eine natürliche Person sowie bei Formwechsel in eine Personenge-

452

---

440 Vgl. Tz. 20.03 UmwStE.
441 Hierbei ist zu beachten, dass die Gründung einer SE oder SCE durch eine Auf- oder Abspaltung nicht möglich ist, vgl. Art. 17 SE-VO und Art. 19 SCE-VO.
442 Vgl. Tz. 16.01 UmwStE.

sellschaft die §§ 3–9 und 16 UmwStG auch für die Ermittlung des Gewerbeertrags nach § 2 Abs. 5 GewStG i.V. m. § 7 GewStG. In systematischer Hinsicht ergänzt § 18 UmwStG damit die §§ 3–9 und 16 UmwStG für die Ermittlung der Gewerbesteuer der übertragenden Körperschaft und der übernehmenden Personengesellschaft bzw. natürlichen Person. § 19 UmwStG regelt den **Vermögensübergang** von der übertragenden Körperschaft **auf eine andere Körperschaft** und gehört damit zum Regelungsbereich der §§ 11–13, 15 UmwStG. Da der Gewerbesteuer nur inländische stehende Gewerbebetriebe (vgl. § 2 Abs. 1 Satz 1 GewStG) und im Inland betriebene Reisegewerbe (vgl. § 35a Abs. 1 GewStG) unterliegen, kommen die Vorschriften der §§ 18, 19 UmwStG bei internationalen Umwandlungen regelmäßig nur im Hinblick auf inländisches Betriebsstättenvermögen zum Tragen. § 18 Abs. 3 UmwStG enthält allerdings einen speziellen (und damit vorrangig anzuwendenden)[443] gewerbesteuerlichen Missbrauchstatbestand, nach dem ein Gewinn aus der Auflösung oder Veräußerung des Betriebs der Personengesellschaft der Gewerbesteuer unterliegt, wenn innerhalb von fünf Jahren nach der Umwandlung eine Betriebsaufgabe oder Veräußerung erfolgt. Verstöße gegen die fünfjährige Sperrfrist können damit für Inbound-Investments zur Gewerbesteuerfalle werden.

2.4.6 Einbringung von Unternehmensteilen in eine Kapitalgesellschaft oder Genossenschaft und Anteilstausch (§§ 20–23 UmwStG)

453 §§ 20 ff. UmwStG regeln die Einbringung von Betrieben, Teilbetrieben und Mitunternehmeranteilen (**Sacheinlage** gemäß § 20 Abs. 1 UmwStG), sowie die Einbringung von Anteilen an Kapitalgesellschaften und Genossenschaften (**Anteilstausch** gemäß § 21 Abs. 1 UmwStG) in eine Kapitalgesellschaft gegen Gewährung neuer Anteile. Nach § 20 Abs. 2 Satz 1 UmwStG (bzw. § 21 Abs. 1 Satz 1 UmwStG) sind die eingebrachten Wirtschaftsgüter (bzw. die übertragenen Anteile) von der übernehmenden Kapitalgesellschaft grundsätzlich mit dem gemeinen Wert anzusetzen. Der steuerneutrale Buchwertansatz ist möglich, wenn die Voraussetzungen des § 20 Abs. 2 Satz 2 UmwStG erfüllt sind (insbesondere das deutsche Besteuerungsrecht bezogen auf den Veräußerungsgewinn der eingebrachten Wirtschaftsgüter nicht ausgeschlossen oder beschränkt wird), bzw. wenn der übernehmende Rechtsträger nach der Einbringung unmittelbar die Mehrheit der Stimmrechte an der erworbenen Gesellschaft hat (sog. qualifizierter Anteilstausch, § 21 Abs. 1 Satz 2 UmwStG).

454 Der Wertansatz bei der übernehmenden Kapitalgesellschaft ist grundsätzlich maßgebend für die Besteuerung des Einbringenden, § 20 Abs. 3 Satz 1 bzw. § 21 Abs. 2 Satz 1 UmwStG. Dies gilt nach § 21 Abs. 2 Satz 3 UmwStG nicht bei einem grenzüberschreitenden Anteilstausch, wenn das deutsche Besteuerungsrecht hinsichtlich der Besteuerung des Gewinns aus der Veräußerung der erhaltenen Anteile nicht ausgeschlos-

---

[443] Tz. 18.09 UmwStE.

sen oder beschränkt ist (Nr. 1) oder der Anteilstausch aufgrund Art. 8 der Fusionsrichtlinie[444] nicht besteuert werden darf (Nr. 2); in diesen Fällen ist eine grenzüberschreitende Buchwertverknüpfung keine Voraussetzung für die Steuerneutralität.

Die **Besteuerung der Anteilseigner** ist für die Fälle der Sacheinlage in § 22 Abs. 1 UmwStG und für die Fälle des Anteilstauschs in § 22 Abs. 2 UmwStG geregelt. Werden die (als Gegenleistung für die Einbringung gewährten) Anteile innerhalb einer siebenjährigen Sperrfrist veräußert, so sind gemäß § 22 Abs. 1 Satz 1 UmwStG die stillen Reserven zum Einbringungszeitpunkt nachträglich zu ermitteln und als sog. Einbringungsgewinn I im Einbringungszeitpunkt rückwirkend (§ 175 Abs. 1 Nr. 2 AO) zu versteuern. **Einbringungsgewinn I** ist gemäß § 22 Abs. 1 Satz 3 UmwStG der Betrag, um den der gemeine Wert des eingebrachten Betriebsvermögens im Einbringungszeitpunkt nach Abzug der Kosten für den Vermögensübergang den Wert, mit dem die übernehmende Gesellschaft dieses eingebrachte Betriebsvermögen angesetzt hat, übersteigt, vermindert um jeweils ein Siebtel für jedes seit dem Einbringungszeitpunkt abgelaufene Zeitjahr. Der Einbringungsgewinn I gilt als nachträgliche Anschaffungskosten der erhaltenen Anteile, § 22 Abs. 1 Satz 4 UmwStG. Bei Vorliegen der Voraussetzungen des § 23 Abs. 2 UmwStG kann der übernehmende Rechtsträger den versteuerten Einbringungsgewinn I im Wirtschaftsjahr der Veräußerung der Anteile als Erhöhungsbetrag (gewinnmindernd) ansetzen. 455

Nach einem qualifizierten Anteilstausch i. S. von § 21 Abs. 1 Satz 2 UmwStG kommt es zu einer rückwirkenden (§ 175 Abs. 1 Satz 1 Nr. 2 AO) Besteuerung eines sog. Einbringungsgewinns II, soweit unter dem gemeinen Wert eingebrachte Anteile innerhalb der siebenjährigen Sperrfrist durch die übernehmende Kapitalgesellschaft veräußert werden und der einbringende Rechtsträger keine nach § 8b Abs. 2 KStG begünstigte Person ist. **Einbringungsgewinn II** ist gemäß § 22 Abs. 2 Satz 3 UmwStG der Betrag, um den der gemeine Wert der eingebrachten Anteile im Einbringungszeitpunkt nach Abzug der Kosten für den Vermögensübergang den Wert, mit dem der Einbringende die erhaltenen Anteile angesetzt hat, übersteigt, vermindert um jeweils ein Siebtel für jedes seit dem Einbringungszeitpunkt abgelaufene Zeitjahr. Der Einbringungsgewinn II gilt als nachträgliche Anschaffungskosten der erhaltenen Anteile, § 22 Abs. 2 Satz 4 UmwStG. 456

Der Anwendungsbereich der Einbringungsvorschriften wurde durch das SEStEG erweitert, so dass auch grenzüberschreitende Einbringungen unter Beteiligung von (in der **EU/EWR** ansässigen) Gesellschaften oder natürlichen Personen möglich sind.[445] Sogar die Einbringung durch einen einbringenden Rechtsträger **aus einem Drittstaat** kann unter der zusätzlichen Voraussetzung, dass das deutsche Besteuerungsrecht im Hinblick auf den Veräußerungsgewinn der als Gegenleistung für die Einbringung erhaltenen Anteile weder ausgeschlossen noch beschränkt ist, steuerneutral erfolgen (§ 1 Abs. 4 Nr. 2 Buchst. b UmwStG). Übernehmende Rechtsträger können in einem EU-/EWR-Staat ansässige Kapitalgesellschaften sein. Eine steuerneutrale Einbringung **in Drittstaaten**-Ka- 457

---

444 Richtlinie des Rates v. 19. 10. 2009, 2009/133/EG, ABl 2009 L 310, 34 (zuvor Richtlinie des Rates v. 23. 6. 1990, 90/434/EWG, ABl 1990 L 225/1).
445 Ausführlich zum persönlichen Anwendungsbereich: Tz. 01.53 UmwStE.

pitalgesellschaften ist (weiterhin) nicht möglich, § 1 Abs. 4 Nr. 1 i.V. m. § 1 Abs. 2 Nr. 1 UmwStG.

2.4.6.1 Einbringung in eine inländische Kapitalgesellschaft mit Auslandsbezug

458 Ist ein ausländischer Einbringender nur beschränkt steuerpflichtig, sind die Gewinne aus der Veräußerung der im Zuge der Einbringung erhaltenen Anteile als inländische Einkünfte gemäß § 49 Abs. 1 Nr. 2 Buchst. e EStG beschränkt steuerpflichtig. Wenn **kein DBA** eingreift, wird dieses deutsche Besteuerungsrecht auch nicht ausgeschlossen oder beschränkt, so dass eine steuerneutrale Einbringung nach § 20 Abs. 2 Satz 2 Nr. 3 UmwStG für inländisches Betriebsstättenvermögen möglich ist. Wird allerdings ausländisches Betriebsstättenvermögen eingebracht, so findet eine Steuerverstrickung statt, die nach § 4 Abs. 1 Satz 7 i.V. m. § 6 Abs. 1 Nr. 5 EStG zum gemeinen Wert erfolgen muss.

459 Wenn ein **DBA** eingreift, wird das deutsche Besteuerungsrecht hinsichtlich des Veräußerungsgewinns der im Zuge der Einbringung erhaltenen Anteile regelmäßig ausgeschlossen sein (vgl. Art. 13 Abs. 5 OECD-MA),[446] so dass eine steuerneutrale Einbringung nach § 20 Abs. 2 Satz 2 Nr. 3 UmwStG nicht möglich ist, es sei denn, die im Zuge der Einbringung erhaltenen Anteile gehören funktional zu einer inländischen Betriebsstätte. In diesem Fall ist eine steuerneutrale Einbringung gemäß § 20 Abs. 2 Satz 2 Nr. 3 UmwStG möglich, weil das deutsche Besteuerungsrecht nicht ausgeschlossen wird. Allerdings ist der Anwendungsbereich auf Einbringungsgegenstände aus einer inländischen Betriebsstätte beschränkt, da die Einbringung von Wirtschaftsgütern aus einer ausländischen Betriebsstätte deren Steuerverstrickung (mit dem gemeinen Wert nach § 4 Abs. 1 Satz 7 i.V. m. § 6 Abs. 1 Nr. 5 EStG) zur Folge hätte.

2.4.6.2 Einbringung in eine ausländische Kapitalgesellschaft mit Inlandsbezug

460 Ausländische Einbringungen sind vom Anwendungsbereich der §§ 20 ff. UmwStG nur erfasst, wenn die **übernehmende** Gesellschaft eine **EU-/EWR-Kapitalgesellschaft** ist (§ 1 Abs. 4 Satz 1 Nr. 1 UmwStG) und der einbringende Rechtsträger auch in der EU bzw. im EWR ansässig oder das deutsche Besteuerungsrecht hinsichtlich des Veräußerungsgewinns der im Zuge der Einbringung erhaltenen Anteile nicht ausgeschlossen oder beschränkt ist (§ 1 Abs. 4 Satz 1 Nr. 2 UmwStG). Ist die übernehmende Gesellschaft in einem Drittstaat ansässig, kann (in Ermangelung einer entsprechenden gesetzlichen Ausnahme) die Einbringung nicht steuerneutral erfolgen, da die Einbringung gegen Gewährung von Gesellschaftsrechten einen tauschähnlichen und damit entgeltlichen Vorgang darstellt[447].

---

446 Rdn. 972.
447 Vgl. BFH v. 17. 9. 2003 I R 97/02, BStBl 2004 II 686.

2.4.6.3 Grenzüberschreitende Einbringung in eine Kapitalgesellschaft

Wie bei grenzüberschreitenden Verschmelzungen aus deutscher Sicht systematisch zwischen Herein- und Hinausverschmelzungen (s. o. Rdn. 441 ff.) unterschieden wird, können auch im Rahmen von grenzüberschreitenden Einbringungen die Fälle der grenzüberschreitenden Einbringungen in deutsche Kapitalgesellschaften (nach Deutschland **herein**) und die Fälle der grenzüberschreitenden Einbringungen in EU-/EWR-Kapitalgesellschaften (aus Deutschland **hinaus**) unterschieden werden. 461

Die grenzüberschreitende Einbringung **in eine deutsche Kapitalgesellschaft** ist nach § 20 Abs. 2 Satz 2 UmwStG steuerneutral auch durch einen in der EU/EWR ansässigen Rechtsträger i. S. von § 1 Abs. 4 Satz 1 Nr. 2 Buchst. a UmwStG möglich, wenn das deutsche Besteuerungsrecht in Bezug auf den Veräußerungsgewinn des eingebrachten Betriebsvermögens bei der übernehmenden inländischen Kapitalgesellschaft nicht ausgeschlossen oder beschränkt wird. Diese Voraussetzung ist bei inländischem Betriebsstättenvermögen regelmäßig erfüllt. Ist der einbringende Rechtsträger hingegen in einem Drittstaat ansässig, so erfordert die Steuerneutralität nach § 1 Abs. 4 Satz 1 Nr. 2 Buchst. b UmwStG zusätzlich, dass das deutsche Besteuerungsrecht auch in Bezug auf den Veräußerungsgewinn der erhaltenen Anteile nicht ausgeschlossen oder beschränkt ist. Hierfür müssen die erhaltenen Anteile an der inländischen Kapitalgesellschaft einer inländischen Betriebsstätte des einbringenden Rechtsträgers zuzuordnen sein. Bei einem Anteilstausch (i. S. von § 21 Abs. 1 UmwStG) spielt es hingegen keine Rolle, ob der einbringende Rechtsträger in der EU oder in einem Drittland ansässig ist, da die Beschränkung in § 1 Abs. 4 Satz 1 Nr. 2 UmwStG für den Anteilstausch nicht anwendbar ist[448]. 462

Nach § 1 Abs. 4 Satz 1 UmwStG kann eine Einbringung **in eine EU-/EWR-Kapitalgesellschaft** ebenfalls steuerneutral erfolgen, wenn entweder der einbringende Rechtsträger ebenfalls in der EU/EWR ansässig ist oder das deutsche Besteuerungsrecht im Hinblick auf den Veräußerungsgewinn der erhaltenen Anteile an der EU-/EWR-Kapitalgesellschaft nicht ausgeschlossen oder beschränkt ist. Zusätzlich darf gemäß § 20 Abs. 2 Satz 2 UmwStG das deutsche Besteuerungsrecht hinsichtlich des Veräußerungsgewinns des eingebrachten Betriebsvermögens bei der übernehmenden Gesellschaft nicht ausgeschlossen oder beschränkt werden. Letzteres ist bei der Einbringung inländischen Betriebsstättenvermögens in eine EU-/EWR-Kapitalgesellschaft regelmäßig der Fall, so dass nur Vermögen, das funktional einer ausländischen Betriebsstätte zuzuordnen ist, steuerneutral in eine EU-/EWR-Kapitalgesellschaft eingebracht werden kann. 463

Wenn zu dem **grenzüberschreitend eingebrachten** Betriebsvermögen eine in einem anderen Mitgliedstaat gelegene **Betriebsstätte** gehört und das deutsche Besteuerungsrecht durch den Einbringungsvorgang beschränkt wird, ordnet § 20 Abs. 7 UmwStG durch seinen Verweis auf § 3 Abs. 3 UmwStG an, dass die im anderen EU-Mitgliedstaat (tatsächlich oder fiktiv) erhobene Steuer nach § 26 KStG bzw. § 34c EStG anzurechnen 464

---

448 Umkehrschluss aus § 1 Abs. 4 Satz 1 Nr. 2 UmwStG, vgl. Tz. 21.03 UmwStE.

ist.[449] Der Anrechnungsbetrag ist hierbei durch ein Auskunftsersuchen (§ 117 AO) an den ausländischen Betriebsstättenstaat zu ermitteln.[450]

465 § 20 Abs. 8 UmwStG enthält eine entsprechende Anrechnungsvorschrift für den Fall der grenzüberschreitenden Einbringung einer Betriebsstätte durch eine gebietsfremde (**hybride**) **Kapitalgesellschaft,** die im Inland als steuerlich transparent angesehen wird.

> **BEISPIEL**[451]: Eine in Deutschland ansässige natürliche Person ist an einer in Frankreich ansässigen SC (Société Civile, die aus deutscher Sicht einer GbR entspricht)[452] als Mitunternehmer beteiligt. Die SC hat eine portugiesische Betriebsstätte, für deren passive Einkünfte nach dem DBA die Anrechnungsmethode angewendet wird. Die französische SC wird auf eine spanische SA (Sociedad Anonima, die aus deutscher Sicht einer AG entspricht) verschmolzen.
>
> Die französische SC ist nach der Anlage zur Fusionsrichtlinie eine von der Fusionsrichtlinie geschützte Gesellschaft, die in Frankreich als Kapitalgesellschaft behandelt wird. Da sie gleichzeitig nach deutschem Recht als transparent anzusehen ist, handelt es sich um eine sog. hybride Gesellschaft. Vor der Verschmelzung unterlag der deutsche Mitunternehmer mit seinen portugiesischen Betriebsstätteneinkünften der unbeschränkten deutschen Einkommensteuerpflicht unter Anrechnung der portugiesischen Steuer. Durch die Verschmelzung der SC auf die spanische SA endet die Mitunternehmerstellung im Hinblick auf die Betriebsstätte in Portugal. Dem deutschen Gesellschafter sind stattdessen anteilig die im Rahmen der Einbringung gewährten Anteile an der spanischen SA zuzurechnen. Da das deutsche Besteuerungsrecht an der Betriebsstätte in Portugal durch die Einbringung ausgeschlossen wird, kommt es insoweit zu einer Besteuerung des Einbringungsgewinns gemäß § 20 Abs. 2 Satz 2 Nr. 3 UmwStG. Hierbei ist gemäß § 20 Abs. 8 UmwStG die fiktive Steuer, die im Fall der Veräußerung der Wirtschaftsgüter der portugiesischen Betriebsstätte anfallen würde, auf die deutsche Steuer anzurechnen.

2.4.7 Einbringung eines Betriebs, Teilbetriebs oder Mitunternehmeranteils in eine Personengesellschaft (§ 24 UmwStG)

466 Wird ein Betrieb, Teilbetrieb oder Mitunternehmeranteil gegen Gewährung von Gesellschaftsrechten in eine Personengesellschaft eingebracht, so liegt aus der Sicht des Einbringenden ein tauschähnlicher Veräußerungsvorgang und aus der Sicht des übernehmenden Rechtsträgers ein Anschaffungsgeschäft vor.[453] Dementsprechend hat die Personengesellschaft gemäß § 24 Abs. 2 Satz 1 erster Halbsatz UmwStG das eingebrachte Betriebsvermögen in ihrer Bilanz einschließlich der Ergänzungsbilanzen für ihre Gesellschafter mit dem gemeinen Wert anzusetzen. Der steuerneutrale Buchwertansatz ist nur möglich, soweit der Einbringende als Gegenleistung für die Einbringung Gesellschaftsrechte erwirbt, d.h. soweit er durch die Einbringung die Rechtsstellung eines

---

449 Zu den Einzelheiten s. Tz. 20.36 UmwStE.
450 Tz. 03.32 UmwStE.
451 Vgl. Tz. 20.37 UmwStE.
452 Vgl. Tabelle 1 des BMF v. 24.12.1999, BStBl 1999 I 1076.
453 BFH v. 20.9.2007 IV R 70/05, BStBl 2008 II 265; v. 7.11.2006 VIII R 13/04, BStBl 2008 II 545; v. 26.1.1994 III R 39/91, BStBl 1994 II 458; Tz. 01.47 UmwStE.

Mitunternehmers erlangt oder seine bisherige Mitunternehmerstellung erweitert,[454] und soweit nach der Entstrickungsklausel des § 24 Abs. 2 Satz 3 UmwStG zusätzlich das Recht der Bundesrepublik Deutschland hinsichtlich der Besteuerung des eingebrachten Betriebsvermögens nicht ausgeschlossen oder beschränkt wird.

2.4.7.1 Einbringung in eine inländische Personengesellschaft

Die letztgenannte Voraussetzung ist bei inländischen Einbringungen regelmäßig erfüllt. Wird inländisches Betriebsstättenvermögen in eine inländische Personengesellschaft eingebracht, bleibt das deutsche Besteuerungsrecht hinsichtlich des eingebrachten Vermögens uneingeschränkt erhalten, da das Betriebsstättenprinzip (Art. 7 Abs. 1 OECD-MA) gleichermaßen für unbeschränkt wie auch beschränkt Steuerpflichtige gilt. Auch bei der Einbringung ausländischen Betriebsstättenvermögens wird das deutsche Besteuerungsrecht regelmäßig weder ausgeschlossen noch beschränkt. Bei beschränkt steuerpflichtigen Mitunternehmern ist der Gewinnanteil, der von dem Gewinn einer inländischen Personengesellschaft auf eine ausländische Betriebsstätte entfällt, in Deutschland ohnehin nicht steuerbar, weil die Voraussetzungen von § 49 Abs. 1 Nr. 2 Buchst. a EStG nicht erfüllt sind.[455]

467

2.4.7.2 Einbringung in eine ausländische Personengesellschaft

§ 24 UmwStG findet auch auf Einbringungen in ausländische Personengesellschaften Anwendung, wenn die ausländische Gesellschaft nach einem **Rechtstypenvergleich** einer deutschen Personengesellschaft bzw. einer Mitunternehmerschaft i. S. von § 15 Abs. 1 Satz Nr. 2 Satz 1 EStG entspricht.[456] Die Ansässigkeit der ausländischen Personengesellschaft in einem EU-/EWR-Staat ist nach § 1 Abs. 4 Satz 2 UmwStG nicht erforderlich. Die Einbringung von ausländischem Betriebsstättenvermögen in eine ausländische Personengesellschaft wird in der Regel nicht zu einer Beschränkung des deutschen Besteuerungsrechts führen. Gleiches gilt für die Einbringung von inländischem Betriebsstättenvermögen in die inländische Betriebsstätte einer ausländischen Personengesellschaft.

468

2.4.7.3 Grenzüberschreitende Einbringung in eine Personengesellschaft

§ 24 Abs. 2 Satz 2 UmwStG knüpft nicht an die Ansässigkeit der Personengesellschaft oder ihrer Gesellschafter an, sondern macht die mangelnde Entstrickung zur Bedingung der Steuerneutralität. Aus diesem Grund kann in Fällen der grenzüberschreitenden Einbringung in eine Personengesellschaft auf die Unterscheidung zwischen Einbringungen

469

---

454 BFH v. 16. 12. 2004 III R 38/00, BStBl 2005 II 554; v. 25. 4. 2006 VIII R 52/04, BStBl 2006 II 847; Tz. 24.07 UmwStE.
455 BFH v. 24. 2. 1988 I R 95/84, BStBl 1988 II 663.
456 Tz. 01.27 UmwStE unter Verweis auf den Rechtstypenvergleich ausgewählter ausländischer Rechtsformen in Tabellen 1 und 2 des BMF-Schreibens v. 24. 12. 1999, BStBl 1999 I 1076.

in eine deutsche Personengesellschaft (herein) und Einbringungen in eine ausländische Personengesellschaft (hinaus) verzichtet werden.

2.4.8 Formwechsel einer Personengesellschaft in eine Kapitalgesellschaft oder Genossenschaft (§ 25 UmwStG)

470 In Fällen des Formwechsels einer Personengesellschaft in eine Kapitalgesellschaft oder Genossenschaft gemäß § 190 UmwStG (oder aufgrund vergleichbarer ausländischer Vorgänge)[457] sind nach § 25 Satz 1 UmwStG die §§ 20–23 UmwStG entsprechend anzuwenden. Umwandlungssteuerlich wird der (aus steuerlicher Sicht heterogene) Formwechsel einer Personengesellschaft in eine Kapitalgesellschaft damit (entgegen dem zivilrechtlich identitätswahrenden Charakter) wie eine **übertragende Umwandlung** behandelt.[458] Da handelsrechtlich keine Rückbeziehung des Formwechsels normiert ist, enthält § 25 Satz 2 UmwStG über seine Verweisung auf § 9 Satz 2 und 3 UmwStG und damit auf § 2 Abs. 3 und 4 UmwStG eine eigenständige steuerliche Rückbeziehungsvorschrift.[459]

2.5 Auslandsvermögen im Vermögensteuergesetz

471 Durch das JStG 1997 wurde die Vermögensbesteuerung mit Wirkung ab 1.1.1997 aufgehoben. Für Veranlagungszeiträume davor kann eine im Ausland erhobene Vermögensteuer nach § 11 VStG auf die inländische Vermögensteuer angerechnet werden; für dieses **Anrechnungsverfahren** gelten die oben zu § 34c Abs. 1 EStG dargestellten Grundsätze entsprechend.

472 Ferner sieht § 12 VStG die **Ermäßigung** (= halber Steuersatz) der inländischen Vermögensteuer bei bestimmtem ausländischen Betriebsvermögen (§ 12 Abs. 1 VStG) bzw. Handelsschiffen im internationalen Verkehr (§ 12 Abs. 2 VStG) vor.

473 Schließlich ist in § 12 Abs. 3 VStG die **Pauschalierung** der Vermögensteuer entsprechend den Grundsätzen des § 34c Abs. 5 EStG geregelt.

---

[457] Ein (EU/EWR-)ausländischer Umwandlungsvorgang ist einem Formwechsel i.S. von § 190 UmwG vergleichbar, wenn der Vorgang zu einem Wechsel des Rechtsträgers ohne Vermögensübergang führt, vgl. § 202 Abs. 1 Nr. 1 UmwG.

[458] Tz. 25.01 UmwStE; da handelsrechtlich kein Vermögensübergang stattfindet, ist bei einem Formwechsel auch keine Handelsbilanz aufzustellen, vgl. FG München v. 23.3.2004 7 K 4036/01, EFG 2004, 1334; zum umgekehrten rechtsformübergreifenden Formwechsel einer Kapitalgesellschaft in eine Personengesellschaft gemäß § 9 UmwStG.

[459] Zum rückwirkenden Formwechsel vgl. auch BFH v. 17.9.2003 I R 55/02, BStBl 2004 II 534.

2.6 Auslandsvermögen im Erbschaftsteuer- und Schenkungsteuergesetz

2.6.1 Überblick

Im internationalen Erbschaftsteuerrecht können sich folgende grenzüberschreitende Konstellationen ergeben: 474

- der Erbe hat seinen Wohnsitz im Inland, der Erblasser hatte seinen Wohnsitz im Inland und der Erwerb (oder Teile davon) befinden sich im Ausland;
- der Erbe hat seinen Wohnsitz im Inland, der Erblasser hatte seinen Wohnsitz im Ausland und der Erwerb (oder Teile davon) befinden sich im Inland;
- der Erbe hat seinen Wohnsitz im Inland, der Erblasser hatte seinen Wohnsitz im Ausland und der Erwerb (oder Teile davon) befinden sich im Ausland;
- der Erbe hat seinen Wohnsitz im Ausland, der Erblasser hatte seinen Wohnsitz im Inland und der Erwerb (oder Teile davon) befinden sich im Inland;
- der Erbe hat seinen Wohnsitz im Ausland, der Erblasser hatte seinen Wohnsitz im Inland und der Erwerb (oder Teile davon) befinden sich im Ausland;
- der Erbe hat seinen Wohnsitz im Ausland, der Erblasser hatte seinen Wohnsitz im Ausland und der Erwerb besteht u. a. aus Vermögen, das sich im Inland befindet.

Das ErbStG sieht folgende zwei Möglichkeiten zur Milderung oder Vermeidung der Doppelbesteuerung vor: 475

- **Anrechnung** der ausländischen Erbschaftsteuer nach § 21 ErbStG;
- Anwendung des **Progressionsvorbehalts** nach § 19 Abs. 2 ErbStG.

Die Ausführungen betreffend die steuerliche Behandlung eines internationalen Erbschaftsteuerfalls gelten grundsätzlich auch für die Behandlung eines **internationalen Schenkungsteuerfalls**, soweit nicht nachfolgend auf Besonderheiten ausdrücklich hingewiesen wird. 476

2.6.2 Unbeschränkte und beschränkte Steuerpflicht (§ 2 ErbStG)

Anknüpfungspunkt für die **unbeschränkte Erbschaftsteuerpflicht** ist die **Inländereigenschaft** 477

- des Erblassers oder
- des Schenkers oder
- des Erwerbers

(alternativ). Hierzu regelt § 2 Abs. 1 Nr. 1 Satz 2 ErbStG Folgendes:

Inländer ist, wer im Zeitpunkt des Todes, zum Zeitpunkt der Ausführung der Schenkung oder im Zeitpunkt der Entstehung der Steuer nach § 9 ErbStG im Inland (= Bundesgebiet) seinen Wohnsitz (§ 8 AO) oder seinen gewöhnlichen Aufenthalt (§ 9 AO) hat (§ 2 Abs. 1 Nr. 1 Satz 2 Buchst. a) ErbStG). 478

> **BEISPIEL:** (1) Der Erblasser und der Erbe haben ihren Wohnsitz im Inland: Beide sind Inländer i. S. des ErbStG = unbeschränkte Steuerpflicht.
>
> (2) Der Erbe hat seinen Wohnsitz im Inland, der Erblasser hatte seinen Wohnsitz im Ausland: Der Erbe ist Inländer i. S. des ErbStG = unbeschränkte Steuerpflicht.
>
> (3) Der Erbe hat seinen Wohnsitz im Ausland, der Erblasser hatte seinen Wohnsitz im Inland: Der Erblasser ist Inländer i. S. des ErbStG = unbeschränkte Steuerpflicht.

479 Ob ein steuerlich relevanter Erbfall vorliegt, ist in § 3 ErbStG abschließend aufgezählt; nicht im Katalog des § 3 ErbStG genannte Erwerbsgründe unterliegen nicht der Erbschaftsteuer. Allerdings kann auch ein nach ausländischem Recht erfolgter Erwerb von Todes wegen der Erbschaftsteuer nach dem ErbStG unterliegen. Im Zweifel ist zu prüfen, ob der Vermögensanfall in seiner wirtschaftlichen Bedeutung einem durch das ErbStG erfassten Erwerb gleichkommt.[460]

480 Eine sog. **überdachende Erbschaftsbesteuerung** ist in § 2 Abs. 1 Nr. 1 Satz 2 Buchst. b) ErbStG geregelt: Deutsche Staatsangehörige,[461] die sich zu dem in § 2 Abs. 1 Nr. 1 Satz 1 ErbStG genannten Zeitpunkt nicht länger als fünf Jahre dauernd im Ausland aufgehalten haben, ohne im Inland einen Wohnsitz i. S. des § 8 AO zu haben, sind unbeschränkt steuerpflichtig; wird die deutsche Staatsangehörigkeit aufgegeben, bevor die Fünfjahresfrist beendet ist, so endet die überdachende Besteuerung im Zeitpunkt der Aufgabe der deutschen Staatsangehörigkeit. Die Fünfjahresfrist nach § 2 Abs. 1 Nr. 1 Satz 2 Buchst. b) ErbStG berechnet sich taggenau ab dem Zeitpunkt der Aufgabe des Wohnsitzes.

481 Ist der Wohnsitz in ein Niedrigsteuerland verlegt worden, kommt ggf. die **erweitert beschränkte Erbschaftsteuerpflicht nach § 4 AStG**[462] ab dem Zeitpunkt der Beendigung der Fünf-Jahres-Frist zum Tragen.

482 Bei einem **Wegzug in die Schweiz** ist die überdachende Besteuerung nach Art. 4 Abs. 4 DBA-Schweiz/ErbSt zu beachten.

> **BEISPIEL:** Der Unternehmer X, deutscher Staatsangehöriger, verlegt seinen Wohnsitz nach Küssnacht im Kanton Schwyz/Schweiz wegen der seiner Meinung nach zu hohen Erbschaftsteuer; der Kanton Schwyz erhebt keine Erbschaftsteuer. Dann unterliegt X mit seinem gesamten Vermögen noch fünf Jahre nach seinem Wegzug der unbeschränkten Erbschaftsteuerpflicht nach § 2 Abs. 1 Nr. 1 Buchst. b) ErbStG sowie nach Art. 4 Abs. 4 DBA-Schweiz/ErbSt.

483 Schließlich zählen zu den Inländern i. S. des ErbStG auch noch – in Anlehnung an § 1 Abs. 3 EStG – die **deutschen Auslandsbeamten** und ihre Angehörigen, sofern sie die deutsche Staatsangehörigkeit besitzen (§ 2 Abs. 1 Nr. 1 Satz 2 Buchst. c) ErbStG). Neu hinzugekommen ist mit Wirkung ab 13. 12. 2011 durch Art. 11 BeitrRLUmsG die **unbeschränkte Steuerpflicht auf Antrag** (§ 2 Abs. 3 ErbStG).

484 Die **beschränkte Steuerpflicht** wird in § 2 Abs. 1 Nr. 3 ErbStG in der Weise geregelt, dass in allen Fällen, die nicht unter die Nr. 1 subsumiert werden können, eine Steuerpflicht hinsichtlich des Inlandsvermögen i. S. des § 121 BewG besteht. Bei Inlandsvermögen i. S. des § 121 Nr. 4 BewG ist es ausreichend, wenn der Erblasser zur Zeit seines Todes

---

460 BFH v. 4. 7. 2012 II R 38/10, BStBl 2012 II 782.
461 Vgl. Art. 116 GG.
462 Vgl. Rdn. 1240.

oder der Schenker zur Zeit der Ausführung der Schenkung entsprechend der Vorschrift am Grund- oder Stammkapital der inländischen Kapitalgesellschaft beteiligt ist. Wird nur ein Teil einer solchen Beteiligung durch Schenkung zugewendet, gelten die weiteren Erwerbe aus der Beteiligung, soweit die Voraussetzungen des § 14 ErbStG erfüllt sind, auch dann als Erwerb von Inlandsvermögen, wenn im Zeitpunkt ihres Erwerbs die Beteiligung des Erblassers oder Schenkers weniger als ein Zehntel des Grund- oder Stammkapitals der Gesellschaft beträgt.

2.6.3 Anrechnung, Auslandsvermögen (§ 21 ErbStG)

Bei einem Inländer, der in einem ausländischen Staat mit dem dort belegenen Vermögen (Auslandsvermögen) zu einer der deutschen Erbschaftsteuer entsprechenden Steuer herangezogen wird, kann auf Antrag die festgesetzte und gezahlte, keinem Ermäßigungsanspruch mehr unterliegende ausländische Erbschaftsteuer nach § 21 Abs. 1 ErbStG auf die deutsche Erbschaftsteuer angerechnet werden, die auf das Auslandsvermögen entfällt. Voraussetzung ist, dass mit dem ausländischen Staat kein Doppelbesteuerungsabkommen auf dem Gebiet der Erbschaftsteuer besteht (§ 21 Abs. 1 Satz 1 ErbStG).

485

Im Gegensatz zu § 34c Abs. 1 EStG oder § 26 Abs. 1 KStG erfolgt eine Anrechnung nach § 21 ErbStG **nur auf Antrag**. Zur Bearbeitung dieses Antrages muss der Erwerber durch Vorlage entsprechender Urkunden den Nachweis über die Höhe des ausländischen Vermögens sowie über die Festsetzung und Zahlung der ausländischen Steuer führen (§ 21 Abs. 3 Satz 1 ErbStG - erhöhte Mitwirkungspflicht gemäß § 90 Abs. 2 AO). Sind diese Urkunden in einer fremden Sprache abgefasst, kann das Finanzamt eine beglaubigte Übersetzung vom Antragsteller verlangen (§ 21 Abs. 3 Satz 2 ErbStG, § 87 Abs. 2 AO).

486

Das **Auslandsvermögen** wird in § 21 Abs. 2 ErbStG definiert. Danach unterscheidet das Gesetz zwei Fälle:

487

- **Der Erblasser war zur Zeit seines Todes Inländer**: Alle Vermögenswerte der in § 121 BewG genannten Art, die auf einen ausländischen Staat entfallen, sowie die Nutzungsrechte an diesen Vermögensgegenständen;
- der **Erblasser war zum Zeitpunkt seines Todes kein Inländer**: Alle Vermögensgegenstände sowie Nutzungsrechte an ihnen mit Ausnahme des Inlandsvermögens i. S. des § 121 BewG.

Ermittelt und **bewertet wird das Auslandsvermögen** nach den Vorschriften des ErbStG und §§ 1 bis 16 BewG (§ 12 Abs. 1 ErbStG); ausländische Bemessungsgrundlagen bleiben außer Betracht. Ausländischer Grundbesitz und ausländisches Betriebsvermögen werden nach §§ 31, 9 BewG mit dem gemeinen Wert bewertet (§ 12 Abs. 7 ErbStG).

488

Unterliegen der ausländischen Besteuerung Vermögensgegenstände, die nicht zum steuerpflichtigen Auslandsvermögen i. S. des § 21 Abs. 2 ErbStG gehören, so ist zuerst das steuerpflichtige Auslandsvermögen und sodann im Wege der Verhältnisrechnung die darauf entfallende ausländische Erbschaftsteuer zu ermitteln. Es kann somit aufgrund unterschiedlicher Vermögensbegriffe im In- und Ausland zu **Anrechnungslücken** kommen, z. B. auch dann, wenn das ausländische Vermögen aus der Sicht des ErbStG

489

kein ausländisches Vermögen i. S. des § 21 Abs. 2 ErbStG darstellt (Beispiel: Bankguthaben im Ausland). Soweit in einer derartigen Situation im Ausland Erbschaftsteuer entrichtet wird, die im Inland nicht anrechenbar ist, ist eine solche ausländische Steuer nach Auffassung des BFH weder auf die deutsche Erbschaftsteuer anzurechnen noch als Nachlassverbindlichkeit zu berücksichtigen.[463]

490 Anrechenbar ist die **ausländische Erbschaftsteuer** nur dann, wenn sie entweder eine Erbanfallsteuer (wie in Deutschland und den meisten westlichen Staaten) oder eine sog. Nachlasssteuer (Großbritannien, USA: federal estate tax) darstellt, die den Nachlass als Ganzes besteuert, ohne Rücksicht darauf, auf wen der Nachlass übergeht.[464] Entscheidend für die Vergleichbarkeit der ausländischen Steuer mit der deutschen Erbschaftsteuer ist, dass die ausländische Nachlasssteuer für den Erwerb des Nachlassvermögens gezahlt wird und - unabhängig von der Person des Steuerschuldners - den Nachlass belastet. Eine Wertzuwachssteuer, wie sie z. B. in Spanien erhoben wird, entspricht nicht der deutschen Erbschaftsteuer. Unbeachtlich ist für das Anrechnungsverfahren, ob es sich um eine Bundes- oder Gliedstaatsteuer handelt. Ferner ist bei der Festsetzung der inländischen Schenkungsteuer für einen Erwerb, der auch im Ausland der Schenkungsteuer unterliegt, zu beachten, dass die Berücksichtigung von ebenfalls im Ausland besteuerten Vorerwerben nach § 14 ErbStG nicht zu einer Anrechnung der für die gesamten Vorerwerbe gezahlten ausländischen Steuer führt. Die im Ausland gezahlte Schenkungsteuer ist nur insoweit nach § 21 ErbStG anzurechnen, als sie auf die besteuerte Zuwendung (Letzterwerb) entfällt.[465]

491 Es kann nur die ausländische Steuer angerechnet werden, die festgesetzt und gezahlt wurde sowie keinem Ermäßigungsanspruch mehr unterliegt. Dabei ist nur der auf den Erwerber entfallende Anteil an der ausländischen Steuer anrechenbar, der seinem Anteil am Nachlass (Erbteil) entspricht.[466]

> **BEISPIEL:** A und B sind zu gleichen Teilen Erben des Inländers C, der mehrere im Staat X belegene Grundstücke hinterlassen hat. Die ausländische Erbschaftsteuer von 100 wird allein von A bezahlt. Anrechenbar ist bei A aber nur 50, da dies der auf ihn entfallende Anteil ist. In Höhe von weiteren 50 erwirbt er mit der Zahlung einen zivilrechtlichen Ausgleichsanspruch gegen B.

492 Anrechenbar ist die ausländische Steuer nach § 21 Abs. 1 Satz 4 ErbStG aber nur dann, wenn die deutsche Erbschaftsteuer innerhalb von fünf Jahren seit dem Zeitpunkt der Entstehung der ausländischen Erbschaftsteuer entstanden ist; ebenfalls besteht eine Anrechnungsmöglichkeit dann, wenn erst die deutsche und dann die ausländische Steuer entsteht. Ein Auseinanderfallen der Entstehungszeitpunkte der inländischen und der ausländischen Erbschaftsteuer kann z. B. bei besonderer Fallgestaltung in Großbritannien und den USA auftreten.[467]

---

463 BFH v. 19. 6. 2013 II R 10/12, BStBl 2013 II 746.
464 BFH v. 6. 3. 1990 II R 32/86, BStBl 1990 II 786; v. 26. 4. 1995 II R 13/92, BStBl 1995 II 540; R E 21 ErbStR.
465 BFH v. 7. 9. 2011 II R 58/09, BStBl 2012 II 40.
466 BFH v. 6. 3. 1990 II R 32/86, BStBl 1990 II 786.
467 BFH v. 12. 5. 1970 II R 52/64, BStBl 1972 II 462; v. 28. 2. 1979 II R 165/74, BStBl 1979 II 438; v. 21. 4. 1982 II R 148/79, BStBl 1982 II 597; v. 7. 5. 1986 II R 137/79, BStBl 1986 II 615, zur Zwischenschaltung eines amerikanischen Trusts; BFH v. 8. 6. 1988 II R 243/82, BStBl 1988 II 808, zur Zwischenschaltung eines executors nach US-amerikanischem Recht.

Auslandsvermögen im Erbschaftsteuer- und Schenkungsteuergesetz   KAPITEL 2

Besteht der **Erwerb nur aus Auslandsvermögen**, so ist die ausländische Steuer auf die deutsche Erbschaftsteuer in vollem Umfang anrechenbar.   493

> **BEISPIEL:** Der Inländer A ist Alleinerbe seines Bruders B, der seinen Wohnsitz in Luxemburg hatte. Der gesamte Nachlass - Wert: 400 000 € - befindet sich in Luxemburg. Festgesetzte und gezahlte, keinem Ermäßigungsanspruch mehr unterliegende luxemburgische Nachlasssteuer (droit de mutation par décès): 36 000 €
>
> Anrechnung
>
> | | |
> |---|---:|
> | Erwerb | 400 000 € |
> | abzgl. Freibetrag Steuerklasse II | 20 000 € |
> | | 380 000 € |
> | Erbschaftsteuer (25 %) | 95 000 € |
>
> Auf die deutsche Steuer kann die ausländische Steuer voll angerechnet werden.

Ist die im Ausland erhobene Steuer höher als die inländische Erbschaftsteuer, kommt es zu einem Anrechnungsüberhang. Zu beachten ist, dass auch hier, wie bei § 34c EStG, die Anrechnung der ausländischen Steuer nicht zu einer Erstattung im Inland führt und dass die Anrechnungsmethode nicht immer zu einer völligen Beseitigung der Doppelbesteuerung führen muss.   494

Besteht der Erwerb **nicht nur aus Auslandsvermögen**, wird nur die ausländische Steuer angerechnet, die betragsmäßig der deutschen Erbschaftsteuer entspricht, die auf den ausländischen Erwerb entfällt (**anteilige Anrechnung**; § 21 Abs. 1 Satz 2 ErbStG). Zur Berechnung benötigt man folgende Rechengrößen: 495

▶ Steuerpflichtiges Gesamtvermögen,

▶ steuerpflichtiges Auslandsvermögen,

▶ deutsche Erbschaftsteuer auf gesamten steuerpflichtigen Erwerb unter Berücksichtigung der Freibeträge.

Die Ermittlung der anteiligen anrechenbaren ausländischen Steuer geschieht wie folgt: 496

$$\frac{\text{stpfl. Auslandsvermögen}}{\text{stpfl. Gesamtvermögen}} \times \text{deutsche ErbSt} = \text{anteiliger Teilbetrag}$$

Bis zur Höhe des anteiligen Teilbetrags kann die ausländische Steuer angerechnet werden.

> **BEISPIEL:** E (Inländer) hinterlässt seiner Schwester S (Inländer) bei seinem Tod neben einem inländischen Vermögen i. H. von 1 000 000 € ein Ferienhaus in Spanien im Wert von 150 000 €; hierfür ist eine spanische Erbschaftsteuer i. H. von 27 000 € zu entrichten.
>
> | | |
> |---|---:|
> | Inländisches Vermögen | 1 000 000 € |
> | Ferienhaus in Spanien | 150 000 € |
> | Gesamterwerb | 1 150 000 € |
> | persönlicher Freibetrag | 20 000 € |
> | Steuerpflichtiger Gesamterwerb | 1 130 000 € |
> | Erbschaftsteuer (25 %) | 282 500 € |

Ermittlung der anrechenbaren spanischen Erbschaftsteuer:

$$\frac{150\,000\,€}{1\,150\,000\,€} \times 282\,500\,€ = \quad 36\,847\,€$$

Die in Spanien erhobene Erbschaftsteuer kann in vollem Umfange auf die deutsche Erbschaftsteuer angerechnet werden.

497 Die anzurechnende ausländische Steuer ist nach dem amtlichen, im Bundesanzeiger veröffentlichten Briefkurs für den Tag in **€ umzurechnen**, an dem die deutsche Erbschaftsteuer für den Erwerb entstanden ist.[468]

498 Befindet sich das Auslandsvermögen in mehreren ausländischen Staaten, ist, wie bei § 34c Abs. 1 EStG, das Anrechnungsverfahren für jeden einzelnen ausländischen Staat gesondert durchzuführen (§ 21 Abs. 1 Satz 3 ErbStG). Auch hier gilt, wie bei § 34c Abs. 1 EStG, die **per-country-limitation,**[469] d. h., die nicht ausgenützten Höchstbeträge können nicht übertragen werden.

> **BEISPIEL:** Der Inländer A ist Alleinerbe seines Bruders B, der seinen Wohnsitz in den Niederlanden hatte. Der Nachlass in den Niederlanden hat einen Wert von 500 000 €; ferner gehört zum Nachlass ein Grundstück in Frankreich mit einem Wert von 100 000 €. Die in Frankreich erhobene Erbschaftsteuer beträgt 20 000 €, die niederländische Nachlasssteuer auf den Nachlass (ohne das französische Grundstück) 200 000 €.
>
> | | |
> |---|---:|
> | Vermögen Niederlande | 500 000 € |
> | Vermögen Frankreich | 100 000 € |
> | Gesamterwerb | 600 000 € |
> | persönlicher Freibetrag | 20 000 € |
> | steuerpflichtiger Gesamterwerb | 580 000 € |
> | Erbschaftsteuer (25 %) | 145 000 € |
>
> Ermittlung der anrechenbaren Steuer:
>
> $$\frac{100\,000\,€}{600\,000\,€} \times 145\,000\,€ = \quad 24\,167\,€$$
>
> Ergebnis: Die in Frankreich entrichtete Steuer kann in vollem Umfang angerechnet werden.
>
> $$\frac{500\,000\,€}{600\,000\,€} \times 145\,000\,€ = \quad 120\,833\,€$$
>
> Ergebnis: Die in den Niederlanden entrichtete Steuer kann nur in Höhe von 120 833 € angerechnet werden.

2.6.4 Anrechnungsverfahren bei Doppelbesteuerungsabkommen (§ 21 Abs. 4 ErbStG)

499 Nach § 21 Abs. 4 ErbStG gelten die Vorschriften über die Anrechnung nach § 21 Abs. 1 bis 3 ErbStG entsprechend, wenn ein Abkommen zur Vermeidung der Doppelbesteuerung auf dem Gebiet der Erbschaftsteuer das Anrechnungsverfahren vorschreibt. Von

---

468 BFH v. 19. 3. 1991 II R 134/88, BStBl 1991 II 521; R E 21 Abs. 2 ErbStR.
469 Vgl. Rdn. 276.

den am 1.1.2014 geltenden Abkommen (Dänemark, Frankreich, Griechenland, Schweden, Schweiz, USA) sehen das DBA-Dänemark,[470] das DBA-Frankreich /ErbSt,[471] das DBA-Schweden,[472] das DBA-Schweiz/ErbSt in bestimmten Fällen[473] und das DBA-USA/ErbSt[474] die Anrechnung vor.

Die Abkommen mit Dänemark, Frankreich, Schweden und den USA erstrecken sich, im Gegensatz zu den anderen DBA,[475] auch auf **Schenkungen**. D.h. § 21 Abs. 1 bis 3 ErbStG finden Anwendung, soweit es sich um die Besteuerung einer Schenkung handelt und im anderen Staat eine Schenkungsteuer anfällt.

500

2.6.5 Progressionsvorbehalt (§ 19 Abs. 2 ErbStG)

Soweit nach einem DBA das Auslandsvermögen in Deutschland steuerbefreit ist, ist nach § 19 Abs. 2 ErbStG die Steuer nach dem Steuersatz zu berechnen, der für den gesamten Erwerb gelten würde (**Progressionsvorbehalt**), so z.B. in Art. 11 Abs. 2 Buchst. a) DBA-Frankreich /ErbSt oder Art. 10 Abs. 1 Buchst. a) DBA-Schweiz/ErbSt.

501

> **BEISPIEL:** Der Bruder beerbt seine Schwester; beide sind Inländer i.S. des ErbStG. Der bundesdeutschen Besteuerung unterliegt nur das inländische Vermögen (Grundstück im Wert von 500 000 €), der Wert des ansonsten sich in der Schweiz befindlichen Nachlasses beträgt 3 000 000 €.

Steuerpflichtiger Erwerb	500 000 €
abzgl. Freibetrag	20 000 €
steuerpflichtig	480 000 €
Steuersatz, aber aus einem Erwerb von	3 480 000 €
Steuersatz (lt. § 19 Abs. 1 ErbStG; Steuerklasse II für Erwerbe bis einschließlich 6 000 000 EUR) i.H. von	30 %
deutsche Erbschaftsteuer:	
30 % von 480 000 €	144 000 €

Ein steuerpflichtiger Erwerb von 480 000 EUR für sich alleine betrachtet löst lediglich eine Steuer i.H. von 25 % = 120 000 € aus.

2.6.6 Korrekturvorschriften

Der deutsche Erbschaftsteuerbescheid ist nach den allgemeinen Vorschriften der AO (§§ 164, 172 ff. AO) zu ändern, wenn nach seiner Bekanntgabe eine ausländische Erbschaftsteuer erstmalig festgesetzt, nachträglich erhöht oder ganz oder teilweise erstattet wird. So stellt die nach Eintritt der Bestandskraft des deutschen Steuerbescheids er-

502

---

470 Art. 26 DBA-Dänemark 1995.
471 Art. 11 Abs. 2 DBA-Frankreich/ErbSt.
472 Art. 26 DBA-Schweden.
473 Art. 10 Abs. 1 Buchst. b) DBA-Schweiz/ErbSt.
474 Art. 11 DBA-USA /ErbSt.
475 Das DBA-Schweiz ist auf Schenkungen von Geschäftsbetrieben entsprechend anzuwenden.

folgte Zahlung einer nach § 21 Abs. 1 ErbStG anrechenbaren ausländischen Steuer ein rückwirkendes Ereignis i. S. des § 175 Abs. 1 Satz 1 Nr. 2 AO dar.[476]

503   Bei einer Änderung des Erbschaftsteuerbescheides ist die Festsetzungsfrist für die deutsche Erbschaftsteuer zu beachten.

2.6.7 Anzeigepflicht (§ 33 ErbStG)

504   Die Anzeigepflicht der Banken nach § 33 Abs. 1 ErbStG erfasst auch Vermögensgegenstände, die sich in ausländischen, rechtlich unselbständigen Zweigniederlassungen inländischer Kreditinstitute befinden.[477]

2.6.8 ErbStG und Europarecht

505   Der EuGH hat sich in der Vergangenheit verschiedentlich mit Problem des jeweiligen nationalen Erbschaftsteuerrechts in Bezug auf das Unionsrecht befassen müssen. Dazu muss vorab geklärt werden, ob Erben als solches überhaupt unter die Bestimmungen des Unionsrechts fällt. In Ermangelung einer Definition des Begriffs „Kapitalverkehr" im EU-Vertrag hat der EuGH der Nomenklatur in Anhang I der Richtlinie 88/361/EWG des Rates vom 24. 6. 1988 zur Durchführung von Art. 67 des Vertrags[478] Hinweischarakter zuerkannt, wobei die in diesem Anhang enthaltene Liste laut der Einleitung nicht erschöpfend ist.[479]

506   Sodann hat der EuGH in ständiger Rechtsprechung entschieden, dass es sich bei Erbschaften, mit denen das Vermögen eines Erblassers auf eine oder mehrere Personen übergeht und die unter die Rubrik XI („Kapitalverkehr mit persönlichem Charakter") des Anhangs I der Richtlinie 88/361/EWG fallen, mit Ausnahme der Fälle, die mit keinem ihrer wesentlichen Elemente über die Grenzen eines Mitgliedstaats hinausweisen, um Kapitalverkehr i. S. von Art. 56 EG handelt.[480]

507   Aus der Judikatur des EuGH sind insbesondere folgende Entscheidungen hervorzuheben:

Im Fall van Hilten-van der Heijden wurde entschieden, dass eine sog. überdachende Erbschaftsteuerpflicht (vgl. § 2 Abs. 1 Nr. 1 Buchst. b ErbStG) mit dem Unionsrecht vereinbar ist.[481]

---

476 BFH v. 22. 9. 2010 II R 54/09, BStBl 2011 II 247; R E 21 Abs. 3 ErbStR.
477 BFH v. 31. 5. 2006 II R 66/04, BStBl 2007 II 49.
478 ABl 1988 L 178, 5.
479 EuGH v. 23. 2. 2006 C-513/03 van Hilten-van der Heijden, IStR 2006, 309; v. 10. 2. 2011 C-25/10 Missionswerk Werner Heukelbach, IStR 2011, 192; v. 17. 10. 2013 C-181/12 Welte, DStR 2013, 2269.
480 EuGH v. 23. 2. 2006 C-513/03 van Hilten-van der Heijden, IStR 2006, 309; v. 19. 7. 2012 C-31/11 Scheunemann, IStR 2012, 723; v. 17. 10. 2013 C-181/12 Welte, DStR 2013, 2269.
481 EuGH v. 23. 2. 2006 C-513/03 van Hilten-van der Heijden, IStR 2006, 309.

Auslandsvermögen im Erbschaftsteuer- und Schenkungsteuergesetz KAPITEL 2

Im Fall Theodor Jäger wurde vom Gericht die unterschiedliche Bewertung land- und forstwirtschaftlicher Grundstücke für Zwecke der Erbschaftsteuer – je nachdem, ob im Inland oder im Ausland belegen – als nicht unionskonform verworfen.[482, 483]

Im Fall Margarete Block wurde eine Doppelbesteuerung aufgrund unterschiedlicher Definitionen des Begriffs „Vermögen" im in- und im ausländischen Erbschaftsteuerrecht als unionskonform qualifiziert.[484]

Im Fall Mattner wurde der zu niedrige Freibetrag nach § 16 Abs. 2 ErbStG im Verhältnis zu § 16 Abs. 1 Nr. 2 ErbStG als nicht unionskonform qualifiziert; das Problem ist im Wesentlichen durch § 2 Abs. 3 ErbStG – unbeschränkte Steuerpflicht auf Antrag – beseitigt worden.[485]

Im Fall Scheunemann wurde die Vergünstigung des § 13a ErbStG als Fall der Niederlassungsfreiheit und nicht der Kapitalverkehrsfreiheit eingeordnet, so dass der Klägerin, die Kapitalanlagen in Kanada geerbt hatte, dieser Freibetrag nicht gewährt wurde.[486]

Im Fall Welte wurde die Nichtgewährung des Ehegattenfreibetrags nach § 16 Abs. 1 Nr. 1 ErbStG an einen Schweizer Erben, der mit einer Schweizer Erblasserin verheiratet war – beide ansässig in der Schweiz – als Verstoß gegen den EU-Vertrag angesehen.[487]

Vorläufig nicht besetzt 508–549

---

482 EuGH v. 17. 1. 2008 C-256/06 Theodor Jäger, IStR 2008, 144.
483 §§ 9, 31 BewG sind de facto für Immobilien im EU- und EWR-Ausland mittels Verwaltungserlass aufgehoben (Bsp.: ErbSt-Kartei BY § 12 ErbStG Karte 6).
484 EuGH v. 12. 2. 2009 C-67/08 Block, IStR 2009, 175.
485 EuGH v. 22. 4. 2010 C-510/08 Mattner, BFH/NV 2010, 1212.
486 EuGH v. 19. 7. 2012 C-31/11 Scheunemann, IStR 2012, 723.
487 EuGH v. 17. 10. 2013 C-181/12 Welte, DStR 2013, 2269; Folgeentscheidung: FG Düsseldorf v. 27. 11. 2013 4 K 689/12 Erb, BB 2014, 21.

KAPITEL 3: DAS RECHT DER DOPPEL-BESTEUERUNGSABKOMMEN

			Rdn.	Seite
3.1	Einführung		550	132
3.2	Geschichte der Doppelbesteuerungsabkommen		553	133
3.3	Völkerrechtliche und staatsrechtliche Grundlagen		562	134
	3.3.1	Völkervertragsrecht	562	134
	3.3.2	Der völkerrechtliche Vertrag im Recht der Bundesrepublik	565	135
	3.3.3	Auslegung eines Doppelbesteuerungsabkommens	568	136
3.4	Aufbau eines Doppelbesteuerungsabkommens		572	137
3.5	Wirkungsweise eines Doppelbesteuerungsabkommens		581	138
	3.5.1	Allgemeines	581	138
	3.5.2	Befreiungsmethode (Art. 23 A OECD-MA)	584	139
	3.5.3	Anrechnungsmethode	588	140
		3.5.3.1 Direkte Steueranrechnung (Art. 23 B OECD-MA)	588	140
		3.5.3.2 Fiktive Steueranrechnung	589	141
	3.5.4	Verbot der virtuellen Doppelbesteuerung	593	142
	3.5.5	Rückfallklausel (Subject-to-tax-Klausel) und Remittance-base-Klausel	595	142
	3.5.6	Switch-over-Klausel (Umschaltklausel)	606	145
	3.5.7	Treaty Override	607	146
3.6	Geltungsbereich eines Doppelbesteuerungsabkommens		608	146
	3.6.1	Persönlicher Geltungsbereich	608	146
		3.6.1.1 Person (Art. 1, 3 OECD-MA, Art. 1, 3 VG-DBA)	608	146
		3.6.1.2 Staatsangehörigkeit (Art. 3 Abs. 1 OECD-MA)	614	147
		3.6.1.3 Ansässigkeit (Art. 4 OECD-MA/Art. 4 VG-DBA)	617	148
		3.6.1.4 Treaty Shopping, Abkommensmissbrauch und Vermeidung	625	150
		3.6.1.5 Die Personengesellschaft im Abkommensrecht	630	151

			Rdn.	Seite
3.6.2	Sachlicher Geltungsbereich		643	154
	3.6.2.1	Räumlicher Geltungsbereich	643	154
	3.6.2.2	Steuerlicher Geltungsbereich (Art. 2 OECD-MA)	650	155
	3.6.2.3	Zeitlicher Geltungsbereich (Art. 30, 31 OECD-MA)	654	156

3.7 Zuordnungsprinzipien — 656 156

			Rdn.	Seite
3.7.1	Einkünfte aus unbeweglichem Vermögen (Art. 6 OECD-MA/Art. 6 VG-DBA)		656	156
3.7.2	Einkünfte aus unternehmerischer Betätigung (Art. 7 bis 9 OECD-MA/Art. 7–9 VG-DBA)		666	158
	3.7.2.1	Überblick	666	158
	3.7.2.2	Betriebsstätte (Art. 5 OECD-MA, Art. 5 VG-DBA, § 12 AO)	671	159
		3.7.2.2.1 Generalklausel (Art. 5 Abs. 1 OECD-MA, Art. 5 Abs. 1 VG-DBA, § 12 Satz 1 AO)	671	159
		3.7.2.2.2 Regelbeispiel (Art. 5 Abs. 2 OECD-MA, Art. 5 Abs. 2 VG-DBA, § 12 Satz 2 AO)	685	163
		3.7.2.2.3 Bauausführung und Montage (Art. 5 Abs. 3 OECD-MA, Art. 5 Abs. 3 VG-DBA, § 12 Satz 2 Nr. 8 AO)	691	164
		3.7.2.2.4 Betriebsstättenausnahmen (Art. 5 Abs. 4 OECD-MA/Art. 5 Abs. 4 VG-DBA)	706	167
		3.7.2.2.5 Vertreter (Art. 5 Abs. 5 und 6 OECD-MA, Art. 5 Abs. 5 und 6 VG-DBA, § 13 AO)	709	168
		3.7.2.2.6 Anti-Organ-Klausel (Art. 5 Abs. 7 OECD-MA/Art. 5 Abs. 7 VG-DBA)	726	171
	3.7.2.3	Unternehmensgewinne (Art. 7 OECD-MA/Art. 7 VG-DBA)	727	171
		3.7.2.3.1 Überblick (Art. 7 Abs. 1 OECD-MA/Art. 7 Abs. 1 VG-DBA)	727	171
		3.7.2.3.2 Neufassung des Art. 7 OECD-MA	733	173
		3.7.2.3.3 Grundsätze der Ermittlung des Betriebsstättengewinns nach Art. 7 OECD-MA a. F.	737	174
		3.7.2.3.4 Grundsätze der Ermittlung des Betriebsstättengewinns nach Art. 7 OECD-MA n. F.	752	178
		3.7.2.3.5 Grundsätze der Ermittlung des Betriebsstättengewinns nach § 1 Abs. 5 AStG	754	179

				Rdn.	Seite
		3.7.2.3.6	Verluste ausländischer Betriebsstätten und Tochterkapitalgesellschaften in der EU	763	180
		3.7.2.3.7	Gründungsaufwendungen für eine Betriebsstätte	771	183
	3.7.2.4	Seeschifffahrt, Binnenschifffahrt und Luftfahrt (Art. 8 OECD-MA/Art. 8 VG-DBA)		772	183
	3.7.2.5	Verbundene Unternehmen (Art. 9 OECD-MA/Art. 9 VG-DBA)		775	184
3.7.3	Einkunftsabgrenzung bei international verbundenen Unternehmen – Verrechnungspreise			787	186
	3.7.3.1	Einführung		787	186
	3.7.3.2	Beteiligungsvoraussetzungen für die Anwendung der Abgrenzungsregeln (§ 1 Abs. 2 AStG)		801	189
	3.7.3.3	Allgemeine Grundsätze der Einkunftsabgrenzung		809	190
	3.7.3.4	Prüfungsmethoden für die Angemessenheit der Verrechnungspreise und deren Korrektur (§ 1 Abs. 3 AStG)		816	192
	3.7.3.5	Waren- und Leistungsverkehr zwischen nahestehenden Personen		830	196
	3.7.3.6	Durchführung der Berichtigung		832	197
	3.7.3.7	Mitwirkungspflichten		838	197
	3.7.3.8	Dokumentationspflichten (§§ 90, 162 Abs. 3 und 4 AO, GAufzV)		839	198
		3.7.3.8.1	Einführung	839	198
		3.7.3.8.2	Gesetzliche Grundlage der Dokumentationspflicht (§ 90 Abs. 3 AO)	840	198
		3.7.3.8.3	Rechtsfolgen bei Verletzung der Aufzeichnungspflicht (§ 162 Abs. 3 und 4 AO)	845	199
		3.7.3.8.4	Gewinnabgrenzungsaufzeichnungsverord-nung (GAufzV)	853	201
		3.7.3.8.5	Verwaltungsgrundsätze – Verfahren	861	202
	3.7.3.9	Umlageverträge		864	203
	3.7.3.10	Arbeitnehmerentsendung		870	204
	3.7.3.11	Funktionsverlagerung (§ 1 Abs. 3 AStG)		884	206
	3.7.3.12	Advance Pricing Agreement (APA)		900	210
3.7.4	Dividenden (Art. 10 OECD-MA/Art. 10 VG-DBA)			907	212
	3.7.4.1	Die abkommensgemäße Besteuerung der Dividenden – Überblick		907	212
	3.7.4.2	Finanzierungsinstrumente		917	214

			Rdn.	Seite
	3.7.4.3	Schachteldividenden	923	215
	3.7.4.4	Ermäßigung der Quellensteuer	943	220
	3.7.4.5	Besteuerung der Dividenden in der Bundesrepublik	944	220
		3.7.4.5.1 Besteuerung von Schachteldividenden	944	220
		3.7.4.5.2 Besteuerung von Dividenden in sonstigen Fällen bis einschließlich VZ 2008	946	221
		3.7.4.5.3 Besteuerung von Dividenden in sonstigen Fällen ab VZ 2009	951	222
		3.7.4.5.4 Dividenden aus Frankreich	953	222
	3.7.4.6	Finanzierung einer Tochtergesellschaft	954	222
3.7.5	Zinsen (Art. 11 OECD-MA/Art. 11 VG-DBA)		955	223
3.7.6	Lizenzgebühren (Art. 12 OECD-MA/Art. 12 VG-DBA)		968	226
3.7.7	Einkünfte aus der Veräußerung von Vermögen (Art. 13 OECD-MA/Art. 13 VG-DBA)		972	226
3.7.8	Selbständige Arbeit (Art. 14 OECD-MA)		979	228
3.7.9	Einkünfte aus unselbständiger Arbeit (Art. 15 OECD-MA/Art. 14 VG-DBA)		995	231
	3.7.9.1	Grundsätze	995	231
	3.7.9.2	183-Tage-Regelung (Art. 15 Abs. 2 OECD-MA/ Art. 14 Abs. 2 VG-DBA)	1009	234
	3.7.9.3	Arbeitnehmerverleih	1021	237
	3.7.9.4	Arbeitnehmerentsendung	1029	238
	3.7.9.5	Grenzgänger	1032	239
	3.7.9.6	Arbeitnehmer im internationalen See- und Luftverkehr (Art. 15 Abs. 3 OECD-MA)	1041	241
3.7.10	Einkünfte aus Arbeit in sonstigen Fällen		1048	243
	3.7.10.1	Aufsichtsrats- und Verwaltungsratsvergütungen (Art. 16 OECD-MA/Art. 15 VG-DBA)	1048	243
	3.7.10.2	Künstler und Sportler (Art. 17 OECD-MA/Art. 16 VG-DBA)	1069	246
	3.7.10.3	Ruhegehälter (Art. 18 OECD-MA/Art. 17 VG-DBA)	1078	247
	3.7.10.4	Öffentlicher Dienst (Art. 19 OECD-MA/Art. 17 VG-DBA)	1081	248
	3.7.10.5	Studenten (Art. 20 OECD-MA/Art. 19 Abs. 2 VG-DBA)	1087	249
	3.7.10.6	Gastlehrer, Gastdozenten (Art. 19 Abs. 1 VG-DBA)	1090	250
3.7.11	Andere Einkünfte (Art. 21 OECD-MA/Art. 20 VG-DBA)		1094	251
3.7.12	Besteuerung des Vermögens (Art. 22 OECD-MA/ Art. 21 VG-DBA)		1096	251

			Rdn.	Seite
3.8	Rechtsbehelfe und Verständigungsverfahren (Art. 25 OECD-MA/Art. 24 VG-DBA)		1101	252
	3.8.1	Innerstaatliche Rechtsbehelfe	1101	252
	3.8.2	Verständigungsverfahren (Art. 25 Abs. 1 und 2 OECD-MA/Art. 24 Abs. 1 und 2 VG-DBA)	1102	252
	3.8.3	Konsultationsverfahren und Abkommensanwendung (Art. 25 Abs. 3 OECD-MA/Art. 24 Abs. 3 VG-DBA)	1110	254
	3.8.4	Schiedsverfahren, Schiedsklausel (Art. 25 Abs. 5 OECD-MA)	1112	255
	3.8.5	Schiedsverfahren, Schiedsklausel (Art. 24 Abs. 5 VG-DBA)	1116	255
3.9	Internationale Amts- und Rechtshilfe		1117	256
	3.9.1	Überblick	1117	256
	3.9.2	Informationsaustausch und Auskunftserteilung (Art. 26 OECD-MA/Art. 25 VG-DBA)	1119	256
	3.9.3	OECD-Mustervereinbarung über den Austausch von Informationen in Steuersachen	1138	260
	3.9.4	Gesonderte Amts- und Rechtshilfeverträge	1140	260
	3.9.5	Vollstreckungs- und Beitreibungshilfe (Art. 27 OECD-MA/Art. 26 VG-DBA)	1141	261
3.10	Mitglieder diplomatischer Missionen und konsularischer Vertretungen (Art. 28 OECD-MA/Art. 29 VG-DBA)		1144	261
3.11	Diskriminierungsverbot (Art. 24 OECD-MA/Art. 23 VG-DBA)		1145	261
3.12	Besondere Regelungen in der VG-DBA		1156	264
	3.12.1	Verfahrensregeln für Quellenbesteuerung; Investmentvermögen (Art. 27 VG-DBA)	1156	264
	3.12.2	Anwendung des Abkommens in bestimmten Fällen (Art. 28 VG-DBA)	1157	264
	3.12.3	Protokoll (Art. 30 VG-DBA)	1158	264

Kapitel 3: Das Recht der Doppelbesteuerungsabkommen

3.1 Einführung

550 Wirksamer als einseitige nationale Maßnahmen zur Vermeidung der Doppelbesteuerung sind bilaterale Maßnahmen, d. h. **völkerrechtliche Abkommen zur Vermeidung der Doppelbesteuerung** (Doppelbesteuerungsabkommen – DBA). Mit derartigen Verträgen wird grundsätzlich bereits die Entstehung der Doppelbesteuerung verhindert, während einseitige Maßnahmen i. d. R. nur eine bereits eingetretene effektive Doppelbesteuerung beseitigen. DBA stellen von der Wirkung her im Grundsatz eine Einschränkung des eigenen Besteuerungsrechts zugunsten des Besteuerungsrechts des anderen Vertragsstaates dar und umgekehrt. Die Abkommen versuchen, das Besteuerungsrecht an internationalen Steuerfällen den beteiligten Staaten nach objektiven Gesichtspunkten zuzuweisen, um eine gerechte und gleichmäßige Besteuerung zu erreichen. DBA begründen, soweit sie nicht ausdrückliche gegenteilige Regelungen enthalten, kein nach inländischem Recht nicht bestehendes Besteuerungsrecht. Sie führen nicht zur Erfassung von Einkünften, die nach inländischem Steuerrecht beim Steuerpflichtigen nicht zu erfassen sind.[488]

551 Die Bundesrepublik hat zurzeit mit mehr als 100 Staaten allgemeine DBA abgeschlossen.[489] Damit bestehen zwar nur mit ca. 60 % aller Staaten Abkommen, aber unter den Abkommensländern befinden sich alle wichtigen Industrienationen und viele Entwicklungsländer. Mit fast allen Staaten Europas sind DBA abgeschlossen; keine Abkommen zur Vermeidung der Doppelbesteuerung bestehen u. a. mit Steueroasenländern wie z. B. Andorra und Monaco; mit diesen Staaten bestehen, wenn überhaupt, lediglich Abkommen über den Informationsaustausch in Steuersachen.

552 Weiter findet man den Begriff „allgemeines Doppelbesteuerungsabkommen". Hierunter sind die DBA auf dem Gebiet der Steuern vom Einkommen und Vermögen zu verstehen. Sie sind abzugrenzen von den sonstigen Abkommen:

- ▶ **DBA auf dem Gebiet der Erbschaftsteuer**;

- ▶ Abkommen auf dem Gebiet der Einkünfte aus **See - und Luftfahrt** (Bsp.: Abkommen mit Venezuela vom 23. 11. 1987,[490] Abkommen mit Bangladesch vom April 1996);[491]

- ▶ **Abkommen über den Luftverkehr** (Bsp.: Art. 5, 6 des Abkommens mit Korea vom 7. 3. 1995);[492]

- ▶ Abkommen über die Förderung und den gegenseitigen **Schutz von Kapitalanlagen** (Bsp.: Abkommen mit Kuwait vom 30. 3. 1994);[493]

---

488 BFH v. 19. 5. 1993 I R 60/92, BStBl 1993 II 714; v. 24. 3. 1999 I R 114/97, BStBl 2000 II 399; v. 17. 11. 1999 I R 7/99, BStBl 2000 II 605.
489 BMF v. 22. 2. 2014, BStBl 2014 I 171.
490 BStBl 1989 I 161.
491 BStBl 1996 I 643.
492 BGBl 1997 II 902.
493 BGBl 1997 II 167.

▶ Abkommen betreffend die **Kraftfahrzeugsteuer** (Bsp.: Abkommen mit Lettland über die gegenseitige Steuerbefreiung von Straßenfahrzeugen im internationalen Verkehr vom 21. 2. 1997).[494]

3.2 Geschichte der Doppelbesteuerungsabkommen

Abkommen zur Vermeidung der Doppelbesteuerung im modernen Sinne existieren in Europa etwa seit Ende des 19. Jahrhunderts. In der Zeit zwischen den beiden Weltkriegen wurde eine Reihe von Abkommen zwischen den Staaten Westeuropas geschlossen. Von den Abkommen, die Deutschland vor dem 2. Weltkrieg geschlossen hatte, besitzt zurzeit nur noch das Abkommen auf dem Gebiet der Erbschaftsteuer mit Griechenland von 1910 Gültigkeit. 553

Eine Unterkommission des Völkerbundes arbeitete ein bilaterales Musterabkommen aus (Mustervertrag von 1928, Mustervertrag von Mexiko 1942, Mustervertrag von London 1946). Aber durch den 2. Weltkrieg und die nachfolgende Auflösung des Völkerbundes im Jahre 1946 haben diese Musterabkommen keine praktische Bedeutung mehr erlangt. 554

Nach dem 2. Weltkrieg wurde der Plan wieder aufgenommen, ein bilaterales Musterabkommen zu entwickeln. Der Organization for Economic Cooperation and Development (OECD) gelang es dann 1963, ein solches Musterabkommen zur Vermeidung der Doppelbesteuerung bei den Steuern vom Einkommen und vom Vermögen vorzulegen: Das **OECD-Musterdoppelbesteuerungsabkommen 1963**, kurz **OECD-MA 1963**. Eine neue, überarbeitete Fassung wurde 1977 von der OECD vorgelegt, das **OECD-MA 1977**. Dieses OECD-MA hat für die internationale Abkommenspraxis Leitfunktion. Man kann deshalb davon ausgehen, dass alle neueren DBA der Bundesrepublik (und der übrigen OECD-Mitgliedstaaten) dem OECD-MA 1977 entsprechen. Soweit dies nicht der Fall ist, wird versucht, durch sog. Revisionsvereinbarungen die alten DBA dem Standard des OECD-MA anzugleichen. Verschiedene Teilrevisionen des OECD-MA sind seit 1992 verabschiedet worden. Die aktuelle Fassung des OECD-MA kann auf den Internetseiten der OECD abgerufen werden. 555

Zusätzlich zum Abkommen ist von den Mitgliedstaaten auch ein sog. **Musterkommentar** zum OECD-MA (OECD-MK) verabschiedet worden, der die einzelnen Bestimmungen umfassend erläutert und es den einzelnen Mitgliedstaaten der OECD ermöglicht, Vorbehalte oder Interpretationen zu Protokoll zu geben. Der OECD-MK stellt lediglich eine Hilfe zur Abkommensauslegung dar; allerdings versucht die Bundesrepublik in neueren Abkommen, dem OECD-MK den Rang eines Abkommenstextes dadurch zuzuweisen, dass z. B. in den Protokollen zu dem jeweiligen Abkommen auf die Auslegung des OECD-MK Bezug genommen wird.[495] 556

Die von der Bundesrepublik mit den ehemaligen Staatshandelsländern des Ostblocks (Bsp.: Polen, Rumänien, UdSSR, Ungarn) – soweit sie vor der Änderung des politischen 557

---

[494] BStBl 1998 I 624.
[495] Vgl. Nr. 3 des Protokolls zum DBA-Ungarn 2011 v. 28. 2. 2011, BGBl 2011 II 919.

Systems geschlossen wurden und weiterhin Gültigkeit besitzen – sowie mit der Volksrepublik China vereinbarten Abkommen entsprechen ebenfalls dem OECD-MA, obwohl die Wirtschaftssysteme und damit auch die Steuersysteme grundlegend verschieden sind bzw. waren.

558 Zur **Vermeidung der Doppelbesteuerung der Nachlässe und Erbschaften** existiert ein **OECD-Musterabkommen von 1966** (OECD Draft Convention on Estates and Inheritanes) mit einer Neufassung aus 1982 (OECD Model Convention on Estates, Inheritanes and Gifts).[496]

559 Das erste **multilaterale DBA** wurde 1983 in Helsinki zwischen Dänemark, Finnland, Island, Norwegen und Schweden unterzeichnet.[497]

560 Zu erwähnen ist ferner das **Vertragsmodell der Vereinten Nationen für DBA zwischen Industrie- und Entwicklungsländern** (United Nations Model Double Taxation Convention between Developed and Developing Countries)[498] in der Fassung 2000 sowie ein **US-DBA-Modell** (United States Model Income Tax Convention),[499] das 2006 in einer neuen Fassung veröffentlicht worden ist.

561 Mitte April 2013 hat das BMF auf seinen Internetseiten erstmals die deutsche „**Verhandlungsgrundlage für Doppelbesteuerungsabkommen im Bereich der Steuern vom Einkommen und Vermögen**" – nachfolgend VG-DBA – veröffentlicht. Am 22. 8. 2013 wurde dann eine aktualisierte Fassung veröffentlicht. Künftig ist in unregelmäßigen Abständen mit weiteren Aktualisierungen zu rechnen. Diese VG-DBA lehnt sich zwar grundsätzlich an das OECD-MA an, weist aber im Einzelnen nicht unerhebliche Abweichungen auf, auf die nachfolgend im Zusammenhang mit den einzelnen Artikeln des OECD-MA jeweils eingegangen wird. Zu berücksichtigen ist, dass die VG-DBA lediglich die Wunschliste der deutschen Finanzverwaltung beinhaltet; ob diese Vorstellungen auch in einem konkreten DBA umgesetzt werden können, hängt vom Einzelfall und den Verhandlungspositionen der beiden beteiligten Vertragsparteien ab.

3.3 Völkerrechtliche und staatsrechtliche Grundlagen

3.3.1 Völkervertragsrecht

562 Das DBA ist ein völkerrechtlicher Vertrag zwischen zwei Staaten. Mit diesem Vertrag werden Rechte im weitesten Sinne begründet, verändert oder beseitigt. Zwar sind völkerrechtliche Verträge auch ohne Form gültig. Heute aber werden derartige Vereinbarungen auf zwischenstaatlicher Ebene grundsätzlich schriftlich geschlossen (förmlicher Vertrag). Für diese Verträge ist das **Wiener Übereinkommen über das Recht der Verträge** (WÜRV) vom 23. 5. 1969 maßgebend, das u. a. Regeln über Abschluss, Anwen-

---

496 Gosch/Grother/Kroppen, DBA-Kommentar, Herne, Teil 4 – Erbschaftsteuer-DBA.
497 Text auf den Internetseiten des Nordischen Ministerrats (Nordic Council): www.norden.org.
498 Text auf den Internetseiten von United Nations Public Administration Network (UNPAN): http://www.unpan.org.
499 Text auf den Internetseiten des IRS www.irs.gov.

dung und Einhaltung sowie für die Auslegung eines völkerrechtlichen Vertrags enthält.[500]

Das Zustandekommen eines DBA vollzieht sich in mehreren Stufen: Das Ende der **Verhandlungen** ist gekennzeichnet durch die **Paraphierung** des Abkommensentwurfs durch die Unterhändler (Art. 10 WÜRV). Damit ist der Vertragstext vorläufig festgelegt. Dann folgt die **Unterzeichnung des Vertragsentwurfs** durch Beauftragte beider Staaten (Art. 11, 12 WÜRV). Nun sind keine Abänderungen mehr zulässig, es sei denn, es werden neue Verhandlungen unter Zustimmung beider Parteien aufgenommen. Die nächste Stufe ist die **Zustimmung** der Parlamente der Vertragsparteien. Art und Weise richten sich ausschließlich nach nationalem Recht. Daran schließt sich die **Ratifikation** (Art. 14 WÜRV) an. Sie stellt eine Bindungserklärung des nach der Verfassung zuständigen Organs dar. Durch sie wird zum Ausdruck gebracht, dass der jeweilige Staat sich jetzt an den Vertrag gebunden fühlt. Durch den **Notenaustausch** (Austausch der Ratifikationsurkunden; Art. 16 WÜRV) wird die völkerrechtliche Bindungswirkung hergestellt. Da der Vertrag in der Regel später ratifiziert als unterzeichnet wird, gilt das **Inkrafttreten** erst ab der Ratifikation, die, wenn nichts anderes vereinbart wurde, keine rückwirkende Kraft hat (Art. 24 Abs. 2 WÜRV).

563

BEISPIEL: Das DBA-Finnland wurde am 5. 7. 1979 unterzeichnet, trat am 4. 6. 1982 in Kraft und war nach Art. 30 Abs. 2 rückwirkend ab 1. 1. 1981 anzuwenden.

Anlagen und Briefwechsel, die nach den Unterschriften folgen, sind oftmals vollwertige Bestandteile des Vertrages und nehmen bezüglich der Geltung denselben Rang ein.

564

BEISPIEL: Protokoll zum DBA-USA 2006 /2007, das offizieller Bestandteil des Abkommens ist.

3.3.2 Der völkerrechtliche Vertrag im Recht der Bundesrepublik

Art. 59 GG kommt, in Verbindung mit Art. 32 GG, eine Schlüsselfunktion für den Abschluss völkerrechtlicher Verträge zu. Grundsätzlich „schließt" zwar der Bundespräsident diese Verträge. Damit ist aber nur der förmliche Abschlussakt gemeint. Sämtliche Funktionen bis auf die Ratifizierung im engeren Sinne sind auf die Bundesregierung delegiert. Diese ernennt Bevollmächtigte, die die Bundesrepublik bei den Verhandlungen, der Paraphierung und der Unterzeichnung des Vertrages vertreten.

565

Nach Art. 59 Abs. 2 GG unterliegen der Zustimmung oder Mitwirkung der gesetzgebenden Körperschaften (Bundestag, Bundesrat) u. a. diejenigen völkerrechtlichen Verträge, die sich auf Gegenstände der Bundesgesetzgebung beziehen. Hierzu zählen auch die Verträge, die, wären sie eine innerstaatliche Regelung, in Gesetzesform ergehen müssten. Die DBA betreffend die Steuern vom Einkommen und Vermögen unterliegen dem Zustimmungserfordernis des Bundesrates (Art. 105 Abs. 3 i.V. mit Art. 106 Abs. 2 Nr. 1, Abs. 3 GG). Abkommen zur Vermeidung der Doppelbesteuerung auf dem Gebiet der Kraftfahrzeugsteuer werden als Rechtsverordnungen gemäß § 15 Abs. 1 Nr. 7 KraftStG

566

---

500 BGBl 1985 II 927.

mit Zustimmung des Bundesrates in innerstaatliches Recht umgesetzt (Art. 80 Abs. 2 i.V. mit Art. 105 Abs. 3, Art. 106 Abs. 2 Nr. 3 GG).

567 Die Zustimmung von Bundestag und Bundesrat zu einem allgemeinen DBA erfolgt in Form eines Gesetzes (**Ratifizierungsgesetz, Zustimmungsgesetz**). Mit diesem Gesetz wird das DBA innerstaatliches Recht. Im Rang steht es gleichberechtigt neben den sonstigen Bundesgesetzen und damit auch neben den innerstaatlichen Steuergesetzen.[501] Der Vorrang der Normen des DBA wird grundsätzlich durch § 2 AO sichergestellt (zum Problem des treaty override vgl. umfänglich Rdn. 607). Das Ratifizierungsgesetz schafft in der Regel keine neuen steuerlichen Normen (Gegenbeispiel: Zustimmungsgesetz zum Revisionsabkommen zum DBA-Frankreich,[502] Art. 3 des Zustimmungsgesetzes zum Protokoll vom 21. 12. 1992 zum DBA-Schweiz).[503]

3.3.3 Auslegung eines Doppelbesteuerungsabkommens

568 Bevor ein Vertragstext ausgelegt wird, ist zu prüfen, ob der Text überhaupt der Auslegung bedarf, ob er nicht vielmehr eindeutig ist; denn die Auslegung stellt immer die ultima ratio dar. Genauso ist vor einer Auslegung, etwa anhand der innerstaatlichen Gesetze, zu prüfen, ob das Abkommen selbst eine Auslegung bereithält.

569 **Ein DBA als völkerrechtlicher Vertrag ist zuerst entsprechend den Bestimmungen der WÜRV auszulegen** (Art. 31 ff. WÜRV):[504] Bei der Auslegung eines Abkommens sind dessen Ziel und Zweck – einschließlich des Wortlautes –, der systematische Zusammenhang sowie die Modalitäten des Abschlusses und der späteren Durchführung zu berücksichtigen. Grundsätzlich gelten die allgemeinen drei Auslegungsmethoden: Grammatikalische, systematische und teleologische Auslegung; der tatsächliche Wille der Vertragsparteien ist zu erforschen. Im Rahmen der Auslegung ist auch die ausländische Fassung des DBA mit heranzuziehen. Bei mehreren Auslegungsergebnissen ist dasjenige zu wählen, das den Vertragszweck am ehesten zum Tragen bringt. Die Abkommenspraxis der Vertragsstaaten, wie sie z. B. in einer Verständigungsvereinbarung zum Ausdruck kommt, kann bei der Abkommensauslegung mit zu berücksichtigen sein; es gilt der **Grundsatz der Entscheidungsharmonie**,[505] d. h., es ist eine Auslegung zu vermeiden, die zu einer gegenläufigen Praxis in beiden Vertragsstaaten führt, oder anders: Es ist eine Auslegung anzustreben, die am ehesten Aussicht bietet, in beiden Staaten akzeptiert zu werden. Dem BFH ist es im Hinblick auf Art. 20 Abs. 3 GG verwehrt, entgegen Wortlaut, Vorschriftenzusammenhang und Zweck eines DBA mittels Auslegung aus tatsächlichen Erwägungen heraus Abhilfe bei einer nicht anders zu beseitigenden Doppelbesteuerung zu schaffen.[506]

---

[501] BFH v. 13. 7. 1994 I R 120/93, BStBl 1995 II 129.
[502] BStBl 1970 I 900.
[503] BStBl 1993 I 927.
[504] BFH v. 16. 12. 1998 I R 40/97, BStBl 1999 II 207; v. 2. 11. 1999 I B 163/98, BFH/NV 2000, 692; v. 2. 9. 2009 I R 111/08, BStBl 2010 II 387.
[505] BFH v. 2. 9. 2009 I R 90/08, BStBl 2010 I 394.
[506] BFH v. 18. 5. 2010 I B204/09, BFH/NV 2010, 1636.

Für die Auslegung der im DBA verwandten Ausdrücke gilt **grundsätzlich folgende Reihenfolge** (Art. 3 Abs. 2 OECD-MA):[507] 570

- spezielle Begriffsbestimmungen des Abkommens;
- allgemeine Definitionen des Abkommens;
- Auslegung nach dem Sinnzusammenhang des Abkommens;
- Auslegung nach dem Gedanken der Entscheidungsharmonie;[508]
- Erläuterung nach dem innerstaatlichen Recht des Anwenderstaates (sog. **Lex fori-Prinzip**), wobei eine Auslegung nach dem Steuerrecht des betreffenden Vertragsstaats Vorrang vor einer Auslegung nach den Bestimmungen sonstigen Rechts besitzt.

Ferner enthält der **OECD-MK** Regelungen hinsichtlich der Auslegung der einzelnen Bestimmungen.[509] In diesem Zusammenhang ist das Problem der sog. **dynamischen Auslegung** zu erwähnen. Hierunter wird seitens der Finanzverwaltung verstanden, dass die neueren Interpretationen und insbesondere die Neufassungen des OECD-MK auch für „alte" DBA gelten sollen, die im Zeitpunkt der Änderung des OECD-MK bereits bestanden haben. In der Literatur und Rechtsprechung wird diese Auslegungsart abgelehnt.[510] Der BFH hat sich für eine **statische Auslegung** ausgesprochen.[511] 571

3.4 Aufbau eines Doppelbesteuerungsabkommens

Das OECD-MA – und die neueren DBA der Bundesrepublik Deutschland – weisen grundsätzlich folgende Gliederung auf, wobei allerdings anzumerken ist, dass die jüngeren DBA nicht mehr über die Gliederungsüberschriften verfügen: 572

I. Geltungsbereich des Abkommens

II. Begriffsbestimmungen

III. Besteuerung des Einkommens

IV. Besteuerung des Vermögens

V. Methoden zur Vermeidung der Doppelbesteuerung

VI. Besondere Bestimmungen

VII. Schlussbestimmungen

Der **Abschnitt I – Geltungsbereich des Abkommens** – untergliedert sich in den persönlichen Geltungsbereich (Art. 1 – für wen gilt das Abkommen?) und den sachlichen Geltungsbereich (Art. 2 – für welche Steuern gilt das Abkommen?). 573

---

507 BFH v. 28. 8. 2010 I R 53/09, BFH/NV 2011, 135.
508 BFH v. 17. 11. 1999 I R 7/99, BStBl 2000 II 605; v. 10. 9. 2006 II R 59/05, BStBl 2009 II 758; BFH v. 2. 9. 2009 I R 111/08, BFH/NV 2009, 2044, und I R 90/08, BFH/NV 2009, 2041.
509 Vgl. Nr. 29 bis 36.1 OECD-MK vor Art. 1 OECD-MA, Nr. 11 bis 13.1 OECD-MK zu Art. 3 OECD-MA.
510 BFH v. 19. 5. 2010 I B 191/09, BStBl 2011 II 156.
511 BFH v. 25. 5. 2011 I R 95/10, BFH/NV 2011, 1602; ausdrückliche Bestätigung der statischen Auslegung durch BFH v. 16. 1. 2014 I R 30/12, BFH/NV 2014, 789.

574　Im **Abschnitt II – Begriffsbestimmungen** – wird eine Reihe der im Abkommen verwendeten Ausdrücke definiert; eine vollständige Erläuterung aller im Abkommen verwendeten Begriffe gibt es in keinem DBA. So werden in Art. 3 OECD-MA u. a. die Begriffe „Person", „Gesellschaft", „Unternehmen", „zuständige Behörde", „Staatsangehörigkeit" erläutert. Art. 4 OECD-MA befasst sich mit der „Ansässigkeit" von natürlichen und juristischen Personen, und in Art 5 OECD-MA ist die „Betriebsstätte" definiert.

575　**Abschnitt III – Besteuerung des Einkommens** – regelt in Art. 6 bis 21 OECD-MA die Besteuerung der einzelnen Einkunftsarten und Einkunftsquellen. Das Besteuerungsrecht wird den beteiligten Vertragsstaaten grundsätzlich in einem festgelegten Umfange zugewiesen; eine Beseitigung oder Vermeidung der Doppelbesteuerung erfolgt noch nicht an dieser Stelle des Abkommens.

576　In **Abschnitt IV – Besteuerung des Vermögens** – wird durch Art. 22 OECD-MA die Vermögensbesteuerung geregelt.

577　Mit dem Art. 23 im **Abschnitt V – Methoden zur Vermeidung der Doppelbesteuerung** – wird festgelegt, auf welche Weise eine Doppelbesteuerung vermieden wird; deswegen wird Art. 23 auch der **Methodenartikel** genannt. Vorgesehen sind die Befreiungsmethode (Art. 23 A OECD-MA) und die Anrechnungsmethode (Art. 23 B OECD-MA).

578　Verschiedene Regelungen, die für die Durchführung des Abkommens bedeutsam sind, finden sich im **Abschnitt VI - Besondere Bestimmungen**: Art. 24 OECD-MA befasst sich mit dem **Diskriminierungsverbot** und dem Gebot der Gleichbehandlung aller Steuerpflichtigen. Das **Verständigungsverfahren** ist in Art. 25 OECD-MA geregelt. Der Förderung des **Informationsaustausches** dient Art. 26 OECD-MA. Mit der Amtshilfe bei der Erhebung von Steuern (**Beitreibungshilfe**) befasst sich Art. 27 OECD-MA. Nach Art. 28 OECD-MA werden die zwischen allen Staaten vereinbarten steuerlichen Vorrechte der **Diplomaten und Konsul** durch das Abkommen nicht berührt. Der Art. 29 OECD-MA schließlich betrifft die **räumliche Ausdehnung des Geltungsbereichs des Abkommens**.

579　Der Abschnitt **VII – Schlussbestimmungen** – regelt das Inkrafttreten (Art. 30 OECD-MA) und die Kündigung des Abkommens (Art. 31 OECD-MA).

580　Die VG-DBA beinhaltet darüber hinaus eine Reihe von zusätzlichen Regelungen (Bsp.: Art. 27 VG-DBA: Verfahrensregeln für Quellenbesteuerung, Investmentvermögen; Art. 28: Abkommensmissbrauch; Art. 30: Protokoll sowie Protokollentwurf im Anhang zu den VG-DBA), auf die an gegebener Stelle eingegangen werden wird.

3.5　Wirkungsweise eines Doppelbesteuerungsabkommens

3.5.1　Allgemeines

581　Das OECD-MA kennt, wie bereits erwähnt, in Art. 23 OECD-MA zwei Möglichkeiten, mit denen eine Doppelbesteuerung verhindert oder gemildert werden kann:

▶ **Freistellung** (mit Progressionsvorbehalt) und

▶ **Anrechnung** der ausländischen Steuer.

▶ Art. 22 VG-DBA orientiert sich grundsätzlich inhaltlich an Art. 23 OECD-MA, wenn auch mit einer Reihe von Abweichungen zugunsten des deutschen Fiskus.

In den DBA der Bundesrepublik findet man beide Methoden. Die Entscheidung, beide Methoden innerhalb eines Abkommens anzuwenden, beruht auf folgender Überlegung: Wird die ausländische Steuer angerechnet, richtet sich die Steuerbelastung der ausländischen Einkunftsteile auf jeden Fall nach der Steuerbelastung im Wohnsitzstaat. Sie kann sogar über dem inländischen Steuersatz liegen, wenn die ausländische Steuer nicht in vollem Umfange angerechnet werden kann. 582

BEISPIEL: ▶ Der Steuerpflichtige hat im Ausland steuerpflichtige Einkünfte i. H. von 100 Einheiten, die einer Ertragsteuerbelastung von 30 % unterliegen; bei der Veranlagung im Inland ergibt sich dagegen nur eine Ertragsteuerbelastung von 25 %. Da die auf die ausländischen Einkünfte entfallende ausländische Steuer nur bis zur Höhe der deutschen Einkommensteuer angerechnet werden kann, liegt die Gesamtsteuerbelastung über der inländischen Steuerbelastung.

Ist dagegen das Prinzip der Freistellung (ggf. mit Progressionsvorbehalt) vereinbart, richtet sich die Steuerbelastung in Bezug auf die ausländischen Einkünfte nach derjenigen im Quellenstaat; lediglich die inländischen Einkünfte werden, ausgehend vom Besteuerungsprinzip der Leistungsfähigkeit, höher besteuert, d. h., der Steuersatz wird unter Berücksichtigung der ausländischen Einkünfte ermittelt. Welche Methode nach dem Abkommen in Betracht kommt, hängt demnach von der Entscheidung ab, nach welcher Steuerbelastung sich die Besteuerung ausländischer Einkünfte richten soll. Diese Entscheidung wiederum wird durch die größere Nähe der Einkunftsquelle zum Quellenstaat (Bsp.: Gewerbliche Einkünfte einer Betriebsstätte, Schachteldividenden) oder zum Wohnsitzstaat (Bsp.: Zinseinkünfte, bestimmte Dividendeneinkünfte, Einkünfte als Sportler oder Künstler) bestimmt. 583

3.5.2 Befreiungsmethode (Art. 23 A OECD-MA)

Das Prinzip der **Freistellung mit Progressionsvorbehalt** (Art. 23 A Abs. 1, 3 OECD-MA – grundsätzlich gleich: Art. 22 Abs. 1 Nr. 1 und 2 VG-DBA) ist oben zu § 32b EStG dargestellt worden.[512] Die Freistellung von der inländischen Besteuerung bedeutet, dass Deutschland dem ausländischen Staat ein gleichsam vorrangiges Besteuerungsrecht zuerkennt. Dieses vorrangige Besteuerungsrecht soll in den Fällen zum Tragen kommen, in denen die ausländischen Einkünfte in einem besonders starken Maße mit dem ausländischen Quellenstaat verbunden sind. In der Regel wird diese besondere Verbindung der Einkünfte u. a. in folgenden Fällen anerkannt: 584

▶ Einkünfte aus im Ausland belegenem unbeweglichen Vermögen (Art. 6 OECD-MA);

▶ Unternehmensgewinne aus im Ausland ausgeübter gewerblicher Tätigkeit (Art. 7 OECD-MA);

▶ Schachteldividenden;

---

512 Rdn. 327.

- Einkünfte aus im Ausland ausgeübter selbständiger Arbeit;[513]
- Einkünfte aus im Ausland ausgeübter unselbständiger Arbeit (Art. 15 OECD-MA), wobei Sonderregelungen für kurzfristigen Auslandsaufenthalt (183-Tage-Regelung – Art. 15 Abs. 2 OECD-MA), für Grenzgänger und für Künstler und Sportler (Art. 17 OECD-MA) zu beachten sind.

585 In einzelnen DBA können von diesen Grundsätzen abweichende Regelungen getroffen sein (Bsp.: Art. 24 DBA Schweiz: Anrechnungsverfahren für Einkünfte aus Grundvermögen).

586 Teils durch Freistellung, teils aber auch durch Anrechnung (je nach Abkommen) wird eine Doppelbesteuerung in folgenden Fällen vermieden:
- Einkünfte als Künstler und Sportler (Art. 17 OECD-MA);
- Einkünfte aus der Tätigkeit als Aufsichtsrats- oder Verwaltungsratsvorsitzender (Art. 16 OECD-MA).

587 Nach Art. 23 A Abs. 4 OECD-MA findet die Freistellung nach Abs. 1 dann keine Anwendung, wenn der Quellenstaat die Abkommensvorschriften so anwendet, dass die im Quellenstaat zu besteuernden Einkünfte von der Besteuerung ausgenommen werden. Dies kann darauf zurückzuführen sein, dass entweder Abkommensvorschriften unterschiedlich ausgelegt werden oder ein unterschiedlicher Sachverhalt – u.U. aufgrund vorsätzlich unterschiedlicher Darstellung durch den Steuerpflichtigen – angenommen wird (Bsp.: Der Wohnsitzstaat geht von einer Betriebsstätte im Quellenstaat aus, während der Quellenstaat das Vorliegen einer Betriebsstätte verneint). In **Art. 22 Abs. 1 Nr. 5 VG-DBA** sind die Ausnahmen von der Freistellung aufgeführt, die sich teilweise nicht mit dem OECD-MA decken.

3.5.3 Anrechnungsmethode
3.5.3.1 Direkte Steueranrechnung (Art. 23 B OECD-MA)

588 Das Prinzip der direkten Steueranrechnung (Art. 23 B OECD-MA – grundsätzlich vergleichbar: Art. 22 Abs. 1 Nr. 3 VG-DBA) ist oben zu § 34c Abs. 1 EStG dargestellt.[514] Wie bei § 34c EStG ist auch in Art. 23 B Abs. 1 OECD-MA geregelt, dass die Anrechnung der ausländischen Steuer nur insoweit erfolgt, als die Steuer des Wohnsitzstaates auf die ausländischen Einkünfte entfällt. In der Regel wird die Anrechnungsmethode bei folgenden Einkünften angewandt, bei denen von einem vorrangigen Besteuerungsrecht des Wohnsitzstaates ausgegangen wird:
- Dividendeneinkünfte (Art. 10 OECD-MA – vgl. Art. 23 A Abs. 2 OECD-MA), ausgenommen Schachteldividenden;
- Zinseinkünfte von ausländischen Schuldnern (Art. 11 OECD-MA – vgl. Art. 23 Abs. 2 OECD-MA);
- Lizenzeinkünfte von ausländischen Lizenznehmern (Art. 12 OECD-MA);

---

513 Bis zum Update 2000 in Art. 14 OECD-MA geregelt, nunmehr von Art. 7 OECD-MA miterfasst.
514 Vgl. Rdn. 247 ff.

- Einkünfte von Sportlern und Künstlern (Art. 17 OECD-MA);
- Einkünfte von Aufsichtsratsmitgliedern (Art. 16 OECD-MA).

3.5.3.2 Fiktive Steueranrechnung

Bei der fiktiven Steueranrechnung wird im Gegensatz zur direkten Anrechnung der tatsächlich gezahlten Steuer eine nicht gezahlte Steuer angerechnet.[515] Hintergrund dieser Anrechnungsmethode ist folgender: Stellt der ausländische Staat die auf seinem Territorium erzielten Einkünfte von der Besteuerung ganz oder teilweise frei, so wird aufgrund der Systematik der Steueranrechnung der im Ausland steuerfreie Einkommensteil ungemildert der deutschen Einkommensteuer unterworfen, da es an anrechenbarer ausländischer Steuer fehlt. Der vom ausländischen Staat gewährte Steueranreiz geht also verloren. Um dieses Ergebnis zu vermeiden, ist in einer Reihe von DBA vor allem mit Entwicklungsstaaten – insbesondere für Dividenden-, Zins- und Lizenzeinkünfte – die fiktive Steueranrechnung vereinbart, um den Kapitaltransfer zu erleichtern.[516] 589

Art und Weise der fiktiven Steueranrechnung differieren von Abkommen zu Abkommen. Eine Methode ist, dass im Inland diejenige Steuer angerechnet wird, die sich ergäbe, wenn der ausländische Staat keinen Steuererlass auf die ausländischen Einkünfte oder Einkunftsteile gewährt hätte.[517] Eine andere Methode ist, im Wohnsitzstaat des Gläubigers eine bestimmte Steuer anzurechnen, unabhängig davon, ob, und wenn ja, in welcher Höhe, im Quellenstaat eine Steuer erhoben wird.[518] 590

> **BEISPIEL:** Nach Art. 24 Abs. 1 Buchst. f) DBA-Singapur wird eine Steueranrechnung i. H. von 8 % des Bruttobetrags der Zinsen gewährt, auch wenn die in Singapur erhobene Steuer weniger als 8 % beträgt. Der Steuerpflichtige braucht demnach keinen Nachweis über die Steuerzahlung zu erbringen, da das Abkommen selbst die Anrechnung abschließend regelt.

Problematisch ist die fiktive Steueranrechnung lediglich dann, wenn die auf die ausländischen Einkünfte entfallende deutsche Einkommensteuer niedriger als die fiktive Steuer ist. Denn dann führt i. d. R. die Steueranrechnung entsprechend § 34c EStG zur völligen Beseitigung der Steuerbelastung; der nicht ausgenutzte Restbetrag führt weder zu einer Erstattung noch kann er auf andere Weise verrechnet werden. 591

Eine fiktive Anrechnung scheidet allerdings dann aus, wenn die ausländischen Einkünfte nach ausländischem Steuerrecht generell steuerbefreit sind (Bsp.: Spekulationsgewinne außerhalb der schädlichen Spekulationsfrist).[519] 592

---

515 Vgl. BFH v. 20. 6. 2011 I R 103/10, BFH/NV 2011, 1785.
516 Wegen weiterer Einzelheiten OFD Frankfurt v. 1. 8. 2013, S 2293a A-1-St 513.
517 Beispiel: Art. 23 Abs. 1 Buchst. c) DBA-Kenia.
518 Beispiel: Art. 24 Abs. 2 Buchst. b) Doppelbuchst. cc), Buchst. c) Doppelbuchst. bb) DBA-China; Art. 23 Abs. 1 Buchst. c) DBA-Indonesien.
519 Vgl. z. B. BMF v. 18. 11. 1991, BStBl 1991 I 975, zur Ablehnung der weiteren fiktiven Quellensteueranrechnung bei spanischen Staatsanleihen, nachdem diese in Spanien generell von der Quellensteuer befreit wurden.

3.5.4 Verbot der virtuellen Doppelbesteuerung

593 Primäres Ziel eines jeden DBA ist die Beseitigung der **effektiven Doppelbesteuerung**. Das heißt, mit dem Abkommen soll verhindert werden, dass die aus einer Quelle stammenden Einkünfte zweimal der Besteuerung unterworfen werden. Daneben verbietet aber ein DBA im Regelfall auch die **virtuelle Doppelbesteuerung,** d. h. eine auch nur theoretisch mögliche Doppelbesteuerung soll verhindert werden. Damit soll zum Ausdruck gebracht werden, dass die Steuerbefreiung in einem Vertragsstaat unabhängig davon gelten soll, ob in dem anderen Vertragsstaat eine Besteuerung der Einkünfte rechtlich möglich ist und tatsächlich durchgeführt wird.[520] Demnach ist es für die Anwendung der Schutzbestimmungen eines DBA grundsätzlich nicht Voraussetzung, dass in einem der beiden Staaten tatsächlich eine Besteuerung erfolgt; die Freistellung im Ansässigkeitsstaat ist von einer konkreten steuerlichen Inanspruchnahme im Quellenstaat nach Maßgabe des dortigen Steuerrechts unabhängig.[521]

594 Heute geht die Abkommenspraxis der Bundesrepublik grundsätzlich in die Richtung, nur noch effektiv eingetretene Doppelbesteuerung zu vermeiden oder zu mildern, also das Prinzip der Vermeidung der virtuellen Doppelbesteuerung zurückzudrängen (vgl. Art. 22 Abs. 1 Nr. 5 Buchst. a und b VG-DBA; § 50d Abs. 9 EStG).

3.5.5 Rückfallklausel (Subject-to-tax-Klausel) und Remittance-base-Klausel

595 Bei einer virtuellen Steuerbefreiung darf im Wohnsitzstaat nicht geprüft werden, ob im Quellenstaat tatsächlich eine Besteuerung stattfindet bzw. stattgefunden hat. Demnach kann es zu sog. **weißen Einkünften** (= unbesteuerten Einkünften) kommen. Um dies zu vermeiden, ist in einzelnen Abkommen geregelt, dass die **Freistellung** – zum Teil nur für bestimmte Einkünfte - **im Inland nur dann erfolgt, wenn die Einkünfte im Ausland tatsächlich besteuert worden sind** (Rückfallklausel oder **Subject-to-tax-Klausel**).

> **BEISPIEL:** Abschnitt 16 Buchst. d) des Protokolls vom 18.10.1989 zu Art. 24 Abs. 3 Buchst. a DBA-Italien 1989 lautet: „Für die Zwecke des Artikels 24 Absatz 3 Buchstabe a gelten die Einkünfte einer in einem Vertragsstaat ansässigen Person als aus dem anderen Vertragsstaat stammend, wenn sie im anderen Vertragsstaat in Übereinstimmung mit dem Abkommen effektiv besteuert worden sind."

596 Der BMF hat sich in einem Schreiben vom 20. 6. 2013 mit den Subject-to-tax-Klauseln in den verschiedenen Ausgestaltungsformen (allgemeine Rückfallklausel, einkunftsbezogene Rückfallklausel, Einkünfte-Herkunftsbestimmungen im Methodenartikel) und in den verschiedenen DBA näher befasst.[522] Entscheidend für die Anwendung der Rückfallklausel ist, ob aus der Sicht der Finanzverwaltung die Einkünfte im Ausland einer Besteuerung unterworfen worden sind. Eine Besteuerung in dem Vertragsstaat, dem das

---

520 BFH v. 24.8.2011 I R 46/10, BFH/NV 2011, 2165; v. 6.6.2012 I R 52/11, BFH/NV 2012, 172.
521 Vgl. den Sachverhalt in BFH v. 24.8.2011 I R 46/10, BFH/NV 2011, 2165.
522 BStBl 2013 I 980.

Besteuerungsrecht nach dem DBA zugewiesen ist, liegt vor, soweit die Einkünfte in die steuerliche Bemessungsgrundlage einbezogen werden (so auch Nr. 4 des Protokolls zum VG-DBA). Davon ist auch dann auszugehen, wenn eine Besteuerung infolge

- von Freibeträgen,
- eines Verlustausgleichs oder -abzugs wegen anderer negativer Einkünfte,
- des Abzugs bzw. der Anrechnung von im Ausland gezahlter Steuern,
- der Anwendung von DBA-Schachteldividenden-Regelungen,
- der Anwendung einer EG-Richtlinie (z. B. sog. Mutter-Tochter-Richtlinie) oder
- aufgrund ausländischer Vorschriften zur Einkünfteermittlung temporäre (z. B. das Recht des anderen Vertragsstaats ermöglicht höhere Rückstellungen oder lässt höhere Abschreibungen zu) oder permanente Differenzen im Vergleich zu der nach deutschem Steuerrecht ermittelten Bemessungsgrundlage (z. B. das Recht des anderen Vertragsstaats ermöglicht den Abzug von Aufwendungen, die nach inländischem Steuerrecht dem Betriebsausgabenabzugsverbot des § 4 Abs. 5 EStG unterliegen) auftreten, auch wenn dies – bezogen auf den nach deutschem Steuerrecht maßgeblichen Veranlagungszeitraum – wie eine zumindest partielle Nichtbesteuerung wirkt.

unterbleibt.

Eine Nichtbesteuerung liegt hingegen nach Auffassung des BMF vor, soweit der Staat, dem das Besteuerungsrecht nach dem DBA zugewiesen ist, 597

- nach nationalem Recht Einkünfte nicht besteuern kann, insbesondere weil diese nicht steuerbar bzw. sachlich steuerbefreit sind oder der Steuerpflichtige persönlich steuerbefreit ist, oder
- aus anderen Gründen eine tatsächliche Besteuerung unterbleibt, z. B. aufgrund Verzichts durch Erlass der Steuer oder durch Unkenntnis der durch den Steuerpflichtigen erzielten Einkünfte, oder wenn es sich, wie z. B. in den USA, um Einkünfte eines Ausländers handelt, die nicht mit einer US-Geschäftstätigkeit im Zusammenhang stehen (sog. „not effectively connected income") und deshalb dort nicht besteuert werden.

Der Steuerpflichtige ist verpflichtet, gemäß § 90 Abs. 2 AO nachzuweisen, dass im Ausland eine Besteuerung erfolgte, und zwar durch Vorlage des Steuerbescheids und eines Zahlungsnachweises.[523] 598

Zu beachten ist, dass die Finanzverwaltung bei der Anwendung der Rückfallklausel von der sog. **Atomisierung der Einkünfte** ausgeht. D. h. Einkunftsteile, die nicht im anderen Vertragsstaat besteuert werden, werden von der Rückfallklausel erfasst. Diese Auffassung wird in der Literatur und der Rechtsprechung abgelehnt.[524] 599

---

523 Einzeleinheiten vgl. BMF v. 20. 6. 2013, BStBl 2013 I 980, Tz. 2.4.
524 BFH v. 19. 12. 2013 I B 109/13, BFH/NV 2014, 623; v. 27. 8. 1997 I R 127/95, BStBl 1998 II 58.

600 Der BFH hat in den letzten Jahren im Hinblick auf die Rückfallklauseln einen Zickzack-Kurs gefahren,[525] ist aber mit seinem letzten Urteil hierzu wieder auf seine alte Linie zurückgekehrt.[526] Das Gericht begründet das Zuweisungsrecht an die Bundesrepublik damit, dass nicht der Wortlaut maßgebend ist, sondern Sinn und Zweck der Regelung. Danach besteht eine Freistellung der Einkünfte im Ansässigkeitsstaat nur, wenn die Einkünfte im Quellenstaat tatsächlich besteuert werden.

601 Ist die Rückfallklausel anzuwenden, vertritt die Finanzverwaltung folgende Auffassung: Die nichtbesteuerten Einkünfte werden nach den deutschen Steuervorschriften in die Bemessungsgrundlage einbezogen. Für das **Anrechnungsverfahren nach § 34c EStG** handelt es sich nicht um ausländische, sondern **um inländische Einkünfte**, da aufgrund der Rückfallklausel, auf die § 34c Abs. 6 Satz 2, 3 EStG Bezug nimmt, es sich nicht um Einkünfte aus Quellen innerhalb des anderen Vertragsstaats handelt, weil sie im anderen Vertragsstaat nicht besteuert wurden. Weil diese Einkünfte im Ausland nicht besteuert wurden, kommt es auch nicht zu einer Doppelbelastung. Negative ausländische Einkünfte sind nur dann zu berücksichtigen, wenn der Steuerpflichtige nachweist, dass deren Berücksichtigung im anderen Vertragsstaat endgültig und vollständig ausgeschlossen ist.

602 Als Reaktion auf die Rechtsprechung des BFH hat der Gesetzgeber in **§ 50d Abs. 8 EStG** für unbeschränkt steuerpflichtige Personen eine **Rückfallklausel für Einkünfte aus nichtselbständiger Arbeit** i. S. des § 19 EStG eingeführt: Sind Einkünfte eines unbeschränkt Steuerpflichtigen aus nichtselbständiger Arbeit nach einem DBA von der Bemessungsgrundlage der deutschen Steuer auszunehmen,[527] wird die Freistellung bei der Veranlagung ungeachtet des Abkommens nur gewährt, soweit der Steuerpflichtige nachweist, dass der Staat, dem nach dem Abkommen das Besteuerungsrecht zusteht, auf dieses Besteuerungsrecht verzichtet hat[528] oder dass die in diesem Staat auf die Einkünfte festgesetzten Steuern entrichtet wurden. Sofern der unbeschränkt Steuerpflichtige nicht den geforderten Nachweis erbringt, sind die betreffenden ausländischen Einkünfte aus nichtselbständiger Arbeit der deutschen Besteuerung zu unterwerfen.[529] Jedoch ist nach § 50d Abs. 8 Satz 2 EStG der Einkommensteuerbescheid zu ändern, sobald der unbeschränkt Steuerpflichtige den Nachweis nach Bekanntgabe des Steuerbescheides erbringt. Der BFH hat § 50d Abs. 8 Satz 1 EStG 2002 i. d. F. des StÄndG 2003 dem BVerfG zur Prüfung vorgelegt.[530]

---

525 BFH v. 5. 2. 1992 I R 158/90, BStBl 1992 II 660 einerseits, BFH v. 17. 12. 2003 I R 14/02, BStBl 2004 II 562 andererseits.
526 BFH v. 17. 10. 2007 I R 96/06, BFH/NV 2008, 677, zum DBA-Italien.
527 Diejenigen ausländischen Einkünfte fallen nicht unter diese Vorschrift, die aus einem Nicht-DBA-Staat stammen und nach dem Auslandstätigkeitserlass steuerfrei sind; BMF v. 21. 7. 2005, BStBl 2005 I 821; v. 14. 9. 2006, BStBl 2006 I 532.
528 BFH v. 5. 3. 2008 I R 54, 55/07, BFH/NV 2008, 1487; ferner BFH v. 11. 1. 2012 I R 27/11, BFH/NV 2012, 862, u. a. auch zum Verhältnis zu § 50d Abs. 9 EStG.
529 BFH v. 16. 8. 2010 I B 119/09, BFH/NV 2010, 2055.
530 BFH v. 10. 1. 2012 I R 66/09, BFH/NV 2012, 1056.

Eine weitere nationale Rückfallklausel wurde mit der Norm des **§ 50d Abs. 9 EStG**[531] eingeführt.[532]

603

Einen Sonderfall stellt in diesem Zusammenhang das sog. **Remittance-Base-Prinzip** oder sog. **Überweisungsklausel** dar:[533] Danach dürfen ausländische Einkünfte im Inland (nur) dann besteuert werden, wenn sie in den Wohnsitzstaat überwiesen werden. Der BFH hat dies wie folgt erläutert: Stammen Einkünfte aus dem an sich nicht steuerberechtigten Vertragsstaat, sieht aber das nationale Steuerrecht des steuerberechtigten Vertragsstaates nur eine Besteuerung der dorthin überwiesenen oder dort bezogenen Einkünfte vor, so können die hiernach in jenem Staat nicht zu besteuernden Einkünfte in dem anderen Staat (Quellenstaat) besteuert werden.[534] Ziel der Rechtsprechung ist es, eine **doppelte Nichtbesteuerung** zu vermeiden.

604

> **BEISPIEL:** X war in der Bundesrepublik ansässig und bei einem hiesigen Unternehmen beschäftigt. Von Juni 1989 bis Juli 1991 wurde er zu einer Tochtergesellschaft in Zypern versetzt. Für diese Zeit zog er mit seiner Familie nach Zypern. Seine inländische Wohnung behielt er bei; nach dem Abschluss der Tätigkeit in Zypern kehrte die Familie in diese Wohnung zurück. Die Bezüge für diese Zeit wurden auf ein deutsches Bankkonto überwiesen; Lohnabzüge hat der Arbeitgeber nicht vorgenommen. Das zypriotische Einkommensteuerrecht besteuert aber nur dann ausländische Einkünfte, wenn sie nach Zypern überwiesen werden. Demnach läuft das Besteuerungsrecht Zyperns aus Art. 15 Abs. 1 DBA-Zypern ins Leere. Nach BFH sind die Einkünfte in der Bundesrepublik Deutschland der Besteuerung zu unterwerfen; Einkünfte stammen danach aus Deutschland als maßgeblichem Vertragsstaat, wenn sie in Deutschland von einem hier ansässigen Arbeitgeber gezahlt werden.[535]

Dieses Besteuerungsprinzip der Überweisungsklausel stammt ursprünglich aus Großbritannien und ist heute noch in einigen DBA mit Ländern des Commonwealth zu finden (Bsp.: DBA-Großbritannien, DBA-Jamaika, DBA-Malta, DBA-Malaysia, DBA-Zypern).

605

3.5.6 Switch-over-Klausel (Umschaltklausel)

In den neueren DBA hat sich Deutschland teilweise das Recht vorbehalten, durch **einseitige Erklärung von der Freistellungs- auf die Anrechnungsmethode** überzugehen (Switch-over-Klausel).[536] Voraussetzung hierfür ist, dass die Anwendung der Freistellungsmethode zu ungerechtfertigten Steuerbefreiungen führt. Diese können sich z. B. aufgrund eines nicht durch eine Verständigungsvereinbarung zu lösenden **Qualifikationskonflikts**, wenn die Vertragsstaaten die Einkünfte unterschiedlichen Abkommensbestimmungen zuweisen, oder **Zurechnungskonflikts**, wenn die Vertragsstaaten die

606

---

531 Neufassung durch das AmtshilfeRLUmsG.
532 Vgl. hierzu BFH v. 11.1.2012 I R 27/11, BFH/NV 2012, 862 sowie v. 19.12.2013 I B 109/13, BFH/NV 2014, 623; Rdn. 1701 ff.
533 BMF v. 20.6.2013, BStBl 2013 I 980, Tz. 3.
534 BFH v. 29. 11. 2000 I R 102/99, BStBl 2001 II 195, zum DBA-Zypern; v. 22.2. 2006 I R 14/05, BStBl 2006 II 743 zum DBA-Singapur.
535 BFH v. 29.11.2000 I R 102/99, BStBl II 2001, 195.
536 BMF v. 20.6.2013, BStBl 2013 I 980, Tz. 4; Bsp.: Art. 45 Abs. 1 DBA-Dänemark, Nr. 18 Schlussprotokoll DBA-Italien, Nr. 12 Schlussprotokoll DBA-Mexiko, Nr. 21 Protokoll zum DBA-USA 1989.

Einkünfte unterschiedlichen Personen zuweisen, ergeben. Damit soll eine Einmalbesteuerung sichergestellt werden.

3.5.7 Treaty Override

607 Aus dem amerikanischen Steuerrecht stammt der Begriff **Treaty override** oder **Treaty overriding**. Er besagt, dass die Bestimmungen eines bestehenden DBA durch späteres nationales Recht überlagert werden können. Im EStG findet man eine solche Vorschrift z. B. in § 50d Abs. 1 Satz 1 EStG: Ungeachtet der Tatsache, dass nach einem DBA bestimmte Einkünfte in der Bundesrepublik steuerfrei sind oder nur mit einem niedrigeren Steuersatz besteuert werden dürfen, ist die Vorschrift des § 50a EStG über die Einbehaltung, Abführung und Anmeldung der Steuer durch den Vergütungsschuldner bei beschränkt steuerpflichtigen Gläubigern anzuwenden. Die z. Zt. umstrittensten Normen in diesem Zusammenhang sind § 50d Abs. 8, Abs. 9 und Abs. 10 EStG. Der BFH hatte hierzu bisher in ständiger Rechtsprechung entschieden, dass das Treaty overriding zwar aus rechtspolitischer Sicht unerfreulich, dass darin aber kein verfassungsrelevanter Vorgang zu sehen sei.[537] Hiervon ist er aber zwischenzeitlich abgerückt und hat die Frage, ob ein Treaty override grundsätzlich verfassungsgemäß ist (zu § 50d Abs. 8 EStG), dem BVerfG zur Prüfung vorgelegt.[538] Diese Vorlage wird durch einen weiteren Beschluss ergänzt, der sich u. a. mit der Verfassungsmäßigkeit des § 50d Abs. 10 EStG befasst.[539]

3.6 Geltungsbereich eines Doppelbesteuerungsabkommens

3.6.1 Persönlicher Geltungsbereich

3.6.1.1 Person (Art. 1, 3 OECD-MA, Art. 1, 3 VG-DBA)

608 Lapidar regelt Art. 1 OECD-MA – wie auch fast alle DBA der Bundesrepublik –, dass **das Abkommen für Personen gilt**, die in einem oder beiden Vertragsstaaten ansässig sind; **Art. 1 VG-DBA** ist wortgleich. Grundsätzlich ohne Bedeutung ist die Staatsangehörigkeit; allein entscheidend ist die Ansässigkeit i. S. des Art. 4 OECD-MA bzw. Art. 4 VG-DBA.

609 In einem zweiten Schritt erfolgt dann in Art. 3 Abs. 1 Buchst. a) OECD-MA (= Art. 3 Abs. 1 Nr. 2 VG-DBA) die Definition des Ausdrucks **Person**: Hierunter sind

- natürliche Personen,
- Gesellschaften[540] und
- alle anderen Personenvereinigungen

zu verstehen.

---

537 BFH v. 13.7.1994 I R 120/93, BStBl 1995 II 129; v. 17.5.1995 I B 183/94, BStBl 1995 II 781.
538 BFH v. 10.1.2012 I R 66/09, BFH/NV 2012, 1056; Az. des BVerfG: 2 BvL 1/12.
539 BFH v. 11.12.2013 I R 4/13, BFH/NV 2014, 614.
540 Nach BFH v. 26.6.2013 I R 48/12, BFH/NV 2013, 2002, ist für die Entscheidung der Frage, ob eine Gesellschaft vorliegt, die Rechtsordnung des Quellenstaates maßgebend.

Keine Person i. S. des Abkommens ist die Betriebsstätte; sie kann somit auch nicht selbst abkommensberechtigt sein. 610

Unter den Ausdruck **Gesellschaft** fallen nach Art. 3 Abs. 1 Buchst. b) OECD-MA (= Art. 3 Abs. 1 Nr. 3 VG-DBA) 611

▶ **juristische Personen (Bsp.: SE, AG, KGaA,**[541] **GmbH)** oder

▶ **Rechtsträger, die für die Besteuerung wie juristische Personen behandelt werden** (vgl. § 1 Abs. 1 KStG).

Der Begriff **Personenvereinigung** umfasst grundsätzlich alle **nichtrechtsfähigen Personengesellschaften** (Bsp.: GbR, OHG, KG, Partnerschaft, EWIV) sowie alle **nichtrechtsfähigen Personenvereinigungen** (Bsp.: nichtrechtsfähiger Verein). Ausdrücklich anzumerken ist, dass nicht in allen DBA die Personenvereinigungen als Person i. S. des Abkommens anerkannt werden. Häufig fehlt in den DBA, die mit Staaten des Commonwealth abgeschlossen wurden, die Einbeziehung der Personengesellschaften. Andererseits kann es aber auch zu ergänzenden Regelungen und Erweiterungen kommen wie z. B. in Art. 3 Abs. 1 Nr. 4 DBA-Belgien (Partenreederei als Gesellschaft im Sinne des Abkommens). 612

Probleme können sich in der Praxis dann ergeben, wenn eine in einem Vertragsstaat ansässige juristische Person als steuerlich transparent behandelt wird. Dieser Fall kommt zwar selten vor, aber in der Abkommenspraxis sind zumindest zwei Fälle bekannt: Die griechische GmbH (bis einschließlich 1993)[542] und die argentinische GmbH (bis einschließlich 1995).[543] In beiden Fällen entsprach die ausländische Gesellschaftsform der deutschen GmbH, und die Gesellschaft stellt somit nach Handels- und Zivilrecht eine juristische Person und (Kapital-) Gesellschaft dar. Steuerlich wurden die Gesellschaften aber transparent behandelt, d. h., ihr Gewinn wurde auf der Ebene der Gesellschaft ermittelt und dann auf der Ebene der Gesellschafter versteuert, unabhängig davon, ob die Gesellschaft Gewinnausschüttungen vornimmt oder nicht (Transparenzbesteuerung). 613

3.6.1.2 Staatsangehörigkeit (Art. 3 Abs. 1 OECD-MA)

In Art. 3 Abs. 1 Buchst. g) OECD-MA (Art. 3 Abs. 1 Nr. 9 VG-DBA) wird der Ausdruck **Staatsangehöriger** definiert. Danach bedeutet der Begriff entweder 614

▶ eine natürliche Person, die die Staatsangehörigkeit oder die Staatsbürgerschaft eines der Vertragsstaaten besitzt, oder

▶ eine juristische Person, Personengesellschaft oder Personenvereinigung, die nach dem in einem der Vertragsstaaten geltenden Recht errichtet worden ist (sog. Grün-

---

541 BFH v. 19. 5. 2010 I R 62/09, BFH/NV 2010, 1919.
542 BMF v. 16. 12. 1993, BStBl 1994 I 3; BFH v. 31. 7. 1991 I R 60/90, BFHE 165, 507.
543 FinMin Nds v. 29. 10. 1997, DB 1998, 235.

dungstheorie) bzw. ihren Rechtsstatus aus dem in Deutschland geltendem Recht ableitet (Art. 3 Abs. 1 Nr. 9 VG-DBA).

615 Sieht man von der Auslegungsregel des Art. 4 Abs. 2 Buchst. c) OECD-MA einmal ab, so spielt die Staatsangehörigkeit für die Anwendung eines DBA nur noch eine Rolle bei der Besteuerung von Bezügen aus öffentlichen Kassen (Art. 19 Abs. 1 Buchst. b) OECD-MA), bei der Anwendung des Diskriminierungsverbots (Art. 24 OECD-MA) und beim Verständigungsverfahren (Art. 25 OECD-MA).

616 Anknüpfungspunkt für die Steuerpflicht nach den nationalen Steuergesetzen der Vertragsparteien ist in der Regel nicht die Staatsangehörigkeit, sondern die Ansässigkeit (Gegenbeispiel: USA knüpften bezüglich der unbeschränkten Einkommensteuerpflicht u. a. an die US-Staatsbürgerschaft an).

3.6.1.3 Ansässigkeit (Art. 4 OECD-MA/Art. 4 VG-DBA)

617 Art. 4 OECD-MA (= Art. 4 VG-DBA) erläutert den Begriff **ansässige Person**: Nach dem **Grundsatz des Art. 4 Abs. 1 OECD-MA** ist eine Person i. S. des Abkommens – nicht i. S. der nationalen Steuergesetze - dort ansässig, wo sie nach den innerstaatlichen Bestimmungen des Vertragsstaates aufgrund des Wohnsitzes, ständigen Aufenthaltes, Ortes der Geschäftsleitung oder eines anderen ähnlichen Merkmals (unbeschränkt) **steuerpflichtig** ist. Der Staat und seine Gebietskörperschaften gelten selbst als in dem betreffenden Vertragsstaat ansässig. Steuerpflicht allein aufgrund Einkünften aus Quellen in dem betreffenden Vertragsstaat (= beschränkte Steuerpflicht) begründet keine Ansässigkeit i. S. des OECD-MA (Art. 4 Abs. 1 Satz 2 OECD-MA).

618 Ist eine **natürliche Person** nach den Kriterien des Art. 4 Abs. 1 OECD-MA **in beiden Vertragsstaaten ansässig (= Mehrfachansässigkeit/Doppelansässigkeit)**, so stellt Art. 4 Abs. 2 OECD-MA eine Rangfolge auf, um die Person für Zwecke der Besteuerung dem einen oder anderen Staat zuordnen zu können (**Kollisionsnorm** – sog. **tie-breaker-rules**):

619 Die Person gilt nach Art. 4 Abs. 2 Buchst. a) OECD-MA als in dem Staat ansässig, in dem sie über eine **ständige Wohnstätte** verfügt. Hierunter ist eine Wohnung zu verstehen, die dem Steuerpflichtigen nach Größe und Ausstattung ein seinen Lebensverhältnissen entsprechendes Heim bietet und die er nicht nur gelegentlich verwendet.[544] Somit sind insbesondere Ferienwohnungen für die Besteuerung nicht maßgebend. „Wohnstätte" i. S. der DBA und „Wohnsitz" nach § 8 AO unterscheiden sich:[545] Eine Wohnstätte ist eine „ständige", wenn sie aufgrund einer langfristigen Rechtsposition ständig genutzt werden kann und tatsächlich regelmäßig genutzt wird. Dabei ist einerseits weder ein ständiges Bewohnen noch ein Mindestmaß an Nutzung Voraussetzung für das Vorliegen einer ständigen Wohnstätte; ebenso muss sich dort nicht der Mittelpunkt der Lebensinteressen des betreffenden Steuerpflichtigen befinden. Andererseits reicht eine nur gelegentliche Nutzung nicht aus. Erforderlich ist vielmehr eine Art und Intensität der Nutzung, welche die Wohnung als eine nicht nur hin und wieder aufgesuchte, son-

---

544 BFH v. 23. 10. 1985 I R 274/82, BStBl 1986 II 133; ausführlich BFH v. 16. 12. 1998 I R 40/97, BStBl 1999 II 207; v. 5. 6. 2007 I R 22/06, BStBl 2007 II 812.
545 BFH v. 5. 6. 2007 I R 22/06, BStBl 2007 II 812.

dern in den allgemeinen Lebensrhythmus einbezogene Anlaufstelle des Steuerpflichtigen erscheinen lässt.

Hat die Person in beiden Staaten ständige Wohnstätten, so gilt sie als in dem Staat ansässig, zu dem sie die engeren persönlichen und wirtschaftlichen Beziehungen hat – Art. 4 Abs. 2 Buchst. a) 2. Alternative OECD-MA (**Mittelpunkt des Lebensinteresses**, Mittelpunkt der persönlichen und geschäftlichen Interessen).[546] Die persönlichen Beziehungen, die den Mittelpunkt der Lebensinteressen prägen, umfassen die gesamte private und wirtschaftliche Lebensführung. Dazu gehören u. a. familiäre, gesellschaftliche, politische und kulturelle Beziehungen; wirtschaftliche Beziehungen bestehen vor allem zu örtlich gebundenen Tätigkeiten, Einnahmequellen und Vermögensgegenständen (Bsp.: Wohnsitz der Familie[547] und Erwerb eines Wohnhauses in Großbritannien, Anmietung eines Hotelzimmers während des Aufenthalts in Deutschland).[548] Der Mittelpunkt der Lebensinteressen im abkommensrechtlichen Sinne liegt jedenfalls dann in einem bestimmten Staat, wenn zu diesem Staat erstens die deutlich engeren persönlichen Beziehungen und darüber hinaus gewichtige wirtschaftliche Beziehungen bestehen und die vorhandenen wirtschaftlichen Beziehungen zu einem anderen Staat nur gegenwartsbezogen sind und sich voraussichtlich abbauen werden. 620

Gelingt es nicht, den Mittelpunkt des Lebensinteresses festzustellen, so ist nach Art. 4 Abs. 2 Buchst. b) OECD-MA der **gewöhnliche Aufenthalt** maßgebend. Der Begriff gewöhnlicher Aufenthalt ist nicht im Sinne des § 9 AO, sondern in Abgrenzung zu den anderen Kollisionsmerkmalen des Art. 4 Abs. 2 OECD-MA auszulegen. Die Auslegung des Begriffs ergibt sich aus seiner Funktion, den – anders nicht zu bestimmenden – Mittelpunkt der Lebensinteressen zu konkretisieren. Der Aufenthalt ist danach in dem Maße „gewöhnlich", in dem er der Verwirklichung der persönlichen und wirtschaftlichen Beziehungen dient. Der gewöhnliche Aufenthalt liegt hierbei in dem Vertragsstaat, in dem der Steuerpflichtige überwiegend lebt. 621

Sodann ist die **Staatsangehörigkeit** (Art. 4 Abs. 2 Buchst. c OECD-MA) entscheidend. 622

Bei doppelter Staatsangehörigkeit schließlich wird die Zuordnung im gegenseitigen Einvernehmen der Vertragsparteien geregelt (Art. 4 Abs. 2 Buchst. d), Art. 25 OECD-MA). 623

Für **andere als natürliche Personen** (= Gesellschaften und alle anderen Personenvereinigungen) gilt bei Doppel- oder Mehrfachansässigkeit i. S. des Art. 4 Abs. 1 OECD-MA[549], dass sie im Zweifel dort ansässig sind, wo sich der **Ort der tatsächlichen Geschäftsleitung** befindet (Art. 4 Abs. 3 OECD-MA). Allerdings wird von dieser Regel in einigen Abkommen abgewichen; besonders nachteilig für den Steuerpflichtigen ist z. B. die Bestimmung des Art. 4 Abs. 3 DBA-USA: Danach gilt die Gesellschaft solange als in keinem 624

---

546 BFH v. 23. 7. 1971 III R 60/79, BStBl 1971 II 758; v. 23. 10. 1985 I R 274/82, BStBl 1986 II 133; v. 31. 10. 1990 I R 24/89, BStBl 1991 II 562; v. 17. 7. 2002 I B 119/01, BFH/NV 2002, 1600; v. 27. 3. 2007 I B 63/06, BFH/NV 2007, 1656.
547 BFH v. 19. 11. 2003 I R 3/02, BStBl 2004 II 932.
548 BFH v. 31. 10. 1990 I R 24/89, BStBl 1991 II 562.
549 Bsp.: Kapitalgesellschaft mit statuarischem Sitz in den USA und tatsächlicher Geschäftsleitung in der Bundesrepublik; BFH v. v. 29. 1. 2003 I R 6/99, BStBl 2004 II 1043.

der beiden Vertragsstaaten ansässig, bis die zuständigen Behörden der beiden Vertragsstaaten durch Konsultationen bestimmt haben, in welchem Vertragsstaat die Gesellschaft ansässig ist. Damit wird der Gesellschaft solange auch der Abkommensschutz versagt. Gelingt eine Vereinbarung nicht, so gilt die Person als in keinem der beiden Vertragsstaaten ansässig.[550]

3.6.1.4 Treaty Shopping, Abkommensmissbrauch und Vermeidung

625 Aus dem amerikanischen Steuerrecht stammt der Begriff des **treaty shopping**, der in etwa mit Erschleichen der Abkommensberechtigung durch Zwischenschaltung einer natürlichen oder juristischen Person übersetzt werden kann. Was hierunter zu verstehen ist, lässt sich am sog. **Monaco-Fall**[551] aufzeigen: Ein Monegasse hatte sich mit 48 % an einer Schweizer AG beteiligt, deren einziger Zweck darin bestand, Anteile an einer deutschen AG zu halten. Durch die Zwischenschaltung der Schweizer AG gelangte der Monegasse in den Genuss der Ermäßigung der deutschen Quellensteuer aufgrund des DBA-Schweiz; ohne die Zwischenschaltung der Schweizer AG wäre die deutsche Kapitalertragsteuer in voller Höhe zu entrichten gewesen.

626 Ein weiteres Beispiel für treaty shopping ist die sog. **Quintett-Beteiligung**.[552]

627 Die Rechtsprechung wendet § 42 AO auch im Rahmen eines DBA an und erblickt in der Ausnutzung der Abkommensberechtigung durch Einschaltung von Zwischenpersonen u.U. einen Fall von § 42 AO.[553] Die frühere Rechtsprechung zum sog. Monaco-Fall ist ausdrücklich aufgegeben worden.

628 Vereinzelt finden sich in den Abkommen Regelungen zur Verhinderung des Missbrauchs. So ist z. B. in den Abkommen mit den USA[554] sowie dem DBA-Irland 2011 eine sog. „**Limitation-on-Benefits-Klausel**" (**LOB-Klausel**) vereinbart, die die Abkommensberechtigung näher regelt: Danach kommt eine in dem einen Vertragsstaat ansässige Person nur dann in den Genuss der Abkommensvergünstigungen, die das DBA für die Besteuerung im anderen Vertragsstaat vorsieht, wenn die Person die im Abkommen aufgeführten objektiven Voraussetzungen erfüllt. Nur dann ist die Person, welche die relevanten Einkünfte erzielt, eine berechtigte Person („qualified person") im Sinne des Abkommens. Mit diesen Klauseln soll einem Missbrauch entgegen gewirkt werden. Im deutschen Einkommensteuerrecht ist ein Teilbereich des Problems des treaty shopping in § 50d Abs. 3 EStG geregelt. **Art. 28 VG-DBA** befasst sich mit der Vermeidung der missbräuchlichen Ausnutzung des Abkommens; diese Norm hat kein Vorbild im OECD-MA und basiert teilweise auf Regelungen im OECD-MK. In diesen Zusammenhang gehört auch das **FATCA-Abkommen**.[555]

---

550 So auch Art. 4 Abs. 3 DBA-Türkei 2011.
551 BFH v. 29.10.1981 I R 89/80, BStBl 1982 II 150.
552 Rdn. 942.
553 BFH v. 29.10.1997 I R 35/96, BStBl 1998 II 235; v. 20.3.2002 I R 38/00, BStBl 2002 II 819; v. 23.10.2002 I R 39/01, BFH/NV 2003, 289; aber: BFH v. 31.5.2005 I R 74/88 /04, BStBl 2006 II 118.
554 Art. 28 DBA-USA.
555 Rdn. 86.

Ferner existieren noch die Begriffe **directive shopping** und **rule shopping**. Unter directive shopping versteht man Folgendes: Eine nicht zur Inanspruchnahme von Begünstigungsvorschriften, die auf EU-Richtlinien basieren, berechtigte Person „kauft" sich in eine EU-Richtlinie ein und benutzt diese.[556] Der Ausdruck rule shopping wird angewendet, wenn der Steuerpflichtige durch eine Sachverhaltsgestaltung die Einkünfte so umqualifiziert, dass sie unter eine von ihm als günstig angesehene Abkommensvorschrift fallen.[557]

629

3.6.1.5 Die Personengesellschaft im Abkommensrecht[558]

Ob eine ausländische Gesellschaft als Personengesellschaft oder als Kapitalgesellschaft zu behandeln ist, bestimmt sich ausschließlich nach den Bestimmungen des deutschen Steuerrechts; maßgebend für die Einordnung ist der sog. Typenvergleich:[559]

630

Wenn eine Personengesellschaft in beiden Vertragsstaaten als Person i. S. des Abkommens angesehen und ferner in beiden Vertragsstaaten als eigenständiges Steuersubjekt qualifiziert wird, sie also intransparent ist,[560] ist sie eine ansässige Person i. S. von Art. 1, Art. 4 Abs. 1 Satz 1 OECD-MA; die **Personengesellschaft ist somit selbst abkommensberechtigt**. Dies gilt **nicht für deutsche Personengesellschaften**, die weder einkommen- noch körperschaftsteuerpflichtig sind; ihre Gewerbesteuerpflicht reicht nach h. M. für eine Ansässigkeit i. S. des DBA nicht aus.

631

Wird die Personengesellschaft nach den Bestimmungen des Abkommens in beiden Vertragsstaaten **nicht** als Person i. S. des DBA angesehen oder ist sie zwar Person i. S. des Abkommens, aber steuerlich transparent, d. h., ist sie nicht selbst Steuersubjekt, gilt sie als nicht ansässig i. S. des Art. 4 Abs. 1 OECD-MA,[561] weil sie nicht selbst steuerpflichtig ist. Dann ist sie selbst auch **nicht abkommensberechtigt**. Dies ist der Regelfall für deutsche Personengesellschaften.

632

Um in der letztgenannten Fallvariante den in der Personengesellschaft zusammengefassten Gesellschaftern den Abkommensschutz nicht zu verweigern, stellen Rechtsprechung, Verwaltung und Literatur auf den einzelnen Gesellschafter ab: Die Beteiligung **an einer im Ausland ansässigen und originär gewerblich tätigen Personengesellschaft ausländischen Rechts führt bei den inländischen Gesellschaftern zur Annahme von gewerblichen Einkünften gemäß § 15 Abs. 1 Satz 1 Nr. 2 EStG**, wenn die Gesellschaft nach

633

---

556 Bsp.: FG Köln v. 22. 6. 2001 2 K 5087/95, EFG 2001, 1378: Zwei japanische Gesellschaften haben eine niederländische Kapitalgesellschaft einer deutschen Tochtergesellschaft vorgeschaltet, um in den Genuss der Mutter-Tochter-Richtlinie zu gelangen.
557 BFH v. 19. 1. 2000 I R 94/97, BStBl 2001 II 222.
558 Umfassend BMF v. 16. 4. 2010, BStBl 2010 I S. 354; Neufassung geplant – vgl. Fußnote 85.
559 BMF v. 16. 4. 2010, BStBl 2010 I 354; Neufassung geplant – vgl. Fußnote 85; BFH v. 20. 8. 2008 I R 34/08, BStBl 2009 II 263.
560 Bsp.: Art. 3 Abs. 1 Nr. 4, Art. 4 Abs. 1 DBA-Belgien; vgl. BFH v. 13. 11. 2013 I R 67/12, BFH/NV 2014, 248.
561 BFH v. 10. 8. 2006 II R 59/05, BStBl 2009 II 758 unter 8. der Entscheidungsgründe.

ihrer wirtschaftlichen und rechtlichen Struktur einer deutschen Personengesellschaft entspricht (sogenannter **Typenvergleich**).[562] D. h., die Beteiligung **an einer ausländischen Personengesellschaft wird wie eine im Ausland belegene gewerbliche Betriebsstätte des jeweiligen Mitunternehmers behandelt;**[563] jeder einzelne Gesellschafter wird so behandelt, als betreibe er mit seinem Gesellschaftsanteil ein eigenes, von den Mitgesellschaftern unabhängiges Unternehmen, für das er eine (seinem Gesellschaftsanteil entsprechende) Betriebsstätte am Ort der Geschäftseinrichtung der ausländischen Personengesellschaft unterhält. Gleiches gilt, wenn eine inländische Personengesellschaft eine ausländische Betriebsstätte in einem DBA-Staat unterhält. **Für die Abkommensberechtigung und den Abkommensschutz wird demnach auf den einzelnen Gesellschafter abgestellt.** Entsprechendes gilt umgekehrt, wenn ein beschränkt Steuerpflichtiger Gesellschafter einer inländischen Personengesellschaft ist.[564]

634 Unterhält die ausländische Personengesellschaft im Inland weder eine Betriebsstätte noch hat sie einen ständigen Vertreter bestellt, so ist der **Gewinn der ausländischen Personengesellschaft nach § 4 Abs. 1 EStG zu ermitteln.**[565] Die nach § 4 Abs. 1 EStG aufzustellende Bilanz kann entweder in deutscher oder in ausländischer Währung aufgestellt werden. Wird die Bilanz in ausländischer Währung aufgestellt, so ist das Ergebnis in EUR umzurechnen.

635 Grundsätzlich wird man davon ausgehen können, dass Gewinnanteile an der ausländischen Personengesellschaft im Inland aufgrund einer dem Art. 7 Abs. 1 Satz 2, 23 A Abs. 1 OECD-MA entsprechenden Regelung (ggf. unter Beachtung des Progressionsvorbehalts nach § 32b Abs. 1 Satz 1 Nr. 3 EStG) **von der Besteuerung freigestellt** sind.

636 Wird eine nach deutschem Steuerrecht als Personengesellschaft einzuordnende Gesellschaft im anderen Vertragsstaat/Sitzstaat als Körperschaft/juristische Person behandelt, folgt das deutsche Steuerrecht nicht dieser Einordnung; es gibt **keine sog. Qualifikationsverkettung**[566] (Bsp.: Personengesellschaften in Spanien, OHG und KG in Tschechien, OHG und KG in Rumänien, Société en commandite simple und einer Société en nom collectif in Tunesien). Der Sitzstaat erhebt Körperschaftsteuer und im Fall der Ausschüttung des Gewinns ggf. eine Quellensteuer. Bei dieser Konstellation (ausländische Gesellschaft ist nach Typenvergleich als Mitunternehmerschaft zu qualifizieren) werden von den inländischen Gesellschaftern (ausländische) Einkünfte i. S. des § 15 Abs. 1 Satz 1 Nr. 2 EStG erzielt.[567] Dies bedeutet, dass der jeweilige Gewinnanteil den Gesell-

---

562 BFH v. 4. 4. 2007 I R 110/05, BStBl 2007 II 521 m. w. N.; v. 17. 10. 2007 I R 5/06, BStBl 2009 II 356; v. 20. 8. 2008 I R 34/08, BStBl 2009 II 263; hierzu auch BMF v. 24. 12. 1999, BStBl 1999 I 1076, unter Ziffer 1.1.5; zu dem Problem, ob eine US-amerikanische LLC eine Personen- oder eine Kapitalgesellschaft darstellt BMF v. 19. 3. 2004, BStBl 2004 I 411.
563 BFH v. 18. 12. 2002 I R 92/01, BFH/NV 2003, 964; v. 16. 10. 2002 I R 17/01, BFH/NV 2003, 366, unter 3. b) bb) aaa) der Entscheidungsgründe mit Nachweisen der Rechtsprechung; umgekehrt zu einer inländischen Personengesellschaft, die den ausländischen Gesellschaftern Betriebsstätten im Inland vermittelt: BFH v. 13. 02. 2008 I R 63/06, BStBl 2009 II 414.
564 Vgl. Fußnote 558, Tz. 3.
565 BFH v. 13. 9. 1989 I R 117/87, BStBl 1990 II 57.
566 BFH v. 25. 5. 2011 I R 95/10, BFH/NV 2011, 1602; v. 13. 11. 2013 I R 67/12, BFH/NV 2014, 24.
567 BFH v. 4. 4. 2007 I R 110/05, BStBl 2007 II 521; v. 25. 5. 2011 I R 95/10, BFH/NV 2011, 1602.

schaftern unabhängig von einem Ausschüttungsbeschluss oder einer tatsächlich erfolgten Ausschüttung in dem VZ zuzurechnen ist, in dem der Gewinn entstanden ist.

Der Zurechnung der Einkünfte auf die inländischen Gesellschafter steht im vorgenannten Falle nicht entgegen, dass die ausländische Gesellschaft als solche im ausländischen Sitzstaat Steuersubjekt ist.[568] Dies gilt auch dann, wenn unter der Geltung eines DBA aus der ausländischen Qualifizierung als juristische Person und Steuersubjekt für die Anwendung des DBA von einer im anderen Vertragsstaat ansässigen Person ausgegangen werden kann. Denn die Frage, welcher Person bestimmte Einkünfte nach steuerlichen Gesichtspunkten zuzurechnen sind, ist nicht Gegenstand der abkommensrechtlichen Zuordnung des Besteuerungssubstrats. Es handelt sich hierbei vielmehr um eine unilateral eigenständig zu beantwortende Rechtsfrage, die Art. 3 Abs. 2 OECD-MA dem jeweiligen Anwenderstaat überantwortet.[569]

637

An der vorstehend dargestellten Rechtsfolge – Zurechnung im Inland als (ggf. steuerfreie) Einkünfte nach § 15 Abs. 1 EStG – ändert sich auch nichts dadurch, dass eine Ausschüttung seitens der im Ausland als juristische Person behandelten Gesellschaft im Sitzstaat grundsätzlich als Dividendenzahlung angesehen wird und abkommensrechtlich Art. 10 OECD-MA mit der Folge einer (die Steuerpflicht in Ausland abgeltenden) Quellenbesteuerung unterfällt. Denn „Ausschüttungen" wären bei dem inländischen Gesellschafter einer Mitunternehmerschaft (aus inländischer Sicht) als in Deutschland nicht steuerbare Privatentnahmen anzusehen. Hierdurch wird zugleich ausgeschlossen, dass es hinsichtlich der ausgeschütteten Erträge zu einer doppelten steuerlichen Erfassung im Inland kommt.

638

Es kann auch der Fall eintreten, dass eine nach deutschem Steuerrecht als Kapitalgesellschaft zu qualifizierende ausländische Gesellschaft im Sitzstaat als transparente Gesellschaft, d. h. wie eine Personengesellschaft behandelt wird. Nach deutschem Steuerrecht werden die im Inland steuerpflichtigen Gesellschafter nur besteuert, soweit sie Gewinnanteile i. S. des § 20 EStG erzielen; es handelt sich dabei um Einkünfte i. S. des Art. 21 Abs. 1 OECD-MA (Art. 20 Abs. 1 VG-DBA).

639

Zu **gewerblich geprägten Personengesellschaften**,[570] **gewerblich infizierten Personengesellschaften, freiberuflichen Personengesellschaften und Personengesellschaften mit Einkünften aus Vermögensverwaltung** hat sich zwischenzeitlich die Finanzverwaltung der Rechtsprechung angeschlossen: Der BFH vertritt in ständiger Rechtsprechung die Auffassung,[571] dass die internrechtlich-fiktive Umqualifikation auf die abkommensrechtliche Einkunftsqualifikation nicht durchschlägt – Irrelevanz der Fiktion des § 15 Abs. 3 Nr. 2 EStG bei der abkommensrechtlichen Qualifizierung von Einkünften. Abkommensrechtlich ausschlaggebend ist allein die tatsächlich verwirklichte Einkunftsart. Bei Besitzpersonengesellschaften im Rahmen einer **Betriebsaufspaltung** kommen regel-

640

---

568 BFH v. 4.4.2007 I R 110/05, BStBl 2007 II 521.
569 BFH v. 25.2.2011 I R 95/10, BFH/NV 2011, 1602, der ausdrücklich eine andere, sog. abkommensorientierte Auffassung und damit eine Bindung an die Rechtsauffassung des Sitzstaates der Gesellschaft (Quellenstaat) ablehnt.
570 Vgl. BFH v. 25.5.2011 I R 96/10, BFH/NV 2011, 1602.
571 BFH v. 28.4.2010 I R 81/09, BFH/NV 2010, 1550; v. 9.12.2010 I R 49/09, BStBl II 2011, 482; v. 25.5.2011 I R 95/10, BFH/NV 2011, 1602; v. 24.8.2011 I R 46/10, BFH/NV 2011, 2165.

mäßig die Grundsätze für vermögensverwaltende Personengesellschaften zur Anwendung.

641 Hauptproblembereich ist z. Zt. die Behandlung von Sondervergütungen und die hierzu ergangenen Bestimmungen der § 50d Abs. 9, Abs. 10 sowie § 50i EStG.

642 Die OECD hatte eine Arbeitsgruppe eingesetzt, die 1999 ihren Bericht[572] vorgelegt hat. Als Konsequenz aus dem Bericht sind dann im Rahmen des Update 2000 in Art. 23 A OECD-MA der Abs. 4 eingefügt sowie die Kommentierung insbesondere zu Art. 23 A OECD-MA ergänzt worden.

3.6.2 Sachlicher Geltungsbereich

3.6.2.1 Räumlicher Geltungsbereich

643 Hinsichtlich des räumlichen Geltungsbereichs eines DBA ist im OECD-MA keine ausdrückliche Regelungen getroffen; des Öfteren findet man in den einzelnen Abkommen in Art. 3 – Allgemeine Begriffsbestimmungen – Erläuterungen zum Begriff „Vertragsstaat" und in diesem Zusammenhang eine geographische Umschreibung des Staatsgebiets der Vertragsstaaten (so z. B. in Art. 3 Abs. 1 Nr. 1 VG-DBA) und ggf. eine räumliche Begrenzung.

> **BEISPIEL:** Nach Art. 2 Abs. 1 Nr. 1 DBA-Frankreich gilt das Abkommen nur in einem Teil der überseeischen Provinzen Frankreichs; nach Art. 3 Abs. 1 Buchst. c) DBA-Dänemark gilt das Abkommen nicht für die Färöer und Grönland; nach Art. 3 Abs. 1 Buchst. a) DBA-USA gilt das Abkommen nicht für Puerto Rico, die Jungferninseln, Guam und die anderen Besitzungen und Territorien der USA.

644 Ferner befasst sich Art. 29 OECD-MA mit der Ausdehnung des geographischen Anwendungsbereichs eines Abkommens (fehlt im VG-DBA). Diese Klausel findet sich nur selten in den deutschen DBA.

645 Die **Bundesrepublik Deutschland** wird in älteren DBA als der Geltungsbereich des Grundgesetzes definiert.[573] Weiter findet sich in den vor der Wiedervereinigung abgeschlossenen DBA unter den Schlussbestimmungen die sog. **Berlin-Klausel**, die vor der Wiedervereinigung Deutschlands für eine Erstreckung des Abkommens auf Berlin (West) völkerrechtlich erforderlich war.

646 In Abkommen, die nach der Wiedervereinigung abgeschlossen wurden, ist unter dem Ausdruck „Bundesrepublik Deutschland", geographisch verwendet, das Gebiet zu verstehen, in dem das Steuerrecht der Bundesrepublik Deutschland gilt.[574]

647 In den neueren DBA der Bundesrepublik ist bestimmt, dass das Abkommen auch insoweit auf den **Festlandsockel** angewendet wird, soweit der jeweilige Vertragsstaat in Übereinstimmung mit dem Völkerrecht seine Rechte hinsichtlich des Meeresgrundes,

---

[572] OECD, The Application of the OECD Model Tax Convention to Partnerships, Issue in International Taxation No. 6 – hierzu BFH v. v. 25. 5. 2011 I R 95/10, BFH/NV 2011, 1602.
[573] Bsp.: Art. 2 Abs. 1 Nr. 2 DBA-Frankreich; Art. 3 Abs. 1 Buchst. a) DBA-Schweiz.
[574] Bsp.: Art. 3 Abs. 1 Buchst. c) DBA-USA.

des Meeresuntergrundes und der dort befindlichen Naturschätze ausüben darf (vgl. Art. 3 Abs. 1 Nr. 1 VG-DBA).[575] Fehlt eine entsprechende Bestimmung im DBA, so gilt nach herrschender Auffassung das Abkommen dennoch für diesen Bereich, da der Festlandsockel allgemein als steuerrechtliches Inland angesehen wird.

Die **von der ehemaligen DDR abgeschlossenen DBA** werden nur bis einschließlich 31.12.1990 angewendet. Die Bundesregierung hat nach der Herstellung der Einheit Deutschlands allen betroffenen Staaten die deutsche Auffassung mit dem Ziel mitgeteilt, beiderseitiges Einvernehmen über diese Frage herbeizuführen, was auch mit einem Großteil der betroffenen Staaten erzielt wurde.[576]

648

Da in der jüngeren Vergangenheit auch Staaten, mit denen ein Abkommen bestanden hat, zerfallen sind (Bsp.: Jugoslawien, UdSSR) ist die räumliche Erstreckung des DBA in derartigen Fällen mit dem Nachfolgestaat zu regeln.[577]

649

3.6.2.2 Steuerlicher Geltungsbereich (Art. 2 OECD-MA)

Nach Art. 2 OECD-MA (Art. 2 VG-DBA) sind die vom Abkommen betroffenen Steuern einzeln aufzuführen. Es ist davon auszugehen, dass das jeweilige DBA eine abschließende Aufzählung der unter das Abkommen fallenden Steuern enthält. Im Regelfall zählen hierzu auf deutscher Seite Einkommensteuer, Körperschaftsteuer, Vermögensteuer, Gewerbesteuer und Grundsteuer. Da zu den Steuern vom Einkommen und Vermögen auch Landes-, Provinz- und Kommunalsteuern gehören (Bsp.: Grundsteuer), muss deren Einbeziehung in das Abkommen ebenfalls geregelt sein.[578]

650

Fehlt in dem ausländischen Staat eine vergleichbare Steuer (häufig bei der Gewerbe- und Vermögensteuer),[579] so wird dennoch diese Steuer in das Abkommen mit einbezogen.

651

Auch **Zusatzabgaben** zu den Steuern vom Einkommen und Vermögen müssen ausdrücklich im Abkommen aufgeführt werden.[580]

652

Da bei Abschluss eines DBA nur die zurzeit bestehenden Steuern in das Abkommen einbezogen werden können, kann bei einer späteren Änderung der innerstaatlichen Einzelsteuergesetze die Frage auftauchen, ob das Abkommen sich auch hierauf erstreckt. Deshalb sieht Art. 2 Abs. 4 OECD-MA (Art. 2 Abs. 4 VG-DBA) vor, dass das Abkommen auch für Steuern gleicher oder im Wesentlichen ähnlicher Art gilt, die nach Unterzeich-

653

---

575 Bsp.: Art. 3 Abs. 1 Buchst. a) DBA-Island; Art. 3 Abs. 1 Buchst. a) DBA-Malta; ausführlich Art. 20 DBA-Norwegen.
576 BMF v. 4.1.1993, BStBl 1993 I 4.
577 BMF v. 22.1.2014, BStBl 2014 I 171.
578 Bsp.: Kantonale Staatssteuer gemäß Art. 2 Abs. 3 Nr. 2 DBA-Schweiz.
579 BFH v. 7.11.1990 II R 17/86, BStBl 1991 II 163, betreffend die Aufnahme von Vermögensteuer in das DBA-Australien, auch wenn in Australien keine Vermögensteuer erhoben wird.
580 Bsp.: Ergänzungsabgabe zur Einkommensteuer: Art. 2 Abs. 1 DBA-Australien; Notopfer Berlin: Art. 1 Abs. 2 DBA-Frankreich; Ergänzungsteuer: Art. 2 Abs. 1 Buchst. a) Nr. 6 DBA-Portugal; Art. 2 Abs. 3 Buchst. b) DBA-Russland betreffend den Solidaritätszuschlag.

nung des Abkommens neben den bestehenden Steuern oder an deren Stelle erhoben werden.[581] Die Vertragsparteien verpflichten sich weiter, die in ihren Steuergesetzen eingetretenen bedeutsamen Änderungen mitzuteilen.

3.6.2.3 Zeitlicher Geltungsbereich (Art. 30, 31 OECD-MA)

654 In Art. 30 OECD-MA (Art. 31 VG-DBA) ist das Inkrafttreten des Abkommens geregelt. Ein Abkommen tritt erst nach der Ratifikation durch beide Vertragsstaaten in Kraft; grundsätzlich ist keine Rückwirkung des Abkommens vorgesehen, es sei denn, es wird gesondert vereinbart.

655 Nach Art. 31 OECD-MA (Art. 32 VG-DBA) bleibt das Abkommen solange in Kraft, solange es nicht von einer Vertragspartei gekündigt wird; Art. 32 Abs. 2 VG-DBA sieht eine Mindestlaufzeit von fünf Jahren vor. In jüngster Zeit hat die Bundesregierung von diesem Kündigungsrecht wiederholt Gebrauch gemacht, so z. B. beim DBA-Österreich/Erbst,[582] beim DBA-Brasilien[583] und beim DBA-Türkei[584].

3.7 Zuordnungsprinzipien

3.7.1 Einkünfte aus unbeweglichem Vermögen (Art. 6 OECD-MA/Art. 6 VG-DBA)

656 Bei Einkünften aus unbeweglichem Vermögen geht Art. 6 Abs. 1 OECD-MA (Art. 6 Abs. 1 VG-DBA) von dem **Grundsatz der Belegenheit** aus. D. h. dem Staat, in dem sich das unbewegliche Vermögen befindet, wird das vorrangige Besteuerungsrecht für die Einkünfte aus dem unbeweglichen Vermögen eingeräumt, das er aber nicht ausüben muss (vgl. den Text in Art. 6 Abs. 1 OECD-MA: „kann"). Die im Ausland erzielten Einkünfte aus unbeweglichem Vermögen sind in der Bundesrepublik i. d. R. – **ggf. unter Beachtung des Progressionsvorbehalts** – **von der Einkommensteuer befreit** (§ 32b Abs. 1 Satz 1 Nr. 3, Satz 2 Nr. 3 EStG). Dieses Prinzip wird u. a. durchbrochen bei folgenden DBA: DBA-Finnland (Art. 23 Abs. 5 Buchst. b) Doppelbuchst. iii), DBA-Schweiz[585] (Art. 24 Abs. 1 Nr. 2) und DBA-Spanien 1966[586] (Art. 23 Abs. 1 Buchst. b); in diesen Abkommen ist die Anrechnungsmethode (= Besteuerung in der Bundesrepublik unter Anrechnung der Quellensteuer) vereinbart.

---

581 BMF v. 2. 11. 2007, BStBl 2007 I 821, betreffend neue mexikanische Steuer; v. 16. 11. 2009, BStBl 2009 I 1321, zur irischen „Income Levy".
582 Gekündigt zum 31. 12. 2007.
583 Kündigung am 7. 5. 2005 zum 31. 12. 2005.
584 Kündigung des DBA-Türkei 1986 am 21. 7. 2009 zum 31. 12. 2010; nahtlose Fortsetzung durch das DBA-Türkei 2011.
585 BFH v. 5. 6. 2002 I R 86/01, BStBl 2002 II 683, es sei denn, das Grundstück dient einer in der Schweiz gelegenen Betriebsstätte (Art. 24 Abs. 1 Buchst. a) DBA-Schweiz – hierzu BFH v. 14. 7. 1993 I R 71/92, BStBl 1994 II 91).
586 Im DBA-Spanien 2011 ist grundsätzlich das Anrechnungsverfahren vereinbart, sofern nicht die Einkünfte aus unbeweglichem Vermögen zu einer Betriebsstätte in Spanien gehören.

Weder das OECD-MA noch die DBA der Bundesrepublik Deutschland noch die VG-DBA erläutern den **Ausdruck unbewegliches Vermögen**. Vielmehr wird nach Art. 6 Abs. 2 Satz 1 OECD-MA/Art. 6 Abs. 2 VG-DBA auf das Recht des Belegenheitsstaates abgestellt, unabhängig davon, wie das Vermögen im Wohnsitzstaat zu qualifizieren ist. Gemäß Art. 6 Abs. 2 Satz 2 OECD-MA zählen auf jeden Fall Zubehör (§ 97 BGB), Inventar (§ 98 BGB), Nutzungs- und Ausbeutungsrechte (Bsp.: Erbbaurecht,[587] Nießbrauch, Mineralgewinnungsrechte) zum unbeweglichen Vermögen; auch Entgelte für Ausbeutungsrechte fallen unter Art. 6 OECD-MA und nicht unter Art. 12 OECD-MA. Grundsätzlich gelten, unabhängig vom nationalen Recht, **Schiffe und Luftfahrzeuge nicht als unbewegliches Vermögen**. 657

Schließlich bestimmt Art. 6 Abs. 3 OECD-MA/Art. 6 Abs. 3 VG-DBA, dass der Belegenheitsgrundsatz für **jede Art der Nutzung des unbeweglichen Vermögens** gilt, z. B. auch für Abfindungen[588] oder Kaufoptionsrechte[589]. Nicht hierzu zählen Zinsen aus grundpfandrechtlich gesicherten Forderungen sowie Zinsen eines der Immobilienverwaltung dienenden Bankkontos[590] oder Zinsen für ein grundbuchrechtlich abgesichertes Darlehen; diese werden nach Art. 11 Abs. 3 OECD-MA besteuert (vgl. auch § 34d Nr. 6 EStG). Allerdings ist in diesem Zusammenhang zu beachten, dass einzelne Abkommen Sonderregelungen treffen (Bsp.: Art. 6 Abs. 2 DBA-Ägypten). 658

Nicht zu den Einkünften i. S. des Art. 6 OECD-MA zählen die **Veräußerungsgewinne**; deren Besteuerung regelt **Art. 13 Abs. 1 OECD-MA**. 659

Grundsätzlich gehören zu den Einkünften aus unbeweglichem Vermögen auch **Einkünfte aus Land- und Forstwirtschaft**.[591] Allerdings behandeln einige Staaten **Einkünfte aus Land- und Forstwirtschaft als Einkünfte aus Gewerbebetrieb**.[592] Ist dies der Fall, so unterliegen diese Einkünfte der Regelung des Art. 7 OECD-MA (Unternehmensgewinne). In dem neuesten Entwurf des OECD-MK zu Art. 5 OECD-MA wird die Frage diskutiert, ob ein landwirtschaftlicher Betrieb eine Betriebsstätte sein kann; grundsätzlich soll dies auch ohne besondere Bestimmung im Abkommen möglich sein. 660

Das in Abs. 1 niedergelegte Belegenheitsprinzip gilt nach Art. 6 Abs. 4 OECD-MA auch für die Einkünfte aus unbeweglichem Vermögen eines Unternehmens (vgl. Art. 7 OECD-MA). **Das Betriebsstättenprinzip weicht insoweit dem Belegenheitsprinzip**;[593] dieser Vorrang des Art. 6 OECD-MA gilt auch für andere Verteilungsnormen für Unternehmensgewinne. 661

Die Mehrzahl der von der Bundesrepublik abgeschlossenen DBA entspricht dem OECD-MA. 662

Zur Ermittlung der Einkünfte aus unbeweglichem Vermögen vgl. Rdn. 228. 663

---

587 BFH v. 15. 12. 1993 II R 66/89, BStBl 1994 II 220, zur Besteuerung des Erbbauzinses.
588 BFH v. 28. 4. 1982 I R 151/78, BStBl 1982 II 566.
589 BFH v. 19. 5. 1982 I R 257/78, BStBl 1982 II 768.
590 BFH v. 28. 4. 2010 I R81/09, BFH/NV 2010, 1550.
591 Vgl. BFH v. 27. 10. 2011 I R 26/11, BStBl 2012 II 457.
592 BFH v. 13. 5. 1993 IV R 69/92, BFH/NV 1994, 100.
593 BFH v. 14. 7. 1993 I R 71/92, BStBl 1994 II 91.

664 Bei **Vermietung von unbeweglichem Vermögen über eine im Belegenheitsstaat ansässige Personengesellschaft** kann sich das Problem ergeben, dass die Betätigung der Personengesellschaft eine Betriebsstätte begründet, z. B. wenn die Personengesellschaft an häufig wechselnde Mieter vermietet oder Zusatzleistungen zur Vermietung erbringt. Ist dies der Fall, erfolgt die Besteuerung nach Art. 7 OECD-MA als gewerbliche Einkünfte. In dem z. Zt. diskutierten Entwurf einer Neufassung der Kommentierung des Art. 5 OECD-MA wird auch ein Vermietungsbüro (apartment rental office) als Betriebsstätte qualifiziert, ohne allerdings näher zu umschreiben, ob diese für jede Art von Vermietung (kurzfristig, langfristig, mit oder ohne Nebenleistungen usw.) gilt. Folgt man dieser streitigen Auffassung, dann sind dies Einkünfte, die unter Art. 7 der Musterabkommen fallen.

665 Eine Gestaltungsmöglichkeit ist es, eine **Immobilie über eine Kapitalgesellschaft** zu halten, zu vermieten und auch zu veräußern (sog. Objektgesellschaft). Für die laufenden Einkünfte ergeben sich i. d. R. keine Abweichungen gegenüber den oben dargestellten Grundsätzen, d. h., die Einkünfte der Kapitalgesellschaft aus der Vermietungstätigkeit sind i. d. R. im Belegenheitsstaat zu besteuern, im Sitzstaat erfolgt Freistellung und ausgeschüttete Gewinne sind beim Anteilseigener als Dividenden zu versteuern. Gewählt wird diese Variante vor allem im Hinblick auf die Veräußerung der Immobilie; denn dann wird nicht die Immobilie veräußert, sondern die Anteile an der Kapitalgesellschaft werden übertragen. Die steuerlichen Folgen, auch soweit es sich um sog. REIT-Gesellschaften handelt, sind unten zu Art. 13 OECD-MA dargestellt.

3.7.2 Einkünfte aus unternehmerischer Betätigung (Art. 7 bis 9 OECD-MA/Art. 7–9 VG-DBA)

3.7.2.1 Überblick

666 Das OECD-MA regelt in **Art. 7 OECD-MA die Besteuerung der Unternehmensgewinne** in der Weise, dass **das Besteuerungsrecht dem Sitzstaat des Unternehmens zugewiesen wird**, sofern nicht das Unternehmen seine Geschäftstätigkeit im anderen Vertragsstaat durch eine dort gelegene Betriebsstätte ausübt. Ist dies der Fall, so darf der Betriebsstättenstaat den Betriebsstättengewinn (= die der Betriebsstätte zuzurechnenden Gewinne) besteuern (Art. 7 Abs. 1 OECD-MA/Art. 7 Abs. 1 VG-DBA).

667 Handelt es sich um **Einkünfte aus Seeschifffahrt, Binnenschifffahrt oder Luftfahrt**, können derartige Einkünfte gemäß **Art. 8 OECD-MA** nur im Staat der tatsächlichen Geschäftsleitung des Unternehmens besteuert werden; so auch **Art. 8 VG-DBA**.

668 **Art. 9 OECD-MA** befasst sich mit dem Problem verbundener Unternehmen (Konzerne) und einer etwaigen **Gewinnkorrektur**; so auch **Art. 9 VG-DBA**.

669 Seit dem Update 2000 sind im OECD-MA die gewerbliche Betätigung und die freiberufliche bzw. sonstige selbständige Tätigkeit gleichgestellt, und ist Art. 14 OECD-MA, der bis dahin die Besteuerung der selbständigen Arbeit regelte, aufgehoben. Dafür wurde **Art. 3 Abs. 1 Buchst. h) OECD-MA** in das OECD-MA eingefügt. Dieser erläutert den Ausdruck „**Geschäftstätigkeit**", der seinerseits **Art. 3 Abs. 1 Buchst. c) OECD-MA** ergänzt,

welcher den Ausdruck „Unternehmen" definiert: **„Unternehmen" bedeutet Ausübung einer Geschäftstätigkeit; hierzu zählt (auch) die Ausübung einer freiberuflichen oder sonstigen selbständigen Tätigkeit** – vgl. auch Art. 3 Abs. 1 Nr. 5 VG-DBA.

Zentraler Anknüpfungspunkt des Art. 7 Abs. 1 OECD-MA ist die Betriebsstätte; hierbei handelt es sich nicht nur um die gewerbliche Betriebsstätte, sondern auch um die „Betriebsstätte" eines Freiberuflers, die in einer Reihe von der Bundesrepublik abgeschlossenen Abkommen entweder als **„feste Einrichtung"** oder als **„ständige Einrichtung"** bezeichnet wird.

670

3.7.2.2 Betriebsstätte (Art. 5 OECD-MA, Art. 5 VG-DBA, § 12 AO)

3.7.2.2.1 Generalklausel (Art. 5 Abs. 1 OECD-MA, Art. 5 Abs. 1 VG-DBA, § 12 Satz 1 AO)

Art. 5 OECD-MA/Art. 5 VG-DBA definiert den Begriff „Betriebsstätte" durch eine Generalklausel (Abs. 1; § 12 Satz 1 AO) und eine beispielhafte Aufzählung dessen, was als Betriebsstätte gilt (Abs. 2, 3; § 12 Satz 2 AO) bzw. was nicht als Betriebsstätte gilt (Abs. 4). Weiter befasst es sich mit dem Vertreter (Abs. 5, 6; § 13 AO) und der Tochtergesellschaft (Abs. 7).[594]

671

Nach der Generalklausel des Art. 5 Abs. 1 OECD-MA/Art. 5 Abs. 1 VG-DBA bedeutet Betriebsstätte eine **Geschäftseinrichtung mit fester Beziehung zur Erdoberfläche, die von einer gewissen Dauer ist und durch die die Tätigkeit eines Unternehmens ganz oder teilweise ausgeübt wird**.[595] Unter Geschäftseinrichtung wird jeder körperliche Gegenstand und jede Zusammenfassung von körperlichen Gegenständen verstanden, die geeignet sind, Grundlage einer Unternehmenstätigkeit zu sein.[596] Besondere bauliche Vorrichtungen sind grundsätzlich nicht erforderlich, d. h., es muss sich nicht unbedingt um einen umschlossenen, für den Aufenthalt von Personen geeigneten Raum handeln. Daher kann ggf. auch ein Lagerplatz,[597] eine Abstellkammer für Arbeitsmittel, ein Liegeplatz einer Hochseejacht oder ein inländisches Rohrleitungsnetz[598] eine Betriebsstätte i. S. des DBA darstellen. Selbst die (Privat-) Wohnung kann Betriebsstätte sein,[599] wenn der Gewerbetreibende über keine eigenen Geschäftsräume verfügt, diese auch nicht benötigt und im Wesentlichen über seine Wohnung postalisch und telefonisch erreichbar ist; u.U. kann sogar ein möbliertes Zimmer[600] oder ein Büro des Auftraggebers[601] ausreichen. Notwendig ist lediglich, dass von der festen örtlichen Einrichtung aus regelmäßig Betriebshandlungen vorgenommen werden.

672

---

594 Vgl. auch R 2.9 GewStR 2009, AEAO zu § 12 sowie BS-VwG Tz. 1.
595 Vgl. ausführlich BS-VwG Tz. 1.1.1; grundlegende Entscheidungen zur Betriebsstätte: BFH v. 13. 6. 2006 I R 84/05, BStBl 2007 II 94; v. 30. 6. 2005 III R 47/03, BStBl 2006 II 78; v. 30. 6. 2005 III R 76/03, BStBl 2006 II 84.
596 BFH v. 3. 2. 1993 I R 80-81/91, BStBl 1993 II 462.
597 BFH v. 17. 3. 1982 I R 189/79, BStBl 1982 II 624.
598 BFH v. 30. 10. 1996 II R 12/92, BStBl 1997 II 12.
599 BFH v. 18. 12. 1986 I R 130/83, BFH/NV 1988, 119; v. 29. 8. 1996 I B 12-13/96, BFH/NV 1997, 96; v. 7. 6. 2000 III R 9/96, BStBl 2000 II 592.
600 BFH v. 1. 3. 2004 X B 151/02, BFH/NV 2004, 951.
601 BFH v. 14. 7. 2004 I R 106/03, BFH/NV 2005, 154; v. 3. 2. 1993 I R 80-81/91, BStBl 1993 II 462.

673 Der wesentliche Unterschied zwischen Art. 5 Abs. 1 OECD-MA/Art. 5 Abs. 1 VG-DBA einerseits und **§ 12 AO** andererseits besteht darin, dass nach der AO eine Betriebsstätte bereits schon dann vorliegt, **wenn die Einrichtung der Tätigkeit eines Unternehmens (lediglich) dient.**

674 Die Geschäftseinrichtung muss eine gewisse **feste Beziehung zur Erdoberfläche** besitzen. Dies bedeutet aber nicht, dass die Geschäftseinrichtung festgemauert, festgeschraubt oder einbetoniert sein muss.[602] Erforderlich sind nur die räumliche Begrenzung und die örtliche Fixierung,[603] so dass auch sog. **fliegende Bauten** (transportabler Zeitungskiosk, Arbeitswagen, Container, Zelt, Marktstand),[604] eine unterirdische Rohrleitung[605] oder ein Arbeitstisch in einem Schlachthof[606] eine Betriebsstätte darstellen können. Dagegen erfüllt z. B. der Kehrbezirk eines Bezirksschornsteinfegers nicht den Betriebsstättenbegriff i. S. des § 12 AO bzw. Art. 5 OECD-MA.[607]

675 Die Einrichtung oder Anlage muss **unmittelbar den Unternehmenszweck fördern**, wobei es ausreicht, wenn sie nur einem Teil der unternehmerischen Tätigkeit des Steuerpflichtigen dient.[608] Auf welche Weise dies geschieht, ist unerheblich, so dass auch Hilfs- und Nebentätigkeiten für die Annahme einer Betriebsstätte ausreichen,[609] wie z. B. Klärteiche oder Schutthalden. Nur sozialen Zwecken dienende Einrichtungen (Bsp.: Wohn- und Umkleidebaracken, betriebliches Ferienheim) scheiden dagegen als Betriebsstätte aus,[610] selbst wenn sie geeignet sind, mittelbar den Unternehmenszweck zu fördern.

676 Im Allgemeinen ist die vorgenannte Voraussetzung des unmittelbaren Dienens nur erfüllt, wenn der Unternehmer selbst, seine Arbeitnehmer, fremdes weisungsabhängiges Personal oder Subunternehmer in oder an der Geschäftseinrichtung tätig werden. Bei vollautomatisch arbeitenden Einrichtungen (Bsp.: Pipeline) kann allerdings das Tätigwerden des Unternehmens mit der Geschäftseinrichtung ausnahmsweise ausreichen.[611] Befinden sich die vollautomatisch arbeitenden Anlagen in fremden Gebäuden, kann eine Betriebsstätte anzunehmen sein, wenn dem Unternehmer vertraglich das Recht eingeräumt worden ist, das Gebäude zu den üblichen Geschäfts- und Arbeitszeiten zu betreten und die anfallenden Wartungsarbeiten an seinen Anlagen vorzunehmen.[612]

---

[602] BFH v. 9. 10. 1974 I R 128/73, BStBl 1975 II 203.
[603] BFH v. 19. 9. 1990 X R 44/89, BStBl 1991 II 97, und X R 110/88, BStBl 1991 II 208.
[604] Ausführlich zum Marktstand als Betriebsstätte BFH v. 17. 9. 2003 I 12/02, BStBl 2004 II 396: notwendig ist eine gewisse zeitliche Wiederholungskomponente.
[605] BFH v. 30. 10. 1996 II R 12/92, BStBl 1997 II 12.
[606] FG Münster v. 6. 11. 2000 9 K 6931/98 K, EFG 2001, 234.
[607] Zum abweichenden einkommensteuerlichen Begriff der Betriebsstätte in § 4 Abs. 5 Nr. 6 EStG vgl. BFH v. 19. 9. 1990 X R 44/89, BStBl 1991 II 97; v. 1. 3. 2004 X B 151/02, BFH/NV 2004, 951; ebenso v. 13. 7. 1989 IV R 55/88, BStBl 1990 II 23 (Fußballtrainer), und v. 18. 9. 1991 XI R 34/90, BStBl 1992 II 90 (Markthändler).
[608] BFH v. 3. 2. 1993 I R 80-81/91, BStBl 1993 II 462.
[609] Gilt nur für § 12 AO; nach Art. 5 Abs. 4 OECD-MA werden Betriebsstätten, die bestimmte Hilfs- und Nebentätigkeiten ausüben, ausdrücklich als Betriebsstätte i. S. des DBA ausgeschlossen.
[610] R 2.9 (3) GewStR 2009.
[611] BFH v. 30. 10. 1996 II R 12/92, BStBl 1997 II 12: Rohrleitung zum Transport von Rohöl als Betriebsstätte.
[612] BFH v. 25. 5. 2000 III R 20/97, BStBl 2001 II 365: Betrieb und Unterhaltung von Satellitenempfangsanlagen.

Eine Geschäftseinrichtung oder Anlage ist nur dann als Betriebsstätte des Unternehmers zu beurteilen, wenn er über die Betriebsstätte eine gewisse, **nicht nur vorübergehende Verfügungsmacht** besitzt.[613] Dafür ist grundsätzlich erforderlich, dass er eine Rechtsposition innehat, die ihm nicht ohne weiteres entzogen werden kann.[614]

677

Dies bedeutet beispielsweise, dass der Unternehmer die Betriebsräume angemietet hat,[615] oder die Betriebsräume ihm für die Dauer eines Projekts uneingeschränkt – z. B. durch Schlüsselübergabe – (auch unentgeltlich) überlassen werden, ggf. auch innerhalb eines abgeschlossenen Werks- oder Kasernengeländes.[616] Eine **Gestattung durch Verwaltungsakt** kommt ebenfalls in Betracht (Beispiel: Wochenmarktstand). Nicht erforderlich ist zivilrechtliches Eigentum an den Räumen. Die bloße Berechtigung zur Nutzung eines Raumes im Interesse eines anderen sowie die bloße tatsächliche Mitbenutzung eines Raumes begründen für sich genommen noch keine Betriebsstätte:[617] Ein Unternehmer hat – unabhängig von dem genauen Inhalt und der rechtlichen Bedeutung des Begriffs „Verfügungsmacht" – im Betrieb seines Vertragspartners jedenfalls nicht allein deshalb eine Betriebsstätte, weil er tatsächlich dort tätig wird.[618]

678

Sind **Mitarbeiter des Unternehmers für dessen Unternehmen in einem fremden Betrieb tätig** und werden ihnen dort für ihre Tätigkeit Räume überlassen, reicht allerdings eine „allgemeine rechtliche Absicherung" aus, wenn aus tatsächlichen Gründen anzunehmen ist, dass dem Unternehmer irgendein für seine Tätigkeit geeigneter Raum zur ständigen Nutzung zur Verfügung gestellt wird.[619]

679

> **BEISPIEL:** Beratung durch einen Arbeitnehmer des inländischen Beratungsunternehmens in den Räumen des ausländischen, zu beratenden Unternehmens. Die aus Anlass der Besprechungen genutzten Räume werden von dem zu beratenden Unternehmen ausgesucht und zur Verfügung gestellt. Das inländische Beratungsunternehmen hat über die Besprechungsräume keine Verfügungsmacht und kann sie auch für sonstige Zwecke nicht nutzen.

Der BFH hat vorstehende Grundsätze dahin weiter entwickelt, dass sich in der örtlichen Bindung eine gewisse „**Verwurzelung**" des Steuerpflichtigen mit dem Ort der Ausübung der unternehmerischen Tätigkeit ausdrücken müsse, um nicht Tätigkeiten von sehr kurzer Dauer auch dem Recht der Betriebsstätte unterwerfen zu müssen. Eine entsprechende Verwurzelung könne in der Regel nur angenommen werden, wenn der Be-

680

---

613 BS-VwG unter Tz. 1.1.1.1.
614 BFH v. 3. 2. 1993 I R 80-81/91, BStBl 1993 II 462; v. 14. 7. 2004 I R 106/03, BFH/NV 2005, 154.
615 BFH v. 18. 3. 2009 III R 2/06, BFH/NV 2009, 1457: Wird ein LKW auf dem Parkplatz einer GmbH stationiert, die diesen für zahlreiche an ihr beteiligte Fuhrunternehmer angemietet hat und die Kosten auf die Nutzer umlegt, so besteht dort eine Betriebsstätte. Der Zuweisung einer bestimmten Teilfläche auf dem Platz bedarf es dazu nicht.
616 BFH v. 14. 7. 2004 I R 106/03, BFH/NV 2005, 154, einerseits und v. 4. 6. 2008 I R 30/07, BStBl II 2008, 922, andererseits.
617 BFH v. 22. 4. 2009 I B 196/08, BFH/NV 2009, 1588.
618 BFH v. 4. 6. 2008 I R 30/07, BStBl II 2008, 922; v. 22. 4. 2009 I B 196/08, BFH/NV 2009, 1588; BFH v. 24. 8. 2011 I R 46/10, BFH/NV 2011, 2165: Räumlichkeiten können auch dann eigene Betriebsstätten sein, wenn es sich hierbei um solche einer eingeschalteten Managementgesellschaft handelt und hierüber kein vertraglich eingeräumtes eigenes Nutzungsrecht besteht.
619 BFH v. 3. 2. 1993 I R 80-81/91 BStBl 1993 II 462: Hotelleitung durch Mitarbeiter einer ausländischen Managementgesellschaft in einem ihm überlassenem Arbeitszimmer; v. 14. 7. 2004 I R 106/03, BFH/NV 2005, 154: Arbeitsräume in einer Kaserne, die nur nach Personenkontrolle betreten werden können; anders aber BFH v. 4. 6. 2008 I R 30/07, BStBl II 2008, 922.

zug der Tätigkeit zum Ort ihrer Ausübung von einer gewissen Dauer sei. Nach der Rechtsprechung des BFH zu festen Einrichtung eines Selbständigen ist hierfür grundsätzlich eine Zeitspanne von sechs Monaten anzusetzen.[620]

681 Bei **Betrieben auf Handelsschiffen** (Restaurationsbetrieb, Andenkenladen usw.) gilt Folgendes: Durch ein Schiff, das bestimmungsgemäß Waren oder Personen befördert, wird eine dauernde feste Verbindung i. S. der obigen Definition grundsätzlich nicht hergestellt.[621] Einkünfte aus Gewerbebetrieb liegen dann vor, wenn sie aus der Unterhaltung einer Betriebstätte (begründet durch Bestellung eines ständigen Vertreters im Inland) auf einem in einem inländischen Schiffsregister eingetragenen, unter deutscher Flagge fahrenden See-(Kauffahrtei-)Schiff auf hoher See erzielt werden.[622] Für Zwecke der Gewerbesteuer gilt: Ein Gewerbebetrieb wird auch dann im Inland betrieben, wenn für ihn eine Betriebstätte auf einem unter deutscher Flagge fahrenden See-(Kauffahrtei-)Schiff unterhalten wird, das in einem inländischen Schiffsregister eingetragen ist – § 2 Abs. 1 Satz 3 GewStG.[623]

682 Mit dem **elektronischen Geschäftsverkehr** hat sich die OECD im Rahmen des Update 2002 befasst.[624] Danach kann ein **Internet-Server**, sofern sich seine Funktion in einer Computer-Hardware verfestigt, u. U. eine Betriebstätte begründen; allerdings sind noch viele in diesem Zusammenhang bestehende Fragen offen, z. B. die Frage nach der Zeitdauer oder der Anwendung der Regeln des Art. 5 Abs. 4 OECD-MA.

683 In seinem sog. **Satellitenurteil oder Transponderurteil** hat sich der BFH ausführlich mit der Besteuerung komplexer technischer Leistungen befasst und derartige Leistungen als Einkünfte aus Gewerbebetrieb behandelt, für deren Besteuerung im Inland eine Betriebstätte erforderlich sein muss.[625] Zum Problem der **Satelliten als Betriebstätte** sowie der Auswirkungen auf Telekommunikationstransaktionen ist seit dem Update 2010 in Tz. 5.6 des OECD-MK zu Art. 5 OECD-MA Stellung genommen.[626]

684 Zurzeit wird intensiv die Frage diskutiert, ob eine eigene **Dienstleistungsbetriebstätte** ohne die Voraussetzungen des Art. 5 Abs. 1 OECD-MA („feste Geschäftseinrichtung") anzuerkennen ist. Eine Arbeitsgruppe der OECD hat hierzu im Dezember 2006 einen Vorschlag unterbreitet,[627] der in die Neufassung des OECD-MK in der Fassung des **Update 2008** Eingang gefunden hat.[628] Damit soll dem Begehren einer Reihe von Staaten Rechnung getragen werden, die angesichts der zunehmenden Zahl grenzüberschreitender Dienstleistungen die Zuteilung eines Besteuerungssubstrats auch dann wünschen,

---

620 BFH v. 28. 6. 2006 I R 92/05, BStBl 2007 II 100 m. w. N.; z. B. abgelehnt für einen Verkaufsstand, den ein Unternehmen einmal im Jahr vier Wochen lang auf einem Weihnachtsmarkt unterhält – BFH v. 17. 9. 2003 I R 12/02, BStBl 2004 II 396.
621 BFH v. 26. 6. 1996 XI R 18/94, BStBl 1998 II 278; v. 13. 2. 1974 I R 218/71, BFHE 111, 416; Nr. 5.5 OECD-MK zu Art. 5 OECD-MA.
622 BFH v. 13. 2. 1974 I R 218/71, BFHE 111, 416.
623 BFH v. 13. 2. 1974 I R 219/71, BStBl 1974 II 361.
624 Nr. 42.1 bis 42.10 OECD-MK zu Art. 5 OECD-MA.
625 BFH v. 17. 2. 2000 I R 130/97, BFH/NV 2000, 1182.
626 In der Fassung der Neukommentierung des OECD-MK zu Art. 5 OECD-MA.
627 The Tax Treaty Treatment of Services: Proposed Commentary Changes - Public discussion draft v. 8. 12. 2006.
628 Nr. 42.11 bis 42.48 OECD-MK zu Art. 5 OECD-MA.

wenn keine feste Einrichtung im Sinne des Art. 5 Abs. 1 OECD-MA vorhanden ist. Nach dem Alternativvorschlag, der auf Wunsch der Vertragsparteien in ein DBA einfließen kann, soll Anknüpfungspunkt die physische Präsenz einer natürlichen Person über einen Zeitraum von mehr als 183 Tagen während eines Zeitraums von zwölf Monaten sein. Weitere Voraussetzung ist, dass mehr als 50 % der von dem Unternehmen in diesem Zeitraum aus aktiver Geschäftstätigkeit erwirtschafteten Umsätze aus Dienstleistungen stammen, die die natürliche Person in dem anderen Staat erbracht hat.[629] Alternativbezug wäre die Durchführung eines oder mehrerer miteinander verbundener Projekte innerhalb eines Zwölfmonatezeitraums. Die Steuer des Betriebsstättenstaates soll auf den Gewinn und nicht auf die Zahlung („payment" = Bruttobetrag der Vergütung) erhoben werden. Regelungen für sog. Dienstleistungsbetriebsstätten befinden sich u. a. im DBA-China[630] und im DBA-Türkei 2011.[631] Die VG-DBA hat keine Regelung zur Dienstleistungsbetriebsstätte aufgenommen.

3.7.2.2.2 Regelbeispiel (Art. 5 Abs. 2 OECD-MA, Art. 5 Abs. 2 VG-DBA, § 12 Satz 2 AO)

In Art. 5 Abs. 2 OECD-MA/Art. 5 Abs. 2 VG-DBA findet sich eine **beispielhafte Aufzählung** dessen, was grundsätzlich als Betriebsstätte anzusehen ist: 685

- ▶ Ort der Leitung (Art. 5 Abs. 2 Buchst. a) OECD-MA/Art. 5 Abs. 2 Nr. 1 VG-DBA = § 12 Nr. 1 AO),
- ▶ Zweigniederlassung (Art. 5 Abs. 2 Buchst. b) OECD-MA/Art. 5 Abs. 2 Nr. 2 VG-DBA = § 12 Nr. 2 AO),
- ▶ Geschäftsstelle (Art. 5 Abs. 2 Buchst. c) OECD-MA/Art. 5 Abs. 2 Nr. 3 VG-DBA = § 12 Nr. 3 AO),
- ▶ Fabrikationsstätte (Art. 5 Abs. 2 Buchst. d) OECD-MA/Art. 5 Abs. 2 Nr. 4 VG-DBA = § 12 Nr. 4 AO),
- ▶ Werkstätte (Art 5 Abs. 2 Buchst. e) OECD-MA/Art. 5 Abs. 2 Nr. 5 VG-DBA = § 12 Nr. 4 AO),
- ▶ Einrichtungen zur Ausbeutung von Bodenschätzen (Art. 5 Abs. 2 Buchst. f OECD-MA/ Art. 5 Abs. 2 Nr. 6 VG-DBA = § 12 Nr. 7 AO).

Der Begriff **Ort der Leitung** ist nicht völlig identisch mit dem Begriff Geschäftsleitung in § 10 AO. Daher können im Gegensatz zu § 10 AO auch mehrere Orte der Leitung vorhanden sein (Bsp.: Ort der Leitung betreffend Produktion und Ort der Leitung betreffend Vertrieb); grundsätzlich aber gelten die obigen Ausführungen zu § 10 AO.[632] Nach der Rechtsprechung des BFH ist dies der Ort, an dem der für die Geschäftsleitung maßgebliche Wille gebildet und die für die Geschäftsleitung notwendigen Maßnahmen von einiger Wichtigkeit angeordnet werden.[633] Eine sog. Geschäftsleitungsbetriebsstätte setzt keine feste Geschäftseinrichtung oder Anlage voraus.[634] 686

---

629 Nr. 42.23 OECD-MK zu Art. 5 OECD-MA.
630 Art. 5 Abs. 3 Buchst. b) DBA-China.
631 Art. 5 Abs. 3 Buchst. b) DBA-Türkei 2011.
632 Rdn. 37 ff.
633 BFH v. 19. 11. 2003 I R 3/02, BStBl 2004 II 559.
634 BFH v. 28. 7. 1993 I R 15/93, BStBl 1994 II 148.

687 **Zweigniederlassungen** können als verkleinerte Abbildungen des Unternehmens bezeichnet werden; rechtliche Selbständigkeit brauchen sie nicht zu besitzen. Sie müssen sachlich die gleichen, nicht notwendigerweise alle gleichartigen Geschäfte wie die Hauptniederlassung tätigen. Kriterien sind u. a. eigener Leiter mit der Befugnis zum selbständigen Handeln in nicht ganz unwesentlichen Angelegenheiten, eigene Buchführung, eigene Organisation, räumliche Selbständigkeit, äußere Einrichtung ähnlich einer Hauptniederlassung (eigenes Geschäftslokal); Indiz kann die Eintragung ins Handelsregister sein (vgl. § 13 HGB).[635]

688 **Geschäftsstellen** unterscheiden sich von Zweigniederlassungen dadurch, dass nur einzelne Teilbereiche der Unternehmenstätigkeit ausgeübt werden, z. B. Kundendienstbüro, Verkaufsstelle, Kontroll- und Koordinierungsstelle; ausreichend ist, dass eine unternehmensbezogene Tätigkeit ausgeübt wird (regional headquarters).[636]

689 Auch bei **Fabrikationsstätten** muss die Dauerhaftigkeit der Betriebsstätte gegeben sein.

690 In einigen DBA ist zusätzlich als Regelfall aufgeführt, dass auch ein **land- und forstwirtschaftlicher Betrieb** (Farm, Plantage, land- oder forstwirtschaftlich genutzte Flächen) eine Betriebsstätte i. S. des Abkommens begründet.[637]

3.7.2.2.3 Bauausführung und Montage (Art. 5 Abs. 3 OECD-MA, Art. 5 Abs. 3 VG-DBA, § 12 Satz 2 Nr. 8 AO)

691 Nach **Art. 5 Abs. 3 OECD-MA/Art. 5 Abs. 3 VG-DBA** ist eine **Bauausführung** oder **Montage** nur dann als Betriebsstätte i. S. des Abkommens anzusehen, **wenn ihre Dauer 12 Monate überschreitet.**[638] In den von der Bundesrepublik abgeschlossenen DBA schwankt die erforderliche Mindestdauer je nach Abkommen zwischen 6 und 12 Monaten;[639] weniger als 6 Monate ist lediglich im DBA mit Thailand vereinbart (bereits ab 3 Monaten in bestimmten Fällen); in den DBA mit Bangladesh und Sri Lanka findet man statt 6 Monate eine Dauer von 183 Tagen vereinbart.

692 Im Gegensatz zu den Musterabkommen sind nach **§ 12 Satz 2 Nr. 8 AO** Bauausführungen oder Montagen bereits dann als Betriebsstätte anzusehen, wenn die Bauausführung oder Montage **länger als 6 Monate dauert.**[640]

693 Die Bauausführung oder Montage stellt bei Überschreiten der 12-Monatsfrist bzw. der 6-Monatsfrist stets eine Betriebsstätte dar, auch wenn die allgemeine Begriffsdefinition nicht erfüllt ist. D. h. Art. 5 Abs. 3 OECD-MA/Art. 5 Abs. 3 VG-DBA bzw. § 12 Satz 2 Nr. 8 AO enthalten **eine eigenständige Betriebsstättenfiktion.** Umgekehrt führen Bauausführung oder Montage für sich alleine nicht zu einer Betriebsstätte i. S. des Art. 5

---

635 BFH v. 9. 11. 1999 II R 107/97, BFH/NV 2000, 688.
636 BFH v. 17. 12. 1998 I B 101/98, BFH/NV 1999, 753.
637 Bsp.: Art. 5 Abs. 2 Buchst. g DBA-Australien.
638 BS-Vwg Tz. 1.2.1.2.
639 BS-VwG Anlage II.
640 BS-VwG Tz. 1.1.1.2.

OECD-MA/Art. 5 VG-DBA, sofern die Bauausführung oder Montage innerhalb von 12 Monaten/6 Monaten bzw. der Dauer nach dem jeweiligen DBA beendet wird.

Unter **Bauausführung** ist die Erstellung von Bauwerken jeglicher Art (Hoch- und Tiefbau), Bau von Bahn- und Brückenanlagen, Straßen, Kanälen, Kanalisation, das Legen von Rohrleitungen – einschließlich der damit in Zusammenhang stehenden Erd- und Baggerarbeiten – sowie sonstige Arbeiten wie z. B. Einsetzen von Fenstern,[641] Montage von Heizungs-, elektrischen und sanitären Anlagen oder Gerüstarbeiten[642] sowie die Planung und Überwachung der Erstellung eines Bauwerks – sofern sie von dem bauausführenden Unternehmen durchgeführt werden – zu verstehen. Auch Abbrucharbeiten gehören zu den Bauausführungen. 694

Die **Montage** ist ein eigenständiger Tatbestand neben der Bauausführung. Unter den Begriff Montage fallen das Zusammenfügen oder der Umbau von vorgefertigten Einzelteilen zu einer Sache, nicht dagegen bloße Reparatur- und Instandsetzungsarbeiten. Die Tätigkeit muss zumindest die wesentlichen Arbeiten des Zusammenfügens von Einzelteilen zu einer Sache umfassen.[643] Liegen lediglich **Reparaturen** vor, so wird durch derartige Arbeiten keine Betriebsstätte begründet, selbst wenn die Arbeiten länger als 12 Monate dauern, aber keine eigene feste Geschäftseinrichtung i. S. des Art. 5 Abs. 1, 2 OECD-MA unterhalten wird.[644] Nicht unter den Ausdruck Montage fällt die Implementierung von Software (Problem der Dienstleistungsbetriebsstätte). 695

Zur Bauausführung oder Montage gehört grundsätzlich auch die im Zusammenhang mit der Haupttätigkeit erbrachte **Planungs- und Überwachungstätigkeit**. Dies gilt auch für die Überwachung der Bauausführung oder Montage durch Subunternehmer mit eigenem Personal des Generalunternehmers.[645] In die Ermittlung der Frist ist daher für den überwachenden Bauunternehmer die Tätigkeitsdauer aller von ihm beauftragten Subunternehmer einzubeziehen.[646] Daneben unterhält auch der Subunternehmer eine eigene Betriebsstätte, sofern er mit seiner Tätigkeit die entsprechende Frist nach DBA überschreitet. Nach der geplanten Neufassung des OECD-MK zu Art. 5 OECD-MA wird die Tätigkeit von Subunternehmern in stärkerem Maße als bisher dem Generalunternehmer zugerechnet. 696

Ist dagegen die Bauausführung vollständig auf den Subunternehmer übertragen, begründet die reine Koordinierungs- und Überwachungstätigkeit des Generalunternehmers keine Betriebsstätte i. S. des Art. 5 Abs. 3 OECD-MA bzw. § 12 Satz 2 Nr. 8 AO.[647] 697

Eine **Bauausführung beginnt** mit dem Zeitpunkt, an dem das beauftragte Unternehmen mit den Arbeiten – einschließlich aller vorbereitenden Arbeiten (Bsp.: Bauplanungsbüro, Baustelleneinrichtung, Montage von Baugeräten) – beginnt.[648] 698

---

641 BFH v. 21. 10. 1981 I R 21/78, BStBl 1982 II 241.
642 BFH v. 22. 9. 1977 IV R 51/72, BStBl 1978 II 140.
643 BFH v. 21. 4. 1999 I R 99/97, BStBl 1999 II 694; v. 19. 11. 2003 I R 3/02, BStBl 2004 II 932.
644 BFH v. 20. 1. 1993 I B 106/92, BFH/NV 1993, 404.
645 BFH v. 13. 11. 1962 I B 224/61 U, BStBl 1963 III 71.
646 BS-VwG Tz. 4.3.3.
647 BS-VwG Tz. 4.3.2.
648 BFH v. 26. 4. 2005 I B 157/04, BFH/NV 2005, 1763.

699 Eine **Montage beginnt** nicht schon mit der Anlieferung der zu montierenden Gegenstände am vorgesehenen Montageort, sondern erst mit dem Eintreffen der ersten Person, die vom Montageunternehmen mit den vorzunehmenden Montagearbeiten betraut worden ist.[649] Als **Montagearbeiten** sind auch solche Arbeiten anzusehen, die der unmittelbaren Vorbereitung der eigentlichen Montage dienen. Ist eine Montage Bestandteil eines Werklieferungsvertrags und ist in diesem Vertrag eine Abnahme des fertigen Werks unter Mitwirkung des Montageunternehmens vorgesehen, so endet die Montage frühestens mit der Abnahme.

700 Die Bauausführung oder Montage ist **so lange nicht beendet**, solange noch Arbeitnehmer des Unternehmens an der Bau- oder Montagestelle tätig und die Arbeiten nicht abgeschlossen sind; hierzu zählt auch noch eine angemessene Frist unmittelbar nach Abschluss der Arbeiten zur Beseitigung der Bau- oder Montagestelle. Tätigkeiten im Zusammenhang mit der Abnahme des Gegenstandes durch den Auftraggeber (Bsp.: Beseitigung von bei der Abnahme festgestellten Mängeln) gehören ebenfalls noch zur Bauausführung oder Montage. Dies gilt auch für den Testlauf einer montierten Maschine oder die Inbetriebsetzung und den Probebetrieb einer errichteten Industrieanlage. Entscheidend ist der jeweilige Vertragsinhalt.

701 Kurzfristige **betriebstechnische Unterbrechungen**, z. B. wegen Materialmangels, Streiks, ungünstiger Witterungsverhältnisse, Zahlungsengpässen des Auftraggebers, Störungen des Arbeitsfriedens oder aus bautechnischen Gründen (Bsp.: Trocknungsfristen), hemmen die Frist nach DBA bzw. AO nicht.[650]

702 Von den genannten betriebstechnischen Arbeitsunterbrechungen sind diejenigen zu unterscheiden, die nicht im Arbeitsablauf, sondern in anderen Umständen begründet sind. Dazu kann namentlich der Fall gehören, dass der Besteller eine erforderliche Mitwirkung an der Abnahme des fertig gestellten Werkes verweigert. In einer solchen Konstellation wird die für die Entstehung einer Betriebsstätte maßgebliche Frist jedenfalls dann gehemmt, wenn die Unterbrechung der Arbeiten nicht nur ganz kurzfristig ausfällt und die mit den Arbeiten betrauten Personen abgezogen werden. In dieser Situation besteht mithin zwar die Bau- bzw. Montagestelle als solche fort, solange nicht die Arbeiten endgültig eingestellt werden. Die Unterbrechungszeit ist hier jedoch nicht in die Fristberechnung einzubeziehen; vielmehr läuft erst bei einer Wiederaufnahme der Arbeiten die ursprüngliche Frist weiter.

703 Die jeweils zu beachtende Frist nach DBA ist für jede einzelne, als Einheit anzusehende Bauausführung oder Montage anzuwenden; d. h., **grundsätzlich findet nach dem OECD-MA/VG-DBA kein Zusammenrechnen verschiedener Bauausführungen/Montagen statt**.[651] Eine Ausnahme besteht allerdings dann, wenn die Bauausführungen zwar auf verschiedenen Verträgen beruhen, aber wirtschaftlich und geographisch ein zusammenhängendes Ganzes bilden, d. h., zwischen ihnen besteht ein technischer und organisatorischer Zusammenhang (Bsp.: Erstellung von Reihenhäusern für verschiede-

---

649 BFH v. 21. 4. 1999 I R 99/97, BStBl 1999 II 694.
650 BFH v. 21. 4. 1999 I R 99/97, BStBl 1999 II 694; BS-VwG Tz. 4.3.1.
651 BFH v. 19. 11. 2003 I R 3/02, BStBl 2004 II 932.

ne Auftraggeber).⁶⁵² Bei sog. fortschreitenden Bauausführungen (Bsp.: Autobahnbau, Ausbaggern von Wasserstraßen, Verlegen von Rohrleitungen) geht man i. d. R. von einer einheitlichen Bauausführung aus.

Eine **rechtsmissbräuchliche Aufteilung** einer einheitlichen Bauausführung liegt dann vor, wenn ein Vertragswerk für denselben Auftraggeber in mehrere Einzelverträge mit jeweils kürzerer Laufzeit aufgeteilt wird, sofern die verschiedenen Aufträge durch denselben Auftragnehmer unmittelbar hintereinander ausgeführt werden. Dies gilt auch dann, wenn die Bauausführungen von verschiedenen Unternehmen eines und desselben Konzerns ausgeführt werden. Dagegen führt eine Aufteilung einer Bauausführung in Teilabschnitte und die Vergabe an verschiedene rechtlich selbständige Unternehmen (Bsp.: einzelne Baulose einer Neubaubahnstrecke) grundsätzlich nicht zu einer Zusammenrechnung. Nach BFH kann eine einheitliche Bauausführung zwischen mehreren äußerlich getrennten Baumaßnahmen dann vorliegen, wenn für die Baumaßnahmen mehrere getrennte Aufträge vergeben worden sind und eine solche Vorgehensweise fremdüblich ist. Entscheidend ist, ob es sich aus der Sicht des Auftragnehmers bei wertender Betrachtung um einen einzigen (ggf. fortschreitenden) Einsatz oder um eine Mehrzahl einzelner Einsätze handelt.⁶⁵³ 704

Die Regelung in **§ 12 Satz 2 Nr. 8 Buchst. b) und c) AO** weicht in einem Punkt ganz wesentlich von der des Art. 5 Abs. 3 OECD-MA/Art. 5 VG-DBA ab: Hier erfolgt nämlich **grundsätzlich eine Zusammenrechnung der Dauer der einzelnen Bauausführungen oder Montagen,**⁶⁵⁴ und zwar auch dann, wenn sie technisch und wirtschaftlich voneinander unabhängig sind, sofern ein enger zeitlicher Zusammenhang besteht, wenn – z. B. aufgrund eines einheitlichen Auftrags – bereits im Zeitpunkt der Beendigung der ersten Montage absehbar ist, dass sich alsbald eine weitere Montage auf demselben Territorium anschließen wird; in einer solchen Situation ist nämlich die Präsenz des Unternehmens in dem betreffenden Territorium nicht so nachhaltig unterbrochen, dass hierdurch die durch die erste Bau- oder Montagemaßnahme eingetretene „Verwurzelung" des Unternehmens in dem betreffenden Territorium beseitigt worden wäre. 705

3.7.2.2.4 Betriebsstättenausnahmen (Art. 5 Abs. 4 OECD-MA/Art. 5 Abs. 4 VG-DBA)

Art. 5 Abs. 4 OECD-MA enthält den Katalog der **Betriebsstättenausnahmen** (inhaltsgleich Art. 5 Abs. 4 VG-DBA). Diese Bestimmung geht den Abs. 1 bis 3 vor, d. h., auch in den Fällen, in denen alle Voraussetzungen des Art. 5 Abs. 1 bis 3 OECD-MA erfüllt sind, ist für die Anwendung des Abkommens von dem **Nichtvorliegen einer Betriebsstätte auszugehen (Fiktion)**. Hierzu zählen: 706

▶ Einrichtungen zur Lagerung, Ausstellung und Auslieferung von Gütern und Waren, die dem Unternehmen gehören, d. h. die Lagerung von Gütern und Waren im Fremdeigentum fällt nicht unter diese Bestimmung;⁶⁵⁵

---

652 BFH v. 16. 5. 2001 I R 47/00, BStBl 2002 II 846; hierzu BMF v. 18. 12. 2002, BStBl 2002 I 1385.
653 BFH v. 16. 5. 2001 I R 47/00, BStBl 2002 II 846.
654 BFH v. 21. 4. 1999 I R 99/97, BStBl 1999 II 694.
655 BFH v. 23. 7. 2003 I R 62/02, BFH/NV 2004, 317.

- Bestände an Gütern und Waren, die nur zur Lagerung, Ausstellung und Auslieferung bereitgehalten werden;
- Bestände an Halbfabrikaten, die ausschließlich durch andere Unternehmen bearbeitet und dann wieder ins Ursprungsland verbracht werden sollen;
- feste Geschäftseinrichtungen für den Einkauf von Gütern und Waren oder für die Informationsbeschaffung;[656]
- feste Geschäftseinrichtung für vorbereitende Tätigkeiten oder Hilfstätigkeiten.[657]

707 Den in Abs. 4 genannten Tätigkeiten ist gemeinsam, dass es sich um eine **Hilfs- oder Nebentätigkeit vorbereitender oder unterstützender Art** zur eigentlichen gewerblichen Betätigung handelt. Der jeweilige Betriebsstättenausnahmetatbestand ist nur dann erfüllt, wenn die **Hilfstätigkeit ausschließlich** ausgeführt wird. Dies bedeutet andererseits, dass eine Betriebsstätte im Sinne des Abkommens dann vorliegt, wenn die Hilfstätigkeit nach Abs. 4 neben einer Tätigkeit nach Abs. 1 bis 3 ausgeführt wird.

708 Im Gegensatz zum OECD-MA/VG-DBA stellen nach **§ 12 Satz 2 Nr. 5 und 6 AO Warenlager sowie Ein- oder Verkaufsstellen Betriebsstätten dar; die AO kennt keine Betriebsstättenausnahmen.**

> **BEISPIEL:** Die inländische X-AG unterhält sowohl in Spanien als auch in Andorra Einkaufsbüros. Das Einkaufsbüro in Spanien stellt nach Art. 5 Abs. 3 Buchst. d) DBA-Spanien keine Betriebsstätte dar, während das Einkaufsbüro in Andorra – kein DBA-Staat[658] – nach § 12 Satz 2 Nr. 6 AO eine Betriebsstätte darstellt.

3.7.2.2.5 Vertreter (Art. 5 Abs. 5 und 6 OECD-MA, Art. 5 Abs. 5 und 6 VG-DBA, § 13 AO)

709 Nach Art. 5 Abs. 5 OECD-MA **begründet die Tätigkeit eines vom Unternehmen abhängigen Vertreters eine Betriebsstätte**: Hierbei handelt es sich um eine Person, die nachhaltig die Geschäfte eines anderen Unternehmers besorgt und dabei dessen Sachweisungen unterliegt.[659] Zusätzlich muss der abhängige Vertreter mit einer gewissen Beständigkeit im anderen Vertragsstaat für das Unternehmen tätig werden, dort gewöhnlich eine bestehende Vollmacht ausüben und im Namen des Unternehmens Verträge abschließen. Eine Ausnahme gilt nur dann, wenn sich die Tätigkeit des Vertreters auf Tätigkeiten beschränkt, die nach Abs. 4 keine Betriebsstätte begründen (Hilfs- und Nebentätigkeiten); in diesem Fall wird auch keine Vertreterbetriebsstätte begründet.

710 Die bloße Tätigkeit eines solchen Vertreters führt zur Annahme einer **fiktiven Betriebsstätte**, bei der ein räumlicher Bezugspunkt i. S. einer festen Geschäftseinrichtung – wie er bei einer „normalen" Betriebsstätte i. S. des Art. 5 Abs. 1, 2 OECD-MA/Art. 5 Abs. 1

---

656 BFH v. 23. 1. 1985 I R 292/81, BStBl 1985 II 417, zur Auslandsredaktion einer Zeitschrift; OFD Frankfurt v. 25. 3. 1998, DB 1998, 854, zu ausländischen Korrespondentenbüros als Betriebsstätte.
657 BFH v. 22. 6. 1995 III R 6/90, BStBl 1995 II 843: Forschungsanlage im Ausland ist keine Betriebsstätte i. S. des OECD-MA.
658 Bis einschließlich 2011.
659 BFH v. 28. 6. 1972 I R 35/70, BStBl 1972 II 785; v. 23. 9. 1983 III R 76/81, BStBl 1984 II 94; v. 18. 12. 90 X R 82/89, BStBl 1991 II 395; BS-VwG Tz. 1.2.2.

und 2 VG-DBA vorhanden sein muss – nicht mehr vorgesehen oder erforderlich ist.[660] Es handelt sich demnach bei Abs. 5 um einen Ersatztatbestand für eine feste Geschäftseinrichtung, was u.U. erhebliche Auswirkungen in den verschiedenen DBA haben kann (vgl. Art. 10 Abs. 4, Art. 11 Abs. 4 und Art. 12 Abs. 3 OECD-MA – sog. Betriebsstättenvorbehalt –, der nur bei denjenigen Betriebsstätten zum Tragen kommt, die tatsächlich im Ausland belegen sind).

Da die **Vertreterbetriebsstätte** i.S. des Abs. 5 nur einen Ersatztatbestand darstellt (fingierte Betriebsstätte), geht das allgemeine Merkmal der festen Geschäftseinrichtung i.S. der Abs. 1 und 2 vor. D.h. ist eine feste Geschäftseinrichtung vorhanden, so ist eine in dieser Geschäftseinrichtung ausgeübte Tätigkeit eines abhängigen Vertreters in jedem Fall als eine Tätigkeit anzusehen, die zur Annahme einer Betriebsstätte i.S. der Abs. 1 und 2 OECD-MA führt, d.h. keine fingierte Betriebsstätte. Es kommt dann auf die Abhängigkeit des Vertreters oder auf das Vorhandensein einer Abschlussvollmacht in der Person des Vertreters nicht mehr an. 711

Umstritten und bisher nicht geklärt ist, ob auch **ein Organ** (Bsp.: Geschäftsführer einer Kapitalgesellschaft) **als Vertreter**, der den Ersatztatbestand einer Betriebsstätte durch seine Tätigkeit erfüllen kann, in Betracht kommen kann. Der BFH hat diese Frage ausdrücklich offen gelassen.[661] 712

Die Tätigkeit eines Vertreters führt dann zur Annahme einer Betriebsstätte, wenn der Vertreter 713

- eine **Vollmacht besitzt**, im Namen des Unternehmens Verträge abzuschließen,
- er diese Vollmacht im anderen Staat **gewöhnlich ausübt** und
- er kein unabhängiger Vertreter i.S. des Art. 5 Abs. 6 OECD-MA ist oder
- er zwar ein unabhängiger Vertreter ist, er aber mit der Tätigkeit für das Unternehmen außerhalb seiner ordentlichen Geschäftstätigkeit handelt.

Die Vertretertätigkeit führt nur dann zur Annahme einer fiktiven Betriebsstätte, wenn sie **nachhaltig ausgeübt** wird und somit eine gewisse Stetigkeit aufweist. Dies wird durch das Erfordernis der gewöhnlichen Ausübung der Abschlussvollmacht deutlich. Nur wenn der Vertreter die ihm erteilte Abschlussvollmacht im anderen Staat wiederholt und nicht nur gelegentlich, d.h. ständig über einen längeren Zeitraum ausübt, begründet er dort eine Betriebsstätte für das Unternehmen. 714

Die erforderliche Abschlussvollmacht muss darauf gerichtet sein, **das Unternehmen zu binden** und daher Verträge über Tätigkeiten betreffen, die die eigentliche Unternehmenstätigkeit darstellen (Bsp.: Verkauf von Gütern und Waren oder Dienstleistungen); der Abschluss von Arbeitsverträgen und anderen, lediglich den internen Geschäftsbetrieb betreffenden Verträgen, reicht nicht zur Annahme einer Abschlussvollmacht aus. 715

Die Vollmacht muss im Namen des Unternehmens ausgeübt werden, um als **Abschlussvollmacht** i.S. der Vorschrift qualifiziert werden zu können. Durch die Ausübung 716

---

660 BFH v. 30.4.1975 I R 152/97, BStBl 1975 II 626; v. 9.11.1999 II R 107/97, BFH/NV 2000, 688.
661 BFH v. 3.8.2005 I R 87/04, BStBl 2006 II 220.

der Vollmacht im Namen des Unternehmens muss dieses direkt gegenüber dem Vertragspartner gebunden werden. Es muss sich demnach um eine unmittelbare Vollmacht handeln. Eine **lediglich mittelbare Vollmacht ist nicht ausreichend**. In derartigen Fällen kommt der Frage, ob der Vertreter abhängig oder unabhängig ist, keine Bedeutung zu.

717 Auch eine sog. **Vermittlungsvollmacht**, die nur dazu berechtigt, im Namen und für Rechnung des vertretenen Unternehmens Geschäfte zu vermitteln, während der Vertragsabschluss durch das Unternehmen selbst getätigt wird, **reicht nicht aus**.

718 Ist der Vertreter bevollmächtigt, alle Einzelheiten des Vertrags verbindlich für das Unternehmen auszuhandeln, kann von einer Ausübung der Vollmacht ausgegangen werden, auch wenn die Unterzeichnung durch den Unternehmer in dessen Ansässigkeitsstaat erfolgt.

719 Die Vollmacht braucht auch nicht in einer bestimmten Form erteilt zu werden, eine bloße Duldungsvollmacht reicht aus. Dies kann u. U. zu einer **ungewollten Vertreterbetriebsstätte** führen bei **Arbeitnehmerentsendungen**, wenn nicht ausdrücklich eine Abschlussvollmacht ausgeschlossen wird.

720 Für die Vertreterbetriebsstätte ist eine zeitliche Komponente erforderlich. Nach BFH hat ein ausländisches Unternehmen nur dann in Deutschland einen ständigen Vertreter i. S. des Art. 5 Abs. 5 OECD-MA, wenn sich eine für das Unternehmen tätige Person **mehr als nur vorübergehend** in Deutschland aufhält.[662] Das ist nicht der Fall, wenn eine solche Person jeweils für zwei bis fünf Tage nach Deutschland einreist und sich hier bis zu insgesamt 60 Tagen im Kalenderjahr aufhält.

721 Keine fingierte Betriebsstätte für das vertretene Unternehmen i. S. des Art. 5 Abs. 5 OECD-MA wird gemäß **Art. 5 Abs. 6 OECD-MA/Art. 5 Abs. 6 VG-DBA** dann begründet, wenn es sich um einen **unabhängigen Vertreter** handelt (Bsp.: Makler, Kommissionär, Handelsvertreter). Das Merkmal der Unabhängigkeit ist im rechtlichen und wirtschaftlichen Sinne zu verstehen, was der BFH als „persönliche Freiheit" bezeichnet.[663] Eine sachliche Weisungsgebundenheit im Rahmen einer Geschäftsbeziehung führt für sich allein nicht zur Abhängigkeit des Vertreters. Dies bedeutet, dass keine Abhängigkeit i. S. der Musterabkommen gegeben ist, wenn der Unternehmer dem Vertreter Vorgaben hinsichtlich Preise, Skonti, Lieferbedingungen, Gewährleistung usw. macht.

722 Ob ein Vertreter abhängig oder unabhängig ist, kann nach der sachlichen oder nach der persönlichen Unabhängigkeit oder nach beidem bestimmt werden. Unter **persönlicher Unabhängigkeit** ist die persönliche Freiheit i. S. einer Selbständigkeit zu verstehen. Prüfkriterium ist die Frage, ob der Vertreter ein eigenes unternehmerisches Risiko trägt. Um eine **rechtliche Abhängigkeit** des Vertreters anzunehmen, muss grundsätzlich eine umfassende Weisungsgebundenheit bestehen, d. h. Eingliederung in das Unternehmen des Geschäftsherrn nach den Kriterien des Arbeitsrechts.

---

662 BFH v. 2. 8. 2005 I R 87/04 BStBl 2006 II 220.
663 BFH v. 23. 9. 1983 III R 76/81, BStBl 1984 II 94; v. 14. 9. 1994 I R 116/93, BStBl 1995 II 238.

Auch wenn der Vertreter nicht im rechtlichen Sinne abhängig ist, kann sich sein Verhältnis zum Geschäftsherrn u.U. als **wirtschaftliche Abhängigkeit** darstellen, die ebenfalls zur Verneinung der Unabhängigkeit i.S. des Art. 5 Abs. 6 OECD-MA im Einzelfall führen kann.[664]

Ist der „ständige Vertreter" nach § 13 AO mit dem Vertreter, der „gewöhnlich" die Abschlussvollmacht ausübt, noch deckungsgleich, so ist im Übrigen **der Vertreterbegriff der Musterabkommen enger als der des § 13 AO,** da er darüber hinaus noch das Vorhandensein einer Vollmacht und die Abhängigkeit des Vertreters voraussetzt. Beides ist nach nationalem Recht nicht erforderlich.

Im innerstaatlichen Recht begründet ein ständiger Vertreter i.S. des § 13 AO **keine inländische Betriebsstätte.**[665] Der Begriff des ständigen Vertreters ist nur von Bedeutung für inländische Einkünfte im Sinne der beschränkten Steuerpflicht (§ 49 Abs. 1 Nr. 2 Buchst. a) EStG) und für ausländische Einkünfte (§ 34d Nr. 2 Buchst. a EStG). Insoweit kommt dem ständigen Vertreter eine vergleichbare Wirkung wie einer Betriebsstätte zu.

3.7.2.2.6 Anti-Organ-Klausel (Art. 5 Abs. 7 OECD-MA/Art. 5 Abs. 7 VG-DBA)

Abs. 7 enthält die sog. **Anti-Organ-Klausel.** Diese bedeutet, dass eine Tochtergesellschaft nicht allein aufgrund der Tatsache, dass sie von einem ausländischen Unternehmen beherrscht wird, zur Betriebsstätte des herrschenden Unternehmens wird.[666] Wird die Tochtergesellschaft aber als abhängiger Vertreter i.S. des Art. 5 Abs. 5 OECD-MA tätig, gilt sie als Betriebsstätte der Muttergesellschaft. Auch in diesem Fall ist die Betriebsstättenausnahmeregelung des Art. 5 Abs. 4 OECD-MA zu berücksichtigen.

3.7.2.3 Unternehmensgewinne (Art. 7 OECD-MA/Art. 7 VG-DBA)

3.7.2.3.1 Überblick (Art. 7 Abs. 1 OECD-MA/Art. 7 Abs. 1 VG-DBA)

Nach dem **Grundsatz des Art. 7 Abs. 1 OECD-MA/Art. 7 Abs. 1 VG-DBA werden Gewinne eines Unternehmens nur im Ansässigkeitsstaat besteuert**. Übt das Unternehmen seine Tätigkeit im anderen Vertragsstaat durch eine dort belegene Betriebsstätte aus, so kann der **Betriebsstättenstaat den Gewinn des Unternehmens besteuern, soweit der Gewinn der Betriebsstätte zuzurechnen ist**. Was unter „Unternehmensgewinn" („profits of an enterprise") in diesem Zusammenhang zu verstehen ist, wird im OECD-MA nicht definiert. Auch die von der Bundesrepublik abgeschlossenen DBA erläutern diesen oder einen sachlich gleichen Begriff (Bsp.: Art. 7 Abs. 1 DBA-USA: gewerbliche Gewinne) nicht.

Erzielt das Unternehmen im anderen Staat Gewinne, ohne dort über eine eigene Betriebsstätte zu verfügen, so steht dem anderen Staat ein Besteuerungsrecht nach Art. 7 OECD-MA nicht zu. Dennoch kann sich aus anderen Bestimmungen des DBA ein Be-

---

664 Nr. 38.6 OECD-MK zu Art. 5 OECD-MA.
665 BFH v. 30.6.2005 III R 47/03, BStBl 2006 II 78; v. 30.6.2005 III R 76/03, BStBl 2006 II 84.
666 BFH v. 9.3.1983 I R 202/79, BStBl 1983 II 433; v. 14.9.1994 I R 116/93, BStBl 1995 II 238.

steuerungsrecht ergeben, etwa für Einkünfte aus unbeweglichem Vermögen oder für Dividenden-, Zins- und Lizenzeinkünfte.

> **BEISPIEL:** Die Pneu AG, Sitz Karlsruhe, exportiert Reifen nach Frankreich, unterhält dort aber keine Betriebsstätte. Sie ist an der Tyreless AG in Ägypten zu 20 % beteiligt, hat einem iranischen Reifenhersteller ein Darlehen gewährt und einer dänischen Reifenfabrik eine Lizenz für Gürtelreifen überlassen.
>
> Den Exportgewinn darf allein die Bundesrepublik versteuern; die Dividenden der ägyptischen Firma unterliegen nach Art. 10 Abs. 2 DBA-Ägypten dort einer Quellenbesteuerung und sind in der Bundesrepublik nach Art. 24 Abs. 1 Buchst. a) DBA-Ägypten steuerbefreit;[667] dies gilt auch für die Zinsen nach Art. 11 Abs. 2 DBA-Iran: in der Bundesrepublik erfolgt nach Art. 24 Abs. 1 Buchst. b) DBA-Iran eine Anrechnung der iranischen Steuer; bezüglich der Lizenzzahlungen verbleibt es nach Art. 12 Abs. 1 DBA-Dänemark beim alleinigen Besteuerungsrecht der Bundesrepublik.

729 Das Beispiel macht deutlich, dass bei Nichtvorliegen einer Betriebsstätte die sonstigen Bestimmungen des OECD-MA eingreifen (**Art. 7 Abs. 4 OECD-MA**). Andererseits kennt das OECD-MA (inhaltsgleich die VG-DBA) – ebenso wie fast alle DBA der Bundesrepublik – den sog. **Betriebsstättenvorbehalt**: Nach diesem Vorbehalt sind Einkünfte, die nicht typischerweise Einkünfte aus einer unternehmerischen Tätigkeit sind, dann der Betriebsstätte zuzurechnen und unterliegen somit der Unternehmensbesteuerung gemäß Art. 7 OECD-MA, wenn diese Einkünfte auf Wirtschaftsgütern beruhen, die tatsächlich zu der Betriebsstätte gehören.[668] Der OECD-MK in der bis 2008 gültigen Fassung sprach davon, dass eine wirkliche Verbundenheit („effectively connected") des Wirtschaftsgutes mit der in der Betriebsstätte ausgeübten Geschäftstätigkeit vorliegen muss,[669] der BFH sprach von dem funktionalen Zusammenhang.[670] Nach der Änderung des OECD-MA durch das Update 2010 und die Einführung des AOA wird nunmehr nach OECD-MK darauf abgestellt, wer wirtschaftlicher Eigentümer ist und wer die damit verbundenen Chancen und Risiken trägt;[671] hierbei seien die Grundsätze aus dem OECD-Bericht von 2010 zu berücksichtigen.[672] Dieser Betriebsstättenvorbehalt findet sich bei der Besteuerung von Dividenden (Art. 10 Abs. 4 OECD-MA/Art. 10 Abs. 4 VG-DBA), Zinsen (Art. 11 Abs. 4 OECD-MA/Art. 11 Abs. 3 VG-DBA), Lizenzen (Art. 12 Abs. 3 OECD-MA/Art. 12 Abs. 3 VG-DBA) und Veräußerung von beweglichem Betriebsvermögen (Art. 13 Abs. 2 OECD-MA/Art. 13 Abs. 2 VG-DBA). Ausdrücklich ausgeschlossen ist der Betriebsstättenvorbehalt bei Einkünften aus unbeweglichem Vermögen (Art. 6 Abs. 4 OECD-MA). Die Verweisung in Art. 7 Abs. 4 OECD-MA auf die sonstigen Bestimmungen des Abkommens führt also in diesen Fällen zu einer Zurückverweisung.

---

667 Unabhängig davon sind die Dividenden nach § 8b Abs. 1 KStG bei der Ermittlung des Einkommens außer Betracht zu lassen.
668 Ausführlich BFH v. 9. 8. 2006 II R 59/05, BFH/NV 2006, 2326; v. 20. 12. 2006 I B 47/05, BStBl 2009 II 766; v. 19. 12. 2007 I R 66/06, BStBl 2008 II 510; v. 8. 9. 2010 I R 74/09, BFH/NV 2011, 138; v. 12. 6. 2013 I R 47/12, BFH/NV 2013, 1999.
669 Nr. 32.1 OECD-MK zu Art. 10 OECD-MA; Nr. 21.1 OECD-MK zu Art. 12 OECD-MA.
670 BFH v. 26. 2. 1992 I R 85/91, BStBl 1991 II 444.
671 Vgl. Nr. 32.1 OECD-MK zu Art. 10 OECD-MA i. d. F. 2010.
672 Attribution of Profits to Permanent Establishments, Nr. 72–97.

In diesem Zusammenhang ist das sog. **Attraktions-** oder **Attraktivitätsprinzip** zu erwähnen.[673] Es bedeutet, dass bei Vorliegen einer Betriebsstätte in einem Staat von dem Betriebsstättenstaat alle Einkünfte der Besteuerung unterworfen werden dürfen, unabhängig davon, ob sie durch die Betriebsstätte veranlasst sind oder nicht; demgemäß wären auch Einkünfte des Unternehmens aus Direktgeschäften im Betriebsstättenstaat steuerpflichtig. **Das OECD-MA hat sich ausdrücklich gegen das Attraktionsprinzip entschieden.**[674]

730

Betriebsstätteneinkünfte sind nach den von der Bundesrepublik abgeschlossenen DBA i. d. R. **unter Beachtung des Progressionsvorbehalts von der Besteuerung freigestellt.** Dies folgt aus dem jeweiligen Methodenartikel. Von diesem Grundsatz gibt es aber **Ausnahmen**: Wird die Steuerfreistellung an eine **Aktivitätsklausel** gekoppelt, d. h., dass die Steuerfreistellung nur dann gewährt wird, wenn die Betriebsstätte die von Abkommen zu Abkommen im Umfang unterschiedliche Aktivitätsklausel erfüllt,[675] dann werden in den Fällen, in denen die Aktivitätsklausel nicht erfüllt wird, die Betriebsstätteneinkünfte in der Bundesrepublik unter Anrechnung der ausländischen Steuer besteuert.

731

Ferner kann es in den **Fällen des § 20 Abs. 2 AStG**[676] – Betriebsstätte mit passiven und niedrig besteuerten Einkünften – zu einer inländischen Besteuerung unter Anrechnung der ausländischen Steuer kommen.

732

3.7.2.3.2 Neufassung des Art. 7 OECD-MA

Die Gewinnabgrenzung zwischen Stammhaus und Betriebsstätte im internationalen Verkehr ist in den letzten Jahren in die Diskussion gekommen, da die unterschiedliche Interpretation des Art. 7 OECD-MA durch die einzelnen OECD-Mitgliedstaaten zu einer nichtdeckungsgleichen Gewinnabgrenzung und damit zu einer Doppelbesteuerung oder aber zu einer Unterbesteuerung geführt hat. Im **Dezember 2006** hat die OECD einen dreiteiligen **Bericht zur Ermittlung des Betriebsstättengewinns** veröffentlicht,[677] dem im **August 2007 ein Sonderbericht für international tätige Versicherungen** folgte.[678] Diese Berichte sowie die Diskussion der Berichte mündeten im Entwurf einer **neuen Kommentierung des Art. 7 OECD-MA**, die im Juni 2008 verabschiedet wurde (The 2008 Update to the OECD Model Tax Convention). Danach ist nunmehr der **Authorised OECD Approach (AOA)** maßgebend – ausführlich Rdn. 752 ff.

733

Die Neufassung des Art. 7 OECD-MA weist gegenüber der bisherigen Fassung des Art. 7 OECD-MA folgende Änderungen auf:

734

▶ Absatz 1 wird lediglich in der letzten Satzhälfte neu gefasst („... die Gewinne, die einer Betriebsstätte zugerechnet werden können, können im Einklang mit den Bestimmungen des Absatz 2 im anderen Staat besteuert werden");

---

673 BFH v. 23. 7. 2003 I R 62/02, BFH/NV 2004, 317.
674 Nr. 10 OECD-MK zu Art. 7 OECD-MA.
675 Bsp.: Ziffer 5 Schlussprotokoll DBA-Finnland, Art. 24 Abs. 1 Nr. 1 Buchst. a DBA-Schweiz.
676 Rdn. 1394 ff.
677 Report oh the Attribution of Profits to Permanent Establishments – Part I (General Considerations), II (Banks) and III (Global Trading).
678 Special Considerations for Applying the Authorised OECD Approach to Permanent Establishments of Insurance Companies.

- Absatz 2 wird neu gefasst und das Prinzip des Fremdvergleichspreises festgelegt unter Berücksichtigung von dealings zwischen der Betriebsstätte und anderen Teilen des Unternehmens bzw. dem Stammhaus sowie den von der Betriebsstätte übernommenen Funktionen, Wirtschaftsgütern und Risiken; dabei wird von der uneingeschränkten Selbständigkeitsfiktion der Betriebsstätte ausgegangen; somit sind auch unternehmensinterne Transaktionen für die Ermittlung des Betriebsstättengewinns zu berücksichtigen;
- die bisherigen Absätze 3, 4, 5 und 6 werden gestrichen;
- Absatz 3 neue Fassung befasst sich mit der Anpassung von Gewinnen einer Betriebsstätte durch einen Vertragsstaat und der Verpflichtung, in diesem Fall zwecks Vermeidung der Doppelbesteuerung, eine entsprechende Gegenberichtigung vorzunehmen und ggf. sich mit dem anderen Vertragsstaat zu beraten;
- Absatz 7 wird unverändert Absatz 4.

735 - Dieses neue Prinzip der Ermittlung des Betriebsstättengewinns wurde in das nationale Recht durch § 1 Abs. 4–6 AStG in der Fassung des AmtshilfeRLUmsG mit Wirkung vom 1.1.2013 eingeführt, ergänzt durch die Betriebsstättengewinnaufteilungsverordnung – ausführlich Rdn. 754.

736 Auch in **Art. 7 VG-DBA** vom August 2013 ist das Prinzip des AOA zu finden.

3.7.2.3.3 Grundsätze der Ermittlung des Betriebsstättengewinns nach Art. 7 OECD-MA a. F.

737 Ungeachtet der vorstehend dargestellten Änderungen, die in die neuesten DBA der Bundesrepublik eingeflossen sind, sind für die Mehrzahl der Abkommen die bisherigen Grundsätze für die Ermittlung des Betriebsstättengewinns anzuwenden.[679] Dies sind aus der Sicht der deutschen Finanzverwaltung vor allem die **Betriebsstätten-Verwaltungsgrundsätze vom Dezember 1999 (BS-VwG)**[680] unter Berücksichtigung der **Änderung vom August 2009.**[681]

738 Um den Gewinn der im Ausland belegenen Betriebsstätte aus dem Gesamtgewinn des Unternehmens ausscheiden zu können, ist die Betriebsstätte nach **Art. 7 Abs. 2 OECD-MA a. F.** als ein eigen- und selbständiges Unternehmen anzusehen, das die gleichen oder ähnliche Funktionen unter gleichen Bedingungen wie die Betriebsstätte ausübt.

Der Betriebsstätte sind somit die Gewinne zuzurechnen, die sie hätte erzielen können, wenn sie

- eine gleiche oder ähnliche Tätigkeit,
- unter gleichen oder ähnlichen Bedingungen,
- als selbständiges Unternehmen ausgeübt hätte

---

[679] BFH v. 17.7.2008 I R 77/06, BStBl 2009 II 464, Abs. 49, in dem das Gericht klarstellt, dass die neuen OECD-Grundsätze nur dann anwendbar sind, wenn sie im konkreten Vertrag vereinbart sind, d. h. de facto nur für Neuverfahren.

[680] BS-VwG mit Ergänzungen durch BMF v. 20.11.2000, BStBl 2000 I 1509; v. 18.12.2002, BStBl 2002 I 1385; v. 29.9.2004, BStBl 2004 I 917 – Verwaltungsgrundsätze Dotationskapital; v. 12.4.2005, BStBl 2005 I 570 – VwGV.

[681] BMF v. 25.8.2009, BStBl 2009 I 888.

▶ und im Verkehr mit dem Unternehmen, dessen Betriebsstätte sie ist, völlig unabhängig gewesen wäre.

Diese Methode zur Abgrenzung des Gewinns wird **dealing-at-arm's-length-Klausel** (**Fremdvergleichsgrundsatz**) genannt. Vereinfacht ausgedrückt bedeutet sie, dass die Betriebsstätte zur Gewinnabgrenzung zwischen ihr und dem Stammhaus wie ein in jeder Hinsicht selbständiges Unternehmen am gleichen Ort und unter gleichen oder ähnlichen Bedingungen zur Erzielung eines gleichen oder ähnlichen Erfolgs zu behandeln ist (**fiktive Selbständigkeit**).[682] Die herrschende Rechtsprechung und Verwaltungsmeinung vertreten die Auffassung, dass die **Gesamteinkünfte nach Maßgabe des wirtschaftlichen Zusammenhangs einerseits dem Stammhaus, andererseits der Betriebsstätte zuzuordnen sind**[683] – **eingeschränkte Selbständigkeit**.[684] 739

Das Gewinnermittlungsprinzip des Art. 7 Abs. 2 OECD-MA a. F. wird als **direkte Gewinnermittlungsmethode** bezeichnet,[685] der der Vorzug vor der indirekten Methode zu geben ist (**Regelmethode**). Um die Gewinnzuordnung zu erleichtern, hat die Betriebsstätte grundsätzlich ein **eigenständiges Rechnungswesen** zu führen; so verlangt z. B. Art. 7 Abs. 4 DBA-Belgien für die Ermittlung des Betriebsstättengewinns eine „ordnungsmäßige Buchführung". Anzumerken ist, dass die Rechtsgrundlagen für ein eigenständiges Buchführungswerk der Betriebsstätte unklar sind, da sie ja handelsrechtlich ein Teil des Gesamtunternehmens ist. 740

Unabhängig von den immer wieder auftretenden Schwierigkeiten bei der Anwendung der direkten Gewinnermittlungsmethode ist man sich doch grundsätzlich einig, dass die der Betriebsstätte berechneten Preise dem entsprechen müssen, was auch einem Dritten berechnet wird. Dies gilt auch für die Fälle der besonderen Marktsituation, z. B. wenn ein neues Produkt am Markt eingeführt werden soll,[686] wenn bestehende Marktanteile ausgebaut werden sollen (Kampfpreise), wenn die Ware unter einem bekannten Markenzeichen vertrieben wird usw. 741

Ein weiteres in Literatur und Verwaltung kontrovers diskutiertes Problem ist die sog. **Zentralfunktion des Stammhauses.**[687] Die Finanzverwaltung ordnet Wirtschaftsgüter entsprechend den von Stammhaus bzw. Betriebsstätte ausgeübten Funktionen zu; eine anteilige Zuordnung kommt nicht in Betracht. Dient ein Wirtschaftsgut mehreren Unternehmensteilen, hängt es entscheidend vom erkennbaren Willen der Geschäftsleitung ab, welchem Betriebsvermögen es zuzuordnen ist. Dem Stammhaus sind deshalb in der Regel zuzurechnen das Halten der dem Gesamtunternehmen dienenden Finanzmittel und Beteiligungen, wenn sie nicht einer in der Betriebsstätte ausgeübten Tätigkeit dienen. Die von einer Betriebsstätte erwirtschafteten Finanzierungsmittel gehören grundsätzlich zu deren Betriebsvermögen soweit sie zur Absicherung der Geschäftstätigkeit der Betriebsstätte erforderlich sind oder bei ihr zur Finanzierung von beschlos- 742

---

682 BFH v. 3.11.1998 I B 6/98, BFH/NV 1999, 672.
683 BFH v. 18.12.2002 I R 92/01, BFH/NV 2003, 964; v. 23.7.2003 I R 62/02, BFH/NV 2004, 317; BS-VwG Tz. 2.1, 2.2, 2.3.
684 BFH v. 16.2.1996 I R 43/95, BStBl 1997 II 128.
685 BFH v. 20.7.1988 I R 49/84, BStBl 1989 II 140; v. 20.3.2002 II R 84/99, BFH/NV 2002, 1077; vgl. Rdn. 213.
686 BFH v. 17.2.1993 I R 3/92, BStBl 1993 II 457; v. 17.10.2001 I R 103/00, BStBl 2004 II 171.
687 BS-VwG Tz. 2.4.

senen oder in absehbarer Zeit vorgesehenen Investitionen dienen sollen. Die darüber hinausgehenden, überschüssigen Mittel sind dem Stammhaus zuzurechnen. In der Literatur wird hierzu vertreten, dass spätestens ab dem Zeitpunkt der Neufassung des Art. 7 OECD-MA und der dazu gehörigen Neufassung des OECD-MK diese Auffassung aufgegeben werden muss.

743 Für den **Abzug von Aufwendungen** bei der Ermittlung des Betriebsstättengewinns ist es nach **Art. 7 Abs. 3 OECD-MA a. F.** unerheblich, wo diese angefallen sind. Abzugsfähig und abzuziehen sind die Aufwendungen, die der Betriebsstätte zuzurechnen sind (**wirtschaftlicher Zusammenhang zwischen Aufwendungen und Betriebsstätte**).[688] Damit sollen Gewinnverlagerungen vermieden werden.

> **BEISPIEL:** (1) Um die EDV-Anlage des Stammhauses in Stuttgart auslasten zu können, werden in Stuttgart die Betriebsabrechnungen für die Betriebsstätten in Österreich und Dänemark vorgenommen. Die anteiligen Aufwendungen für sachliche und personelle Ausgaben sind vom Gewinn der jeweiligen Betriebsstätte abzuziehen.
>
> (2) Das Kosmetikunternehmen K unterhält Betriebsstätten in Frankreich, der Schweiz und Österreich. Die Werbung wird zentral von der Bundesrepublik aus gesteuert. Der anteilige Werbeaufwand ist beim Betriebsstättengewinn zu berücksichtigen. Dies gilt auch dann, wenn das Unternehmen über einen Regionalsender in der Bundesrepublik Werbesendungen z. B. in die deutschsprachige Schweiz und das Elsass ausstrahlt und für die von den Betriebsstätten vertriebenen Produkte wirbt.

744 Bei **Leistungsbeziehungen zwischen Stammhaus und Betriebsstätte**[689] ist zu beachten, dass das Stammhaus die Betriebsstätte angemessen mit Kapital auszustatten hat (sog. **Dotationskapital**);[690] der Betriebsstättengewinn kann nicht um Zahlungen an das Stammhaus für dieses Dotationskapital gemindert werden.[691] Auch sind **Miet-, Darlehens- und Lizenzverträge** zwischen Stammhaus und Betriebsstätte steuerlich grundsätzlich unbeachtlich,[692] da Stammhaus und Betriebsstätte eine rechtliche und tatsächliche Einheit bilden und Gewinne nicht durch sog. Innentransaktionen berührt werden dürfen (**Grundsatz der eingeschränkten Selbständigkeit**). So werden z. B. Garantieleistungen zwischen verschiedenen Teilen eines einheitlichen Unternehmens nicht anerkannt. Die Überlassung des Konzernnamens wird grundsätzlich als sog. **Rückhalt im Konzern** gewertet, für den ein Entgelt steuerlich nicht geltend gemacht werden kann.[693] Zinsen, die das Stammhaus für ein aufgenommenes Darlehen entrichtet, können nur insoweit beim Betriebsstättenergebnis berücksichtigt werden, als das auf-

---

688 BFH v. 20.7.1988 I R 49/84, BStBl 1989 II 140; v. 18.12.2002 I R 92/01, BFH/NV 2003, 964.
689 BS-VwG Tz. 2.6 ff.
690 BFH v. 25.6.1986 II R 213/83, BStBl 1986 II 785; v. 20.3.2002 II R 84/99, BFH/NV 2002, 1017; v. 16.10.2002 I R 17/01, BStBl 2003 II 631; nach BFH v. 23.8.2000 I R 98/96, BStBl 2002 II 207, kann der inländischen Betriebsstätte eines ausländischen Unternehmens höchstens derjenige Betrag als „Dotationskapital" zugerechnet werden, der dem Gesamtunternehmen als Eigenkapital zur Verfügung steht; zum Verlust von Dotationskapital einer ausländischen Betriebsstätte vgl. EuGH v. 28.2.2008 C-293/06 Deutsche Shell GmbH, BStBl II 2009, 976; a. A. BFH v. 16.2.1996 I R 43/95, BStBl 1997 II 128, und I R 46/95, BFH/NV 1997, 111; BS-VwG Tz. 2.5.1; vgl. zum Dotationskapital von inländischen Betriebsstätten international tätiger Kreditinstitute BMF v. 29.9.2004, BStBl 2004 I 917.
691 Zum Problem der Einheitsbewertung in diesen Fällen BFH v. 29.7.1992 II R 39/89, BStBl 1993 II 63.
692 BFH v. 20.7.1988 I R 49/84, BStBl 1989 II 140; zum Problem der Lizenzzahlungen für als Warenzeichen geschütztes Firmenlogo vgl. BFH v. 9.8.2000 I R 12/99, BStBl 2001 II 140.
693 Ausführlich zu diesem Problem und den unterschiedlichen Auffassungen in Verwaltung und Literatur BFH v. 9.8.2000 I R 12/99, BStBl 2001 II 140, unter 2. und 3. der Entscheidungsgründe.

genommene Kapital für Zwecke der Betriebsstätte verwandt wird. Ein angemessener Teil der **Geschäftsführungs- und allgemeinen Verwaltungskosten** des Stammhauses kann bei der Ermittlung des Betriebsstättenergebnisses in Ansatz gebracht werden (Problem der Kostenumlage).[694] Für spezielle Dienstleistungsbetriebsstätten ist nach Auffassung der Finanzverwaltung eine Kostenverrechnung zuzüglich Gewinnaufschlag möglich.[695]

Werden von dem inländischen Stammhaus **Wirtschaftsgüter des Anlagevermögens in eine ausländische Betriebsstätte überführt**, so ist diese Frage seit dem Inkrafttreten des SEStEG bzw. JStG 2010 durch § 4 Abs. 1 Satz 3 und 4 EStG[696] geregelt.   745

Bei **nachträglichen Betriebsstätteneinkünften**, d. h. Zufluss zu einem Zeitpunkt, in dem die Betriebsstätte nicht mehr existiert, ist darauf abzustellen, ob die betriebliche Leistung während der Zeit des Bestehens der Betriebsstätte erbracht wurde (Verursacherprinzip).[697]   746

Die Ermittlung des Betriebsstättengewinns hängt von einer Vielzahl von Faktoren ab, u. a. auch von der Art der Tätigkeit der Betriebsstätte sowie ihrer Funktion, ob sie z. B. reine Montagetätigkeit ausübt[698] oder ob sie Halbfabrikate bezieht, diese weiterverarbeitet und dann veräußert, oder ob sie selbst produziert und veräußert, ob sie forscht usw.   747

> **BEISPIEL:** (1) Führt das inländische Unternehmen Halbfertigprodukte in das Ausland aus, um dann die von der Betriebsstätte veredelten Waren zum Vertrieb wieder zurückzuerhalten, darf die Betriebsstätte nur den Gewinn erzielen, den ein fremder dritter Lohnveredler erzielt hätte.
>
> (2) Beschränkt sich die Tätigkeit der ausländischen Betriebsstätte auf die Montage, so ist der Betriebsstätte aus dem aus dem einzelnen Auftrag erzielten Gesamterlös der Gewinn zuzuweisen, der nach Abzug der Herstellungskosten und einem angemessenen Unternehmerlohn verbleibt.

Wegen der Einzelheiten der Ermittlung des Betriebsstättengewinns, ggf. seiner Korrektur und der Aufteilungsprinzipien, wird auf Tz. 2 ff. BS-VwG verwiesen.   748

Zu berücksichtigen ist im Rahmen der Ermittlung des Betriebsstättengewinns, dass aufgrund des **bloßen Einkaufs von Gütern oder Waren** der Betriebsstätte kein Gewinn zuzurechnen ist (**Art. 7 Abs. 5 OECD-MA a. F.**).   749

Wenn es in einem Vertragsstaat üblich ist, den Betriebsstättengewinn durch Aufteilung des Gesamtgewinns des Unternehmens zu ermitteln oder wenn es aus tatsächlichen Gründen nicht möglich ist, eine Gewinnermittlung nach Art. 7 Abs. 2 und 3 OECD-MA a. F. nach der direkten Methode vorzunehmen, sieht **Art. 7 Abs. 4 OECD-MA a. F.** als **subsidiäre Methode** die **indirekte Gewinnermittlungsmethode** vor. Diese kommt u. a. immer dann zur Anwendung, wenn die Verzahnung zwischen Stammhaus   750

---

694   BFH v. 20. 7. 1988 I R 49/84, BStBl 1989 II 140; vgl. BMF v. 30. 12. 1999, BStBl 1999 I 1122: Prüfung der Einkunftsabgrenzung durch Umlageverträge zwischen international verbundenen Unternehmen.
695   BS-VwG Tz. 3.1.
696   Zu den Problemen dieser Norm siehe Rdn. 215.
697   BFH v. 12. 10. 1978 I R 69/75, BStBl 1979 II 64; v. 28. 10. 2009 I R 99/08, BFH/NV 2010, 346; H 34d EStH; vgl. oben Rdn. 172.
698   BFH v. 13. 11. 1990 VIII R 152/86, BStBl 1991 II 94.

und Betriebsstätte so eng ist, dass eine Anwendung der direkten Methode versagt oder zu Verzerrungen führt, z. B. bei integrierten oder prozessorientierten Organisationsstrukturen. Bei der indirekten Gewinnermittlungsmethode, die u. a. bei internationalen Banken und Versicherungsunternehmen oder auch Bau- und Montagebetriebsstätten angewandt wird, wird der Gesamtgewinn des Unternehmens aufgeteilt. Aufteilungsmaßstab können sein Umsatz, Materialeinsatz, Provisionen, Löhne, Verhältnis der Prämien, Verhältnis des Betriebsvermögens usw.[699] Sie hat den Vorteil, dass eine gesonderte Betriebsstättenbilanz entbehrlich ist. Der indirekt ermittelte Gewinn muss aber so sein, dass das Ergebnis mit den Grundsätzen der direkten Methode übereinstimmt und nicht zu Steuerverlagerungen führt (Art. 7 Abs. 4 letzter Halbsatz OECD-MA a. F.).

751 **Art. 7 Abs. 6 OECD-MA a. F.** bestimmt ausdrücklich, dass die Gewinnermittlung jedes Jahr auf dieselbe Art und Weise (direkte oder indirekte Methode) zu erfolgen hat. Ein **Wechsel der Gewinnermittlungsmethode** steht nicht im Belieben des Steuerpflichtigen. Möchte er von der direkten zur indirekten Methode übergehen, so müssen hierfür gewichtige Gründe angeführt werden, die nicht einen Steuerspareffekt bezwecken.

3.7.2.3.4 Grundsätze der Ermittlung des Betriebsstättengewinns nach Art. 7 OECD-MA n. F.

752 Die Grundsätze des AOA sind in das OECD-MA eingeflossen: Die Betriebsstätte wird nunmehr gemäß Art. 7 Abs. 2 OECD-MA/Art. 7 Abs. 2 VG-DBA als eigenständiges und selbständiges Unternehmen fingiert (**Functionally-Separate-Entity-Approach**).[700] Dies bedeutet, dass die Gewinnabgrenzung grundsätzlich nach **Verrechnungspreisgrundsätzen (Transfer Pricing Guidelines)** abläuft. Aufgrund einer Funktionsanalyse soll die Zuordnung von Wirtschaftsgütern, Risiken und Eigenkapital/Dotationskapital auf der Basis der sog. **signifikanten Personalfunktion** erfolgen.[701] Leistungsbeziehungen zwischen Stammhaus und Betriebsstätte (sog. **dealings**) sollen anerkannt werden, soweit ihnen ein echtes und identifizierbares Ereignis zugrunde liegt, das ausreichend und detailliert dokumentiert ist. Sodann sind alle Geschäftsvorfälle zwischen Stammhaus und Betriebsstätte unter Anwendung der Transfer Pricing Guidelines zu vergüten. Die Wirtschaftsgüterzuordnung erfolgt nach der „**Key Entrepreneurial Risk-Taking Function" (KERT Function)**, die Bestimmung des Dotationskapitals nach Funktion und Wirtschaftsgutzuordnung. Am 22. 7. 2010 hat die OECD das Update 2010 des OECD-MA verabschiedet, in dem zum einen die Neufassung des Art. 7 OECD-MA erfolgte und zum anderen der OECD-MK umfassend geändert wurde, insbesondere die Erläuterungen zu Art. 7 OECD-MK.

753 Die **Gegenberichtigung** zur Beseitigung einer drohenden Doppelbesteuerung (korrespondierende Änderung bei einer Gewinnberichtigung) wird in **Art. 7 Abs. 4 OECD-MA/ Art. 7 Abs. 4 VG-DBA** behandelt. Allerdings befinden sich zwischen beiden Vorschlägen

---

[699] BS-VwG Tz. 2.3.2.
[700] Konsequenz: Der Betriebsstätte kann ein Gewinn zugewiesen werden, auch wenn das Unernehmen als Ganzes einen Verlust erzielt.
[701] Vgl. Rdn. 729.

einige Unterschiede nicht nur gradueller Art; ob diese jeweils in ein DBA einfließen, wird die Zukunft zeigen.

3.7.2.3.5 Grundsätze der Ermittlung des Betriebsstättengewinns nach § 1 Abs. 5 AStG

Durch das AmtshilfeRLUmsG wurde das Betriebsstättengewinnermittlungsprinzip des AOA in § 1 AStG eingeführt. Damit wird zugleich die uneingeschränkte Selbständigkeitsfiktion der Betriebsstätte eingeführt, und die Betriebsstätte weitgehend einer Tochterkapitalgesellschaft gleichgestellt.

754

In § 1 Abs. 4 AStG wird der Begriff der Geschäftsbeziehungen neu definiert, um damit auch die tatsächlichen Beziehungen zwischen Stammhaus und Betriebsstätte erfassen zu können, die nach rein zivilrechtlicher Betrachtungsweise keine schuldrechtlichen Verträge miteinander schließen können.

755

§ 1 Abs. 5 AStG regelt in Übereinstimmung mit dem AOA die Grundsätze,[702] nach denen der international anerkannte Fremdvergleichsgrundsatz sowohl auf die Aufteilung der Gewinne zwischen einem inländischen Unternehmen und seiner ausländischen Betriebsstätte als auch auf die Ermittlung der Einkünfte einer inländischen Betriebsstätte eines ausländischen Unternehmens anzuwenden ist. Die Behandlung einer rechtlich unselbständigen Betriebsstätte als fiktiv eigenständiges und unabhängiges Unternehmen und die entsprechende Anwendung der Verrechnungspreisgrundsätze kann dazu führen, dass eine Betriebsstätte Gewinne erzielt, obwohl das Unternehmen insgesamt Verluste hinnehmen muss, oder Verluste hinnehmen muss, auch wenn das Unternehmen insgesamt Gewinne erzielt. Der Ansatz von Fremdvergleichspreisen aufgrund von dealings zwischen dem Unternehmen und seiner fiktiv rechtlich selbständigen Betriebsstätte kann auch dazu führen, dass es zu Abweichungen der Summe der Einzelergebnisse verschiedener Betriebsstätten vom Gesamtergebnis des Unternehmens kommt.

756

§ 1 Abs. 5 Satz 3 AStG bestimmt, dass zur Aufteilung bzw. zur Ermittlung der Einkünfte in einem ersten Schritt festzustellen ist, welche Funktionen die Betriebsstätte im Verhältnis zum restlichen Unternehmen durch ihr Personal (people functions) tatsächlich ausübt. Davon ausgehend wird bestimmt, welche Vermögenswerte und welche Chancen und Risiken der Betriebsstätte zuzuordnen sind. Daraus resultiert u. a. auch, welches Eigenkapital (Dotationskapital) und welches Fremdkapital mit welchem Zinsaufwand der Betriebsstätte zuzuordnen sind.

757

Auf der Grundlage der Zuordnung nach Satz 3 können in einem zweiten Schritt für Geschäftsvorfälle (dealings) zwischen einem Unternehmen und seiner rechtlich unselbständigen Betriebsstätte bzw. zwischen zwei rechtlich unselbständigen Betriebsstätten eines Unternehmens grundsätzlich schuldrechtliche Beziehungen jeder Art unterstellt werden. Auf diese dealings sind die Grundsätze der OECD-Verrechnungspreisleitlinien anzuwenden, so dass der Besteuerung Verrechnungspreise zugrunde gelegt werden, die dem Fremdvergleichsgrundsatz entsprechen.

758

---

702 Vgl. BR-Drs. 139/13, S. 163 ff.

759 Satz 5 schließt ausdrücklich den ständigen Vertreter (§ 13 AO, Art. 5 Abs. 5 OECD-MA, Art. 5 Abs. 5 VG-DBA) in den Anwendungsbereich der Norm ein.

760 Auf Geschäftsbeziehungen zwischen einem Gesellschafter und seiner Personengesellschaft oder zwischen einem Mitunternehmer und seiner Mitunternehmerschaft ist § 1 Abs. 1 AStG anzuwenden. Satz 7 schließt die Anwendung des § 1 Abs. 5 AStG auf diese Fälle aus.

761 § 1 Abs. 5 Satz 8 AStG versucht Besteuerungskonflikte bei Bestehen eines DBA zu lösen.

762 In § 1 Abs. 6 AStG ist die Ermächtigungsgrundlage für den Erlass einer Verordnung zu § 1 Abs. 5 AStG vorgesehen. Diese ist durch die Verordnung zur Anwendung des Fremdvergleichsgrundsatzes auf Betriebsstätten nach § 1 Abs. 5 AStG (Betriebsstättengewinnaufteilungsverordnung – BsGaV) ausgefüllt worden. Sie soll – so die amtliche Begründung – noch konkreter als durch das Gesetz möglich sicherstellen, dass von Steuerpflichtigen und Finanzverwaltung wettbewerbsneutrale und im internationalen Kontext akzeptable Lösungen gefunden werden, die auf den international anerkannten Grundsätzen für die Einkünfteaufteilung von Betriebsstätten basieren. Zur Anwendung des Fremdvergleichsgrundsatzes regelt die Rechtsverordnung für inländische Unternehmen mit einer in einem anderen Staat gelegenen Betriebsstätte sowie für ausländische Unternehmen mit einer inländischen Betriebsstätte u. a.:

1. Die Art und Weise der Berechnung der Betriebsstätteneinkünfte (Hilfs- und Nebenrechnung); in dieser Hilfs- und Nebenrechnung werden vor allem die der Betriebsstätte zuzuordnenden Vermögenswerte, ihr Dotationskapital und die übrigen ihr zuzuordnenden Passiva sowie die Geschäftsvorfälle der Betriebsstätte erfasst;

2. unter welchen Umständen anzunehmende schuldrechtliche Beziehungen („dealings") zwischen einer Betriebsstätte und dem übrigen Unternehmen, zu dem sie gehört, vorliegen;

3. welche Besonderheiten für bestimmte Branchen, insbesondere für Banken, für Versicherungen, für Bau- und Montageunternehmen und für Explorationsunternehmen zu beachten sind;

4. in welchen Fällen zur Vermeidung von Beweisschwierigkeiten von widerlegbaren Vermutungen auszugehen ist; dies ist notwendig, da eine rechtliche Abgrenzung auf der Basis des Zivil- oder Handelsrechts innerhalb eines Unternehmens nicht möglich ist.

Es ist davon auszugehen, dass als dritte Stufe nach Gesetz und Rechtsverordnung noch ein BMF-Schreiben im Frühjahr 2015 folgen wird.

3.7.2.3.6 Verluste ausländischer Betriebsstätten und Tochterkapitalgesellschaften in der EU

763 Negative Einkünfte aus einer ausländischen aktiv tätigen Betriebsstätte, die in einem Nicht-DBA-Staat belegen ist, können grundsätzlich nach § 2 Abs. 1 EStG mit inländischen Gewinnen im Rahmen des **Welteinkommens** verrechnet werden. Besteht dagegen mit dem ausländischen Staat ein DBA, so steht das Besteuerungsrecht hinsichtlich der positiven und negativen Einkünfte aus dieser Betriebsstätte im Regelfall dem Betriebsstättenstaat zu (Art. 7 Abs. 1, 2 OECD-MA). Das heißt, diese Einkünfte sind, gleich

ob positiv oder negativ, im Inland von der Besteuerung freigestellt (**Symmetriethese**).[703] Daraus folgt weiter, dass ein Verlust aus der ausländischen Betriebsstätte bei der Ermittlung des Gesamtbetrags der Einkünfte nicht berücksichtigt werden kann,[704] denn damit würden die Regeln des DBA außer Kraft gesetzt. Lediglich der negative Progressionsvorbehalt führt zu einer gewissen steuerlichen Entlastung.

Bis einschließlich VZ 1998 räumte § 2a Abs. 3, 4 EStG (seit VZ 1990; bis einschließlich VZ 1989: § 2 AIG) dem Steuerpflichtigen bei aktiv tätigen Betriebsstätten im Ausland (nicht nur EU oder EWR!) die Möglichkeit ein, auf Antrag so behandelt zu werden, als bestünde kein DBA. Es wurde demnach ein Verlustabzug zugelassen, der in künftigen Jahren durch eine **Hinzurechnung** wieder rückgängig gemacht wurde, wenn der Betriebsstättengewinn der ausländischen Betriebsstätte positiv war (sog. **Nachversteuerung**).[705] Hierbei handelte es sich um eine systemwidrige Begünstigung. Diese Vergünstigung ist ab 1. 1. 1999 ersatzlos gestrichen worden. 764

Damit auch nach Außerkrafttreten der Vergünstigung des § 2a Abs. 3 und 4 EStG eine Nachversteuerung (Hinzurechnung) durchgeführt werden kann,[706] findet sich in § 52 Abs. 3 Satz 4 ff. EStG hierzu eine umfassende Regelung.[707] 765

Der EuGH hat in den Verfahren Stahlwerk Ergste Westig GmbH,[708] Lidl-Belgium[709] und Krankenheim Ruhesitz am Wannsee-Seniorenheimstatt GmbH[710] die Vereinbarkeit der Nachversteuerung nach § 2a Abs. 3, 4 EStG mit EU-Recht bestätigt. 766

In der **Rechtssache Marks & Spencer** wurde vom EuGH entschieden, dass ein **Verlust einer in einem EU-Mitgliedstaat ansässigen Tochtergesellschaft**, der im Sitzstaat dieser Tochtergesellschaft nach dem Recht dieses Staates unter keinen denkbaren Umständen mehr, auch nach Ausschöpfung aller rechtlichen Möglichkeiten, steuerlich geltend gemacht werden kann (**endgültiger Verlust, finaler Verlust**),[711] auf die in einem anderen Mitgliedstaat ansässige Muttergesellschaft übertragen werden kann.[712] Das Gericht hat ausgeführt, dass es, sofern die gebietsansässige Muttergesellschaft gegenüber den Steuerbehörden nachweist, dass diese Voraussetzungen erfüllt sind, gegen Art. 49 AEUV verstößt, wenn es ihr verwehrt wird, von ihrem steuerpflichtigen Gewinn die Verluste ihrer gebietsfremden Tochtergesellschaft abzuziehen. 767

Hintergrund dieses Rechtsstreits war die von der Finanzverwaltung vertretene Rechtsauffassung, dass nach dem im Völkerrecht wie im Gemeinschaftsrecht geltenden Terri- 768

---

703 BFH v. 17. 7. 2008 I R 84/09, BStBl 2009 II 630.
704 BFH v. 31. 3. 2004 I R 71/03, BStBl 2004 II 742 m. w. N.
705 BFH v. 16. 12. 2008 I R 96/05, BFH/NV 2009, 744.
706 BFH v. 16. 12. 2008 I R 96/05, BFH/NV 2009, 744.
707 Geplant ist durch das Gesetz zur Anpassung des nationalen Steuerrechts an den Beitritt Kroatiens zur EU und zur Änderung weiterer steuerlicher Vorschriften die bisher in bisher in § 52 Abs. 3 EStG enthaltende Regelung als einen neuen Abs. 3 in § 2a EStG einzufügen.
708 EuGH v. 6. 11. 2007 C-415/06 Stahlwerke Ergste Westig GmbH, IStR 2008, 107.
709 EuGH v. 15. 5. 2008 C-414/06 Lidl Belgium, BStBl II 2009, 692.
710 EuGH v. 23. 10. 2008 C-157/07 Krankenheim Ruhesitz am Wannsee-Seniorenheimstatt GmbH, BStBl II 2009, 566.
711 Zu den Voraussetzungen der Finalität vgl. EuGH v. 7. 11. 2013 C-322/11 Fall K, IStR 2013, 913; BFH v. 9. 11. 2010 I R 16/10, BFH/NV 2011, 524.
712 EuGH v. 13. 12. 2005 C-446/03 Marks & Spencer, IStR 2006, 19.

torialitätsprinzip dem Mitgliedstaat des Sitzes der Muttergesellschaft die Steuerhoheit gegenüber gebietsfremden Tochtergesellschaften fehle. Diese stehe nach der auf diesem Gebiet üblichen Aufteilung grundsätzlich den Staaten zu, in deren Gebiet die Tochtergesellschaften ansässig und wirtschaftlich tätig seien. Es stehe somit mit dem Territorialitätsprinzip im Einklang, wenn der Mitgliedstaat des Sitzes der Muttergesellschaft die gebietsansässigen Gesellschaften für ihren weltweit erwirtschafteten Gewinn und die gebietsfremden (Tochter-)Gesellschaften lediglich für den Gewinn aus ihrer inländischen Tätigkeit besteuert. Dessen ungeachtet hat der EuGH eine Übertragung des endgültigen Verlustes einer Tochtergesellschaft auf die Muttergesellschaft aufgrund der Prinzipien des AEUV unter den oben genannten Voraussetzungen gemeinschaftsrechtlich für geboten gehalten.

769 Unterstellt, ein Abzug von Verlusten einer in einem anderen EU-Mitgliedstaat ansässigen Tochterkapitalgesellschaft bei ihrer inländischen Mutterkapitalgesellschaft wäre aus unionsrechtlichen Gründen geboten – Abschluss der Entwicklung mit dem Urteil des EuGH in der Rechtssache A Oy –,[713] käme ein solcher Verlustabzug nicht im Veranlagungszeitraum des Entstehens der Verluste, sondern nur in jenem Veranlagungszeitraum in Betracht, in welchem sie tatsächlich „final" geworden sind.[714]

770 Gewinne und **Verluste von ausländischen Betriebsstätten** sind **in DBA-Fällen** grundsätzlich von der Besteuerung im Sitzstaat des Stammhauses abgeschottet.[715] In dem EuGH-Verfahren **Lidl Belgium** ging es – in Fortentwicklung der Grundsätze des Urteils in Sachen Marks & Spencer – um die Frage, ob die o. a. Grundsätze der Verlustverrechnung auch für Betriebsstättenverluste gelten. Hierzu gilt nach der Rechtsprechung: Grundsätzlich ist davon auszugehen, dass Deutschland für Verluste, die ein in Deutschland ansässiges Unternehmen in seiner im Ausland belegenen Betriebsstätte erwirtschaftet, kein Besteuerungsrecht hat. Ein Verlustabzug kommt abweichend davon aus Gründen des Gemeinschaftsrechts nur ausnahmsweise in Betracht, sofern und soweit der Steuerpflichtige nachweist, dass die Verluste im Quellenstaat steuerlich unter keinen denkbaren Umständen anderweitig verwertbar sind (sog. **finale Verluste**). An einer derartigen „Finalität" fehlt es, wenn der Betriebsstättenstaat nur einen zeitlich begrenzten Vortrag von Verlusten zulässt.[716] Daran fehlt es jedoch nicht, wenn der Betriebsstättenverlust aus tatsächlichen Gründen nicht mehr berücksichtigt werden kann (z. B. bei Umwandlung der Auslandsbetriebsstätte in eine Kapitalgesellschaft, ihrer entgeltlichen oder unentgeltlichen Übertragung oder ihrer „endgültigen" Aufgabe).[717] Für den ausnahmsweisen Verlustabzug im Ansässigkeitsstaat des Stammhauses kann es nur auf jenen Veranlagungszeitraum ankommen, in welchem die Verluste tatsächlich „final" geworden sind,[718] also kein phasengleicher Verlustabzug.

---

713 EuGH v. 21. 2. 2013 C-123/11 A Oy, IStR 2013, 239.
714 BFH v. 9. 11. 2010 I R 16/10, BFH/NV 2011, 524.
715 BFH v. 11. 3. 2008 I R 116/04, BFH/NV 2008, 1161, unter III.1. der Entscheidungsgründe; v. 17. 7. 2008 I R 84/04, BStBl 2009 II 630, unter III.1. der Entscheidungsgründe.
716 BFH v. 9. 6. 2010 I R 100/09, BStBl 2010 II 1065; v. 5. 2. 2014 I R 48/11, DStR 2014, 837.
717 BFH v. 9. 6. 2010 I R 107/09, BFH/NV 2010, 1744; entgegen BMF v. 13. 7. 2009, BStBl 2009 I 835.
718 BFH v. 9. 6. 2010 I R 107/09, BFH/NV 2010, 1744, Abs. 21.

3.7.2.3.7 Gründungsaufwendungen für eine Betriebsstätte

Der Betriebsstättengewinn ist nach der Grundregel des Art. 7 OECD-MA/Art. 7 VG-DBA im Betriebsstättenstaat zu versteuern. Wie verhält es sich aber mit den Aufwendungen, die im Zusammenhang mit der Errichtung der Betriebsstätte stehen, also mit vorbereitenden Aufwendungen und Gründungskosten? Ab wann sind die Aufwendungen dem Betriebsstättenstaat, bis wann dem Stammhaus zuzurechnen?

771

> **BEISPIEL:** (1) Die X-AG entsendet ihren Mitarbeiter M im Januar und Februar 2012 in den DBA-Staat Y mit dem Ziel zu prüfen, ob sich die Gründung einer Betriebsstätte vor Ort wirtschaftlich lohnt. Aufgrund der Erkenntnisse ihres Mitarbeiters wird in der zweiten Jahreshälfte 2013 mit dem Aufbau einer Betriebsstätte begonnen, die dann im Januar 2014 ihren Betrieb aufnimmt.
>
> (2) Wie (1), aber die Ergebnisse der Erkundung durch M führen dazu, dass man von der Errichtung einer Betriebsstätte absieht.

In den vorstehenden Beispielen ist die Frage zu klären, wie die Kosten des Mitarbeiters in 2012 sowie die weiteren Kosten in 2013 steuerlich zu behandeln sind. Nach ständiger Rechtsprechung[719] sowie ständiger Praxis der Finanzverwaltung wird auf das Prinzip des Veranlassungszusammenhangs verwiesen[720] und damit eine steuerliche Berücksichtigung der Aufwendungen – abgesehen von einem negativen Progressionsvorbehalt – im Inland abgelehnt; die Aufwendungen seien im Betriebsstättenstaat geltend zu machen. Demgegenüber vertritt die Literatur die Auffassung, dass bei einer gescheiterten Betriebsstättengründung – oben Beispiel Fall (2) – das Besteuerungsrecht Deutschlands uneingeschränkt erhalten bleibe und nur dann in den Betriebsstättenstaat wechsele, wenn es zu einer tatsächlichen Errichtung einer funktionierenden Betriebsstätte komme. Es bleibt abzuwarten, wie der BFH aufgrund des Urteils des FG Bremen entscheiden wird.

3.7.2.4 Seeschifffahrt, Binnenschifffahrt und Luftfahrt (Art. 8 OECD-MA/Art. 8 VG-DBA)

Abweichend von Art. 7 OECD-MA regelt Art. 8 OECD-MA die Besteuerung der Gewinne aus dem Betrieb der Seeschiff- und Luftfahrt im internationalen Verkehr (Abs. 1)[721] und aus dem Betrieb von Binnenschiffen (Abs. 2):[722] Danach steht das ausschließliche Besteuerungsrecht dem Staat zu, in dem sich der Ort der tatsächlichen Geschäftsleitung befindet, bzw. dem Staat, in dem das Schiff registriert (Heimathafen) oder in dem die das Schiff betreibende Person ansässig ist (Abs. 3/Abs. 4 VG-DBA). Die Regelung des Abs. 1 gilt auch für Gewinne aus der Beteiligung an einem Pool,[723] einer Betriebsgemeinschaft oder einer internationalen Betriebsstätte (Abs. 4/Abs. 5 VG-DBA). In der

772

---

719 BFH v. 18. 4. 1983 IV R 122/79, BStBl II 1983, 566; v. 17. 12. 1998 I B 80/98, BStBl II 1999, 293; FG Bremen v. 14. 6. 2012 1 K 122/10, IStR 2013, 887 – hiergegen Revision anhängig unter I R 56/12.
720 BMF v. 24. 12. 1999, BStBl 1999 I 1076, Tz. 2.9.
721 Zu den Tatbestandvoraussetzungen vgl. BFH v. 1. 4. 2003 I R 31/02, BStBl 2003 II 875.
722 Fehlt in der Mehrzahl der deutschen DBA.
723 Zusammenschluss von nicht miteinander gesellschaftsrechtlich verbundenen Firmen zum Zwecke der Verteilung der Erträge aus gemeinschaftlicher Tätigkeit, z. B. bei Frachten oder beim gemeinsamen Bedienen bestimmter Flugstrecken bzw. Kombination eigener mit fremden Strecken.

Bundesrepublik erfolgt grundsätzlich Freistellung der Einkünfte, ggf. unter Beachtung des Progressionsvorbehalts.

773 Abweichende Regelungen finden sich in einer Reihe von Abkommen, so z. B. ausschließlich Besteuerung des Unternehmensgewinns im Ansässigkeitsstaat des Unternehmens.

774 Art. 8 OECD-MA ist lex specialis zu Art. 7 OECD-MA und geht der Regelung über die Besteuerung gewerblicher Gewinne vor.[724]

3.7.2.5 Verbundene Unternehmen (Art. 9 OECD-MA/Art. 9 VG-DBA)

775 Bei Art. 9 OECD-MA – Art. 9 VG-DBA ist wortgleich – handelt es sich – im Gegensatz zu den Art. 6 bis 8 und Art. 10 bis 22 OECD-MA – nicht um eine Verteilungsnorm (welcher Vertragsstaat darf welche Einkünfte besteuern?), sondern die Bestimmung dient dem Grundsatz der Berichtigung von Gewinnverlagerungen aufgrund unangemessener Verrechnungspreise. Allgemein wird daher diese Norm in der Literatur als **Norm zur Vermeidung der wirtschaftlichen Doppelbesteuerung** qualifiziert. Die nationale Besteuerung der beiden Vertragsstaaten bleibt grundsätzlich unberührt (vgl. Art. 9 Abs. 1 OECD-MA).

776 Art. 9 OECD-MA trifft für international verbundene Unternehmen Regelungen, die die rudimentären Grundlagen für die Anwendung von Verrechnungspreisgrundsätzen sind: Nach Art. 9 Abs. 1 OECD-MA ist ein Gewinn dann zu korrigieren, wenn ein Unternehmen aufgrund der Verflechtung Bedingungen akzeptiert, die ein fremdes, unabhängiges Unternehmen nicht angenommen hätte. Infolge dieser Bedingungen muss eine Gewinnverschiebung eingetreten sein.

> **BEISPIEL:** Die inländische Textil GmbH ist zu 100 % am Nennkapital der schwedischen Intex AS beteiligt. Sie verkauft an ihre Tochtergesellschaft Tischwäsche zu einem Preis von 80 pro Einheit. Ein fremdes Unternehmen hätte aufgrund der allgemeinen Marktbedingungen nur einen Preis von 70 pro Einheit akzeptiert. Der Gewinn der deutschen Gesellschaft ist zu hoch, der der schwedischen Gesellschaft zu niedrig.

777 Der Begriff „Unternehmen" wird in Art. 3 Abs. 1 Buchst. c) OECD-MA definiert und bedeutet „Ausübung einer Geschäftstätigkeit". Hierunter ist seit dem Update 2000 nicht nur eine gewerbliche Betätigung zu verstehen, die zu Unternehmensgewinnen i. S. des Art. 7 OECD-MA führt, sondern auch die Ausübung einer freiberuflichen oder sonstigen selbständigen Tätigkeit. Dies bedeutet z. B., dass auch dann, wenn etwa ein freiberufliches Architekturbüro in der Form des Einzelunternehmens Leistungen gegenüber einer Niederlassung in einem anderen Vertragsstaat erbringt, dieser Leistungsverkehr auf der Basis des Art. 9 OECD-MA geprüft und ggf. berichtigt werden kann.

778 Die Voraussetzungen, die für eine Korrektur der nationalen Besteuerung nach Art. 9 Abs. 1 OECD-MA kumulativ vorhanden sein müssen, sind:

▶ Es muss sich um zwei Unternehmen in unterschiedlichen Vertragsstaaten handeln;

▶ diese Unternehmen müssen verbunden sein;

---

[724] BFH v. 23.10.1996 I R 10/96, BStBl 1997 II 313; v. 1.4.2003 I R 31/02, BStBl 2003 II 875.

- zwischen den verbundenen Unternehmen müssen kaufmännische oder finanzielle Beziehungen bestehen. Damit sind Beziehungen gemeint, die nicht gesellschaftsrechtlicher Art sind;
- die Bedingungen, unter denen diese Beziehungen abgewickelt werden, müssen von denen abweichen, die unabhängige Unternehmen miteinander vereinbaren würden;
- aufgrund dieser abweichenden Bedingungen sind Gewinne, die sonst erzielbar gewesen wären, nicht entstanden bzw. bestehende Gewinne gemindert worden.

Verbundene Unternehmen liegen nach Art. 9 Abs. 1 OECD-MA unter folgenden Voraussetzungen vor: 779

- unmittelbare oder mittelbare Beteiligung an der Geschäftsleitung, der Kontrolle oder dem Kapital des ausländischen Unternehmens (Bsp.: inländische Muttergesellschaft – ausländische Tochtergesellschaft);
- unmittelbare oder mittelbare Beteiligung an der Geschäftsleitung, der Kontrolle oder dem Kapital sowohl des ausländischen Unternehmens wie auch des inländischen Unternehmens (Bsp.: Schwesterfirmen).

Fehlt eine der vorgenannten Voraussetzungen, so würde eine Korrektur der nationalen Besteuerung grundsätzlich gegen das Abkommen verstoßen. Andererseits ist Art. 9 OECD-MA für sich allein betrachtet keine Grundlage zur Berichtigung. Das heißt, Art. 9 Abs. 1 OECD-MA stellt lediglich eine Erlaubnisklausel dar, die dann im konkreten Einzelfall mit innerstaatlichem Recht ausgefüllt werden muss. 780

In welchem Umfang der Gewinn berichtigt werden darf, wenn die Voraussetzungen des Art. 9 Abs. 1 OECD-MA vorliegen, richtet sich zum einen nach den Verteilungsnormen des betreffenden DBA und zum anderen nach dem nationalen Steuerrecht des berichtigenden Staates. 781

In Art. 9 Abs. 2 OECD-MA findet sich die Verpflichtung, dass Änderungen durch die Finanzbehörden des einen Vertragsstaates durch Änderungen, die die Finanzbehörden des anderen Vertragsstaates durchzuführen haben, zu ergänzen sind, um eine wirtschaftliche Doppelbesteuerung zu vermeiden (**Gegenberichtigung**). 782

BEISPIEL: Wie oben; wenn die schwedischen Finanzbehörden einen angemessenen Einkaufspreis von 70 pro Einheit ansetzen, erhöht sich der Gewinn der schwedischen Gesellschaft; im gleichen Maße ist der Gewinn der deutschen Gesellschaft grundsätzlich herabzusetzen (Bsp.: Art. 9 Abs. 1, Art. 40 Abs. 3 Buchst. b) DBA-Schweden).

Die von der Bundesrepublik abgeschlossenen DBA enthalten grundsätzlich eine Klausel, die dem Art. 9 Abs. 1 OECD-MA entspricht, in der Regel sogar wortgleich ist. Dagegen ist eine Übernahme der Regelung des Art. 9 Abs. 2 OECD-MA die Ausnahme, und nur in wenigen Abkommen ist eine entsprechende Bestimmung zu finden. Dies ist darauf zurückzuführen, dass die Bundesrepublik zumindest bis in die jüngere Vergangenheit Vorbehalte gegen die Regelung des § 9 Abs. 2 OECD-MA gehabt hat. Allerdings hat Art. 9 Abs. 2 VG-DBA den gleichen Inhalt wie das OECD-MA. 783

Umstritten ist in der Literatur das **Verhältnis von Art. 9 Abs. 1 OECD-MA** bzw. den entsprechenden Bestimmungen in den einzelnen DBA der Bundesrepublik **zum nationalen** 784

Recht, z. B. zu den Bestimmungen über eine vGA. Ausgangspunkt der Debatte ist § 2 AO, der besagt, dass ein DBA, soweit es unmittelbar anwendbares innerstaatliches Recht geworden ist (= ratifiziert und damit in innerstaatliches Recht transformiert), den Steuergesetzen vorgeht. Wenn somit in Art. 9 eines Abkommens andere Voraussetzungen für eine Korrektur normiert werden als z. B. für eine vGA, stellt sich die Frage nach dem Verhältnis der beiden Vorschriften zueinander.

785 Der BFH hat sich in einem Urteil aus dem Jahre 2012 mit dem Verhältnis DBA – nationales Recht (hier: vGA) befasst und klargestellt,[725] dass der abkommensrechtliche Grundsatz des „dealing at arm's length" gemäß Art. 9 Abs. 1 OECD-MA bei verbundenen Unternehmen eine Sperrwirkung gegenüber den sog. Sonderbedingungen, denen beherrschende Unternehmen im Rahmen der Einkommenskorrektur nach § 8 Abs. 3 Satz 2 KStG bei Annahme einer vGA unterworfen sind, entfaltet.

786 Zum Problem der Verrechnungspreise zwischen international verbundenen Unternehmen und ggf. deren Korrektur ausführlich Rdn. 787 ff. Im Rahmen der EU ist das Übereinkommen über die Beseitigung der Doppelbesteuerung im Falle von Gewinnberichtigungen zwischen verbundenen Unternehmen zu beachten (Rdn. 1499, 1503 ff.).

3.7.3 Einkunftsabgrenzung bei international verbundenen Unternehmen – Verrechnungspreise

3.7.3.1 Einführung

787 Die aktive und passive Auslandsverflechtung und die sich daraus ergebenden steuerlichen Folgen waren Gegenstand einer umfassenden Untersuchung der **OECD**, die im Mai 1979 mit dem Bericht „**Verrechnungspreise und multinationale Unternehmen**" abgeschlossen wurde. Dieser Bericht führte zu der Empfehlung des Rates der OECD vom 16. 5. 1979 an die Mitgliedsstaaten, den Bericht bei der Prüfung und Anpassung von Verrechnungspreisen zwischen nahestehenden Unternehmen sowie zwischen Stammhaus und Betriebsstätte zu beachten. Dieser OECD-Bericht ist in den neunziger Jahren grundlegend überarbeitet, an die allgemeine steuerliche Entwicklung angepasst und als sog. „**OECD Transfer Pricing Guidelines**" 1995 veröffentlicht worden. Ausschlaggebend waren hierbei u. a. die von der US-Steuerverwaltung erarbeiteten, teilweise den OECD-Regeln widersprechenden US-Regulations über Verrechnungspreise. Im Oktober 1999 veröffentlichte die OECD ein Update der „**OECD Transfer Pricing Guidelines for Multinational Enterprises and Tax Administrations**".[726] Diesem war als Annex beigefügt eine Anleitung für den Abschluss von Verrechnungspreisabsprachen („**Mutual Agreement Procedure Advance Pricing Arrangements – MAP APAs**"). Im September 2009 wurde die überarbeitete Neufassung der „OECD Transfer Pricing Guidelines for Multinational Enterprises and Tax Administrations – Issue 2009 " veröffentlicht. Am 22. 07. 2010 hat die OECD die Version 2010 der „Transfer Pricing Guidelines for Multinational Enterprises and Tax Administrations" verabschiedet. Die Kapitel I (Fremdvergleichsgrund-

---

725 BFH v. 11. 10. 2012 I R 75/11, BStBl II 2013, 1046.
726 Nachfolgend OECD-Guidelines.

satz), II (Verrechnungspreismethoden) und III (Vergleichsbarkeitsanalyse) wurden umfassend überarbeitet und ein neues Kapitel IX hinzugefügt: „Verrechnungspreisaspekte von betrieblichen Konzernumstrukturierungen". Wichtiges Ergebnis des Update: Die bisherige Hierarchie der Verrechnungspreismethoden wurde aufgegeben; die „neuen" Methoden geschäftsvorfallbezogene Nettomargenmethode (TNMM) und geschäftsvorfallbezogene Gewinnaufteilungmethode (Profit Split) stehen jetzt gleichberechtigt neben Preisvergleichsmethode, Wiederverkaufsmethode und Kostenaufschlagmethode und werden – was wichtig ist – schon jetzt von der Betriebsprüfung auch bei „Altfällen", d. h. Fällen vor 2010 angewandt. Vorrang gebührt jetzt nur noch der am besten geeigneten Methode (most appopriate method).

Aufgrund der Empfehlung von 1979 wurde ein bundeseinheitlicher Erlass erarbeitet:[727] **Grundsätze für die Prüfung der Einkunftsabgrenzung bei international verbundenen Unternehmen (Verwaltungsgrundsätze).** 788

Die VwG enthalten allgemeine Grundsätze für die Prüfung der internationalen Einkunftsabgrenzung bei Geschäftsbeziehungen über die Grenze zwischen nahestehenden Personen. Sie sind entwickelt worden aus den Regelungen über vGA, verdeckte Einlage und die Berichtigung von Einkünften gemäß § 1 AStG. Die allgemeinen gesetzlichen Bestimmungen, z. B. §§ 39 bis 42 AO, gehen den VwG vor. Gleiches gilt für die Abgrenzungsklauseln in den einzelnen DBA; in diesen Fällen greifen die VwG nur unterstützend ein. Die Grundsätze zur Anwendung des AStG vom 14. 5. 2004 verweisen in Tz. 1.0 ausdrücklich auf die VwG.[728] 789

Die VwG befinden sich seit 1998 in der Phase der fortlaufenden Überarbeitung; erster Teil dieser Überarbeitung war das BMF-Schreiben v. 30. 12. 1999: **Grundsätze für die Prüfung der Einkunftsabgrenzung durch Umlageverträge zwischen international verbundenen Unternehmen.**[729] Mit diesem Schreiben wurde Tz. 7 der VwG ersetzt. 790

Als weiterer Erlass zur Ergänzung der VwG ist zu nennen: **Grundsätze für die Prüfung der Einkunftsabgrenzung zwischen international verbundenen Unternehmen in Fällen der Arbeitnehmerentsendung (Verwaltungsgrundsätze – Arbeitnehmerentsendung).**[730] Dieses Schreiben ergänzt die VwG. 791

Die bisherigen Tz. 8 und 9 der VwG wurden durch das BMF-Schreiben betreffend **Grundsätze für die Prüfung der Einkunftsabgrenzung zwischen nahestehenden Personen mit grenzüberschreitenden Geschäftsbeziehungen in Bezug auf Ermittlungs- und Mitwirkungspflichten, Berichtigungen sowie Verständigungs- und EU-Schiedsverfahren (Verwaltungsgrundsätze – Verfahren)**[731] aufgehoben und ersetzt. 792

---

727 BMF v. 23. 2. 1983, BStBl 1983 I 218 – nachfolgend „VwG" genannt.
728 BStBl I Sondernummer 1/2004.
729 BMF v. 30. 12. 1999, BStBl 1999 I 1122 – nachfolgend „VwG-Umlageverträge" genannt.
730 BMF v. 9. 11. 2001, BStBl 2001 I 796 – nachfolgend „VwG-Entsendung" genannt.
731 BMF v. 12. 4. 2005, BStBl 2005 I 570 – nachfolgend „VwGV" genannt.

793 Zu dem Themenkomplex Einkunftsabgrenzung sind ferner noch die **gesetzgeberischen Maßnahmen** als Reaktion auf das Urteil des BFH vom 17. 10. 2001 anzuführen.[732] Das Gericht hatte in dieser Entscheidung u. a. ausgeführt:

▶ Bei der Verletzung von Mitwirkungspflichten ist danach zu unterscheiden, ob sich die Pflicht auf eine Tatbestandsvoraussetzung oder die Rechtsfolge eines Besteuerungstatbestandes bezieht. Bezieht sie sich auf eine Tatbestandsvoraussetzung, so löst die Pflichtverletzung eine Reduzierung des Beweismaßes für die Ermittlung der einzelnen Tatbestandsvoraussetzung aus. Bezieht sie sich auf eine Rechtsfolge, so rechtfertigt sie regelmäßig die Schätzung der Besteuerungsgrundlage.

▶ Verweigert eine inländische Tochtergesellschaft die Auskunft darüber, wie die mit ihrer ausländischen Muttergesellschaft vereinbarten Preise zustande gekommen sind, so kann aus der Pflichtverletzung nur gefolgert werden, dass die vereinbarten Preise durch das Gesellschaftsverhältnis veranlasst sind. Die vereinbarten Preise können dennoch angemessen sein. Für die Ermittlung des angemessenen Fremdvergleichspreises trägt das FA die objektive Beweislast.

▶ Nach deutschem Steuerrecht bestehen außerhalb der §§ 140 ff. AO und der §§ 238 ff. HGB für vGA keine speziellen Aufzeichnungs- und Dokumentationspflichten.

▶ Ergibt sich auf der Basis der Preisvergleichs- oder der Wiederverkaufspreismethode nur eine Bandbreite angemessener Fremdvergleichspreise, so besteht für die Schätzung eines Mittelwertes regelmäßig keine Rechtsgrundlage. Die Schätzung muss sich an dem für den Steuerpflichtigen günstigsten Bandbreitenwert orientieren.

794 Daraufhin wurde durch das StVergAbG die Regelung des **§ 90 Abs. 3 AO** in das Gesetz eingefügt, die nunmehr eine Aufzeichnungspflicht für eine den Grundsatz des Fremdvergleichs beachtende Vereinbarung von Preisen und anderen Geschäftsbedingungen mit den Nahestehenden ab dem VZ 2003 einführt **(Dokumentationspflicht)**.[733]

795 § 90 Abs. 3 AO ist zugleich Rechtsgrundlage für die **Verordnung zu Art, Inhalt und Umfang von Aufzeichnungen im Sinne des § 90 Abs. 3 der Abgabenordnung (Gewinnabgrenzungsaufzeichnungsverordnung – GAufzV)** vom 13. 11. 2003,[734] die für Wirtschaftsjahre, die nach dem 31. 12. 2003 beginnen, anzuwenden ist.

796 Werden die Dokumentationspflichten nicht beachtet, ergeben sich die steuerrechtlichen Folgen aus **§ 162 Abs. 3 und 4 AO**, die ebenfalls durch das StVergAbG mit Wirkung ab dem VZ 2003 in die AO eingefügt wurden. Völlig neu im deutschen Steuerrecht sind die in § 162 Abs. 4 AO aus dem US-amerikanischen Steuerrecht übernommenen sog. **penalties**, d. h. Steuerstrafzuschläge.

797 Ein Teilbereich der Verrechnungspreisproblematik wird ferner abgedeckt durch die durch das SteuerHBekG eingeführten Änderungen in § 51 EStG, § 33 KStG und § 90 Abs. 2 AO sowie durch die SteuerHBekV.

---

732 BFH v. 17. 10. 2001 I R 103/00, BStBl 2004 II 171, mit Anwendungserlass BMF v. 26. 2. 2004, BStBl 2004 I 270.
733 Lt. BFH v. 10. 4. 2013 I R 45/11, BStBl 2013 II 771, ist die Dokumentationspflicht mit der Dienstleistungsfreiheit des Art. 49 EG vereinbar.
734 BGBl 2003 I 2296.

Im Zusammenhang mit den Verrechnungspreisgrundsätzen und der Betriebsstättenbesteuerung – vgl. auch § 1 Abs. 5 AStG (Rdn. 753) – sind noch zu nennen: 798

- die **Grundsätze der Verwaltung für die Prüfung der Aufteilung der Einkünfte bei Betriebsstätten international tätiger Unternehmen (Betriebsstätten-Verwaltungsgrundsätze)**[735] vom 24.12.1999 sowie

- die **Grundsätze der Verwaltung zur Bestimmung des Dotationskapitals bei Betriebsstätten international tätiger Kreditinstitute** vom 29.9.2004.[736]

Die „**Grundsätze zur Anwendung des Außensteuergesetzes**" vom 14.5.2004 können außerdem ergänzend herangezogen werden.[737] 799

Zur Verrechnungspreisproblematik innerhalb der EU vgl. Rdn. 1510 ff. 800

3.7.3.2 Beteiligungsvoraussetzungen für die Anwendung der Abgrenzungsregeln (§ 1 Abs. 2 AStG)

Wie sich bereits aus der Überschrift der einzelnen Schreiben des BMF ergibt, ist Voraussetzung für deren Anwendung entweder, dass die Unternehmen miteinander verbunden oder verflochten sind oder einander nahestehen. Eine gesetzliche Definition des Begriffs „international verbundene Unternehmen" oder „verbundene Unternehmen" existiert im Steuerrecht nicht; lediglich in Art. 9 OECD-MA findet man eine, allerdings nicht umfassende Erläuterung. 801

Der Begriff „verbundene Unternehmen" wird außerhalb des Steuerrechts erläutert in § 15 AktG sowie in § 271 HGB. 802

Wie man aber aus der Verweisung in Tz. 1.0.1 AStG-AE auf die VwG sowie aus Tz. 3.4.5.3 VwGV entnehmen kann, legt die Finanzverwaltung den Begriff „international verbundene Unternehmen" i. S. des § 1 Abs. 2 AStG aus (Tz. 1.3 VwG). Es sind vier Fälle zu unterscheiden, in denen eine Person einer anderen nahesteht (die VwG sprechen von „**Verflechtung**"): 803

- Nahestehen durch wesentliche Beteiligung;

- Nahestehen durch beherrschenden Einfluss;

- Nahestehen durch besondere Einflussmöglichkeiten;

- Nahestehen durch Interessenidentität.

Eine Person steht dem Steuerpflichtigen nahe i. S. der ersten Alternative – **wesentliche Beteiligung**[738] –, wenn entweder 804

- der Steuerpflichtige an der Person unmittelbar oder mittelbar zu mindestens einem Viertel (= wesentliche Beteiligung) beteiligt ist oder

---

735 BStBl 1999 I 1076, geändert und ergänzt durch BMF v. 25.8.2009, BStBl 2009 I 888, v. 16.4.2010, BStBl 2010 I 354, v. 20.6.2013, BStBl 2013 I 980.
736 BStBl 2004 I 917.
737 BStBl Sondernummer 1/2004; vgl. ausführlich unten zu Abschnitt 4.
738 BFH v. 10.4.2013 I R 45/11, BStBl 2013 II 771.

- die Person an dem Steuerpflichtigen unmittelbar oder mittelbar wesentlich beteiligt ist oder
- eine dritte Person sowohl an der Person als auch an dem Steuerpflichtigen wesentlich beteiligt ist.

805   Mit Beteiligung ist nicht nur die Beteiligung an Kapitalgesellschaften gemeint. Hierzu zählen auch Beteiligungen über eine Personengesellschaft[739] oder ein Einzelunternehmen, und zwar auch in der Form der stillen Beteiligung oder der verdeckten Kapitaleinlage.[740]

806   Der – mittelbare oder unmittelbare – **beherrschende Einfluss** des Steuerpflichtigen auf die Person bzw. der Person auf den Steuerpflichtigen kann u. a. beruhen auf
- beteiligungsähnlichen Rechten;
- Unternehmensverträgen i. S. der §§ 291, 292 AktG, Eingliederung i. S. des § 319 AktG, Zusammenfassung mehrerer Unternehmen unter einheitlicher Leitung i. S. des § 18 AktG, wechselseitige Beteiligung i. S. des § 19 AktG;
- unmittelbare oder mittelbare Beteiligung derselben Person an der Geschäftsleitung oder der Kontrolle zweier Unternehmen, Unterstellung zweier Unternehmen unter den beherrschenden Einfluss eines dritten Unternehmens (Gewinnverschiebungen zwischen Schwestergesellschaften).

807   Die **besonderen Einflussmöglichkeiten** liegen dann vor, wenn jemand auf den Steuerpflichtigen oder die Person Einfluss von einigem Gewicht nehmen kann, der auf rechtlichen, tatsächlichen, persönlichen, gesellschaftsrechtlichen oder verwandtschaftlichen Verbindungen beruht.[741]

808   Mit der letzten Alternative – **Interessenidentität** – sollen die Fälle erfasst werden, in denen der Steuerpflichtige oder die Person ein eigenes geschäftliches oder persönliches Interesse an der Erzielung der Einkünfte des anderen hat.[742]

3.7.3.3   Allgemeine Grundsätze der Einkunftsabgrenzung

809   Hinsichtlich der Ausgestaltung der Rechtsbeziehungen zwischen international verbundenen Unternehmen folgen nicht nur die VwG, sondern auch die weiteren vorgenannten Gesetze, Verordnungen und Erlasse dem Grundsatz, dass Aufwendungen nur dann steuerlich anerkannt werden, wenn im Voraus klare und eindeutige Vereinbarungen getroffen sind und der Abschluss und der Zeitpunkt des Abschlusses Dritten gegenüber zweifelsfrei nachgewiesen werden können. Hierzu ist im Regelfall Schriftform erforderlich. Den inländischen Steuerpflichtigen treffen die entsprechenden Nachweispflichten (Tz. 3 VwGV). Kommt er diesen nicht nach, so ergeben sich zum einen die Konsequenzen aus den Grundsätzen des § 160 AO und zum anderen aus § 162 Abs. 3 und 4 AO

---

[739]   BFH v. 1.10.1986 I R 54/83, BStBl 1987 II 459; v. 17.12.1997 I B 96/97, BStBl 1998 II 321.
[740]   Vgl. Tz. 1.3.2.2, 1.3.2.3 VwG.
[741]   BFH v. 13.12.1989 I R 45/84, BFH/NV 1990, 455; v. 18.12.1996 I R 139/94, BStBl 1997 II 301; v. 9.4.1997 I R 52/96, BFH/NV 1997, 808.
[742]   BFH v. 19.1.1994 I R 93/93, BStBl 1994 II 725.

(Tz. 4 VwGV). Des Weiteren kann bei Nichtvorlage von Unterlagen im Rahmen einer Betriebsprüfung gemäß § 200 AO ein **Verzögerungsgeld** nach § 146 Abs. 2b AO verhängt werden.[743]

Als allgemein anerkannten Maßstab für die Überprüfung von Verrechnungspreisen sehen die VwG und § 1 Abs. 1 Satz 1 AStG das **dealing-at-arm's-length-Prinzip** oder den **Fremdvergleichsgrundsatz** vor, d. h., es muss ein Fremdvergleich hinsichtlich des jeweiligen konkreten Geschäfts vorgenommen werden. Maßgebend ist, was ein fremder Dritter aufgewendet hätte („Fremdvergleichspreis", „Fremdpreis").[744] Zur Ermittlung des Fremdpreises sind alle Daten und Umstände heranzuziehen, die preisbildend sein können: Börsenpreis, branchenüblicher Preis, Marktpreis, Preise, die fremde Dritte gezahlt haben, Mengenrabatte, Garantiebedingungen, volkswirtschaftliche Rahmenbedingungen, Kaufkraft, staatliche Beschränkungen oder Förderungen, betriebswirtschaftliche Daten, Art des Versands, Marktgängigkeit der Ware, Ware von besonders hoher Qualität, bekanntes Markenzeichen, Laufzeit des Vertrages, Marktstellung, Kampf um neue Marktanteile, Kartellabsprachen, Einführung neuer Produkte[745] usw.

810

Diese und weitere Faktoren haben Einfluss auf die Bildung der Verrechnungspreise und müssen deshalb berücksichtigt werden. Dahinter steht der Grundsatz, dass ein **ordentlicher und gewissenhafter Geschäftsleiter**[746] alle ihm verfügbaren Daten für die Ermittlung des (Verrechnungs-) Preises berücksichtigen würde.[747] Er wird sich auf ein Geschäft nur zu solchen Bedingungen einlassen, die sicher stellen, dass aus der Vereinbarung für das von ihm vertretene Unternehmen in angemessener Zeit ein angemessener Gewinn zu erwarten ist und z. B. kein gleichwertiges Konkurrenzprodukt zu besseren Bedingungen zur Verfügung steht. Denn es ist seine Aufgabe, den Gewinn der Gesellschaft zu mehren.

811

Ergibt der anzustellende Fremdvergleich, dass im Inland eine Minderung der Einkünfte eingetreten ist, die ein ordentlicher und gewissenhafter Geschäftsleiter im Umgang mit fremden Dritten nicht eingegangen wäre, so müssen diese berichtigt werden.

812

Zu beachten ist, dass sich die Frage der Verrechnungspreise nicht erst im Stadium des Leistungsverkehrs zwischen Muttergesellschaft und Tochtergesellschaft oder zwischen Schwestergesellschaften stellt, sondern bereits im Stadium der **Planung einer Inbound- oder Outboundinvestition**. Denn für die Ermittlung der zutreffenden Verrechnungspreise sind auch die von der künftigen Tochtergesellschaft übernommenen Funktionen und Risiken maßgebend.

813

Bei den Leistungsbeziehungen zwischen Mutter- und Tochtergesellschaft ist zu berücksichtigen, dass Leistungen im Konzern nicht verrechenbar sind, die der Muttergesell-

814

---

743 BFH v. 16. 6. 2011 IV B 120/10, BStBl 2011 II 855; v. 28. 8. 2012 I R 10/12, BStBl 2013 II 266.
744 Tz. 2.1.4 bis 2.1.8 VwG; Tz. 3.4.10.2, 3.4.12.1 VwGV.
745 BFH v. 17. 2. 1993 I R 3/92, BStBl 1993 II 457, zu der Übernahme von Einführungskosten eines neuen Produkts; v. 17. 10. 2001 I R 103/00, BStBl 2004 II 171; v. 6. 4. 2005 I R 22/04, BFH/NV 2005, 1719; vgl. ferner Tz. 3.4.11, 3.4.12 VwG-Verfahren, § 1 Abs. 3, §§ 4, 5 GAufzV.
746 Dem AktG (§ 93 Abs. 1 AktG) bzw. GmbHG (§ 43 Abs. 1 GmbHG) entnommener Begriff, der vom BFH in ständiger Rechtsprechung als Vergleichsmaßstab genommen wird, z. B. zur Abklärung der Frage, ob, und wenn ja, in welchem Umfang eine vGA vorliegt.
747 BFH v. 17. 2. 1993 I R 3/92, BStBl 1993 II 457.

schaft in ihrer Eigenschaft als Gesellschafterin zurechenbar sind und in deren Interesse liegen, auch wenn rein formal die Leistung auf einer schuldrechtlichen Vereinbarung zwischen den verbundenen Unternehmen beruht. Hierzu würden z. B. u. U. Controllingkosten gehören.[748] Ebenso darf der sog. „Rückhalt im Konzern", d. h. die Unterstützung insb. durch das Recht zu Führung des Firmennamens sowie zur Benutzung des Firmenlogos und der Firmenfarben, grundsätzlich nicht verrechnet werden.[749]

815 Die vorstehenden Ausführungen gelten nach der Änderung des § 1 Abs. 5 AStG[750] heute **auch für das Verhältnis Stammhaus – Betriebsstätte** und die in diesem Verhältnis anzusetzenden Verrechnungspreise.

3.7.3.4 Prüfungsmethoden für die Angemessenheit der Verrechnungspreise und deren Korrektur (§ 1 Abs. 3 AStG)

816 In § 1 Abs. 3 Satz 1 AStG, in Tz. 2.2 VwG sowie in Tz. 3.4.10 VwGV werden die drei sog. **Standardmethoden**[751] aufgeführt, mit denen die Angemessenheit der Verrechnungspreise überprüft werden kann und die grundsätzlich gleichwertig sind:

▶ **Preisvergleichsmethode** („comparable uncontrolled price method");[752]

▶ **Wiederverkaufsmethode** („resale price method");[753]

▶ **Kostenaufschlagsmethode** („cost plus method").[754]

817 Bei der **Preisvergleichsmethode** wird der zwischen verbundenen Unternehmen vereinbarte Preis mit dem Preis verglichen, den ein fremder Dritter für ein gleichartiges Geschäft entrichtet hat. Dies kann durch **äußeren Preisvergleich** – Preise zwischen unabhängigen Dritten, Börsennotierungen, branchenübliche Preise usw. – und **inneren Preisvergleich** – Preise zwischen dem Steuerpflichtigen oder einem Konzernunternehmen und einem Dritten – geschehen. Hierbei handelt es sich um die von der Finanzverwaltung vorrangig angewendete Standardprüfungsmethode. Sind keine Vergleichspreise zu finden, scheidet diese Methode aus (Bsp.: Die überlassene Technologie wird außerhalb des Konzerns nicht gehandelt, der Steuerpflichtige ist Monopolist hinsichtlich der Waren usw.). Die verglichenen Geschäfte sollen möglichst gleichartig sein (direkter Preisvergleich). Ungleichartige Geschäfte können herangezogen werden, wenn der Einfluss der abweichenden Faktoren eliminiert und der bei diesen Geschäften vereinbarte Preis auf einen Preis für das verglichene Geschäft umgerechnet werden kann (indirekter Preisvergleich; Beispiel: Umrechnung von cif-Preisen in fob-Preise).

---

748 BFH v. 20. 7. 1988 I R 49/84, BStBl 1989 II 140.
749 BFH v. 9. 8. 2000 I R 12/99, BStBl 2001 II 140.
750 Vgl. Rdn. 754.
751 Vgl. aber unten Rdn. 820.
752 Tz. 2.2.2 VwG; Tz. 3.4.10.3 Buchst. a) VwGV; Tz. 2.6 OECD-Guidelines.
753 Tz. 2.2.3 VwG; Tz. 3.4.10.3 Buchst. a) VwGV; Tz. 2.14 OECD-Guidelines.
754 Tz. 2.2.4 VwG; Tz. 3.4.10.2 Buchst. a) VwGV; Tz. 2.16 OECD-Guidelines.

Ausgangspunkt der **Wiederverkaufsmethode**[755] ist der Preis, der einem fremden Dritten für eine bei einem Nahestehenden gekaufte Ware in Rechnung gestellt wurde. Hiervon rückwärts rechnend werden markt- und branchenübliche Abschläge für Kosten, Risiko und Unternehmergewinn abgezogen (= Rohgewinnmarge) und sodann der angemessene Einstandspreis (= Verrechnungspreis zwischen dem Steuerpflichtigen und dem Nahestehenden) ermittelt. Problematisch ist u.U. in der Praxis die Ermittlung der üblichen Handelsspanne. Auch hier kann – wie bei der Preisvergleichsmethode – ein äußerer oder ein innerer Preisvergleich herangezogen werden, der für die Ableitung der Rohgewinnmarge von Bedeutung ist. Die Wiederverkaufsmethode wird in der Regel dann angewendet werden, wenn das liefernde Unternehmen das das Marktgeschehen beherrschende Unternehmen ist und dem abnehmenden Unternehmen letztlich nur eine untergeordnete Rolle in der Wertschöpfungskette zukommt (i.d.R. Vertriebsgesellschaft).[756] 818

BEISPIEL: Bei einer Lieferung im Konzern wird das produzierende Unternehmen, das gleichzeitig die Marktrisiken trägt (sog. **Entrepreneur**)[757], die Kosten für die an eine ausländische Vertriebsgesellschaft gelieferten Waren i.d.R. nach der Wiederverkaufsmethode berechnen, wobei die konkret von der ausländischen Vertriebsgesellschaft übernommenen Funktionen mit von Bedeutung sind (Bsp.: wer trägt Kosten bzw. Risiken für Lagerhaltung, Kundendienst, Werbung, Kundenpflege, Preispolitik, Marktdurchdringung usw.); Gleiches würde gelten für Lieferungen an einen konzernfremden Handelsvertreter, wobei hier ggf. auch die Kostenaufschlagsmethode zum Tragen kommen kann.

Die **Kostenaufschlagsmethode**[758] beschreitet den umgekehrten Weg. Ausgangspunkt sind die Kosten des Steuerpflichtigen für die Leistung an das nahestehende Unternehmen. Angewendet werden die gegenüber fremden Dritten zugrunde gelegten Kalkulationsmethoden. Dann werden die branchenüblichen Aufschläge vorgenommen. Problematisch kann die Definition des Begriffs „Kosten" sowie die Ermittlung der verschiedenen Aufschläge sein, wenn keine vergleichbaren Geschäfte zu finden sind. Bei der Anwendung der Kostenaufschlagsmethode kann i.d.R. davon ausgegangen werden, dass das empfangende Unternehmen das herrschende Unternehmen ist. 819

BEISPIEL: Die X-AG, Hamburg, lagert die Produktion der Gussteile für eine Maschine nach Tschechien in die dort gegründete Tochterkapitalgesellschaft aus – sog. verlängerte Werkbank. Dann wird der Leistungsverkehr zwischen der X-AG und ihrer Tochtergesellschaft auf der Basis der Kostenaufschlagsmethode abgerechnet, d.h. Kosten des produzierenden Unternehmens plus eines marktüblichen Gewinnzuschlags.

Mit der Anwendung der einzelnen Methoden befasst sich Tz. 2.4 VwG, der aber durch die OECD-Guidelines 2010 überholt ist. Bei der Wahl der Methode kann der Steuerpflichtige ergänzend Funktions- und Risikoverteilung zwischen den beteiligten interna- 820

---

755 Zu dieser Methode BFH v. 17.10.2001 I R 103/00, BStBl 2004 II 171, unter 2. d) cc) der Gründe, sowie BFH v. 6.4.2005 I R 22/04, BStBl 2007 II 658, unter 4. b) aa) der Gründe.
756 BFH v. 6.4.2005 I R 22/04, BStBl 2007 II 658.
757 Tz. 3.4.10.2 VwGV.
758 Vgl. hierzu die Ausführungen in BFH v. 17.10.2004 I R 103/00, BStBl 2004 II 171, unter 2. d) cc) ff. der Entscheidungsgründe.

tional verbundenen Unternehmen berücksichtigen; hierbei kann ggf. auch eine Wertschöpfungsanalyse[759] weiterhelfen. Wichtig ist aber, dass der Steuerpflichtige zu dokumentieren hat, warum er eine bestimmte Verrechnungspreismethode gewählt hat.

821 Folgende weiteren Verrechnungspreismethoden sind inzwischen aufgrund der OECD-Guidelines 2010 nicht mehr nur nachrangig anzuwenden:
- **Nettomargenmethode** („transactional net margin method" – TNMM);[760]
- **Geschäftsvorfallbezogene Gewinnaufteilungsmethode** („profit split method").[761]

822 Bei der **Nettomargenmethode** werden die (Netto-) Renditekennzahlen vergleichbarer Unternehmen (Nettomargen, Kostenaufschläge, Gewinndaten bezogen auf das eingesetzte Kapital, auf die eingesetzten Wirtschaftsgüter, auf die operativen Kosten, auf den Umsatz usw.) für einzelne Arten von Geschäftsvorfällen oder für gemäß § 2 Abs. 3 GAufzV zusammengefasste Geschäftsvorfälle (sog. Palettenbetrachtung)[762] verwendet. Diese Methode zur Ermittlung des Fremdpreises weist eine große Nähe zur Wiederverkaufs- und Kostenaufschlagmethode auf.

823 Die **geschäftsvorfallbezogene Gewinnaufteilungsmethode** kann dann zur Anwendung kommen, wenn die ehemaligen drei Standardmethoden zu keinem oder zu keinem vernünftigen Ergebnis führen.[763] Dies liegt im Tatsächlichen, z. B. wenn mehrere Unternehmen gemeinsam an einem Vertrag beteiligt sind, ohne dass Einzelbeiträge sinnvoll abgegrenzt werden können. Hier wird versucht, den Gewinn zwischen den beteiligten Unternehmen so aufzuteilen, wie es fremde dritte Unternehmen untereinander (auch) getan hätten.

824 **Nicht anerkannt** wird die sog. **Gewinnvergleichsmethode** („comparable profit method").[764]

825 Es wird immer wieder vorkommen, dass der Steuerpflichtige bei Geschäften mit international verbundenen Unternehmen auf für ihn ungünstige Geschäftsbedingungen eingeht, die an sich den Tatbestand des § 1 AStG – Minderung von Einkünften im Inland – erfüllen, um seinerseits von dem Geschäftspartner Vorteile zu erlangen (**Vorteilsausgleich**). Tz. 2.3 VwG bestimmt, dass ein Vorteilsausgleich steuerlich nur dann anzuerkennen ist, wenn fremde Dritte untereinander auch einen solchen Ausgleich vorgenommen hätten. Zwischen den verschiedenen Geschäften muss ein innerer Zusammenhang bestehen, und die Vorteilsverrechnung muss entweder ausdrücklich vereinbart sein oder zur Geschäftsgrundlage des nachteiligen Geschäfts gehören. Erfolgt der Ausgleich nicht innerhalb desselben Wirtschaftsjahres, so muss am Ende des Wirtschaftsjahres bestimmt sein, wann und durch welche Vorteile die Nachteile ausgeglichen werden. Spätestens am Ende des dritten Wirtschaftsjahres, das auf das Wirt-

---

759 Vgl. Tz. 3.4.11.5 VwGV.
760 Tz. 3.4.10.2 Buchst. b) VwGV; Tz. 3.26 OECD-Guidelines; Tz. 2.5 der Anlage 1 zu BMF v. 5. 10. 2006, BStBl 2006 I 594.
761 Tz. 3.4.10.2 Buchst. c) VwGV; Tz. 3.5 OECD-Guidelines; Tz. 2.6 der Anlage 1 zu BMF v. 5. 10. 2006, BStBl 2006 I 594.
762 Vgl. Tz. 3.4.13 VwGV.
763 Vgl. Tz. 2.4.6 VwG.
764 Tz. 3.4.10.3 Buchst. d) VwGV; Tz. 3.58 OECD-Guidelines.

schaftsjahr des Vorteils oder Nachteils folgt, muss der Ausgleich stattgefunden haben.[765]

Wie oben ausgeführt, ist nach **§ 1 Abs. 3 Satz 1 AStG** der Verrechnungspreis (vorrangig) nach den drei alten Standardmethoden zu bestimmen, wenn Fremdvergleichswerte ermittelt werden können, die nach Vornahme sachgerechter Anpassungen im Hinblick auf die ausgeübten Funktionen der beteiligten Vertragspartner, die eingesetzten Wirtschaftsgüter und die übernommenen Chancen und Risiken (= gesetzliche Definition des Begriffs Funktionsanalyse) für diese Methoden uneingeschränkt vergleichbar sind. Ergeben sich dabei mehrere solche Werte, bilden sie eine **Bandbreite** (§ 1 Abs. 3 Satz 1 2. Halbsatz AStG). Nun wird es aber in der Praxis häufiger vorkommen, dass solche Fremdvergleichswerte aufgrund der Besonderheiten der gehandelten Waren oder Dienstleistungen nicht zu ermitteln sind. Ist dies der Fall, so schreibt § 1 Abs. 3 Satz 2 AStG vor, dass **eingeschränkt vergleichbare Werte** (Bruttomargen, Kostenaufschlagsätze, Provisionen usw.) nach Vornahme sachgerechter Anpassungen der Anwendung einer geeigneten Verrechnungspreismethode zugrunde zu legen sind, wobei man heute aufgrund der OECD-Guideline 2010 davon auszugehen hat, dass sich dieser Satz auch auf TNMM und Profit split bezieht. Sind in derartigen Fällen mehrere eingeschränkt vergleichbare Fremdvergleichswerte feststellbar, ist die sich ergebende **Bandbreite einzuengen** (§ 1 Abs. 3 Satz 3 AStG). Zur Begründung wird darauf verwiesen, dass wegen der eingeschränkten Vergleichbarkeit die Bandbreite i. d. R größer ist als bei Werten nach § 1 Abs. 3 Satz 1 AStG. Diese Einengung der Bandbreite ist nach den Grundsätzen der VwGV vorzunehmen.[766]

826

Liegt der vom Steuerpflichtigen für seine Einkünfteermittlung verwendete Verrechnungspreis außerhalb der von der Finanzverwaltung nach den Grundsätzen der § 1 Abs. 3 Satz 1 bis 3 AStG ermittelten Bandbreite, ist der Median der von der Finanzverwaltung ermittelten Bandbreite maßgeblich (§ 1 Abs. 3 Satz 4 AStG).

827

> **BEISPIEL:** Die Muttergesellschaft gewährt ihrer ausländischen Tochtergesellschaft ein Darlehen zu einem Zinssatz von 3 %; am Bankenmarkt werden für vergleichbare Darlehen Zinsen in Höhe von 8,5 % verlangt und Habenzinsen von 1,5 % gewährt. Nach der Rechtsprechung ist davon auszugehen, dass sich Darlehensgläubiger und Darlehensschuldner im Zweifel die Spanne zwischen banküblichen Haben- und Sollzinsen teilen. Dann wäre von einem fremdüblichen Zinssatz von 5 % auszugehen.[767]

Können keine uneingeschränkt oder eingeschränkt vergleichbaren Fremdvergleichswerte festgestellt werden (wegen der Besonderheiten des Vertragsgegenstandes), hat der Steuerpflichtige für seine Einkünfteermittlung einen **hypothetischen Fremdvergleich** durchzuführen (§ 1 Abs. 3 Satz 5 AStG), weil – so die amtliche Begründung – mangels verwendbarer Vergleichswerte keine andere Möglichkeit zur Bestimmung des Verrechnungspreises besteht. Dazu hat er aufgrund einer Funktionsanalyse und innerbetrieblicher Planrechnungen den Mindestpreis des Leistenden und den Höchstpreis des Leistungsempfängers zu fingieren (Einigungsbereich).[768] Der Einigungsbereich wird von

828

---

765 Tz. 2.3.3 VwG; zur Dokumentation eines Vorteilsausgleichs vgl. Tz. 3.4.15 VwGV sowie § 5 Nr. 1 GAufzV.
766 Vgl. Tz. 3.4.12.5 VwGV.
767 BFH v. 19. 1. 1994 I R 93/93, BStBl 1994 II 725; v. 22. 10. 2003 I R 36/03, BStBl 2004 II 307.
768 BT-Drs. 16/4881, S. 85, amtliche Begründung zu § 1 Abs. 3 Satz 5 AStG.

den jeweiligen Gewinnerwartungen (Gewinnpotenzialen) der Beteiligten bestimmt. Es ist der Preis im Einigungsbereich der Einkünfteermittlung zugrunde zu legen, der dem Fremdvergleichsgrundsatz mit der höchsten Wahrscheinlichkeit entspricht; wird kein anderer Wert glaubhaft gemacht, ist der Mittelwert des Einigungsbereichs zugrunde zu legen.

> **BEISPIEL:** Die Automobilfabrik X-AG verkauft die gesamten Anlagen zur Herstellung des in Europa nicht mehr absetzbaren Models Typ A an ihre indische Tochtergesellschaft, da nach einer Marktanalyse davon auszugehen ist, dass dieses Modell dort noch mindesten fünf Jahre mit Erfolg absetzbar sein wird. Da wegen der Einmaligkeit der Produktionsanlage und des damit zusammenhängenden Know-How keine vergleichbaren Werte ermittelt werden können, muss ein hypothetischer Fremdvergleich durchgeführt werden. Dabei ist auf der einen Seite der Mindestverkaufspreis anzusetzen und auf der anderen Seite der Preis, den der Erwerber höchsten aufbringen würde, damit er mit der erworbenen Anlage Gewinne erzielen kann. Die beiden Preisvorstellungen werden sich überschneiden (= Einigungsbereich). Überschneiden sie sich nicht, kommt es zu keinem Vertragsabschluss. Im Zweifel ist dann der Mittelwert des Einigungsbereichs anzusetzen.

829 Ist der vom Steuerpflichtigen zugrunde gelegte Einigungsbereich unzutreffend und muss deshalb von einem anderen Einigungsbereich ausgegangen werden, kann auf eine Einkünfteberichtigung verzichtet werden, wenn der vom Steuerpflichtigen zugrunde gelegte Wert innerhalb des anderen Einigungsbereichs liegt (§ 1 Abs. 3 Satz 8 AStG).

3.7.3.5 Waren- und Leistungsverkehr zwischen nahestehenden Personen

830 In Tz. 2 VwG sind die „Allgemeinen Grundsätze zur Einkunftsabgrenzung" dargestellt. Da aber die verschiedenartigen Leistungsbeziehungen zwischen nahestehenden Personen wegen der sachlich bedingten Besonderheiten verschiedene Prüfungsmaßstäbe erfordern, werden in Tz. 3 bis 6 VwG ergänzende Bestimmungen getroffen, die im Rahmen der einzelnen Vertragsarten zusätzlich oder anstatt der allgemeinen Grundsätze anzuwenden und zu beachten sind. Hierbei handelt es sich um folgende Problemkreise:

▶ Warenlieferungen und Dienstleistungen – Tz. 3 VwG;

▶ Zinsen und ähnliche Vergütungen – Tz. 4 VwG;

▶ Nutzungsüberlassung von Patenten, Know-how und anderen immateriellen Wirtschaftsgütern; Auftragsforschung – Tz. 5 VwG;[769]

▶ Verwaltungsbezogene Leistungen im Konzern – Tz. 6. VwG.

831 Die Tz. 7, 8 und 9 sind inzwischen durch spätere BMF-Schreiben aufgehoben worden. Die erforderliche Dokumentation und die erforderlichen Nachweise werden durch § 90 Abs. 2 und 3 AO, die GAufzV und VwGV geregelt.

---

[769] Vgl. ausführlich BFH v. 9. 8. 2000 I R 12/99, BStBl 2001 II 140, zur Überlassung des Konzernnamens an ein konzernverbundenes Unternehmen (nicht verrechenbarer Konzernrückhalt) und dem Konzernnamen als geschütztes Markenzeichen (gegen steuerlich anzuerkennende Lizenzzahlungen).

3.7.3.6 Durchführung der Berichtigung

Wenn aufgrund des Fremdvergleichs feststeht, dass im Inland Einkünfte gemindert wurden, muss das steuerliche Ergebnis berichtigt werden. Hierbei gilt Folgendes:[770]

832

Zuerst ist zu entscheiden, ob eine Berichtigung innerhalb der Bilanz oder außerhalb der Bilanz nach den Grundsätzen der Bilanzierung bzw. Bilanzberichtigung möglich und notwendig ist:

833

- bei vGA ist eine außerbilanzielle Gewinnberichtigung vorzunehmen;
- Entnahmen sind nach § 6 Abs. 1 Nr. 4 EStG zu bewerten;
- bei verdeckter Einlage ist der Beteiligungswert in der Steuerbilanz zu erhöhen;[771]
- bei Berichtigung nach § 1 Abs. 1 AStG ist ein Zuschlag außerhalb der Bilanz vorzunehmen.[772]

Die Berichtigung ist jeweils für das Jahr vorzunehmen, in dem sich die Minderung auf den Gewinn ausgewirkt hat. Auf den Berichtigungsbetrag, der derselben Einkunftsart zuzurechnen ist wie die zu berichtigenden Einkünfte, sind ggf. die Bestimmungen eines DBA anzuwenden.

834

Steuern, die der Nahestehende im Ausland für den Teil des Gewinns entrichten muss, der dem Berichtigungsbetrag in der Bundesrepublik entspricht, können mangels Subjektidentität nicht vom inländischen Steuerpflichtigen angerechnet werden.

835

Wird die Einkommensminderung nachträglich durch Ausgleichszahlungen beseitigt,[773] so stellt dieser Vorgang steuerlich entweder eine Einlage (bei vGA), Kapitaleinkünfte nach § 20 Abs. 1 Nr. 1 EStG (bei verdeckter Einlage) oder Rechnungsposten (bei Berichtigung nach § 1 AStG) dar, der mit dem Zuschlag nach dem VwG verrechnet wird.[774]

836

Um eine Gegenberichtigung im Ausland zu erreichen, muss der Steuerpflichtige oder das verbundene Unternehmen ggf. den Weg einer Verständigungsvereinbarung[775] oder eines Schiedsverfahrens nach DBA bzw. nach der EU-Schiedsrichtlinie[776] beschreiten.

837

3.7.3.7 Mitwirkungspflichten

Für die Erfüllung der den Steuerpflichtigen treffenden Mitwirkungspflichten gelten zuerst einmal die Grundsätze gemäß § 90 Abs. 1 und 2 AO. Diese werden dann in Tz. 3 VwGV umfänglich aus der Sicht der Finanzverwaltung erläutert und im Hinblick auf einzelne Vertragstypen durch die Neuregelung des § 90 Abs. 3 AO und der GAufzV ergänzt. Im Wesentlichen handelt es sich dabei um eine Konkretisierung des § 90 Abs. 2

838

---

770 Vgl. im Einzelnen Tz. 5 VwGV.
771 BFH v. 30. 5. 1990 I R 97/88, BStBl 1990 II 875; v. 16. 4. 1991 VIII R 100/87, BStBl 1992 II 234; v. 29. 7. 1997 VIII R 57/94, BStBl 1998 II 652.
772 BFH v. 19. 1. 1994 I R 93/93, BStBl 1994 II 725.
773 Tz. 5.5 VwGV.
774 BFH v. 30. 5. 1990 I R 97/88, BStBl 1990 II 875.
775 Vgl. Rdn. 1102 ff.
776 Vgl. Rdn. 1503 ff.

3.7.3.8 Dokumentationspflichten (§§ 90, 162 Abs. 3 und 4 AO, GAufzV)

3.7.3.8.1 Einführung

839 Wie bereits ausgeführt, hat das Urteil des BFH v. 17. 10 2001 eine Gegenreaktion des Gesetzgebers hervorgerufen, nämlich die Ergänzung der AO durch die Hinzufügung des § 90 Abs. 3 AO – hierauf aufbauend dann die GAufzV – sowie der § 162 Abs. 3 und Abs. 4 AO.[777]

3.7.3.8.2 Gesetzliche Grundlage der Dokumentationspflicht (§ 90 Abs. 3 AO)

840 In der amtlichen Begründung zu § 90 Abs. 3 AO heißt es:[778] Der neue Absatz 3 legt für Steuerpflichtige, die Geschäftsbeziehungen zum Ausland mit nahestehenden Personen im Sinne des § 1 Abs. 2 AStG unterhalten, eine Verpflichtung fest, diese Geschäftsbeziehungen einschließlich der Grundlagen ihrer Entscheidungen über die Festsetzung von Verrechnungspreisen und sonstigen Geschäftsbedingungen zu dokumentieren. Die Steuerpflichtigen sind damit gehalten, schriftliche Unterlagen über Vergleichsdaten und andere Grundlagen zur Verfügung zu stellen, die zur Beurteilung der Angemessenheit der nach diesen Vorschriften anzusetzenden Verrechnungspreise erforderlich sind sowie ihre Entscheidungen über die Preisfestsetzung im Rahmen ihrer Geschäftsbeziehungen zum Ausland zu begründen. Die Regelung soll vor allem die Möglichkeit der Prüfung der Einkunftsabgrenzung zwischen international verbundenen Unternehmen sichern. Sie ist erforderlich, da die bestehenden gesetzlichen Vorschriften über die erhöhten Mitwirkungspflichten und die Beweisvorsorgepflicht der Beteiligten bei der Aufklärung von Sachverhalten mit Auslandsbezug eine Pflicht zur Erstellung von Aufzeichnungen für die Prüfung von Verrechnungspreisen nicht mit hinreichender Klarheit ergeben. Mit § 90 Abs. 3 AO folgt die Bundesrepublik Deutschland im Übrigen der internationalen Entwicklung.[779]

841 Nach § 90 Abs. 3 Satz 1 AO, der nach Art. 97 § 22 Satz 1 EGAO erstmals für Wirtschaftsjahre, die nach dem 31. 12. 2002 beginnen, anzuwenden ist,[780] hat der Steuerpflichtige nunmehr bei Sachverhalten mit Auslandsbeziehungen zu nahestehenden Personen Aufzeichnungen über Art und Inhalt der Geschäftsbeziehungen zu fertigen (sog. **Sachverhaltsdokumentation**).[781] Des Weiteren hat er nach § 90 Abs. 3 Satz 2 AO Aufzeichnungen über die wirtschaftlichen und rechtlichen Grundlagen zu erstellen, aus denen

---

777 BFH v. 17. 10. 2001 I R 103/00, BStBl 2004 II 171.
778 BT-Drs. 15/119, S. 52.
779 BFH v. 10. 4. 2013 I R 45/11, BStBl 2013 II 771, bejaht die Vereinbarkeit dieser Norm mit dem Unionsrecht.
780 Tz. 3.4.6, 3.4.7 VwG-Verfahren.
781 Vgl. § 1 Abs. 2 GAufzV, Tz. 3.4.11 VwGV.

sich eine den Grundsatz des Fremdvergleichs beachtende Vereinbarung von Preisen und anderen Geschäftsbedingungen ergibt (sog. **Angemessenheitsdokumentation**).[782]

Bei **außergewöhnlichen Geschäftsvorfällen** sind die Aufzeichnungen nach § 90 Abs. 3 Satz 3 AO zeitnah zu erstellen, wobei es aber in der Literatur überwiegend für rechtlich bedenklich gehalten wird, dass das Gesetz nicht erläutert, was unter außergewöhnlichen Geschäftsvorfällen zu verstehen ist; dies geschieht vielmehr in der aufgrund der Ermächtigung in § 90 Abs. 3 Satz 5 AO erlassenen Rechtsverordnung: In § 3 Abs. 2 GAufzV wird der Ausdruck anhand von Beispielen erläutert. Weiter bestimmt lediglich § 3 Abs. 1 Satz 2 GAufzV, was „zeitnah" bedeutet. Aufzeichnungen über außergewöhnliche Geschäftsvorfälle sind innerhalb von 30 Tagen auf Anforderung vorzulegen (§ 90 Abs. 3 Satz 9 AO). Zu kritisieren ist, dass hier in großem Umfang mit unbestimmten Rechtsbegriffen gearbeitet wird.

842

Eine Sonderregelung für **Dauersachverhalte**, die gleichzeitig das Merkmal des außergewöhnlichen Geschäftsvorfalls erfüllen, ist in Art. 97 § 22 Satz 3 EGAO enthalten:[783] Sind derartige Geschäftsvorfälle vor Beginn des nach dem 31. 12. 2002 beginnenden Wirtschaftsjahres begründet worden und bestehen sie bei Beginn dieses Wirtschaftsjahres weiter, sind die Aufzeichnungen spätestens sechs Monate nach Inkrafttreten der GAufzV zu erstellen.

843

Die Finanzbehörde soll (= hat in der Regel) nach § 90 Abs. 3 Satz 6 AO die **Vorlage von Aufzeichnungen** nur für die Durchführung einer Außenprüfung verlangen. Der Steuerpflichtige hat dann innerhalb einer Frist von 60 Tagen – die in begründeten Einzelfällen verlängert werden kann – nach Zugang der Aufforderung die Dokumentationen vorzulegen.

844

3.7.3.8.3 Rechtsfolgen bei Verletzung der Aufzeichnungspflicht (§ 162 Abs. 3 und 4 AO)

In der amtlichen Begründung zu § 162 Abs. 3 und 4 AO ist Folgendes ausgeführt:[784] § 162 Abs. 3 Satz 1 AO begründet bei einer Verletzung der Dokumentationspflicht nach § 90 Abs. 3 AO eine Vermutung dahin gehend, dass die Einkünfte des Steuerpflichtigen aus Geschäftsbeziehungen zu nahestehenden Personen durch das Nahestehen gemindert wurden, also nicht dem angemessenen Preis nach dem Grundsatz des Fremdverhaltens entsprechen. In einem solchen Fall sind die Einkünfte aus den Geschäftsbeziehungen zu schätzen. Der Steuerpflichtige behält aber die Möglichkeit, die Angemessenheit seiner Verrechnungspreise nachzuweisen. § 162 Abs. 3 Satz 2 AO trägt dem für die Prüfung der Gewinnabgrenzung zwischen verbundenen Unternehmen bedeutsamen Umstand Rechnung, dass es in der Praxis „den" zutreffenden Verrechnungspreis nicht gibt, dass Fremdvergleichspreise am Markt vielmehr stets variieren und sich allenfalls – unter Umständen sehr weite – Preisspannen feststellen lassen. Die Finanzbehörden

845

---

782 Vgl. § 1 Abs. 3 GAufzV, Tz. 3.4.12 VwGV; zur Rechtmäßigkeit vgl. FG Hessen v. 23. 3. 2011 4 K 419/10, n.v., Revision anhängig unter I R 45/11.
783 Tz. 3.4.8.4 VwG-Verfahren.
784 BT-Drs. 15/119, S. 52.

sind nicht verpflichtet, eine Schätzung stets zugunsten des Steuerpflichtigen an der unteren Grenze einer Preisspanne vorzunehmen.[785]

846 § 162 Abs. 3 Satz 1 AO sieht drei Alternativen vor, bei denen widerlegbar vermutet wird, dass die vom Steuerpflichtigen erklärten Einkünfte niedriger sind als die tatsächlich steuerpflichtigen Einkünfte:

- Nichtvorlage der nach § 90 Abs. 3 AO zu fertigenden Dokumentationen;
- im Wesentlichen unverwertbare Aufzeichnungen, wobei weitgehend ungeklärt ist, wann eine Aufzeichnung „im Wesentlichen unverwertbar" ist;
- nicht zeitnahe Erstellung der Dokumentation bei außergewöhnlichen Geschäftsvorfällen.

847 Wird in den vorgenannten Fällen eine Schätzung erforderlich, dann ergibt sich aus § 162 Abs. 3 Satz 2 AO die Berechtigung der Finanzverwaltung, einen Schätzungsrahmen zulasten des Steuerpflichtigen auszuschöpfen.

848 Der Satz 3 in § 162 Abs. 3 AO weitet die Möglichkeit der Schätzung zulasten des Steuerpflichtigen aus: Hat nicht der Steuerpflichtige selbst, sondern eine ihm nahestehende ausländische Person die ihr obliegenden Mitwirkungs- oder Auskunftspflichten nicht erfüllt, kann ebenfalls der Schätzungsrahmen nach Satz 2 angewandt werden, und zwar selbst dann, wenn verwertbare Aufzeichnungen vorgelegt wurden.

849 § 162 Abs. 4 AO bestimmt, dass bei Verletzung der Mitwirkungs- und Aufzeichnungspflichten nach § 90 Abs. 3 AO ein Zuschlag zur Steuer festzusetzen ist. Dieser bemisst sich bei einer Schätzung nach Absatz 3 nach dem Betrag einer positiven Berichtigung der Einkünfte aus den Geschäftsbeziehungen im Sinne des § 90 Abs. 3 AO. Bei einer Steuerfestsetzung nach verspäteter Einreichung ordnungsgemäßer Aufzeichnungen wird der Zuschlagsrahmen nach oben begrenzt. Die Finanzbehörde setzt den Zuschlag innerhalb der vom Gesetz bestimmten Grenzen nach ihrem pflichtgemäßen Ermessen fest. Absatz 4 Satz 4 nennt die Maßstäbe für die Ermessensausübung und verdeutlicht den hauptsächlichen Zweck des Zuschlags, die Steuerpflichtigen zur Erstellung und fristgerechten Vorlage der Dokumentation anzuhalten. Von der Festsetzung eines Zuschlags kann ganz abgesehen werden, wenn die Nichterfüllung der Mitwirkungs- und Aufzeichnungspflichten nach § 90 Abs. 3 AO entschuldbar erscheint, namentlich in Fällen höherer Gewalt. Zum Inkrafttreten vgl. Art. 97 § 22 Satz 2 EGAO.

850 Wird eine nach § 90 Abs. 3 AO erforderliche Dokumentation nicht vorgelegt oder sind vorgelegte Aufzeichnungen im Wesentlichen unverwertbar, ist nach § 162 Abs. 4 Satz 1 und 2 AO ein **Zuschlag (Steuerstrafzuschlag = penalties)** i. H. von mindestens 5 % und höchstens 10 % des Mehrbetrags der Einkünfte, der sich nach einer Berichtigung aufgrund der Anwendung des § 162 Abs. 3 AO ergibt, mindestens aber 5 000 € festzusetzen. Bei verspäteter Vorlage von verwertbaren Aufzeichnungen beträgt der Zuschlag nach § 162 Abs. 4 Satz 3 AO bis zu 1 000 000 €, mindestens jedoch 100 € für jeden vollen Tag der Fristüberschreitung.

---

[785] Anders ausdrücklich BFH v. 17. 10. 2001 I R 103/00, BStBl 2004 II 171.

Der Zuschlag nach § 162 Abs. 4 AO stellt eine steuerliche Nebenleistung i. S. des § 3 Abs. 4 AO dar, der zur Einkommen- oder Körperschaftsteuer erhoben wird und wie diese nicht abzugsfähig ist (§ 12 Nr. 3 EStG, § 10 Nr. 2 KStG). Unabhängig von der Festsetzung eines Zuschlages nach § 162 Abs. 4 AO können auch Verspätungszuschläge sowie Zinsen nach § 233a AO festgesetzt werden. 851

Abschließend ist darauf hinzuweisen, dass § 162 Abs. 3 und 4 AO noch nicht einer abschließenden Überprüfung durch die Gerichte unterzogen wurden. 852

3.7.3.8.4 Gewinnabgrenzungsaufzeichnungsverordnung (GAufzV)

In § 90 Abs. 3 Satz 5 AO findet sich die Rechtsgrundlage zum Erlass einer Rechtsverordnung i. S. des Art. 80 GG. Diese Ermächtigungsgrundlage wurde ausgefüllt durch die **Verordnung zu Art, Inhalt und Umfang von Aufzeichnungen im Sinne des § 90 Abs. 3 der Abgabenordnung (Gewinnabgrenzungsaufzeichnungsverordnung – GAufzV)** vom 13. 11. 2003.[786] Nach § 8 GAufzV ist die Verordnung rückwirkend zum 30. 6. 2003 in Kraft getreten. Dies war erforderlich, weil in Art. 97 § 22 Satz 2 EGAO festgelegt ist, dass die Bestimmungen der § 162 Abs. 3 und 4 AO frühestens sechs Monate nach Inkrafttreten der Verordnung nach § 90 Abs. 3 AO in Kraft treten. Demnach wirken sich die in § 162 Abs. 3 und 4 AO geregelten Sanktionen frühestens ab 1. 1. 2004 aus. 853

§ 1 GAufzV befasst sich mit den (allgemeinen) Grundsätzen der Aufzeichnungspflicht, vor allem dem „wie" (vgl. Tz. 3.4.11 VwGV). Nicht unproblematisch ist z. B. die Regelung in § 1 Abs. 1 Satz 2 GAufzV, dass die Aufzeichnungen das „ernsthafte Bemühen" des Steuerpflichtigen belegen müssen, seine Geschäftsbeziehungen zu nahestehenden Personen unter Beachtung des Fremdvergleichsgrundsatzes zu gestalten.[787] Was alles im Rahmen der Dokumentation des gewählten Verrechnungspreises sowie der gewählten Verrechnungsmethode an Unterlagen, Quellen, Informationen und Tatsachen zu berücksichtigen ist, ergibt sich aus § 1 Abs. 3 GAufzV. 854

Art, Inhalt und Umfang der Dokumentation regelt § 2 GAufzV detailliert. 855

Zu dem Problem der zeitnahen Erstellung der Dokumentation bei außergewöhnlichen Geschäftsvorfällen nimmt § 3 GAufzV Stellung. 856

Die allgemein erforderlichen Aufzeichnungen regelt § 4 GAufzV. Hierzu zählen vier Gruppen: 857

▶ Allgemeine Informationen über Beteiligungsverhältnisse, Geschäftsbetrieb und Organisationsaufbau;
▶ Geschäftsbeziehungen zu nahestehenden Personen;
▶ Funktions- und Risikoanalyse, sowie
▶ Verrechnungspreisanalyse.

Was besondere Umstände i. S. der GAufzV darstellen sowie welche Aufzeichnungspflichten in diesem Zusammenhang zu erfüllen sind, regelt § 5 GAufzV. 858

---

[786] BGBl 2003 I 2296.
[787] Vgl. Tz. 3.4.12.3 VwGV.

859 **Erleichterungen bei den Aufzeichnungspflichten für kleinere Unternehmen und Steuerpflichtige** mit anderen als Gewinneinkünften sind in § 6 GAufzV geregelt. Kleinere Unternehmen sind nach § 6 Abs. 2 GAufzV Unternehmen, bei denen jeweils im laufenden Wirtschaftsjahr weder die Summe der Entgelte für die Lieferung von Gütern oder Waren aus Geschäftsbeziehungen mit nahestehenden Personen im Sinne des § 1 Abs. 2 AStG 5 Millionen € übersteigt noch die Summe der Vergütungen für andere Leistungen als die Lieferung von Gütern oder Waren aus Geschäftsbeziehungen mit solchen Nahestehenden mehr als 500 000 € beträgt. Die Erleichterung besteht darin, dass die Dokumentationspflichten hier durch die Erteilung mündlicher Auskünfte erfüllt werden können.

860 Da sich auch zwischen Stammhaus und Betriebsstätte ein Leistungsverkehr ergeben kann – vgl. § 1 Abs. 5 AStG –, bestimmt § 7 GAufzV, dass die §§ 1 bis 6 GAufzV auch für den **Leistungsverkehr zwischen inländischem Unternehmen und ausländischer Betriebsstätte** (und umgekehrt) sowie für den Leistungsverkehr zwischen inländischer Personengesellschaft und nahestehender Person i. S. des § 1 Abs. 2 ASlG gelten.

3.7.3.8.5 Verwaltungsgrundsätze – Verfahren

861 In dem Schreiben des BMF **Grundsätze für die Prüfung der Einkunftsabgrenzung zwischen nahestehenden Personen mit grenzüberschreitenden Geschäftsbeziehungen in Bezug auf Ermittlungs- und Mitwirkungspflichten, Berichtigungen sowie Verständigungs- und EU-Schiedsverfahren (Verwaltungsgrundsätze – Verfahren)**[788] hat sich die Finanzverwaltung eingehend zu den Dokumentationspflichten bei der Einkunftsabgrenzung zwischen international verbundenen Unternehmen geäußert. Dieses Schreiben ist in der Literatur teilweise deutlich kritisiert worden; gerichtliche Überprüfungen der Rechtsauffassung der Finanzverwaltung fehlen bisher. Nach Auffassung der Finanzverwaltung soll dieses Schreiben zur Rechtssicherheit in der international an Bedeutung gewinnenden Rechtsmaterie (der Einkunftsabgrenzung) beitragen. Es stelle im Kern die Ermittlungsgrundsätze der Finanzbehörden im Rahmen der steuerlichen Betriebsprüfung, die Mitwirkungspflichten des Steuerpflichtigen in Form seiner Verpflichtung zur sog. Sachverhaltsdokumentation und der Angemessenheitsdokumentation seiner Verrechnungspreise dar.

862 Das Schreiben weist folgende Gliederung auf:

▶ Allgemeines – Tz. 1

▶ Pflichten der Finanzbehörden – Tz. 2

▶ Mitwirkungspflichten der Beteiligten – Tz. 3

▶ Rechtsfolge bei Verstößen gegen die Mitwirkungspflichten – Tz. 4

▶ Durchführung von Berichtigungen und ihre steuerliche Beurteilung – Tz. 5

▶ Abwicklung von Verrechnungspreisberichtigungen und Verständigungs- bzw. Schiedsverfahren (EU) – Tz. 6

▶ Aufhebung von Verwaltungsregelungen – Tz. 7

---

[788] BMF v. 12. 4. 2005, BStBl 2005 I 570.

Tz. 6 VwGV befasst sich mit den Folgen einer innerstaatlichen Berichtigung der Verrechnungspreise und dem Verhältnis zu den abgeschlossenen DBA, insbesondere zu Art. 9 OECD-MA sowie zu einem Verständigungsverfahren nach DBA[789] und der EU-Schiedskonvention.[790]

3.7.3.9 Umlageverträge

Unter dem Datum 30.12.1999 wurden die **Grundsätze für die Prüfung der Einkunftsabgrenzung durch Umlageverträge zwischen international verbundenen Unternehmen** veröffentlicht.[791] Ziel dieses Schreibens ist es, Regelungen zur Anwendung des Grundsatzes des Fremdvergleichs in den Fällen zu treffen, in denen international verbundene Unternehmen ihre Beziehungen zueinander im Wege von Umlagen gestalten.

Umlageverträge sind Verträge, die international verbundene Unternehmen untereinander abschließen, um im gemeinsamen Interesse, in einem längeren Zeitraum, durch Zusammenwirken in einem Pool Leistungen zu erlangen bzw. zu erbringen (Bsp.: Forschung und Entwicklung in einem Konzern, zentraler Einkauf). Die Leistungen müssen im Interesse der empfangenden Unternehmen erbracht werden und einen Vorteil erwarten lassen, z.B. durch Ersparnis von Aufwand oder Steigerung der Erlöse. Die für den Poolzweck entstehenden Aufwendungen werden nach einem Schlüssel, der sich grundsätzlich nach dem Nutzen der Poolmitglieder bestimmt, auf diese verteilt. Die Unternehmen bilden insoweit eine Innengesellschaft, ohne eine Mitunternehmerschaft oder Betriebsstätte zu begründen.

Nach Auffassung der Finanzverwaltung können Mitglieder eines steuerlich anzuerkennenden Pools nur Unternehmen sein, die gleichgerichtete Interessen verfolgen, d.h. die die Leistungen für die Interessengemeinschaft in wirtschaftlich gleicher Weise nutzen. Damit ist der Teilnehmerkreis eines Umlagevertrages auf Unternehmen beschränkt, die aus den Leistungen, die sie gegenüber der Innengesellschaft erbringen, für sich selbst Vorteile ziehen. Vertragspartner des Pools, die Leistungen im Interesse der Poolmitglieder erbringen, ohne die Ergebnisse selbst zu nutzen oder zu verwerten (bloße Auftragnehmer – Bsp.: Auftragsforschung), stehen außerhalb des Umlagevertrags. Handelt es sich dabei um ein innerhalb des Pools stehendes verbundenes Unternehmen, so sind diese Leistungen zu Fremdpreisen an den Pool zu verrechnen.[792] Der an den Pool verrechnete Betrag ist im Wege der Umlage auf die Poolmitglieder aufzuteilen.

Für den Umlagevertrag als solches gelten die oben angeführten allgemeinen Regeln für Vereinbarungen zwischen miteinander verbundenen Unternehmen.

Das BMF-Schreiben weist folgende Gliederung auf:

- Allgemeines – Tz. 1
- Umlagefähiger Betrag – Tz. 2

---

789 Vgl. Rdn. 1102 ff.
790 Vgl. Rdn. 1503 ff.
791 BMF v. 30.12.1999, BStBl 1999 I 1122.
792 BFH v. 23.6.1993 I R 72/92, BStBl 1993 II 801, zu dem Problem, wie eine konzerneigene Steuerberatungsgesellschaft ihre Leistungen an Konzerngesellschaften abzurechnen hat.

- Umlage – Tz. 3
- Sonderfälle – Tz. 4
- Dokumentation und Nachweise – Tz. 5
- Mängel des Umlagevertrages – Tz. 6
- Aufhebung von Verwaltungsregelungen – Tz. 7
- Übergangsregelungen – Tz. 8

869 Probleme bereitet es in der Praxis, wenn zu einem späteren Zeitpunkt Unternehmen einem Pool beitreten und in den Genuss der von den bisherigen Poolmitgliedern geschaffenen materiellen und immateriellen Wirtschaftsgütern gelangen (Bsp.: Know-how, Kundenbeziehungen usw.). Hier sind dann Eintritts- oder Einstandszahlungen üblich, deren angemessene Höhe nur sehr schwierig zu ermitteln ist. Umgekehrt ist auch das Ausscheiden eines Poolmitgliedes nicht immer einfach zu lösen, insbesondere, wenn das Ausscheiden – positive oder negative - Folgen hat, sei es für das ausscheidende Unternehmen, sei es für die verbleibenden Poolmitglieder.[793]

3.7.3.10 Arbeitnehmerentsendung

870 Das BMF hat mit dem Schreiben vom 9.11.2001 die **„Grundsätze für die Prüfung der Einkunftsabgrenzung zwischen international verbundenen Unternehmen in Fällen der Arbeitnehmerentsendung (Verwaltungsgrundsätze – Arbeitnehmerentsendung)"** veröffentlicht.[794]

871 Ausgangspunkt des Schreibens ist die Tatsache, dass die zunehmende industrielle Verflechtung und Globalisierung dazu führen, dass zwischen international verbundenen Unternehmen in großem Umfang Arbeitnehmer entsendet werden.

872 Für die Arbeitnehmer ist eine Auslandstätigkeit regelmäßig mit finanziellen und persönlichen Belastungen verbunden. Um sie zu einer Auslandstätigkeit zu motivieren, werden daher neben der bisherigen Entlohnung und ggf. Altersversorgung u.U. zusätzliche Zahlungen geleistet, wie z.B. erhöhtes Grundgehalt, Ersatz der Mehraufwendungen für doppelte Haushaltsführung, Umzugskostenerstattung, Auslandszulagen, Schulgeld, Kosten für einen Sprachkurs, Ausgleich der ausländischen Steuerbelastung, Übernahme von Steuerberatungskosten usw.

873 Das Schreiben will Regelungen zur Anwendung des Grundsatzes des Fremdvergleichs bei der Prüfung von verbundenen Unternehmen in den Fällen der grenzüberschreitenden Arbeitnehmerentsendung aufstellen. Anhand der Regelungen soll bestimmbar sein, ob und in welchem Umfang das entsendende und/oder das aufnehmende Unternehmen jeweils ein betriebliches Interesse an der Arbeitnehmerentsendung hat[795] und

---

[793] Vgl. Tz. 4.1, 4.2 VwG-Umlageverträge; Tz. 4.3 und 4.4. befassen sich mit Sonderfällen wie Systemumstellung, Quellensteuer auf Lizenzeinnahmen usw.
[794] BStBl 2001 I 796.
[795] Vgl. die Ausführungen des BFH v. 23.2.2005 I R 46/03, BFH/NV 2005, 1191, unter 4. d) der Entscheidungsgründe.

demzufolge den Aufwand bzw. Teile davon für den entsandten Arbeitnehmer tragen muss.

Das BMF-Schreiben hat folgende Gliederung: 874

- ▶ Ausgangslage und Zielsetzung – Tz. 1
- ▶ Begriffe – Tz. 2
- ▶ Beurteilungskriterien für die Einkunftsabgrenzung – Tz. 3
- ▶ Steuerliche Behandlung – Tz. 4
- ▶ Verfahren, Mitwirkung und Nachweise – Tz. 5
- ▶ Anwendung bei der Einkunftsaufteilung zwischen Betriebsstätten – Tz. 6
- ▶ Anwendungsvorschriften – Tz. 7

Eine Arbeitnehmerentsendung liegt grundsätzlich nur dann vor, wenn ein Arbeitnehmer mit seinem bisherigen Arbeitgeber (entsendendes Unternehmen) vereinbart, für eine befristete Zeit bei einem verbundenen Unternehmen (aufnehmendes Unternehmen) tätig zu werden, und das aufnehmende Unternehmen entweder eine arbeitsrechtliche Vereinbarung mit dem Arbeitnehmer abschließt oder als wirtschaftlicher Arbeitgeber[796] anzusehen ist; das bisherige Arbeitsverhältnis bleibt weiter bestehen, es kann aber ruhen. Ferner können bestimmte betriebliche Leistungen weiterhin gewährt werden (Bsp.: Weitergewährung des Anteils zur betrieblichen Altersversorgung). 875

Keine Arbeitnehmerentsendung liegt demnach vor, wenn ein Arbeitnehmer in Erfüllung seiner arbeitsvertraglichen Verpflichtungen bei einem anderen verbundenen Unternehmen tätig wird (Bsp.: Montagearbeiten) und sein Arbeitslohn Preisbestandteil der Dienst- bzw. Werkleistung ist. In diesen Fällen ist ggf. zu prüfen, ob durch die Tätigkeit des Arbeitnehmers eine Betriebsstätte des entsendenden Unternehmens begründet worden ist (vgl. Art. 5 Abs. 5 OECD-MA). 876

Ebenfalls keine Entsendung liegt vor, wenn das bisherige Arbeitsverhältnis beendet und ein neues mit dem aufnehmenden Unternehmen begründet wird, ohne dass eine Rückkehrzusage seitens des bisherigen Arbeitgebers vorliegt. 877

Ausgangspunkt für die Einkunftsabgrenzung zwischen den verbundenen Unternehmen ist die Beantwortung der Frage, in wessen Interesse die Entsendung erfolgt: Liegt die Tätigkeit im ausschließlichen betrieblichen Interesse des aufnehmenden Unternehmens oder ist die Tätigkeit des entsandten Arbeitnehmers ganz oder teilweise durch das Interesse des entsendenden oder eines übergeordneten Unternehmens verursacht (Bsp.: Konzern-Controlling)? 878

Bei der Prüfung der Interessenlage ist zu berücksichtigen, dass der ordentliche und gewissenhafte Geschäftsleiter eines unabhängigen Unternehmens nur Personal beschäftigen würde, das er für seinen Betrieb benötigt und nur den Aufwand tätigen würde, der ihm für die Beschäftigung eines vergleichbaren Arbeitnehmers bei sonst gleichen Verhältnissen entstehen würde, d. h. nur den Aufwand, der ihm bei Beschäftigung eines Vor-Ort-Arbeitnehmers entstehen würde. 879

---

796 Vgl. ausführlich Rdn. 1017.

880 Die Tätigkeit eines entsandten Arbeitnehmers im ausschließlichen Interesse des aufnehmenden verbundenen Unternehmens bedeutet nicht notwendigerweise, dass stets der volle Aufwand als Betriebsausgabe bei dem aufnehmenden Unternehmen zu behandeln ist. Verursacht der entsandte Arbeitnehmer beim aufnehmenden Unternehmen höhere Aufwendungen als ein am örtlichen Markt zu rekrutierender Arbeitnehmer mit vergleichbaren Funktionen und Aufgaben, so hat das aufnehmende Unternehmen nachzuweisen, dass der höhere Teil des Gesamtaufwands in seinem Interesse gezahlt wird (Bsp.: Der Arbeitnehmer verfügt über Spezialwissen, das es dem aufnehmenden Unternehmen ermöglicht, über den Ausgleich des Mehraufwands hinausgehende höhere Erlöse zu erzielen). Kann dieser Nachweis nicht geführt werden, ist nach Auffassung der Finanzverwaltung davon auszugehen, dass der Mehraufwand durch das Nahestehen veranlasst und vom entsendenden Unternehmen zu tragen ist.[797]

881 Die Prüfung der Angemessenheit ist vorrangig nach der Preisvergleichsmethode vorzunehmen. Hierbei wird der angemessene Aufwand durch betriebsinternen oder betriebsexternen Fremdvergleich ermittelt. Sind keine Vergleichsdaten verfügbar, ist ein hypothetischer Fremdvergleich durchzuführen.

882 Besetzt das entsendende Unternehmen ständig Arbeitsplätze beim aufnehmenden Unternehmen im Rotationsverfahren, so ist davon auszugehen, dass die Entsendung auch den Interessen des entsendenden Unternehmens dient und es deshalb den Aufwand, der über den für einen vergleichbaren heimischen Arbeitnehmer des aufnehmenden Unternehmens hinausgeht, zu tragen hat. Ob ein solches Rotationssystem vorliegt, entscheidet sich nach dem Gesamtbild der Verhältnisse.

883 Werden Arbeitnehmer ausschließlich zu Aus- oder Fortbildungszwecken (trainee on the job) entsandt, hat das entsendende Unternehmen den Mehraufwand, u.U. auch den gesamten Aufwand zu tragen, wenn die Tätigkeit vor Ort für das aufnehmende Unternehmen keinen messbaren Erfolg bedeutet.

3.7.3.11 Funktionsverlagerung (§ 1 Abs. 3 AStG)

884 Das Thema, das die Diskussion in Literatur und Verwaltung in der letzten Zeit vorrangig beherrscht hat und weiterhin beherrscht, ist die Frage der steuerlichen Behandlung von sog. Funktionsverlagerungen. Einen vorläufigen Abschluss hat die Diskussion aufgrund der gesetzlichen Regelungen der Besteuerung der Funktionsverlagerung durch **§ 1 Abs. 3 AStG** gefunden[798]. Strittig sind in der Literatur die Verfassungsmäßigkeit sowie EU-Kompatibilität der Norm.

885 Hinzu kommen die **Verordnung zur Anwendung des Fremdvergleichsgrundsatzes nach § 1 Abs. 1 des Außensteuergesetzes in Fällen grenzüberschreitender Funktionsverlagerungen (Funktionsverlagerungsverordnung – FVerlV)**[799] v. 12.8.2008 sowie das BMF-Schreiben betreffend **Grundsätze der Verwaltung für die Prüfung der Einkunftsabgren-

---

797 Tz. 3.1.2 VwG-Entsendung.
798 § 1 Abs. 3 AStG zuletzt geändert durch das AmtshilfeRLUmsG.
799 BStBl 2009 I 34.

zung zwischen nahestehenden Personen in Fällen von grenzüberschreitenden Funktionsverlagerungen (Verwaltungsgrundsätze – Funktionsverlagerung) vom 13.10.2010.[800]

In der **amtlichen Begründung zu § 1 Abs. 3 AStG**[801] ist ausgeführt, dass die Regelung der Funktionsverlagerung dazu beitragen solle, die Besteuerung in Deutschland geschaffener Werte sicherzustellen, wenn immaterielle Wirtschaftsgüter und Vorteile ins Ausland verlagert würden. Die Übertragung von Funktionen (z. B. Vertrieb, Produktion usw.) ins Ausland bleibe weiter möglich. Es sei aber nicht zu rechtfertigen, wenn immaterielle Wirtschaftsgüter und Vorteile, die mithilfe deutscher Infrastruktur erstellt worden seien, ohne angemessene Besteuerung des inländischen Wertschöpfungsbeitrages im Ausland genutzt würden. Insbesondere im Zusammenhang mit Funktionsverlagerungen sei es für die Finanzverwaltung mangels konkreter gesetzlicher Regelungen kaum möglich, angemessene Verrechnungspreise festzustellen. Diese Schwierigkeiten sollten dadurch gelöst werden, dass gesetzlich geregelt werde, wie die Unternehmen ihre Verrechnungspreise vor allem für immaterielle Wirtschaftsgüter und Funktionsverlagerungen festsetzen sollten. Damit werde für die Steuerpflichtigen, deren steuerliche Berater und die Finanzverwaltung die Rechtssicherheit erhöht. Die angemessene Besteuerung der Verlagerung immaterieller Wirtschaftsgüter und von Funktionsverlagerungen stehe in Übereinstimmung mit dem international anerkannten Fremdvergleichsgrundsatz der OECD. 886

In diesem Zusammenhang ist darauf hinzuweisen, dass die OECD im Juli 2010 ein neues Kapitel IX der Transfer Pricing Guidelines verabschiedet hat, das eine detaillierte Anleitung für Verrechnungspreisaspekte der grenzüberschreitenden Strukturveränderungen zwischen verbundenen Unternehmen beinhaltet. 887

Der **Begriff „Funktionsverlagerung"** wird in § 1 Abs. 3 Satz 9 AStG wie folgt definiert: **Verlagerung einer Funktion einschließlich der dazugehörigen Chancen und Risiken und der mitübertragenen oder überlassenen Wirtschaftsgüter und sonstigen Vorteile.** In § 1 Abs. 1 FVerlV wird **Funktion** definiert als „Geschäftstätigkeit, die aus einer Zusammenfassung gleichartiger betrieblicher Aufgaben besteht, die von bestimmten Stellen oder Abteilungen eines Unternehmens erledigt werden. Sie ist ein organisatorischer Teil eines Unternehmens, ohne dass ein Teilbetrieb im steuerlichen Sinne vorliegen muss." **Funktionsverlagerung** definiert § 1 Abs. 2 FVerlV als Übertragung von Wirtschaftsgütern und sonstigen Vorteilen sowie den damit verbundenen Chancen und Risiken von dem verlagernden Unternehmen auf ein anderes, nahestehendes, übernehmendes Unternehmen, damit das übernehmende Unternehmen eine Funktion ausüben kann, die bisher von dem verlagernden Unternehmen ausgeübt worden ist, und dadurch die Ausübung der betreffenden Funktion durch das verlagernde Unternehmen eingeschränkt wird. 888

---

800 BStBl 2010 I 774; das Schreiben ist in der Literatur umstritten, u. a. weil es mit anderen Veröffentlichungen und Verordnungen nicht kompatibel ist; hierauf hat das Institut der Wirtschaftsprüfer in einem Schreiben vom 5.7.2011 dezediert hingewiesen.
801 BT-Drs. 16/4841, S. 84.

889 Unter Funktionsverlagerung kann man ganz allgemein die Verlagerung von bestimmten Aufgaben – Forschung und Entwicklung, Produktion, Vertrieb (einschließlich Umstellung von Vertriebswegen und -formen), Garantieleistungen, Marketing, Buchführung, usw. – von einem inländischen Unternehmen auf ein international verbundenes Unternehmen (oder umgekehrt) oder von einem unabhängigen Dritten (Bsp.: Handelsvertreter) auf ein verbundenes Unternehmen und umgekehrt verstehen. So können z. B. einzelne Produktionsfunktionen (Bsp.: Verlagerung einer Produktionssparte) oder ein Funktionsbündel im Rahmen der Produktionsverlagerung als Teil der Funktionsverlagerung auftreten, oder die grundlegende Umstrukturierung des Vertriebs kann gleichzeitig eine Funktionsverlagerung beinhalten. Es wird jegliche Erscheinungsform der Funktionsverlagerung wie **Funktionsausgliederung, Funktionsabspaltung, Funktionsabschmelzung, Funktionsausweitung** erfasst.

> **BEISPIEL:** (1) Die inländische X-AG stellt Holzspielzeug her; sie verlagert die Fertigung der Holzrohlinge aus Kostengründen nach Bulgarien; die Fertigstellung erfolgt in der Bundesrepublik = Verlagerung von Lohnfertigung (verlängerte Werkbank).
>
> (2) Die Chemie AG, Hamburg, gliedert die Herstellung von Ton- und Videobändern aus und überträgt die gesamte Sparte auf die neu gegründete verbundene Tape S.A., Rumänien; ihr wird erlaubt, unter dem bisherigen Firmennamen, dem bisherigen Firmenlogo und den Firmenfarben ihre Waren auf eigenes Risiko zu vertreiben = Verlagerung von Eigenhändlerfunktion.
>
> (3) Das inländische Versandhandelsunternehmen V gliedert seine gesamte telefonische Auftragsannahme sowie Kundenbetreuung auf eine neue Service Inc., Dublin aus = Dienstleistungsverlagerung.[802]
>
> (4) Das deutsche Automobilunternehmen „Auto AG" überführt die für die Produktion des in der Bundesrepublik nicht mehr rentabel zu produzierenden Modells „K" benötigten Werkzeuge und Maschinen nach Mexiko in die dortige Tochtergesellschaft; in Mexiko wird für den südamerikanischen Markt noch das Model „K" produziert und auch in die Bundesrepublik (re-)importiert = Verlagerung einer Produktsparte.

890 Aus den vorgenannten Beispielen wird deutlich, dass fast jede abgrenzbare Funktion im Rahmen eines Unternehmens ausgegliedert und verlagert werden kann.

891 Jegliche Funktionsverlagerung bedarf der genauen Sachverhaltsermittlung. So ist z. B. bei der Verlagerung von Distributionsfunktionen zwischen einem Eigenhändler, der über das volle unternehmerische Risiko verfügt und demnach auch einen entsprechenden Anteil am Gewinn erhalten muss, dem Kommissionär und dem Handelsvertreter zu unterscheiden. Letzterer hat in Bezug auf das Produkt das geringste unternehmerische Risiko, während beim Kommissionär die Frage des unternehmerischen Risikos – und damit die des angemessenen Gewinns und der angemessenen Verrechnungspreise – nach den übernommenen Risiken zu entscheiden ist. Demnach ist die Frage nach dem zutreffenden Fremdvergleichspreis für die Funktionsverlagerung nur nach **genauer Analyse der Funktionen der beteiligten Unternehmen vor und nach der Funktionsverlagerung** zu beantworten.

892 Die Fälle der Funktionsverlagerung sind **abzugrenzen** von anderen Übertragungsfällen wie der Verlagerung von einzelnen Wirtschaftsgütern, Erbringung von Dienstleistungen, Personalentsendung, Betriebsaufgabe, Betriebsveräußerung, Sitzverlegung und

---

802 Hierzu § 1 Abs. 7 FVerlV.

Fällen des Umwandlungssteuerrechts. Alle vorgenannten Konstellationen sind nach anderen steuerlichen Grundsätzen zu regeln.

893 Im Rahmen einer Funktionsverlagerung sind zwei unterschiedliche steuerliche Aspekte näher zu durchleuchten: Zum einen der **Übertragungsvorgang als solches** – Welche materiellen und insbesondere welche immateriellen Wirtschaftsgüter werden übertragen? Wird ungeschütztes Know-how übertragen? Welche Patente, welche Rechte (Namen, Firmenlogo) werden zur Ausübung übertragen? Wird ein Firmenwert mit übertragen? Wer übernimmt etwaige Stilllegungskosten im Inland? – und zum anderen die **Leistungsbeziehungen nach der Funktionsverlagerung**; denn mit einer Funktionsverlagerung geht i. d. R. eine Veränderung der Risiken der beteiligten Unternehmen einher, die in veränderten bzw. den neuen Risiken angepassten Verrechnungspreisen ihren Niederschlag finden müssen.

894 Das **Entgelt für eine Funktionsverlagerung** soll, wenn für die übergegangene Funktion als Ganzes (= **Transferpaket**) kein zumindest eingeschränkt vergleichbarer Fremdvergleichswert festgestellt werden kann, nach § 1 Abs. 3 Satz 9 AStG anhand des übergegangenen Gewinnpotentials aufgrund eines hypothetischen Fremdvergleichs unter Berücksichtigung funktions- und risikoadäquater Kapitalisierungszinssätze bestimmt werden. Das bedeutet, dass aus der Sicht des abgebenden Unternehmens und aus der Sicht des übernehmenden Unternehmens die Gewinnaussichten beurteilt werden. Das Gewinnpotential sind die prognostizierten Gewinne nach Steuern, ggf. unter Berücksichtigung von Standortvorteilen und -nachteilen sowie von Synergieeffekten. Dabei muss auch ein angemessener Kapitalisierungszinssatz zugrunde gelegt werden.

895 Der Einigungsbereich für das Entgelt umfasst den Mindestpreis des abgebenden Unternehmens (zu dem die Funktion gerade noch übertragen wird) und den Höchstpreis des übernehmenden Unternehmens, den es gerade noch bereit ist, für den Erwerb der Funktion aufzuwenden. Grundsatz ist, dass fremde Dritte den Mittelwert zwischen beiden Eckpunkten ansetzen würden.

896 Drei Ausnahmen – sog. **Escapeklauseln** – von der Transferpaketlösung, nämlich Einzelverrechnungspreise für alle betroffenen Wirtschaftsgüter und Dienstleistungen, sind in § 1 Abs. 3 Satz 10 AStG vorgesehen.

897 Als weitere heftig umstrittene Klausel ist die **Preisanpassungsklausel** in § 1 Abs. 3 Satz 11 AStG zu nennen. Voraussetzung ist, dass wesentliche immaterielle Wirtschaftsgüter und Funktionen übertragen wurden. Stellt sich nunmehr eine erhebliche Abweichung der tatsächlichen von der prognostizierten Gewinnentwicklung heraus, die der Verrechnungspreisbestimmung zugrunde lag, ist widerlegbar zu vermuten, dass zum Zeitpunkt des Geschäftsabschlusses Unsicherheiten im Hinblick auf die Preisvereinbarung bestanden, und unabhängige Dritte eine sachgerechte Anpassungsregelung vereinbart hätten. Wurde eine solche Regelung nicht vereinbart und tritt innerhalb der ersten zehn Jahre nach Abschluss des Übertragungsvertrages eine erhebliche Abweichung im vorgenannten Sinne ein, ist für eine deshalb vorzunehmende Berichtigung einmalig ein angemessener Anpassungsbetrag auf den ursprünglichen Verrechnungspreis der Besteuerung des Wirtschaftsjahres zugrunde zu legen, das dem Jahr folgt, in dem die Abweichung eingetreten ist (§ 1 Abs. 3 Satz 12 AStG). Umstritten ist in der Lite-

ratur, ob die hier vom Gesetzgeber aufgestellten Prämissen realitäts- und praxisgerecht sind.

898 Man kann die Bewertung des Transferpakets als fiktive Teilbetriebsveräußerung betrachten. Dies hat eine Sollbesteuerung zur Folge. Zu sehen ist, dass nicht nur die im Inland entstandenen stillen Reserven besteuert werden. Besteuert werden im Inland zumindest teilweise auch im Ausland bei einem ausländischen Rechtsträger erst in den Folgejahren entstehende Gewinne.

899 § 1 Abs. 6 FVerlV befasst sich mit der **Funktionsverdoppelung**. Hierunter ist zu verstehen, dass zwar die Voraussetzungen einer Funktionsverlagerung i. S. des § 1 Abs. 2 FVerlV vorliegen, es aber innerhalb von fünf Jahren nach Aufnahme der Funktion durch das nahestehende Unternehmen zu keiner Einschränkung der Ausübung der betreffenden Funktion durch das verlagernde Unternehmen kommt.

> **BEISPIEL:** Die X-AG stellt Auto-Sitze her. Ihr Auftraggeber P-AG entschließt sich, ein neues Werk in den USA zu bauen, um die Produktion vor Ort auszuweiten. Die P-AG verlangt, dass die X-AG in den USA in der Nähe der neuen Automobilfabrik ein neues Zweigwerk errichtet, um eine Just-in-Time-Lieferung der Pkw-Sitze sicherzustellen. Mit der Errichtung des neuen Zweigwerkes in den USA kommt es zwar zur Übertragung von Funktionen, aber zu keiner Einschränkung der Funktion bei der X-AG.

3.7.3.12 Advance Pricing Agreement (APA)

900 Im März 1991 wurde von den US-Steuerbehörden das sog. **Advance Pricing Agreement-Programm** eingeführt. Hierbei handelt es sich – vereinfacht ausgedrückt – um eine Vereinbarung zwischen der US-Finanzverwaltung (Internal Revenue Service – IRS)[803] und dem Steuerpflichtigen über die angemessenen und anzuerkennenden Verrechnungspreise bei Leistungsbeziehungen im Konzern bzw. zwischen Stammhaus und Betriebsstätte. Zu diesem Zweck stellt das Unternehmen einen entsprechenden Antrag[804] und legt dabei den zu beurteilenden Sachverhalt in vollem Umfang offen. Ziel ist eine bindende Vereinbarung zwischen Finanzverwaltung und Unternehmen über die anzuwendenden Verrechnungspreise und Verrechnungspreismethoden (Vermeidung von Verrechnungspreiskonflikten), um insbesondere die Strafzuschläge nach US-Steuerrecht bei Berichtigung der Einkünfte zu vermeiden. Man unterscheidet

- ▶ einseitige APA (= Vereinbarung mit einer Finanzverwaltung),
- ▶ bilaterale APA (= Vereinbarung, an der zwei Finanzverwaltungen beteiligt sind), und
- ▶ multilaterale APA.

901 Zwischenzeitlich haben weitere Staaten derartige Möglichkeiten geschaffen, u. a. Australien, China, Belgien, Frankreich, Großbritannien, Italien, Japan, Kanada, Korea, die Niederlande, Singapur, Spanien.

---

803 "An APA is a binding contract between the IRS and a taxpayer …".
804 Zum Procedere vgl. die Angaben auf der Homepage des IRS.

Die OECD hat im Dezember 1999 im Zusammenhang mit der Überarbeitung der Guidelines einen Leitfaden für APA veröffentlicht, und zwar in der Form eines Anhangs zu den Guidelines.

902

Nach der bis Mitte 2006 praktizierten Auffassung der deutschen Finanzverwaltung bestand keine Bindung an derartige Absprachen zwischen ausländischer Finanzverwaltung und dem Steuerpflichtigen.[805] Zwar wurden derartige „Vereinbarungen" nach deutschem Steuerrecht nicht abgelehnt, aber restriktiv gehandhabt. In Betracht kam in diesem Zusammenhang ggf. eine verbindliche Vorwegauskunft.[806] Andererseits ist eine von einer ausländischen Finanzbehörde erteilte Verrechnungspreisauskunft eine vom Steuerpflichtigen vorzulegende Aufzeichnung (§ 5 Nr. 2 GAufzV).

903

In 2006 hat das BMF das „**Merkblatt für bilaterale oder multilaterale Vorabverständigungsverfahren auf der Grundlage der Doppelbesteuerungsabkommen zur Erteilung verbindlicher Vorabzusagen über Verrechnungspreise zwischen international verbundenen Unternehmen (sog. „Advance Pricing Agreements" – APAs)**" veröffentlicht.[807] Damit wurde nunmehr auch für die Bundesrepublik eine Grundlage für die Beantragung, die Prüfung und den Vollzug sowie die Wirkungen und die Durchführung von Vorabverständigungsverfahren zur Erteilung verbindlicher Vorabzusagen über Verrechnungspreise zwischen international verbundenen Unternehmen geschaffen. Zweck des Schreibens soll sein, Unternehmen die Erlangung von APA zu erleichtern, ihre Rechte, Obliegenheiten und Pflichten im Vorabverständigungsverfahren und im Vorabzusageverfahren zu klären sowie die Behandlung von APA-Anträgen durch das BZSt und die Finanzbehörden zu regeln.

904

Die deutschen Finanzbehörden führen APA-Verfahren mit dem Ziel durch, Meinungsverschiedenheiten zwischen Steuerverwaltungen verschiedener Staaten und den Unternehmen über Verrechnungspreismethoden und eine dadurch drohende Doppelbesteuerung soweit möglich im Voraus einvernehmlich zu vermeiden. Durch APA sollen mehr Rechtssicherheit für die Unternehmen sowie mehr Effizienz bei der Prüfung von Verrechnungspreisen erreicht werden. Einzelheiten ergeben sich aus dem Schreiben sowie den zwei Anlagen.

905

Für die verbindliche Auskunft im Rahmen eines APA-Antrags sind Gebühren zu erheben (§ 178a AO).

906

---

805 FinMin Ba-Wü v. 28.11.1994, IStR 1995, 34.
806 BMF v. 29.12.2003, BStBl 2003 I 724.
807 BMF v. 5.10.2006, BStBl 2006 I 594.

3.7.4 Dividenden (Art. 10 OECD-MA/Art. 10 VG-DBA)

3.7.4.1 Die abkommensgemäße Besteuerung der Dividenden – Überblick

907 Das OECD-MA unterscheidet bei den Kapitaleinkünften zwischen **Einkünften aus Dividenden (Art. 10 OECD-MA)** – im Wesentlichen inhaltsgleich Art. 10 VG-DBA – und **Einkünften aus Zinsen (Art. 11 OECD-MA)** – Rdn. 955.

908 Nach **Art. 10 Abs. 1 OECD-MA** können **Dividenden grundsätzlich im Wohnsitzstaat des Dividendengläubigers besteuert** werden.

909 Daneben besteht nach **Art. 10 Abs. 2 OECD-MA ein Recht zur Quellenbesteuerung des Ansässigkeitsstaates der ausschüttenden Gesellschaft**, das zwei verschiedene Fälle erfasst:

▶ Die Quellensteuer darf 5 % des Bruttobetrages der Dividenden nicht übersteigen, wenn der Nutzungsberechtigte[808] eine Kapitalgesellschaft[809] ist, die unmittelbar über mindestens 25 % des Kapitals der ausschüttenden Gesellschaft verfügt (**Schachteldividenden**[810] – **Art. 10 Abs. 2 Buchst. a) OECD-MA**); Abweichung in Art. 10 Abs. 2 VG-DBA: Die Gesellschaft muss unmittelbar über mindestens 10 % des Kapitals der die Dividenden zahlenden Gesellschaft verfügen;

▶ in den übrigen Fällen (**Streubesitz – Art. 10 Abs. 2 Buchst. b) OECD-MA**) darf die Quellensteuer 15 % des Bruttobetrages nicht übersteigen.

910 Durch die Verwendung des Wortes „**Nutzungsberechtigter**" soll erreicht werden, dass nur derjenige in den Genuss der Schutzvorschriften des Abkommens gelangt, dem das Kapital auch wirtschaftlich zuzurechnen ist, d. h. demjenigen, der die rechtliche und tatsächliche Macht hat, das Kapitalvermögen entgeltlich auf Zeit zur Nutzung zu überlassen.[811] Wer Nutzungsberechtigte ist, bestimmt sich nach dem nationalen Steuerrecht des Ansässigkeitsstaates der ausschüttenden Kapitalgesellschaft.[812]

911 In **Art. 10 Abs. 3 OECD-MA** wird der **Begriff der Dividenden** definiert:[813] Einkünfte aus Aktien, Genussrechten, Kuxen, Gründeranteilen, anderen Rechten mit Gewinnbeteiligung, sofern es sich nicht um Forderungen handelt – diese fallen u. U. unter Art. 11 OECD-MA -, sowie sonstige aus Gesellschaftsanteilen stammende Einkünfte,[814] z. B. vGA. Entscheidend ist letztlich, ob die Einkünfte nach dem Recht des Staates, in dem

---

808 Der Begriff des „Nutzungsberechtigten" (beneficial owner) hat zu einer Vielzahl von Interpretationen durch die beteiligten Finanzverwaltungen und Finanzgerichte im In- und Ausland geführt; daher hat die OECD im April 2011 ein Paper zur Klärung dieses Begriffs veröffentlicht, das in die Kommentierung der Art. 10, 11 und 12 OECD-MA einfließen soll.
809 Zum Begriff vgl. Rdn. 926.
810 Zum Begriff vgl. Rdn. 923 ff.
811 BFH v. 29. 11. 1982 GrS 1/81, BStBl 1982 II 272; BFH v. 26. 11. 1997 X R 114/94, BStBl 1998 II 190.
812 BFH v. 26. 6. 2013 I R 48/12, BFH/NV 2013, 2002.
813 BFH v. 26. 8. 2010 I R 53/09, BFH/NV 2011, 135.
814 BFH v. 24. 3. 1992 VIII R 51/89, BStBl 1992 II 941, betreffend Zufluss der Schweizer Verrechnungssteuer als Einkünfte; v. 14. 10. 1992 I R 1/91, BStBl 1993 II 189: Kapitalrückzahlungen aufgrund einer handelsrechtlich wirksamen Kapitalherabsetzung sind i. d. R. keine Dividenden i. S. des OECD-MA; BFH v. 25. 2. 2004 I R 4/03, BStBl 2004 II 740: Eine Vergütung von Körperschaftsteuer gehört zu den Dividenden i. S. des DBA-Schweiz.

die ausschüttende Gesellschaft ihren Sitz hat, den Einkünften aus Aktien steuerlich gleichgestellt sind oder nicht. Eine teilweise abweichende sprachliche Fassung weist Art. 10 Abs. 3 VG-DBA auf, aber ohne einen sachlichen Unterschied.

Da sich der Begriff der Dividende **nach dem Recht des Quellenstaates richtet**, können hierunter auch Gewinnausschüttungen ausländischer Gesellschaftsformen fallen, die nach deutschem Recht als Personengesellschaften zu qualifizieren sind: So stehen i. d. R. die Einnahmen aus der Beteiligung an einem Handelsgewerbe als **stiller Gesellschafter** den Dividenden gleich (Bsp.: Art. 10 Abs. 4 DBA-Schweiz);[815] nach Art. 10 Abs. 4 DBA-Spanien 1966 zählen z. B. die Ausschüttungen spanischer Personengesellschaften zu den Dividendeneinkünften; in Art. 9 Abs. 7 DBA-Frankreich ist bestimmt, dass Einkünfte aus einer mitunternehmerschaftlich organisierten Gesellschaft in Frankreich (Art. 4 Abs. 3 DBA-Frankreich), die nach französischem Recht als Dividenden angesehen werden, nach dem Abkommen als Dividenden zu besteuern sind. Es kommt auch der umgekehrte Fall vor: So hat die Bundesrepublik z. B. in Art. 10 Abs. 5 DBA-USA vereinbart, dass der Ausdruck Dividenden in der Bundesrepublik Deutschland auch Einkünfte aus partiarischen Darlehen und Gewinnobligationen umfasst. 912

Lediglich klarstellende Bedeutung hat Art. 10 Abs. 2 Satz 3 OECD-MA, wonach die Quellenbesteuerung der ausgeschütteten Dividenden die direkte Gewinnbesteuerung der Gesellschaft unberührt lässt. 913

In **Art. 10 Abs. 4 OECD-MA** findet sich der sog. **Betriebsstättenvorbehalt:** Die Regelungen des Art. 10 Abs. 1 und 2 OECD-MA gelten dann nicht, wenn die Beteiligung, für die die Dividenden gezahlt werden, tatsächlich zum Betriebsvermögen einer Betriebsstätte gehört, d. h., wenn sie in einem funktionalen Zusammenhang zu einer in der Betriebsstätte ausgeübten Tätigkeit steht und sich deshalb die Beteiligungserträge bei funktionaler Betrachtungsweise als Nebenerträge der aktiven Betriebsstättentätigkeit darstellen,[816] und die Betriebsstätte in dem Staat gelegen ist, in dem die Dividenden zahlende Gesellschaft ansässig ist. 914

> **BEISPIEL:** Die in London ansässige A-Limited Partnership (= KG), an der ausschließlich in der Bundesrepublik ansässige Personen beteiligt sind, ist ihrerseits Alleingesellschafter einer weiteren Gesellschaft mit Sitz in London. Steht die Beteiligung in einem funktionalen Zusammenhang mit der Tätigkeit der A-Ltd., so gehört die Beteiligung zum Betriebsvermögen, und stellen die Dividenden Unternehmensgewinne i. S. des Art. 7 OECD-MA und nicht unter Art. 10 OECD-MA fallende Dividenden dar.[817]

Sind die Voraussetzungen des Art. 10 Abs. 4 OECD-MA erfüllt, **unterliegen die Dividendeneinkünfte der Besteuerung der Unternehmensgewinne gemäß Art. 7 OECD-MA**. Durch den Betriebsstättenvorbehalt sollen Erträge aus Wirtschaftsgütern, die von der Betriebsstätte genutzt werden und ihr tatsächlich zuzurechnen sind[818] und zu deren 915

---

815 Die herrschende Meinung in der Literatur ordnet den Gewinnanteil eines atypisch stillen Gesellschafters den Unternehmensgewinnen nach Art. 7 OECD-MA zu; ebenso BFH v. 21. 7. 1999 I R 110/98, BStBl 1999 II 812; BMF v. 28. 12. 1999, BStBl 1999 I 1421.
816 BFH v. 10. 8. 2006 II R 59/05, BStBl II 2009, 758; v. 19. 12. 2007 I R 66/06, BFH/NV 2008, 895; ausführlich Rdn. 729.
817 BFH v. 24. 8. 2011 I R 46/10, BFH/NV 2011, 2165.
818 Rdn. 729.

Betriebsergebnis beitragen, dem Betriebsstättenstaat zur Besteuerung zugewiesen werden.

916 Nach **Art. 10 Abs. 5 OECD-MA** darf der Staat, aus dem die Einkünfte der ausschüttenden Gesellschaft stammen, in dem sie aber nicht ansässig ist, die von der Gesellschaft gezahlten Dividenden nicht besteuern (= **Verbot der extra-territorialen Besteuerung**), es sei denn, dass der Empfänger der Dividenden in diesem Staat seinen Wohnsitz hat. Andererseits wird durch Art. 10 Abs. 5 OECD-MA eine sog. **Durchgriffsbesteuerung**,[819] wie sie z. B. das AStG vorsieht, nicht ausgeschlossen.

3.7.4.2 Finanzierungsinstrumente

917 Noch nicht völlig geklärt ist die Besteuerung sog. **hybrider Finanzierungsinstrumente**:[820] Hierunter versteht man in der steuerrechtlichen Literatur Finanzierungsinstrumente, die die typischen Charakteristika von Eigen- und Fremdkapital miteinander kombinieren und somit wirtschaftlich zwischen Eigen- und Fremdkapital stehen. In der betriebswirtschaftlichen Literatur wird dies als sog. „Zwischenkapital" bezeichnet, d. h. Kapitalüberlassungen, bei denen die Zuordnung zum bilanziellen Eigenkapital oder zu den Schulden von der konkreten vertraglichen Ausgestaltung abhängt (Bsp.: gewinnabhängige Darlehen, Wandelanleihen, Genussrechte, stille Beteiligungen, Futureoptionen, Anleihen mit Optionselementen).[821]

918 Im Investitionsfinanzierungsbereich ist weiter der Begriff **„mezzanines Kapital"** zu finden. Hierunter wird Kapital verstanden, das aus der Sicht der Betriebswirtschaft zwischen Eigen- und Fremdkapital angesiedelt ist und keine weitergehende Mitspracherechte im Unternehmen bzw. in der Gesellschaft begründet. Grundsätzlich müssen keine Sicherheiten hinterlegt werden, und im Falle der Insolvenz des Kapitalnehmers haftet das Kapital nachrangig. Als Erscheinungsformen werden in der betriebswirtschaftlichen Literatur stille Beteiligung, Nachrangdarlehen und Genussscheine genannt. Den Vorteilen der Finanzierungsform stehen – im Gegensatz zum klassischen Kredit – höhere Kreditkosten gegenüber, die sich nach dem Rating des Unternehmens richten. Die steuerliche Behandlung des Aufwands hängt von der konkreten Ausgestaltung ab, dürfte aber im Regelfall als Zinszahlungen für ein gewährtes Darlehen zu qualifizieren sein.[822]

919 Der Ausdruck **„Venture Capital"** sagt über die steuerliche Behandlung nichts aus. Je nach der Konstruktion findet man unter diesem Stichwort z. B. gesammeltes Kapital einer Mehrzahl von privaten oder institutionellen Investoren oder Anlegern, welches über einen Fonds an Firmengründer (Start-up in der Rechtsform der Kapitalgesellschaft) in der Form der Gesellschaftsbeteiligung fließt (= Kapitaleinlage); der Rückfluss soll grundsätzlich aus der Platzierung des Unternehmens an der Börse finanziert werden.

---

819 Zurechnung der Gewinne einer Gesellschaft, unabhängig von einer Ausschüttung, den (beherrschenden) Gesellschaftern.
820 Rechtsprechung zu diesem Begriff vgl. BFH v. 19. 5. 2010 I R 62/09, BFH/NV 2010, 1919, sowie v. 4. 6. 2008 I R 62/06, BStBl 2008 II 793.
821 Zu sog. Hybridanleihen BFH v. 17. 12. 2013 VIII R 42/12, DStR 2014, 413.
822 Vgl. ausführlich BFH v. 14. 11. 2012 I R 19/12, BFH/NV 2013, 1389, Abs. 26.

Es kann sich um private Vermögensverwaltung oder um Einkünfte aus Gewerbebetrieb handeln.[823] Haben sich die Investoren an einem ausländischen Venture Capital beteiligt, werden wohl i.d.R. Einkünfte aus Kapitalvermögen i.S. des Art. 10 OECD-MA aus den Ausschüttungen des Fonds erzielt werden. Der Fonds selbst erzielt zum einen Einkünfte aus seiner Beteiligung an den Start-up (= Dividendeneinkünfte) und zum anderen Einkünfte aus der Veräußerung der Beteiligung an dem Start-up (Veräußerungsgewinne i.S. des Art. 13 OECD-MA). Möglich ist die Erscheinungsform des Venture Capital auch in der Form der direkten Beteiligung an dem Start-up.

Schließlich findet sich noch der Begriff „**Private Equity**". Hierunter ist die Beteiligung eines privaten Investors an einem nichtbörsennotierten Unternehmen zu verstehen, wobei auch eine Gesellschaft, die das Kapital sammelt, zwischengeschaltet sein kann. Auch hier soll eine risikogerechte Rendite durch Veräußerung, Börsenplatzierung, Management Buy Out oder Laverage Buy Out erzielt werden. Welche steuerlichen Konsequenzen zu ziehen sind, hängt wiederum von der konkreten Ausgestaltung der Rechtsbeziehungen zwischen Kapitalgeber und Kapitalnehmer ab und davon, ob es sich um Vermögensverwaltung (**Carried Interest** – § 18 Abs. 1 Nr. 4 i.V. mit § 3 Nr. 40a EStG) oder gewerbliche Einkünfte handelt.   920

Zu prüfen ist, ob zum einen die inländischen Beteiligten im Ausland eine Betriebsstätte unterhalten, und ob ggf. die Beteiligung zum Betriebsvermögen einer ausländischen Betriebsstätte/Tochtergesellschaft gehört.[824]   921

Die Zahlungen auf ein **partiarisches Darlehen** fallen in einigen DBA ausdrücklich unter den Dividendenartikel.[825] In den neueren DBA findet man Regelungen, dass in derartigen Fällen das uneingeschränkte Besteuerungsrecht im Quellenstaat aufrecht erhalten bleibt.[826] Das **Protokoll zum VG-DBA** erweitert in Nr. 1 zu den Art. 10 und 11 den Anwendungsbereich der Dividendenregelung auf Rechte oder Forderungen mit Gewinnbeteiligung einschließlich der Einkünfte aus einer stillen Beteiligung, aus einem partiarischem Darlehen oder aus Gewinnobilagtionen.   922

3.7.4.3 Schachteldividenden

Ist eine juristische Person des Privatrechts an einer Kapitalgesellschaft mit i.d.R. 25 % beteiligt, so bezeichnet man die Beteiligung als **Schachtelbeteiligung**.[827] Gewinnanteile, die auf diese Beteiligung gezahlt werden, werden **Schachteldividenden** genannt, die steuerliche Begünstigung der Schachteldividenden wird als **Schachtelprivileg** oder **Schachtelvergünstigung** bezeichnet. Üblicherweise nennt man die die Anteile haltende Gesellschaft **Muttergesellschaft** und die Gesellschaft, deren Anteile gehalten werden, **Tochtergesellschaft**. Hat die Muttergesellschaft ihren Sitz im Inland und die die Ge-   923

---

823 BMF v. 16. 12. 2003, BStBl 2004 I 40, betreffend Venture Capital und Private Equity Fonds.
824 Hierzu grundlegend BFH v. 24. 8. 2011 I R 46/10, BFH/NV 2011, 2165.
825 Bsp.: Art. 10 Abs. 4 DBA-Schweden, Art. 10 Abs. 5 Satz 2 DBA-USA; BFH v. 19. 5. 210 I R 75/09, BStBl 2011 II 208 – hierzu BMF v. 28. 2. 2011, BStBl 2011 I 182.
826 Bsp.: Art. 10 Abs. 6 DBA-USA.
827 Der Begriff leitet sich von „verschachtelte Gesellschaft" ab.

winnanteile ausschüttende Gesellschaft ihren im Ausland (oder umgekehrt), so spricht man von einer **internationalen Schachtelbeteiligung**. Ist die Muttergesellschaft über eine Tochtergesellschaft an einer Kapitalgesellschaft mit Sitz und Geschäftsleitung (im Ausland) beteiligt, nennt man diese Gesellschaft **Enkelgesellschaft**.

924 Das Schachtelprivileg beinhaltet, vereinfacht ausgedrückt, die Nicht- oder nur teilweise Berücksichtigung der empfangenen Schachteldividenden bei der Einkommensermittlung der Muttergesellschaft. Damit soll die **Mehrfachbesteuerung** von Gewinnanteilen, die eine – ausländische – Tochtergesellschaft an ihre – inländische – Muttergesellschaft ausschüttet, **vermieden werden**[828].

925 Das **abkommensrechtliche Schachtelprivileg findet sich zum einen in Art. 10 Abs. 2 Buchst. a) OECD-MA und zum anderen im Methodenartikel:**[829]

926 Für die Anwendung des Schachtelprivilegs ist es erforderlich, dass es sich bei der **ausschüttenden ausländischen Gesellschaft (Tochtergesellschaft) um eine (Kapital-)Gesellschaft**[830] handelt. Der Ausdruck „Kapitalgesellschaft" nimmt über Art. 3 Abs. 2 OECD-MA grundsätzlich Bezug auf die Regelung in § 1 Abs. 1 Nr. 1 KStG, der die Legaldefinition des Ausdrucks „Kapitalgesellschaft" für Zwecke des KStG und weiter für das gesamte deutsche Steuerrecht enthält, soweit nicht, was die Ausnahme ist, das Abkommen selbst den Begriff erläutert. Demnach muss es sich bei der Tochtergesellschaft um eine SE, eine AG, eine KGaA, eine GmbH oder eine der genannten Gesellschaften entsprechende ausländische Rechtsform handeln.

927 Soweit die ausländische Kapitalgesellschaft dem Gesellschaftstypus einer inländischen Kapitalgesellschaft (AG, GmbH usw.) zweifelsfrei entspricht,[831] entstehen keine Probleme. Bestehen Zweifel, ob die ausländische Gesellschaft einer deutschen Kapitalgesellschaft vergleichbar ist, muss die ausländische Gesellschaft an den Kriterien gemessen werden, die für die der deutschen Körperschaft unterliegenden Rechtsgebilde maßgebend sind.

928 Ein wesentliches Merkmal der in § 1 Abs. 1 Nr. 1 KStG aufgeführten Körperschaften ist die **Rechtsfähigkeit im zivilrechtlichen und damit auch im steuerlichen Sinne:**[832] Nach der bis Ende der neunziger Jahre des 20. Jahrhunderts herrschenden Auffassung im deutschen Zivilrecht richtet sich die Rechtsfähigkeit einer juristischen Person nach dem sog. Personalstatus (= Rechtsordnung, die für die Rechtsverhältnisse der juristischen

---

828 BVerfG v. 18. 6. 1975 1 BvR 528/72, BVerfGE 40, 109.
829 Bsp.: Art. 24 Abs. 1 Buchst. a) DBA-Dänemark; Art. 10 Abs. 1 Buchst. b) DBA-Frankreich; Art. XVIII Abs. 2 Buchst. a) DBA-Großbritannien; Art. 23 Abs. 2 Buchst. a) DBA-Kanada; Art. 23 Abs. 1 Buchst. a) DBA-Österreich 2000; Art. 24 Abs. 1 Buchst. b) DBA-Schweiz; Art 23 Abs. 2 Buchst. a) DBA-USA.
830 Sofern im Abkommen nicht ausdrücklich die Kapitalgesellschaft erwähnt ist (Bsp.: Art. 23 Abs. 2 Buchst. a) DBA-USA), folgt dies aus der Verwendung des Ausdrucks „Gesellschaft", der seinerseits auf die Begriffsbestimmung in Art. 3 Abs. 1 Buchst. b) OECD-MA Bezug nimmt; vgl. BFH v. 21. 8. 2007 I R 17/07, BFH/NV 2008, 530: Ein rechtsfähiger Verein ist keine Kapitalgesellschaft; v. 12. 10. 2011 I R 93/10, BFH/NV 2012, 275: Eine Genossenschaft ist keine Kapitalgesellschaft.
831 BMF v. 24. 12. 1999, BStBl 1999 I 1076, Anlage Tabelle 1 und 2.
832 Statt vieler vgl. BFH v. 23. 6. 1992 IX R 182/87, BStBl 1992 II 972.

Person maßgebend ist) aus, der an den Sitz der juristischen Person anknüpft – sog. **Sitztheorie**;[833] befindet sich demnach der effektive Verwaltungssitz (= Schwerpunkt des körperschaftlichen Lebens, wo die grundlegenden Entscheidungen der Unternehmensleitung in laufende Geschäftsführungsakte umgesetzt werden – entspricht der Geschäftsleitung i. S. des § 10 AO) einer im Ausland gegründeten Gesellschaft im Inland, entscheidet sich die Frage der Rechtsfähigkeit der Vereinigung nach deutschem Recht. Dies hat die Verneinung der Rechtsfähigkeit dann zur Folge, wenn die im Ausland inkorporierte, tatsächlich aber vom Inland aus geführte Kapitalgesellschaft sich nicht entsprechend den Vorschriften des AktG oder des GmbHG ins Handelsregister eintragen lässt.

Den Gegensatz zur Sitztheorie bildet die sog. **Gründungstheorie**: Entscheidend ist ausschließlich die Rechtsordnung, nach der die Gesellschaft gegründet wurde.[834] 929

Für den **Bereich der EU** hat sich zwischenzeitlich die Gründungstheorie durchgesetzt. Ausgangspunkt der Entwicklung war der sog. Centros-Fall:[835] Der EuGH kam in seiner Entscheidung zu dem Ergebnis, dass die Ablehnung der Eintragung einer Zweigniederlassung einer in einem anderen EU-Mitgliedstaat gegründeten Gesellschaft ohne dortige geschäftliche Aktivitäten gegen die Niederlassungsfreiheit – Art. 49 ff. AEUV – verstößt. Dass die Centros Ltd. nur gegründet wurde, um die dänischen Vorschriften über die Einzahlung des Mindestgesellschaftskapitals zu umgehen, sei unerheblich. 930

Der EuGH hat seine Rechtsprechung zu dem hier relevanten Problembereich durch das sog. Überseering-Urteil abgeschlossen:[836] Das Gericht hat in diesem Urteil entschieden, dass es gegen die Niederlassungsfreiheit verstößt, wenn einer Gesellschaft, die nach dem Recht des Mitgliedstaats, in dessen Hoheitsgebiet sie ihren satzungsmäßigen Sitz hat, gegründet worden ist, und von der nach dem Recht eines anderen Mitgliedstaats angenommen wird, dass sie ihren tatsächlichen Verwaltungssitz dorthin verlegt hat, in diesem Mitgliedstaat die Rechtsfähigkeit und damit die Parteifähigkeit vor seinen nationalen Gerichten für das Geltendmachen von Ansprüchen aus einem Vertrag mit einer in diesem Mitgliedstaat ansässigen Gesellschaft abgesprochen wird. Daraus folgt weiter, dass in dem Fall, dass eine Gesellschaft, die nach dem Recht des Mitgliedstaats gegründet worden ist, in dessen Hoheitsgebiet sie ihren satzungsmäßigen Sitz hat, in einem anderen Mitgliedstaat von ihrer Niederlassungsfreiheit Gebrauch macht, dieser andere Mitgliedstaat nach den Bestimmungen der EU-Verträge verpflichtet ist, die Rechtsfähigkeit und damit die Parteifähigkeit zu achten, die diese Gesellschaft nach dem Recht ihres Gründungsstaats besitzt. 931

Nach dieser Entscheidung korrigierte der BGH seine Rechtsprechung in Stufen: In einem Zwischenstadium wurde die im Ausland gegründete und dort rechtsfähige Kapi- 932

---

833 Statt vieler BGH v. 21.3.1986 V ZR 10/85, BGHZE 97, 269; v. 17.11.1994 III ZR 70/93, BGHZE 128, 41, 43, unter ausdrücklicher Bestätigung seiner bisherigen Rechtsprechung zur Sitztheorie.
834 BFH v. 1.7.1992 I R 6/92, BStBl 1993 II 222.
835 EuGH v. 9.3.1999 C-212/97 Centros, IStR 1999, 253.
836 EuGH v. 5.11.2002 C-208/00 Überseering, IStR 2002, 809; vgl. FinMin Ba-Wü v. 20.5.2005 BStBl 2005 I 727.

talgesellschaft bei einer Sitzverlegung ins Inland als **rechts- und parteifähige Personengesellschaft** betrachtet[837].

933 Heute vertritt der BGH für den **Rechtsraum der Europäischen Union und des EWR**[838] die Auffassung, dass eine Gesellschaft nach den Prinzipien des deutschen internationalen Gesellschaftsrechts **hinsichtlich ihrer Rechtsfähigkeit dem Recht des Mitgliedstaates zu unterstellen ist, in dem sie gegründet worden ist** und ihren satzungsmäßigen Sitz hat.[839] Außerhalb des Rechtsraums der EU/EWR hält der BGH an der herkömmlichen Sitztheorie fest.[840] Unentschieden ist bisher die Rechtsfrage, ob etwas anderes gilt, wenn es sich um eine nur zur Umgehung der Vorschriften des deutschen Rechts gegründete Briefkastenfirma handelt, die über keinerlei tatsächliche, effektive Beziehung (sog. **genuine link**)[841] zum Gründungsstaat verfügt und alle Aktivitäten in der Bundesrepublik entfaltet.

934 Zusammenfassend kann man daher feststellen, dass eine im EU- oder EWR-Ausland nach dem dortigen Recht als Kapitalgesellschaft gegründete Gesellschaft auch in der Bundesrepublik als Kapitalgesellschaft anzusehen ist.

935 Wesentlich vereinfacht wird im Übrigen das Problem, wenn die **gegenseitige Anerkennung von Kapitalgesellschaften** in zwei- oder mehrseitigen Verträgen geregelt ist, so z. B. im **Übereinkommen über die gegenseitige Anerkennung von Gesellschaften und juristischen Personen** vom 29. 2. 1968.[842] Dabei folgt man dem völkerrechtlichen Prinzip der Staatengleichheit und dem anerkannten Recht jedes Völkerrechtssubjekts, seine inneren Angelegenheiten autonom regeln zu können. Hieraus sowie aus den Grundsätzen des Internationalen Privatrechts folgt weiter, dass andere Staaten die von einem Völkerrechtssubjekt verliehene Rechtsfähigkeit (als Ausdruck der Souveränität) grundsätzlich zu respektieren haben,[843] solange effektiver Verwaltungssitz, Geschäftsleitung und Gründungsstatut übereinstimmen.[844]

936 Nach Auffassung des BFH in einem Urteil aus dem Jahre 1992 kommt es für die steuerrechtliche Behandlung von juristischen Personen des Zivilrechts nicht auf den Streit zwischen Sitz- oder Gründungstheorie an, weil man nach beiden Theorien zu einem Körperschaftsteuersubjekt kommt.[845] Dagegen hatte sich das Gericht in weiteren Ent-

---

837 BGH v. 1. 7. 2002 II ZR 380/00, BGHZE 151, 204.
838 BGH v. 19. 9. 2005 II ZR 372/03, NJW 2005, 1648.
839 BGH v. 29. 1. 2003 VIII ZR 155/02, BGHZE 153, 353, zum Problem einer US-amerikanischen Aktiengesellschaft mit statuarischem Sitz in Florida/USA, der Anwendung des deutsch-amerikanischen Freundschaftsvertrages v. 29. 10. 1954, BGBl 1956 II 487, und Verwaltungssitz in der Bundesrepublik; v. 5. 7. 2004 II ZR 389/02, DStR 2004, 1841; v. 2. 12. 2004 III ZR 358/03, DVBl 2005, 371; v. 14. 3. 2005 II ZR 5/03, DStR 2005, 839; zur steuerlichen Einordnung der nach dem Recht der Bundesstaaten der USA gegründeten Limited Liability Company (LLC) vgl. BMF v. 19. 3. 2004, BStBl 2004 I 411.
840 BGH v. 27. 10. 2008 II ZR 158/06, DB 2008, 2825, und II ZR 290/07, IWB 2009 Fach 3a, Gruppe 1, 1111; v. 15. 3. 2010 II ZR 27/09, DStR 2010, 1196.
841 BGH v. 13. 10. 2004 I ZR 245/01, GmbHR 2005, 51.
842 BGBl 1972 II 369.
843 Vgl. Art. 6 des Übereinkommens vom 29. 2. 1968.
844 Vgl. Art. 4 des Übereinkommens vom 29. 2. 1968.
845 BFH v. 1. 7. 1992 I R 6/92, BStBl II 1993, 222.

scheidungen bis einschließlich 2001 der Sitztheorie angeschlossen.[846] In seinem Urteil zur Frage der Organschaft einer US-amerikanischen Gesellschaft mit Verwaltungssitz in der Bundesrepublik hat das Gericht aber ausdrücklich ausgeführt, dass sich in Anbetracht der Rechtsprechung des EuGH die bisherige Rechtsprechung zur Sitztheorie nicht aufrechterhalten lässt.[847] Maßgebend ist das Recht des Quellenstaates.[848]

Allerdings ist die Feststellung der Rechtsfähigkeit einer ausländischen Gesellschaft allein nicht ausreichend, um sie als Kapitalgesellschaft i. S. des deutschen Steuerrechts zu qualifizieren. Zur Rechtsfähigkeit muss hinzukommen, dass die ausländische Gesellschaft kapitalistisch organisiert ist, wobei man die kapitalistische Grundstruktur von einer mitunternehmerschaftlichen Struktur i. S. des § 15 EStG abzugrenzen hat. Es muss somit geprüft werden, ob die ausländische Gesellschaft nach Struktur und Organisation (= **Typenvergleich**)[849] sowie den leitenden Gedanken des deutschen Einkommen- und Körperschaftsteuerrechts einer Kapitalgesellschaft oder eher einer Personengesellschaft entspricht. Agiert die ausländische Gesellschaft demnach wie eine vergleichbare inländische Kapitalgesellschaft, ist sie als Kapitalgesellschaft i. S. des internationalen Steuerrechts anzusehen. Sind dagegen die Gesellschafter der ausländischen Gesellschaft eher Mitunternehmern i. S. des § 15 EStG vergleichbar, so ist die ausländische Gesellschaft trotz eigener Rechtsfähigkeit als ein Gebilde zu behandeln, das nicht der Körperschaftsteuer unterliegt und damit nicht Kapitalgesellschaft ist. Dieser Prüfungsmaßstab gilt im deutschen Steuerrecht seit dem sog. **„Venezuela-Fall"** des RFH.[850] 937

Die **Mindestschachtelbeteiligung** beträgt in den älteren DBA i. d. R. 25 % am Kapital der ausländischen Gesellschaft,[851] in den neueren DBA (ab ca. Ende der achtziger Jahre) üblicherweise nur noch 10 % (so auch Art. 10 Abs. 2 VG-DBA). 938

In den von der Bundesrepublik abgeschlossenen DBA schwankt der ausländische Kapitalertragsteuersatz für Schachteldividenden zwischen 0 % und 25 %, in der überwiegenden Zahl der Fälle beträgt er 15 %. 939

Durch das StÄndG 1992 vom 25. 2. 1992[852] wurde die sog. **Mutter-Tochter-Richtlinie**[853] in innerstaatliches Recht umgesetzt. Diese Richtlinie bestimmt, dass Gewinnausschüttungen von Tochtergesellschaften[854] mit Sitz in einem Mitgliedstaat an eine Muttergesellschaft[855] mit Sitz in einem anderen Mitgliedstaat im Staat der Muttergesellschaft entweder von der Körperschaftsteuer freizustellen oder durch die Anrechnung der aus- 940

---

846 Vgl. u. a. BFH v. 23. 6. 1992 IX R 182/87, BStBl 1992 II 972; v. 20. 6. 1995 II B 83/95, BFH/NV 1995, 1089; v. 19. 3. 1996 VIII R 15/94, BStBl 1996 II 312; v. 26. 4. 2001 V R 50/99, BFH/NV 2001, 1206.
847 BFH v. 29. 1. 2003 I R 6/99, BStBl 2004 II 1043; zu dem Urteil hat das BMF einen Nichtanwendungserlass herausgegeben: BMF v. 8. 12. 2004, BStBl 2004 I 1181.
848 BFH v. 29. 1. 2003 I R 6/99, BStBl 2004 II 1043; v. 6. 6. 2012 I R 52/11, BFH/NV 2012, 1720.
849 BFH v. 20. 8. 2008 I R 34/08, BStBl 2009 II 263.
850 RFH v. 12. 3. 1930 VIa 899/27, RStBl 1930, 444.
851 Einige DBA stellen hiervon abweichend auf Gesellschafter-Stimmrechte ab.
852 BStBl 1992 I 146.
853 Vgl. Rdn. 1498.
854 Ausgedehnt auf den Zufluss von Gewinnausschüttungen bei Betriebsstätten durch Richtlinie 2003/123/EG vom 22. 12. 2003, ABl 2003 L 7, 41.
855 Definition in Art. 3 Abs. 1 der Richtlinie: Mindestbeteiligung 20 %, ab 1. 1. 2007 15 % und ab 1. 1. 2009 10 %; begünstigt ist auch die Ausschüttung über mehrere Tochtergesellschaften (Kettenausschüttung).

ländischen Steuer zu begünstigen sind. Jeglicher Steuerabzug an der Quelle unterbleibt (Art. 5 der Mutter-Tochter-Richtlinie). Wichtig ist, dass die Mutter-Tochter-Richtlinie für die Gewährung des Schachtelprivilegs darauf verzichtet, dass die Tochtergesellschaft eine Aktivitätsklausel erfüllt. Damit sind z. B. solche Bestimmungen wie die Protokollerklärung zum DBA-Spanien 1966, in der eine Aktivitätsklausel vereinbart worden ist, ohne Bedeutung.

941 Aufgrund der Mutter-Tochter-Richtlinie wird auf Antrag eine Kapitalertragsteuer nicht erhoben (§ 43b EStG). Umgekehrt erheben die EU-Staaten ihrerseits ebenfalls keine Quellensteuer.

942 Wenn das DBA für Streubesitz einen niedrigeren Kapitalertragsteuersatz als für Schachteldividenden vorsieht (Bsp.: Art. VI Abs. 1, 2 DBA-Großbritannien 1964), kann es zur sog. **Quintettsituation** kommen: Eine 100 %-Beteiligung an einer deutschen Tochtergesellschaft wird nicht direkt, sondern über fünf Gesellschaften mit je 20 % gehalten. Nach heute herrschender Auffassung handelt es sich um einen Missbrauch i. S. des § 42 AO.[856]

3.7.4.4 Ermäßigung der Quellensteuer

943 Häufig liegt der innerstaatliche Quellensteuersatz über dem nach dem jeweiligen Abkommen zulässigen Höchstsatz, weil die Abkommensbestimmungen grundsätzlich nicht das Recht der Vertragsstaaten berührt, Steuern nach nationalem Recht an der Quelle zu erheben; eine Ermäßigung auf den nach dem Abkommen zulässigen Höchstsatz erfolgt durch Antrag an die Finanzverwaltung des Staates, in dem die ausschüttende Gesellschaft ihren Sitz hat. Für die Erstattung der von der Bundesrepublik einbehaltenen Quellensteuer ist nach § 5 Abs. 1 Nr. 2 FVG das BZSt zuständig.

3.7.4.5 Besteuerung der Dividenden in der Bundesrepublik

3.7.4.5.1 Besteuerung von Schachteldividenden

944 Schachteldividenden sind i. d. R. bereits aufgrund des DBA bei der empfangenden Kapitalgesellschaft **von der Besteuerung** in der Bundesrepublik **freigestellt**.[857] Wird die im Abkommen vereinbarte Mindestbeteiligung nicht erreicht, so erfolgt eine innerstaatliche Steuerfreistellung nach § 8b Abs. 1 KStG, sofern eine Mindestbeteiligung von 10 % erreicht wird.[858] Beide Freistellungen – jene nach § 8b Abs. 1 KStG und jene nach den DBA – stehen im Grundsatz unabhängig nebeneinander und schließen sich wechselseitig nicht aus.

945 Sofern das Abkommen die Gewährung des Schachtelprivilegs (für die inländische Steuerbefreiung) an die **Erfüllung einer Aktivitätsklausel** koppelt, ist dies im Hinblick auf

---

856 FG Köln v. 13. 10. 1995 6 K 1459/89, EFG 1996, 324, mit Nachweisen der bisherigen BFH-Rechtsprechung; in der EU aufgrund der Mutter-Tochter-Richtlinie i. d. R. gegenstandslos geworden.
857 BFH v. 22. 2. 2006 I R 30/05, BFH/NV 2006, 1659; v. 14. 1. 2009 I R 47/08, BStBl 2011 II 131.
858 Vgl. Rdn. 396.

die Regelung des § 8b Abs. 1 KStG[859] ohne Bedeutung. Handelt es sich bei der ausschüttenden Gesellschaft um eine Kapitalgesellschaft mit Sitz in einem EU-Staat, so ist aufgrund der sog. Mutter-Tochter-Richtlinie davon auszugehen, dass im ausschüttenden Staat keine Quellensteuer erhoben wird. Im Übrigen verbleibt eine im Ausland erhobene Quellensteuer als definitive Belastung, da in der Bundesrepublik keine Körperschaftsteuer entsteht, auf die die ausländische Steuer angerechnet werden könnte.

3.7.4.5.2 Besteuerung von Dividenden in sonstigen Fällen bis einschließlich VZ 2008

In den übrigen Fällen – Streubesitz, natürliche Person oder Personengesellschaft als Dividendenempfänger – werden die ausländischen Dividenden im Rahmen des Welteinkommens als ausländische Einkünfte nach Abzug der damit zusammenhängenden Werbungskosten/Betriebsausgaben sowie des Sparerfreibetrages der Besteuerung unter Berücksichtigung der Regelung des § 3 Nr. 40 EStG a. F. unterworfen (Halbeinkünfteverfahren). 946

Zur Vermeidung der Doppelbesteuerung werden die im Ausland erhobenen Steuern angerechnet; Rechtsgrundlage ist § 34c Abs. 6 Satz 2 EStG i.V. mit dem Methodenartikel des jeweiligen DBA. § 34c Abs. 6 Satz 2 EStG schreibt eine „entsprechende Anwendung" nur der Sätze 2 und 3 des § 34c Abs. 1 EStG und nur auf die „nach den Abkommen anzurechnende ausländische Steuer" vor. Damit wird erreicht, dass bei Anrechnung ausländischer Steuern auf der Grundlage eines DBA zwei Anrechnungsobergrenzen zu beachten sind: Zum einen ist die Anrechnung durch die auf die ausländischen Einkünfte entfallende deutsche Steuer begrenzt (§ 34c Abs. 1 Sätze 2 und 3 i.V. mit § 34c Abs. 6 EStG), und zum anderen kann nicht mehr angerechnet werden als die dem Quellenstaat abkommensrechtlich zustehende und deshalb anzurechnende Steuer.[860] D. h. für das Anrechnungsverfahren ist nicht entscheidend, wie hoch die im DBA-Staat tatsächlich erhobenen Steuern sind, sondern nur, in welcher Höhe der ausländische Staat Quellensteuer nach DBA erheben darf; soweit diese Höhe überschritten wird, ist ein Erstattungsantrag an die zuständigen Finanzbehörden des Sitzstaates der ausschüttenden Gesellschaft zu stellen. Auch der einbehaltene und später auf Antrag erstattete Teil der ausländischen Kapitalertragsteuer fließt dem Gläubiger bereits bei der Einbehaltung der Steuer zu.[861] 947

Für die Anrechnung selbst gelten die Vorschriften des § 34c, § 68a f. EStDV.[862] 948

Statt der Anrechnung kann der Steuerpflichtige auch den Abzug der ausländischen Steuer nach § 34c Abs. 6 Satz 2 i.V. mit Abs. 2 EStG wählen. 949

Neben der Anrechnung tatsächlich gezahlter Quellensteuer ist nach verschiedenen DBA, insbesondere mit Entwicklungsländern, auch die Anrechnung einer **fiktiven Quellensteuer** möglich. In diesen Fällen kann wegen § 34c Abs. 6 Satz 2 2. Halbsatz EStG nur 950

---

859 Unter Berücksichtigung der Neuregelung des § 8b Abs. 4 KStG.
860 BFH v. 1. 7. 2009 I R 113/08, BFH/NV 2009, 1992.
861 BFH v. 24. 3. 1992 VIII R 51/89, BStBl 1992 II 941.
862 Ausführlich zum Anrechnungsverfahren bei ausländischem Dividendenbezug BFH v. 20. 12. 1995 I R 58/94, BStBl 1996 II 261.

die tatsächlich gezahlte Steuer abgezogen werden, sofern nicht ausdrücklich Einzelfallregelungen eingreifen.

3.7.4.5.3 Besteuerung von Dividenden in sonstigen Fällen ab VZ 2009

951 Bereits oben wurden die Folgen der Einführung der Abgeltungssteuer auch für ausländische Kapitalerträge natürlicher Personen dargelegt.[863]

952 Besonderheiten können sich dann ergeben, wenn die Beteiligung zum Betriebsvermögen eines inländischen Betriebes i. S. des § 20 Abs. 8 EStG gehört, weil dann nach § 32d Abs. 1 Satz 1 EStG nicht die Abgeltungssteuer zum Tragen kommt, sondern die ausländischen Kapitaleinkünfte der „normalen" Besteuerung in der Weise unterliegen, dass 40 % der Bezüge nach § 3 Nr. 40 EStG (Teileinkünfteverfahren) steuerfrei bleiben bei Beachtung des § 3c Abs. 2 EStG.

3.7.4.5.4 Dividenden aus Frankreich

953 Für die Besteuerung von **aus Frankreich bezogenen Dividenden** galten **bis einschließlich VZ 2001** folgende Besonderheiten: Die deutschen Aktionäre wurden den französischen Aktionären steuerlich gleich gestellt; eine Quellensteuer wurde in Frankreich nicht erhoben. Darüber hinaus erhielten sie eine Steuergutschrift („avoir fiscal") i. H. von 50 % der französischen Bruttodividende. Diese Steuergutschrift wurde wie eine Vorauszahlung auf die deutsche Einkommen- oder Körperschaftsteuer bei der Veranlagung angerechnet; allerdings war sie, wie eine inländische Steuergutschrift (§ 20 Abs. 1 Nr. 3 EStG a. F.), als Zufluss zu erfassen, d. h. als Kapitaleinkünfte der Veranlagung zugrunde zu legen.

3.7.4.6 Finanzierung einer Tochtergesellschaft

954 Der Steuerpflichtige hat grundsätzlich die freie Wahl, ob er seine Tochtergesellschaft durch Eigenkapital oder durch Hingabe von Darlehen finanzieren soll, sieht man einmal von einer gewissen Grundausstattung mit Kapital (z. B. gesetzliches Mindestkapital) sowie der Sonderregelungen der § 8a KStG/§ 4h EStG (Zinsschranke) und des § 1 AStG ab. Demzufolge bedarf es einer Modellberechnung, um die Frage zu entscheiden. Dabei spielen die Körperschaftsteuersätze in der Bundesrepublik und im ausländischen Zielstaat eine wesentliche Rolle.

> **BEISPIEL:** Die inländische Mutterkapitalgesellschaft M-AG steht vor der Frage, ob sie die in X zu gründende Tochterkapitalgesellschaft T-Inc. (aktiv tätig i. S. des AStG) mit Eigenkapital oder mit Darlehen ausstatten soll. Es werden folgende Prämissen angenommen: Darlehen i. H. von 1 000 000 €, angemessener Zinssatz 6 %; Gewinn der T-Inc. vor Zinsen und Steuern 100 000 €, Ertragsteuersatz in X 12,5 %, Bundesrepublik 15 % (ohne Gewerbesteuer und Solidaritätszuschlag); der Gewinn nach Steuern wird ausgeschüttet, keine Quellensteuer auf Zinsen oder Dividenden in X.

---

863 Rdn. 300.

	Darlehen	Eigenkapital
T-Inc.		
Gewinn	100 000	100 000
Zinsen	./. 60 000	0
Gewinn	40 000	100 000
Ertragsteuer X	./. 5 000	./. 12 500
Gewinn nach Steuern	35 000	87 500
M-AG		
Steuerpflichtige Zinseinnahme	60 000	0
hierauf KSt	9 000	
nach § 8b Abs. 1 KStG steuerfreier Bezug	35 000	87 500
abzüglich § 8b Abs. 5 KStG = 5 %	1 750	4 375
hierauf KSt	262	656
Gesamtsteuerbelastung	14 262	13 156

Aus der vorstehenden Modellrechnung ergibt sich ein gewisser Vorsprung für die Eigenkapitalfinanzierung; allerdings bedürfte die endgültige Entscheidung noch einer exakten Verifizierung anhand der in beiden Staaten geltenden steuerlichen Bestimmungen und eines etwaigen DBA.

3.7.5 Zinsen (Art. 11 OECD-MA/Art. 11 VG-DBA)

Der Aufbau des Art. 11 OECD-MA ähnelt dem des Art. 10 OECD-MA: Nach **Art. 11 Abs. 1 OECD-MA** können **Zinseinkünfte im Wohnsitzstaat** des Empfängers besteuert werden. Daneben besteht nach **Art. 11 Abs. 2 OECD-MA** ein Recht zur **Quellenbesteuerung**, das aber 10 % des Bruttobetrages der Zinsen nicht übersteigen darf,[864] sofern der Empfänger der Nutzungsberechtigte ist.[865] Hiervon abweichend **sieht Art. 11 Abs. 1 VG-DBA eine ausschließliche Besteuerung im Ansässigkeitsstaat des Empfängers** der Zinsen vor; deswegen entfällt eine dem Art. 11 Abs. 2 OECD-MA entsprechende Regelung. Aber durch Nr. 1 des der VG-DBA angefügten Protokolls wird unter gewissen Umständen auch dem Quellenstaat ein Besteuerungsrecht eingeräumt.

955

Der **Begriff der Zinsen**[866] wird in Art. 11 Abs. 3 OECD-MA/Art. 11 Abs. 2 VG-DBA definiert: Einkünfte aus Forderungen jeder Art, auch soweit sie dinglich gesichert sind, und insbesondere Einkünfte aus öffentlichen ausländischen Anleihen und Obligationen.

956

---

864 Die Höhe der Quellensteuer schwankt von DBA zu DBA; in einigen DBA ist auch eine vollkommene Freistellung der Zinsen von der Quellenbesteuerung vereinbart, in anderen DBA ist die Quellensteuer begrenzt auf 10 bis 15 %; in Liberia beträgt der Quellensteuersatz 20 % und im DBA-Mauritius ist er der Höhe nach unbeschränkt.
865 Zum Begriff des „Nutzungsberechtigten" vgl. Rdn. 910.
866 Vgl. BFH v. 22. 6. 2011 I R 103/10, BFH/NV 2011, 1785.

Nicht zu den Zinsen gehören sog. Stückzinsen; soweit sie vereinnahmt werden, gehören sie zu den Veräußerungsgewinnen i. S. des Art. 13 OECD-MA.[867]

957 Art. 11 Abs. 4 OECD-MA/Art. 11 Abs. 3 VG-DBA regelt den **Betriebsstättenvorbehalt**: Die Regelung des Abs. 1 gilt dann nicht, wenn die Forderung, für die die Zinsen gezahlt werden, zum Betriebsvermögen einer Betriebsstätte oder festen Einrichtung gehört, die in dem Staat gelegen ist, in dem der Schuldner ansässig ist. Es kommt auf die tatsächliche Zugehörigkeit der Forderung zum Vermögen der Betriebsstätte an; die rechtliche Zugehörigkeit nach den Grundsätzen des nationalen Steuerrechts eines der Vertragsstaaten ist hingegen nicht maßgebend.[868]

958 Bei Kreditgewährung ist nicht entscheidend, ob das darlehensweise überlassene Kapital in der Betriebsstätte genutzt wird. Das Stammrecht, für das die Zinsen gezahlt werden, muss zum Vermögen der Betriebsstätte gehören. Das ist nicht der Fall, wenn das Betriebsergebnis der Betriebsstätte nicht um Zinserträge erhöht, sondern vielmehr um die Aufwendungen gekürzt wurde.[869]

959 Zinsen sind aus abkommensrechtlicher Sicht nicht einer Betriebsstätte zuzurechnen, wenn die verzinste Forderung für die Betriebsstätte Fremdkapital darstellt.

960 Als aus dem Ausland stammend sind nach Art. 11 Abs. 5 Satz 1 OECD-MA die Zinsen dann anzusehen, wenn Schuldner der Forderung der ausländische Staat selbst, eine seiner Gebietskörperschaften (Bsp.: Bundesstaat, Gemeinde) oder eine im ausländischen Staat ansässige natürliche oder juristische Person ist.[870]

961 Werden die Zinsen von einer Betriebsstätte getragen (= ist sie wirtschaftlich mit den Zinsen belastet), so gelten sie nach Art. 11 Abs. 5 Satz 2 OECD-MA als aus dem Land bezogen, in dem die Betriebsstätte oder feste Einrichtung gelegen ist. Hierzu unterscheidet man drei Fälle:

- ▶ Das Darlehen ist von der Geschäftsleitung der Betriebsstätte aufgenommen worden und ist in der Buchführung der Betriebsstätte ausgewiesen;
- ▶ das Stammhaus hat das Darlehen für die Betriebsstätte aufgenommen und zahlt auch die Zinsen, belastete aber die Zinsen – mit einem entsprechenden angemessenen Aufschlag – an die Betriebsstätte weiter;
- ▶ das Stammhaus nimmt ein Darlehen auf, das zugunsten mehrerer Betriebsstätten verwandt wird: In diesem Fall sind die Voraussetzungen für die Anwendung des Art. 11 Abs. 5 OECD-MA nicht erfüllt.

962 **Art. 11 VG-DBA** hat keine Art. 11 Abs. 5 OECD-MA entsprechende Regelung.

963 Probleme ergeben sich in der Praxis bei sog. **Dreiecksverhältnissen**: Die Betriebsstätte bezieht Zinsen aus einem Drittstaat. Da die Betriebsstätte nicht Person i. S. des Abkommens ist, sondern das Stammhaus (im anderen Vertragsstaat), kann die Betriebsstätte

---

867 BFH v. 9. 6. 2010 I R 94/09, BStBl 2010 II 860; BMF v. 6. 12. 2011, BStBl 2011 I 1222; für VZ ab 2009 gilt § 32d Abs. 5 EStG.
868 BFH v. 9. 8. 2006 II R 59/05, BFH/NV 2006, 2326; v. 17. 10. 2007 I R 5/06, BStBl 2009 II 356; v. 8. 11. 2010 I R 106/09, BFH/NV 2011, 365; ausführlich Rdn. 729.
869 BFH v. 31. 5. 1995 I R 74/93, BStBl 1995 II 683.
870 BFH v. 18. 12. 1986 I R 52/83, BStBl 1988 II 521; v. 8. 7. 1998 I R 112/97, BStBl 1999 II 123.

weder im Drittstaat noch im Betriebsstättenstaat die Rechte aus dem Abkommen geltend machen. Abschließende Lösungen sind zurzeit nicht vorhanden. In der Literatur werden verschiedene Lösungsansätze diskutiert, so z. B. eine partielle Abkommensberechtigung der Betriebsstätte für Quellensteuern auf Dividenden, Zinsen und Lizenzen.[871] Für den Fall der abkommensrechtlichen Zuordnung notwendigen Sonderbetriebsvermögens im sog. Dreieckssachverhalt hat der BFH erstmals eine Entscheidung gefällt, wobei aber die Besonderheiten des Falls und der einschlägigen DBA berücksichtigt werden müssen, so dass dieses Urteil nur bedingt verallgemeinerungsfähig ist.[872]

Sind die Zinszahlungen aufgrund besonderer Beziehungen zwischen Schuldner und Nutzungsberechtigtem (Bsp.: verbundene Unternehmen) unangemessen hoch, so findet für die Anwendung der Abkommensbestimmung nach Art. 11 Abs. 6 OECD-MA/Art. 11 Abs. 4 VG-DBA eine Korrektur nach dem dealing-at-arm's-length-Prinzip statt: Art. 11 OECD-MA wird nur auf die üblicherweise zwischen fremden Dritten vereinbarten Zinsen angewandt (Fremdvergleich; nach Auffassung der Finanzverwaltung ist von den Zinsen auszugehen, zu denen Banken üblicherweise Kredite gewähren);[873] bezüglich des übersteigenden Betrages sind beide Vertragsstaaten in der Besteuerung durch das Abkommen nicht beschränkt. 964

Übersteigt die im Ausland erhobene Quellensteuer die laut Abkommen höchst zulässige Quellensteuer, so hat der Empfänger der Zinsen einen Ermäßigungsantrag bei der zuständigen ausländischen Finanzbehörde zu stellen. 965

Werden Zinsen an eine staatliche Notenbank gezahlt, können diese in den meisten Fällen nur im Ansässigkeitsstaat der Notenbank besteuert werden. 966

Ein besonderes Problem im Abkommensrecht stellt die deutsche Transparenzbesteuerung der **Personengesellschaften** und die damit zusammenhängende **Besteuerung von Sondervergütungen** – hier: Besteuerung von Darlehenszinsen – an Gesellschafter dar (§ 15 Abs. 1 Nr. 2 Satz 1 2. Halbsatz EStG). Durch die Rechtsprechung ist geklärt, dass – vorbehaltlich einer abweichenden Regelung in dem maßgeblichen DBA[874] – an den Gesellschafter gezahlte Darlehenszinsen auch dann „Zinsen" im abkommensrechtlichen Sinne sind, wenn sie nach deutschem Recht als Sondervergütungen den Einkünften aus Gewerbebetrieb zuzuordnen sind.[875] Diese Rechtsauffassung wird von der Finanzverwaltung nicht geteilt.[876] Als Reaktion auf die Rechtsprechung wurde durch das JStG 2009 die Regelung des **§ 50d Abs. 10 EStG** in das Gesetz eingefügt.[877] Danach gelten Vergütungen im Sinne des § 15 Abs. 1 Satz 1 Nr. 2 Satz 1 2. Halbsatz und Nr. 3 2. Halbsatz EStG mangels besonderer Bestimmungen im Abkommen ausschließlich als Unternehmensgewinne i. S. des Art. 7 OECD-MA. Die Anwendung dieser Vorschrift dürfte 967

---

871 Nr. 51 ff. OECD-MK zu Art. 24 OECD-MA.
872 BFH v. 12. 6. 2013 I R 47/12, BFH/NV 2013, 199.
873 BMF v. 23. 2. 1983, BStBl 1983 I 218, Tz. 4.2.
874 Bsp.: Art. 7 Abs. 7 Satz 2 DBA-Österreich, Art. 7 Abs. 7 Satz 2 DBA-Schweiz.
875 BFH v. 10. 8. 2006 II R 59/05, BStBl 2009 II 758; v. 20. 12. 2006 I B 47/05, BStBl 2009 II 766; v. 17. 10. 2007 I R 5/06, BStBl 2009 II 356; v. 19. 12. 2007 I R 66/06, BStBl 2008 II 510; v. 20. 8. 2008 I R 34/08, BStBl 2009 II 263; v. 7. 12. 2011 I R 5/11, BFH/NV 2012, 556.
876 BMF v. 24. 12. 1999, BStBl 1999 I 1076, Tz. 1.2.3.
877 Hierzu BFH v. 8. 9. 2010 I R 74/09, BFH/NV 2011, 138; v. 8. 11. 2010 I R 106/09, BFH/NV 2011, 365.

nach Auffassung des BFH aber ins Leere laufen. Da die Vorschrift nach der Rechtsprechung des BFH Lücken und Widersprüchlichkeiten aufgewiesen hat, hat der Gesetzgeber versucht durch AmtshilfeRLUmsG diese Vorschrift sowie § 50d Abs. 9 EStG zu reparieren. Ob dies gelungen ist, darf bezweifelt werden; der BFH hat dem BVerfG die Norm zur Prüfung auf ihre Verfassungsmäßigkeit hin vorgelegt.[878]

3.7.6 Lizenzgebühren (Art. 12 OECD-MA/Art. 12 VG-DBA)

968 Lizenzgebühren sind nach **Art. 12 Abs. 1 OECD-MA/Art. 12 VG-DBA** ausschließlich im **Wohnsitzstaat** des Lizenzgebers zu besteuern. Die von der Bundesrepublik Deutschland abgeschlossenen DBA sehen aber in der Mehrzahl **daneben ein Besteuerungsrecht des Quellenstaates** vor. Die Quellensteuer schwankt je nach Abkommen zwischen 0 %[879] und 25 %.[880] Wird im ausländischen Staat eine Quellensteuer erhoben, so ist diese grundsätzlich bei der Besteuerung im Inland anrechenbar. Wie bei der Zinsbesteuerung besteht auch bei der Lizenzbesteuerung ein Dissens zwischen der Finanzverwaltung und der Rechtsprechung, sofern die Lizenzzahlungen im Rahmen einer Personalgesellschaft erfolgten.[881]

969 Probleme wirft die **Definition des Begriffs „Lizenz"** auf: Zwar findet sich in **Art. 12 Abs. 2 OECD-MA/Art. 12 Abs. 2 VG-DBA** eine sehr weit gefasste Erläuterung.[882] Aber die von Deutschland abgeschlossenen DBA weisen teilweise erhebliche Erweiterungen oder Einschränkungen gegenüber dem OECD-MA auf, die zudem noch eine unterschiedliche Quellensteuer auslösen können (Bsp.: Art. 12 Abs. 2 DBA-Ägypten).

970 Entsprechend Art. 10 Abs. 4, Art. 11 Abs. 4 OECD-MA ist in Art. 12 Abs. 3 OECD-MA/Art. 12 Abs. 3 VG-DBA der **Betriebsstättenvorbehalt** geregelt.[883]

971 Nach Art. 12 Abs. 4 OECD-MA/Art. 12 Abs. 3 VG-DBA unterliegen den Abkommensbestimmungen nur die angemessenen Lizenzzahlungen.

3.7.7 Einkünfte aus der Veräußerung von Vermögen (Art. 13 OECD-MA/Art. 13 VG-DBA)

972 Gewinne aus der **Veräußerung von unbeweglichem Vermögen** können nach Art. 13 Abs. 1 OECD-MA/Art. 13 Abs. 1 VG-DBA grundsätzlich im **Belegenheitsstaat** besteuert werden. Soweit bei Einkünften aus unbeweglichem Vermögen gemäß Art. 6 OECD-MA das Anrechnungsverfahren vereinbart ist (Bsp.: DBA-Schweiz), sind Gewinne aus der

---

[878] BFH v. 10.1.2012 I R 66/09, BFH/NV 2012, 1056; Az. des BVerfG: 2 BvL 1/12; v. 11.12.2013 I R 4/13, BFH/NV 2014, 614.
[879] Bsp.: Art. 12 Abs. 2 DBA-Dänemark.
[880] Bsp.: Art. 12 Abs. 2 Buchst. a) DBA-Ägypten für die Benutzung oder das Recht auf Benutzung von Warenzeichen.
[881] Vgl. Rdn. 967; BFH v. 8.9.2010 I R 74/09, BFH/NV 2011, 138: Es sind die Abkommensregelungen anzuwenden und nicht die Grundsätze für Sondervergütungen.
[882] Zum Problembereich Warenzeichen, Konzernname, Firmenlogo sowie Überlassung im Konzern vgl. BFH v. 9.8.2000 I R 12/99, BStBl 2001 II 140, sowie BMF v. 5.12.2002, BStBl 2002 I 1384, zum DBA-Kanada.
[883] Rdn. 729.

Veräußerung von unbeweglichem Vermögen im Wohnsitzstaat zu besteuern, und ist die ausländische Steuer anzurechnen. Diese Regel gilt auch für die Gewinne aus der Veräußerung von unbeweglichem Betriebsvermögen.[884]

Gewinne aus der Veräußerung von beweglichem Vermögen, das zu einer Betriebsstätte gehört[885] – einschließlich Forderungen und Rechten aller Art, immateriellen Vermögenswerten, Anteilen an Kapital- und Personengesellschaften[886] usw. – sowie der Betriebsstätte als solches werden nach Art. 13 Abs. 2 OECD-MA/Art. 13 Abs. 2 VG-DBA im Betriebsstättenstaat besteuert. Dies gilt auch für den Gewinn aus der Veräußerung von beweglichem Vermögen, das einer selbständigen Tätigkeit dient. 973

Gewinne aus der Veräußerung von Seeschiffen, Binnenschiffen und Luftfahrzeugen sowie von beweglichem Vermögen, das dem Betrieb dieser Fahrzeuge dient, werden nach Art. 13 Abs. 3 OECD-MA/Art. 13 Abs. 3 VG-DBA allein in dem **Staat** besteuert, in dem sich der Ort der tatsächlichen Geschäftsleitung befindet. 974

Neu aufgenommen wurde durch das Update 2002 die Regelung des Art. 13 Abs. 4 OECD-MA, der eine spezielle Bestimmung für **Immobiliengesellschaften** (= sog. **Real Estate Investment Trust – REIT) enthält,** deren Wert zu mehr als 50 % unmittelbar oder mittelbar auf unbeweglichem Vermögen beruht. Gewinne aus der Veräußerung von Anteilen derartiger Unternehmen können in dem Staat besteuert werden, in dem sich das unbewegliche Vermögen befindet. Hintergrund dieser Bestimmung ist die Tatsache, dass das OECD-MA – wie auch viele DBA der Bundesrepublik - keine gesonderte Bestimmung über die Besteuerung der Gewinne aus der Veräußerung von Anteilen an Kapitalgesellschaften enthält und derartige Gewinne demnach grundsätzlich der Auffangklausel des Art. 13 Abs. 5 OECD-MA unterliegen: Ausschließliche Besteuerung im Wohnsitzstaat des Anteilseigners. Ohne die Regelung des Art. 13 Abs. 4 OECD-MA wird bei der Besteuerung von Gewinnen aus der Veräußerung von Anteilen an Immobilienkapitalgesellschaften das Besteuerungsprinzip des Art. 13 Abs. 1 OECD-MA ausgehebelt und die Besteuerung in den Wohnsitzstaat des Anteilseigners verschoben. De facto wird das Grundstück, das den einzigen Wert der Objektgesellschaft darstellt, übertragen, de jure aber (nur) die Anteile an der Objektgesellschaft selbst. **Art. 13 Abs. 4 VG-DBA** entspricht der aktuellen Fassung des OECD-MA. 975

Gewinne aus der Veräußerung von sonstigem Vermögen einschließlich der Besteuerung der Gewinne aus der Veräußerung von Anteilen an Kapitalgesellschaften werden nach Art. 13 Abs. 5 OECD-MA/Art. 13 Abs. 5 VG-DBA ausschließlich im Wohnsitzstaat besteuert (**Auffangklausel**). 976

---

884 Nr. 22 OECD-MK zu Art. 6 OECD-MA.
885 Zur Zuordnung vgl. Rdn. 729 sowie BFH v. 13. 2. 2008 I R 63/06, BStBl 2009 II 414; v. 12. 6. 2013 I R 47/BFH/NV 2013, 1999.
886 Auch solche Wirtschaftsgüter, die zum Sonderbetriebsvermögen eines Gesellschafters einer Personengesellschaft gehören – BFH v. 13. 2. 2008 I R 63/06, BStBl 2009 II 414.

977 In einigen DBA finden sich Abweichungen von dem Grundsatz des Art. 13 Abs. 5 OECD-MA hinsichtlich der Veräußerung von Beteiligungen an Kapitalgesellschaften;[887] dann wird auch dem Sitzstaat der Gesellschaft ein Besteuerungsrecht eingeräumt.

978 **Art. 13 Abs. 6 VG-DBA** enthält eine gegenüber dem OECD-MA eigenständige Regelung, die sich mit dem in Deutschland besonders brisanten Problem der Wegzugsbesteuerung (vgl. § 6 AStG)[888] befasst. Vorbild für die Regelung ist Art. 13 Abs. 5 DBA-Schweiz: Um sicherzustellen, dass der Wegzugsstaat (unter der Voraussetzung einer zeitlich bestimmten Ansässigkeit des Veräußerers) die stillen, aber beim Wegzug nicht aufgedeckten Reserven (Wertzuwachs) besteuern darf, wird dieses nationale Besteuerungsrecht im Abkommen vereinbart; gleichzeitig wird, um bei einer tatsächlichen Veräußerung eine Doppelbesteuerung zu vermeiden, vereinbart, dass der Zuzugsstaat als fiktive Anschaffungskosten den vom Wegzugsstaat angesetzten fiktiven Veräußerungspreis ansetzt.[889] Diese Wegzugsbesteuerung ist nach der Rechtsprechung des EuGH unionskonform.[890]

3.7.8 Selbständige Arbeit (Art. 14 OECD-MA)

979 Bis zum Update 2000 des OECD-MA war die Besteuerung der Einkünfte aus selbständiger Arbeit gesondert in Art. 14 OECD-MA geregelt. Nachdem nunmehr nach Art. 3 Abs. 1 Buchst. h) OECD-MA zur Unternehmenstätigkeit auch die freiberufliche und sonstige selbständige Tätigkeit zählen, werden derartige Einkünfte nach den Grundsätzen des Art. 7 OECD-MA besteuert; dafür wurde Art. 14 OECD-MA aufgehoben. Die von der Bundesrepublik Deutschland abgeschlossenen DBA enthalten aber in der Mehrzahl noch eine dem aufgehobenen Art. 14 OECD-MA entsprechende Klausel, so dass nachfolgend die alte und für die abgeschlossenen Abkommen auch weiterhin gültige Rechtslage dargestellt ist.[891]

980 Die **VG-DBA** enthalten – entsprechend der aktuellen Fassung des OECD-MA – keine eigenständige Regelung zur selbständigen Arbeit.

981 Nach Art. 14 Abs. 1 OECD-MA werden die Einkünfte aus einem freien Beruf oder einer sonstigen selbständigen Tätigkeit **grundsätzlich im Wohnsitzstaat** besteuert.[892] Steht aber der Person für die Ausübung der Tätigkeit im Ausland eine dort befindliche **feste**

---

[887] Bsp.: Art. 13 Abs. 3 DBA-Argentinien; Art. 13 Abs. 4 DBA-Mexiko; Art. 13. Abs. 4 DBA-Norwegen; Art. 13 Abs. 5 DBA-Schweiz.
[888] Ausführlich Rdn. 1243 ff.
[889] Vgl. BMF v. 14. 5. 2005, BStBl I, Sonderheft I/2004, Tz. 6.15.
[890] Vgl. Rdn. 215.
[891] Als Beispiel der Text des Art. 14 DBA-Rumänien: (1) Einkünfte, die eine in einem Vertragsstaat ansässige natürliche Person aus einem freien Beruf oder aus sonstiger selbständiger Tätigkeit bezieht, können nur in diesem Staat besteuert werden, es sei denn, dass der Person im anderen Vertragsstaat für die Ausübung ihrer Tätigkeit gewöhnlich eine feste Einrichtung zur Verfügung steht. Steht ihr eine solche feste Einrichtung zur Verfügung, so können die Einkünfte im anderen Staat besteuert werden, jedoch nur insoweit, als sie dieser festen Einrichtung zugerechnet werden können. (2) Der Ausdruck „freier Beruf" umfasst insbesondere die selbständig ausgeübte wissenschaftliche, literarische, künstlerische, erzieherische oder unterrichtende Tätigkeit sowie die selbständige Tätigkeit der Ärzte, Zahnärzte, Rechtsanwälte, Ingenieure, Architekten und Buchsachverständigen.
[892] BFH v. 29. 11. 2006 I R 51/05, BFH/NV 2007, 1095.

Einrichtung zur Verfügung, wird dem **Tätigkeitsstaat** als Quellenstaat das Besteuerungsrecht zugewiesen. Dies gilt allerdings nur für diejenigen Einkünfte, die dieser festen Einrichtung zugerechnet werden können (**Ursprungsprinzip**).[893]

Unter die Schutzvorschrift des Art. 14 OECD-MA fällt aus deutscher Sicht **nur die Tätigkeit von natürlichen Personen**, da nur diese eine selbständige Tätigkeit persönlich ausüben können; eine Reihe von Abkommen legen dies auch ausdrücklich fest. Andererseits ist in den Abkommen, die in Art 14 des jeweiligen DBA nur von „Person" sprechen, dies vorrangig nach dem Abkommen selbst auszulegen. Da i. d. R. unter „Person" nach Art. 3 Abs. 1 Buchst. a) OECD-MA auch Gesellschaften fallen, können demnach grundsätzlich auch Gesellschaften einer Tätigkeit i. S. des Art. 14 OECD-MA nachgehen. 982

Abzugrenzen ist Art. 14 OECD-MA von anderen einschlägigen Bestimmungen des OECD-MA: Die Tätigkeit i. S. des Art. 14 OECD-MA muss selbständig ausgeübt werden; wird ein freier Beruf in einem Arbeitsverhältnis ausgeübt (Bsp.: angestellter Rechtsanwalt oder Arzt), bestimmt sich die Besteuerung nach Art. 15 OECD-MA. Übt ein Freiberufler eine gewerbliche Tätigkeit aus (Bsp.: Architekt als Handelsvertreter),[894] ist insoweit Art. 7 OECD-MA anzuwenden. 983

Bei Künstlern und Sportlern geht die Sonderregelung des Art. 17 OECD-MA dem Art. 14 OECD-MA vor.[895] Werkschaffende Künstler (Bsp.: Komponisten, Maler, Bildhauer, Bühnenbildner) fallen grundsätzlich nicht unter Art. 17 OECD-MA, so dass sich die Besteuerung nach Art. 14 OECD-MA richtet. 984

Die Besteuerung von Aufsichtsrats- und Verwaltungsratstätigkeit erfolgt nach Art. 16 OECD-MA. 985

Der **Begriff „freier Beruf"** umfasst u. a. (beispielhafte Aufzählung in Art. 14 Abs. 2 OECD-MA a. F.) die selbständig ausgeübte wissenschaftliche, literarische, künstlerische, erzieherische oder unterrichtende Tätigkeit sowie die selbständige Tätigkeit der Ärzte, Rechtsanwälte, Ingenieure, Architekten, Zahnärzte und Buchsachverständigen. Zur Qualifizierung der Tätigkeit ist auf das Recht des Wohnsitzstaates abzustellen. 986

Der Ausdruck **„sonstige selbständige Tätigkeit"** wird im OECD-MA nicht erläutert, so dass gemäß Art. 3 Abs. 2 OECD-MA auf das nationale Recht zurückzugreifen ist[896]. Kennzeichen sind u. a. neben der Selbständigkeit des Handelns[897] die persönliche qualifizierte Leistung des Tätigen, keine gewerbliche (einschließlich handwerklicher und kaufmännischer) Tätigkeit oder land- und forstwirtschaftliche Tätigkeit, untergeordnete Bedeutung des eingesetzten Kapitals, Ähnlichkeit der ausgeübten Tätigkeit mit den Katalogberufen in Art. 14 Abs. 2 OECD-MA[898]. 987

---

893 BFH v. 28. 3. 1984 I R 191/79, BStBl 1984 II 664; v. 11. 4. 1990 I R 82/86, BFH/NV 1991, 143.
894 BFH v. 14. 6. 1984 I R 204/81, BStBl 1985 II 15; v. 28. 6. 2001 IV B 20/01, BFH/NV 2001, 1400.
895 Nach BFH v. 11. 10. 2000 I R 44-51/99, BFH/NV 2001, 512, gilt dies aber nur, soweit der Sportler nicht gewerblich tätig wird; wird er gewerblich tätig, z. B. als Berufssportler, ist grundsätzlich Art. 7 OECD-MA zu prüfen.
896 BFH v. 11. 10. 2000 I R 44-51/99, BStBl 2002 II 271.
897 Vgl. hierzu BFH v. 14. 6. 1985 VI R 150-152/82, BStBl 1985 II 661; v. 12. 10. 1988 X R 18/87, BFH/NV 1989, 366; v. 5. 4. 2004 XI R 9/03, BStBl 2004 II 989.
898 Zu den Rundfunk- und Fernsehkorrespondenten BMF v. 13. 3. 1998, BStBl 1998 I 351; BFH v. 31. 5. 2000 IV B 133/99, BFH/NV 2000, 1460.

988 Da Kennzeichen der freiberuflichen und sonstigen selbständigen Tätigkeit die persönliche Leistungserbringung ist, wird die Tätigkeit grundsätzlich dort ausgeübt, wo sich die Person bei ihrer Tätigkeit physisch aufhält und die Berufstätigkeit persönlich entfaltet[899], z. B. wo der Autor seine Texte verfasst[900]. Die Verwertung ist in diesem Zusammenhang nachrangig.

989 Nicht definiert ist der Begriff der **festen Einrichtung**. Vereinfacht kann man die feste Einrichtung als „Betriebsstätte" des Selbständigen bezeichnen[901], so dass auf die obigen Ausführungen zur Betriebsstätte verwiesen werden kann.

> **BEISPIEL:** Der in Deutschland ansässige Autor von Kriminalromanen A schreibt während seines sechswöchigen Urlaubsaufenthalts auf Sardinien zwei kurze Novellen, die er an eine italienische Zeitung verkauft. Da er in Italien keine feste Einrichtung besitzt, sind die Einkünfte in Deutschland steuerpflichtig.

990 Eine Reihe von Abkommen insbesondere mit Entwicklungsländern[902] sehen alternativ als Anknüpfungspunkt für die Besteuerung durch den Tätigkeitsstaat neben der festen Einrichtung die **Dauer des Aufenthalts zur Ausübung der selbständigen Tätigkeit** vor, u. U. erst ab einer Mindestaufenthaltsdauer.[903]

991 Mit einer Reihe von Staaten hat Deutschland Abkommen geschlossen, die als Anknüpfungspunkt für die Besteuerung lediglich auf die Dauer des Aufenthalts zur Ausübung der selbständigen Tätigkeit abstellen.[904]

992 Schließlich sahen die Abkommen mit Luxemburg von 1958 und den Niederlanden von 1959 ein Besteuerungsrecht des Tätigkeitsstaats auch ohne feste Einrichtung für eine selbständig ausgeübte künstlerische, vortragende, sportliche oder artistische Tätigkeit vor.

> **BEISPIEL:** Rechtsanwalt R aus Frankfurt hält vor Anlegern in Luxemburg einen Vortrag über das deutsche REIT. Das Honorar ist in Luxemburg zu versteuern, in der Bundesrepublik Freistellung mit Progressionsvorbehalt (Art. 20 Abs. 2 Satz 1 DBA-Luxemburg 1958).

993 Soweit die Einkünfte aus der selbständigen Tätigkeit dem Tätigkeitsstaat zugerechnet werden können, sind sie i. d. R. in der Bundesrepublik – ggf. unter Beachtung des Progressionsvorbehalts – von der Besteuerung gemäß § 32b EStG freigestellt.

994 Ergänzt wurde Art. 14 OECD-MA a. F. durch die insoweit auch aufgehobenen Regelungen der Art. 6 Abs. 4, Art. 10 Abs. 4, Art. 11 Abs. 4, Art. 12 Abs. 3, Art. 13 Abs. 2 und Art. 22 OECD-MA. Hier sind nunmehr die Bestimmungen anzuwenden, die eine (gewerbliche) Betriebsstätte voraussetzen.

---

[899] BFH v. 11. 4. 1990 I R 82/86, BFH/NV 1991, 143; v. 5. 11. 1992 I R 42/99, BStBl 1993 II 407.
[900] BFH v. 15. 2. 1990 IV R 13/89, BStBl 1990 II 621.
[901] BFH v. 11. 4. 1990 I R 82/86, BFH/NV 1991, 143, m. w. N.; v. 7. 7. 1997 I B 26/97, BFH/NV 1998, 19.
[902] Bsp.: DBA-Ägypten, DBA-Bangladesh, DBA-China, DBA-Tunesien.
[903] Bsp.: Art. 14 Abs. 1 Buchst. b DBA-Ägypten: Aufenthalt insgesamt länger als 90 Tage; Art. 14 Abs. 1 DBA-Indonesien: Aufenthalt länger als 120 Tage während des betreffenden Steuerjahrs.
[904] Bsp.: DBA-Ecuador, DBA-Jamaika, DBA-Malaysia.

3.7.9 Einkünfte aus unselbständiger Arbeit (Art. 15 OECD-MA/Art. 14 VG-DBA)

3.7.9.1 Grundsätze

Einkünfte aus unselbständiger Arbeit (Gehälter, Löhne, Tantiemen, Gratifikationen, Provisionen und ähnliche Vergütungen, geldwerte Vorteile usw.) können nach Art. 15 Abs. 1 Satz 1 1. Halbsatz OECD-MA grundsätzlich **nur im Wohnsitzstaat** besteuert werden. Wird die unselbständige Arbeit aber im anderen Vertragsstaat ausgeübt, so kann die dafür bezogene Vergütung im Tätigkeitsstaat besteuert werden (**Tätigkeitsprinzip, Arbeitsortsprinzip**), unabhängig davon, wo der Arbeitgeber seinen Sitz hat (Steuerfreistellung).[905]

995

Da die VG-DBA keinen alten bzw. aufgehobenen Art. 14 enthält, regelt **Art. 14 VG-DBA** die Besteuerung der Einkünfte aus unselbständiger Arbeit.

996

Als **lex-specialis** gehen der Regelung des Art. 15 Abs. 1 OECD-MA/Art. 14 VG-DBA vor:

997

- ▶ Art. 16 OECD-MA (Art. 15 VG-DBA): Aufsichtsrats- und Verwaltungsratsvergütungen;
- ▶ Art. 17 OECD-MA (Art. 16 VG-DBA): Angestellte Künstler und Sportler;
- ▶ Art. 18 OECD-MA (Art. 17 VG-DBA): Ruhegehälter, Renten und ähnliche Zahlungen;
- ▶ Art. 19 OECD-MA (Art. 18 VG-DBA): Einkünfte aus der Tätigkeit im öffentlichen Dienst;
- ▶ Art. 20 OECD-MA (Art. 19 VG-DBA): Studenten,
- ▶ und ggf. eine Regelung über Gastprofessoren, Hochschullehrer.

Im OECD-MA findet sich keine Definition des Begriffs „**unselbständige Arbeit**", so dass gemäß Art. 3 Abs. 2 OECD-MA auf das nationale Steuerrecht zurückzugreifen ist;[906] dies gilt auch für die VG-DBA.

998

Vereinzelt findet sich im DBA oder in einem Ergänzungsprotokoll eine Erläuterung des Begriffs „**Vergütung**", Gehälter oder Einkünfte.[907] Soweit dies nicht der Fall ist, ist für die Auslegung des Begriffs nach Art. 3 Abs. 2 OECD-MA zu verfahren.[908]

999

Zum Arbeitslohn können auch Ausgaben gehören, die ein Arbeitgeber leistet, um einen Arbeitnehmer oder diesem nahestehende Personen für den Fall der Krankheit, des Unfalls, der Invalidität, des Alters oder des Todes abzusichern (Zukunftssicherung),[909] somit ggf. auch Beiträge des inländischen Arbeitgebers an einen Pensionsfonds, eine Pensionskasse oder für eine Direktversicherung zum Aufbau einer kapitalgedeckten **betrieblichen Altersversorgung**,[910] die während einer Auslandstätigkeit gezahlt werden,

1000

---

905 Vgl. BMF v. 14.9.2006, BStBl 2006 I 532; v. 21.7.2005 BStBl 2005 I 821.
906 Vgl. BFH v. 14.6.2007 VI R 5/06, BStBl 2009 II 931.
907 Bsp.: Nr. 17 des Schlussprotokolls zum DBA-Luxemburg; Art. 13 Abs. 1 Satz 2 DBA-Frankreich.
908 BFH v. 18.7.1973 I R 52/69, BStBl 1973 II 757 grundsätzlich zu dem Problem; v. 24.1.2001 I R 119/98, BStBl 2001 II 512, zur Einräumung von Aktienoptionen als geldwerter Vorteil; v. 21.10.2009 I R 70/08, BFH/NV 2010, 350 zu einer Arbeitnehmer-Erfindervergütung; vgl. ferner BMF v. 14.9.2006 BStBl 2006 I 532, Tz. 5.
909 BFH v. 11.12.2008, BStBl 2009 II 385; v. 24.9.2013 VI R 6/11, BFH/NV 2014, 241.
910 Hierzu BFH v. 18.12.2007 VI R 13/05, BFH/NV 2008, 794.

welche ein Besteuerungsrecht des Tätigkeitsstaats begründen. Die Steuerbefreiung nach § 3 Nr. 63 EStG greift in derartigen Fällen nicht.[911] Stehen die Beiträge in unmittelbarem wirtschaftlichen Zusammenhang mit steuerfreien Einnahmen, scheidet eine Berücksichtigung – auch im Rahmen des Progressionsvorbehalts – aus.[912] **Art. 14 Abs. 4 und 5 VG-DBA** (Beiträge zur Alterssicherung in der Ansparphase) befasst sich mit diesem Bereich der Einkünfte; diese Regelungen haben kein Vorbild in Art. 15 OECD-MA.

1001 **Ausgeübt** wird die Tätigkeit auf dem Gebiet des Staates, in dem sich der Arbeitnehmer tatsächlich aufhält (**physische Anwesenheit**) und die vereinbarte Arbeitsleistung erbracht wird.[913] Dies kann z. B. bei einem im Inland ansässigen und unbeschränkt steuerpflichtigen Berufskraftfahrer für Fahrten im internationalen Fernverkehr dazu führen, dass für die Frage der Besteuerung maßgebend ist, wo der überwiegende oder zumindest ein nicht unerheblicher Teil der Fahrten durchgeführt wurde.[914]

1002 **Geschäftsführer und leitende Angestellte von Kapitalgesellschaften** üben ihre Tätigkeit nicht am Sitz der Gesellschaft aus,[915] sondern es ist auf den Tätigkeitsort abzustellen,[916] sofern sich nicht aus dem jeweiligen DBA etwas anderes ergibt.[917] Eine Kapitalgesellschaft ist nicht Arbeitgeberin ihres von einer Muttergesellschaft entlohnten Geschäftsführers, wenn dieser vorübergehend entsandt ist und nur im Rahmen seines mit der Obergesellschaft abgeschlossenen Anstellungsvertrages tätig wird.[918] Zu beachten ist, dass einige DBA den Geschäftsführer einer Kapitalgesellschaft unabhängig vom Ort der Tätigkeit im Ansässigkeitsstaat der Gesellschaft besteuern bzw. in der dem Art. 16 OECD-MA entsprechenden Regelung eine für Geschäftsführer von Art. 15 OECD-MA abweichende Besteuerung treffen.[919]

1003 Bei der sog. **bezahlten Untätigkeit** sind nach der Rechtsprechung zwei Fallgruppen zu unterscheiden: Besteht die Untätigkeit in einem Sichzurverfügunghalten auf Abruf (Bsp.: Filmschauspieler), so wird die Tätigkeit dort ausgeübt, wo der Betreffende sich aufhält;[920] dem Aufenthaltsstaat steht das Besteuerungsrecht zu.

1004 Besteht dagegen die Untätigkeit in der Einhaltung eines **Konkurrenz- oder Wettbewerbsverbots** (Bsp.: Ein leitender Angestellter verpflichtet sich gegen entsprechende

---

911 Vgl. auch BFH v. 28. 5. 2009 VI R 27/06, BStBl 2009 II 857; v. 12. 1. 2011 I R 49/10, BStBl 2011 II 446.
912 BFH v. 18. 4. 2012 X R 62/09, BFH/NV 2012, 1527.
913 BFH v. 8. 12. 2010 I B 94/10, BFH/NV 2011, 802.
914 BFH v. 31. 3. 2004 I R 88/03, BStBl 2004 II 936, m. w. N.; BMF v. 19. 9. 2011, BStBl 2011 I 849, betreffend Verständigungsvereinbarung mit Luxemburg v. 7. 9. 2011 über die steuerliche Behandlung von Berufskraftfahrern; Erweiterung der Vereinbarung auf Lokomotivführer und Begleitpersonal.
915 BFH v. 15. 11. 1971 GrS 1/71, BStBl 1972 II 68, zum DBA-Schweiz 1931 /1959; die Entscheidung ist auf andere DBA nicht übertragbar.
916 BFH v. 5. 10. 1994 I R 67/93, BStBl 1995 II 95; v. 2. 5. 1997 I B 117/96, BFH/NV 1998, 18; BMF v. 14. 9. 2006, BStBl 2006 I 532, Tz. 119.
917 Nach Art. 15 Abs. 4 DBA-Schweiz werden leitende Angestellte grundsätzlich im Sitzstaat der Gesellschaft besteuert; hierzu BFH v. 25. 10. 2006 I R 81/04, BFH/NV 2007, 593; v. 11. 11. 2009 I R 83/08, BStBl 2010 II 781; v. 11. 11. 110/08, BFH/NV 2010, 885; v. 20. 5. 2010 I B 146/08, BFH/NV 2010, 1790: Die Tätigkeit eines in Deutschland ansässigen leitenden Angestellten für eine schweizerische Kapitalgesellschaft, die unter Art. 15 Abs. 4 DBA-Schweiz fällt, wird auch dann i. S. des DBA-Schweiz „in der Schweiz ausgeübt", wenn sie tatsächlich überwiegend außerhalb der Schweiz verrichtet wird.
918 BFH v. 19. 2. 2004 VI R 122/00, BStBl 2004 II 620.
919 Vgl. Rdn. 1051.
920 BFH v. 9. 9. 1970 I R 19/69, BStBl 1970 II 867; BMF v. 14. 9. 2006, BStBl 2006 I 532, Tz. 120.

Zahlung, eine bestimmte Zeit nach seinem Ausscheiden aus dem Unternehmen keine vergleichbare Tätigkeit aufzunehmen), so sind derartige Zahlungen in dem Staat zu besteuern, in dem sich der Arbeitnehmer während des betreffenden Zeitraums aufhält.[921]

Nachzahlungen von Arbeitslohn für frühere Arbeitsverhältnisse sind im Tätigkeitsstaat zu besteuern, unabhängig davon, wo sich der Arbeitnehmer im Zeitpunkt des Erhalts der Nachzahlung aufhält.[922] Bezüge, welche ein im Ausland ansässiger Arbeitnehmer von seinem Arbeitgeber für eine in Deutschland ausgeübte nichtselbständige Arbeit während der Freistellungsphase nach dem sog. **Blockmodell im Rahmen der Altersteilzeit** erhält, sind keine Ruhegehälter, sondern nachträglicher Arbeitslohn, der als solcher in Deutschland zu versteuern ist.[923]

1005

Abfindungen,[924] die keinem bestimmten Tätigkeitsstaat zugeordnet werden können, weil sie kein Entgelt für die frühere Tätigkeit darstellen, sind im Ansässigkeitsstaat zu besteuern, sofern nicht im Einzelfall eine andere Vorschrift, z. B. Art. 19 OECD-MA (Versorgungsbezüge), eingreift.[925] Mit einer Reihe von Staaten – z. B. Belgien, Österreich, Schweiz – hat die Bundesrepublik Verständigungsvereinbarungen für die Besteuerung von Abfindungszahlungen getroffen, die von der allgemeinen Regel abweichen. Nach den vorgenannten Vereinbarungen hängt die Besteuerung davon ab, ob es sich um eine Zahlung mit Versorgungscharakter handelt (= Besteuerung im Wohnsitzstaat) oder nicht (= Besteuerung im Tätigkeitsstaat). Nicht unter die Regelung hinsichtlich der Abfindungen fallen Zahlungen, die eine im Ausland ansässige Person von einem deutschen Unternehmen als Gegenleistung für den Verzicht auf den Abschluss eines zugesagten Arbeitsvertrags erhält.[926] Die von der Rechtsprechung gegen diese Verständigungsvereinbarungen erhobenen verfassungsrechtlichen Bedenken[927] sind zwischenzeitlich durch § 2 Abs. 2 AO und die dazu ergangenen Verordnungen zur Umsetzung von Konsultationsvereinbarungen zumindest aus der Sicht der Finanzverwaltung[928] beseitigt worden.[929]

1006

Sind nach Art. 15 OECD-MA die Einkünfte teilweise von der inländischen Besteuerung freizustellen, so erfolgt die Aufteilung zwischen steuerfreien und steuerpflichtigen Einkünften nach dem Verhältnis der ausländischen Arbeitstage zu den sonstigen Arbeitstagen - Urlaubstage und arbeitsfreie Tage (arbeitsfreie Samstage, Sonn- und gesetzliche Feiertage) sind ebenfalls anteilig freizustellen;[930] dies gilt auch für Werbungskosten.

1007

---

921 BMF v. 14. 9. 2006, BStBl 2006 I 532, Tz. 126 f.
922 BFH v. 5. 2. 1992 I R 158/90, BStBl 1992 II 660; v. 9. 6. 1993 I R 81/92, BStBl 1993 II 790; v. 19. 12. 2001 I 63/00, BStBl 2003 II 302.
923 BFH v. 12. 1. 2011 I R 49/10, BStBl 2011 II 446; BMF v. 14. 9. 2006, BStBl 2006 I 532, Tz. 137 ff.
924 BMF v. 24. 5. 2004, BStBl 2004 I 505 betreffend Entlassungsentschädigungen.
925 BFH v. 2. 9. 2009 I R 90/08, BStBl 2010 II 394, und I R 111/08, BFH/NV 2009, 2044, jeweils m. w. N.
926 BFH v. 12. 9. 2006 I B 27/06, BFH/NV 2007, 13.
927 Vgl. ausführlich BFH v. 2. 9. 2009 I R 90/08, BStBl 2010 II 394.
928 Vgl. die kritischen Ausführungen in BFH v. 12. 10. 2011 I R 15/11, BStBl 2012 II 548, und v. 13. 6. 2012 I R 41/11, BStBl 2012 II 880.
929 Zum Beispiel Verordnung zur Umsetzung von Konsultationsvereinbarungen zwischen der Bundesrepublik Deutschland und der Französischen Republik v. 23. 12. 2010, BGBl 2010 I 2138.
930 BMF v. 14. 9. 2006, BStBl 2006 I 532, Tz. 105 ff.

1008 Soweit die im Tätigkeitsstaat erzielten Einkünfte nach dem DBA von der Besteuerung freigestellt sind, kommt bei einem in der Bundesrepublik ansässigen Arbeitnehmer der **Progressionsvorbehalt nach § 32b Abs. 1 Satz 1 Nr. 3, Abs. 2 Nr. 2 EStG** zur Anwendung,[931] vorbehaltlich der Regelung in § 50d Abs. 8 EStG.

3.7.9.2 183-Tage-Regelung (Art. 15 Abs. 2 OECD-MA/ Art. 14 Abs. 2 VG-DBA)

1009 Eine **Durchbrechung des Tätigkeitsprinzips zugunsten der Wohnsitzbesteuerung** beinhaltet die sog. 183-Tage-Klausel in Art. 15 Abs. 2 OECD-MA/Art. 14 Abs. 2 VG-DBA. Danach verbleibt es beim ausschließlichen Besteuerungsrecht des Wohnsitzstaates für Vergütungen aus unselbständiger Arbeit, wenn folgende drei Voraussetzungen **kumulativ** erfüllt sind:

▶ Der Arbeitnehmer darf sich im Tätigkeitsstaat nicht mehr als insgesamt 183 Tage aufgehalten haben (Art. 15 Abs. 2 Buchst. a) OECD-MA), und

▶ die Vergütung für die unselbständige Arbeit muss von einem oder für einen Arbeitgeber gezahlt worden sein, der nicht im Tätigkeitsstaat ansässig ist (Art. 15 Abs. 2 Buchst. b) OECD-MA),[932] und

▶ die Vergütung darf nicht von einer Betriebsstätte oder festen Einrichtung getragen werden, die der Arbeitgeber im Tätigkeitsstaat unterhält (Art. 15 Abs. 2 Buchst. c) OECD-MA).

1010 Hinsichtlich des **183-Tage-Zeitraums** stellen die älteren Abkommen auf das Steuerjahr oder das Kalenderjahr ab. Weicht das Steuerjahr im Ansässigkeitsstaat von dem im Tätigkeitsstaat ab (Bsp.: Australien: 1.7. bis 30.6.; Großbritannien: 6.4. bis 5.4.; Indien: 1.4. bis 31.3.; Iran: 21.3. bis 20.3.),[933] so ist das Steuerjahr des Tätigkeitsstaates maßgebend. Der Zeitraum von 183 Tagen braucht weder zeitlich noch sachlich zusammenhängen; er ist für jedes Kalenderjahr/Steuerjahr gesondert zu prüfen.

1011 Das **OECD-MA** bestimmt **seit dem Update 1992**, dass die 183 Tage innerhalb eines zusammenhängenden Zeitraums von 12 Monaten,[934] der während des betreffenden Steuerjahrs beginnt oder endet, erfüllt sein muss. In den neueren DBA[935] ist diese Regelung vereinbart.

> **BEISPIEL:** ▶ (1) A hält sich zur Montage in Lyon vom 1.9.2011 bis 31.3.2012 und in Paris vom 1.6.2012 bis 31.10.2012 auf. Für das Steuerjahr 2011 steht der Bundesrepublik das Besteuerungsrecht nach Art. 13 Abs. 4 DBA-Frankreich zu, da A sich nur 122 Tage in Frankreich auf-

---

931 Zur lediglich anteiligen Berücksichtigung von Werbungskosten bei steuerfreien Auslandsbezügen BFH v. 11.2.1993 VI R 66/91, BStBl 1993 II 450; v. 19.1.1996 VI R 77/94, BFH/NV 1996, 541; zum Problem Werbungskosten vgl. ferner BFH v. 17.12.2003 I R 75/03, BFH/NV 2004, 721; v. 20.9.2006 I R 59/05, BStBl II 2007, 756.
932 Nach einigen DBA, z. B. DBA-Indien, DBA-Norwegen, Art. 9 DBA-Österreich 1954, ist Voraussetzung, dass der Arbeitgeber im Ansässigkeitsstaat des Arbeitnehmers ansässig ist.
933 BMF v. 14.9.2006, BStBl 2006 I 532, Tz. 34 f., 52.
934 BMF v. 14.9.2006, BStBl 2006 I 532, Tz. 56 ff.
935 Bsp.: Art. 15 Abs. 2 DBA-Norwegen, Art. 15 Abs. 2 DBA-Polen 2005.

gehalten hat. Dagegen kann Frankreich die Besteuerung der Vergütungen für das Jahr 2012 vornehmen, da A sich insgesamt mehr als 183 Tage in Frankreich aufgehalten hat.

(2) B hält sich zur Montage in Warschau vom 1.9.2011 bis 31.3.2012 und in Krakau vom 1.6.2012 bis 31.10.2012 auf. Art. 15 Abs. 2 DBA-Polen stellt auf den Zwölfmonatszeitraum ab, der in dem betreffenden Steuerjahr beginnt oder endet. B hält sich zwischen dem 1.9.2011 und dem 31.8.2012 insgesamt mehr als 183 Tage in Polen auf. Bezieht man sich auf den in 2012 endenden Zwölfmonatszeitraum (1.11.2011 bis 31.10.2012), so überschneiden sich zwar die beiden Zeiträume, aber auch in dem zweiten Zeitraum hält sich B mehr als 183 Tage in Polen auf. Somit besitzt Polen das Besteuerungsrecht für alle während der Zeit vom 1.9.2011 bis 31.10.2012 in Polen erzielten Einkünfte.

Nach dem OECD-MK in der Fassung des Update 2008 soll der 12-Monate-Zeitraum nur auf solche Zeiträume bezogen werden, in denen der Tätigkeitsstaat nicht zugleich der Ansässigkeitsstaat ist.[936] Demgegenüber vertritt die deutsche Finanzverwaltung die Auffassung, dass ein Wechsel der Ansässigkeit innerhalb des 183-Tage-Zeitraums unbeachtlich sei.[937]   1012

Der OECD-MK hat sich mit der Frage beschäftigt, welche Tage zu den 183 Tagen zählen.[938] Danach werden folgende Tage mitgezählt,[939] sofern es sich nicht um eine endgültige Beendigung der Tätigkeit im Ausland handelt, da es auf den Aufenthalt i. S. einer objektiven physischen Anwesenheit der Person im Tätigkeitsstaat ankommt: 1013

▶ Ankunfts- und Abreisetag,

▶ alle Anwesenheitstage unmittelbar vor, während und nach der Tätigkeit, somit Samstage, Sonn- und Feiertage,

▶ Urlaubstage unmittelbar vor, während und nach der Auslandstätigkeit,

▶ kurzfristige Arbeitsunterbrechungen wie Streik, Aussperrungen, Krankheit.

Nicht erforderlich ist eine Mindestanwesenheitsdauer im Tätigkeitsstaat, so dass auch ein kurzfristiger Aufenthalt genügt. Daraus folgt, dass die arbeitstägliche Rückkehr in den Ansässigkeitsstaat für die 183-Tage-Regelung ohne Bedeutung ist,[940] d. h. auch diese Tage zählen mit.   1014

Stellt das Abkommen auf die Ausübung der Tätigkeit ab,[941] dann ist auf die tatsächliche Dauer (= Tage) der ausgeübten Tätigkeit abzustellen, unabhängig von der Aufenthaltsdauer; arbeitsfreie Tage (Samstage, Sonn- und Feiertage, Urlaubstage) sind nicht zu berücksichtigen.[942] Eine weitere Variante in den Abkommen ist, dass auf die physische Anwesenheit (tatsächlicher Aufenthalt) abgestellt wird.[943]   1015

---

936 Nr. 5.1 OECD-MK zu Art. 15 OECD-MA.
937 BMF v. 14.9.2006, BStBl 2006 I 532, Tz. 36.
938 Nr. 5 OECD-MK zu Art. 15 OECD-MA.
939 Vgl. auch BMF v. 14.9.2006, BStBl 2006 I 532, Tz. 38 f.
940 BFH v. 10.7.1996 I R 4/96, BStBl 1997 II 15.
941 Bsp.: Art. 15 Abs. 2 Buchst. a) DBA-Dänemark: „die unselbständige Arbeit ... ausgeübt wird"; Art. 15 Abs. 2 Ziff. 1 DBA-Belgien: „die ... nicht länger als 183 Tage – übliche Arbeitsunterbrechungen eingeschlossen – während des Kalenderjahres ausgeübt wird".
942 BMF v. 14.9.2006, BStBl 2006 I 532, Tz. 46 ff.
943 BFH v. 12.10.2011 I R 15/11, BFH/NV 2012, 640.

1016 Weitere Voraussetzung für die Anwendung der 183-Tage-Regelung ist, dass der Arbeitgeber nicht im Tätigkeitsstaat ansässig ist bzw. die Vergütung nicht zulasten einer im Tätigkeitsstaat befindlichen Betriebsstätte oder festen Einrichtung geht.[944]

1017 Sofern der Arbeitgeberbegriff im Abkommen nicht definiert ist (Regelfall), ist vor Anwendung des innerstaatlichen Rechts zu prüfen, ob sich aus dem Sinnzusammenhang des DBA eine eigene Begriffsbestimmung ableiten lässt. Allgemein wird heute auf einen **„wirtschaftlichen Arbeitgeberbegriff"** abgestellt:[945] Arbeitgeber ist derjenige Unternehmer, der die Vergütung wirtschaftlich trägt, dem der Arbeitnehmer die Arbeitsleistung schuldet, unter dessen Leitung er tätig wird und dessen Weisungen er unterworfen ist. Damit ist nicht notwendigerweise der Arbeitgeber im Abkommensrecht auch der Arbeitgeber im Lohnsteuerrecht. Allein aufgrund der Tatsache, dass eine inländische Tochtergesellschaft der Muttergesellschaft die Kosten für einen ihr überlassenen Arbeitnehmer übernimmt, wird die Tochtergesellschaft nicht zum Arbeitgeber.[946]

1018 Ist der **Arbeitgeber in beiden Vertragsstaaten ansässig** (Bsp.: satzungsmäßiger Sitz im Vertragsstaat A, Geschäftsleitung im Vertragsstaat B), und ist der Arbeitnehmer nicht im Wohnsitzstaat tätig, so muss nach Art. 4 Abs. 3 OECD-MA entschieden werden, in welchem Vertragsstaat der Arbeitgeber ansässig ist. Ist er nach Art. 4 Abs. 3 OECD-MA als im Staat der tatsächlichen Geschäftsleitung ansässig zu qualifizieren, so wird die 183-Tage-Klausel greifen können. Gilt dagegen der Arbeitgeber als im Tätigkeitsstaat ansässig, kann die 183-Tage-Klausel nicht angewandt werden. Dies gilt auch dann, wenn der Arbeitgeber für Zwecke des Abkommens als in keinem der beiden (Bsp.: Art. 4 Abs. 3 DBA-USA)[947] oder in beiden Vertragsstaaten als ansässig anzusehen ist (Bsp.: Art. 4 Abs. 2 DBA-Japan).

1019 Zu beachten ist, dass eine **Betriebsstätte** i. S. des Art. 5 OECD-MA eines Unternehmens grundsätzlich nicht als Arbeitgeber i. S. der 183-Tage-Regelung und des DBA anzusehen ist.[948]

1020 Zur Entscheidung der Frage, ob die Betriebsstätte die Vergütung wirtschaftlich getragen hat (Art. 15 Abs. 2 Buchst. c) OECD-MA), ist darauf abzustellen, ob zwischen der Tätigkeit der Betriebsstätte und der Vergütung ein wirtschaftlicher Zusammenhang besteht;[949] somit ist es nicht entscheidend, dass die Betriebsstätte die Vergütung auszahlt oder dass der Aufwand der Betriebsstätte korrekt belastet wird. Dabei sind auch die neuen Abgrenzungsregeln des AOA zu berücksichtigen.[950]

---

944 BMF v. 14. 9. 2006, BStBl 2006 I 532, Tz. 59 ff.
945 Ausführlich BFH v. 23. 2. 2005 I R 46/03, BStBl 2005 II 547.
946 BFH v. 24. 3. 1999 I R 64/98, BStBl 2000 II 41.
947 BFH v. 5. 6. 2007 I R 1/06, BStBl 2007 II 810.
948 BFH v. 29. 1. 1986 I R 109/85, BStBl 1986 II 442, und I R 296/82, BStBl 1986 II 513.
949 BFH v. 28. 1. 2004 I R 48/03, BFH/NV 2004, 1075, m. w. N.; BMF v. 14. 9. 2006, BStBl 2006 I 532, Tz. 94 ff.
950 Nr. 8 OECD-MK zu Art. 15 OECD-MA.

3.7.9.3 Arbeitnehmerverleih

Beim **gewerblichen Arbeitnehmerverleih** ist nach Auffassung der Finanzverwaltung der **Entleiher i.d.R. als Arbeitgeber** anzusehen,[951] da der Entleiher grundsätzlich die wesentlichen Arbeitgeberfunktionen wahrnimmt. Die entliehenen Arbeitnehmer sind regelmäßig in den Betrieb des Entleihers eingebunden. Dementsprechend ist mit Aufnahme der Tätigkeit des Leiharbeitnehmers beim Entleiher dieser als Arbeitgeber i.S. des DBA anzusehen. 1021

Der Arbeitnehmerverleiher und nicht der Entleiher ist aus abkommensrechtlicher Sicht jedenfalls dann regelmäßig Arbeitgeber des beschäftigten Leiharbeitnehmers, wenn dieser lediglich kurzfristig für den Entleiher tätig ist, sich seine Vergütung im Grundsatz unabhängig von der tatsächlich erbrachten Arbeitszeit beim Entleiher berechnet und kein Anhaltspunkt für eine missbräuchliche Einschaltung des Arbeitnehmerverleihers besteht.[952] 1022

In einem weiteren Urteil hat der BFH klargestellt: Wirtschaftlicher Arbeitgeber i.S. des Abkommensrechts ist bei Einschaltung eines ausländischen Arbeitnehmerverleihers grundsätzlich der Verleiher des ausländischen Arbeitnehmers und nicht der inländische Entleiher, aber es bedarf grundsätzlich einer Einzelfallprüfung, ob u.U. ein unter Berücksichtigung des jeweiligen DBA anderes Ergebnis gerechtfertigt ist.[953] 1023

Der OECD-MK[954] führt eine Reihe von Kriterien an, mit denen die Frage der Arbeitgebereigenschaft geklärt werden soll, um missbräuchliche Gestaltungen zu vermeiden: 1024

- Der Verleiher trägt keine Verantwortung oder kein Risiko für die durch die Tätigkeit des Arbeitnehmers erzielten Ergebnisse;
- der Entleiher hat das Recht, dem Arbeitnehmer Weisungen zu erteilen;
- die Arbeit vollzieht sich in einer Einrichtung, die unter der Kontrolle und Verantwortung des Entleihers steht;
- die Vergütung für den Verleiher wird auf der Grundlage der genutzten Zeit berechnet, oder eine Verbindung anderer Art zwischen dieser Vergütung und den vom Arbeitnehmer bezogenen Löhnen und Gehältern besteht;
- die Werkzeuge und das Material werden dem Arbeitnehmer im Wesentlichen vom Entleiher zur Verfügung gestellt;
- die Zahl und die Qualifikation der Arbeitnehmer werden nicht ausschließlich durch den Verleiher bestimmt.

Sofern gelegentlich ein Arbeitnehmer bei einem fremden Dritten eingesetzt wird, kann entweder eine Arbeitnehmerüberlassung oder eine Tätigkeit zur Erfüllung einer Lieferungs- oder Werkleistungsverpflichtung vorliegen.[955] 1025

---

951 BMF v. 14.9.2006, BStBl 2006 I 532, Tz. 81 ff.
952 BFH v. 4.9.2002 I R 21/01, BStBl 2003 II 264; BMF v. 14.9.2006, BStBl 2006 I 532, Tz. 83.
953 BFH v, 18.12.2002 I R 96/01, BFH/NV 2003, 1152.
954 Nr. 8.1 OECD-MK zu Art. 15 OECD-MA.
955 BMF v. 14.9.2006, BStBl 2006 I 532, Tz. 86 ff.

1026 Eine gelegentliche Arbeitnehmerüberlassung liegt grundsätzlich dann vor, wenn der zivilrechtliche Arbeitgeber, dessen Unternehmenszweck nicht die Arbeitnehmerüberlassung ist, mit einem nicht verbundenen Unternehmen vereinbart, den Arbeitnehmer für eine befristete Zeit bei letztgenanntem Unternehmen tätig werden zu lassen, und das aufnehmende Unternehmen entweder eine arbeitsrechtliche Vereinbarung (Arbeitsverhältnis) mit dem Arbeitnehmer schließt oder als wirtschaftlicher Arbeitgeber anzusehen ist. Bezogen auf die vom Entleiher gezahlten Vergütungen ist in diesen Fällen regelmäßig der Entleiher als Arbeitgeber i. S. des DBA anzusehen.

1027 Nach einigen DBA ist die 183-Tage-Klausel auf Leiharbeitnehmer nicht anwendbar.[956] In diesen Fällen haben beide Vertragsstaaten das Besteuerungsrecht. Die Doppelbesteuerung wird durch Steueranrechnung vermieden.

1028 Nach dem **DBA-Österreich 2000** steht im Rahmen der Arbeitnehmerüberlassung das Besteuerungsrecht für den Arbeitslohn des überlassenen Arbeitnehmers nur dem Wohnsitzstaat des Arbeitnehmers zu, sofern er sich nicht länger als 183 Tage während des betreffenden Kalenderjahrs im jeweils anderen Staat aufhält und die übrigen Voraussetzungen des Art. 15 Abs. 2 DBA Österreich erfüllt sind. Hält sich der Arbeitnehmer länger als 183 Tage im Tätigkeitsstaat auf, steht diesem das Besteuerungsrecht zu.

3.7.9.4 Arbeitnehmerentsendung

1029 Der Problembereich der Arbeitnehmerentsendung wurde oben aus der Sicht der zutreffenden Gewinnabgrenzung zwischen verbundenen Unternehmen dargestellt. Unter dem Gesichtspunkt der Besteuerung der Einkünfte aus unselbständiger Arbeit gilt Folgendes:[957] Falls der Fremdvergleich ergeben hat, dass der Aufwand für den entsandten Arbeitnehmer zwischen dem entsendenden und dem aufnehmenden Unternehmen aufzuteilen ist, hat nach Art. 15 OECD-MA i. d. R. der Staat, in dem sich der Arbeitnehmer zur Ausführung seiner Tätigkeit persönlich aufhält, das Besteuerungsrecht für den auf diese Zeit entfallenden vollen Arbeitslohn, und zwar unabhängig davon, wie der Aufwand zwischen dem entsendenden und dem aufnehmenden Unternehmen aufzuteilen ist. Hier gelten dann auch wieder das Prinzip der 183-Tage-Regelung[958] und ggf. das Prinzip der Grenzgängerbesteuerung.

1030 Eine Variante im Rahmen der Arbeitnehmerentsendung stellt das sog. **Payroll Split-Modell** dar: Aufteilung des Gesamtgehaltes eines Arbeitnehmers auf mehrere in- und ausländische zivilrechtlich ordnungsgemäße Arbeitsverhältnisse, um u. a. Progressionsvorteile zu erzielen.

1031 Unbedingt notwendig für eine steuerliche Anerkennung ist es, neben der tatsächlichen Durchführung des ausländischen Arbeitsvertrages, einen (zweiten) schriftlichen Arbeitsvertrag abzuschließen und eine angemessene Entlohnung, die für die ausländische

---

956 Bsp.: Art. 13 Abs. 6 DBA-Frankreich – BFH v. 11. 1. 2011 I B 119/10, BFH/NV 2011, 970; Protokoll Ziffer 13 zum DBA-Italien; Art. 15 Abs. 4 DBA-Schweden.
957 BMF v. 9. 11. 2001, BStBl 2001 I 796, Tz. 4.4.
958 BFH v. 23. 2. 2005 I R 46/03, BFH/NV 2005, 1191; Probleme kann es bei Ausgleichszahlungen im Hinblick auf Art. 15 Abs. 2 Buchst. b) OECD-MA geben.

Tätigkeit sich am ausländischen Lohnniveau vor Ort zu orientieren hat, zu vereinbaren. Zu Beweiszwecken empfiehlt sich eine ausreichende Dokumentation hinsichtlich der ausländischen Tätigkeit. Ferner darf die ausländische Gesellschaft nicht ihrerseits den Konzern mit den Kosten rückbelasten.

> **BEISPIEL:** (1) A, unbeschränkt steuerpflichtig, ist leitender Angestellter des Z-Konzerns, Köln. Zu seinem Aufgabenbereich gehört es auch, zweimal in der Woche bei der belgischen Tochtergesellschaft Belga SA Funktionen im Interesse dieser Gesellschaft wahrzunehmen. Während bisher dieser Teil der Tätigkeit vom Z-Konzern bezahlt wurde, wird nunmehr ein zusätzlicher Arbeitsvertrag mit der Belga SA geschlossen und gleichzeitig die Vergütung aus dem Arbeitsvertrag mit Z entsprechend herabgesetzt. Damit ist nicht mehr streitig, welcher Teil des Einkommens nach den Bestimmungen des DBA-Belgien in der Bundesrepublik unter Beachtung des Progressionsvorbehalts steuerfrei ist.
>
> (2) B, bisher bei der X-GmbH in Frankfurt zu einem Jahresgehalt von 150 000 € beschäftigt, wird auf die Dauer vom 1.1.2011 bis 31.12.2011 zu der in Slowenien ansässigen Tochtergesellschaft T zum Zwecke des Aufbaus des Vertriebs und Controllings entsandt. B schließt mit T einen eigenständigen Arbeitsvertrag und erhält ein ortsübliches Gehalt von jährlich 50 000 €. Mit der X-GmbH wird zum einen das Ruhen des Arbeitsvertrages und zum anderen eine Ausgleichszahlung i. H. von 100 000 € vereinbart. Für die Zeit seiner Entsendung mietet sich B eine Wohnung in Slowenien; seine Ehefrau und die gemeinsamen Kinder verbleiben im ehelichen, den Ehegatten gehörenden Einfamilienhaus in Frankfurt.
>
> Die Zahlungen der T sind unstreitig in Slowenien zu versteuern (Art. 15 Abs. 1 DBA-Slowenien). Da B in beiden Staaten nach den jeweiligen nationalen Steuergesetzen unbeschränkt steuerpflichtig ist, ist für die Besteuerung der von der X-GmbH gezahlten Ausgleichszahlung, die Einkünfte aus unselbständiger Arbeit darstellen, entscheidend, wo B nach der Tie-Breaker-Rule des Art. 4 Abs. 2 Buchst. a) DBA-Slowenien den Mittelpunkt seiner Lebensinteressen hat. Diesen wird man in der Bundesrepublik annehmen können, da hier Frau und Kinder wohnen.[959] Somit ist die Ausgleichszahlung uneingeschränkt in der Bundesrepublik zu versteuern, und der in Slowenien gezahlte Lohn ist im Wege des Progressionsvorbehalts zu berücksichtigen (Art. 23 Abs. 1 Buchst. a) und d) DBA-Slowenien, § 32b Abs. 1 Satz 1 Nr. 3 EStG). Slowenien seinerseits darf, sofern im nationalen Steuerrecht vorgesehen, die Ausgleichszahlung im Rahmen des Progressionsvorbehalts berücksichtigen (Art. 23 Abs. 2 Buchst. b) DBA-Slowenien).

3.7.9.5 Grenzgänger

Weder vom OECD-MA noch vom VG-DBA wird die Besteuerung der Grenzgänger **geregelt**. Unter Grenzgänger sind grundsätzlich Arbeitnehmer zu verstehen, die in der Nähe der Grenze in der Bundesrepublik ansässig sind (die Grenzzone entfällt im Verhältnis zur Schweiz seit 1994)[960] und im benachbarten Ausland ihrer unselbständigen Arbeit innerhalb der Grenzzone nachgehen[961] und umgekehrt. **Voraussetzung für die Anerkennung als Grenzgänger ist, dass der Arbeitnehmer regelmäßig arbeitstäglich wieder über die Grenze zurück an seinen Wohnort kehrt.**[962] Grenzgänger sind demnach Personen, die zwar mit ihrer Tätigkeit in die Arbeitswelt des Tätigkeitsstaates integriert

1032

---

959 BFH v. 31.10.1990 I R 24/89, BStBl 1991 II 562.
960 Bsp.: 30-Kilometer-Zone für französische Grenzgänger; zu den Grenzgängern Initiative der Kommission v. 2.4.2012 (IP/12/340).
961 Dies gilt auch für Berufskraftfahrer im Grenzbereich; vgl. Verständigungsvereinbarung mit Österreich (FinMin Ba-Wü v. 29.8.1994, IStR 1994, 505).
962 BFH v. 16.3.1994 I B 186/93, BStBl 1994 II 696; v. 21.8.1996 I R 80/95, BStBl 1997 II 134.

sind, aber in den Lebenskreis des Wohnsitzstaates wie dort tätige Arbeitnehmer eingegliedert bleiben.[963] Die Tätigkeit eines Grenzgängers begründet für sich alleine noch keinen gewöhnlichen Aufenthalt i. S. des § 9 AO im Tätigkeitsstaat.[964]

1033 In folgenden DBA finden bzw. fanden sich Grenzgängerregelungen:
- ▶ Art. 15 Abs. 3 Nr. 1 DBA-Belgien (mit Wirkung ab 1. 1. 2004 aufgehoben),
- ▶ Art. 13 Abs. 5 DBA-Frankreich,[965]
- ▶ Art. 15 Abs. 6 DBA-Österreich 2000 und
- ▶ Art. 15a DBA-Schweiz.[966]

1034 Soweit im jeweiligen DBA zum Nachbarland der Bundesrepublik keine Bestimmungen über Grenzgänger getroffen sind, verbleibt es bei den allgemeinen Bestimmungen, d. h., das Besteuerungsrecht steht unter Beachtung der 183-Tage-Regelung dem Wohnsitzstaat, ansonsten dem Tätigkeitsstaat zu.

1035 Die Grenzgängereigenschaft geht nicht verloren, wenn der Arbeitnehmer im Kalenderjahr an nicht mehr als 45 Arbeitstagen[967] (ohne Urlaubs- und Krankheitstage, Samstage, Sonn- und Feiertage;[968] 60 Tage gemäß Art. 15a Abs. 2 Satz 2 DBA-Schweiz)[969] nicht zum Wohnsitz zurückkehrt (sog. Nichtrückkehrtage) oder außerhalb der Grenzzone von seinem ständigen Arbeitgeber beschäftigt wird.[970] Zu den schädlichen Tagen zählen nur ganze Arbeitstage.[971]

1036 Greift die Grenzgängerregelung ein, so können die Arbeitnehmer mit ihren Einkünften aus unselbständiger Arbeit grundsätzlich nur im Wohnsitzstaat besteuert werden. Auf Antrag erfolgt eine Freistellung von der Lohnsteuer des Tätigkeitsstaates (§ 39b Abs. 6 EStG; R 39b.10, R 39d LStR).

1037 In der Bundesrepublik ansässige Grenzgänger haben Einkommensteuer-Vorauszahlungen zu leisten (§ 37 Abs. 1 i. V. mit § 38 Abs. 1 EStG), da ein Lohnsteuerabzug mangels inländischem Arbeitgeber unterbleibt; die Einkommensteuer ist durch Veranlagung gemäß § 25 EStG zu erheben.[972]

---

963 BFH v. 16. 3. 1994 I B 186/93, BStBl 1994 II 696.
964 BFH v. 25. 1. 1989 I R 205/82, BStBl 1990 II 687; v. 4. 7. 2012 II R 38/10, BStBl 2012 II 782.
965 Lt. EuGH v. 12. 5. 1998 C-336/96 Gilly, IStR 1998, 336, verstößt die Grenzgängerregelung im DBA-Frankreich nicht gegen EG-Recht; vgl. ferner Verständigungsvereinbarung zur 183-Tage-Regelung und zur Anwendung der Grenzgängerregelung BMF v. 16. 2. 2006, BStBl 2006 I 304.
966 BMF v. 19. 9. 1994, BStBl 1994 I 683, v. 7. 7. 1997, BStBl 1997 I 723 und v. 20. 10. 2006, BStBl 2007 I 68.
967 BMF v. 3. 4. 2006, BStBl 2006 I 304 zum DBA-Frankreich; v. 30. 1. 1997, BStBl 1987 I 191 zum DBA-Österreich; v. 7. 7. 1997, BStBl 1997 I 723 zum DBA-Schweiz; zum Problem der arbeitsbedingten mehrtägigen Tätigkeit vgl. auch Verhandlungsprotokoll zum DBA-Schweiz BMF v. 19. 9. 1994, BStBl 1994 I 683, Tz. 11 bis 13.
968 BFH v. 26. 7. 1995 I R 80/94, BFH/NV 1996, 200.
969 Zum Problem der Berechnung der Nichtrückkehrtage u. a. BFH v. 27. 8. 2008 I R 10/07, BStBl 2009 II 94; v. 27. 8. 2008 I R 64/07, BStBl 2009 II 97; v. 11. 11. 2009 I R 83/09, BFH/NV 2010, 524; v. 24. 11. 2009 I R 15/09, BFH/NV 2010, 530; v. 9. 6. 2010 I R 115/08, BFH/NV 2010, 2275; v. 12. 10. 2010 I R 86/08, BFH/NV 2011, 579; v. 3. 11. 2010 I R 4/10, BFH/NV 2011, 800; v. 17. 11. 2010 I R 76/09, BFH/NV 2011, 674; vgl. ferner OFD Karlsruhe v. 17. 7. 2009, IStR 2009, 662.
970 Zum DBA-Frankreich BFH v. 24. 11. 2009 I R 84/08, BFH/NV 2010, 527.
971 BFH v. 25. 11. 2002 I B 136/02, BStBl 2005 I 375.
972 BFH v. 10. 1. 1992 VI R 117/90, BStBl 1992 II 720.

Die Grenzgängerregelung gilt auch für **Lohnersatzleistungen** (Bsp.: Konkursausfall-, Winter- und Schlechtwettergeld),[973] nicht aber für Versicherungsleistungen[974] oder Rentenleistungen aufgrund der Tätigkeit.[975]

1038

Die Regelung des Art. 19 OECD-MA für Einkünfte aus öffentlichen Kassen geht nach Auffassung des BFH den Grenzgängerregelungen in den einzelnen DBA vor.[976] Die Differenzierung zum einen nach der Staatsangehörigkeit und zum anderen nach dem Arbeitgeber verstößt nach Auffassung des EuGH nicht gegen das Diskriminierungsverbot des AEUV.[977]

1039

Nach Art. 15a Abs. 1 DBA-Schweiz ist der Tätigkeitsstaat seit 1994 berechtigt, eine Einkommensteuer i. H. von 4,5 % des Bruttolohns im Abzugswege zu erheben. Die in der Schweiz erhobene Steuer wird in der Bundesrepublik gemäß § 36 EStG unter Ausschluss von § 34c EStG angerechnet (Art. 15a Abs. 3 DBA-Schweiz).

1040

3.7.9.6 Arbeitnehmer im internationalen See- und Luftverkehr (Art. 15 Abs. 3 OECD-MA)

Art. 15 Abs. 3 OECD-MA/Art. 14 Abs. 3 VG-DBA bestimmt, dass abweichend von den Regelungen in Abs. 1 und 2 die Vergütung für Arbeitnehmer an Bord von Seeschiffen und Luftfahrzeugen im internationalen Verkehr sowie an Bord von Binnenschiffen in dem Staat besteuert werden können, in dem sich der Ort der tatsächlichen Geschäftsleitung des Unternehmens befindet.[978] „Unternehmen" i. S. der Vorschrift ist das die Schifffahrt betreibende Unternehmen,[979] nicht notwendigerweise der Arbeitgeber, wenn beide auseinanderfallen.

1041

Für die Anwendung des Art. 15 Abs. 3 OECD-MA muss nach ständiger Rechtsprechung des BFH das die Schifffahrt betreibende Unternehmen zugleich wirtschaftlicher Arbeitgeber sein. Wird ein Seeschiff verchartert, so können sowohl der Charterer als auch der Vercharterer Frachtleistungen erbringen. In diesem Fall hat das Besteuerungsrecht für die Heuer der Staat, auf dessen Gebiet sich die tatsächliche Geschäftsleitung des Beförderungsunternehmens befindet, dessen Gewinn durch die Heuer geschmälert wird.[980]

1042

BEISPIEL: ▶ A, verheiratet, wohnhaft in Bremerhaven, ist leitender Ingenieur eines Tankschiffes, das unter zypriotischer Flagge fährt; Eigentümerin des Schiffes ist die inländische B-KG, die das Schiff an die Z-Ltd. in Larnaca/Zypern, bareboat (= ohne Crew) verchartert hat. Die Z-Ltd.

---

973 BMF v. 16. 7. 1979, BStBl 1979 I 486.
974 BFH v. 26. 5. 1998 VI R 9/96, BStBl 1998 II 581; v. 25. 1. 2000 VI B 108/98, BFH/NV 2000, 836.
975 Hier kann es zu der Problematik kommen, dass zwar die Einkünfte aus der nichtselbständigen Tätigkeit in einem Staat, die danach sich anschließenden Alterseinkünfte aber im anderen Staat versteuert werden müssen; vgl. hierzu BFH v. 24. 6. 2009 X R 57/06, BFH/NV 2009, 1697.
976 BFH v. 5. 9. 2001 I R 88/00, BFH/NV 2002, 623; v. 23. 9. 2008 I R 57/07, BFH/NV 2009, 390; v. 11. 7. 2012 I R 76/11, BFH/NV 2012, 196.
977 EuGH v. 12. 5. 1998 C-336/96 Gilly, IStR 1998, 336.
978 BFH v. 10. 11. 1993 I R 53/91, BStBl 1994 II 218; v. 8. 2. 1995 I R 42/94, BStBl 1995 II 402; v. 11. 2. 1997 I R 36/96, BStBl 1997 II 432; v. 19. 3. 1997 I R 37/96, BFH/NV 1997, 666; v. 5. 9. 2001 I R 55/00, BFH/NV 2002, 478; v. 22. 10. 2003 I R 53/02, BStBl 2004 II 704.
979 BFH v. 10. 11. 1993 I R 53/91, BStBl 1994 II 218; v. 18. 5. 2010 I B 204/09, BFH/NV 2010, 1636.
980 BFH v. 8. 2. 1995 I R 42/94, BStBl 1995 II 402.

hat mit der I-Ltd., Larnaca/Zypern, einen sog. Crewing-Vertrag abgeschlossen, wonach die I-Ltd. als Arbeitnehmerverleiherin die Besatzung stellt. A ist bei der I-Ltd. angestellt und erhält von ihr auch seine Heuer.

Keine Anwendung des Art. 15 Abs. 3 DBA-Zypern 1974, da der Arbeitgeber nicht zugleich das die Schifffahrt betreibende Unternehmen ist. Nach dem DBA-Zypern 2011 – Art. 14 Abs. 4 sowie Nr. 4 des Protokolls[981] – ist demgegenüber die Regelung anzuwenden.

1043 Die Regelung in Art. 15 Abs. 3 OECD-MA ist eine **Sonderregelung zu Art. 15 Abs. 1 und 2 OECD-MA** (Lex specialis) und geht diesem vor.[982] Auch eine subsidiäre Anwendung der Regelung in Art. 15 Abs. 1 Satz 2 OECD-MA (= Ort der Tätigkeit) und des Art. 15 Abs. 2 OECD-MA, wenn die Voraussetzungen des Art. 15 Abs. 3 OECD-MA nicht vorliegen, scheiden aus, so dass dann die Grundregel des Art. 15 Abs. 1 Satz 1 OECD-MA eingreift.

1044 Als eine wichtige Ausnahme von dem Grundsatz des Art. 15 Abs. 3 OECD-MA ist das **DBA-Liberia** zu nennen, in dem eine dem Art. 15 Abs. 3 OECD-MA entsprechende Regelung fehlt, so dass hier nun die Grundregel des Art. 15 Abs. 1 Satz 1 DBA-Liberia eingreift: Tätigkeitsstaat ist bei Arbeitsausübung an Bord von Schiffen, die unter liberianischer Flagge fahren, Liberia,[983] solange sich das Schiff auf hoher See bzw. im Hoheitsgebiet von Liberia befindet.

1045 In Art. 15 Abs. 3 **DBA-Singapur** und in Art. 15 Abs. 3 **DBA-USA** ist umgekehrt geregelt, dass Einkünfte i. S. des Art. 15 Abs. 3 OECD-MA nur im Ansässigkeitsstaat besteuert werden können.[984] In diesen Fällen würde eine im Ausland erhobene Steuer angerechnet werden.

1046 Die Regelung des Art. 15 Abs. 3 OECD-MA ist nicht entsprechend anwendbar auf andere Arbeitnehmer, die für ihre Arbeitgeber im internationalen Verkehr eingesetzt werden (Bsp.: Berufskraftfahrer).[985]

1047 Einkünfte, die ihrer Tätigkeit nach unter Art. 15 Abs. 3 OECD-MA fallen, werden in der Bundesrepublik i. d. R. von der Besteuerung unter Beachtung des Progressionsvorbehalts freigestellt. Zu beachten ist in diesem Zusammenhang die Regelung des § 50d Abs. 9 Satz 1 Nr. 2 EStG.[986]

---

981 BT-Drs. 17/6259, S. 29.
982 BFH v. 5. 9. 2001 I R 55/00, BFH/NV 2002, 478.
983 BFH v. 5. 10. 1977 I R 250/75, BStBl 1978 II 50; v. 19. 3. 1997 I R 37/96, BFH/NV 1997, 666; ebenso im Ergebnis BFH v. 12. 11. 1986 I R 320/83, BStBl 1987 II 381, für Arbeitnehmer einer deutschen Fluggesellschaft; zu Abfindungen für die Tätigkeit auf einem unter liberianischer Flagge fahrenden Schiff BFH v. 10. 7. 1996 I R 83/95, BStBl 1997 II 341.
984 BFH v. 12. 11. 1986 I R 38/83, BStBl 1987 II 377.
985 BFH v. 16. 5. 2002 I B 80/01, BFH/NV 2002, 1423; BMF v. 19. 9. 2011 Verständigungsvereinbarung über die steuerliche Behandlung von Berufskraftfahrern; Erweiterung der Verständigungsvereinbarung auf Lokomotivführer und Begleitpersonal, BStBl 2001 I 849.
986 BMF v. 12. 11. 2008, BStBl 2008 I 988, zu der Besteuerung des in der Bundesrepublik ansässigen Flugpersonals britischer und irischer Fluggesellschaften; a. A. BFH v. 19. 12. 2013 I B 109/13, BFH/NV 2014, 623.

3.7.10 Einkünfte aus Arbeit in sonstigen Fällen

3.7.10.1 Aufsichtsrats- und Verwaltungsratsvergütungen (Art. 16 OECD-MA/Art. 15 VG-DBA)

Nach Art. 16 OECD-MA können Aufsichtsrats- und Verwaltungsratsvergütungen sowie ähnliche Zahlungen, die eine in einem Vertragsstaat ansässige Gesellschaft an ihre im anderen Vertragsstaat ansässigen Mitglieder des Aufsichts- oder Verwaltungsrats für Überwachungs- und Kontrolltätigkeit tätigt, **grundsätzlich im Sitzstaat der Gesellschaft** besteuert werden. Art. 16 OECD-MA enthält eine Sonderregelung für diese Einkünfte, um die Besteuerung von Zufälligkeiten unabhängig zu machen und um Qualifikationskonflikte zu vermeiden; sie geht als Lex specialis der Regelung des Art. 14 und ggf. des 15 OECD-MA vor.[987]   1048

Art. 15 VG-DBA entspricht uneingeschränkt Art. 16 OECD-MA.   1049

Die Tätigkeit als Aufsichts- oder Verwaltungsrat wird im Regelfall eine selbständige Tätigkeit darstellen.[988] Es kann sich aber im Einzelfall auch um Einkünfte aus unselbständiger Tätigkeit handeln.[989]   1050

Einige DBA beziehen ausdrücklich in die Regelung des Art. 16 OECD-MA die Einkünfte der (angestellten) **Geschäftsführer** und/oder **Vorstandsmitglieder** ein.[990] Dies stellt dann jeweils eine Sonderregelung zu Art. 15 OECD-MA dar.   1051

Unter Art. 16 OECD-MA fallen alle Vergütungen, die im Zusammenhang mit der überwachenden Tätigkeit gezahlt werden, und zwar unabhängig davon, in welcher Art und Weise die Bezahlung erfolgt (feste Vergütung, gewinnabhängige Vergütung, Sondervergütung, Aufwandsentschädigung, Spesen, Gewinnbeteiligung, Sitzungsgelder, Abfindungen, Sachleistungen usw.).   1052

Zu prüfen ist jeweils, ob die Zahlungen nur für die **Überwachungtätigkeit** geleistet werden – und nur diese sind begünstigt[991] –, oder ob die Vergütung daneben andere Komponenten z. B. für die Beteiligung an der Gesellschaft oder für andere Tätigkeiten enthält (als Berater, Angestellter, Vermittler von Geschäften für die Gesellschaft; vgl. § 114 AktG). Derartige Zahlungen fallen nicht unter Art. 16 OECD-MA und sind auszuscheiden. Nach § 113 Abs. 1 Satz 2 AktG ist die Vergütung für den Aufsichtsrat einer deutschen Aktiengesellschaft durch die Satzung oder die Hauptversammlung festzulegen; die die Vergütung begründenden Dokumente (Bsp.: Protokoll der Hauptversammlung) sind zur Auslegung mit heranzuziehen; entsprechend ist bei der Vergütung für die Kontrolltätigkeit einer ausländischen Gesellschaft zu verfahren. Soweit ein unbeschränkt steuerpflichtiges Mitglied sich auf die Abkommensvergünstigung beruft, hat es gemäß § 90 Abs. 2 AO die erforderlichen Unterlagen im Inland vorzulegen.   1053

---

[987] BFH v. 5.3.2008 I R 54, 55/07, BFH/NV 2008, 1487.
[988] BFH v. 25.9.1991 I R 130/90, BStBl 1992 II 172; v. 28.8.2003 IV R 1/03, BStBl 2004 II 112.
[989] Wahrnehmung der Funktion als Aufsichtsrat im Rahmen einer unselbständigen Tätigkeit auf Weisung des Arbeitgebers.
[990] Bsp.: Art. 16 DBA-Japan, Art. 16 DBA-Mexiko, Art. 16 DBA-Schweden.
[991] BFH v. 5.10.1994 I R 67/93, BStBl 1995 II 95; v. 14.3.2011 I R 23/10, BFH/NV 2011, 1599.

1054 Eine Aufteilung der Vergütung scheidet aus, wenn die Vergütung lt. Vertrag, Satzung oder Beschluss einheitlich für eine Tätigkeit gezahlt wird, die sowohl Überwachungsfunktion als auch sonstige Funktionen erfüllt.[992] Sieht in derartigen Fällen das Abkommen eine Anwendung des Art. 16 OECD-MA entsprechenden Artikels nur auf Aufsichtsrats- und Verwaltungsratsvergütungen vor, und lässt sich eine zweifelsfreie Aufteilung der Vergütung anhand objektiver Merkmale nicht leicht und einfach durchführen, scheidet eine Anwendung der Abkommensvergünstigung aus,[993] und die gesamten Vergütungen sind ihrem bestimmenden wirtschaftlichen Gehalt nach entweder als Einkünfte aus unselbständiger Arbeit, aus selbständiger Arbeit oder aus Dividenden zu behandeln. Dem Betroffenen bleibt ggf. die Beantragung der Einleitung eines Verständigungsverfahrens.[994]

1055 Zu der Vergütung i. S. des Art. 16 OECD-MA gehört in den Fällen, in denen die kontrollierte Gesellschaft ihren Sitz in der Bundesrepublik hat, und der Bundesrepublik das Besteuerungsrecht zusteht, auch die **Befreiung von der Umsatzsteuerverbindlichkeit**, die das Mitglied des Aufsichtsrats anmelden und abführen müsste.[995]

1056 Der Schuldner der Vergütung muss die im anderen Vertragsstaat ansässige Gesellschaft sein.

1057 Art. 16 OECD-MA spricht von **„Person"**, die die Tätigkeit ausübt. Nach deutschem Rechtsverständnis kann nur eine natürliche Person Mitglied des Aufsichtsrats sein.[996] Nach dem OECD-MA ist es aufgrund der gewählten Formulierung auch möglich, dass eine andere als eine natürliche Person die Tätigkeit i. S. des Art. 16 OECD-MA ausübt, da Person i. S. des OECD-MA gemäß Art. 3 Abs. 1 Buchst. a) OECD-MA auch Gesellschaften oder Personenvereinigungen sein können.

1058 In einer Reihe von Abkommen wird ausdrücklich klargestellt, dass **nur natürliche Personen** als Bezieher der Einkünfte i. S. des Art. 16 OECD-MA in Betracht kommen.

1059 Die deutsche Fassung des OECD-MA spricht von **„Mitglied des Aufsichts- oder Verwaltungsrats"**. Die Aufgaben des Aufsichtsrats sind in § 111 AktG definiert: Überwachung der Geschäftsführung, d. h. des Vorstands der Aktiengesellschaft.[997]

1060 Der Ausdruck **„Verwaltungsrat"** ist gesetzlich nicht definiert; vom Sinn der Norm her muss es sich um ein Kontroll- und Überwachungsorgan handeln.

1061 In einigen DBA findet sich die Ergänzung **„oder als Mitglied ähnlicher Organe"**.[998] Entscheidend für die Einbeziehung eines gesellschaftsrechtlichen Organs in den Regelungsbereich des Art. 16 OECD-MA ist, ob das Organ ausschließlich der Kontrolle und Überwachung dient. So kann z. B. der Beirat dann ein solches Organ sein, wenn er nicht Aufgaben der Geschäftsführung übernimmt, sondern nur überwachend tätig ist.[999] Im

---

[992] BFH v. 28. 2. 1961 I 59/60, BB 1961, 560.
[993] BFH v. 20. 9. 1966 I R 265/62, BStBl 1966 III 688; v. 15. 11. 1978 I R 65/76, BStBl 1979 II 193.
[994] BFH v. 5. 10. 1994 I R 67/93, BStBl 1995 II 95.
[995] BFH v. 25. 9. 1991 I R 130/90, BStBl 1992 II 172.
[996] Vgl. § 100 Abs. 1 Satz 1 AktG.
[997] Vgl. § 90 AktG: Bericht des Vorstandes an den Aufsichtsrat; BFH v. 28. 8. 2003 IV R 1/03, BStBl 2004 II 112.
[998] Bsp.: Art. 16 DBA-Belgien, Art. 16 DBA-Finnland.
[999] BFH v. 11. 3. 1981 I R 8/77, BStBl 1981 II 623.

Zweifel ist entscheidend, ob, **ausgerichtet an dem Leitbild des § 111 AktG,** eine Überwachung vorgenommen wird; reine Repräsentationsaufgaben fallen nicht unter die Aufsichtsratstätigkeit.[1000] **Der Begriff der Überwachungstätigkeit ist weit auszulegen.**[1001]

Ein Problem kann sich daraus ergeben, dass im ausländischen Gesellschaftsrecht in einer Person sowohl Überwachungs- als auch Geschäftsleitungsaufgaben zusammengefasst werden können, nach dem Abkommen aber nur die Überwachungs- und Kontrolltätigkeit unter Art. 16 OECD-MA fallen (Beispiel: board of directors im englischen und US-amerikanischen Gesellschaftsrecht umfasst z. T. auch Pflichten eines deutschen Vorstands). Hinzu kommt, dass die deutsche, englische und französische Fassung des Art. 16 OECD-MA nicht deckungsgleich sind. Der BFH hat sich mit dem Problem befasst, dass im anderen Vertragsstaat nach dem dortigen Gesellschaftsrecht ein Aufsichtsrat nicht vorgesehen ist; das Gericht hat im konkreten Fall die Anwendung des Art. 16 DBA-Spanien (= Art. 16 OECD-MA) abgelehnt und die gezahlte Vergütung als solche i. S. des Art. 15 DBA-Spanien (= Art. 15 OECD-MA) qualifiziert.[1002] Zum schweizerischen Gesellschaftsrecht hat er entschieden, dass Art. 16 DBA-Schweiz 1992 nur dann anwendbar sein kann, wenn die Aufgaben eines Verwaltungsratsmitglieds sich auf die Überwachung der Geschäftsleitung beschränken.[1003] 1062

Mit dem Ausdruck „**Gesellschaft**" wird auf Art. 3 Abs. 1 Buchst. b) OECD-MA Bezug genommen, d. h., es muss sich bei der kontrollierten Person entweder um eine juristische Person oder einen Rechtsträger handeln, der für die Besteuerung wie eine juristische Person behandelt wird. 1063

Aufgrund der Erweiterung in Art. 3 Abs. 1 Buchst. b) OECD-MA fallen unter den Begriff der Gesellschaft auch **Personengesellschaften**, wenn sie nach dem nationalen Recht des Sitzstaates steuerrechtlich wie juristische Personen behandelt werden. Verfügt die Personengesellschaft unter den genannten Voraussetzungen über ein Kontroll- oder Überwachungsorgan (Bsp.: Beirat), können Zahlungen für die Tätigkeit in derartigen Organen ebenfalls unter Art. 16 OECD-MA fallen. 1064

In einigen DBA wird auf Kontrollorgane von „**Kapitalgesellschaften**" abgestellt. Da dieser Ausdruck üblicherweise nicht im Abkommen erläutert wird, ist entsprechend Art. 3 Abs. 2 OECD-MA auf das nationale Steuerrecht zurückzugreifen (= § 1 Abs. 1 Nr. 1 KStG). 1065

Für die Besteuerung ist es ohne Bedeutung, **wo sich das Aufsichtsrats- oder Verwaltungsratsmitglied aufhält,** wo er ansässig ist und wo die Kontrolltätigkeit ausgeübt wird, so dass nach Art. 16 OECD-MA eine Besteuerung im Sitzstaat der kontrollierten Gesellschaft auch dann stattfindet, wenn die Gesellschaft ihren Sitz im Staat A hat, das Aufsichtsrats- oder Verwaltungsratsmitglied im Staat B ansässig ist und die Kontroll- 1066

1000 BFH v. 31. 1. 1978 VIII R 159/73, BStBl 1978 II 352.
1001 BFH v. 20. 9. 1966 I R 265/62, BStBl 1966 III 688; v. 12. 9. 1973 I R 249/71, BStBl 1975 II 872; v. 30. 9. 1975 I R 46/74, BStBl 1976 II 155; v. 31. 1. 1978 VIII R 159/73, BStBl 1978 II 352; v. 15. 11. 1978 I R 65/76, BStBl 1979 II 193; v. 11. 3. 1981 I R 8/77, BStBl 1981 II 623; v. 28. 8. 2003 IV R 1/03, BStBl 2004 II 112.
1002 BFH v. 27. 4. 2000 I B 114/99, BFH/NV 2001, 6.
1003 BFH v. 14. 3. 2011 I R 23/10, BStBl 2013 II 73.

tätigkeit im Staat C ausgeübt wird. D. h., es ist grundsätzlich nicht erforderlich, dass die Überwachungstätigkeit im Sitzstaat der Gesellschaft ausgeübt wird. In einzelnen DBA wird hiervon ausdrücklich abweichend verlangt, dass die Tätigkeit im Sitzstaat der kontrollierten Gesellschaft ausgeübt wird.[1004]

1067 Nach Art. 16 OECD-MA wird dem **Sitzstaat der kontrollierten Gesellschaft** - auch aus verwaltungsökonomischen Gründen - als **Quellenstaat** das vorrangige Besteuerungsrecht eingeräumt (**Quellenbesteuerung**). Daneben kann, muss aber nicht, der Wohnsitzstaat des Empfängers der Vergütung die Einkünfte einer Besteuerung unterwerfen.

1068 **Vergütungen** i. S. des Art. 16 OECD-MA werden **bei einem unbeschränkt Steuerpflichtigen** i. d. R. unter Anrechnung der ausländischen Steuer der Einkommensbesteuerung unterworfen. In einigen wenigen DBA ist abweichend von der Grundregel die Freistellung unter Beachtung des Progressionsvorbehalts vereinbart.

3.7.10.2 Künstler und Sportler (Art. 17 OECD-MA/Art. 16 VG-DBA)

1069 Art. 17 OECD-MA regelt die Besteuerung sowohl der berufsmäßigen als auch der gelegentlich tätigen Künstler und Sportler. Deren Einkünfte werden grundsätzlich in dem Staat besteuert, **in dem die Tätigkeit höchstpersönlich ausgeübt wird**.[1005] Nicht zu den Sportlern gehören die Trainer. Da hinsichtlich der Auslegung des Art. 17 OECD-MA Differenzen bestehen, hat die OECD im April 2010 einen Entwurf für eine Ergänzung und Klarstellung des Musterkommentars zu Art. 17 OECD-MA veröffentlicht, die aber noch nicht in ein Update eingeflossen sind.

1070 **Art. 16 VG-DBA** entspricht nur teilweise dem Art. 17 OECD-MA: Die Absätze 3 und 4 haben keine Entsprechung im OECD-MA; die Regelung des Abs. 4 ist in einigen DBA ausdrücklich vereinbart.[1006]

1071 Erhält nicht der Künstler oder Sportler die Vergütung, sondern eine andere natürliche oder juristische Person (Bsp.: Künstleragentur, Veranstaltungsgesellschaft mbH usw.), bei der der Künstler angestellt ist,[1007] so hat nach Art. 17 Abs. 2 OECD-MA dennoch der Staat, in dem der Künstler oder Sportler seine Tätigkeit ausübt, das Besteuerungsrecht.[1008]

1072 Zu den Einnahmen aus der Tätigkeit als Künstler können auch **Leistungen im Bereich der Werbung** zählen, wenn sie als eigenschöpferische Leistungen zu werten sind; dagegen handelt es sich bei einer Tätigkeit im Rahmen einer Produktpräsentation um Einkünfte aus Gewerbebetrieb (Bsp.: Mitwirken in Werbefilmen, bei Fotoreklamen, Presse-

---

1004 Bsp.: Art. 16 DBA-USA.
1005 Abweichung in einzelnen DBA möglich, so z. B. in Art. 17 Abs. 1 DBA-USA, wonach es bei der Besteuerung im Wohnsitzstaat bleibt, wenn die Einnahmen 20 000 US-Dollar nicht übersteigen; vgl. BFH v. 19. 11. 2003 I R 22/02, BStBl 2004 II 560; zu Fernsehübertragungsrechten BFH v. 13. 6. 2012 I R 41/11, BFH/NV 2012, 1722.
1006 Vgl. Rdn. 1074.
1007 BFH v. 1. 12. 1982 I 238/81, BStBl 1983 II 213; v. 20. 6. 1984 I R 283/81, BStBl 1984 II 828.
1008 Zur Besteuerung von Künstlern nach dem DBA-Österreich 1954 vgl. BFH v. 11. 10. 2000 I R 44-51/99, BStBl 2002 II 271, sowie v. 18. 7. 2001 I R 26/01, BStBl 2002 II 410.

konferenzen oder Autogrammstunden, Überlassung von Namens- und Bildrechten);[1009] auch eine Teilnahme an einer Talkshow ist i. d. R. keine künstlerische Leistung.[1010] Es handelt es sich um ausländische Einkünfte, wenn sie durch eine in einem ausländischen Staat belegene Betriebsstätte erzielt werden. Eine solche Betriebsstätte kann der Wohnsitz sein, wenn sich dort der Mittelpunkt der beruflichen Tätigkeit befindet und wenn von diesem aus die geschäftlichen Planungen vorgenommen werden.[1011]

Art. 17 OECD-MA ist grundsätzlich nicht nur auf vortragende Künstler anzuwenden,[1012] sondern auch auf solche Künstler, deren Kunstausübung nicht im Auftreten vor einem Publikum besteht – sog. werkschaffende Künstler (Bsp.: Regisseur, Bühnenbildner, Maler, Bildhauer, Komponist usw.), sofern nicht das jeweilige DBA ausdrücklich vorsieht, dass lediglich die künstlerische Tätigkeit in der Form der öffentlichen Darbietung begünstigt ist.[1013]

1073

Art. 17 OECD-MA findet i. d. R. keine Anwendung auf die Darbietungen solcher Künstler und Sportler, deren Tätigkeit im anderen Vertragsstaat im Wesentlichen mittelbar oder unmittelbar aus öffentlichen Kassen des Wohnsitzstaates finanziert wird (**offizieller Kulturaustausch**).[1014] In diesen Fällen erfolgt i. d. R. eine Freistellung von der inländischen Besteuerung.[1015]

1074

Steht der Künstler in einem Arbeitsverhältnis zu einem privaten Arbeitgeber, so kann er z. B. nach dem DBA-Schweiz in den Genuss der Grenzgängerregelung des Art. 15a DBA-Schweiz gelangen.

1075

Ausländische Einkünfte i. S. des Art. 17 OECD-MA werden bei einem **unbeschränkt Steuerpflichtigen** i. d. R. unter Anrechnung der ausländischen Steuer besteuert.

1076

Das BZSt hält für **beschränkt steuerpflichtige Künstler und Sportler** ein Merkblatt zum Antrag nach § 50a EStG auf seinen Internetseiten bereit.[1016]

1077

3.7.10.3 Ruhegehälter (Art. 18 OECD-MA/Art. 17 VG-DBA)

Ruhegehälter und ähnliche Vergütungen, die **von privater Seite** für frühere unselbständige Tätigkeit gezahlt werden, sind nach Art. 18 OECD-MA **ausschließlich im Wohnsitzstaat des Empfängers** zu versteuern.[1017] Hierunter sind Bezüge zu verstehen, die nach dem Eintritt in den Ruhestand vom ehemaligen Arbeitgeber (Betriebsrente) oder von einer Pensionskasse oder Unterstützungskasse gezahlt werden und vorrangig der Ver-

1078

1009 BFH v. 11. 7. 1991 IV R 33/90, BStBl 1992 II 353; zur Werbung durch Sportler BFH v. 19. 11. 1985 VIII R 104/85, BStBl 1986 II 424.
1010 BFH v. 21. 4. 1999 I B 99/98, BStBl 2000 II 254; v. 28. 1. 2004 I R 73/02, BFH/NV 2004, 869.
1011 BFH v. 19. 12. 2007 I R 19/06, BFH/NV 2008, 672.
1012 BFH v. 11. 4. 1990 I R 75/88, BFHE 160, 513.
1013 BFH v. 2. 12. 1992 I R 77/91, BFHE 170, 126 zum DBA-Frankreich; BFH v. 18. 7. 2001 I R 26/01, BStBl 2002 II 410, zum DBA-Österreich 1954 und zum DBA-Niederlande.
1014 Bsp.: Art. 17 Abs. 3 DBA-USA, Art. 17 Abs. 3 DBA-Norwegen; Art. 17 Abs. 3 DBA-Österreich 2000.
1015 BfF v. 9. 10. 2002, BStBl 2002 I 904, Tz. 2.2.1, 2.3.
1016 BMF v. 7. 5. 2002, BStBl 2002 I 521, v. 31. 7. 2002, BStBl 2002 I 707 und v. 25. 10. 2010 BStBl 2010 I 1350.
1017 BFH v. 8. 12. 2010 I R 92/09, BStBl 2011 II 695.

sorgung des Empfängers dienen.[1018] Abzugrenzen sind die privaten Ruhegehälter von nachträglichen Einkünften aus unselbständiger Arbeit, die unter Art. 15 OECD-MA fallen, und von Renten, die aufgrund einer Versicherung – auch der gesetzlichen Sozialversicherung – gezahlt werden, die grundsätzlich unter Art. 21 OECD-MA fallen. Nicht erfasst werden von Art. 18 OECD-MA die Arbeitgeber- und Arbeitnehmereinzahlungen in Altersvorsorgepläne sowie die laufenden Einkünfte aus derartigen Plänen.

1079 Erstmals durch Art. 18A DBA-USA in der ab 2007 gültigen Fassung wurde die Regelung von **Altersvorsorgeplänen** vereinbart.

1080 **Art. 17 VG-DBA** entspricht in seinem Abs. 1 dem Art. 18 OECD-MA. Dagegen haben die Abs. 2–6, die sich u. a. mit der Besteuerung von Sozialversicherungsrenten, Unterhaltszahlungen, wiederkehrenden Entschädigungsleistungen, Regelungen zur nachgelagerten Besteuerung von Renten o. ä. in der Leistungsphase befassen, kein Vorbild im OECD-MA. So wird z. B. in Art. 17 Abs. 2 VG-DBA das Förderstaatprinzip dadurch verwirklicht, dass die Renten (auch) in dem Staat besteuert werden können, in dem die zahlende Stelle ansässig ist. In einigen neueren DBA, die etwa seit 2010 abgeschlossen wurden, finden sich insb. Regelungen zur Besteuerung von Sozialversicherungsrenten.[1019]

3.7.10.4 Öffentlicher Dienst (Art. 19 OECD-MA/Art. 17 VG-DBA)

1081 In Art. 19 OECD-MA ist eine gesonderte Regelung für Zahlungen aus öffentlichen Kassen enthalten: Vergütungen (Art. 19 Abs. 1 Buchst. a) OECD-MA) und Ruhegehälter (Art. 19 Abs. 2 Buchst. a) OECD-MA), die ein Vertragsstaat oder eine seiner Gebietskörperschaften zahlt, werden grundsätzlich nur in dem Staat besteuert, in dem die zahlende Kasse ihren Sitz hat: sog. **Kassenstaatsprinzip**.[1020] Dieses Prinzip ist Ausdruck einer Sonderregelung für Dienst- und Versorgungsbezüge aus einem öffentlichen Dienstverhältnis des Zahlungsempfängers mit einem Vertragsstaat oder einer seiner Gebietskörperschaften. Die vom Üblichen abweichende Zuteilung des Besteuerungsrechts hat ihren Rechtsgrund in der völkerrechtlichen Courtoisie und gegenseitigen Achtung der souveränen Staaten. Sie trägt dem Umstand Rechnung, dass die Bezüge unmittelbar aus dem Haushalt der zahlenden Gebietskörperschaft und damit aus Steuermitteln des Kassenstaats stammen.[1021] Die Bezüge stammen dann aus öffentlichen Kassen, wenn sie aus Steuermitteln des Staates herrühren, in dem die anweisende Kasse ihren Sitz hat.[1022] Nach Auffassung des BFH ist eine reine Zahlstellenfunktion der öffentlichen Hand nicht ausreichend, sondern der Kassenstaat muss Schuldner sein.[1023]

1018 BFH v. 12. 10. 1978 I R 69/75, BStBl 1979 II 64; v. 5. 2. 1992 I R 158/90, BStBl 1992 II 660.
1019 Bsp.: Art. 17 Abs. 2 DBA-Großbritannien, Art. 17 Abs. 2 DBA-Liechtenstein, Art. 17 Abs. 2 DBA-Spanien, Art. 18 Abs. 2 DBA-Türkei, Art. 17 Abs. 2 DBA-Ungarn.
1020 Hierzu BFH v. 8. 12. 2010 I R 92/09, BStBl 2011 II 695, sowie v. 25. 7. 2011 I B 37/11, BFH/NV 2011, 1879.
1021 BFH v. 31. 7. 1991 I R 47/90, BFHE 165, 392.
1022 BFH v. 10. 8. 1983 I R 241/82, BStBl 1984 II 11.
1023 BFH v. 31. 7. 1991 I R 47/90, BFHE 165, 392.

Die Regelung des Art. 19 geht nach Auffassung des BFH den **Grenzgängerregelungen** in den einzelnen DBA vor.[1024] Die Differenzierung zum einen nach der Staatsangehörigkeit und zum anderen nach dem Arbeitgeber verstößt nach Auffassung des EuGH nicht gegen das Diskriminierungsverbot des AEUV.[1025]

1082

Eine **Ausnahme vom Kassenstaatsprinzip** sieht das OECD-MA nur dann vor, wenn der Zahlungsempfänger im anderen Staat tätig, dort ansässig und Staatsangehöriger dieses Staates ist (Art. 19 Abs. 1 Buchst. b), Abs. 2 Buchst. b) OECD-MA). Zu diesem Personenkreis zählt das sog. **Ortspersonal/Ortskräfte** (Fahrer, Hausangestellte, Bürokräfte usw.) bei Botschaften und Konsulaten.[1026] Diese werden i. d. R. ohne Rücksicht auf ihre Staatsangehörigkeit als in Deutschland „ständig ansässig" angesehen, es sei denn, der Leiter der ausländischen Mission legt im Einzelfall dar, dass und aus welchen Gründen die betreffende Ortskraft sich nur vorübergehend in Deutschland aufhält und die Absicht hat, später in den Entsendestaat oder in ein drittes Land auszuwandern.

1083

Schließlich kommt das Kassenstaatsprinzip dann nicht zur Anwendung, wenn die Vergütung im Rahmen eines gewerblichen Unternehmens eines Vertragsstaates gezahlt wird (Art. 19 Abs. 3 OECD-MA);[1027] dies gilt auch für die Tätigkeit für einen öffentlich-rechtlichen Rundfunksender.[1028] In diesen Fällen richtet sich die Besteuerung nach den allgemeinen Vorschriften (Art. 15 bis 18 OECD-MA); eine entsprechende Regelung findet sich in Art. 17 Abs. 4 VG-DBA. Die Grundregel des Art. 19 OECD-MA kommt aber dann wieder zur Anwendung, wenn die Tätigkeit für eine bundesunmittelbare Körperschaft erbracht wird.[1029]

1084

Anzumerken ist, dass in einzelnen DBA zusätzliche Voraussetzungen erfüllt sein müssen, damit eine Zahlung unter diesen Artikel fällt.[1030]

1085

Art. 18 Abs. 1 und 2 VG-DBA entsprechen dem OECD-MA. Ohne Vorbild im OECD-MA sind die Regelungen in Abs. 3 (Anwendung auch für Bedienstete der Deutschen Bundesbank und des IHK-Verbandes zur Förderung der Außenwirtschaft durch das AHK-Netz) und in Abs. 5 (Anwendung auch für Bedienstete des Goethe-Instituts, des Deutschen Akademischen Austauschdienstes sowie ähnlicher Einrichtungen).

1086

3.7.10.5 Studenten (Art. 20 OECD-MA/Art. 19 Abs. 2 VG-DBA)

Stipendien, Unterhalts- und Ausbildungsgelder sowie ähnliche Zahlungen an Studenten, Lehrlinge und Praktikanten, die sich zu Ausbildungszwecken im anderen Vertrags-

1087

1024 BFH v. 5. 9. 2001 I R 88/00, BFH/NV 2002, 623; v. 23. 9. 2008 I R 57/07, BFH/NV 2009, 390.
1025 EuGH v. 12. 5. 1998 C-336/96 Gilly, IStR 1998, 336.
1026 BMF v. 8. 8. 2008, BStBl 2008 I 835; v. 18. 12. 2009, BStBl 2009 I 15; vgl. BFH v. 25. 7. 2007 III R 55/02, BFH/NV 2007, 2404.
1027 BFH v. 17. 12. 1997 I R 60-61/97, BStBl 1999 II 13 zu einem „ausgeliehenen Beamten"; v. 14. 5. 2007 I R 7/06, BFH/NV 2007, 1832, zu Ruhegehältern, die die privat-rechtlich strukturierte South African Airways zahlt.
1028 BFH v. 7. 4. 2004 I B 196/03, BFH/NV 2004, 1377.
1029 BFH v. 5. 9. 2001 I R 88/00, BFH/NV 2002, 623.
1030 Bsp.: Art. 14 Abs. 1 DBA-Frankreich: „Für gegenwärtige oder frühere Dienstleistungen in der Verwaltung oder in den Streitkräften".

staat aufhalten, werden nach Art. 20 OECD-MA nicht im Aufenthaltsstaat besteuert (Steuerfreistellung), wenn sie aus Quellen außerhalb dieses Staates stammen.[1031] Die Bestimmung erfasst nur Zahlungen, die der Empfänger für seinen Unterhalt, sein Studium oder seine Ausbildung erhält; leistet der Empfänger dagegen Dienste jeglicher Art und erhält dafür zusätzlich eine Vergütung, dann ist ggf. Art. 15 oder Art. 7 OECD-MA anzuwenden.[1032]

1088 Werkstudenten werden mit ihren Einkünften aus in der Bundesrepublik ausgeübter unselbständiger Arbeit normal besteuert;[1033] dies gilt auch für sonstige in der Bundesrepublik ausgeübte Tätigkeiten (Bsp.: Der englische Student an der Universität Köln arbeite an den Wochenenden als selbständiger Discjockey). Teilweise enthalten die Abkommen Einschränkungen; so sieht z. B. Art. 20 Abs. 4 DBA-USA vor, dass der Betrag jährlich nicht 9 000 US-$ und der Aufenthalt nicht den Zeitraum von vier Jahren übersteigt darf.[1034]

1089 **Art. 19 Abs. 2 VG-DBA** entspricht Art. 20 OECD-MA.

3.7.10.6 Gastlehrer, Gastdozenten (Art. 19 Abs. 1 VG-DBA)

1090 Im OECD-MA ist die Besteuerung der Gastlehrertätigkeit nicht geregelt, aber in einer Reihe von DBA der Bundesrepublik Deutschland finden sich hierzu Bestimmungen:[1035] Grundsätzlich sind die Einkünfte aus der Tätigkeit als Gastprofessoren an einer Hochschule, Schule oder Lehranstalt in Deutschland steuerbefreit, wenn der Aufenthalt **zwei Jahre nicht übersteigt**.[1036] D. h., das Besteuerungsrecht des Herkunftsstaates bleibt insoweit erhalten.

> **BEISPIEL:** Hochschullehrer L geht für 1 ½ Jahre an die X-Universität in den USA zu einer Gastdozentur; seine Familie bleibt in Deutschland. Dann ist er in den USA von allen dortigen Steuern befreit mit Ausnahme der Steuern auf Einkünfte aus US-Quellen (= nonresident alien). Er gilt im Übrigen als in Deutschland ansässig. Etwas anderes gilt aber dann, wenn er und seine Familie den inländischen Wohnsitz aufgeben und für die Dauer der Gastdozentur in die USA übersiedeln.

1091 Übersteigt der Auslandsaufenthalt die Zwei-Jahres-Dauer, so gelten grundsätzlich von Anfang an die allgemeinen Bestimmungen des jeweiligen Abkommens, also i. d. R. Art. 15 OECD-MA. Hiervon sind Ausnahmen durch Vereinbarungen der beteiligten Finanzbehörden möglich.

1092 Bei der praktischen Anwendung ist zu berücksichtigen, dass die einzelnen Abkommen sich konzeptionell unterscheiden und teilweise zusätzliche Einschränkungen oder Voraussetzungen beinhalten, die berücksichtigt werden müssen (Bsp.: Art. 20 Abs. 1 DBA-USA).

[1031] Zum Verzicht auf Besteuerung R 22.2 EStR.
[1032] Nr. 3 OECD-MK zu Art. 20 OECD-MA; vgl. auch BFH v. 11. 2. 2009 I R 25/08, BFH/NV 2009, 1318.
[1033] BFH v. 22. 1. 1992 I R 49/91, BStBl 1992 II 546.
[1034] BFH v. 11. 2. 2009 I R 25/08, BStBl 2010 II 536; v. 9. 6. 2011 III R 28/09, BFH/NV 2011, 1597.
[1035] Bsp.: Art. 20 DBA-Belgien; Art. 16 DBA-Frankreich; Art. XIII DBA-Großbritannien; Art. 20 DBA-USA.
[1036] BFH v. 13. 3. 1985 I R86/80, BStBl 1985 II 500; v. 22. 7. 1987 I R 224/83, BStBl 1987 II 842; BMF v. 10. 1. 1994, BStBl 1994 I 14.

In **Art. 19 Abs. 1 VG-DBA** findet sich für Gastprofessoren eine Regelung, die den von Deutschland unter Beachtung der Rechtsprechung abgeschlossenen DBA entspricht (siehe Rdn. 1090).

1093

3.7.11 Andere Einkünfte (Art. 21 OECD-MA/Art. 20 VG-DBA)

Art. 21 Abs. 1 OECD-MA enthält eine Auffangklausel für alle sonst nicht im Abkommen ausdrücklich geregelten Einkünfte. Diese können, unabhängig von ihrer Herkunft, **nur im Wohnsitzstaat** besteuert werden (Art. 21 Abs. 1 OECD-MA). Zu beachten ist, dass der Begriff „andere Einkünfte" nicht mit dem Begriff „sonstige Einkünfte" i. S. des § 22 EStG identisch ist. Ist in einem Abkommen die Klausel des Art. 21 OECD-MA nicht enthalten, verbleibt es bei einer nicht beseitigten Doppelbesteuerung hinsichtlich derjenigen Einkünfte, die in den übrigen Artikeln des Abkommens nicht geregelt sind. Unter Art. 21 Abs. 1 OECD-MA fallen z. B. Leistungen ausländischer gesetzlicher Rentenversicherung,[1037] Unterhaltszahlungen,[1038] Entschädigungen, Lotteriegewinne, Drittstaateinkünfte, Dreieckssachverhalte, Veräußerung wesentlicher Beteiligungen.[1039] Bezieht ein im Inland Steuerpflichtiger eine Rente aus dem Ausland, so sind die Regeln über die Basisversorgung und die nachgelagerte Besteuerung sowie die diversen Verfügungen der OFDen und Landesfinanzämter zu beachten.

1094

Sind die anderen Einkünfte – ausgenommen Einkünfte aus unbeweglichem Vermögen i. S. des Art. 6 Abs. 2 OECD-MA – einer Betriebsstätte oder einer festen Einrichtung zuzurechnen, richtet sich die Besteuerung nach Art. 7 bzw. Art. 14 OECD-MA (Art. 21 Abs. 2 OECD-MA – Betriebsstättenvorbehalt).[1040]

1095

3.7.12 Besteuerung des Vermögens (Art. 22 OECD-MA/ Art. 21 VG-DBA)

Unbewegliches Vermögen i. S. des Art. 6 OECD-MA kann nach **Art. 22 Abs. 1 OECD-MA** grundsätzlich im Belegenheitsstaat besteuert werden. Ist für die Einkünfte aus dem unbeweglichen Vermögen das Anrechnungsverfahren vereinbart, könnte das unbewegliche Vermögen grundsätzlich in der Bundesrepublik unter Anrechnung der ausländischen Vermögensteuer besteuert werden.

1096

Bewegliches Vermögen, das zu einer Betriebsstätte gehört, kann nach **Art. 22 Abs. 2 OECD-MA** im Betriebsstättenstaat besteuert werden.[1041]

1097

[1037] BFH v. 8. 12. 2010 I R 92/09, BStBl 2011 II 488; v. 25. 7. 2011 I B 37/11, BFH/NV 2011, 1879.
[1038] BMF v. 5. 11. 1998, BStBl 1998 I 1392, betreffend Unterhaltszahlungen nach dem DBA-Schweiz.
[1039] BFH v. 22. 2. 1989 I R 11/85, BStBl 1989 II 795; v. 13. 12. 1989 I R 39/87, BStBl 1990 II 379.
[1040] BMF v. 4. 10. 1999, BStBl 1999 I 845, betreffend Anwendung des DBA-Schweiz auf betriebliche Veräußerungsrenten, die hinsichtlich des Veräußerungsgewinns im Betriebsstättenstaat versteuert werden, im Übrigen aber im Wohnsitzstaat; ausführlich Rdn. 729.
[1041] BFH v. 21. 1. 1972 III R 57/71, BStBl 1972 II 374; v. 29. 10. 1986 II R 226/82, BStBl 1987 II 99.

1098 **Schiffe und Luftfahrzeuge** sowie bewegliches Vermögen, das dem Betrieb dieser Fahrzeuge dient, können nach **Art. 22 Abs. 3 OECD-MA** nur in dem Staat besteuert werden, in dem sich der Ort der tatsächlichen Geschäftsleitung befindet.

1099 **Sonstiges Vermögen** – hierzu würde z. B. auch die Beteiligung an Kapitalgesellschaften[1042] gehören – kann nach **Art. 22 Abs. 4 OECD-MA** ausschließlich im Wohnsitzstaat besteuert werden.

1100 **Art. 21 VG-DBA** entspricht Art. 22 OECD-MA.

3.8 Rechtsbehelfe und Verständigungsverfahren (Art. 25 OECD-MA/Art. 24 VG-DBA)

3.8.1 Innerstaatliche Rechtsbehelfe

1101 Durch das nationale Zustimmungsgesetz zum DBA wird das völkerrechtliche Abkommen in innerstaatliches Recht transformiert.[1043] D. h. die Bestimmungen des Abkommens gelten in vollem Umfange als innerstaatliches Recht, auf das sich der Steuerpflichtige unmittelbar berufen kann. Somit kann der Steuerpflichtige, wenn er eine falsche oder fehlende Anwendung von Bestimmungen eines DBA bei seiner Veranlagung rügen will, dies mit den nach der AO und der FGO vorgesehenen Rechtsbehelfen unter Beachtung der allgemeinen Verfahrensvorschriften geltend machen.[1044] Mit einem derartigen Rechtsbehelfsverfahren kann aber naturgemäß nicht die fehlerhafte Behandlung der ausländischen Einkünfte durch den ausländischen Staat gerügt werden.

3.8.2 Verständigungsverfahren (Art. 25 Abs. 1 und 2 OECD-MA/Art. 24 Abs. 1 und 2 VG-DBA)

1102 Zusätzlich zu den nationalen Rechtsbehelfen ist es erforderlich gewesen, einen weiteren Rechtsbehelf u. a. für die Fälle zu schaffen, in denen die Finanzbehörden beider Vertragsparteien die Auffassung vertreten, dass sie im Einklang mit dem Abkommen handeln; denn grundsätzlich darf von einem Vertragsstaat nicht geprüft werden, ob der andere Vertragsstaat die Person berechtigterweise zur Besteuerung heranzieht (Ausfluss des Souveränitätsgedankens).[1045] Dieser besondere Rechtsbehelf ist das **zwischenstaatliche Verständigungsverfahren** nach Art. 25 Abs. 1 OECD-MA.[1046] Ziel des Verständigungsverfahrens ist es, durch Absprache zwischen den Finanzbehörden der betei-

---

[1042] Sonderregelung in einer Reihe von DBA dahingehend, dass die Anteile im Sitzstaat der Gesellschaft besteuert werden dürfen.
[1043] BFH v. 20. 3. 2002 I R 38/00, BStBl 2002 II 819; v. 2. 9. 2009 I R 111/08, BStBl 2010 II 387.
[1044] BFH v. 13. 11. 2002 I R 74/01, BStBl 2003 II 477.
[1045] Zum Problem der Mehrfachbesteuerung bzw. unzutreffenden Besteuerung durch einen Vertragsstaat vgl. die Ausführungen des BFH v. 31. 3. 2004 I R 88/03, BFH/NV 2004, 1330 unter 3. b) der Entscheidungsgründe.
[1046] Die OECD veröffentlicht jährlich Statistiken über die Zahl der neuen als auch noch offenen Verfahren - Country Mutual Agreement Procedure Statistics for 2012 v. 30. 8. 2013, abgedruckt bei ISTR Länderbericht Heft 19/2013.

ligten Vertragsstaaten eine abkommensgerechte Besteuerung zu erreichen, d. h. eine Doppelbesteuerung zulasten des Steuerpflichtigen, aber auch eine doppelte Nichtbesteuerung zu vermeiden. Dies kann in folgenden Fällen erforderlich sein:

- Der ausländische Staat besteuert Einkünfte, obwohl das Besteuerungsrecht nach dem DBA dem Wohnsitzstaat zugewiesen ist;
- der Wohnsitzstaat besteuert Einkünfte, obwohl das Besteuerungsrecht nach dem DBA dem ausländischen Staat zugewiesen ist;
- der Steuerpflichtige ist Staatsangehöriger beider Vertragsstaaten, hat in beiden Staaten einen Wohnsitz und unterliegt in beiden Staaten der unbeschränkten Steuerpflicht (Art. 4 Abs. 2 Buchst. d) OECD-MA);[1047]
- die Auslegung des Abkommens ist unter den Vertragsparteien umstritten.

Der Ablauf eines Verständigungsverfahrens kann dem **Merkblatt zum internationalen Verständigungs- und Schiedsverfahren auf dem Gebiet der Steuern vom Einkommen und vom Vermögen**[1048] entnommen werden. Das Verständigungsverfahren ist, sofern es vom Steuerpflichtigen betrieben wird, ein Antragsverfahren.[1049] Art. 25 Abs. 1 OECD-MA sieht eine **zeitliche Grenze** für den Antrag auf Einleitung eines Verständigungsverfahrens vor; diese ist nicht in allen DBA enthalten und – sofern sie vereinbart ist – schwankt hinsichtlich des Zeitraums. 1103

Der Antrag des Steuerpflichtigen, der – um den Antrag wirksam stellen zu können – in einem oder in beiden Vertragsstaaten i. S. des Abkommens ansässig sein muss, ist an die zuständige Behörde des Ansässigkeitsstaates zu richten, d. h. in Deutschland an das für die Besteuerung zuständige Wohnsitzfinanzamt, das die Akten an das BZSt als für das Verständigungsverfahren zuständige Behörde übersendet. 1104

Wenn der Antrag der zuständigen Behörde vorliegt, wird zuerst geprüft, ob er begründet ist, und ob dem Begehren nicht bereits durch innerstaatliche Maßnahmen entsprochen werden kann. Einen Rechtsanspruch auf Einleitung des Verständigungsverfahrens besitzt der Steuerpflichtige nicht (Ermessensentscheidung);[1050] gegen die Ablehnung ist der Finanzrechtsweg gegeben. 1105

Ist Abhilfe durch nationale Maßnahmen nicht möglich, wird versucht, den Fall im Verhandlungswege zwischen beauftragten Kommissionen der Finanzverwaltung beider Vertragsstaaten zu lösen - Art. 25 Abs. 2 OECD-MA; nach den von der Bundesrepublik abgeschlossenen DBA besteht kein Zwang zur Einigung; ausreichend ist grundsätzlich das Bemühen um eine Einigung. In dem Verfahren erhält der Steuerpflichtige Gelegenheit zur Stellungnahme, ist aber selbst nicht Beteiligter. 1106

1047 Vgl. den Sachverhalt in BFH v. 21. 8. 2007 I R 17/00, BFH/NV 2008, 530, und v. 20. 9. 2006 I R 59/55, BStBl II 2007, 756, unter 6. der Entscheidungsgründe.
1048 BMF v. 13. 7. 2006, BStBl 2006 I 461.
1049 BFH v. 5. 9. 2001 I R 55/00, BFH/NV 2002, 478; v. 31. 3. 2004 I R 88/03, BStBl 2004 II 936.
1050 BFH v. 26. 5. 1982 I R 16/78, BStBl 1982 II 583; v. 7. 11. 1990 II R 17/86, BStBl 1991 II 163, und II R 56/85, BStBl 1991 II 183; ausführlich FG Hamburg v. 13. 7. 2000 V 2/97, EFG 2001, 27; streitig ist, ob die Neufassung des OECD-MA und des OECD-MK aufgrund des Update 2008 Auswirkungen auf diese Ermessensentscheidung haben.

1107 Ergibt die Verständigung eine von der bisherigen nationalen Steuerfestsetzung abweichende Festsetzung, so erfolgt eine Änderung unabhängig von Bestandskraft und Festsetzungsfrist (§ 175a AO).[1051]

1108 Antrag und Einleitung eines Verständigungsverfahrens nach DBA sind in jedem Stadium des nationalen Besteuerungs- und Rechtsbehelfsverfahrens möglich. Beides ist voneinander unabhängig. Demnach kann ein Verständigungsverfahren keinen Einfluss auf einen vor den Finanzgerichten laufenden Prozess haben.[1052] Andererseits schließt ein Urteil (auch nach Rechtskraft) nicht ein Verständigungsverfahren aus.

1109 **Art. 24 Abs. 1 und 2 VG-DBA entsprechen dem OECD-MA.**

3.8.3 Konsultationsverfahren und Abkommensanwendung (Art. 25 Abs. 3 OECD-MA/Art. 24 Abs. 3 VG-DBA)

1110 Neben dem Verständigungsverfahren im Sinne des Art. 25 Abs. 1 OECD-MA gibt es noch das **Konsultationsverfahren**[1053] zur Klärung von Fragen, die die Auslegung und Anwendung des Abkommens betreffen (Art. 25 Abs. 3 Satz 1 OECD-MA), sowie das **Verständigungsverfahren über vertraglich nicht geregelte Fragen** (Art. 25 Abs. 3 Satz 2 OECD-MA). Derartige, für eine Vielzahl von Fällen anwendbare Verständigungsverfahren können zu Vereinbarungen zwischen den Finanzbehörden der beteiligten Staaten führen.[1054] Aus der Sicht der Rechtsprechung sind derartige Verständigungsvereinbarungen, sofern sie nicht auf einer ihrerseits demokratisch legitimierten Rechtsverordnung i. S. von Art. 80 Abs. 1 GG beruhen, lediglich Verwaltungsabkommen und ihrer Rechtsnatur nach Verwaltungsvorschriften, die nicht geeignet sind, die Normen eines DBA abzuändern.[1055] Um dieser Rechtsprechung entgegen zu wirken, hat der Gesetzgeber § 2 AO durch das JStG 2010 mit Wirkung ab 1. 1. 2010 durch einen neuen Abs. 2 ergänzt.[1056] Hiermit wird nach Auffassung der Finanzverwaltung den Forderungen der Rechtsprechung Rechnung getragen.

1111 Art. 24 Abs. 3 VG-DBA entspricht dem OECD-MA.

1051 BFH v. 17.10.2003 I B 98/03, BFH/NV 2004, 161.
1052 BFH v. 1.2.1967 I 220/64, BStBl 1967 III 495; v. 12.10.1978 I R 69/75, BStBl 1979 II 64; FG Köln v. 7.5.2003 2 K 2587/02, EFG 2003, 1174; FG Nds v. 19.4.2005 11 K 583/01, EFG 2005, 1948.
1053 Nr. 52 OECD-MK zu Art. 25 OECD-MA.
1054 BMF v. 25.3.2010, BStBl 2010 I 268 betreffend Besteuerungsrecht von Abfindungen an Arbeitnehmer nach Artikel 15 des Abkommens zwischen der Bundesrepublik Deutschland und der Schweizerischen Eidgenossenschaft zur Vermeidung der Doppelbesteuerung auf dem Gebiete der Steuern vom Einkommen und vom Vermögen.
1055 BFH v. 2.9.2009 I R 90/08, BFH/NV 2009, 2041, und I R 111/08, BFH/NV 2009, 2044; v. 1.2.1989 I R 74/86, BStBl 1990 II 4; v. 11.11.2009 I R 15/09, BStBl 2010 III 602.
1056 Vgl. z. B. Verordnung zur Umsetzung von Konsultationsvereinbarungen zwischen der Bundesrepublik Deutschland und der Schweizerischen Eidgenossenschaft v. 20.12.2010, BGBl 2010 I 2187.

3.8.4 Schiedsverfahren, Schiedsklausel (Art. 25 Abs. 5 OECD-MA)

Das Update 2008 des OECD-MA brachte eine wesentliche Neuerung: In dem neu eingefügten Abs. 5 wird das **verbindliche Schiedsverfahren** eingeführt. Nach dem OECD-MA ist das Schiedsverfahren keine Alternative zum Verständigungsverfahren, sondern integraler Bestandteil desselben.[1057] Die von der Bundesrepublik abgeschlossenen DBA weisen grundsätzlich keine entsprechende Regelung auf; zurzeit existieren erst wenige DBA mit Schiedsvereinbarungen, so z.B. im DBA mit Frankreich, Kanada, Österreich, Schweden und den USA.

1112

Neben dem Schiedsübereinkommen zwischen den Mitgliedstaaten der EU[1058] ist zum einen das neu eingeführte **Schiedsverfahren in Art. 25 Abs. 5 OECD-MA**, welches einen Zwang zur Einigung vorsieht, sowie das **in einzelnen Abkommen jeweils konkret vereinbarte Schiedsverfahren** zu erwähnen.

1113

Eine Besonderheit stellt Art. 25 Abs. 3 DBA-Österreich 2000 dar: Können die Schwierigkeiten oder Zweifel, die bei der Auslegung oder Anwendung des Abkommens entstanden sind, nicht innerhalb von 3 Jahren ab der Verfahrenseinleitung beseitigt werden, sind die beteiligten Vertragsstaaten auf Antrag der Person, die das Schiedsverfahren begehrt, verpflichtet, den Fall vor dem EuGH anhängig zu machen.

1114

Eine eher theoretische Möglichkeit ist es, einen Streitfall vor den Internationalen Gerichtshof nach dem Europäischen Übereinkommen zur friedvollen Beilegung von Streitigkeiten vom 29. 4. 1957 zu bringen.[1059] Andererseits sind die Bestimmungen der Kapitel I, II und IV dieses Abkommens für die Beilegung von Streitigkeiten zwischen der Bundesrepublik Deutschland und Schweden aus dem DBA-Schweden vereinbart.[1060]

1115

3.8.5 Schiedsverfahren, Schiedsklausel (Art. 24 Abs. 5 VG-DBA)

In Abweichung von Art. 25 Abs. 5 OECD-MA wird in Art. 24 Abs. 5 VG-DBA die Durchführung eines Schiedsverfahren davon abhängig gemacht, dass es sich nicht um einen Einzelfall handelt, der für eine Entscheidung durch ein Schiedsverfahren nicht geeignet ist (Abs. 5 Nr. 3). Ferner hat das EU-Schiedsverfahren[1061] Vorrang vor dem Schiedsverfahren nach einem DBA (Abs. 5 Nr. 4). Eine nationale Gerichtsentscheidung hemmt die Behandlung von Fragen in einem Schiedsverfahren.

1116

1057 Nr. 64 OECD-MK zu Art. 25 OECD-MA.
1058 Vgl. Rdn. 1503.
1059 BGBl 1961 II 81.
1060 Art. 41 Abs. 5 Satz 1 DBA-Schweden.
1061 Rdn. 1503.

3.9 Internationale Amts- und Rechtshilfe

3.9.1 Überblick

1117 In Zeiten einer zunehmenden Globalisierung, Vernetzung und Mobilität ist ein gegenseitiger Austausch von Informationen in Steuersachen für eine zutreffende, gleichmäßige und rechtsstaatliche Besteuerung unerlässlich. Deswegen hat der grenzüberschreitende Informationsaustausch in den letzten Jahren verstärkt an Bedeutung gewonnen. Folgende Rechtsgrundlagen existieren für diesen Bereich des internationalen Steuerrechts:

- ▶ Amts- und Rechtshilfe im Rahmen der EU – vgl. ausführlich Rdn. 1536 ff.;
- ▶ Übereinkommen über die gegenseitige Amtshilfe in Steuersachen des Europarates vom 25.1.1988 in der Fassung des Protokolls zur Änderung des Übereinkommens über die gegenseitige Amtshilfe in Steuersachen vom 27.5.2010;[1062]
- ▶ Art. 26 OECD-MA;
- ▶ Art. 25 VG-DBA;
- ▶ OECD-Mustervereinbarung über den Austausch von Informationen in Steuersachen von 2002 (Model Agreement on Exchange of Information on Tax Matters);
- ▶ spezielle bilaterale Amts- und Rechtshilfeabkommen;
- ▶ §§ 117 ff. AO.

1118 Rechtsgrundlage für einen zwischenstaatlichen Informationsaustausch können ferner u.U. das Europäische Übereinkommen über Rechtshilfe in Strafsachen[1063] und das Gesetz über die internationale Rechtshilfe in Strafsachen[1064] darstellen.

3.9.2 Informationsaustausch und Auskunftserteilung (Art. 26 OECD-MA/Art. 25 VG-DBA)

1119 Um die Durchführung des Abkommens zu ermöglichen, d.h. eine gleichmäßige und wettbewerbsneutrale Besteuerung sicherzustellen, sieht Art. 26 OECD-MA einen Austausch von Informationen zwischen den zuständigen Behörden der Vertragsstaaten vor. Dieser Informationsaustausch, beruhend auf dem Gedanken der Gegenseitigkeit, soll verhindern, dass es zu einer abkommenswidrigen Besteuerung im Sinne einer doppelten Besteuerung oder einer doppelten Nichtbesteuerung kommt, sei es durch Unwissenheit der jeweiligen Finanzbehörden, sei es aufgrund vorsätzlich falscher Angaben des Steuerpflichtigen. Endziel von OECD, EU und G-20 Staaten ist der vollautomatische Informationsaustausch, der in der EU ab 1.1.2015 verpflichtend ist.[1065]

1062 Die Bundesrepublik hat das Übereinkommen am 16.4.2008 unterschrieben; die Ratifizierung ist noch nicht erfolgt; der Abkommenstext ist auf den Internetseiten des Europarats verfügbar.
1063 BGBl 1964 II 1369, 1386.
1064 BGBl 1982 I 2071.
1065 Rdn. 1541.

Ein Informationsaustausch seitens der Bundesrepublik verstößt nicht gegen das Steuergeheimnis, da die Offenbarung der Verhältnisse durch § 30 Abs. 4 Nr. 1, 2 AO gedeckt ist. 1120

Der Austausch von Informationen kann grundsätzlich zu folgenden Zwecken erfolgen: 1121

▶ nur zur Durchführung des Abkommens (sog. **kleine Auskunftsklausel**)[1066] oder

▶ zusätzlich zur Durchführung des innerstaatlichen Rechts (sog. **große Auskunftsklausel**).

Bei der großen Auskunftsklausel können unabhängig von der konkreten Anwendung des Abkommens Informationen ausgetauscht werden, die (auch) für die innerstaatliche Besteuerung (Steuern jeder Art und Bezeichnung, die für Rechnung einer der Vertragsstaaten oder seiner Gliedkörperschaften erhoben werden) von Bedeutung sein können. In der Mehrzahl der von der Bundesrepublik abgeschlossenen DBA ist die große Auskunftsklausel zu finden. Art. 26 OECD-MA geht von der großen Auskunftsklausel aus. 1122

Die kleine Auskunftsklausel erlaubt einen Informationsaustausch nur zur konkreten Durchführung des Abkommens, um eine abkommenswidrige Besteuerung zu verhindern. Sie ist i. d. R. vereinbart in den DBA mit Entwicklungsländern und den ehemaligen Staatshandelsländern und entspricht nicht mehr dem heute geltenden Verständnis von einem Auskunftsverkehr.[1067] 1123

Der Unterschied zwischen großem und kleinem Auskunftsverkehr soll an zwei Beispielen verdeutlicht werden: 1124

> **BEISPIEL:** ▶ (1) Ein in der Bundesrepublik ansässiger schwedischer Staatsangehöriger, der in der Bundesrepublik eine Zahnarztpraxis betreibt, verkauft in Schweden an eine dortige Scheideanstalt Zahngold aus seiner Praxis. Bei diesem Vorgang fällt in Schweden nur Umsatzsteuer an. Weil mit Schweden die große Auskunftsklausel vereinbart ist, übersendet die schwedische Reichsfinanzverwaltung eine Kontrollmitteilung an die deutsche Finanzverwaltung für Zwecke der deutschen Besteuerung.
>
> (2) Kanada ersucht die Bundesrepublik um Auskunft, ob der Empfänger der Zahlungen tatsächlich in Deutschland ansässig und Nutzungsberechtigter der Lizenzgebühren ist, um die in Artikel 12 Abs. 3 Buchst. a) DBA-Kanada vorgesehene Befreiung gewähren zu können.

Art. 26 Abs. 2 OECD-MA sieht ein **internationales Steuergeheimnis** vor: Die erlangten Auskünfte sind geheim zu halten und dürfen innerhalb des um Auskunft ersuchenden Staates lediglich für Zwecke der Veranlagung, Erhebung, Vollstreckung, Strafverfolgung sowie der gerichtlichen Klärung von unter das Abkommen fallenden Steuern benutzt werden. In einigen neueren DBA hat Deutschland zusätzlich vereinbart, dass ungeachtet der Regelungen in Art. 26 Abs. 1 und 2 OECD-MA die Informationen für andere Zwecke[1068] verwendet werden können, wenn sie nach dem Recht beider Staaten für diese anderen Zwecke verwendet werden können und die zuständige Behörde des übermittelnden Staates diese Verwendung genehmigt.[1069] 1125

1066 Zum Inhalt der kleinen Auskunftsklausel vgl. BFH v. 29. 4. 2008 I R 79/07, BFH/NV 2008, 1807.
1067 Übersicht in Anlage 1 zu BMF v. 25. 5. 2012, BStBl 2012 I 599.
1068 Vgl. Nr. 12.3 OECD-MK zu Art. 26 OECD-MA.
1069 Bsp.: Art. 26 Abs. 2 Satz 3 DBA-Irland.

1126 **Grenzen für den Auskunftsverkehr** zieht Art. 26 Abs. 3 OECD-MA. Danach besteht keine Verpflichtung zur Auskunft, wenn

- Verwaltungsmaßnahmen erforderlich wären, die von den Gesetzen und der Verwaltungspraxis eines der beiden Vertragsstaaten abweichen;

- Informationen gewünscht werden, die im Rahmen der Gesetze oder im üblichen Verwaltungsverfahren eines der beiden Vertragsstaaten nicht beschafft werden können;

- Informationen gewünscht werden, die ein Handels-, Geschäfts-, Gewerbe- oder Betriebsgeheimnis preisgeben würden (Bsp.: Bezugsquellen, Kalkulationen, Kundenlisten usw.);[1070]

- Informationen gewünscht werden, die der öffentlichen Ordnung (sog. ordre public) eines der beiden Vertragsstaaten widersprechen.

1127 Wird der eine Vertragsstaat vom anderen Vertragsstaat um Auskunft ersucht, so kann nach Art. 26 Abs. 4 OECD-MA der ersuchte Staat die Auskunft nicht deswegen verweigern, weil er selbst an der Auskunft kein Interesse hat.

1128 Schließlich beinhaltet Art. 26 Abs. 5 OECD-MA eine **Durchbrechung des Bankgeheimnisses**; denn der um Auskunft ersuchte Staat kann sich grundsätzlich nicht auf das nationale Bankgeheimnis berufen. Gleiches gilt für Informationen, die sich auf Beteiligungen an einer Person i. S. des Abkommens (Gesellschaft, Personenvereinigung) beziehen.

1129 Nach der Rechtsprechung[1071] können die deutschen Finanzbehörden ihre ihnen nach der AO zustehenden Befugnisse auch im Interesse einer ausländischen Besteuerung nutzen, wenn eine entsprechende völkerrechtliche Verpflichtung, z. B. aufgrund DBA, besteht; hierbei ist aber zu berücksichtigen, dass im Rahmen der EU die Bestimmungen der Verträge als solches schon eine ausreichende Rechtsgrundlage darstellen.[1072]

1130 Dies gilt auch für sog. **Spontanauskünfte**, d. h. ohne Ersuchen der ausländischen Finanzbehörden erteilte Auskunft, deren Rechtsgrundlage nach Auffassung der Rechtsprechung **§ 117 Abs. 2 AO** i. V. m. den einschlägigen Bestimmungen des jeweiligen DBA ist[1073]. Zuständig für den Auskunftsverkehr ist grundsätzlich das BMF, sofern der Auskunftsverkehr nicht ausdrücklich auf das BZSt delegiert worden oder, wie mit Österreich, auf der Ebene der OFDen unmittelbar vereinbart ist.

1131 **Rechtsschutz gegen den Auskunftsverkehr** ist – da der ausgehende Auskunftsverkehr als solcher i. d. R. keinen Verwaltungsakt i. S. des § 118 AO darstellt - lediglich durch Er-

---

[1070] BFH v. 29.10.1986 I B 28/86, BFH/NV 1988, 313.
[1071] BFH v. 20.2.1979 VII R 16/78, BStBl 1979 II 268.
[1072] EuGH v. 13.4.2000 C-420/98, Fall W.N., IStR 2000, 334, zur Spontanauskunft zwischen den Finanzbehörden der Mitgliedstaaten.
[1073] BFH v. 29.4.1992 I B 12/92, BStBl 1992 II 645; v. 8.2.1995 I B 92/94, BStBl 1995 II 358; v. 17.5.1995 I B 118/94, BStBl 1995 II 497; v. 16.11.1999 VII R 95, 96/98, BFH/NV 2000, 531; v. 17.9.2007 I B 30/07, BFH/NV 2008, 51: Eine Spontanauskunft an die Steuerverwaltung der USA ist schon dann zulässig, wenn die ernstliche Möglichkeit besteht, dass ein bestimmter Vorgang zu einem abkommensrechtlichen Besteuerungsrecht der USA führt und dass die dortigen Behörden ohne die Auskunft von dem Vorgang keine Kenntnis erhalten.

hebung einer Unterlassungsklage möglich,[1074] die gegen das BMF zu richten ist,[1075] sofern dieses seine Befugnis nicht delegiert hat. Einstweiliger Rechtsschutz kann nur im Wege der einstweiligen Anordnung nach § 114 FGO beantragt werden.[1076] Vor einem Auskunftsersuchen ist dem Steuerpflichtigen Gelegenheit zum rechtlichen Gehör zu gewähren (vgl. § 117 Abs. 4 Satz 3 AO).

Eine zwischenstaatliche Amts- und Rechtshilfe in Steuersachen ist auch ohne vertragliche Vereinbarung bzw. über eine vertragliche Vereinbarung hinaus möglich, wenn diese sog. **Kulanzauskunft** im Rahmen der Gegenseitigkeit erfolgt (§ 117 Abs. 3 AO). 1132

Das SteuerHBekG hat i.V. m. der SteuerHBekV den Auskunftsverkehr nach Maßgabe des Art. 26 OECD-MA in der Fassung des Update 2005 zum allgemeinen Prüfungsmaßstab für die Abzugsfähigkeit von Betriebsausgaben und Werbungskosten gemacht (§ 51 Abs. 1 Nr. 1 Buchst. f) Satz 2 EStG, § 1 Abs. 1 SteuerHBekV). 1133

Einzelheiten des Auskunftsverkehrs sowie des Rechtsschutzes betreffend die von der Bundesrepublik abgeschlossenen DBA ergeben sich aus dem **Merkblatt zur zwischenstaatlichen Amtshilfe durch Informationsaustausch in Steuersachen – Stand: 1. Januar 2012;**[1077] ferner finden sich auf den Internetseiten des BZSt ergänzende Hinweise. 1134

Art. 25 Abs. 1 VG-DBA entspricht dem OECD-MA; dies gilt auch für Art. 25 Abs. 2 Satz 1–3 VG-DBA. Art. 25 Abs. 2 Satz 4 entspricht der neueren Abkommenspraxis der Bundesrepublik Deutschland.[1078] Neu und ohne Vorbild im OECD-MA sind dagegen die Regeln in Art. 25 Abs. 2 Satz 5–7 VG-DBA, die eine Verwendung der erhaltenen Informationen auch ohne Zustimmung des anderen Staates für andere Zwecke erlaubt, sofern sie im Einzelfall zur Abwehr einer dringenden Gefahr für das Leben, die körperliche Unversehrtheit oder die persönliche Freiheit einer Person oder zum Schutz bedeutender Vermögenswerte erforderlich ist und Gefahr im Verzug besteht. In diesem Fall ist die zuständige Behörde des übermittelnden Staates unverzüglich um nachträgliche Genehmigung der Zweckänderung zu ersuchen. Wird die Genehmigung verweigert, ist die weitere Verwendung der Informationen für den anderen Zweck unzulässig; ein durch die zweckändernde Verwendung der Informationen entstandener Schaden ist zu ersetzen. 1135

Ergänzt wird Art. 25 VG-DBA durch umfangreiche Datenschutzregelungen in Nr. 6 des Protokolls. 1136

Weder im OECD-MA noch im VG-DBA ist die in der Praxis heftig umstrittene Frage gelöst, wann die erbetenen Informationen lediglich „voraussichtlich erheblich" (vgl. Art. 26 Abs. 1 OECD-MA) sind, wann eine unzulässige sog. **fishing expeditions** (Beweisausforschung durch anlasslose Ermittlungen) und wann eine zulässige **Gruppenanfrage** (genaue Darlegung von Verhaltensmustern durch eine Vielzahl von noch nicht iden- 1137

1074 BFH v. 4. 9. 2000 I B 17/00, BStBl 2000 II 648.
1075 BFH v. 23. 7. 1986 I R 306/82, BStBl 1987 II 92.
1076 FG Köln v. 13. 10. 2004 2 V 4874/04, EFG 2005, 78.
1077 BMF v. 25. 5. 2012, BStBl 2012 I 599.
1078 Rdn. 1125.

tifizierten Personen und Angabe der Informationsinhaber[1079])[1080] vorliegt. In neueren Abkommen findet sich teilweise eine ausdrückliche Regelung diesbezüglich.[1081]

3.9.3 OECD-Mustervereinbarung über den Austausch von Informationen in Steuersachen

1138 Die OECD hat 2002 ein Modell für eine Vereinbarung über den Austausch von Informationen in Steuersachen (**Tax Information Exchange Agreement – TIEA**)[1082] verabschiedet. Das Abkommen entspricht von seinem Regelungsgehalt her dem Art. 26 OECD-MA und ist u. a. für die Fälle gedacht, in denen kein Abkommen auf der Basis des OECD-MA mit dem anderen Staat vereinbart ist. Ferner veröffentlicht die OECD regelmäßig eine Liste derjenigen Staaten, die sich weigern, eine Auskunft auf Verlangen des ersuchenden Staates nach Maßgabe des Art. 26 OECD-MA zu erteilen. Um von dieser Liste gestrichen zu werden, muss der betreffende Staat nachweisen, dass er mit mindestens zwölf anderen Staaten einen Informationsaustausch nach dem OECD-Standard vereinbart hat. So ist z. B. Monaco im September 2009 von der Liste der Steuerparadiese gestrichen worden, nachdem es mit zwölf anderen Staaten, u. a. klassischen Steuerparadiesen wie Andorra, Samoa, Saint Kitts and Nevis, Verträge nach Maßgabe des TIEA abgeschlossen hat.

1139 In den Jahren 2009 bis 2013 haben eine Reihe von Staaten, die zum Teil als Steuerparadiese gelten, mit Deutschland einen Informationsaustausch nach OECD-Standard vertraglich vereinbart, so u. a.: Jersey, Guernsey, Isle of Man, Gibraltar, Belgien, Bermuda, Zypern, Liechtenstein, Malta, Luxemburg.

3.9.4 Gesonderte Amts- und Rechtshilfeverträge

1140 Gesonderte Amts- und Rechtshilfeverträge in Steuersachen bestehen u. a. mit Belgien, Dänemark, Finnland, Frankreich, Italien, Luxemburg, den Niederlanden, Norwegen, Österreich und Schweden, die ebenfalls die große Auskunftsklausel enthalten. I. d. R. stammen die Abkommen aus der Zeit vor Inkrafttreten der EU-Amtshilfe-Richtlinie 77/799/EWG. Daneben gibt es eine ganze Reihe von neuen Abkommen mit Staaten, mit denen kein allgemeines DBA abgeschlossen wurde, z. B. die Steueroasen in der Karibik.[1083]

1079 BMF v. 4.1.2012, BStBl 2012 I 17: Anforderungen an ein Auskunftsersuchen nach Ziffer 3 Buchst. b des Protokolls zu Art. 27 DBA-Schweiz in der Fassung des Änderungsprotokolls vom 27.10.2010.
1080 Nr. 7 OECD-MK zu Art. 26 OECD-MA.
1081 Nr. 4 des Protokolls zum DBA-Malta i. d. F. des Änderungsprotokolls v. 17.10.2010; Nr. 5 Abs. 2 des Protokolls zum DBA-Luxemburg v. 23.4.2012; vgl. auch BT-Drs. 17/12375, S. 27; Nr. 5.1 und 5.2 OECD-MK zu Art. 26 OECD-MA.
1082 Text auf den Internetseiten der OECD verfügbar.
1083 BMF v. 22.1.2014, BGBl 2014 I 171.

3.9.5 Vollstreckungs- und Beitreibungshilfe (Art. 27 OECD-MA/ Art. 26 VG-DBA)

Neu aufgenommen wurde durch das Update 2002 die Bestimmung über die zwischenstaatliche Amtshilfe bei der Erhebung von Steuern (Art. 27 OECD-MA). Eine entsprechende Bestimmung findet man nur in neueren DBA der Bundesrepublik Deutschland. Auch in einigen der oben genannten Amts- und Rechtshilfeverträgen ist eine gegenseitige Einziehungs- und Beitreibungshilfe vereinbart, die nach Auffassung des BVerfG verfassungsrechtlich unbedenklich ist.[1084] Aufgrund derartiger Klauseln verpflichten sich die Vertragsparteien, füreinander Steuern einschließlich etwaiger Nebenleistungen i. S. des § 3 Abs. 3 AO zu vollstrecken und an den anderen Vertragsstaat zu überweisen. Die Vollstreckung kann sich auch auf Grunderwerb- und Kraftfahrzeugsteuer erstrecken. Einzelheiten ergeben sich aus dem **Merkblatt zur zwischenstaatlichen Amtshilfe bei der Steuererhebung (Beitreibung).**[1085]   1141

Art. 26 VG-DBA entspricht der OECD-Regelung.   1142

Zur Beitreibung von Abgaben-Forderungen in der EU vgl. Rdn. 1551 ff.   1143

3.10 Mitglieder diplomatischer Missionen und konsularischer Vertretungen (Art. 28 OECD-MA/Art. 29 VG-DBA)

In Art. 28 OECD-MA (inhaltsgleich Art. 29 VG-DBA) wird auf die steuerlichen Vorrechte hingewiesen, die den Mitgliedern diplomatischer Missionen und konsularischer Vertretungen nach den allgemeinen Regeln des Völkerrechts oder aufgrund besonderer Übereinkünfte zustehen. Hierzu regeln Art. 23, 28, 34 und 36 des Wiener Übereinkommens über diplomatische Beziehungen vom 18. 4. 1961[1086] sowie Art. 32, Art. 49, 60 und 66 des Wiener Übereinkommens über konsularische Beziehungen vom 24. 4. 1963[1087] grundsätzlich die Entbindung von allen Steuern im Empfangsstaat.   1144

3.11 Diskriminierungsverbot (Art. 24 OECD-MA/ Art. 23 VG-DBA)

In Art. 24 OECD-MA ist das sog. Diskriminierungsverbot geregelt: Es statuiert das Verbot der steuerlichen Schlechterstellung der Staatsangehörigen des anderen Vertragsstaates gegenüber den eigenen Staatsangehörigen. Art. 23 VG-DBA ist inhaltsgleich.   1145

Verboten sind nach Art. 24 OECD-MA die steuerliche Diskriminierung   1146

▶ wegen der Staatsangehörigkeit (Art. 24 Abs. 1 OECD-MA);

1084 BVerfG v. 22. 3. 1983 2 BvR 475/78, BVerfGE 63, 343.
1085 BMF v. 23. 1. 2014, BStBl 2014 I 188.
1086 BGBl 1964 II 958.
1087 BGBl 1969 II 1587.

- einer Betriebsstätte, die zu einem Unternehmen im anderen Vertragsstaat gehört (Art. 24 Abs. 3 OECD-MA);

- der Zins-, Lizenz- und sonstigen Entgeltszahlungen an im anderen Vertragsstaat ansässige Personen (Art. 24 Abs. 4 OECD-MA);[1088]

- eines Unternehmens, dessen Kapital ganz oder teilweise einer im anderen Vertragsstaat ansässigen Person gehört oder ihrer Kontrolle unterliegt (Art. 24 Abs. 5 OECD-MA).

1147 Wichtig ist, dass sich der Steuerpflichtige nur auf das konkret vereinbarte Diskriminierungsverbot in dem DBA berufen kann, das in seinem Fall der Besteuerung zugrunde gelegt wird. Es ist somit zum Beispiel nicht möglich, dass sich ein US-Amerikaner auf das Diskriminierungsverbot im AEUV beruft.[1089]

1148 Bei dem Diskriminierungsverbot wegen der Staatsangehörigkeit ist zu beachten, dass die Besteuerung in der Bundesrepublik nicht an die Staatsangehörigkeit anknüpft, sondern an Wohnsitz bzw. gewöhnlichen Aufenthalt oder Geschäftsleitung bzw. Sitz.[1090] Hiervon ausgehend wird, wie in fast allen Staaten der Welt, eine Unterscheidung hinsichtlich unbeschränkter und beschränkter Steuerpflicht praktiziert, die sich im Regelfall darin ausdrückt, dass der beschränkt Steuerpflichtige eine höhere Steuer zu entrichten hat, weil zum einen nur die inländischen Einkünfte zur Einkommensbesteuerung herangezogen werden, und zum anderen die Berücksichtigung persönlicher Lebensumstände, insbesondere solcher, die die Leistungsfähigkeit beeinträchtigen (Bsp.: finanzielle Lasten im Hinblick auf Altersvorsorge, Ehe, Kinder, Unterhaltsverpflichtungen usw.), in anderer Weise erfolgt als bei einem Steuerinländer. Dies ist darauf zurückzuführen, dass es nach den Grundsätzen des Völkerrechts vorrangig Aufgabe des Wohnsitzstaates als Heimatstaat, nicht des Quellenstaates ist, die persönlichen Verhältnisse des Steuerpflichtigen im Rahmen der Besteuerung zu berücksichtigen. Nur ausnahmsweise dann, wenn sich im Einzelfall mangels ausreichender steuerbarer Einkünfte im Wohnsitzstaat die Leistungsfähigkeit mindernde Umstände dort steuerlich nicht auswirken können, kann sich u.U. ein Anspruch auf Erlass der Übermaßsteuer gegen den Quellenstaat ergeben.

1149 Des Weiteren knüpfen die Ertragsteuern – Einkommensteuer, Körperschaftsteuer – für die Besteuerung grundsätzlich an den betreffenden Besteuerungstatbestand, nicht aber an die Person des Steuerpflichtigen an; erst in einer späteren Stufe, nämlich im Rahmen der Veranlagung, kristallisiert sich ein Unterschied zwischen unbeschränkt und beschränkt Steuerpflichtigem heraus, dies aber ohne Ansehen der Staatsangehörigkeit.[1091]

[1088] Vgl. BFH v. 8.9.2010 I R 6/09, BFH/NV 2011, 154 über die Unvereinbarkeit von § 8a Abs. 1 Satz 1 Nr. 2 KStG mit dem Diskriminierungsverbot des Art. 25 DBA-Schweiz; ferner BFH v. 16.1.2014 I R 30/12, BFH/NV 2014, 734 zum DBA-USA.

[1089] BFH v. 19.11.2003 I R 21/02, BFH/NV 2004, 1076, und I R 22/02, BStBl 2004 II 560; vgl. ferner das zum DBA-Russland ergangene Urteil BFH v. 26.5.2004 I R 54/03, BStBl 2004 II 767.

[1090] BFH v. 19.11.2003 I R 22/02, BStBl 2004 II 560.

[1091] BFH v. 22.4.1998 I R 54/96, BFHE 186, 89.

Der BFH vertritt die Auffassung, dass aus dem Diskriminierungsverbot folge, dass der Staatsangehörige des anderen Vertragsstaates Anspruch auf alle Steuerbefreiungen, Steuervergünstigungen und Steuerermäßigungen habe, die einem im Inland ansässigen Steuerpflichtigen deutscher Staatsangehörigkeit zu gewähren sind.[1092] 1150

> **BEISPIEL:** Dem in der Bundesrepublik ansässigen niederländischen Staatsangehörigen N sind die Steuerbefreiungen zu gewähren, die einem deutschen Staatsangehörigen aus dem DBA-Italien 1925 zustehen.

Eine Betriebsstätte ist hinsichtlich der Besteuerung einem selbständigen Unternehmen mit Sitz im Betriebsstättenstaat, das die gleiche Tätigkeit ausübt, gleichzustellen (Art. 24 Abs. 3 OECD-MA). Ein Verstoß gegen das Diskriminierungsverbot ergibt sich, wenn die „andere" Besteuerung zu einer höheren Steuerlast führt als für inländische Unternehmen. Dabei ist der Vergleich der Steuerbelastungen auf einer „over-all"-Basis durchzuführen, d. h., die Gesamtsteuerbelastung der Betriebsstätte ist mit einem inländischen Unternehmen gleicher Tätigkeit zu vergleichen. So hat der BFH z. B. die Pauschalbesteuerung von Schifffahrt- und Luftfahrtunternehmen nach § 49 Abs. 3 EStG in Verlustfällen für nicht vereinbar mit dem Diskriminierungsverbot des Art. 24 OECD-MA erklärt.[1093] 1151

Zins-, Lizenz- und sonstige Entgeltszahlungen an im anderen Vertragsstaat ansässige Personen sind in demselben Umfange zum Abzug zuzulassen wie Zahlungen an Personen, die im Staat des Schuldners ansässig sind (Art. 24 Abs. 5 OECD-MA). Ausnahmen können sich aber aus den Bestimmungen über verbundene Unternehmen (Art. 9 Abs. 1 OECD-MA), Zinsen (Art. 11 Abs. 6 OECD-MA) und Lizenzgebühren (Art. 12 Abs. 4 OECD-MA) ergeben (Lex specialis-Regelung). 1152

Art. 24 Abs. 2 OECD-MA stellt Staatenlose unter einen besonderen Schutz. Sie sollen in keinem Vertragsstaat eine schlechtere steuerliche Behandlung erfahren als die Staatsangehörigen des Staates, in dem sie sich aufhalten. Eine derartige Bestimmung findet sich nur vereinzelt in den DBA der Bundesrepublik.[1094] 1153

In den DBA mit den Staaten Osteuropas, die vor dem Zusammenbruch des kommunistischen Systems geschlossen wurden, ist das Diskriminierungsverbot – wenn überhaupt –[1095] nur in der abgeschwächten Form der Meistbegünstigung (Drittstaatenvergleich) zu finden.[1096] Da mit diesen Staaten eine Einigung hinsichtlich des Begriffs „Staatsangehörigkeit" aus politischen Gründen nicht möglich war, wurde vereinbart, dass kein Vertragsstaat eine Person, die im anderen Staat ansässig ist, einer höheren 1154

1092 BFH v. 14. 3. 1989 I R 20/87, BStBl 1989 II 649; v. 22. 4. 1998 I R 54/96, BFH/NV 1998, 1290; v. 29. 1. 2003 I R 6/99, BStBl 2004 II 1043, zur Frage, ob eine Gesellschaft, die zwar in den USA ihren statuarischen Sitz, in der Bundesrepublik aber ihre tatsächliche Geschäftsleitung hat, Organträger einer inländischen Gesellschaft sein kann - hierzu ablehnend BMF v. 8. 12. 2004, BStBl 2004 I 1181; BFH v. 9. 2. 2011 I R 54, 55/10, BFH/NV 2011, 920 zur gewerbesteuerlichen Organschaft – hierzu Nichtanwendungserlass vom 27. 12. 2011, BStBl 2012 I 119; nunmehr BMF v. 28. 3. 2011, BStBl 2011 I 300 zum Vertragsverletzungsverfahren wegen des doppelten Inlandsbezug für Organgesellschaften.
1093 BFH v. 14. 9. 1994 I B 40/94, BFH/NV 1995, 376; v. 22. 4. 1998 I R 54/96, BFHE 186, 89; v. 29. 1. 2003 I R 6/99, BStBl 2004 II 1043.
1094 Bsp.: Art. 24 Abs. 2 DBA-Norwegen.
1095 Im DBA-Polen a. F. fehlt jegliche Bestimmung zu diesem Komplex.
1096 Bsp.: Art. 23 DBA-Bulgarien, Art. 24 DBA-Tschechoslowakei.

Besteuerung unterwirft als eine Person, die in einem Drittstaat ansässig ist, mit dem kein DBA besteht.

1155 Zur Behandlung des Problems der Diskriminierung innerhalb des EU vgl. Rdn. 1488, 1521 ff.

3.12 Besondere Regelungen in der VG-DBA

3.12.1 Verfahrensregeln für Quellenbesteuerung; Investmentvermögen (Art. 27 VG-DBA)

1156 Art. 27 VG-DBA ist neu und hat weder eine Entsprechung im OECD-MA noch im OECD-MK. In den Absätzen 1–4 werden Regelungen über den Quellensteuerabzug getroffen sowie den Schutz des Steuerpflichtigen vor einer Doppelbesteuerung (Erstattung, Begrenzung des Quellensteuerabzugs, Nachweis der Ansässigkeit). In Art. 27 Abs. 5 VG-DBA werden Bestimmungen für die grenzüberschreitende Besteuerung von Investmentvermögen getroffen. So geht etwa Art. 27 Abs. 5 Nr. 1 VG-DBA vom Transparenzprinzip aus. Ob sich diese Abkommensbestimmung immer durchsetzen lassen werden und wie sie sich in der Praxis entwickeln, ist nicht absehbar. Vereinzelt hat die Bundesrepublik Deutschland schon derartige Bestimmungen vereinbart.[1097]

3.12.2 Anwendung des Abkommens in bestimmten Fällen (Art. 28 VG-DBA)

1157 Diese Bestimmung, die ohne Vorbild im OECD-MA ist, entspricht einer langjährigen Abkommenspraxis der Bundesrepublik. Ziel ist es, dass das jeweilige Abkommen die Anwendung nationaler Vorschriften gegen Steuerumgehung und Steuerhinterziehung nicht aushebelt. Auch die Einbeziehung der Vorschriften des AStG in ein DBA entspricht langjähriger Abkommenspraxis,[1098] wenn auch diesem Begehren der deutschen Finanzverwaltung nicht immer seitens des anderen Vertragspartners nachgegeben wird.

3.12.3 Protokoll (Art. 30 VG-DBA)

1158 Ebenfalls ohne Vorbild ist die ausdrückliche Regelung über das dem Abkommen beigegebene Protokoll. Es handelt sich um eine deklaratorische Bestimmung, da bereits nach den Regeln des Völkerrechts das Protokoll Bestandteil des Abkommens ist.

1159–1199 *Vorläufig nicht besetzt*

1097 Nr. 1 Buchst. b des Protokolls zum DBA-Irland 2011; Nr. 2 Buchst. a und b des Protokolls zum DBA-Liechtenstein.
1098 Art. 24 Abs. 1 Buchst. b DBA-Schweiz.

KAPITEL 4: BESONDERES AUSSENSTEUERRECHT

			Rdn.	Seite
4.1.	Verlagerung von Einkünften in Steueroasenländer – Basisgesellschaften		1200	267
4.2	Außensteuergesetz		1203	268
	4.2.1	Einführung, Zielsetzung des AStG	1203	268
	4.2.2	Berichtigung von Einkünften (§ 1 AStG)	1205	268
		4.2.2.1 Überblick	1205	268
		4.2.2.2 Änderungen durch das AmtshilfeRLUmsG	1206	269
		4.2.2.3 Geschäftsbeziehungen (§ 1 Abs. 4 AStG)	1207	269
		4.2.2.4 Gewinnabgrenzung bei Betriebsstätten (§ 1 Abs. 5 AStG)	1212	271
		4.2.2.5 Berichtigung von Einkünften (§ 1 Abs. 1, Abs. 3 AStG)	1213	271
	4.2.3	Erweitert beschränkte Steuerpflicht (§§ 2 bis 5 AStG)	1219	272
		4.2.3.1 Überblick	1219	272
		4.2.3.2 Erweitert beschränkte Einkommensteuerpflicht (§ 2 AStG)	1223	273
		4.2.3.3 Erweitert beschränkte Erbschaft- und Schenkungsteuerpflicht (§ 4 AStG)	1240	277
		4.2.3.4 Zwischengeschaltete Gesellschaften (§ 5 AStG)	1242	277
	4.2.4	Vermögenszuwachsbesteuerung – Wegzugsbesteuerung (§ 6 AStG)	1243	278
		4.2.4.1 Überblick	1243	278
		4.2.4.2 Grundtatbestand (§ 6 Abs. 1 AStG)	1247	278
		4.2.4.3 Stundung (§ 6 Abs. 3 AStG)	1258	280
		4.2.4.4 Rahmenbedingungen für Stundung und Widerruf (§ 6 Abs. 4 AStG)	1262	281
		4.2.4.5 Regelungen für EU- und EWR-Bürger (§ 6 Abs. 5 AStG)	1264	282
		4.2.4.6 Wertminderung der Anteile bei Veräußerung durch EU-Bürger (§ 6 Abs. 6 AStG)	1271	283
		4.2.4.7 Besondere Mitwirkungspflichten für EU- oder EWR-Bürger (§ 6 Abs. 7 AStG)	1275	284
	4.2.5	Hinzurechnungsbesteuerung (§§ 7 bis 14 AStG)	1277	285
		4.2.5.1 Überblick	1277	285
		4.2.5.2 Ausländische Gesellschaft – Zwischengesellschaft (§ 7 Abs. 1 AStG)	1281	285
		4.2.5.3 Inländische Beherrschung (§ 7 Abs. 2 bis 4 AStG)	1283	286

				Rdn.	Seite
		4.2.5.4	Zwischengesellschaft für Zwischeneinkünfte mit Kapitalanlagecharakter (§ 7 Abs. 6 und 6a EStG)	1291	287
		4.2.5.5	REIT-Gesellschaft (§ 7 Abs. 8 AStG)	1296	288
		4.2.5.6	Aktive Einkünfte (§ 8 Abs. 1 AStG)	1297	288
		4.2.5.7	Nebenerträge	1312	291
		4.2.5.8	EU- und EWR-Gesellschaften (§ 8 Abs. 2 AStG)	1314	291
		4.2.5.9	Niedrige Besteuerung (§ 8 Abs. 3 AStG)	1318	292
		4.2.5.10	Freigrenze bei gemischten Einkünften (§ 9 AStG)	1321	293
		4.2.5.11	Ermittlung des Hinzurechnungsbetrages (§ 10 AStG)	1324	294
		4.2.5.12	Veräußerungsgewinne (§ 11 AStG)	1334	295
		4.2.5.13	Besteuerung des Hinzurechnungsbetrages (§ 10 Abs. 2 AStG)	1335	296
		4.2.5.14	Ausschüttung und Besteuerung (§ 3 Nr. 41 EStG)	1341	297
		4.2.5.15	Steueranrechnung (§ 12 AStG)	1346	298
		4.2.5.16	Nachgeschaltete Zwischengesellschaft (§ 14 AStG)	1353	300
	4.2.6	Familienstiftungen (§ 15 AStG)		1362	301
	4.2.7	Aufklärungs- und Mitwirkungspflichten (§§ 16, 17 AStG)		1381	305
		4.2.7.1	Überblick	1381	305
		4.2.7.2	Mitwirkungspflicht (§ 16 AStG)	1382	305
		4.2.7.3	Sachverhaltsaufklärung (§ 17 AStG)	1386	306
	4.2.8	Gesonderte Feststellung von Besteuerungsgrundlagen (§ 18 AStG)		1389	307
	4.2.9	AStG und DBA (§ 20 AStG)		1394	308
4.3	Sonstige Gesetze			1398	309
	4.3.1	Auslandsinvestitionsgesetz		1398	309
	4.3.2	Entwicklungsländer-Steuergesetz		1401	310
	4.3.3	Auslandsinvestmentgesetz und Investmentsteuergesetz		1404	311

Kapitel 4: Besonderes Außensteuerrecht

4.1. Verlagerung von Einkünften in Steueroasenländer – Basisgesellschaften

Die Bundesregierung hat dem Bundestag 1964 einen Bericht über die Wettbewerbsverfälschungen vorgelegt,[1099] die sich daraus ergeben, dass unbeschränkt Steuerpflichtige Einkommen oder Vermögen auf von ihnen beherrschte Kapitalgesellschaften (sog. **Basisgesellschaften** oder **Domizilgesellschaften**[1100] oder **Briefkastengesellschaften**[1101]) mit Sitz in Länder mit niedriger Gewinnbesteuerung (sog. **Oasenländer**) verlagern (sog. **Oasenbericht**). Die Finanzverwaltung vertritt hierzu die Auffassung, dass derartige Einkommensverlagerungen steuerlich nicht anzuerkennen sind (Gestaltungsmissbrauch i. S. des § 42 AO), wenn für die Zwischenschaltung der Gesellschaft wirtschaftliche oder sonstige beachtliche Gründe fehlen und die Basisgesellschaft keine beachtliche eigene, selbständige wirtschaftliche Tätigkeit entfaltet (**Steuerumgehung durch Einschaltung einer ausländischen Basisgesellschaft**), mit der Folge, dass die Einkünfte nicht der Gesellschaft, sondern ihren inländischen Gesellschaftern zugerechnet werden.

1200

Diese Rechtsauffassung der Finanzverwaltung ist vom BFH seit 1975 in ständiger Rechtsprechung bestätigt worden.[1102] Die einzelnen Voraussetzungen hat er wie folgt konkretisiert: Es muss eine gesellschaftsrechtliche Verflechtung zwischen der ausländischen Basisgesellschaft und inländischem Steuerpflichtigen gegeben sein,[1103] um eine Steuerumgehung bejahen zu können. Ob wirtschaftlich oder sonstige beachtliche außersteuerrechtliche Gründe für die Zwischenschaltung der Gesellschaft vorliegen,[1104] richtet sich nicht nach den Absichten und Erklärungen der Gesellschafter oder dem Gesellschaftsvertrag; entscheidend ist die tatsächlich von der Gesellschaft entfaltete wirtschaftliche Betätigung, d. h., die ausländische Gesellschaft darf nicht „eigenwirtschaftlich funktionslos" sein.[1105] „Alibitätigkeiten" bleiben außer Betracht.[1106] Als wirtschaftlicher Grund ist der Erwerb von Beteiligungen im Basisland und/oder in Drittländern von einigem Gewicht und die Wahrnehmung geschäftsleitender Funktionen, verbunden mit der Vorbereitung des Aufbaus eines internationalen Konzerns,[1107] anerkannt wor-

1201

1099 BT-Drs. IV/2411.
1100 Eine sog. Domizilgesellschaft ist nach der Definition des BFH eine Gesellschaft ohne eigenes Personal, ohne eigene Geschäftsräume und ohne eigene Geschäftsausstattung – BFH v. 9.1.2007 VIII B 180/05, BFH/NV 2007, 751.
1101 Der BFH unterscheidet zwischen reinen Briefkastengesellschaften, die keine eigenwirtschaftliche Tätigkeit ausüben, und eigenwirtschaftlich tätigen Gesellschaften – BFH v. 14.3.2006 I B 198/04, BFH/NV 2006, 2078.
1102 BFH v. 19.1.2000 I R 94/97, BStBl 2001 II 222, und I R 117/97, BFH/NV 2000, 824, mit ausführlichen Rechtsprechungsnachweisen (Urteil zu den sog. IFSC-Gesellschaften in den irischen Dublin Docks); ferner z. B. v. 20.3.2002 I R 38/00, BStBl 2002 II 819; v. 25.4.2004 I R 42/02, BFH/NV 2004, 1313; v. 3.5.2006 I R 124/04, BFH/NV 2006, 1729; v. 9.1.2007 VIII B 180/05, BFH/NV 2007, 751.
1103 BFH v. 9.5.1979 I R 126/77, BStBl 1979 II 586.
1104 BFH v. 20.3.2002 I R 38/00, BStBl 2002 II 819.
1105 BFH v. 23.10.2002 I R 39/01, BFH/NV 2003, 289.
1106 BFH v. 23.10.1991 I R 52/90, BFH/NV 1992, 271.
1107 BFH v. 2.6.1992 VIII R 8/89, BFH/NV 1993, 416; v. 23.10.2002 I R 39/01, BFH/NV 2003, 289.

den. Es genügt die Wahrnehmung einzelner Funktionen einer geschäftsleitenden Holding, so vor allem die Finanzierung mehrerer Tochtergesellschaften.

1202 Können vom Steuerpflichtigen plausible Gründe für die Zwischenschaltung einer Basisgesellschaft in der Rechtsform der Kapitalgesellschaft im niedrig besteuernden Ausland nicht angegeben werden, ist der Tatbestand des Rechtsmissbrauchs erfüllt. In einem solchen Fall kommt nach höchstrichterlicher Rechtsprechung eine von den allgemeinen ertragsteuerlichen Grundsätzen abweichende Zurechnung mithilfe des § 42 AO in Betracht.

4.2 Außensteuergesetz

4.2.1 Einführung, Zielsetzung des AStG

1203 Das **Gesetz zur Wahrung der steuerlichen Gleichmäßigkeit bei Auslandsbeziehungen und zur Verbesserung der steuerlichen Wettbewerbslage bei Auslandsinvestitionen** (Außensteuerreformgesetz – AStRG)[1108] vom 8.9.1972 hat mit Art.1 das **Gesetz über die Besteuerung bei Auslandsbeziehungen (Außensteuergesetz – AStG)** eingeführt. Das AStG wird aus der Sicht der Finanzverwaltung durch die **Grundsätze zur Anwendung des Außensteuergesetzes** (AStG-Grundsätze)[1109] vom 14.5.2004 erläutert.

1204 Gesetzgeberisches Ziel des AStG ist die **Korrektur unberechtigter Einkommens- und Gewinnverlagerungen ins Ausland** und der damit verbundenen Ausnutzung des Steuergefälles.[1110] In der amtlichen Begründung zum AStG heißt es, dass der Forderung nach gleichmäßiger Verteilung der Steuerlast genügt und die wirtschaftliche Chancengleichheit gewahrt werden müsse. Der objektive Tatbestand der Steuerflucht kann als „Entziehung der inländischen Besteuerung" definiert werden. Dies kann aber nur dann vorwerfbar sein, wenn die Ausnutzung des Steuergefälles beherrschendes Motiv ist, wobei nach der Rechtsprechung des EuGH das Ausnutzen der steuerlichen Unterschiede zwischen den einzelnen EU-Mitgliedstaaten als solches noch nicht vorwerfbar ist.[1111] Eine gesetzliche Fixierung subjektiver Motive ist schwierig. Um Manipulationen vorzubeugen, versucht daher das AStG dem Problem dadurch gerecht zu werden, dass es objektive Tatbestände normiert, bei deren Vorliegen von einer steuerlich vorwerfbaren Steuerflucht auszugehen ist.

4.2.2 Berichtigung von Einkünften (§ 1 AStG)

4.2.2.1 Überblick

1205 Der heutige § 1 AStG geht strukturell auf das UntStRefG zurück und ist in dieser Form mit Wirkung ab VZ 2008 in Kraft getreten. Durch diese Neufassung wurde erstmals

---

[1108] BStBl 1972 I 450.
[1109] BStBl I Sondernummer 1/2004; nachfolgend AStG-AE.
[1110] BFH v. 3.11.1982 I R 3/79, BStBl 1983 II 259.
[1111] EuGH v. 12.9.2006 C-196/04 Cadbury Schweppes, IStR 2006, 670.

das Verhältnis des § 1 AStG zu anderen Abgrenzungs-Bestimmungen (§ 1 Abs. 1 Satz 4 AStG) und die Behandlung von Funktionsverlagerungen (§ 1 Abs. 3 AStG) gesetzlich geregelt. Die Norm soll der **Berichtigung von Einkünften eines** (unbeschränkt oder beschränkt) **Steuerpflichtigen zugunsten der inländischen Besteuerung** dienen. Die Vorschrift weist folgende Gliederung auf:

▶ Berichtigung von Einkünften – Fremdvergleichspreis – Abs. 1 und 3;

▶ Definition des Begriffs „**nahestehende Person**" für das gesamte Steuerrecht – Abs. 2;[1112]

▶ Definition des Begriffs „**Geschäftsbeziehungen**" für Abs. 1, 2, 3 und 5 – Abs. 4;

▶ Steuerliche Behandlung von **Funktionsverlagerungen** – Abs. 3;[1113]

▶ Verordnungsermächtigung – Abs. 6.

4.2.2.2 Änderungen durch das AmtshilfeRLUmsG[1114]

Um die Gewinnabgrenzung bzw. Gewinnverteilung für die Besteuerung grenzüberschreitender Vorgänge eindeutig und für Kapitalgesellschaften, Personengesellschaften und Betriebsstätten einheitlich zu regeln,[1115] wurden insbesondere § 1 Abs. 4 und 5 AStG geändert.[1116] An dieser Stelle wurde der sog. **Authorised OECD Approach (AOA)**[1117] gesetzlich normiert, demzufolge auch Geschäftsbeziehungen zwischen einem Unternehmen und seiner Betriebsstätte am Fremdvergleichsgrundsatz (des § 1 AStG) zu messen sind (uneingeschränkte Selbständigkeitsfiktion).[1118]

1206

4.2.2.3 Geschäftsbeziehungen (§ 1 Abs. 4 AStG)

Eine Berichtigung von Einkünften eines Steuerpflichtigen kann nur dann vorgenommen werden, wenn bei Geschäftsbeziehungen zu einer ausländischen nahestehenden Person oder einer ausländischen Betriebsstätte Bedingungen vereinbart wurden, die von denen abweichen, die üblicherweise mit fremden Dritten vereinbart werden.

1207

Der BFH hat hierunter Beziehungen, die ein Betrieb i. S. der Gewinneinkünfte unter Teilnahme am allgemeinen wirtschaftlichen Verkehr eingeht, verstanden.[1119] Ferner hat er

1208

1112 Vgl. Rdn. 801 ff.
1113 Vgl. Rdn. 884 ff.
1114 BGBl 2013 I 1809.
1115 Vgl. BR-Drs. 302/12, 100.
1116 Die Neuregelung ist erstmals für Wirtschaftsjahre anzuwenden, die nach dem 31.12.2012 beginnen, vgl. § 21 Abs. 20 Satz 3 AStG.
1117 Vgl. Rdn. 733 ff.
1118 Zu den Einzelheiten s. o. Rdn. 756.
1119 BFH v. 5.12.1990 I R 94/88, BStBl 1991 II 287.

die Auffassung vertreten, dass unter Geschäftsbeziehungen nicht diejenigen Beziehungen zu verstehen seien, die das Nahestehen überhaupt erst begründen oder der Tochtergesellschaft erst ermöglichen, die ihr zugedachte Funktion im Konzern zu erfüllen.[1120] Da diese Auffassung vom Gesetzgeber nicht geteilt wurde, wurde die Norm ab VZ 2003 geändert.[1121] Nunmehr ist unter Geschäftsbeziehung jeder den Einkünften zugrunde liegende Geschäftsvorfall zu verstehen, der keine gesellschaftsrechtliche Vereinbarung ist (§ 1 Abs. 4 Satz 1 Nr. 1 Buchst. b AStG) und entweder beim Steuerpflichtigen oder bei der nahestehenden Person Teil einer Tätigkeit ist, auf die §§ 13, 15, 18 oder 21 EStG Anwendung finden (§ 1 Abs. 4 Satz 1 Nr. 1 Buchst. a AStG). Somit fallen rein private Beziehungen sowie Einkünfte aus Kapitalvermögen aus dem Anwendungsbereich des § 1 AStG heraus.[1122]

1209 Aus dem Wort „Geschäftsbeziehungen" folgt, dass **mindestens 2 Personen** beteiligt sein müssen. Liegen grenzüberschreitende Beziehungen lediglich innerhalb des Unternehmens eines Steuerpflichtigen vor (Bsp.: Geschäftsbeziehungen zwischen Stammhaus und ausländischer Betriebsstätte), so erweitert § 1 Abs. 4 Satz 1 Nr. 2 AStG den Begriff der Geschäftsbeziehung auf Geschäftsvorfälle zwischen einem Unternehmen eines Steuerpflichtigen und seiner ausländischen Betriebsstätte. Durch diese Erweiterung können auch fiktive Rechtsbeziehungen (anzunehmende schuldrechtliche Beziehungen) zwischen einem Unternehmen und seiner Betriebsstätte in die Fremdvergleichskontrolle nach § 1 Abs. 1 und 5 AStG einbezogen werden. § 90 Abs. 3 AO erstreckt die Aufzeichnungspflicht von Art und Inhalt der Geschäftsbeziehungen (§ 90 Abs. 3 Satz 1 AO) und deren Angemessenheit (§ 90 Abs. 3 Satz 2 AO) auf die Gewinnaufteilung zwischen Stammhaus und Betriebsstätte (§ 90 Abs. 3 Satz 4 AO sowie § 7 GAufzV).[1123]

1210 Eine Geschäftsbeziehung zum Ausland i. S. des § 1 Abs. 1 AStG erfordert eine personale Beziehung zwischen dem inländischen Steuerpflichtigen und einer nahestehenden Person. Daran fehlt es bei Gewährung eines Darlehens durch den Steuerpflichtigen an eine inländische nahestehende Person dann, wenn die nahestehende Person mit dem hingegebenen Kapital eine ausländische Betriebsstätte finanziert.[1124]

1211 Die Geschäftsbeziehungen müssen nicht notwendigerweise zu im Ausland ansässigen Personen unterhalten werden.[1125] Geschäftsbeziehungen zum Ausland i. S. des § 1 Abs. 1 AStG liegen auch in folgenden Fällen vor:

1120 BFH v. 30. 5. 1990 I R 97/88, BStBl 1990 II 875; v. 29. 11. 2000 I R 85/99, BStBl 2002 II 720; v. 27. 8. 2008 I R 28/07, BFH/NV 2009, 123; v. 29. 4. 2009 I R 26/08, BFH/NV 2009, 1648; hierzu BMF v. 12. 1. 2010, BStBl 2010 I 34, wonach die Rechtsprechung bis einschließlich VZ 2002 anzuwenden ist – Klarstellung hinsichtlich der Frage, ob die Gewährung eines unverzinslichen Gesellschafterdarlehens eine Geschäftsbeziehung begründet durch BFH v. 23. 6. 2010 I R 37/09, BStBl II 2010, 895.
1121 Bis 31. 12. 2007: Abs. 4.
1122 Tz. 1.4 AStG-AE.
1123 Zu Unionsrechtmäßigkeit der Verpflichtung zur Verrechnungspreisdokumentation gem. § 90 Abs. 3 AO s. BFH v. 10. 4. 2013 I R 45/11, BStBl 2013 II 1.
1124 BFH v. 28. 4. 2004 I R 5, 6/02, BFH/NV 2004, 1442; hierzu Nichtanwendungserlass des BMF v. 22. 7. 2005, BStBl 2005 I 818.
1125 Tz. 1.4.3 AStG-AE.

- Geschäftsbeziehungen zwischen der inländischen Betriebsstätte des unbeschränkt steuerpflichtigen A und der ausländischen Betriebsstätte des dem A nahestehenden unbeschränkt steuerpflichtigen B;

- Geschäftsbeziehungen zwischen der inländischen Betriebsstätte des beschränkt steuerpflichtigen C und der ausländischen Betriebsstätte des dem C nahestehenden beschränkt steuerpflichtigen D.

BEISPIEL: (1) Die ausländische Z-AG verkauft Maschinenteile unter Gestehungskosten an die Schweizer Betriebsstätte ihrer inländischen Tochtergesellschaft Y-AG.
(2) Die inländische Betriebsstätte der US-amerikanischen Firma A kauft von der französischen Betriebsstätte der belgischen Tochtergesellschaft Produktionsteile zu überhöhten Preisen.

4.2.2.4 Gewinnabgrenzung bei Betriebsstätten (§ 1 Abs. 5 AStG)

Das Prinzip, dass eine Betriebsstätte zur Anwendung des Fremdvergleichsgrundsatzes wie ein eigenständiges und unabhängiges Unternehmen zu behandeln ist, wird seit dem AmtshilfeRLUmsG in § 1 Abs. 5 Satz 2 erster Halbsatz AStG geregelt. § 1 Abs. 5 Satz 3 und 4 AStG folgen dem sog. **„two-step-approach"** der OECD.[1126]

1212

4.2.2.5 Berichtigung von Einkünften (§ 1 Abs. 1, Abs. 3 AStG)

§ 1 Abs. 1 AStG wurde durch das UntStRefG ab dem VZ 2008 umfassend sprachlich geändert und ergänzt. Satz 1 enthält eine beispielhafte Aufzählung dessen, wann eine Einkünfteminderung vorliegt. Danach müssen die Geschäftsbeziehungen zu einer nahestehenden Person im Ausland dem **Fremdvergleichsgrundsatz** standhalten; ansonsten sind die Einkünfte unbeschadet anderer Vorschriften so anzusetzen, wie sie unter den zwischen voneinander unabhängigen Dritten vereinbarten Bedingungen angefallen wären. Hierzu bestimmt Satz 3 des Abs. 1, dass davon auszugehen ist, dass voneinander unabhängige Dritte alle wesentlichen Umstände der Geschäftsbeziehungen kennen. Ob diese gesetzliche Annahme zutreffend ist, wird in der Praxis und Literatur bezweifelt.

1213

Grundsätzlich gilt Folgendes: Der Gewinn aus einer (einzelnen) Geschäftsbeziehung ist so zu ermitteln, als seien innerhalb der Geschäftsbeziehung angemessene Entgelte bzw. angemessene Bedingungen vereinbart worden.[1127] Ist dies nicht der Fall, so werden die Einkünfte so angesetzt, wie sie anfallen würden, wenn die Geschäftsbeziehungen zu einem unabhängigen Dritten unterhalten worden wären.[1128] Soweit nach anderen Vorschriften (Bsp.: vGA, verdeckte Einlage) die Einkünfte zu berichtigen sind, sind diese vor einer Berichtigung nach § 1 Abs. 1 AStG durchzuführen – § 1 Abs. 1 Satz 4 AStG. Erst nach der Durchführung dieser Berichtigungen sind Berichtigungen nach § 1 Abs. 1 AStG durchzuführen.

1214

1126 Zu den Einzelheiten s. o. Rdn. 757 ff.
1127 BFH v. 30. 5. 1990 I R 97/88, BStBl 1990 II 875.
1128 Vgl. Rdn. 816 ff. zur Ermittlung des angemessenen Preises.

1215 Ist eine **Schätzung nach § 162 Abs. 2 AO** durchzuführen, so ist nach § 1 Abs. 3 Satz 6 AStG ein Einigungsbereich aufgrund einer Funktionsanalyse und innerbetrieblicher Planrechnungen des Leistungsempfängers unter Berücksichtigung funktions- und risikoadäquater Kapitalisierungszinssätze zu ermitteln. (Straf-)Schätzungen nach § 162 Abs. 3 AO bleiben unberührt.

1216 Die Vorschrift des § 1 Abs. 1 AStG findet Anwendung auf **unbeschränkt und beschränkt steuerpflichtige natürliche und juristische Personen**. Ferner sind auch die Geschäftsbeziehungen von nichtrechtsfähigen Personenvereinigungen und **Personenhandelsgesellschaften** nach § 1 AStG zu beurteilen, wenn sie Beziehungen zum Ausland unterhalten;[1129] seit dem VZ 2013 (§ 21 Abs. 20 Satz 1 AStG) ist das durch § 1 Abs. 1 Satz 2 AStG i. d. F. des AmtshilfeRLUmsG auch gesetzlich klargestellt.

1217 In einem Aussetzungsverfahren hat der BFH entschieden, dass es ernstlich zweifelhaft sei, ob § 1 Abs. 1 AStG a. F. mit den Diskriminierungsverboten in Art. 49 ff. und Art. 63 ff. AEUV vereinbar sei.[1130] Ob die neue Fassung des § 1 Abs. 1 AStG einer gerichtlichen Nachprüfung standhält, bleibt abzuwarten.[1131]

1218 Die gesetzlichen Regelungen für die Ermittlung der Fremdvergleichswerte sind in § 1 Abs. 3 Satz 1 bis 8 AStG geregelt.[1132]

4.2.3 Erweitert beschränkte Steuerpflicht (§§ 2 bis 5 AStG)

4.2.3.1 Überblick

1219 Verlegt ein Steuerpflichtiger seinen Wohnsitz oder gewöhnlichen Aufenthalt auf Dauer ins Ausland, so ist er nur noch beschränkt steuerpflichtig (§ 1 Abs. 4 EStG). Die beschränkte Steuerpflicht hat einerseits steuerliche Nachteile zur Folge (Bsp.: § 50 Abs. 2 Satz 1 EStG); andererseits unterliegen der beschränkten Steuerpflicht nur bestimmte Einkünfte (vgl. § 49 EStG).

1220 Diese Wertentscheidung des Gesetzes ist bei beschränkt steuerpflichtigen Personen, insbesondere bei ausländischen Staatsangehörigen angemessen. Etwas Anderes muss aber dann gelten, wenn deutsche Staatsangehörige die unbeschränkte Steuerpflicht mit dem alleinigen Ziel aufgeben, Steuern in der Bundesrepublik zu vermeiden.[1133] Eine Berechtigung dieser Steuerflucht (und des damit verbundenen „Steuergewinns") ist vor allem im Hinblick auf die Gleichmäßigkeit der Besteuerung natürlicher Personen deutscher Staatsangehörigkeit zu verneinen. Ein etwaiger durch die Steuerflucht erzielter

---

1129 BFH v. 17. 12. 1997 I B 96/97, BStBl 1998 II 321.
1130 BFH v. 21. 6. 2001 I B 141/00, BFH/NV 2001, 1169.
1131 Nach Auffassung des BFH v. 5. 2. 2014 X B 138/13 spricht „einiges dafür", dass die Regelung des § 1 AStG unionsrechtlich zur Sicherung der Steuerhoheit gerechtfertigt ist. Der BFH verweist in seinem Beschluss auf das, zu einer – mit § 1 AStG vergleichbaren – Norm des belgischen Steuerrechts ergangene, Urteil des EuGH v. 21. 1. 2010 C-311/08 Société de Gestion Industrielle SA (SGI), IStR 2010, 144.
1132 Ausführlich Rdn. 826 ff.
1133 BVerfG v. 14. 5. 1986 2 BvL 2/93, BStBl 1986 II 628, sowie Denkschrift der Bundesregierung zum DBA-Schweiz 1971, BT-Drs. VI/3233, S. 15 ff.; die dort angestellten Überlegungen gelten aber nicht, soweit der Wohnsitz in das EU- oder EWR-Ausland verlegt wird, da ansonsten die Grundfreiheiten der Freizügigkeit der EU-Mitgliedsbürger innerhalb der EU tangiert würden.

Steuergewinn soll durch die erweitert beschränkte Einkommensteuerpflicht (§ 2 AStG) und die erweitert beschränkte Erbschaft- und Schenkungsteuerpflicht (§ 4 AStG) korrigiert werden. Die erweitert beschränkte Steuerpflicht steht neben der beschränkten Steuerpflicht, eine Verdrängung findet ausschließlich auf der Rechtsfolgenebene statt.[1134]

Man wird heute davon ausgehen müssen, dass die §§ 2–5 AStG mit dem **EU-Recht** nicht vereinbar sind, da diese Regelungen die Freizügigkeit innerhalb der EU beschränken. Gegenüber Nicht-EU-Staaten und Nicht-EWR-Staaten sind sie aber uneingeschränkt anwendbar. 1221

Zur **Vereinbarkeit mit bestehenden DBA** finden sich allgemeine Ausführungen in Tz. 2.0.2 AStG-AE, die grundsätzlich von einem Vorrang der Abkommensbestimmungen ausgehen, sofern nicht, wie beim DBA-Schweiz und beim DBA-Italien oder bei den Grenzpendlern, Sonderregelungen eingreifen. 1222

4.2.3.2 Erweitert beschränkte Einkommensteuerpflicht (§ 2 AStG)

Der erweitert beschränkten Einkommensteuerpflicht nach § 2 AStG unterliegen diejenigen Personen, die in den letzten 10 Jahren vor Beendigung der unbeschränkten Steuerpflicht **mindestens 5 Jahre lang als Deutscher unbeschränkt steuerpflichtig** gewesen sind. „Deutscher" i. S. des § 2 AStG ist eine Person, die die deutsche Staatsangehörigkeit i. S. des Art. 116 GG besitzt (**persönliche Voraussetzung**). Unerheblich ist, ob daneben eine andere Staatsangehörigkeit besessen wurde. Ferner ist unbeachtlich, ob die deutsche Staatsangehörigkeit nach dem Wegzug aufgegeben wurde. Die Fristen sind nach § 108 Abs. 1 AO, §§ 187 ff. BGB zu berechnen. Maßgebend ist nur eine unbeschränkte Steuerpflicht nach § 1 Abs. 1 Satz 1 EStG; eine unbeschränkte Steuerpflicht i. S. des § 1 Abs. 2 und 3 sowie des § 1a Abs. 1 Nr. 2 EStG ist unbeachtlich. 1223

Hat der Steuerpflichtige mehrmals den Wohnsitz vom Inland ins Ausland verlegt, so sind die Zeiträume der unbeschränkten Steuerpflicht zusammenzuzählen. Bei jeder Beendigung der unbeschränkten Steuerpflicht sind die persönlichen Voraussetzungen des § 2 AStG zu prüfen. 1224

> **BEISPIEL:** (1) A wird 1959 als Kind deutscher Eltern in Frankreich geboren und erhält kraft Gesetzes (§ 4 Abs. 1 Satz 1 StAG) die deutsche Staatsangehörigkeit (ius-sanguinis-Prinzip). Er hält sich in der Bundesrepublik zum Studium vom 1.10.1980 bis 31.12.1983 sowie zur Weiterbildung vom 1.9.1987 bis 31.10.1989 auf. Am 1.11.1989 verlegt er seinen Wohnsitz wieder zurück nach Frankreich. In der Zeit vom 2.11.1979 bis 1.11.1989 (10-Jahres-Zeitraum) war er mehr als 5 Jahre als Deutscher unbeschränkt steuerpflichtig.
>
> (2) Wie oben; auf den 31.12.1983 ist zu prüfen, ob A in der Zeit vom 1.1.1974 bis 31.12.1983 5 Jahre lang als Deutscher unbeschränkt steuerpflichtig war.

Die erweitert beschränkte Einkommensteuerpflicht bezieht sich bei Ehegatten auf die einzelne Person. Daher muss eine getrennte Prüfung der Voraussetzungen des § 2 AStG und ggf. eine getrennte Veranlagung durchgeführt werden (Tz. 2.1.2 AStG-AE). 1225

1134 BFH v. 30.8.1995 I R 10/95, BStBl 1995 II 868.

1226 Zu den **sachlichen Voraussetzungen** der erweitert beschränkten Einkommensteuerpflicht gehört, dass der Steuerpflichtige

- in einem ausländischen Gebiet ansässig ist, in dem er mit seinen Einkünften nur einer niedrigen Besteuerung unterliegt oder in keinem ausländischen Gebiet ansässig ist (§ 2 Abs. 1 Nr. 1 AStG),
- in der Bundesrepublik über wesentliche wirtschaftliche Interessen verfügt (§ 2 Abs. 1 Nr. 2 AStG).

1227 Liegen die persönlichen und sachlichen Voraussetzungen für die erweitert beschränkte Einkommensteuerpflicht vor, so tritt **für das Jahr der Beendigung der unbeschränkten Steuerpflicht und die folgenden 10 Jahre** über die Besteuerung nach §§ 49 ff. EStG (beschränkte Steuerpflicht) hinaus eine Besteuerung mit all den Einkünften ein, die bei unbeschränkter Steuerpflicht keine ausländischen Einkünfte i. S. des § 34d EStG darstellen. Dies gilt nur für VZ, in denen die hiernach insgesamt erweitert beschränkt steuerpflichtigen Einkünfte mehr als 16 500 € betragen. In Tz. 2.5.0.1, 2.5.0.2 AStG-AE findet sich ein Katalog der erweiterten Inlandseinkünfte i. S. des § 2 AStG aus der Sicht der Finanzverwaltung.

1228 Der BFH hat zu § 2 AStG entschieden, dass die Wohnung (im Ausland) ggf. eine Geschäftsleitungsbetriebsstätte darstellen kann.[1135] Dann fehlt es für eine inländische Anknüpfung an einer Betriebsstätte, der die Einkünfte zugerechnet werden können. Um dieses Urteil zu unterlaufen, hat der Gesetzgeber mit Wirkung ab dem VZ 2009 durch das JStG 2009 den Satz 2 in § 2 Abs. 1 AStG eingefügt, wonach dann, wenn keine ausländische Betriebsstätte oder kein ausländischer Vertreter gegeben ist, eine inländische Geschäftsleitungsbetriebsstätte fingiert wird.

1229 Die Voraussetzung **„niedrige Besteuerung"** erläutert § 2 Abs. 2 AStG. Danach sind zwei verschiedene Möglichkeiten zu unterscheiden: Zum einen liegt eine niedrige Besteuerung dann vor, wenn die ausländische Einkommensteuer bei **einem zu versteuernden Einkommen von 77 000 € um mehr als 1/3 niedriger ist als die deutsche Einkommensteuer**, bezogen auf den Grundtarif bei einer nach § 1 Abs. 1 EStG unbeschränkt steuerpflichtigen Person (§ 2 Abs. 2 Nr. 1 AStG; zur Berechnung Tz. 2.2 AStG-AE).[1136]

> **BEISPIEL:** (1) Andorra und Monaco erheben keine Einkommensteuer der natürlichen Personen.
> (2) Die deutsche Einkommensteuer (Grundtarif) beträgt bei einem zu versteuernden Einkommen von 77 000 € für VZ 2014 24 101 €, die schädliche Grenze beträgt demnach 16 067 €.

1230 Zum anderen liegt eine niedrige Besteuerung i. S. des Gesetzes dann vor, wenn dem Steuerpflichtigen **im Ausland eine Vorzugsbesteuerung eingeräumt wird** (§ 2 Abs. 2 Nr. 2 AStG). Diese Vorzugsbehandlung kann z. B. in einer völligen Steuerfreiheit, Steuervergünstigung, Pauschalbesteuerung o. ä. bestehen, wobei es für die Anwendung des § 2 AStG ausreicht, wenn die Vorzugsbesteuerung für wesentliche Teile des Einkommens gewährt wird.

[1135] BFH v. 19. 12. 2007 I R 19/06, BFH/NV 2008, 672.
[1136] BFH v. 26. 11. 1986 I R 78/81, BStBl 1987 II 563; zum Steuer- und Belastungsvergleich BFH v. 30. 11. 1988 I R 84/85, BStBl 1989 II 365.

So gibt es in der **Schweiz** eine pauschale „**Besteuerung nach dem Aufwand**" als Vorzugsbesteuerung, die in Art. 14 DBG bzw. Art. 6 StHG geregelt ist.[1137] Voraussetzung ist, dass die natürliche Person erstmals oder nach mindestens zehnjährigem Auslandsaufenthalt den steuerrechtlichen Wohnsitz in der Schweiz nimmt und in der Schweiz keine Erwerbstätigkeit ausübt. Eine Erwerbstätigkeit in der Schweiz liegt vor, wenn eine natürliche Person in der Schweiz haupt- oder nebenberuflich Erwerbseinkünfte erzielt, die der Besteuerung nach dem DBG unterliegen. Die Aufwandsbesteuerung kann für natürliche Personen mit ausländischer Staatsangehörigkeit bei den direkten Schweizer Bundessteuern zeitlich unbegrenzt gewährt werden. Die Besteuerung nach dem Aufwand darf nach den Bestimmungen des DBG und des StHG nicht geringer sein als der Betrag, den die natürliche Person für ihre in der Schweiz gelegenen beweglichen (Bsp.: Aktien, Obligationen, Bankguthaben, hypothekarische Forderungen) und unbeweglichen Vermögenswerte und die daraus fließenden Einkünfte als ordentliche Steuer entrichten müsste. Die Aufwandssteuer wird somit zum einen nach dem Aufwand des Steuerpflichtigen und zum anderen nach bestimmten Einkommens- und Vermögensbestandteilen berechnet, wobei der jeweils höhere Betrag geschuldet wird. Auf die Reaktion der Bundesrepublik und anderer Staaten (z. B. Belgien, Italien, Kanada, Norwegen, Österreich, USA) auf die Schweizer Vorzugsbesteuerung hin (z. B. mit dem Verlust der Vergünstigungen aus dem DBA-Schweiz; vgl. Art. 4 Abs. 6 DBA-Schweiz) hat die Schweiz die sog. „**modifizierte Besteuerung nach dem Aufwand**" entwickelt. Danach werden alle aus dem betreffenden Staat stammenden Einkünfte und in der Schweiz steuerbaren Einkünfte in die Bemessungsgrundlage mit eingeschlossen. Bei dieser Art der Besteuerung in der Schweiz ist der konkrete Belastungsvergleich auch durchzuführen.

1231

Ist der Steuerpflichtige in keinem Gebiet ansässig, weil er z. B. ständig seinen Wohnsitz wechselt (sog. Gebietsloser), so gilt er als niedrig besteuert.

1232

Eine Besteuerung nach § 2 AStG scheidet dann aus, wenn der Steuerpflichtige die **gesetzliche Vermutung der niedrigen Besteuerung widerlegt**. Hierzu muss er nachweisen, dass die im Ausland zu entrichtende Steuer mindestens 2/3 der deutschen Einkommensteuer bei unbeschränkter Steuerpflicht beträgt (§ 2 Abs. 2 Nr. 2 AStG, Tz. 2.2.4 AStG-AE).

1233

Wesentliche wirtschaftliche Interessen im Inland liegen nach § 2 Abs. 3 AStG in folgenden Fällen vor:

1234

- der Steuerpflichtige ist zu Beginn des VZ Unternehmer oder Mitunternehmer eines inländischen Gewerbebetriebes;
- auf den Steuerpflichtigen als Kommanditist einer KG entfallen mehr als 25 % der Einkünfte i. S. des § 15 Abs. 1 Satz 1 Nr. 2 EStG ;
- der Steuerpflichtige ist im Besitz einer Beteiligung i. S. des § 17 Abs. 1 EStG an einer inländischen Kapitalgesellschaft;
- der Steuerpflichtige erzielt im VZ Inlandseinkünfte (= Einkünfte, die bei unbeschränkter Steuerpflicht keine ausländische Einkünfte i. S. des § 34d EStG sind), die entweder mehr als 30 % seiner gesamten Einkünfte betragen oder 62 000 € über-

---

1137 Die Vorzugsbesteuerung wurde z. B. abgeschafft in den Kantonen Zürich und Schaffhausen.

steigen; § 2 AStG stellt nur auf das Überschreiten bestimmter Einkunfts- und Vermögensgrenzen, nicht aber auf die Gründe für das Vorhandensein der Einkünfte oder des Vermögens im Geltungsbereich des AStG ab;[1138]

▶ der Steuerpflichtige verfügt zu Beginn des VZ über Inlandsvermögen (= Vermögen, dessen Erträge bei unbeschränkter Steuerpflicht keine ausländischen Einkünfte i. S. des § 34d EStG sind), das entweder 30 % seines Gesamtvermögens beträgt oder 154 000 € übersteigt.

1235 In § 2 Abs. 4 AStG ist angeordnet, dass auch sog. mittelbare Inlandsinteressen in die Prüfung, ob wesentliche wirtschaftliche Interessen vorliegen, einzubeziehen sind, d. h. auch Einkünfte und Vermögenswerte einer zwischengeschalteten Gesellschaft im Sinne des § 5 AStG sind entsprechend der Beteiligung des Steuerpflichtigen einzubeziehen.

1236 Ob die Voraussetzungen der erweitert beschränkten Einkommensteuerpflicht i. S. des § 2 AStG erfüllt sind, ist für jedes Jahr des 10-Jahres-Zeitraums neu zu prüfen.

1237 Um eine – ggf. getrennte (Tz. 2.5.1.3 AStG-AE) – Veranlagung durchführen zu können, ist das zu versteuernde Einkommen nach den Vorschriften des deutschen Steuerrechts zu ermitteln.[1139] Hinsichtlich des Verhältnisses § 2 AStG zu § 49 EStG hat der BFH entschieden, dass im Rahmen der Veranlagung gemäß § 2 Abs. 5 AStG nur solche Einkünfte aus beschränkter Steuerpflicht gemäß § 49 EStG einzubeziehen sind, die zu veranlagen sind, nicht jedoch Einkünfte, bei denen die darauf entfallende Einkommensteuer im Wege des Steuerabzugs als abgegolten gilt.[1140] Allerdings wird durch § 2 Abs. 5 Satz 2 AStG die Abgeltungswirkung des § 50 Abs. 2 EStG für Einkünfte, die dem Steuerabzug nach § 50a EStG unterliegen, aufgehoben. Sofern sich bei einer Einkunftsart ein Verlust ergibt, ist grundsätzlich ein Ausgleich von Verlusten bei erweiterten Inlandseinkünften mit positiven Einkünften i. S. des § 49 EStG und umgekehrt möglich (Einzelheiten in Tz. 2.5.1.2 AStG-AE). Die Abgeltungsteuer (§ 43 Abs. 5 EStG) bleibt hiervon unberührt, § 2 Abs. 5 Satz 3 AStG.[1141]

1238 Für die Berechnung des Steuersatzes sieht § 2 Abs. 5 AStG einen **eigenen Progressionsvorbehalt** vor. Danach ist der Steuersatz anzuwenden, der sich bei einer Besteuerung aller Einkünfte einschließlich der ausländischen Einkünfte (Welteinkommen) ergeben würde,[1142] wobei die Einkünfte aus Kapitalvermögen, die dem gesonderten Steuersatz nach § 32d Abs. 1 EStG unterliegen, gem. § 2 Abs. 5 Satz 1 zweiter Halbsatz AStG außer Betracht bleiben.[1143] Auf die sich ergebende Einkommensteuer sind die Steuerabzugsbeträge anzurechnen.

1138 BFH v. 8. 7. 1998 I R 112/97, BStBl 1999 II 123; vgl. für die nachfolgenden Ausführungen Tz. 2.5 AStG-AE.
1139 BFH v. 28. 3. 1984 I R 101/80, BStBl 1984 II 652; Tz. 2.5.1 bis 2.5.4 AStG-AE.
1140 BFH v. 19. 12. 2007 I R 19/06, BStBl 2010 II 398; Ergänzung durch BFH v. 16. 12. 2008 I R 23/07, n.V.; v. 27. 5. 2009 I R 86/07, BStBl 2010 II 120; v. 7. 9. 2011 I B 157/10, DB 2011, 2695; vgl. BMF v. 7. 4. 2010, BStBl 2010 I 368.
1141 Seit 1. 1. 2013 klargestellt durch das AmtshilfeRLUmsG; zur Anwendung s. § 21 Abs. 21 Satz 1 und 2 AStG.
1142 Tz. 2.5.3 AStG-AE.
1143 Seit 1. 1. 2013 klargestellt durch das AmtshilfeRLUmsG; zur Anwendung s. § 21 Abs. 21 Satz 1 und 2 AStG.

Da das AStG nur die Steuergewinne aus einer Steuerflucht abschöpfen, nicht aber zu einer darüber hinausgehenden Belastung führen soll, bestimmt § 2 Abs. 6 AStG die Obergrenze der nach § 2 Abs. 1 und 5 AStG zu erhebenden Einkommensteuer: Bei erweitert beschränkter Steuerpflicht ist keine höhere Steuer zu erheben als die Steuer, die sich bei unbeschränkter Steuerpflicht ergeben würde. Untergrenze ist die Steuer, die sich bei beschränkter Steuerpflicht, d. h. ohne Anwendung des § 2 AStG ergeben würde.[1144] Diese Vergleichsrechnung ist immer dann durchzuführen, wenn der Steuerpflichtige nachweist, dass die Obergrenze überschritten ist.

4.2.3.3 Erweitert beschränkte Erbschaft- und Schenkungsteuerpflicht (§ 4 AStG)

Ist auf den Erblasser oder Schenker im Zeitpunkt der Entstehung der Steuerschuld (§ 9 ErbStG) § 2 Abs. 1 Satz 1 AStG anzuwenden, so unterliegt diese Personen der **erweitert beschränkten Erbschaft- und Schenkungsteuerpflicht** nach § 4 Abs. 1 AStG. D. h. nicht nur das Inlandsvermögen ist steuerpflichtig, sondern darüber hinaus tritt Steuerpflicht für all diejenigen Erwerbe ein, deren Erträge bei unbeschränkter Einkommensteuerpflicht nicht ausländische Einkünfte i. S. des § 34d EStG wären. Der Umfang des erweitert beschränkt steuerpflichtigen Erwerbs ist beispielhaft in Tz. 4.1.1 AStG-AE erläutert.

Keine Anwendung findet § 4 Abs. 1 AStG, wenn der Steuerpflichtige nachweist (§ 4 Abs. 2 AStG), dass für die der erweiterten Steuerpflicht unterliegenden Teile des Erwerbs im Ausland eine der deutschen Erbschaftsteuer entsprechende Steuer zu entrichten ist, und dass die ausländische Steuer mindestens 30 % der deutschen Erbschaftsteuer entspricht.

4.2.3.4 Zwischengeschaltete Gesellschaften (§ 5 AStG)

Um der erweitert beschränkten Einkommen- und Erbschaftsteuerpflicht zu entgehen, könnte ein beschränkt Steuerpflichtiger, der die Voraussetzungen des § 2 Abs. 1 Nr. 1 AStG erfüllt,[1145] die Einkunftsquelle auf eine Kapitalgesellschaft mit Sitz und Geschäftsleitung im Ausland übertragen (Zwischengesellschaft – § 7 Abs. 1 AStG). Zur Verhinderung dieser Steuerumgehung bestimmt § 5 AStG, dass die Einkünfte der Zwischengesellschaft dem Steuerpflichtigen direkt zugerechnet werden. Voraussetzung ist, dass der Steuerpflichtige bei unbeschränkter Steuerpflicht mit den Einkünften der Zwischengesellschaft nach §§ 7, 8 und 14 AStG steuerpflichtig wäre und dass es sich nicht um ausländische Einkünfte i. S. des § 34d EStG handelt. Die von der Gesellschaft erzielten Einkünfte werden der Person im Sinne des § 2 AStG als in der letzten logischen Sekunde des Wirtschaftsjahres der Gesellschaft zugeflossen angesehen und zugerechnet. Die Regelung gilt auch für die erweitert beschränkte Erbschaftsteuerpflicht nach § 4 AStG (§ 5 Abs. 1 Satz 2 AStG).

1144 Tz. 2.6.1 AStG-AE.
1145 Es ist somit unerheblich, ob diese Personen wesentliche wirtschaftliche Interessen im Inland haben.

4.2.4 Vermögenszuwachsbesteuerung – Wegzugsbesteuerung (§ 6 AStG)

4.2.4.1 Überblick

1243 Durch § 6 AStG soll in den Fällen der Wohnsitzverlegung ins Ausland bereits im Zeitpunkt der Wohnsitzverlegung (= Aufgabe der unbeschränkten Steuerpflicht) eine Wertsteigerung bei in- und ausländischen Beteiligungen an Kapitalgesellschaften i. S. des § 17 EStG besteuert werden, d. h. ab einer Mindestbeteiligung von 1 %.

1244 Die alte Regelung des § 6 AStG war, wie sich aus dem Urteil des EuGH zu einer vergleichbaren Norm des französischen Steuerrechts ergab,[1146] europarechtswidrig.[1147] Die Europäische Kommission hatte die Bundesrepublik aufgefordert, die Vorschrift des § 6 AStG aufzuheben;[1148] ein Vertragsverletzungsverfahren wurde gegen die Bundesrepublik eingeleitet. Demgemäß sah sich die Bundesrepublik gezwungen, § 6 AStG umfassend anzupassen, was durch Art. 7 des SEStEG geschah. Ob die Neuregelung aber nun in vollem Umfange EU-kompatibel ist, darf bezweifelt werden.

1245 Nach § 21 Abs. 13 AStG ist § 6 Abs. 1 AStG i. d. F. des SEStEG erstmals für den VZ 2007 anzuwenden.

1246 Der BFH hat in zwei Entscheidungen die Auffassung vertreten, dass § 6 AStG a. F. weder gegen Unionsrecht noch gegen Verfassungsrecht verstößt.[1149]

4.2.4.2 Grundtatbestand (§ 6 Abs. 1 AStG)

1247 In Abs. 1 Satz 1 wird auf die Beendigung der unbeschränkten Steuerpflicht durch **Aufgabe des Wohnsitzes** oder des gewöhnlichen Aufenthalts als Voraussetzung der Wegzugsbesteuerung abgehoben. Die natürliche Person muss **mindestens insgesamt zehn Jahre unbeschränkt steuerpflichtig** gewesen sein; auf den Besitz der deutschen Staatsangehörigkeit kommt es nicht an. Mehrere Zeiträume unbeschränkter Steuerpflicht sind zusammenzurechnen.

1248 Nach § 6 AStG erstreckt sich die Wegzugsbesteuerung nunmehr auch auf Anteile an ausländischen Kapitalgesellschaften i. S. des § 17 EStG (allgemeiner Entstrickungstatbestand).

1249 Der Katalog der sog. **Ersatztatbestände** ist in § 6 Abs. 1 Satz 2 Nr. 1 bis 4 AStG geregelt:

▶ die Übertragung der Anteile durch ganz oder teilweise unentgeltliches Rechtsgeschäft unter Lebenden oder durch Erwerb von Todes wegen auf nicht unbeschränkt steuerpflichtige Personen oder

▶ die Begründung eines Wohnsitzes oder gewöhnlichen Aufenthalts oder die Erfüllung eines anderen ähnlichen Merkmals in einem ausländischen Staat, wenn der

---

1146 EuGH v. 11. 3. 2004 C-9/02 Fall Hughes de Lasteyrie du Saillant, IStR 2004, 236.
1147 Weiteres einschlägiges EuGH-Urteil v. 7. 9. 2006 C-470/04 Fall N, IStR 2006, 702.
1148 Schreiben vom 19. 4. 2004, IP/04/493.
1149 BFH v. 23. 9. 2008 I B 92/08, BStBl 2008 II 524; v. 25. 8. 2009 I R 88/07, 89/07, BFH/NV 2009, 2047.

Steuerpflichtige aufgrund dessen nach einem DBA als in diesem Staat ansässig anzusehen ist, oder

▶ die Einlage der Anteile in einen Betrieb oder eine Betriebsstätte des Steuerpflichtigen in einem ausländischen Staat oder

▶ der Ausschluss oder die Beschränkung des Besteuerungsrechts der Bundesrepublik Deutschland hinsichtlich des Gewinns aus der Veräußerung der Anteile aufgrund anderer als der in Satz 1 oder der in den Nummern 1 bis 3 genannten Ereignisse.

Wegen der Neuregelung der grenzüberschreitenden Umwandlung durch das UmwStG i. d. F. des SEStEG sowie der Neuregelung des § 17 EStG war es erforderlich, das Verhältnis dieser Vorschriften zu § 6 AStG sowie den Vorrang zu bestimmen: Nach Abs. 1 Satz 3 bleibt die Regelung des § 17 Abs. 5 EStG unberührt, d. h., diese Bestimmung geht der Regelung des § 6 Abs. 1 Satz 2 Nr. 4 AStG vor. Ferner bleiben die Vorschriften des (neuen) UmwStG unberührt.

1250

Der – fiktive – Veräußerungserlös ist wie folgt zu berechnen: Nach § 6 Abs. 1 Satz 4 AStG tritt an die Stelle des Veräußerungspreises (§ 17 EStG) der gemeine Wert (§ 9 BewG) der Anteile im Zeitpunkt der Beendigung der unbeschränkten Steuerpflicht. Hat der Steuerpflichtige die Anteile bereits im Zeitpunkt der Begründung der unbeschränkten Steuerpflicht besessen, so ist statt der Anschaffungskosten der gemeine Wert der Anteile zu diesem Zeitpunkt anzusetzen. Auf den steuerpflichtigen Vermögenszuwachs ist das Teileinkünfteverfahren nach § 3 Nr. 40 Satz 1 Buchst. c i.V. mit § 3c Abs. 2 EStG anzuwenden. Nicht erfasst werden durch § 6 Abs. 1 AStG Veräußerungsverluste.[1150]

1251

§ 6 Abs. 1 Satz 5 AStG befasst sich mit dem Verhältnis der Besteuerung einer nach Wegzug tatsächlich erfolgten Veräußerung der Anteile zur Vermögenszuwachsbesteuerung: Der tatsächliche Veräußerungserlös ist um den bereits versteuerten fiktiven Veräußerungserlös zu kürzen. In diesem Zusammenhang kann dann ein DBA mit dem Wohnsitzstaat von Bedeutung sein.

1252

BEISPIEL: ▶ Der Steuerpflichtige A, der seit seiner Geburt in der Bundesrepublik wohnt, erwirbt am 2.1.2002 das gesamte Stammkapital an der inländischen X-GmbH i. H. von 100 000 € zum Nennwert; als er am 2.1.2009 seinen Wohnsitz auf Dauer aus der Bundesrepublik in einen Nicht-DBA-Staat wegverlegt, beträgt der gemeine Wert der Anteile insgesamt 2 Mio. €; die Anteile werden schließlich am 31.12.2013 an die Y-AG, Hamburg, zum Preis von 3,5 Mio. € verkauft.

Auf den Zeitpunkt seines Wegzugs hat A die Differenz i. H. von 1,9 Mio. € zu versteuern. Bei der tatsächlichen Veräußerung ist die bereits erfolgte Besteuerung zu berücksichtigen. Der steuerpflichtige Veräußerungserlös beträgt 3,4 Mio. € abzüglich bereits versteuertem Veräußerungserlös i. H. von 1,9 Mio. € = 1,5 Mio. €.

Bei einer späteren tatsächlichen Veräußerung kann sich auch bei Erzielung eines Gewinns durch die Kürzung um den bereits versteuerten Vermögenszuwachs ein Verlust ergeben.

1253

1150 BFH v. 28. 2. 1990 I R 43/86, BStBl 1990 II 615; Tz. 6.1.3.3 AStG-AE.

> **BEISPIEL:** Die Anschaffungskosten betrugen 250 000 €, der gemeine Wert im Zeitpunkt der Wohnsitzaufgabe 1 Mio. €, der tatsächliche Veräußerungspreis dann aber nur 925 000 €. Es liegt ein Verlust i. H. von 75 000 € (+ 675 000 € ./. 750 000 €) vor.

1254 War der Vermögenszuwachs bei Wegzug negativ, hat jedoch die tatsächliche Veräußerung zu einem positiven Ergebnis geführt, so ist bei Berechnung des Veräußerungsgewinns von den ursprünglichen Anschaffungskosten auszugehen.

1255 Der sich ergebende Vermögenszuwachs ist dem Steuerpflichtigen noch in seiner Eigenschaft als unbeschränkt Steuerpflichtiger zuzurechnen; denn § 6 AStG stellt auf den letzten Zeitpunkt vor Beendigung der unbeschränkten Steuerpflicht ab. Daraus folgt, dass die Regelungen eines DBA einer Besteuerung nach § 6 AStG grundsätzlich nicht entgegenstehen.[1151]

1256 Nach Tz. 6.1.5.1 AStG-AE soll die Besteuerung des Vermögenszuwachses nicht dadurch ausgeschlossen sein, dass der Steuerpflichtige in einem Staat steuerlich ansässig wird, mit dem ein DBA besteht, und der Gewinn aus der späteren tatsächlichen Veräußerung des Anteils nach dem Abkommen in der Bundesrepublik Deutschland nicht besteuert werden könnte.

> **BEISPIEL:** Der Steuerpflichtige A, der seit seiner Geburt in der Bundesrepublik wohnt, erwirbt am 2. 1. 2002 das gesamte Stammkapital an der inländischen X-GmbH i. H. von 100 000 € zum Nennwert; als er am 31. 12. 2006 seinen Wohnsitz auf Dauer aus der Bundesrepublik in die Schweiz wegverlegt, beträgt der gemeine Wert der Anteile insgesamt 2 Mio. €; die Anteile werden schließlich am 31. 12. 2013 zum Preis von 3,75 Mio. € verkauft. Auf den Zeitpunkt seines Wegzugs hat A die Differenz i. H. von 1,9 Mio. € zu versteuern. Nach Art. 13 Abs. 3 DBA-Schweiz (der Ausnahmefall des Art. 13 Abs. 4 DBA-Schweiz liegt nicht vor) ist der Veräußerungserlös ausschließlich im Wohnsitzstaat (= Schweiz) zu versteuern.

1257 In dem Beispielsfall droht in Höhe des bereits nach § 6 AStG versteuerten Veräußerungserlös eine Doppelbesteuerung. Hierzu wird in Tz. 6.1.5.2 AStG-AE darauf hingewiesen, dass bei einer Reihe von DBA entweder bei der Ermittlung des Veräußerungsgewinns die Wertverhältnisse zugrunde gelegt werden, die der Besteuerung nach § 6 AStG zugrunde gelegt wurden (vgl. z. B. Art. 13 Abs. 5 DBA-Schweiz), oder die nach § 6 AStG erhobene Steuer wird angerechnet (vgl. z. B. Art. 13 Abs. 5 i.V. mit Art. 23 Abs. 2 Buchst. b DBA-Schweden). Im Übrigen könne – so AStG-AE weiter – ein Verständigungsverfahren mit dem Ziel eingeleitet werden, die von einem DBA nicht beseitigte Doppelbesteuerung zu vermeiden; ob dieses Verständigungsverfahren aber vom anderen Staat aufgenommen werden wird, und ob es tatsächlich zu einer Vermeidung der Doppelbesteuerung führt, ist völlig offen.

4.2.4.3 Stundung (§ 6 Abs. 3 AStG)

1258 Wenn die Beendigung der unbeschränkten Steuerpflicht auf einer **vorübergehenden Abwesenheit** beruht, und der Steuerpflichtige innerhalb von fünf Jahren seit Beendi-

---

1151 BFH v. 17. 12. 1997 I B 107/98, BStBl 1998 II 558, zum Verhältnis AStG zu den Bestimmungen eines DBA, zum GG und zum Diskriminierungsverbot des EU-Vertrages; angesichts des Urteils des EuGH v. 11. 3. 2004 C-9/02 Hughes de Lasteyrie du Saillant, IStR 2004, 236, ist diese Rechtsauffassung aber als überholt anzusehen.

gung der unbeschränkten Steuerpflicht wieder unbeschränkt steuerpflichtig wird, entfällt nach § 6 Abs. 3 AStG der Steueranspruch. Voraussetzung für den Entfall des Steueranspruchs ist zusätzlich, dass

- die Anteile zwischenzeitlich nicht veräußert wurden sowie
- die Ersatztatbestände Abs. 1 Satz 2 Nr. 1 und Nr. 3 nicht erfüllt sind, und
- ferner der Steuerpflichtige bei Wiederbegründung der unbeschränkten Steuerpflicht nicht nach einem DBA als in einem ausländischen Staat ansässig gilt.

Die Frist kann um höchstens fünf Jahre verlängert werden, wenn der Steuerpflichtige glaubhaft macht, dass berufliche Gründe für seinen Aufenthalt im Ausland maßgebend sind und weiterhin Rückkehrabsicht besteht (§ 6 Abs. 3 Satz 2 AStG). 1259

Ist der Ersatztatbestand des Erwerbs der Anteile von Todes wegen (Abs. 1 Satz 2 Nr. 1) erfüllt, entfällt der Steueranspruch dann, wenn der Erbe seinerseits innerhalb von fünf Jahren seit dem Erbfall (= Entstehen des Steueranspruchs) unbeschränkt steuerpflichtig wird (Abs. 3 Satz 3). 1260

Um nicht mit dem Prinzip der Freizügigkeit (Art. 21, 45 ff. AEUV) zu kollidieren, war der Gesetzgeber aufgrund der Vorgaben des EuGH gezwungen, die Regelung der Sätze 1 und 2 zu ergänzen: Daher bestimmt Abs. 3 Satz 4, dass im Falle einer Stundung der Steuer nach § 6 Abs. 5 AStG – der Anteilseigner als Unionsbürger verlegt seinen Wohnsitz in einen anderen EU- oder EWR-Staat – der Steueranspruch ohne zeitliche Begrenzung bei einer (Wieder-) Begründung der unbeschränkten Steuerpflicht bzw. bei einer Wiederbegründung des Besteuerungsrechts der Bundesrepublik hinsichtlich des Gewinns aus der Veräußerung der Anteile aufgrund eines anderen Ereignisses entfällt; dies gilt entsprechend, wenn der Rechtsnachfolger bei Erwerb der Anteile von Todes wegen unbeschränkt steuerpflichtig wird. 1261

4.2.4.4 Rahmenbedingungen für Stundung und Widerruf (§ 6 Abs. 4 AStG)

Zwecks Zahlungserleichterung kann die geschuldete Einkommensteuer auf Antrag in regelmäßigen Teilbeträgen für einen Zeitraum von fünf Jahren gegen Sicherheitsleistung gestundet werden. Diese Regelung findet sich für Steuerpflichtige, die ihren Wohnsitz in einen Nicht-EU- oder Nicht-EWR-Staat verlegen, in § 6 Abs. 4 Satz 1 AStG. Nach Abs. 4 Satz 2 ist die Stundung zu widerrufen, wenn 1262

- die Anteile während des Stundungszeitraums veräußert werden oder
- die Anteile in eine Gesellschaft i. S. des § 17 Abs. 1 Satz 1 EStG (= Kapitalgesellschaft) verdeckt eingelegt werden oder
- einer der Tatbestände des § 17 Abs. 4 Satz 1 EStG verwirklicht wird.

Ist die Beendigung der unbeschränkten Steuerpflicht nur vorübergehend, richtet sich der Stundungszeitraum nach der vom FA gewährten Stundungsdauer; die Erhebung von Teilbeträgen entfällt; von der Sicherheitsleistung kann nur abgesehen werden, wenn der Steueranspruch nicht gefährdet erscheint. 1263

4.2.4.5 Regelungen für EU- und EWR-Bürger (§ 6 Abs. 5 AStG)

1264 Um die Norm unionsrechtskonform zu machen, mussten für den Wegzug des Steuerpflichtigen in einen EU- oder EWR-Staat völlig neue Regelungen geschaffen werden: Bei dem Wegzug eines Steuerpflichtigen, der Staatsangehöriger eines EU- oder EWR-Staates ist, in einen EU- oder EWR-Staat ist die nach Abs. 1 entstandene Steuer

- ▶ **zeitlich unbeschränkt** sowie
- ▶ **zinslos** und
- ▶ **ohne Sicherheit**

zu stunden, sofern der Steuerpflichtige im Zuzugsstaat der unbeschränkten Steuerpflicht unterliegt (Abs. 5 Satz 1 – sog. **EU-Grundtatbestand**).

1265 Zusätzliche Voraussetzung ist, dass zwischen der Bundesrepublik und dem Zuzugsstaat die Amtshilfe und die gegenseitige Unterstützung bei der Beitreibung der geschuldeten Steuer gewährleistet sind (Abs. 5 Satz 2).[1152]

1266 Die vorgenannte Vergünstigung ist auch zu gewähren (**EU-Ersatztatbestände**), wenn

- ▶ bei einem Erwerb von Todes wegen oder bei Schenkung (Abs. 1 Satz 2 Nr. 1) der Erwerber der unbeschränkten Steuerpflicht in einem EU- oder EWR-Staat unterliegt (Abs. 5 Satz 3 Nr. 1),
- ▶ im Fall der Begründung des Wohnsitzes in einem anderen EU- oder EWR-Staat (vorrangige Ansässigkeit aufgrund der Regelung in einem DBA – Abs. 1 Satz 2 Nr. 2) der Steuerpflichtige der dortigen unbeschränkten Steuerpflicht unterliegt sowie die Staatsangehörigkeit eines EU- oder EWR-Staates besitzt (Abs. 5 Satz 3 Nr. 2),
- ▶ die Anteile in eine in einem EU- oder EWR-Staat gelegene ausländische Betriebsstätte oder in einen in einem EU- oder EWR-Staat gelegenen ausländischen Betrieb eingelegt werden (Abs. 5 Satz 3 Nr. 3).

1267 Die gewährte Stundung ist (kein Ermessen, sondern zwingend von Amts wegen) in folgenden Fällen zu widerrufen:

- ▶ bei Veräußerung der Anteile oder verdeckter Einlage der Anteile in eine Gesellschaft i. S. des § 17 Abs. 1 Satz 1 EStG oder wenn einer der Tatbestände des § 17 Abs. 4 EStG vorliegen (Abs. 5 Satz 4 Nr. 1);
- ▶ Übertragung der Anteile auf eine nicht in einem EU- oder EWR-Staat ansässige Person (Abs. 5 Satz 4 Nr. 2);
- ▶ Vorliegen eines Tatbestandes, der in der Bundesrepublik zum steuerlichen Ansatz des Teilwertes oder des gemeinen Wertes führt (Abs. 5 Satz 4 Nr. 3 – Bsp.: Entnahme oder bestimmte Umwandlungsvorgänge nach dem UmwStG);
- ▶ Verlegung des Wohnsitzes (unter Aufgabe der unbeschränkten Steuerpflicht) in einen anderen als einen EU- oder EWR-Staat (Abs. 5 Satz 4 Nr. 4 – Bsp.: Der Steuerpflichtige nimmt zuerst seinen Wohnsitz in Italien und verlegt ihn dann in die Schweiz).

[1152] BT-Drs 16/2710, S. 53.

Abs. 5 Satz 5 regelt die Fälle, in denen aufgrund eines Umwandlungsvorgangs die ursprünglichen Anteile untergehen und neue Anteile erworben werden. Grundsätzlich würde ein Ereignis vorliegen, das einen Widerruf der Stundung rechtfertigen würde. Dieses Ergebnis ist jedoch in den Fällen nicht angebracht, in denen der Anteilseigner nach den Vorschriften des UmwStG einen Antrag auf Ansatz des Buchwerts der Anteile stellen kann. Soweit die Umwandlung demnach erfolgsneutral stattfindet, ist keine Gewinnrealisierung anzunehmen, die den Widerruf der Stundung zur Folge hat. Die durch den Umwandlungsvorgang erworbenen Anteile ersetzen die hingegebenen Anteile, die Stundung nach Abs. 5 Satz 1 bezieht sich nunmehr auf die erworbenen Anteile, und die Voraussetzungen des Widerrufs der Stundung nach Abs. 5 Satz 4 sind hinsichtlich dieser neu erworbenen Anteile zu beurteilen.

1268

§ 6 Abs. 5 Satz 6 AStG regelt schließlich den Fall, dass beim Steuerpflichtigen die Ermittlung des Gesamtbetrags der Einkünfte ohne Einbeziehung des Vermögenszuwachs zu einem negativen Betrag führt. In diesem Fall würden durch die Berücksichtigung des Vermögenszuwachses der entstehende Verlustrücktrag und gegebenenfalls ein Verlustvortrag i. S. des § 10d EStG gemindert werden. Der Steuerpflichtige würde – ohne tatsächliche Realisierung eines Veräußerungsgewinns – durch die Kürzung des zu berücksichtigenden Verlusts schlechter gestellt als ein vergleichbarer Steuerpflichtiger im Inlandsfall. Daher sieht das Gesetz vor, dass die Besteuerung des Vermögenszuwachses zwar erfolgt, aber für Zwecke des § 10d EStG nicht zu berücksichtigen ist.

1269

Die verfahrensrechtlichen Folgerungen werden in Satz 7 gezogen: Dieser ermöglicht die Änderung der Bescheide, soweit ein Veräußerungsgewinn realisiert worden ist oder ein vergleichbares Ereignis im Sinne des Satzes 4, welches den Widerruf der Stundung zur Folge hätte, eingetreten ist. Der Verlustrücktrag und gegebenenfalls der Verlustvortrag sind unter Berücksichtigung des Vermögenszuwachses neu zu berechnen und neue Bescheide zu erlassen, wobei dann die jeweilige Fassung des § 10d EStG anzuwenden ist. Satz 7 zweiter Halbsatz regelt die insoweit erforderliche Durchbrechung der Bestandskraft der Bescheide, indem das Ereignis i. S. des Satzes 4 als Ereignis mit Rückwirkung i. S. des § 175 Abs. 1 Satz 1 Nr. 2 AO qualifiziert wird. Dann beginnt mit Ablauf des Kalenderjahrs, in dem das Ereignis eingetreten ist, die reguläre Festsetzungsfrist von vier Jahren zu laufen (Anlaufhemmung gem. § 175 Abs. 1 Satz 2 AO).

1270

4.2.4.6 Wertminderung der Anteile bei Veräußerung durch EU-Bürger (§ 6 Abs. 6 AStG)

Wenn ein Ereignis i. S. des Abs. 5 Satz 4 Nr. 1 – der Steuerpflichtige oder sein Rechtsnachfolger veräußern die Anteile – eintritt, ist der Besteuerung der tatsächlich erzielte Veräußerungsgewinn zugrunde zu legen. Nach Abs. 6 Satz 1 erfolgt daher eine Korrektur des angesetzten Vermögenszuwachses, wenn die Anteile gegenüber dem Zeitpunkt i. S. des Abs. 1 Satz 1 – Aufgabe der unbeschränkten Steuerpflicht – eine Wertminderung erfahren haben (tatsächlicher Veräußerungserlös ist niedriger als der nach § 6 AStG angesetzte Veräußerungserlös). Die Wertminderung ist jedoch nur dann bei der Berechnung des Vermögenszuwachses zu berücksichtigen, wenn sie vom Zuzugsstaat bei der Einkommensteuerfestsetzung nicht berücksichtigt wird. Abs. 6 Satz 1 zweiter

1271

Halbsatz regelt die insoweit erforderliche Durchbrechung der Bestandskraft des Steuerbescheids; die Festsetzungsverjährung wird in diesem Fall entsprechend § 175 Abs. 1 Satz 2 AO gehemmt. Nach der amtlichen Begründung trägt der Steuerpflichtige die Feststellungslast dafür, dass die Wertminderung durch den Zuzugsstaat nicht berücksichtigt wird, d. h., dass nach den gesetzlichen Vorschriften des Zuzugsstaats der Veräußerungsgewinn nicht besteuert wird oder dass dieser Staat bei der Besteuerung des Veräußerungsgewinns die historischen Anschaffungskosten und nicht den Wertansatz einer evtl. Wegzugsbesteuerung durch den Wegzugsstaat zugrunde gelegt hat.

1272 Die Wertminderung wird nur dann berücksichtigt, wenn der Steuerpflichtige nachweist, dass sie betrieblich veranlasst und nicht durch gesellschaftsrechtliche Maßnahmen verursacht ist. Zu diesen Maßnahmen zählt z. B. die Ausschüttung von Gewinnen (= ausschüttungsbedingte Teilwertabschreibung). Aus der amtlichen Begründung – die aber insofern im Gesetzestext keinen Niederschlag gefunden hat – soll dies nur für diejenigen Gewinnrücklagen gelten, die im Zeitpunkt des Ausschlusses oder der Beschränkung des Besteuerungsrechts der Bundesrepublik bereits vorhanden waren.

1273 Die Minderung darf nicht den Betrag übersteigen, der in Deutschland bei Wegzug als Vermögenszuwachs angesetzt wurde. Dies bedeutet, dass dann die Wegzugsbesteuerung entfällt.

1274 In den Fällen, in denen eine Gewinnausschüttung die Wertminderung verursacht hat und die Wertminderung bei der inländischen Einkommensbesteuerung aufgrund der Regelung in Satz 2 nicht zu berücksichtigen ist, ist die erhobene und keinem Ermäßigungsanspruch mehr unterliegende inländische Kapitalertragsteuer einschließlich des hierauf entfallenden Solidaritätszuschlages auf die Steuer nach Abs. 1 anzurechnen.

4.2.4.7 Besondere Mitwirkungspflichten für EU- oder EWR-Bürger (§ 6 Abs. 7 AStG)

1275 Im Fall der Stundung nach Abs. 5 soll die Erhebung der Steuer durch erhöhte Mitwirkungspflichten des Steuerpflichtigen gesichert werden. Nach Abs. 7 Satz 1 muss der Steuerpflichtige (oder sein Gesamtrechtsnachfolger) dem zuständigen FA die Verwirklichung eines der Tatbestände des Abs. 5 Satz 4 auf amtlich vorgeschriebenem Vordruck mitteilen. Diese Mitteilung ist innerhalb eines Monats nach dem anzeigepflichtigen Ereignis zu erstatten und eigenhändig zu unterschreiben (Abs. 7 Satz 2). Außerdem ist in den Fällen des Abs. 5 Satz 4 Nr. 1 und 2 eine Abschrift des Kaufvertrages, Testaments o. Ä. der Mitteilung beizufügen.

1276 Neu eingeführt wird durch § 6 Abs. 7 Satz 4 AStG die Pflicht zur jährlichen Mitteilung der Anschrift des Anteilseigners und der Höhe der Beteiligung. Diese Mitteilung muss spätestens mit Ablauf des 31. Januar des folgenden Jahres bei dem zuständigen FA eingegangen sein. Dabei muss der Steuerpflichtige weiter bestätigen, dass die Anteile ihm oder – im Falle der unentgeltlichen Rechtsnachfolge unter Lebenden – seinem Rechtsnachfolger weiterhin zuzurechnen sind. Kommt der Steuerpflichtige dieser Mitteilungspflicht nicht nach, kann die Stundung widerrufen werden (Abs. 7 Satz 5).

4.2.5 Hinzurechnungsbesteuerung (§§ 7 bis 14 AStG)
4.2.5.1 Überblick

Unbeschränkt Steuerpflichtige können Einkünfte der inländischen Besteuerung dadurch entziehen, dass sie diese Einkünfte auf eine von ihnen beherrschte ausländische Gesellschaft verlagern. Ziel der Hinzurechnungsbesteuerung gemäß §§ 7 bis 14 AStG ist es, diese Verlagerung steuerlich rückgängig zu machen:[1153] **Unbeschränkt Steuerpflichtigen werden die Einkünfte (Zwischeneinkünfte) ausländischer Gesellschaften (Zwischengesellschaft) entsprechend ihrer Beteiligung hinzugerechnet (Hinzurechnungsbetrag)**, wenn

▶ sie an einer ausländischen Kapitalgesellschaft beteiligt sind und

▶ sie die Gesellschaft beherrschen und

▶ die Gesellschaft in sog. Niedrigsteuerländern residiert und

▶ die Gewinne nicht aufgrund aktiver Teilnahme am wirtschaftlichen Verkehr erzielt werden.

1277

Die Hinzurechnung erfolgt als Kapitaleinkünfte im Rahmen einer sog. **Ausschüttungsfiktion** (§ 10 Abs. 2 Satz 1 AStG).

1278

Vergleichbare Regelungen haben heute neben den USA und Deutschland weitere Industrienationen, u. a. die EU-Staaten Dänemark, Finnland, Frankreich, Großbritannien, Italien, Portugal und Schweden. Der Fachausdruck lautet **CFC – controlled foreign companies**.

1279

Materiell-rechtlich ist zu beachten, dass nach der ständigen Rechtsprechung des BFH die **Anwendung der §§ 7 ff. AStG Vorrang vor der Anwendung des § 42 AO hat**.[1154] Weiter verstoßen nach Auffassung des BFH die §§ 7 ff. AStG in der Fassung des Missbrauchsbekämpfungs- und Steuerbereinigungsgesetzes gegen die in Art. 49 AEUV garantierte Niederlassungsfreiheit.[1155]

1280

4.2.5.2 Ausländische Gesellschaft – Zwischengesellschaft (§ 7 Abs. 1 AStG)

Eine ausländische Gesellschaft i. S. der §§ 7 ff. AStG ist eine Körperschaft, Personenvereinigung oder Vermögensmasse i. S. des § 1 Abs. 1 KStG, die weder Geschäftsleitung noch Sitz in der Bundesrepublik hat und die nicht gemäß § 3 Abs. 1 KStG von der Körperschaftsteuerpflicht ausgenommen ist (ausländische Gesellschaft). Sind die Voraussetzungen für eine unbeschränkte Steuerpflicht nach KStG erfüllt (Bsp.: Eine Gesellschaft mit Sitz im Ausland hat die tatsächliche Geschäftsleitung im Inland), geht diese der Hinzurechnungsbesteuerung vor.[1156]

1281

1153 BFH v. 26.10.1983 I R 200/78, BStBl 1984 II 258; v. 20.4.1988 I R 197/84, BStBl 1988 II 983.
1154 BFH v. 19.1.2000 I R 94/97, BStBl 2001 II 222, und I R 117/97, BFH/NV 2000, 824; v. 20.3.2002 I R 63/99, BStBl 2003 II 50; v. 25.4.2004 I R 42/02, BFH/NV 2004, 1313; BMF v. 28.12.2004, BStBl 2005 I 28.
1155 BFH v. 21.10.2009 I R 114/08, BFH/NV 2010, 279.
1156 BFH v. 23.6.1992 IX R 182/87, BStBl 1992 II 972.

1282 Die beschränkte Steuerpflicht nach § 2 KStG wird durch die Hinzurechnungsbesteuerung nicht berührt.

4.2.5.3 Inländische Beherrschung (§ 7 Abs. 2 bis 4 AStG)

1283 Voraussetzung der Hinzurechnungsbesteuerung ist, dass **unbeschränkt Steuerpflichtige** die ausländische Gesellschaft **beherrschen** (= zu mehr als der Hälfte beteiligt sind).

1284 Eine ausländische Gesellschaft wird dann von unbeschränkt Steuerpflichtigen beherrscht, wenn diese allein oder zusammen mit Personen i. S. des § 2 AStG **zu mehr als der Hälfte an der ausländischen Gesellschaft beteiligt sind** (Mindestbeteiligung).

1285 „Mehr als die Hälfte" bedeutet, dass ihnen am Ende des Wirtschaftsjahrs der Gesellschaft, in dem diese die Einkünfte nach § 7 Abs. 1 AStG bezogen hat (maßgebendes Wirtschaftsjahr), mehr als 50 % der Anteile oder Stimmrechte an der ausländischen Gesellschaft zuzurechnen sind (vgl. Tz. 7.2.1 AStG-AE). Auszugehen ist von den gesamten ausgegebenen Anteilen. Eigene Anteile werden wie nicht ausgegebene Anteile behandelt. Gleiches gilt für Anteile, durch die ausländische Gesellschaften aneinander wechselseitig oder im Ring beteiligt sind.

1286 Ausgangspunkt für die **Berechnung der Beteiligungsquote** sind die Verhältnisse am Ende des Wirtschaftsjahres der ausländischen Gesellschaft (§ 7 Abs. 2 Satz 1 AStG). Die Beteiligungsquote richtet sich entweder nach den Anteilen am Nennkapital oder nach den Stimmrechten.[1157]

1287 Für die **Feststellung der Mindestbeteiligung** sind alle Anteile oder Stimmrechte anzusetzen, die unbeschränkt Steuerpflichtigen unmittelbar oder mittelbar (vermittelt über Personengesellschaften i. S. § 7 Abs. 3 AStG oder durch eine andere ausländische Gesellschaft nach § 7 Abs. 2 Satz 2 AStG) gehören oder ihnen steuerlich zuzurechnen sind, z. B. aufgrund der §§ 39 bis 42 AO. Ferner sind zuzurechnen die Anteile von Personen i. S. des § 2 Abs. 1 AStG. Es sind die Anteile aller unbeschränkt steuerpflichtigen Gesellschafter zusammenzurechnen, unabhängig davon, ob es sich um nahestehende Personen i. S. des § 1 Abs. 2 AStG handelt oder nicht.

1288 Schließlich sind nach § 7 Abs. 4 AStG für die Ermittlung der Beteiligungsquote **die Anteile weisungsgebundener Personen** dem unbeschränkt steuerpflichtigen Weisungsberechtigten zuzurechnen; die auf diese Anteile entfallenden Einkünfte sind aber nicht hinzuzurechnen.[1158] Weisungsgebunden ist eine Person dann, wenn ihr kein eigener wesentlicher Entscheidungsspielraum bleibt; hierunter fallen z. B. Notare, Rechtsanwälte, Banken, Treuhänder usw. (vgl. Tz. 7.4 AStG-AE).

1289 Ist eine inländische Personengesellschaft an einer ausländischen Gesellschaft beteiligt, so gelten nach § 7 Abs. 3 AStG die Gesellschafter als an der ausländischen Gesellschaft beteiligt.

1157 BFH v. 26. 10. 1983 I R 200/78, BStBl 1984 II 258.
1158 BFH v. 26. 10. 1983 I R 200/78, BStBl 1984 II 258.

Die **Beteiligungsquote** gibt Antwort auf die Frage, ob eine inländische Beherrschung der ausländischen Gesellschaft i. S. des § 7 Abs. 1 AStG vorliegt. Dagegen ist aus der **Hinzurechnungsquote** abzuleiten, in welchem Umfange dem unbeschränkt Steuerpflichtigen die Einkünfte zuzurechnen sind.

4.2.5.4 Zwischengesellschaft für Zwischeneinkünfte mit Kapitalanlagecharakter (§ 7 Abs. 6 und 6a EStG)

Bei Zwischengesellschaften für Zwischeneinkünfte mit Kapitalanlagecharakter i. S. des § 7 Abs. 6a AStG erfolgt eine Hinzurechnung bei einem unbeschränkt Steuerpflichtigen nach § 7 Abs. 6 Satz 1 AStG bereits dann, wenn er an der Gesellschaft mit mindestens 1 % beteiligt ist, selbst wenn die Gesellschaft nicht von Personen i. S. des § 7 Abs. 1 AStG beherrscht wird. Dies gilt dann nicht, wenn die Bagatellregelung – die den Zwischeneinkünften mit Kapitalanlagecharakter zugrunde liegenden Bruttoerträge betragen nicht mehr als 10 % und nicht mehr als 80 000 € – für diese Art der Zwischeneinkünfte Anwendung findet.

Dagegen ist § 7 Abs. 6 Satz 1 AStG auch dann anzuwenden, wenn die Beteiligung geringer als 1 % ist, sofern die ausländische Gesellschaft ausschließlich oder fast ausschließlich (mindestens 90 %) Bruttoerträge erzielt, denen Zwischeneinkünfte mit Kapitalanlagecharakter zugrunde liegen (§ 7 Abs. 6 Satz 3 AStG), es sei denn, dass mit der Hauptgattung der Aktien der ausländischen Gesellschaft ein wesentlicher und regelmäßiger Handel an einer anerkannten Börse stattfindet.

Unter **Zwischeneinkünften mit Kapitalanlagecharakter** sind nach § 7 Abs. 6a AStG Einkünfte der ausländischen Zwischengesellschaft aus dem Halten, der Verwaltung, Werterhaltung oder Werterhöhung von Zahlungsmitteln, Forderungen, Wertpapieren, Beteiligungen oder ähnlichen Vermögenswerten – ausgenommen Einkünfte i. S. des § 8 Abs. 1 Nr. 8 und 9 AStG – zu verstehen. Hierzu zählen neben den Einkünften i. S. des § 20 EStG u. a. Einkünfte aus **Finanzierungsleasing, Factoring, Finanzinnovationen, Finanzderivaten und Termingeschäften**.

Kann der Steuerpflichtige nachweisen, dass die Zwischeneinkünfte mit Kapitalanlagecharakter aus einer Tätigkeit stammen, die einer unter § 8 Abs. 1 Nr. 1 bis 6 AStG fallenden eigenen Tätigkeit der ausländischen Zwischengesellschaft dient,[1159] werden die Einkünfte nicht als Zwischeneinkünfte mit Kapitalanlagecharakter qualifiziert.

Nach § 7 Abs. 7 AStG sind § 7 Abs. 1 bis 6a AStG nicht anzuwenden, wenn auf die Einkünfte, für die die Gesellschaft Zwischengesellschaft ist, die steuerrechtlichen Vorschriften des Investmentsteuergesetzes[1160] anzuwenden sind, d. h., das AStG ordnet den Vorrang des InvStG an. Dieser Vorrang entfällt aber dann, wenn nach einem DBA unter das InvStG fallende Einkünfte im Inland nicht besteuert werden können.

1159 Ausgenommen Tätigkeiten i. S. des § 1 Abs. 1 Nr. 6 KWG – Sinn und Zweck dieser Verweisung ist unklar, nachdem die Vorschrift, auf die Bezug genommen wird, aufgehoben wurde.
1160 Vgl. Rdn. 1405.

4.2.5.5 REIT-Gesellschaft (§ 7 Abs. 8 AStG)

1296 Sind unbeschränkt Steuerpflichtige an einer ausländischen Gesellschaft beteiligt und ist diese an einer Gesellschaft im Sinne des § 16 des REIT-Gesetzes[1161] beteiligt, kommt es auf den Umfang der Beteiligung an der ausländischen Gesellschaft nicht an, damit eine Hinzurechnung erfolgen kann. Dies gilt aber dann nicht, wenn mit der Hauptgattung der Aktien der ausländischen Gesellschaft ein wesentlicher und regelmäßiger Handel an einer anerkannten Börse stattfindet. Nur dann, wenn der unbeschränkt Steuerpflichtige im Sinne des § 7 Abs. 1 AStG an der ausländischen Gesellschaft beteiligt ist, greift auch im Ausnahmefall die Hinzurechnungsbesteuerung.

4.2.5.6 Aktive Einkünfte (§ 8 Abs. 1 AStG)

1297 Voraussetzung der Hinzurechnungsbesteuerung ist, dass die Einkünfte der Zwischengesellschaft **„passive"** oder **„schlechte"** Einkünfte sind. Die Frage, welche Tätigkeit der Gesellschaft zuzurechnen ist, richtet sich nach den allgemeinen ertragsteuerrechtlichen Grundsätzen.[1162] Nach BFH erzielen Mitunternehmer einer ausländischen Personengesellschaft, bezogen auf ihren Gewinnanteil, die Art von Einkünften, die die Gesellschaft erzielt.[1163]

1298 In **§ 8 Abs. 1 AStG** findet sich eine **abschließende Aufzählung der aktiven Einkünfte**, bei deren Vorliegen eine Hinzurechnung ausscheidet:

1299 **Einkünfte aus Land- und Forstwirtschaft** (§ 8 Abs. 1 Nr. 1 AStG). Diese Einkünfte sind uneingeschränkt begünstigt.

1300 **Einkünfte aus der Herstellung, Bearbeitung, Verarbeitung oder Montage von Sachen, aus der Erzeugung von Energie sowie dem Aufsuchen und der Gewinnung von Bodenschätzen** (§ 8 Abs. 1 Nr. 2 AStG). Für die Be- und Verarbeitung wird gefordert, dass ein anderer Gegenstand entstanden und der Gegenstand nicht nur geringfügig behandelt worden ist. Reines Umpacken, Umfüllen, Sortieren usw. gilt nicht als Bearbeitung.

1301 **Einkünfte aus dem kaufmännisch eingerichteten Betrieb**[1164] **von Kreditinstituten oder Versicherungen** (§ 8 Abs. 1 Nr. 3 AStG). Diese Einkünfte sind grundsätzlich begünstigt, es sei denn, dass die ausländische Gesellschaft überwiegend[1165] Geschäfte mit ihren inländischen Gesellschaftern oder diesen nahestehenden Personen betreibt (konzerninterne Geschäfte). Liegt Letzteres vor, dann sind alle Einkünfte passiver Natur, liegt das „überwiegend" nicht vor, dann sind alle Einkünfte aktiver Natur.

1161 BGBl 2007 I 914.
1162 BFH v. 1. 7. 1992 I R 6/92, BStBl 1993 II 222; v. 6. 12. 1995 I R 40/95, BStBl 1997 II 118.
1163 BFH v. 16. 5. 1990 I R 16/88, BStBl 1990 II 1049.
1164 BFH v. 13. 10. 2010 I R 61/09, BStBl 2011 II 249: Ein in kaufmännischer Weise eingerichteter Betrieb eines Versicherungsunternehmens im Sinne der Aktivitätsklausel des § 8 Abs. 1 Nr. 3 AStG kann auch gegeben sein, wenn die ausländische Tochtergesellschaft durch einen Betriebsführungsvertrag ein anderes Unternehmen mit der Ausführung des Versicherungsgeschäfts betraut hat.
1165 Erläuterung aus der Sicht der Finanzverwaltung in Tz. 8.1.3.6 AStG-AE.

Einkünfte aus Handel (§ 8 Abs. 1 Nr. 4 AStG). Dem Grundsatz nach sind diese Einkünfte aktive Einkünfte,[1166] es sei denn

- die Verfügungsmacht an der Ware ist von einem inländischen Gesellschafter oder einer ihm nahestehenden Person, die mit ihren Einkünften hieraus im Geltungsbereich des AStG steuerpflichtig ist, der ausländischen Gesellschaft verschafft worden (§ 8 Abs. 1 Nr. 4 Buchst. a AStG);
- die Verfügungsmacht an der Ware ist einem inländischen Gesellschafter oder einer ihm nahestehenden Person von der ausländischen Gesellschaft verschafft worden (§ 8 Abs. 1 Nr. 4 Buchst. b AStG).

Allerdings liegt auch in den Ausnahmefällen ein aktiver Erwerb vor (Gegenausnahme), wenn der Steuerpflichtige nachweist, dass das Geschäft von der ausländischen Gesellschaft im Rahmen eines **„qualifizierten Geschäftsbetriebs"** abgeschlossen wurde, und dass keine schädliche Mitwirkung eines inländischen Gesellschafters oder einer ihm nahestehenden Person gegeben ist. Ein qualifizierter Geschäftsbetrieb liegt dann vor, wenn die Ausstattung sachlich und personell dem eines vergleichbaren Handelsgeschäfts entspricht, so dass eine Teilnahme am allgemeinen wirtschaftlichen Verkehr erfolgen kann.[1167] Die Teilnahme am allgemeinen Wirtschaftsverkehr muss von dem Geschäftsbetrieb der ausländischen Gesellschaft selbst ausgehen. Eine Teilnahme am allgemeinen wirtschaftlichen Verkehr erfolgt dann, wenn sich der Geschäftsbetrieb in nicht nur unerheblichem Umfang an eine unbestimmte Anzahl von Personen als Kunden wendet. Unschädlich ist es, wenn dieser Kundenkreis aufgrund des Handelsgegenstandes eingeschränkt ist.

BEISPIEL: Die inländisch beherrschte Construction SA, Monaco, betreibt Handel mit gebrauchten Baumaschinen, die im Inland aufgekauft und an Abnehmer in Afrika veräußert werden: Teilnahme am allgemeinen wirtschaftlichen Verkehr, obwohl sich der Kundenkreis aufgrund des Handelsgegenstandes auf Bauunternehmer beschränkt. Verkauft die SA an einen ihrer inländischen Gesellschafter, so sind damit aktive Einkünfte grundsätzlich noch nicht ausgeschlossen.

Eine schädliche Mitwirkung eines Gesellschafters wird dann angenommen, wenn auf die Vorbereitung, den Abschluss oder die Ausführung des Geschäftes Einfluss genommen werden kann; ggf. kann hier neben der Hinzurechnungsbesteuerung die Gewinnberichtigung wegen Nichtberücksichtigung des Fremdpreisvergleichspreises nach § 1 AStG eingreifen.[1168]

Einkünfte aus Dienstleistungen (§ 8 Abs. 1 Nr. 5 AStG). Dem Grundsatz nach sind diese Einkünfte aktive Einkünfte,[1169] es sei denn,

- die ausländische Gesellschaft bedient sich zur Ausführung der Dienstleistung eines inländischen Gesellschafters oder einer ihm nahestehenden Person (§ 8 Abs. 1 Nr. 5 Buchst. a AStG);

1166 BFH v. 1. 7. 1992 I R 6/92, BStBl 1993 II 222; v. 6. 12. 1995 I R 40/95, BStBl 1997 II 118.
1167 Einzelheiten aus der Sicht der Finanzverwaltung vgl. Tz. 8.1.4.2 AStG-AE.
1168 Vgl. Tz. 8.1.4.2 AStG-AE.
1169 BFH v. 1. 7. 1992 I R 6/92, BStBl 1993 II 222.

▶ die ausländische Gesellschaft erbringt die Dienstleistung gegenüber einem Gesellschafter oder einer ihm nahestehenden Person (§ 8 Abs. 1 Nr. 5 Buchst. b AStG).[1170]

1306 Auch hier gilt: Aktive Einkünfte liegen – allerdings nur im Fall des § 8 Abs. 1 Nr. 5 Buchst. b AStG – dann vor, wenn der Steuerpflichtige nachweist, dass die Dienstleistung von der ausländischen Gesellschaft im Rahmen eines qualifizierten Geschäftsbetriebes erbracht wurde, und dass keine schädliche Mitwirkung eines inländischen Gesellschafters oder einer ihm nahestehenden Person gegeben ist. Geschäftsführung einer Personengesellschaft gegen Gewinnvorab führt nicht zu Einkünften gemäß § 8 Abs. 1 Nr. 5 AStG.[1171]

1307 **Einkünfte aus Vermietung und Verpachtung** (§ 8 Abs. 1 Nr. 6 AStG). Dem Grundsatz nach sind diese Einkünfte aktive Einkünfte, es sei denn,

▶ es handelt sich um die Überlassung der Nutzung von Rechten, Plänen, Muster, Verfahren, Erfahrungen oder Kenntnissen (§ 8 Abs. 1 Nr. 6 Buchst. a AStG). Allerdings liegen dann aktive Einkünfte vor, wenn die ausländische Gesellschaft eigene Forschungs- und Entwicklungsergebnisse verwertet, die ohne Mitwirkung des inländischen Gesellschafters oder einer ihm nahestehenden Person zustande gekommen sind;

▶ es handelt sich um die Vermietung oder Verpachtung von Grundstücken (§ 8 Abs. 1 Nr. 6 Buchst. b AStG). Ein aktiver Erwerb liegt dann vor, wenn der Steuerpflichtige nachweist, dass die Einkünfte bei unterstelltem Direktbezug nach einem DBA im Inland steuerbefreit wären;[1172]

▶ die Vermietung und Verpachtung von beweglichen Sachen erfolgt im Rahmen eines qualifizierten Geschäftsbetriebs ohne schädliche Mitwirkung eines Steuerpflichtigen i. S. des § 7 AStG (§ 8 Abs. 1 Nr. 6 Buchst. c AStG).

1308 **Einkünfte aus der Aufnahme und Ausleihe von Kapital** (§ 8 Abs. 1 Nr. 7 AStG), das nachweislich auf ausländischen Kapitalmärkten[1173] und nicht bei einer dem Steuerpflichtigen oder der ausländischen Gesellschaft nahestehenden Person aufgenommen wurde, und welches ausländischen Betrieben oder Betriebsstätten, die ihre Bruttoerträge ausschließlich oder fast ausschließlich aus unter § 8 Abs. 1 Nr. 1 bis 6 AStG fallende Tätigkeiten beziehen,[1174] oder inländischen Betrieben und Betriebsstätten zugeführt wurde.

1309 **Gewinnausschüttungen** – einschließlich vGA – von Kapitalgesellschaften (§ 8 Abs. 1 Nr. 8 AStG).

1310 **Erlöse aus der Veräußerung von Anteilen an anderen Gesellschaften** (§ 8 Abs. 1 Nr. 9 AStG), sofern die Gesellschaft, deren Anteile veräußert werden, keine Einkünfte mit Kapitalanlagecharakter erzielt hat bzw. es sich nicht um Gewinne aus der Veräußerung

---

[1170] BFH v. 29. 8. 1984 I R 68/81, BStBl 1985 II 120.
[1171] BFH v. 16. 5. 1990 I R 16/88, BStBl 1990 II 1049.
[1172] BFH v. 15. 3. 1995 I R 14/94, BStBl 1995 II 502, und v. 21. 1. 1998 I R 3/96, BStBl 1998 II 468, zu Vermietungseinkünften in der Schweiz.
[1173] BFH v. 29. 8. 1984 I R 68/81, BStBl 1985 II 120; v. 23. 10. 1991 I R 40/89, BStBl 1992 II 1026.
[1174] BFH v. 20. 4. 1988 I R 41/82, BStBl 1988 II 868.

von Anteilen an einer REIT-Gesellschaft handelt; dies muss der Steuerpflichtige nachweisen.

Einkünfte aus Umwandlungen (§ 8 Abs. 1 Nr. 10 AStG). Voraussetzung ist, dass nach dem UmwStG die Umwandlung zu Buchwerten vollzogen werden kann. Dies gilt aber dann nicht, wenn die Umwandlung den Anteil an einer Kapitalgesellschaft betrifft, ohne dass gleichzeitig die Voraussetzungen des § 8 Abs. 1 Nr. 9 AStG erfüllt sind.

1311

4.2.5.7 Nebenerträge

Trotz aktiver Tätigkeit kann eine ausländische Gesellschaft Einkünfte erzielen, die für sich betrachtet als passive Einkünfte zu qualifizieren sind.

1312

> **BEISPIEL:** Eine Produktionsgesellschaft unterhält ein laufendes Girokonto. Die Zinserträge dieses Kontos sind passive Einkünfte.

Nach Tz. 8.0.2 AStG-AE sind im Rahmen einer aktiven Tätigkeit anfallende betriebliche Nebenerträge, die an sich passive Einkünfte darstellen, der aktiven Tätigkeit unter folgender Voraussetzung zuzuordnen: Die Einkünfte müssen in einem unmittelbaren wirtschaftlichen Zusammenhang mit einer aktiven Tätigkeit stehen (**funktionaler Zusammenhang**),[1175] d. h., die passiven Einkünfte müssen sich dem aktiven Erwerb unterordnen lassen und somit eine Folge der aktiven Tätigkeit darstellen. Beispiele für Nebenerträge sind Zinseinnahmen, Gewinne aus der Veräußerung von Anlagegütern, Vermietung von Werkswohnungen.

1313

4.2.5.8 EU- und EWR-Gesellschaften (§ 8 Abs. 2 AStG)

Die durch das JStG 2008 in § 8 Abs. 2 AStG eingefügte Regelung dient der Umsetzung des EuGH-Urteils in der Rechtssache Cadbury Schweppes.[1176] Sie schließt die Hinzurechnung nach § 8 Abs. 1 AStG für inländisch beherrschte Zwischengesellschaften mit Sitz oder Geschäftsleitung in einem EU- bzw. EWR-Mitgliedstaat aus, sofern der Steuerpflichtige nachweist, dass die Gesellschaft einer **tatsächlichen wirtschaftlichen Tätigkeit** in diesem Staat nachgeht[1177] – sog. **Motivtest**.[1178] Was hierunter zu verstehen ist, ist im Gesetz nicht geregelt. Der EuGH hat in dem vorgenannten Urteil beispielhaft Folgendes ausgeführt: Die Gründung einer beherrschten ausländischen Gesellschaft muss mit einer wirtschaftlichen Realität zusammenhängen, deren Zweck darin besteht, wirklichen wirtschaftlichen Tätigkeiten im Aufnahmemitgliedstaat nachzugehen. Diese Feststellung muss auf objektiven, von dritter Seite nachprüfbaren Anhaltspunkten beruhen, die sich u. a. auf das Ausmaß des greifbaren Vorhandenseins der beherrschten ausländischen Gesellschaft in Form von Geschäftsräumen, Personal und Ausrüstungs-

1314

1175 BFH v. 30. 8. 1995 I R 112/94, BStBl 1996 II 563, unter 5. der Entscheidungsgründe.
1176 EuGH v. 12. 9. 2006 C-196/04 Cadbury Schweppes, IStR 2006, 670.
1177 Einzelheiten hierzu aus der Sicht der Finanzverwaltung: BMF v. 8. 1. 2007, BStBl 2007 I 99.
1178 BFH v. 21. 10. 2009 I R 114/08, BStBl 2010 II 774.

gegenständen beziehen. Mit dem AmtshilfeRLUmsG wurde § 8 Abs. 2 AStG geändert.[1179] Für Wirtschaftsjahre, die nach dem 31.12.2012 beginnen,[1180] wird durch den Verweis (auch) auf § 7 Abs. 6 AStG der Motivtest auch für Gesellschaften zugelassen, die Zwischeneinkünfte mit Kapitalanlegecharakter erzielen.

1315 Des Weiteren muss gegenseitige Amtshilfe zwischen den zuständigen Behörden aufgrund der EU-Amtshilferichtlinie[1181] oder einer vergleichbaren zwei- oder mehrseitigen Vereinbarung gewährleistet sein (§ 8 Abs. 2 Satz 2 AStG). Die EWR-Staaten Norwegen, Island und Liechtenstein müssen die EU-Amtshilferichtlinie nicht umzusetzen. Im Verhältnis zu Norwegen und Island ergibt sich jedoch die Möglichkeit zur Amtshilfe aus den DBA (Art. 26 DBA Norwegen und Art. 26 DBA Island, der zumindest eine kleine Auskunftsklausel enthält). Mit Liechtenstein besteht seit 2010 ein Steuerinformationsabkommen (Tax Information Exchange Agreement), so dass auch für Liechtensteinische Gesellschaften ein Motivtest in Betracht kommt.

1316 Der Ausschluss der Hinzurechnung gilt nicht für die der EU-/EWR-Gesellschaft nach § 14 AStG zuzurechnenden Einkünfte einer Untergesellschaft, die weder Sitz noch Geschäftsleitung in einem EU- oder EWR-Mitgliedstaat hat (§ 8 Abs. 2 Satz 3 AStG). Das gilt auch für Zwischeneinkünfte, die einer Betriebsstätte der Gesellschaft außerhalb der EU- oder EWR-Staaten zuzurechnen sind.

1317 Es werden nur diejenigen Einkünfte von der Hinzurechnung freigestellt, die die Gesellschaft durch ihre tatsächliche wirtschaftliche Tätigkeit erzielt und die den Fremdvergleichsgrundsatz nach § 1 AStG beachten (§ 8 Abs. 2 Satz 5 AStG). Einnahmen, die in keinem Zusammenhang mit der tatsächlichen wirtschaftlichen Tätigkeit der Gesellschaft stehen, unterliegen der Hinzurechnung.

> **BEISPIEL:**[1182] Der inländische A-Konzern betreibt in dem EU-Mitgliedstaat C ein Dienstleistungszentrum für alle Konzerngesellschaft in der Rechtsform der Tochterkapitalgesellschaft, die unstreitig einer tatsächlichen wirtschaftlichen Tätigkeit nachgeht. Darüber hinaus stellt die inländische Muttergesellschaft der Tochtergesellschaft Geldmittel zur Verfügung, die dazu bestimmt sind, nach näherer Weisung der Muttergesellschaft als verzinsliche Darlehen zu angemessenen Konditionen an Konzerngesellschaften weiter vergeben zu werden. Die vereinnahmten Zinsen stehen nach Auffassung des Gesetzgebers in keinem Zusammenhang mit der von der Tochtergesellschaft ausgeübten tatsächlichen wirtschaftlichen Tätigkeit.

4.2.5.9 Niedrige Besteuerung (§ 8 Abs. 3 AStG)

1318 Voraussetzung für die Hinzurechnungsbesteuerung ist, dass die passiven Einkünfte einer **niedrigen Besteuerung** unterliegen. Dies ist nach § 8 Abs. 3 AStG dann der Fall,

---

1179 Die Neuregelungen entsprechen den ursprünglich geplanten Änderungen des schließlich gescheiterten JStG 2013.
1180 Ausführlich zur Anwendung s. § 21 Abs. 21 Satz 3 AStG.
1181 Die aktuelle EU-AmtshilfeRL 2011/16/EU v. 15.2.2011, ABl 2011 L 64, 1 ersetzt die bisherige EG-AmtshilfeRL 77/799/EWG v. 19.12.1977, ABl 1977 L 336, 77 und wird ab 1.1.2013 durch das EUAHiG v. 26.6.2013, BGBl 2013 I 1809 umgesetzt.
1182 Nach der amtlichen Begründung zu § 8 Abs. 2 (BT-Drs. 16/6290, 93).

- wenn die Einkünfte einer Ertragsteuerbelastung von weniger als 25 % unterliegen, ohne dass dies auf einem Ausgleich mit Einkünften aus anderen Quellen beruht;
- wenn Ertragsteuern von mindestens 25 % zwar rechtlich geschuldet, jedoch **nicht tatsächlich erhoben** werden.[1183]

Grundsätzlich ist davon auszugehen, dass die Ertragsteuerbelastung dem Ertragsteuersatz des ausländischen Staates entspricht. Als Ertragsteuern gelten alle Steuern vom Einkommen oder Gewinn. Dabei ist nicht schematisch auf die gezahlte Steuer abzustellen, sondern etwa gewährte Vergünstigungen – einschließlich der Vergünstigungen, die der Staat oder das Gebiet der ausländischen Gesellschaft im Fall einer Gewinnausschüttung der ausländischen Gesellschaft dem unbeschränkt Steuerpflichtigen oder einer anderen Gesellschaft, an der der Steuerpflichtige direkt oder indirekt beteiligt ist, gewährt (§ 8 Abs. 3 Satz 2 AStG)[1184] –, nicht beantragte Vergünstigungen, Verlustvortrag usw. sind mit zu berücksichtigen.[1185] Deswegen muss ggf. eine **Belastungsberechnung** durchgeführt werden: Ermittlung der Ertragsteuerbelastung durch Gegenüberstellung der nach deutschem Steuerrecht ermittelten Zwischeneinkünfte und der im Sitzstaat zu entrichtenden Steuer.

1319

Ob eine „niedrige Besteuerung" i. S. des § 8 Abs. 3 AStG vorliegt, ist grundsätzlich nach den einschlägigen Rechtsvorschriften des Sitz- bzw. des Geschäftsleitungsstaates zu beurteilen. Eine niedrige Besteuerung ist deshalb regelmäßig nicht gegeben, wenn die Einkünfte der ausländischen Gesellschaft nach dem Recht des Geschäftsleitungsstaates einem Steuersatz von mehr als 30 % (bis einschließlich VZ 2000) bzw. 25 % (ab VZ 2001) unterliegen, die ausländische Finanzbehörde sie aber tatsächlich niedriger oder gar nicht besteuert hat.[1186]

1320

4.2.5.10 Freigrenze bei gemischten Einkünften (§ 9 AStG)

Bezieht eine ausländische Gesellschaft neben aktiven Einkünften auch Zwischeneinkünfte (sog. gemischte Einkünfte), so können diese unter den Voraussetzungen des § 9 AStG begünstigt sein, d. h. eine Hinzurechnung unterbleibt (sog. **außensteuerrechtliche Bagatellgrenze**),[1187] wenn sich die betreffenden Einkünfte aus passiven Tätigkeiten nach Maßgabe einer funktionalen Betrachtungsweise anderweitigen aktiven Tätigkeiten zuordnen lassen sowie:

1321

- die passiven Bruttoerträge nicht mehr als 10 % der gesamten Bruttoerträge betragen (gesellschaftsbezogene relative Freigrenze);
- die zu begünstigenden Einkünfte 80 000 € nicht übersteigen (gesellschaftsbezogene absolute Freigrenze) und

---

1183 Vgl. hierzu BFH v. 9.7.2003 I R 82/01, BStBl 2004 II 4, sowie v. 3.5.2006 I R 124/04, BFH/NV 2006, 1729, hinsichtlich der irischen Steuer, die unter Mitwirkung der Steuerpflichtigen auf 30 % angehoben wurde.
1184 Abschaffung des sog. Malta-Modells: Zwar zahlt eine in Malta ansässige Tochtergesellschaft einen Ertragsteuersatz von 35 %; allerdings kann die Holding eine Rückerstattung der von der Tochtergesellschaft gezahlten Steuer beantragen, so dass die effektive Steuerbelastung auf ca. 5 % sinkt.
1185 BFH v. 9.7.2003 I R 82/01, BStBl 2004 II 4.
1186 BFH v. 9.7.2003 I R 82/01, BStBl 2004 II 4.
1187 Vgl. aber BFH v. 15.9.2004 I R 102-104/03, BFH/NV 2005, 587.

▶ die außer Ansatz zu lassenden Zwischeneinkünfte außerdem auch bei dem einzelnen unbeschränkt Steuerpflichtigen 80 000 € nicht übersteigen (gesellschafterbezogene absolute Freigrenze).

Die absolute Freigrenze bezieht sich auf den Hinzurechnungsbetrag, der anzusetzen wäre, wenn die Freigrenze nicht bestünde. Dabei sind Zwischeneinkünfte einer nachgeschalteten Zwischengesellschaft, die einer ausländischen Gesellschaft nach § 14 AStG zuzurechnen sind, mit zu berücksichtigen (Tz. 9.0.2 AStG-AE).

1322 Unter Bruttoerträgen sind nach Tz. 9.0.1 AStG-AE die Solleinnahmen ohne durchlaufende Posten und ohne eine evtl. gesondert ausgewiesene Umsatzsteuer zu verstehen. Sie sind aus der Gewinn- und Verlustrechnung der ausländischen Gesellschaft abzuleiten. Ermittelt diese ihren Gewinn nach § 4 Abs. 3 EStG, ist nach Verwaltungsauffassung auf die Isteinnahmen abzustellen.

1323 Die Freigrenze wird dann überschritten, wenn der Hinzurechnungsbetrag entweder bei der Gesellschaft (für sämtliche Inlandsbeteiligten) oder bei einem Inlandsbeteiligten den Betrag von 80 000 € übersteigt. Ist der Steuerpflichtige an mehreren ausländischen Gesellschaften beteiligt, darf bei ihm die Gesamtsumme aller Hinzurechnungsbeträge 80 000 € nicht übersteigen. Die Einhaltung der Freigrenze ist für jeden inländischen Gesellschafter gesondert zu prüfen.

4.2.5.11 Ermittlung des Hinzurechnungsbetrages (§ 10 AStG)

1324 Aufgrund der §§ 7 bis 9 AStG wird ermittelt, ob Zwischeneinkünfte vorliegen, die einer Hinzurechnungsbesteuerung zu unterwerfen sind. Ist dies zu bejahen, so wird die Höhe des Hinzurechnungsbetrages nach §§ 10 ff. AStG ermittelt.

1325 Ausgehend von den gesamten passiven Einkünften der Zwischengesellschaft ist eine **Gewinnermittlung für Zwecke der Hinzurechnung** durchzuführen.

1326 Der Hinzurechnungsbetrag wird in **entsprechender Anwendung der Vorschriften des deutschen Steuerrechts** ermittelt (§ 10 Abs. 3 Satz 1 AStG).[1188] Welche Vorschriften hierbei im Einzelnen anzuwenden sind, ist im AStG nicht geregelt. Festgelegt ist durch § 10 Abs. 3 Satz 4 AStG lediglich, dass Steuervergünstigungen unberücksichtigt bleiben, die an die unbeschränkte Steuerpflicht, das Bestehen eines inländischen Betriebes oder einer inländischen Betriebsstätte anknüpfen. Ferner sind die Vorschriften des § 4h EStG sowie der § 8a, § 8b Abs. 1 und 2 KStG nicht zu berücksichtigen; das gilt auch für die Vorschriften des UmwStG, soweit Einkünfte aus einer Umwandlung als passive Einkünfte nach § 8 Abs. 1 Nr. 10 AStG hinzuzurechnen sind.

1327 Diese Gewinnermittlung kann durch **Vermögensvergleich** nach § 4 Abs. 1 oder § 5 EStG oder durch **Einnahme-Überschuss-Rechnung** nach § 4 Abs. 3 EStG erfolgen (§ 10 Abs. 3 Satz 2 AStG). Welche Gewinnermittlungsart gewählt wird, steht grundsätzlich im Belie-

---

1188 BFH v. 20.4.1988 I R 41/82, BStBl 1988 II 868; v. 28.9.1988 I R 91/87, BStBl 1989 II 13; v. 12.7.1989 I R 46/85, BStBl 1990 II 113.

ben des Steuerpflichtigen.[1189] Allerdings kann bei mehreren inländischen Beteiligten dieses Wahlrecht nur einheitlich ausgeübt werden (§ 10 Abs. 3 Satz 3 AStG). Erfolgt die Gewinnermittlung nach § 4 Abs. 1 oder § 5 EStG, so ist eine „**Hinzurechnungsbilanz**" bzw. eine „eröffnende Hinzurechnungsbilanz" zu erstellen. Aus der Tatsache, dass es sich um eine ausländische Kapitalgesellschaft handelt, folgt nicht zwangsläufig, dass sie gewerbliche Einkünfte erzielt.[1190]

Gewinne und Verluste aus verschiedenen Zwischengesellschaften dürfen nicht untereinander ausgeglichen werden (Tz. 10.1.1.3 AStG-AE). 1328

Bei der Ermittlung der Zwischeneinkünfte dürfen nach § 10 Abs. 4 AStG nur diejenigen **Betriebsausgaben** abgezogen werden, die mit den Einkünften in wirtschaftlichem Zusammenhang stehen. 1329

Hat die ausländische Gesellschaft neben passiven Einkünften auch aktive Einkünfte (sog. gemischte Einkünfte), so sind die passiven Einkünfte abzugrenzen. Hierzu sind u. a. folgende Möglichkeiten vorgesehen (Tz. 10.4.1 AStG-AE): Abzug der aktiven Einkünfte vom Gesamtbetrag der Einkünfte, gesonderte Einnahme-Überschuss-Rechnung oder Teilbilanz, Aufteilung nach Umsätzen. 1330

Ergibt die Ermittlung der Zwischeneinkünfte einen **negativen Betrag**, so entfällt eine Hinzurechnung (§ 10 Abs. 1 Satz 5 AStG). Möglich ist entsprechend § 10d EStG ein **Verlustabzug** bei den Zwischeneinkünften früherer Wirtschaftsjahre, soweit sie die nach § 9 AStG außer Ansatz zu lassenden Einkünfte übersteigen. Eine gesonderte Feststellung des Verlustes ist nicht erforderlich.[1191] 1331

Von dem ermittelten Hinzurechnungsbetrag sind die **tatsächlichen von den Einkünften der ausländischen Gesellschaft erhobenen Steuern abzuziehen**. Ergibt sich dabei ein negativer Betrag, so erhöht sich der Verlust im Sinne des § 10 Abs. 3 Satz 6 AStG. Ist die Steuer noch nicht entrichtet, so kann sie lediglich in dem Kalenderjahr berücksichtigt werden, in dem sie entrichtet wird (§ 10 Abs. 1 Satz 2 AStG). Wurde bei der Belastungsberechnung nach § 8 Abs. 3 Satz 2 AStG die dem Gesellschafter gewährten (oder noch zu gewährenden) steuerlichen Vergünstigungen berücksichtigt, so sind die abziehbaren Steuern der Zwischengesellschaft um diese Vergünstigungen zu kürzen (§ 10 Abs. 1 Satz 3 AStG). 1332

In der Anlage 3 zu AStG-AE sind verschiedene **Schemata zur Ermittlung der Besteuerungsgrundlagen** für die Anwendung der Hinzurechnungsbesteuerung abgedruckt. 1333

4.2.5.12 Veräußerungsgewinne (§ 11 AStG)

Doppelbelastungen können eintreten, soweit bestimmte Veräußerungsgewinne der Hinzurechnung unterliegen. Das ist u. U. der Fall, wenn in den Einkünften der Zwischen- 1334

[1189] BFH v. 21. 1. 1998 I R 3/96, BStBl 1998 II 468, zur Frage, welche Einkünfteermittlungsvorschriften anzuwenden sind; das Gericht stellt darauf ab, welchen Sachverhalt die Zwischengesellschaft verwirklicht hat.
[1190] BFH v. 13. 11. 1996 I R 3/96, BFH/NV 1997, 443.
[1191] BFH v. 5. 11. 1992 I R 38/92, BStBl 1993 II 177.

gesellschaft Gewinne aus der Veräußerung von Anteilen an anderen ausländischen Gesellschaften (einschließlich REIT-Gesellschaften) enthalten sind, die aber noch nicht ausgeschüttet worden sind. Dann enthält der Veräußerungsgewinn ggf. bereits versteuerte offene Rücklagen der Gesellschaft. Deshalb sind nach § 11 Abs. 1 AStG Veräußerungsgewinne insoweit von der Hinzurechnungsbesteuerung auszunehmen, als die Einkünfte der Gesellschaft, deren Anteile veräußert werden, als Zwischeneinkünfte im Sinne des § 7 Abs. 6a AStG der Hinzurechnungsbesteuerung unterlegen haben, und zwar für das gleiche Kalenderjahr/Wirtschaftsjahr oder für die vorangegangenen sieben Kalenderjahre bzw. Wirtschaftsjahre. Weitere Voraussetzung ist, dass die Zwischeneinkünfte, die der Hinzurechnungsbesteuerung unterlegen haben, nicht ausgeschüttet wurden. Vom Steuerpflichtigen wird verlangt, dass er die Hinzurechnungsbesteuerung und die Nichtausschüttung nachweist.

4.2.5.13 Besteuerung des Hinzurechnungsbetrages (§ 10 Abs. 2 AStG)

1335 Die Besteuerung des Hinzurechnungsbetrages regelt § 10 Abs. 2 AStG. Das Gesetz geht von einer **Ausschüttungsfiktion** aus (§ 10 Abs. 2 Satz 1 AStG): Der Hinzurechnungsbetrag zählt zu den Einkünften aus Kapitalvermögen i. S. des § 20 Abs. 1 EStG und gilt **unmittelbar nach Ablauf des maßgeblichen Wirtschaftsjahres der ausländischen Gesellschaft als zugeflossen**. Dies bedeutet, dass der Gesetzgeber für die Besteuerung des Hinzurechnungsbetrages unterstellt, dass die ausländische Zwischengesellschaft keine Ausschüttung an ihren inländischen Gesellschafter vornimmt.

> **BEISPIEL:** Der Steuerinländer A ist an der Schweizer Zwischengesellschaft Z-AG beteiligt. Das Wirtschaftsjahr der Z-AG entspricht dem Kalenderjahr. Für 2013 ermittelt die Z-AG einen Gewinn vor Steuern i. H. von 100 000 sfr. Das Gesetz fingiert, dass dieser Betrag zu Beginn des Kalenderjahres 2014 A zugeflossen ist; A hat diesen Zufluss als Kapitaleinkünfte in der Einkommensteuererklärung 2014 zu erklären.

1336 Gehören Anteile an der ausländischen Zwischengesellschaft zum Betriebsvermögen eines inländischen Betriebes, so gehört der Hinzurechnungsbetrag zu den **Einkünften aus Gewerbebetrieb**, aus Land- und Forstwirtschaft oder aus selbständiger Arbeit und erhöht den nach dem Einkommen- oder Körperschaftsteuergesetz ermittelten Gewinn des Betriebs für das Wirtschaftsjahr, das nach dem Ablauf des maßgebenden Wirtschaftsjahres der ausländischen Zwischengesellschaft endet (§ 10 Abs. 2 Satz 2 AStG). Damit ist auch klargestellt, dass der Hinzurechnungsbetrag ggf. gewerbesteuerpflichtig ist.

1337 Auf den Hinzurechnungsbetrag sind **nicht anzuwenden** (§ 10 Abs. 2 Satz 3 AStG):

§ 3 Nr. 40 Satz 1 Buchst. d EStG,[1192]

§ 32d EStG, sowie

§ 8b Abs. 1 KStG;

§ 3c Abs. 2 EStG gilt entsprechend.

[1192] Nach BFH v. 11. 2. 2009 I R 40/08, BStBl 2009 II 594, findet auf den Hinzurechnungsbetrag im VZ 2001 das sog. Halbeinkünfteverfahren Anwendung.

Aufgrund dieser Art der Besteuerung des Hinzurechnungsbetrages ist z. B. eine Verrechnung des Hinzurechnungsbetrages mit inländischen Verlusten und damit ein Ausgleich und ein „Entweichen" der Hinzurechnungsbesteuerung möglich. Bei **natürlichen Personen** wird der Hinzurechnungsbetrag auch nach Inkrafttreten der Abgeltungssteuer dem persönlichen Steuersatz für das gesamte zu versteuernde Einkommen einschließlich Hinzurechnungsbetrag unterworfen.

1338

Körperschaftsteuersubjekte haben den Hinzurechnungsbetrag grundsätzlich mit dem Steuersatz nach § 23 Abs. 1 KStG zu versteuern; auch hier findet ggf. eine Verrechnung mit sonstigen Verlusten statt. Die Hinzurechnungsbesteuerung ist definitiv; sie führt zu einer echten steuerlichen Mehrbelastung, da § 8b Abs. 1 KStG bei der Hinzurechnung nicht angewendet werden darf.

1339

> **BEISPIEL:** Die inländische Y-AG ist an der in einem Nicht-DBA-Staat ansässigen Zwischengesellschaft Z-AG zu 100% beteiligt; der in 2013 von der Z-AG erzielte Gewinn i. H. von umgerechnet 120 000 € führt bei der Y-AG in 2014 zu gewerblichen Einkünften in gleicher Höhe, die zum einen grundsätzlich Gewerbesteuer (vgl. § 8 Nr. 5, § 9 Nr. 7 GewStG), aber auch Körperschaftsteuer auslösen.

Wichtig ist, dass (spätere) Ausschüttungen bei der Besteuerung des Hinzurechnungsbetrages nicht zu berücksichtigen sind. Dies gilt auch dann, wenn die Zwischengesellschaft in dem Jahr, in dem der inländische Steuerpflichtige i. S. des § 7 AStG den Hinzurechnungsbetrag nach § 10 Abs. 2 AStG versteuern muss, tatsächlich auch ausgeschüttet hat. D. h., **eine Ausschüttung hindert nicht die Besteuerung des Hinzurechnungsbetrags** nach § 10 Abs. 2 AStG; eine Entlastung wegen der tatsächlichen Ausschüttung regelt § 12 Abs. 3 AStG auf Antrag. Als Reaktion auf das Urteil des EuGH v. 20. 10. 2011[1193] wurde durch das EuGHDivUmsG[1194] die Steuerpflicht von Streubesitzdividenden in § 8b Abs. 4 KStG eingeführt (bzw. die Kapitalertragbefreiung des § 8b Abs. 1 KStG insoweit aufgehoben). § 8b Abs. 4 KStG setzt voraus, dass die Beteiligungshöhe zu Beginn des Kalenderjahres unmittelbar weniger als 10 % betragen hat und die Bezüge i. S. d. § 8 b Abs. 1 KStG nach dem 28. 2. 2013 zufließen (§ 34 Abs. 7a Satz 2 KStG). Im Anwendungsbereich dieser Vorschrift droht eine Doppelbesteuerung, wenn der fiktiv ausgeschüttete Hinzurechnungsbetrag anschließend als tatsächliche Gewinnausschüttung noch einmal besteuert wird.

1340

4.2.5.14 Ausschüttung und Besteuerung (§ 3 Nr. 41 EStG)

Da das AStG von der Thesaurierung der von der Zwischengesellschaft erwirtschafteten Einkünfte ausgeht, ist das Problem zu klären, wie die Besteuerung zu erfolgen hat, wenn nach einer erfolgten Hinzurechnungsbesteuerung die Zwischengesellschaft tatsächliche die Einkünfte ausschüttet. Hierbei handelt es sich i. d. R. um Kapitaleinkünfte i. S. des § 20 Abs. 1 Nr. 1 EStG.

1341

1193 EuGH v. 20.10.2011 C-284/09, IStR 2011, 840.
1194 BGBl 2013 I 561; vgl. Rdn. 396.

1342 Bei **Körperschaftsteuersubjekten** greift hier grundsätzlich § 8b Abs. 1 Satz 1 KStG, d. h. derartige Bezüge bleiben bei der Ermittlung des Einkommens außer Ansatz und es kommt nicht zu einer Doppelbesteuerung.

1343 Bei **natürlichen Personen** gilt Folgendes: Die einer Hinzurechnung nachfolgenden Ausschüttungen sind grundsätzlich nach **§ 3 Nr. 41 Buchst. a EStG** steuerfrei.

1344 Zwischen dem Zeitpunkt der Hinzurechnungsbesteuerung und dem Zeitpunkt der Ausschüttungen können mehrere Jahre liegen. Deshalb sind nach § 3 Nr. 41 Buchst. a) EStG Gewinnausschüttungen freizustellen, die in dem überschaubaren **Zeitraum von 7 Jahren nach der Hinzurechnungsbesteuerung** erfolgen; bei den Werbungskosten/Betriebsausgaben ist § 3c Abs. 2 EStG zu beachten.

> **BEISPIEL:** Der unbeschränkt Steuerpflichtige A ist an der Domizilgesellschaft X-AG mit Sitz in Zug/Schweiz zu 100 % beteiligt. Diese Gesellschaft erzielt in 2011 Einkünfte i. H. von umgerechnet 100 000 €, die aus passiver Tätigkeit stammen. Die Gesellschaft schüttet die Gewinne in 2014 in voller Höhe aus.
>
> Steuerliche Konsequenz im Rahmen der Einkommensteuerveranlagung 2012 des A: Hinzurechnung der Einkünfte nach § 10 Abs. 2 Satz 1 AStG, Versteuerung als Kapitaleinkünfte mit dem höchstpersönlichen Steuersatz.
>
> Der tatsächliche Zufluss in 2014 bleibt nach § 3 Nr. 41 Buchst. a EStG steuerfrei.

1345 Diese Steuerbefreiung gilt nach § 3 Nr. 41 Buchst. b EStG entsprechend für **Gewinne aus der Veräußerung** eines Anteils an einer ausländischen Zwischengesellschaft sowie aus deren Auflösung oder Herabsetzung ihres Kapitals.

4.2.5.15 Steueranrechnung (§ 12 AStG)

1346 Nach § 12 Abs. 1 AStG kann der Steuerpflichtige beantragen, dass die nach § 10 Abs. 1 AStG abziehbare Steuer auf seine Einkommen- oder Körperschaftsteuer **angerechnet wird**, die auf den Hinzurechnungsbetrag entfällt. In diesem Fall ist der Hinzurechnungsbetrag um diese Steuer zu erhöhen (= kein Abzug der Steuern nach § 10 Abs. 1 AStG). Die Vorschriften der § 34c Abs. 1 EStG, § 26 Abs. 1 und 6 KStG sind entsprechend anwendbar (§ 12 Abs. 2 AStG).[1195] Man kann davon ausgehen, dass dieses Verfahren der Anrechnung für den Steuerpflichtigen **grundsätzlich zu einer geringeren steuerlichen Belastung führt**. Insbesondere seit durch die Entscheidung des EuGH vom 28. 2. 2013 in der Rechtssache Beker[1196] feststeht, dass Sonderausgaben und außergewöhnliche Belastungen auch bei der Berechnung des Anrechnungshöchstbetrags gem. § 34c Abs. 1 Satz 2 EStG zu berücksichtigen sind und diesen somit erhöhen.[1197]

[1195] BFH v. 9. 11. 1983 I R 120/79, BStBl 1984 II 468; vgl. Rdn. 263.
[1196] EuGH v. 28. 2. 2013 C-168/11 Manfred und Christa Beker, IStR 2013, 275; vgl. Rdn. 263.
[1197] In der Literatur wird folgende neue Berechnungsformel vorgeschlagen: Anrechnungshöchstbetrag = tarifliche ESt x ausländische Einkünfte / z.v. E. (i. S.v. § 2 Abs. 5 EStG) anstelle der bisherigen Formel: Anrechnungshöchstbetrag = tarifliche ESt x ausländische Einkünfte / S. d. E. (i. S.v. § 2 Abs. 2 EStG). Ob diese vom Gesetzgeber im Rahmen der Anpassung des § 34c Abs. 1 EStG an die unionsrechtlichen Vorgaben übernommen wird, bleibt abzuwarten.

BEISPIEL: ▶ Die inländische A-AG ist zu 100 % an der Zwischengesellschaft X-AG beteiligt; diese muss auf den Gewinn von 100 000 € eine ausländische Ertragsteuer von 5 000 € bezahlen; die X-AG schüttet nicht aus.

Steuerberechnung nach § 12 Abs. 1 AStG:

Hinzurechnungsbetrag	95 000 €
Erhöhung des Hinzurechnungsbetrages um die ausländische Ertragsteuer	5 000 €
Hinzurechnungsbetrag nach § 12 AStG	100 000 €
Steuer hierauf nach § 10 Abs. 2 AStG, § 23 Abs. 1 KStG i. H. von 15 %	15 000 €
darauf Anrechnung der ausländischen Steuer	5 000 €
Steuerschuld	10 000 €

Gesamtsteuerbelastung:

Ausländische Steuer	5 000 €
Inländische Steuer	10 000 €
Summe	15 000 €

Dagegen müsste ohne Anrechnung eine Körperschaftsteuer i. H. von 15 % auf den Hinzurechnungsbetrag von 95 000 € = 14 250 € gezahlt werden, was unter Berücksichtigung der im Ausland entrichteten Steuer zu einer Gesamtsteuerbelastung von insgesamt 19 250 € führen würde.

Anrechenbar sind auch deutsche Steuern, die die Zwischengesellschaft gezahlt hat (Bsp.: die von Gewinnausschüttungen deutscher Gesellschaften erhobene Kapitalertragsteuer – vgl. Tz. 12.1.2, 12.1.3 AStG-AE). 1347

Hat die Zwischengesellschaft gemischte Einkünfte, so ist der Teil der ausländischen Steuer anrechenbar, der auf die der Hinzurechnungsbesteuerung unterliegenden Einkünfte entfällt. 1348

Die **Pauschalierungsvorschrift des § 34c Abs. 5 EStG** ist auf die der Hinzurechnungsbesteuerung unterliegenden Zwischeneinkünfte nicht anwendbar (Tz. 12.2.2 AStG-AE). 1349

Da die tatsächliche Ausschüttung der ausländischen Zwischengesellschaft nach § 3 Nr. 41 EStG steuerfrei ist, bestimmt § 12 Abs. 3 AStG Folgendes: Die im Ausland auf die Ausschüttung erhobene (Quellen-)Steuer wird auf Antrag auf die Einkommen- oder Körperschaftsteuer des inländischen Anteilseigners in den Veranlagungszeiträumen angerechnet, in denen der Hinzurechnungsbetrag versteuert wurde. Dies gilt auch dann, wenn der Steuerbescheid für diesen VZ bereits bestandskräftig ist (Durchbrechung der Bestandskraft, gesonderter Korrekturtatbestand außerhalb der AO). Statt der Anrechnung kann der Steuerpflichtige auch den Abzug nach § 34c Abs. 2 EStG wählen. 1350

Für die zeitliche Zuordnung von Quellensteuern ist davon auszugehen, dass eine Gewinnausschüttung zuerst aus dem Hinzurechnungsbetrag gespeist wird, der dem ältesten Jahr entstammt, danach aus dem Hinzurechnungsbetrag des zweitältesten Jahres usw. (Tz. 12.3.2 AStG -AE). Ein ausführliches Beispiel zu der Verrechnung bei Hinzurechnung in mehreren Jahren findet sich in Tz. 12.3.2 AStG-AE. 1351

Der Antrag nach § 12 Abs. 3 AStG ist im Rahmen der Feststellung nach § 18 AStG zu stellen (Tz. 12.3.1 AStG-AE). 1352

4.2.5.16 Nachgeschaltete Zwischengesellschaft (§ 14 AStG)

1353 Durch § 14 AStG werden die Regelungen der §§ 7 bis 12 AStG auf eine beliebige Zahl von hintereinander geschalteten Zwischengesellschaften ausgedehnt. Damit wird verhindert, dass durch die Zwischenschaltung von weiteren Gesellschaften zwischen dem unbeschränkt Steuerpflichtigen und der Zwischengesellschaft die Anwendung des AStG ausgeschlossen ist.[1198]

1354 Nach § 14 Abs. 1 AStG werden die Zwischeneinkünfte einer – oder auch mehrerer (vgl. § 14 Abs. 3 AStG) – nachgeschalteten ausländischen (Zwischen-)Gesellschaft (**Untergesellschaft**) einer an dieser Gesellschaft beteiligten ausländischen (Zwischen-)Gesellschaft (**Obergesellschaft**) zugerechnet (sog. **übertragende Hinzurechnung**). Maßstab der Zurechnung ist die Beteiligung der Obergesellschaft an der (oder den) Untergesellschaft(en). Notwendige Voraussetzung für die Anwendung des § 14 AStG ist die inländische Beherrschung von Ober- und Untergesellschaft.

> **BEISPIEL:** Die inländische X-AG ist zu 100% an der Y-Holding-AG in Zug/CH beteiligt, die ihrerseits zu 75% an der Z-Holding-AG auf den Niederländischen Antillen beteiligt, die u. a. zu 75% an der Patentverwertungsgesellschaft PV-SA in Monaco, die ihrerseits zu 90% an der Beteiligungsverwaltungsgesellschaft N-Inc. in Zypern beteiligt ist:
>
> X ist an Z zu 75%, an PV zu 56,25% und an N zu 50,625% mittelbar beteiligt, d. h. sowohl Z als auch PV als auch N sind inländisch beherrscht. Somit sind der X die Einkünfte aller nachgeschalteten Gesellschaften grundsätzlich nach § 14 Abs. 1 und 3 AStG hinzuzurechnen.

1355 Daraus folgt umgekehrt, dass § 14 AStG nicht anwendbar ist, wenn der unbeschränkt Steuerpflichtige an der Untergesellschaft unmittelbar beteiligt ist.

> **BEISPIEL:** Der unbeschränkt Steuerpflichtige A ist an der Z-SA, Luxemburg, beteiligt, die ihrerseits zu 80% an der B-AG in Lugano/Schweiz beteiligt ist. Daneben ist A zu 20% unmittelbar an der B-AG beteiligt: Die Zwischeneinkünfte aufgrund der unmittelbaren Beteiligung werden A unmittelbar über § 7 AStG zugerechnet.

1356 Die inländische Beherrschung von Ober- und Untergesellschaft kann sich auch durch die Mitbeteiligung von anderen unbeschränkt Steuerpflichtigen ergeben.

> **BEISPIEL:** Die Schweizer Domizilgesellschaft X-AG ist inländisch beherrscht; Gesellschafter sind die unbeschränkt Steuerpflichtigen A und B je zu 50% Die X-AG ist zu 40% an der Liechtensteiner Y-AG beteiligt; die restlichen Anteile an der Y-AG halten die unbeschränkt Steuerpflichtigen, A und B nicht nahestehenden C und D. Aufgrund der Regelung in § 14 AStG sind die Zwischeneinkünfte der Y-AG (Untergesellschaft) der X-AG (Obergesellschaft) hinzuzurechnen und damit den unbeschränkt Steuerpflichtigen A und B, da die Y-AG ihrerseits inländisch beherrscht ist.

1357 Des Weiteren sind die sonstigen Voraussetzungen der Hinzurechnungsbesteuerung – passive Einkünfte, niedrige Besteuerung, Überschreitung der Freigrenze nach § 9 AStG usw. – für jede Untergesellschaft gesondert zu prüfen.

1358 Ist § 14 AStG anwendbar, so sind bei der Obergesellschaft die Einkünfte der Untergesellschaft so anzusetzen, wie sie sich bei Anwendung des § 10 AStG ergeben. Die Zu-

---

1198 BFH v. 28. 9. 1988 I R 91/87, BStBl 1989 II 13.

rechnung bei der Obergesellschaft umfasst auch negative Einkünfte der Untergesellschaft.[1199]

Sind einer Obergesellschaft mehrere Zwischengesellschaften nachgeschaltet, so ist für jede Zwischengesellschaft eine eigene Zurechnungsbilanz zu erstellen. Einzelheiten der Ermittlung der Einkünfte aus Zwischengesellschaften sind in Tz. 14.1 AStG-AE geregelt. Ein Feststellungsbescheid nach § 18 AStG ist getrennt für die Untergesellschaft und die Obergesellschaft zu erlassen.[1200]

1359

Um die Hinzurechnung der Einkünfte einer nachgeschalteten Untergesellschaft zu vermeiden, muss der Steuerpflichtige nachweisen, dass entweder

1360

- die Einkünfte der Untergesellschaft aus einer unter § 8 Abs. 1 Nr. 1 bis 7 AStG fallenden Tätigkeit stammen oder
- es sich um Einkünfte i. S. des § 8 Abs. 1 Nr. 8 und 9 AStG handelt oder
- dass diese Einkünfte aus Tätigkeiten stammen, die einer unter § 8 Abs. 1 Nr. 1 bis 6 AStG fallenden eigenen Tätigkeit der Obergesellschaft dienen; Tätigkeiten der Untergesellschaft dienen nur dann einer unter § 8 Abs. 1 Nr. 1 bis 6 AStG fallenden eigenen Tätigkeit der Obergesellschaft, wenn sie in unmittelbarem Zusammenhang mit dieser Tätigkeit stehen und es sich bei den Einkünften nicht um Zwischeneinkünfte mit Kapitalanlagecharakter (§ 7 Abs. 6a AStG) handelt.

Ist eine ausländische Gesellschaft gemäß § 7 AStG an einer Gesellschaft im Sinne des § 16 des REIT-Gesetzes (Untergesellschaft) beteiligt, gilt Abs. 1, auch bezogen auf § 8 Abs. 3 AStG, sinngemäß. Dies bedeutet, dass die Einkünfte einer solchen Gesellschaft als passive Einkünfte (§ 8 Abs. 1 Nr. 6 Buchst. a) AStG) gelten, die unter den Voraussetzungen des § 8 Abs. 3 AStG der ausländischen Gesellschaft zuzurechnen sind.

1361

4.2.6 Familienstiftungen (§ 15 AStG)

Nach § 15 Abs. 1 AStG in der Fassung des AmtshilfeRLUmsG[1201] werden Vermögen und Einkünfte einer Familienstiftung, die Geschäftsleitung und Sitz außerhalb der Bundesrepublik hat, dem Stifter, wenn er unbeschränkt steuerpflichtig ist, sonst den unbeschränkt steuerpflichtigen Personen, die bezugsberechtigt oder anfallsberechtigt sind, entsprechend ihrem Anteil zugerechnet.[1202] Vergleichbar mit § 10 AStG sind nicht mehr (wie in der vorherigen Fassung der Vorschrift) das Einkommen, sondern die Einkünfte Zurechnungsobjekt.[1203] Dies gilt allerdings nicht für Zwecke der Erbschaftsteuer (§ 15 Abs. 1 Satz 2 AStG).

1362

1199 BFH v. 20. 4. 1988 I R 41/82, BStBl 1988 II 868; v. 28. 9. 1988 I R 91/87, BStBl 1989 II 13.
1200 BFH v. 18. 7. 2001 I R 62/00, BStBl 2002 II 334.
1201 Für die ESt und KSt erstmals für den VZ 2013 anzuwenden, § 21 Abs. 21 Satz 4 AStG.
1202 Zu § 15 AStG: BFH v. 5. 11. 1992 I R 39/92, BStBl 1993 II 388; v. 2. 2. 1994 I R 66/92, BStBl 1994 II 727; v. 25. 4. 2001 II R 14/98, BFH/NV 2001, 1457; v. 22. 12. 2010 I R 84/09, BFH/NV 2011, 1069.
1203 Bei der Ermittlung der Einkünfte gilt § 10 Abs. 3 AStG über den Verweis in § 15 Abs. 7 Satz 2 AStG entsprechend.

1363 **Familienstiftungen** sind nach § 15 Abs. 2 AStG Stiftungen,[1204] bei denen der Stifter, seine Angehörigen und deren Abkömmlinge zu mehr als der Hälfte bezugs- oder anfallsberechtigt sind.[1205]

1364 **Stifter** i. S. des § 15 AStG ist, wer die Stiftung errichtet hat, d. h., für dessen Rechnung das Stiftungsgeschäft abgeschlossen worden ist,[1206] oder wer in der Art des Stifters Vermögen auf die Stiftung überträgt, bzw. die Person, der das Stiftungsgeschäft bei wirtschaftlicher Betrachtung zuzurechnen ist. Dieser Begriff ist nach BFH weit auszulegen.

1365 **Bezugsberechtigter** ist eine Person, die nach der Satzung der Familienstiftung in der Gegenwart oder Zukunft Vermögensvorteile aus der Stiftung erhält oder erhalten wird oder bei der nach der Satzung damit gerechnet werden kann, dass sie Vermögensvorteile erhalten wird. **Anfallsberechtigter** ist eine Person, die die Übertragung des Stiftungsvermögens rechtlich verlangen oder tatsächlich bewirken kann. Der BFH verzichtet auf eine differenzierte Unterscheidung und behandelt de facto beide Alternativen gleich. Bei **Zufallsdestinatären**[1207] entfällt eine Zurechnung.

1366 Eine Zurechnung erfolgt nur, wenn der Stifter, seine Angehörigen und deren Abkömmlinge **zu mehr als der Hälfte bezugs- oder anfallsberechtigt** sind. Es genügt, wenn ein oder mehrere Abkömmlinge allein oder zusammen zu mehr als der Hälfte bezugs- oder anfallsberechtigt sind. Sind mehrere Personen bezugs- oder anfallsberechtigt, so ist das Verhältnis ihrer Berechtigungen für die Aufteilung des Einkommens maßgebend.

1367 Nach § 15 Abs. 5 Satz 1 AStG können Steuern der ausländischen Stiftung entsprechend § 12 Abs. 1 und 2 AStG angerechnet werden. Die vor dem AmtshilfeRLUmsG (durch Verweis auf § 5 AStG) enthaltene Erstreckung auf erweitert beschränkt Steuerpflichtige ist seit dem VZ 2013 entfallen.

1368 Hat ein Unternehmer im Rahmen seines Unternehmens oder als Mitunternehmer eine Stiftung errichtet, die Geschäftsleitung und Sitz außerhalb der Bundesrepublik hat, **so wird die Stiftung wie eine Familienstiftung behandelt**, wenn der Stifter, seine Gesellschafter, von ihm abhängige Gesellschaften, Mitglieder, Vorstandsmitglieder, leitende Angestellte und Angehörige dieser Personen **zu mehr als der Hälfte** bezugsberechtigt oder anfallsberechtigt sind (§ 15 Abs. 3 AStG).

1369 § 15 Abs. 4 AStG soll ein Besteuerungsrecht der Bundesrepublik auch dann gewährleisten, wenn die Einkünfte von einem ausländischen Rechtsgebilde (Bsp.: Trust)[1208] erzielt werden, das Auskehrungen an im Inland unbeschränkt steuerpflichtige Bezugsberechtigte vornehmen soll.

1204 Vgl. zum Begriff der Stiftung §§ 80 ff. BGB sowie die Stiftungsgesetze der einzelnen Bundesländer.
1205 BFH v. 10. 12. 1997 II R 25/94, BStBl 1988 II 114.
1206 BFH v. 5. 11. 1992 I R 39/92, BStBl 1993 II 388.
1207 Zivil- und steuerrechtlich nicht eindeutig geklärter Begriff; Habammer, Der ausländische Trust im deutschen Ertrags- und Erbschaft- und Schenkungsteuerrecht, DStR 2002, 425, vertritt die Auffassung, dass dann, wenn eine Zuwendung nur im Notfalle – der seinerseits definiert werden müsste – erfolgt, ein Fall des Zufallsdestinatärs vorliegt, in einem vergleichbaren Sinne auch Wassermeyer in Flick/Wassermeyer/Becker, Kommentar zum AStG, § 15 AStG, Rdn. 34.3.
1208 BFH v. 5. 11. 1992 I R 39/92, BStBl 1993 II 388; v. 2. 2. 1994 I R 66/92, BStBl 1994 II 727.

Unter Einkünften i. S. des § 15 AStG sind diejenigen Einkünfte zu verstehen, die sich bei unterstellter unbeschränkter Steuerpflicht der Familienstiftung ergeben würden. Die Ermittlung der Einkünfte bestimmt sich nach den Grundsätzen des deutschen Steuerrechts (§ 15 Abs. 7 Satz 1 AStG); dazu gehört auch die Gewährung von Pausch- und Freibeträgen. Dem unbeschränkt Steuerpflichtigen sind für die Zwecke der Einkommensteuer die Einkünfte zuzurechnen, die der Familienstiftung während des betreffenden VZ zugeflossen sind.[1209] Durch den Verweis auf § 10 Abs. 3 AStG regelt § 15 Abs. 7 Satz 2 AStG, dass bestimmte Steuerbefreiungen (insbes. § 8b Abs. 1 und 2 KStG) nicht anwendbar sind.[1210] Dividenden und Veräußerungsgewinne fließen somit in voller Höhe (nicht nur i. H. v. 5 % gem. § 8b Abs. 3 und 5 KStG) in den Zurechnungsbetrag ein. Ergibt sich ein negativer Einkommensbetrag, entfällt die Zurechnung, und ist § 10d EStG entsprechend anzuwenden (§ 15 Abs. 7 Satz 3 AStG).

1370

Nach § 15 Abs. 8 Satz 1 AStG sind die nach § 15 Abs. 1 AStG zuzurechnenden Einkünfte bei Personen, die ihre Einkünfte nicht nach dem Körperschaftsteuergesetz ermitteln, Kapitaleinkünfte i. S. des § 20 Abs. 1 Nr. 9 EStG,[1211] soweit sie nicht zu den Einkünften aus Land- und Forstwirtschaft, aus Gewerbebetrieb, aus selbständiger Arbeit oder aus Vermietung und Verpachtung gehören (§ 20 Abs. 8 EStG). Bei (unbeschränkt) körperschaftsteuerpflichtigen Zurechnungsadressaten liegen gem. § 15 Abs. 8 Satz 3 AStG i. V. m. § 8 Abs. 2 KStG gewerbliche Einkünfte vor. § 8b Abs. 1 und 2 KStG, § 3 Nr. 40 Satz 1 Buchst. d und § 32d EStG sind auf die Einkünfte der Stiftung anwendbar, soweit sie anwendbar wären, wenn der unbeschränkt steuerpflichtige Stifter oder Begünstigte die Einkünfte unmittelbar bezogen hätte, § 15 Abs. 8 Satz 2 zweiter Halbsatz und Satz 3 zweiter Halbsatz AStG.[1212]

1371

Sind die Einkünfte mehreren Personen zuzurechnen, werden die Besteuerungsgrundlagen in entsprechender Anwendung des § 18 Abs. 1 bis 3 AStG einheitlich und gesondert festgestellt (§ 18 Abs. 4 AStG).

1372

Wendet die Familienstiftung einem Stifter, Bezugs- oder Anfallsberechtigten Einkünfte zu, die dieser Person nachweislich schon nach § 15 AStG zugerechnet worden sind, so unterliegen diese Zuwendungen gem. § 15 Abs. 11 AStG insoweit nicht (ein weiteres Mal) der Besteuerung.

1373

Die Anrechnung in- und ausländischer Steuern der Familienstiftung auf die deutschen Steuern der Stifter, Bezugs- oder Anfallsberechtigten richtet sich nach § 12 AStG i.V. mit § 34c EStG und § 10 Abs. 1 AStG in der jeweils geltenden Fassung. Bei der nach § 34c Abs. 1 Satz 2 EStG anzustellenden Höchstbetragsberechnung treten die zuzurechnenden Einkünfte an die Stelle der „ausländischen Einkünfte" im Sinne der Vorschrift.[1213] Steuern können nur für die Jahre angerechnet werden, in denen sie entrichtet wurden. Ist die Bemessungsgrundlage der ausländischen Einkünfte im Inland nied-

1374

1209 Vor Inkrafttreten des AmtshilfeRLUmsG konnten nach BFH v. 22. 12. 2010 (I R 84/09, BFH/NV 2011, 1069) über § 15 AStG Einkünfte nicht dem Stifter zugerechnet werden, wenn die Einkünfte unmittelbar dem Stifter zuzurechnen sind, weil sie nicht von der Stiftung erzielt wurden.
1210 Vgl. BT-Drs. 17/13033, S. 88.
1211 Vgl. auch BFH v. 3. 11. 2010 I R 98/09, BStBl II 2011, 417.
1212 BT-Drs. 17/13033, S. 88 f.
1213 Vgl. Tz. 15.5 AStG-AE noch zur Rechtslage vor Inkrafttreten des AmtshilfeRLUmsG.

riger als im Ausland, so ist die anzurechnende ausländische Steuer dennoch ungekürzt bei der Höchstbetragsberechnung nach § 34c Abs. 1 Satz 2 EStG anzusetzen, wenn in ihre ausländische Bemessungsgrundlage keine nicht ausländischen Einkünfte eingegangen sind.[1214]

1375 Ist die Familienstiftung an einer ausländischen Zwischengesellschaft i. S. des § 7 AStG beteiligt, so gehören die Einkünfte dieser Gesellschaft in entsprechender Anwendung der §§ 7 bis 14 AStG mit dem Teil zu den Einkünften der Familienstiftung, der auf die Beteiligung der Stiftung am Nennkapital der Gesellschaft entfällt, § 15 Abs. 9 Satz 1 AStG. Mit dieser durch das AmtshilfeRLUmsG eingeführten Vorschrift soll die Möglichkeit der Umgehung der Vorschriften über die Hinzurechnungsbesteuerung durch Zwischenschaltung einer Stiftung ausgeschlossen werden.[1215] Tatsächliche Gewinnausschüttungen der ausländischen Gesellschaft, denen nachweislich zugerechnete Beträge zugrunde liegen, werden nach § 15 Abs. 9 Satz 2 AStG nicht (doppelt) erfasst.

1376 Auch die weitere Neuregelung im nachfolgenden Abs. 10 soll Umgehungen verhindern. Die Vorschrift ist § 14 AStG nachempfunden und regelt die Zurechnung von Einkünften einer ausländischen Stiftung, deren unmittelbar oder mittelbar Bezugs- oder Anfallsberechtigte zu mehr als der Hälfte eine ausländische Familienstiftung (allein oder zusammen mit den Personen, die in den Abs. 2 und 3 genannt sind) ist. Die Regelung soll verhindern, dass der Zweck des § 15 AStG nicht erreicht wird, weil Einkünfte in einer anderen ausländischen Stiftung anfallen. Die Zurechnung entfällt, wenn die andere Stiftung Geschäftsleitung oder Sitz in einem EU-Mitgliedstaat oder einem EWR-Vertragsstaat hat und die weiteren Voraussetzungen des Abs. 6 gegeben sind. Um Doppelerfassungen zu vermeiden, regelt auch § 15 Abs. 10 Satz 2 AStG, dass die tatsächlichen Zuwendungen der anderen ausländischen Stiftung an die ausländische Familienstiftung nicht zu erfassen sind, denen nachweislich zugerechnete Beträge zugrunde liegen. Der Nachweis obliegt dem Steuerpflichtigen, denn dies kann die Finanzbehörde regelmäßig nicht eigenständig feststellen.

1377 Hat die Stiftung Geschäftsleitung oder Sitz in einem EU- oder EWR-Mitgliedstaat, so scheidet eine Zurechnung nach § 15 Abs. 6 AStG aus, wenn

▶ nachgewiesen wird, dass das Stiftungsvermögen der Verfügungsmacht der in § 15 Abs. 2 und 3 AStG genannten Personen rechtlich und tatsächlich entzogen ist,[1216] und

▶ zwischen dem Sitz- bzw. Geschäftsleitungsstaat der Stiftung und der Bundesrepublik aufgrund der Amtshilferichtlinie oder einer vergleichbaren Vereinbarung, Auskünfte erteilt werden, die erforderlich sind, um die Besteuerung durchzuführen.[1217]

1378 Wenn die Stiftung **nur ihren statuarischen Sitz im Ausland** hat und ihre tatsächliche Geschäftsleitung sich im Inland befindet, dann ist die Stiftung bereits nach § 1 Abs. 1

1214 BFH v. 2. 2. 1994 I R 66/92, BStBl 1994 II 727.
1215 Vgl. BT-Drs. 17/13033, S. 88.
1216 Reaktion auf BFH v. 28. 7. 2007 II R 21/05, BStBl 2007 II 696.
1217 Die durch das AmtshilfeRLUmsG geänderte Verweisung auf die EU-Amtshilferichtlinie bzw. das EUAHiG entspricht der Neuregelung in § 8 Abs. 2 Satz 2 AStG.

Nr. 4 oder 5 KStG unbeschränkt steuerpflichtig.[1218] In diesem Falle gehen die Vorschriften über die unbeschränkte Steuerpflicht insoweit den Vorschriften des AStG vor.

Die Regelungen in § 15 AStG und in § 20 EStG schließen sich tatbestandsmäßig wechselseitig aus, § 15 Abs. 1 und 4 AStG gehen § 22 Nr. 1 EStG vor.[1219]

Von den Bestimmungen des AStG sind die §§ 5 und 12 AStG anwendbar; die §§ 7 bis 14 finden keine Anwendung (§ 15 Abs. 5 AStG).

4.2.7 Aufklärungs- und Mitwirkungspflichten (§§ 16, 17 AStG)
4.2.7.1 Überblick

Durch §§ 16, 17 AStG werden die in der AO geregelten Mitwirkungspflichten erweitert. Damit wird dem Umstand Rechnung getragen, dass die deutschen Finanzbehörden im Ausland grundsätzlich keine Sachverhaltsermittlungen durchführen können. Eine verfahrensrechtliche Rechtsfolge der §§ 16, 17 AStG ist in § 171 Abs. 6 AO geregelt (Ablaufhemmung der Festsetzungsfrist).

4.2.7.2 Mitwirkungspflicht (§ 16 AStG)

Eine Sonderregelung für den Abzug von Schulden, Lasten, Betriebsausgaben und Werbungskosten stellt § 16 AStG auf. Nach § 160 AO sind derartige Aufwendungen steuerlich regelmäßig nicht zu berücksichtigen, wenn der Steuerpflichtige auf Verlangen der Finanzbehörde den Empfänger nicht benennt. Hier geht § 16 AStG einen Schritt weiter: Möchte der Steuerpflichtige Aufwendungen steuerlich berücksichtigt wissen, die auf Geschäftsbeziehungen mit einer Person im Ausland beruhen, die mit ihren Einkünften aus diesen Geschäftsbeziehungen nicht oder nur unwesentlich i. S. des § 8 Abs. 3 AStG besteuert werden, so hat der Steuerpflichtige alle mittelbaren und unmittelbaren Beziehungen zu dieser Person offen zu legen.[1220] Der Empfänger einer Betriebsausgabe ist erst dann i. S. des § 160 AO genau bezeichnet, wenn der Steuerpflichtige dieser umfassenden Darlegung nachgekommen ist.[1221] Behauptet der Steuerpflichtige z. B., er habe von einer Anstalt liechtensteinischen Rechts ein Darlehen erhalten und dieser Darlehenszinsen gezahlt, muss er die hinter der Anstalt stehende Person benennen. Sprechen konkrete Anhaltspunkte dafür, dass die Anteile an einer ausländischen Domizilgesellschaft treuhänderisch für Dritte gehalten werden, kann das FA deren Benennung verlangen.[1222]

„Person" i. S. des § 16 Abs. 1 AStG ist jede natürliche oder juristische Person einschließlich einer Personengesellschaft mit Sitz im Ausland. „Beziehungen" i. S. des § 16 Abs. 1

1218 Tz. 15.1.1 AStG-AE.
1219 BFH v. 2. 2. 1994 I R 66/92, BStBl 1994 II 727.
1220 BFH v. 24. 3. 1987 I B 156/86, BFH/NV 1988, 208; v. 20. 4. 1988 I R 67/84, BStBl 1988 II 927; v. 24. 3. 1987 I B 156/86, BFH/NV 1988, 208.
1221 BFH v. 1. 6. 1994 X R 73/91, BFH/NV 1995, 2.
1222 BFH v. 1. 4. 2003 I R 28/02, BFH/NV 2003, 1241.

AStG umfasst alle Beziehungen, mittelbare und unmittelbare, in der Vergangenheit und Gegenwart, geschäftliche und private, gesellschaftsrechtliche und familiäre.

> **BEISPIEL:** Verträge aller Art mit der Person; Absprachen aller Art, z. B. über Preise, Zahlungsbedingungen, Gewährleistungsbedingungen, sonstige Bedingungen, Marktaufteilung; mittelbare und unmittelbare gesellschaftsrechtliche Beteiligungen einschließlich stiller Beteiligungen und Unterbeteiligungen; Angaben, ob ein Nahestehen i. S. des § 1 Abs. 2 AStG vorliegt usw.

1384   Erfüllt der Steuerpflichtige die Verpflichtung nach § 16 AStG nicht, so ist der Abzug zu versagen.[1223]

1385   Um die Richtigkeit der Angaben zu erzwingen, kann die Finanzbehörde nach § 16 Abs. 2 AStG die **Abgabe einer Versicherung an Eides statt** (§ 95 AO) verlangen, ohne dass die einengende Vorschrift des § 95 Abs. 1 Satz 2 AO erfüllt sein muss.

4.2.7.3 Sachverhaltsaufklärung (§ 17 AStG)

1386   Die **erhöhte Mitwirkungspflicht** bei grenzüberschreitenden Sachverhalten gemäß § 90 Abs. 2 AO wird durch § 17 AStG konkretisiert, der zur Aufklärung eines Sachverhalts bei zwischengeschalteten Gesellschaften (§ 5 AStG), Zwischengesellschaften (§§ 7 bis 14 AStG) und Familienstiftungen (§ 15 AStG) angewendet werden kann. Aufgrund des § 17 AStG kann dem Steuerpflichtigen aufgegeben werden, alle Geschäftsbeziehungen mit der Gesellschaft im Ausland zu offenbaren (teils weiter als § 16 AStG, teils enger, da nur die Geschäftsbeziehungen offen zu legen sind). Ferner ist er verpflichtet, sachdienliche Unterlagen vorzulegen, d. h. insbesondere Buchführungsunterlagen und Bilanzen der ausländischen Gesellschaft.[1224] Diese müssen auf Verlangen der Finanzbehörde mit dem im Ausland vorgeschriebenen oder üblichen Bestätigungsvermerk versehen sein.[1225] Der Steuerpflichtige kann sich seiner Mitwirkungspflicht nicht entziehen, wenn sie ihm möglich gewesen wäre.

1387   Unberührt bleibt die Berechtigung der Finanzbehörde, den allgemeinen Auskunftsverkehr nach DBA, Einzelvertrag, EUAHiG oder auf der Basis der Kulanzauskunft gemäß § 117 Abs. 1 AO in Anspruch zu nehmen (Tz. 17.1.6 AStG-AE).

1388   Kommt der Steuerpflichtige seiner Verpflichtung nicht oder nur ungenügend nach, so können die **Einkünfte aus einer Zwischengesellschaft geschätzt** werden.[1226] Als Mindestsatz sieht § 17 Abs. 2 AStG Einkünfte i. H. von 20 % des gemeinen Werts der vom unbeschränkt Steuerpflichtigen gehaltenen Anteile vor. Abzustellen ist auf die unmittelbar und mittelbar gehaltenen Anteile sowie auf Anteile, die gemäß § 7 Abs. 3 AStG oder §§ 39 ff. AO dem Steuerpflichtigen zuzurechnen sind. Nicht ausgeschlossen wird durch § 17 Abs. 2 AStG, dass auch höhere Einkünfte geschätzt werden.[1227]

1223 Hier gelten die allgemeinen Regeln, die der BFH zu § 160 AO aufgestellt hat.
1224 BFH v. 16. 4. 1986 I R 32/84, BStBl 1986 II 736.
1225 BMF v. 26. 5. 1978, BStBl 1978 I 308.
1226 BFH v. 29. 1. 1992 X R 145/90, BFH/NV 1992, 439; v. 20. 12. 2000 I R 50/00, BStBl 2001 II 381.
1227 Vgl. § 90 Abs. 3, § 162 Abs. 4 AO.

4.2.8 Gesonderte Feststellung von Besteuerungsgrundlagen (§ 18 AStG)

Nach § 18 Abs. 1 AStG sind die **Besteuerungsgrundlagen** für die Anwendung der §§ 7 bis 14 AStG sowie § 3 Nr. 41 EStG gemäß §§ 179 ff. AO **gesondert festzustellen**;[1228] sind mehrere unbeschränkt Steuerpflichtige beteiligt, so sind ihnen gegenüber die Feststellungen einheitlich vorzunehmen. Die Vereinfachungsvorschrift des § 180 Abs. 3 AO ist nicht anzuwenden. Was im Einzelnen gesondert festzustellen ist, ist im Gesetz selbst nicht umschrieben; der Umfang ist daher anhand des Zwecks zu ermitteln; alle Steuerbemessungsgrundlagen, die für das Besteuerungsverfahren des unbeschränkt Steuerpflichtigen von Bedeutung sein könnten, sind festzustellen (vgl. die Aufzählung in Tz. 18.1.2 AStG-AE),[1229] z. B. anzusetzender Hinzurechnungsbetrag, Gesamtbetrag der anzurechnenden ausländischen Steuer, abziehbare Steuern gemäß § 10 Abs. 1 Satz 1 AStG usw.

1389

Werden die Einkünfte und Vermögen einer Familienstiftung im Sinne des § 15 Abs. 1 AStG mehreren Personen zugerechnet, werden die Besteuerungsgrundlagen in entsprechender Anwendung der Bestimmungen in § 18 Abs. 1 bis 3 AStG einheitlich und gesondert festgestellt, § 18 Abs. 4 AStG i. d. F. des AmtshilfeRLUmsG. Ist eine ausländische Familienstiftung an einer inländischen Personengesellschaft beteiligt, ist der in Deutschland unbeschränkt steuerpflichtige Stifter ungeachtet der Einkommenszurechnung nach § 15 Abs. 1 Satz 1 AStG nicht in die gesonderte und einheitliche Gewinnfeststellung der Personengesellschaft als Feststellungsbeteiligter einzubeziehen.[1230] Ab dem Veranlagungszeitraum 2013 (vgl. § 21 Abs. 21 Satz 4 AStG) werden Einkünfte (und nicht mehr Einkommen) nach § 15 Abs. 1 AStG zugerechnet; ob dies allerdings etwas an den (zur Vorgängerregelung ergangenen) Rechtsprechungsgrundsätzen ändert, ist derzeit noch ungeklärt.

1390

Eine **örtliche Zuständigkeitsregelung** enthält § 18 Abs. 2 AStG. Ist nur ein unbeschränkt Steuerpflichtiger beteiligt, so ist das Finanzamt zuständig, das für die Ermittlung der Einkünfte des Steuerpflichtigen örtlich zuständig ist. Sind mehrere Inländer an der Zwischengesellschaft beteiligt, so ist das Finanzamt des Beteiligten zuständig, dem die höchste mittelbare oder unmittelbare Beteiligung an der Gesellschaft zuzurechnen ist. Bestehen Zweifel über die örtliche Zuständigkeit, bestimmen die zuständigen Landesfinanzbehörden in Zusammenarbeit mit dem BZSt entsprechend § 5 Abs. 1 Nr. 7 FVG das zuständige Finanzamt (Tz. 18.2 AStG-AE).[1231] Weiter sind die Regelungen der einzelnen Bundesländer über die zentrale Zuständigkeit bestimmter Finanzämter (§ 17 Abs. 2 FVG) zu beachten.

1391

1228 BFH v. 11.10.2000 I R 99/96, BStBl 2001 II 22.
1229 BFH v. 6.2.1985 I R 11/83, BStBl 1985 II 410; v. 17.7.1985 I R 104/82, BStBl 1986 II 129; v. 5.11.1992 I R 38/92, BStBl 1993 II 177; v. 15.3.1995 I R 14/94, BStBl 1995 II 502; v. 30.8.1995 I R 77/94, BStBl 1996 II 122; v. 2.7.1997 I R 32/95, BStBl 1998 II 176; v. 11.10.2000 I R 99/96, BStBl 2001 II 22; v. 20.12.2000 I R 50/00, BStBl 2001 II 381; v. 18.7.2001 I R 62/00, BStBl 2002 II 89; v. 19.11.2003 I R 14/03, BFH/NV 2004, 1072.
1230 BFH v. 13.5.2013 I R 39/11, BFH/NV 2013, 1284.
1231 BMF v. 29.4.1997, BStBl 1997 I 541.

1392 Zur **Abgabe der Erklärung** zur gesonderten Feststellung ist nach § 18 Abs. 3 AStG jeder verpflichtet, der an der ausländischen Gesellschaft beteiligt ist. Auch den erweitert beschränkt Steuerpflichtigen trifft diese Erklärungspflicht.[1232] Die Verpflichtung kann durch Abgabe einer gemeinsamen Erklärung erfüllt werden. In den Fällen des § 18 Abs. 1 Satz 2 AStG sind die anderen Beteiligten im Rahmen eines Rechtsbehelfsverfahrens gemäß § 360 Abs. 3 AO, § 60 Abs. 3 FGO notwendig beizuladen bzw. notwendig hinzuzuziehen.[1233]

1393 Die Verpflichtung zur Abgabe einer Steuererklärung gilt auch dann, wenn der unbeschränkt Steuerpflichtige nach § 8 Abs. 2 AStG geltend macht, dass eine Hinzurechnung bei einer EU-/EWR-Gesellschaft zu unterbleiben hat.

4.2.9 AStG und DBA (§ 20 AStG)

1394 Das Verhältnis zwischen dem AStG und den einzelnen DBA wird durch § 20 AStG geregelt: Nach § 20 Abs. 1 AStG werden die §§ 7 bis 18 AStG durch ein DBA nicht berührt.

1395 Fallen Einkünfte in einer ausländischen Betriebsstätte eines unbeschränkt Steuerpflichtigen an, und wären diese Einkünfte – ungeachtet des § 8 Abs. 2 AStG[1234] – als Zwischeneinkünfte steuerpflichtig, wenn es sich um eine rechtlich selbständige ausländische Gesellschaft handeln würde, ist nach § 20 Abs. 2 Satz 1 AStG eine Doppelbesteuerung in der Bundesrepublik nicht durch Freistellung, sondern durch Anrechnung der ausländischen Steuer zu vermeiden (**Switch-over-Klausel**).[1235]

1396 Durch das JStG 2010 ist in § 20 Abs. 1 AStG Satz 2 angefügt worden. Diese Vorschrift soll verhindern, dass die Rechtsfolgen des Satzes 1 auch für Betriebsstätten selbständig freiberuflich oder gewerblich tätiger Personen eintreten. Denn der Gesetzgeber hat mit § 20 Abs. 2 AStG nicht das Ziel verfolgt, unbeschränkt Steuerpflichtige, die ihre selbständig freiberufliche oder gewerbliche Tätigkeit (Dienstleistung) durch eine Betriebsstätte in einem Staat ausüben, mit dem ein DBA besteht, von der im jeweiligen Abkommen vorgesehenen Freistellung auszunehmen und die Doppelbesteuerung stattdessen durch Anrechnung der in dem anderen Vertragsstaat gezahlten Steuer zu vermeiden.[1236] D. h., dass es bei der Freistellung bleibt, auch wenn die Einkünfte, wäre die Betriebsstätte eine Gesellschaft, wegen § 8 Abs. 1 Nr. 5 Buchst. a AStG beim inländischen Gesellschafter der Hinzurechnungsbesteuerung unterlägen.

1232 BFH v. 28. 11. 1990 I R 71/89, BStBl 1991 II 440.
1233 BFH v. 28. 2. 1990 I R 156/86, BStBl 1990 II 696.
1234 Hierzu Bedenken des BFH in einem obiter dictum: BFH v. 21. 10. 2009 I R 114/08, BFH/NV 2010, 279.
1235 Die Entscheidung des BVerfG über die anhängige Normenkontrolle (2 BvL 1/12), in der der BFH mit Beschl. v. 10. 1. 2012 (I R 66/09, BFH/NV 12, 1056) gem. Art. 100 Abs. 1 GG i.V.m. § 13 Nr. 11, § 80 ff. BVerfGG die Frage, ob der Treaty Override des § 50d Abs. 8 EStG gem. Art. 2 Abs. 1 i.V.m. Art. 20 Abs. 3 und Art. 25 GG und Art. 3 Abs. 1 GG verfassungsgemäß ist, zur Prüfung vorgelegt hat, kann sich auch auf den in § 20 AStG enthaltenen Treaty Override auswirken. Dies zeigt auch die weitere Vorlage: BFH v. 11. 12. 2013 I R 4/13, BFH/NV 2014, 614 (bei BVerfG anhängig unter Az: 2 BvL 15/14).
1236 BT-Drs. 17/2249, S. 85.

Zu § 20 Abs. 2 Satz 1 AStG in der bis einschließlich VZ 2002 gültigen Fassung hat der EuGH entschieden,[1237] dass Art. 49 und 63 AEUV dahin auszulegen seien, dass sie einer Steuerregelung eines Mitgliedstaats nicht entgegenstehen, wonach die Einkünfte einer im Inland ansässigen Person aus Kapitalanlagen in einer Niederlassung mit Sitz in einem anderen Mitgliedstaat ungeachtet eines DBA mit dem Mitgliedstaat des Sitzes dieser Niederlassung nicht von der inländischen Einkommensteuer freigestellt sind, sondern unter Anrechnung der im anderen Mitgliedstaat erhobenen Steuer der inländischen Besteuerung unterliegen. Diese Entscheidung ist auch für die Neufassung ab VZ 2003 zu beachten. Der BFH hat in seiner Folgeentscheidung ausgeführt, dass die Norm nur dann anwendbar sei, wenn die Tatbestandsvoraussetzungen der §§ 7 bis 14 AStG erfüllt seien, was im Streitfall nicht der Fall sei.[1238]

1397

4.3 Sonstige Gesetze

4.3.1 Auslandsinvestitionsgesetz

Die Förderung von Auslandsinvestitionen und des damit zusammenhängenden Kapitalexports ist für die Bundesrepublik von großer volkswirtschaftlicher Bedeutung. Mit dem **Gesetz über steuerliche Maßnahmen bei Auslandsinvestitionen der deutschen Wirtschaft – Auslandsinvestitionsgesetz (AIG)**[1239] – vom 18. 8. 1969 sollten steuerliche Hindernisse, die sich bei Auslandsinvestitionen hätten störend auswirken können, beseitigt werden; die allgemein für dringend notwendig erachtete Steigerung der deutschen Direktinvestitionen sollte nicht durch steuerliche Bestimmungen behindert werden. Durch das StRefG 1990 ist das Gesetz mit Wirkung vom 1. 1. 1990 faktisch aufgehoben worden.

1398

Das Gesetz sah folgende Maßnahmen zur Erleichterung von Auslandsinvestitionen vor:

1399

- ▶ Bildung einer Rücklage bei Überführung von abnutzbaren Wirtschaftsgütern des Anlagevermögens vom inländischen in das ausländische Betriebsvermögen (§ 1 AIG – letztmalig für Wirtschaftsjahre, die vor dem 1. 1. 1990 enden);
- ▶ Berücksichtigung von Verlusten einer ausländischen Betriebsstätte, die aufgrund eines DBA bei der deutschen Einkommensbesteuerung außer Ansatz bleiben (§ 2 AIG – letztmals auf Verluste des VZ 1989 anzuwenden; für Veranlagungszeiträume ab 1990 bis 1999 einschließlich in § 2a Abs. 3, 4 EStG geregelt);[1240]
- ▶ Bildung einer Rücklage für Verluste einer ausländischen Tochtergesellschaft (§ 3 AIG – letztmalig für Wirtschaftsjahre, die vor dem 1. 1. 1990 enden);
- ▶ Übertragung stiller Reserven aus der Veräußerung von Anteilen an Kapitalgesellschaften auf neu erworbene Anteile an ausländischen Kapitalgesellschaften (§ 4 AIG[1241] – letztmals anwendbar für den VZ 1981).

1237 EuGH v. 6. 12. 2007 C-298/05 Columbus Container Services BVBA & Co., IStR 2008, 63.
1238 BFH v. 21. 10. 2009 I R 114/08, BFH/NV 2010, 279.
1239 BGBl 1969 I 1214; BStBl 1969 I 527.
1240 Vgl. Rdn. 746.
1241 BFH v. 24. 3. 1998 I R 20/94, BStBl 1999 II 272.

1400 Heute hat das Gesetz Bedeutung für die Überwachung der Auflösung etwa gebildeter Rücklagen sowie die Nachversteuerung[1242] abgezogener Verluste nach § 2 Abs. 1 Satz 3 und 4 und Abs. 2 AIG (vgl. § 8 Abs. 5 Satz AIG).

4.3.2 Entwicklungsländer-Steuergesetz

1401 Um private Entwicklungshilfe steuerlich zu erleichtern, hat der Gesetzgeber seit 1961 verschiedene Maßnahmen ergriffen. So wurde ab 1961 die Kapitalanlage in Entwicklungsländern durch § 34d EStG 1961[1243] gefördert, der dann 1964 durch das sog. **Entwicklungshilfe-Steuergesetz**[1244] vom 23.12.1963 abgelöst wurde. Dieses wiederum wurde durch das **Gesetz über steuerliche Maßnahmen zur Förderung von privaten Kapitalanlagen in Entwicklungsländern – Entwicklungsländer-Steuergesetz (EntwLStG)**[1245] – ersetzt. Aufgrund der Änderung des EntwLStG durch das 2. Haushaltsstrukturgesetz[1246] vom 22.12.1981 ist das Gesetz grundsätzlich nur auf Kapitalanlagen anwendbar, die vor dem 1.1.1982 vorgenommen wurden (§ 11 Abs. 1 EntwLStG).

1402 Das Gesetz sah folgende steuerliche Erleichterungen und Vergünstigungen für die Einkommen-, Körperschaft-, Gewerbe- und Vermögensteuer vor:

▶ Bildung einer Rücklage bis 100 % der Anschaffungs- oder Herstellungskosten bei Kapitalanlagen in Entwicklungsländern (§ 1 EntwLStG);[1247]

▶ Bildung einer Rücklage für den Erwerb von Beteiligungen an Kapitalgesellschaften in Entwicklungsländern, die von der Deutschen Gesellschaft für Entwicklungshilfe erworben wurden (§ 2 EntwLStG);

▶ Fortführung der Buchwerte, wenn die Kapitalanlage im Tausch gegen abnutzbare Wirtschaftsgüter erworben wurde bzw. Verzicht auf die Besteuerung der stillen Reserven (§ 3 EntwLStG);

▶ Bildung einer Rücklage für den aufgrund einer Umwandlung einer Personengesellschaft, einer Betriebsstätte oder eines Betriebes in eine Kapitalgesellschaft entstandenen Gewinn, sofern die Umwandlung durch die politischen Verhältnisse in dem Entwicklungsland bedingt war (§ 4 EntwLStG).

1403 Heute hat dieses Gesetz, ebenso wie das AIG, nur noch Bedeutung für die Überwachung der aufgrund dieses Gesetzes gebildeten Rücklagen und deren Auflösung.

[1242] Vgl. Rdn. 747.
[1243] In der Fassung des StÄndG vom 13.7.1961, BGBl 1961 I 981; BStBl 1961 I 446.
[1244] BGBl 1963 I 1013; BStBl 1964 I 18.
[1245] In der Fassung vom 20.12.1974, BGBl. 1974 I 3643; BStBl 1975 I 38; Neufassung vom 21.5.1979, BGBl 1979 I 564; BStBl 1979 I 294.
[1246] BGBl 1981 I 1523, 1552; BStBl 1982 I 235.
[1247] BFH v. 14.11.1985 IV R 254/84, BStBl 1986 II 182.

4.3.3 Auslandsinvestmentgesetz und Investmentsteuergesetz

Das Gesetz über den Vertrieb ausländischer Investmentanteile und über die Besteuerung der Erträge aus ausländischen Investmentanteilen – Auslandsinvestmentgesetz (AuslInvestmG)[1248] – vom 28.7.1969 befasste sich in den §§ 16 bis 20 AuslInvestmG mit der Besteuerung der Ausschüttungen auf ausländische Investmentanteile. In §§ 17, 18 AuslInvestmG[1249] wurde definiert, was zu den Einkünften aus Kapitalvermögen i. S. des § 20 Abs. 1 EStG gehört[1250] und wie sie besteuert werden;[1251] wichtig ist, dass § 3 Nr. 40 EStG und § 8b Abs. 1 KStG ausdrücklich nicht anwendbar sind. Soweit im Ausland eine Abzugssteuer entrichtet wurde, die nach § 34c Abs. 1 EStG, § 26 Abs. 1 KStG anrechenbar ist, wird diese Steuer gemäß § 19 AuslInvestmG angerechnet. Die Feststellung der steuerlichen Erträge erfolgt für die deutsche Einkommensbesteuerung verbindlich durch das BZSt (§ 5 Abs. 1 Nr. 4 FVG).

1404

Durch das Gesetz zur Modernisierung des Investmentwesens und zur Besteuerung von Investmentvermögen (Investmentmodernisierungsgesetz)[1252] vom 15.12.2003 wurde das AuslInvestmG mit Ablauf des 31.12.2003 aufgehoben. Am 1.1.2004 ist – zusammen mit dem Investmentgesetz – das neue **Investmentsteuergesetz (InvStG)**[1253] in Kraft getreten, das (auch) die Besteuerung der Erträge an ausländischen Investmentfonds sowie die Anrechnung bzw. den Abzug der ausländischen Steuer regelt (vgl. insbesondere § 4 InvStG). Durch das JStG 2009 wurde die Abgeltungssteuer auch für diese Kapitalerträge eingeführt (§ 4 Abs. 2 Satz 8, § 7 Abs. 1 Satz 3 InvStG).

1405

Vorläufig nicht besetzt   1406–1449

1248 BGBl 1969 I 986; BStBl 1969 I 435.
1249 Nach BFH v. 18.11.2008 VIII R 2/06, BFH/NV 2009, 731, und VIII R 24/07, BStBl 2009 II 518, sowie v. 25.8.2009 I R 88, 89/07, BFH/NV 2009, 2047, verstößt die pauschale Besteuerung sog. schwarzer Fonds gegen die unionsrechtlich verbürgte Kapitalverkehrsfreiheit; hierzu BMF v. 6.7.2009, BStBl 2009 I 770.
1250 BFH v. 7.4.1992 VIII R 79/88, BStBl 1992 II 786.
1251 BFH v. 11.10.2000 I R 99/96, BStBl 2001 II 22, ausführlich zur Besteuerung der Kapitaleinkünfte nach dem AuslInvestmG; zur Vereinbarkeit der Strafbesteuerung ausländischer „schwarzen" Investmentfonds gem. § 18 Abs. 3 AuslInvestmG mit der Kapitalverkehrsfreiheit (Art. 63 AEUV) vgl. BFH v. 6.8.2013 VIII R 39/12, BFH/NV 2013, 1976 (beim EuGH anhängig unter Az. C-560/13), die Nachfolgeregelung des § 6 InvStG ist ebenfalls Gegenstand eines Vorabentscheidungsersuchens vgl. FG Düsseldorf v. 3.5.2012, 16 K 3383/10 F, IStR 2012, 663 (beim EuGH anhängig unter Az. C-326/12).
1252 BGBl 2003 I 2676.
1253 BGBl 2003 I 2724; BStBl 2004 I 5; BMF v. 15.8.2009, BStBl 2009 I 931.

KAPITEL 5: DIE EUROPÄISCHE UNION

			Rdn.	Seite
5.1	Grundlagen der Europäischen Union		1450	314
5.2	Ziele, Organe und Rechtsakte		1453	315
5.3	Der Gerichtshof der Europäischen Union		1479	320
5.4	Verhältnis nationales Recht – Europarecht		1484	322
5.5	Steuerliche Zielsetzungen der EU – Steuerharmonisierung		1487	323
5.6	Stand der Harmonisierung		1495	325
	5.6.1	Umsatzsteuer	1495	325
	5.6.2	Direkte Steuern	1496	325
		5.6.2.1 Richtlinien	1496	325
		5.6.2.2 Die Schiedsrichtlinie	1503	327
		5.6.2.3 Das Verrechnungspreisforum	1510	329
		5.6.2.4 Unternehmensbesteuerung	1514	330
		5.6.2.5 Rechtsprechung des EuGH	1520	332
		5.6.2.6 Doppelbesteuerungsabkommen	1533	336
	5.6.3	Verbrauch- und Verkehrsteuern	1534	336
5.7	Amts- und Rechtshilfe		1536	337
5.8	Die Bekämpfung des Steuerbetrugs und der Steuerhinterziehung		1548	339
5.9	Beitreibungshilfe		1551	340
5.10	Der Europäische Wirtschaftsraum		1554	341

Kapitel 5: Die Europäische Union

5.1 Grundlagen der Europäischen Union

1450 Die europäische Integration beruht auf vier Gründungsverträgen:

- Dem **Vertrag über die Gründung der Europäischen Gemeinschaft für Kohle und Stahl** (EGKS), der am 18.4.1951 in Paris unterzeichnet worden, am 23.7.1952 in Kraft getreten und am 23.7.2002 ausgelaufen ist;

- dem Vertrag **zur Gründung der Europäischen Wirtschaftsgemeinschaft** (EWG) vom 25.3.1957;

- dem **Vertrag zur Gründung der Europäischen Atomgemeinschaft** (Euratom/EAG), der (wie auch der EWG-Vertrag) am 25.3.1957 in Rom unterzeichnet worden und am 1.1.1958 in Kraft getreten ist. Diese beiden Verträge werden oft als „Verträge von Rom" oder auch als „Römische Verträge" bezeichnet;

- dem **Vertrag über die Europäische Union**, der am 7.2.1992 in Maastricht (**Vertrag von Maastricht**) unterzeichnet worden und am 1.11.1993 in Kraft getreten ist. Durch diesen Vertrag wurde eine neue politische und wirtschaftliche Struktur geschaffen, die drei „Säulen" umfasst: Die Europäischen Gemeinschaften (EG), die Gemeinsame Außen- und Sicherheitspolitik sowie die Polizeiliche und justizielle Zusammenarbeit in Strafsachen. Diese drei Säulen tragen das gemeinsame Dach „Europäische Union".

1451 Die Gründungsverträge sind mehrmals geändert worden, insbesondere mit dem Beitritt neuer Mitgliedstaaten 1973 (Dänemark, Irland und Großbritannien), 1981 (Griechenland), 1986 (Spanien und Portugal), 1995 (Österreich, Finnland und Schweden), 2004 (Estland, Lettland, Litauen, Malta, Polen, Slowakei, Slowenien, Tschechische Republik, Ungarn und Zypern), 2007 (Bulgarien und Rumänien) und 2013 (Kroatien).

1452 Ferner erfolgten weitreichende Reformen mit wesentlichen institutionellen Änderungen und neuen Zuständigkeitsbereichen für die Europäischen Organe durch die nachfolgend angeführten Verträge:

- Der **Fusionsvertrag** wurde am 8.4.1965 in Brüssel unterzeichnet und ist am 1.7.1967 in Kraft getreten. Er führte zur Einsetzung einer gemeinsamen Kommission und eines gemeinsamen Rates der damals drei Europäischen Gemeinschaften; durch Art. 9 des Vertrages von Amsterdam aufgehoben;

- die **Einheitliche Europäische Akte** vom 2.12.1985, die in Luxemburg und Den Haag unterzeichnet wurde, trat am 1.7.1987 in Kraft. Sie ermöglichte die zur Vollendung des Binnenmarkts erforderlichen Anpassungen;

- der **Vertrag von Amsterdam** wurde am 2.10.1997 unterzeichnet und trat am 1.5.1999 in Kraft. Er beinhaltet Änderungen des EU-Vertrags und der EG-Verträge;

- der am 26.2.2001 unterzeichnete **Vertrag von Nizza** trat am 1.2.2003 in Kraft. Er hat u.a. zum Inhalt: Änderung der Arbeitsweise der EU-Organe und Institutionen; das Abstimmen mit qualifizierter Mehrheit (anstatt Einstimmigkeit) wird in vielen Bereichen der EU-Beschlussfassung zur Regel;

▶ der am 13.12.2007 unterzeichnete **Vertrag von Lissabon** (Vertrag von Lissabon zur Änderung des Vertrags über die Europäische Union und des Vertrags zur Gründung der Europäischen Gemeinschaft) gibt der EU eine einheitliche Struktur und Rechtspersönlichkeit und ersetzt den abgelehnten Vertrag über eine Verfassung für Europa; er ist am 1.12.2009 in Kraft getreten und hat die bestehenden Verträge – EU-Vertrag und EG-Vertrag – abgeändert; es existieren nunmehr die „Konsolidierte Fassung des Vertrags über die Europäische Union" (**EUV**)[1254] und die „Konsolidierte Fassung des Vertrags über die Arbeitsweise der Europäischen Union" (**AEUV**);[1255] verbunden mit der Neufassung der Verträge ist eine neue Zählweise. Grundlage der Union, die an die Stelle der Europäischen Gemeinschaft tritt, deren Rechtsnachfolgerin sie ist, sind die beiden Verträge. Beide Verträge sind rechtlich gleichrangig.

5.2 Ziele, Organe und Rechtsakte

Die **Grundlagen der Union** sind in Art. 2 EUV niedergelegt: Danach gründet sich die Union auf der Achtung der Menschenwürde, Freiheit, Demokratie, Gleichheit, Rechtsstaatlichkeit und der Wahrung der Menschenrechte einschließlich der Rechte der Personen, die Minderheiten angehören. Diese Werte sind allen Mitgliedstaaten in einer Gesellschaft gemeinsam, die sich durch Pluralismus, Nichtdiskriminierung, Toleranz, Gerechtigkeit, Solidarität und die Gleichheit von Frauen und Männern auszeichnet.

1453

Die **Ziele der EU** sind in Art. 3 EUV niedergelegt; danach setzt sich die Union u. a. folgende Ziele: Förderung des Friedens und des Wohlergehens ihrer Völker. Sie bietet ihren Bürgerinnen und Bürgern einen Raum der Freiheit, der Sicherheit und des Rechts ohne Binnengrenzen, in dem der freie Personenverkehr gewährleistet ist. Sie errichtet einen Binnenmarkt und wirkt auf die nachhaltige Entwicklung Europas auf der Grundlage eines ausgewogenen Wirtschaftswachstums und von Preisstabilität, einer in hohem Maße wettbewerbsfähigen sozialen Marktwirtschaft, die auf Vollbeschäftigung und sozialen Fortschritt abzielt, sowie einem hohen Maß an Umweltschutz und Verbesserung der Umweltqualität hin. Die Union fördert den wissenschaftlichen und technischen Fortschritt. Sie bekämpft soziale Ausgrenzung und Diskriminierungen und fördert soziale Gerechtigkeit und sozialen Schutz, die Gleichstellung von Frauen und Männern, die Solidarität zwischen den Generationen und den Schutz der Rechte des Kindes. Sie fördert den wirtschaftlichen, sozialen und territorialen Zusammenhalt und die Solidarität zwischen den Mitgliedstaaten. Sie wahrt den Reichtum ihrer kulturellen und sprachlichen Vielfalt und sorgt für den Schutz und die Entwicklung des kulturellen Erbes Europas. Die Union errichtet weiter eine Wirtschafts- und Währungsunion, deren Währung der Euro ist.

1454

Zur Erreichung dieser Ziele hat die Union die ausschließliche Zuständigkeit (Art. 3 AEUV) in den Bereichen Zollunion, Festlegung der für das Funktionieren des Binnenmarkts erforderlichen Wettbewerbsregeln, Währungspolitik für die Mitgliedstaaten, deren Währung der Euro ist, Erhaltung der biologischen Meeresschätze im Rahmen der

1455

1254 ABl 2008 C 115, 13.
1255 ABl 2008 C 115, 47.

gemeinsamen Fischereipolitik, gemeinsame Handelspolitik. Die Union hat ferner die ausschließliche Zuständigkeit für den Abschluss internationaler Übereinkünfte, wenn der Abschluss einer solchen Übereinkunft in einem Gesetzgebungsakt der Union vorgesehen ist, wenn er notwendig ist, damit sie ihre interne Zuständigkeit ausüben kann, oder soweit er gemeinsame Regeln beeinträchtigen oder deren Tragweite verändern könnte. Die Zuständigkeit teilen sich Union und Mitgliedstaaten in folgenden Bereichen (Art. 4 AEUV): Binnenmarkt, Sozialpolitik hinsichtlich der in diesem Vertrag genannten Aspekte, wirtschaftlicher, sozialer und territorialer Zusammenhalt, Landwirtschaft und Fischerei, ausgenommen die Erhaltung der biologischen Meeresschätze, Umwelt, Verbraucherschutz, Verkehr, transeuropäische Netze, Energie, Raum der Freiheit, der Sicherheit und des Rechts, gemeinsame Sicherheitsanliegen im Bereich der öffentlichen Gesundheit hinsichtlich der in diesem Vertrag genannten Aspekte.

1456 Die Organe der EU sind in Art. 13 EUV geregelt:

- Das **Europäische Parlament**,
- der **Europäische Rat**,
- der **Rat der Europäischen Union**,
- die **Europäische Kommission**,
- der **Gerichtshof der Europäischen Union**,[1256]
- die **Europäische Zentralbank**,
- der **Rechnungshof**.

1457 Das Europäische Parlament, der Rat und die Kommission werden von einem **Wirtschafts- und Sozialausschuss** sowie einem **Ausschuss der Regionen** mit beratender Aufgabe unterstützt.

1458 Das **Europäische Parlament** (Art. 14 EUV) wird gemeinsam mit dem Rat als Gesetzgeber tätig und übt gemeinsam mit ihm die Haushaltsbefugnisse aus. Es erfüllt Aufgaben der politischen Kontrolle und Beratungsfunktionen nach Maßgabe der Verträge und wählt den Präsidenten der Kommission. Es setzt sich aus Vertretern der Unionsbürgerinnen und Unionsbürger zusammen. Ihre Anzahl darf 750 nicht überschreiten, zuzüglich des Präsidenten. Die Bürgerinnen und Bürger sind im Europäischen Parlament degressiv proportional, mindestens jedoch mit sechs Mitgliedern je Mitgliedstaat vertreten. Kein Mitgliedstaat erhält mehr als 96 Sitze. Der Europäische Rat erlässt einstimmig auf Initiative des Europäischen Parlaments und mit dessen Zustimmung einen Beschluss über die Zusammensetzung des Europäischen Parlaments, in dem die genannten Grundsätze gewahrt sind. Die Mitglieder des Europäischen Parlaments werden in allgemeiner, unmittelbarer, freier und geheimer Wahl für eine Amtszeit von fünf Jahren gewählt.

1459 Der **Europäische Rat** setzt sich zusammen aus den Staats- und Regierungschefs der Mitgliedstaaten sowie dem Präsidenten des Europäischen Rates und dem Präsidenten der Kommission (Art. 15 EUV). Der Hohe Vertreter der Union für Außen- und Sicherheitspolitik nimmt an seinen Arbeiten teil. Er gibt der Union die für ihre Entwicklung

---

1256 Vgl. ausführlich unten Rdn. 1479.

erforderlichen Impulse und legt die allgemeinen politischen Zielvorstellungen und Prioritäten hierfür fest. Er wird nicht gesetzgeberisch tätig.

Im **Rat der Europäischen Union**, kurz „Rat", treten die nationalen Minister aller EU-Mitgliedstaaten zusammen, um Rechtsvorschriften zu verabschieden und politische Strategien zu koordinieren. Er sorgt für die Abstimmung der Grundzüge der Wirtschaftspolitik in den Mitgliedstaaten und schließt internationale Übereinkünfte zwischen der EU und anderen Staaten ab. Er genehmigt den Haushaltsplan der EU und entwickelt die Gemeinsame Außen- und Sicherheitspolitik der EU. Er koordiniert die Zusammenarbeit der nationalen Gerichte und Polizeikräfte der EU-Mitgliedstaaten. 1460

Die **Europäische Kommission** vertritt und wahrt die Interessen der gesamten EU, erarbeitet Vorschläge für neue europäische Rechtsvorschriften und führt das Tagesgeschäft der EU, indem sie deren politische Maßnahmen umsetzt und Mittel verwaltet. Die z. Zt. 28 Kommissare aus den einzelnen EU-Mitgliedstaaten übernehmen die politische Leitung der Kommission für einen Zeitraum von fünf Jahren. Die Kommission überwacht die Strategien der EU-Politikbereiche und setzt diese um, indem sie dem Parlament und dem Rat Vorschläge für neue Rechtsvorschriften vorlegt, den Haushaltsplan der EU verwaltet, das EU-Recht durchsetzt und die EU auf internationaler Ebene vertritt. 1461

Die wichtigsten Bestimmungen über die **Europäische Zentralbank**, ihre Funktionsweise und Aufgaben finden sich in Art. 282 ff. AEUV; die Satzung der Bank ist dem Vertrag als Protokoll Nr. 4 beigefügt. 1462

Der **Rechnungshof** prüft die Rechnung über alle Einnahmen und Ausgaben der Gemeinschaft (Art. 285 ff. AEUV). 1463

Zur Erfüllung der Ziele des Vertrages erlassen die Organe in Ausübung der Zuständigkeiten der Union **Verordnungen, Richtlinien, Beschlüsse, Empfehlungen** und **Stellungnahmen** (Art. 288 Abs. 1 AEUV). 1464

Die **Verordnung** hat allgemeine Geltung, ist in allen ihren Teilen verbindlich und gilt in jedem Mitgliedstaat unmittelbar (Art. 288 Abs. 2 AEUV). Dies bedeutet, dass der jeweilige Mitgliedstaat die Verordnung nicht in innerstaatliches Recht umsetzen muss, und dass der einzelne Bürger mit Erlass der Verordnung einen unmittelbar klagbaren Anspruch gegen seinen Heimatstaat erwirbt. Im Einzelfall bedarf es u. U. einer innerstaatlichen Ergänzung (Bsp.: Gesetz zur Ausführung der EG-Verordnung über die Europäische Wirtschaftliche Interessenvereinigung vom 14. 4. 1988).[1257] 1465

Die Verordnung dient der Gewährleistung einer einheitlichen Anwendung des Gemeinschaftsrechts in allen Mitgliedstaaten. Zugleich werden durch sie nationale Regelungen der einzelnen Mitgliedstaaten ausgeschlossen, die inhaltlich mit dem Regelungsgegenstand der Verordnung unvereinbar sind. D. h., der Erlass von Rechts- und Verwaltungsvorschriften in den einzelnen Mitgliedstaaten ist dann nur noch insoweit erlaubt, als dies in der Verordnung vorgesehen oder sonst zu ihrer wirksamen Durchführung erforderlich ist; entgegenstehendes Recht ist aufzuheben. 1466

[1257] BGBl 1988 I 514.

> **BEISPIEL:** Die sog. Fusionskontrollverordnung[1258] regelt, unter welchen Bedingungen nationale und internationale Unternehmenszusammenschlüsse zulässig sind.

1467 Dagegen ist die **Richtlinie** an den jeweiligen Mitgliedstaat gerichtet und nur hinsichtlich des zu erreichenden Ziels verbindlich. Ihm bleibt die Wahl der Form und der Mittel überlassen, um dieses gemeinschaftliche Ziel zu erreichen (Art. 288 Abs. 3 AEUV).[1259]

> **BEISPIEL:** Richtlinie 2003/33/EG des Europäischen Parlaments und des Rates vom 26.5.2003 zur Angleichung der Rechts- und Verwaltungsvorschriften der Mitgliedstaaten über Werbung und Sponsoring zugunsten von Tabakerzeugnissen; Richtlinie 90/435/EWG des Rates vom 23.7.1990 über das gemeinsame Steuersystem der Mutter- und Tochtergesellschaften verschiedener Mitgliedsstaaten; Richtlinie 2005/56/EG des Europäischen Parlaments vom 15.12.2005 über die Verschmelzung von Kapitalgesellschaften.

1468 Damit die in der Richtlinie aufgestellten Zielvorgaben für die einzelnen Bürger wirksam werden, ist **ein Umsetzungsakt durch den nationalen Gesetzgeber erforderlich**, mit dem das nationale Recht an die in der Richtlinie festgelegten Ziele angepasst wird (Bsp.: Gesetz zur Umsetzung von EU-Richtlinien in nationales Steuerrecht und zur Änderung weiterer Vorschriften — Richtlinien-Umsetzungsgesetz — EURLUmsG — v. 9.12.2004).[1260] **Der einzelne Bürger wird grundsätzlich erst durch den Rechtsakt, der zur Umsetzung der Richtlinie in nationales Recht führt, berechtigt und verpflichtet.** Die Mitgliedstaaten haben wegen der Bindung nur an die Zielvorgaben der Richtlinie bei ihrer Umsetzung in nationales Recht einen gewissen Gestaltungsspielraum, um den jeweiligen nationalen Besonderheiten Rechnung tragen zu können. Es besteht eine **Umsetzungspflicht** innerhalb der in der Richtlinie festgesetzten Frist.

1469 Bei der Umsetzung von Richtlinien müssen die Mitgliedstaaten die innerstaatlichen Formen wählen, die für die Gewährleistung der praktischen Wirksamkeit des Gemeinschaftsrechts am besten geeignet sind. Richtlinien müssen in verbindliche innerstaatliche Rechtsvorschriften umgesetzt werden, die den Erfordernissen der Rechtssicherheit und Rechtsklarheit genügen und für den Einzelnen eine einklagbare Rechtsposition begründen. Aufgrund von Richtlinien erlassene Rechtsvorschriften dürfen nicht mehr entgegen den Richtlinienvorgaben abgeändert werden (Sperrwirkung der Richtlinie).

1470 **Richtlinien sind grundsätzlich nicht unmittelbar anwendbar.** Der EuGH hat jedoch in ständiger Rechtsprechung entschieden, dass auch einzelne Bestimmungen einer Richtlinie ausnahmsweise in einem Mitgliedstaat unmittelbar anwendbar sein können, ohne dass es zuvor eines Umsetzungsaktes dieses Mitgliedstaates bedarf, nämlich dann, wenn

- die Umsetzungsfrist abgelaufen ist und die Richtlinie nicht oder unzulänglich umgesetzt wurde,
- die Bestimmungen der Richtlinie inhaltlich unbedingt und hinreichend genau sind, und
- die Bestimmungen der Richtlinie dem Einzelnen Rechte verleihen.

1258 VO Nr. 139/2004 des Rates v. 20.1.2004, ABl 2004 L 24, 1.
1259 BVerfG v. 8.4.1987 2 BvR 687/85, DB 1987, 2339, zur Bindungswirkung von Entscheidungen des EuGH sowie zur Umsetzung und Ausfüllung von Richtlinien.
1260 BStBl 2004 I 1158.

Der einzelne Mitgliedsbürger kann sich demnach bei Vorliegen dieser Voraussetzungen gegenüber allen Trägern öffentlicher Gewalt auf die Richtlinienbestimmung berufen. Als Träger öffentlicher Gewalt gelten auch Organisationen und Einrichtungen, die dem Staat unterstehen oder von diesem mit Rechten ausgestattet sind, die über diejenigen hinausgehen, die sich aus den Vorschriften über die Beziehungen zwischen Privatpersonen ergeben (Bsp.: öffentlich-rechtliche Versorgungsanstalt). Die betroffenen Träger öffentlicher Gewalt haben die unmittelbar anwendbaren Richtlinienbestimmungen dann von Amts wegen zu beachten. Aber auch schon dann, wenn die fragliche Richtlinienbestimmung dem Einzelnen keine Rechte verleihen will, sondern lediglich objektives Recht darstellt, mithin lediglich die ersten beiden der oben genannten Voraussetzungen vorliegen, trifft die Behörden die Pflicht zur Beachtung der nicht umgesetzten Richtlinie. Diese Rechtsprechung wird vor allem mit Argumenten der Sanktionierung vertragswidrigen Verhaltens und des Rechtsschutzes begründet. 1471

Trotz Vorliegens aller drei oben genannten Voraussetzungen kann sich ein Einzelner nicht mit unmittelbarer Wirkung zulasten eines anderen Privaten (sog. horizontale Wirkung) auf die unmittelbare Wirkung einer nicht umgesetzten Richtlinie berufen. 1472

Nach der Rechtsprechung des EuGH kann ein **Schadensersatzanspruch des einzelnen Bürgers gegen einen Mitgliedstaat** gegeben sein, der eine Richtlinie nicht bzw. nicht ausreichend umgesetzt hat,[1261] wenn 1473

▶ die Richtlinie auf die Verleihung von Rechten an Einzelne abzielt,

▶ der Inhalt der Rechte auf der Grundlage der Richtlinie bestimmbar ist, und

▶ ein Kausalzusammenhang zwischen dem Verstoß gegen die Umsetzungspflicht und dem bei dem Einzelnen eingetretenen Schaden besteht.

Eine Haftung des Mitgliedstaates erfordert unter den vorgenannten Voraussetzungen kein Verschulden. Wenn der Mitgliedstaat bei der Umsetzung über einen Ermessensspielraum verfügt, so muss über die genannten drei Kriterien hinaus der Verstoß durch die fehlerhafte oder fehlende Umsetzung hinreichend qualifiziert, d. h. erheblich und offenkundig sein. 1474

Welche Folgen sich ergeben können, wenn ein Mitgliedstaat eine Richtlinie nicht oder nicht rechtzeitig umsetzt, veranschaulicht ein Beispiel aus der jüngeren Rechtsgeschichte der Bundesrepublik Deutschland: Die sog. **Reise-Richtlinie** 90/314/EWG v. 13. 6. 1990 (Richtlinie des Rates über Pauschalreisen)[1262] hätte von den einzelnen Mitgliedstaaten umgesetzt werden müssen. Dies hatte die Bundesrepublik versäumt. Dann kam es im Sommer 1994 zu einer Reihe von Insolvenzen von Reiseveranstaltern mit der Folge, dass zeitweise mehrere Tausend Urlauber ohne Rückflugmöglichkeit im Ausland festsaßen und zum Teil nicht unerhebliche zusätzliche Aufwendungen für ihre Rückreise tätigen mussten. Daraufhin haben Reiseteilnehmer beim Landgericht Bonn Schadensersatzklage gegen die Bundesrepublik Deutschland erhoben. Dieses hat den 1475

1261 EuGH v. 19. 11. 1991 C-6/90 und C-9/90 Frankovich, DB 1992, 423.
1262 ABl 1990 L 158, 59.

EuGH um Vorabentscheidung gebeten. Mit Urteil vom 8.10.1996 hat der EuGH eine Vertragsverletzung der Bundesrepublik festgestellt, die einen Schadensersatzanspruch begründet.[1263][1264]

1476 Neben Schadensersatzleistungen kann die Kommission beim EuGH auch beantragen, dass der betreffende Mitgliedsstaat wegen der Nichtumsetzung bzw. wegen der verzögerten Umsetzung eine Geldbuße zu zahlen hat.[1265]

1477 Nach dem sog. Emmott-Urteil des EuGH ist es den zuständigen Behörden eines Mitgliedstaates grundsätzlich untersagt, sich auf Vorschriften über Klagefristen zu berufen, wenn der Bürger Rechte wegen nicht ordnungsgemäßer Umsetzung einer Richtlinie in innerstaatliches Recht geltend macht, sofern diese Berufung treuwidrig ist (sog. **Emmott'sche Fristenhemmung**).[1266] Dieses Prinzip hat der BFH grundsätzlich abgelehnt.[1267]

1478 Empfehlungen und Stellungnahmen sind unverbindlich (Art. 288 Abs. 5 AEUV).[1268]

5.3 Der Gerichtshof der Europäischen Union

1479 Der **Gerichtshof der Europäischen Union** mit Sitz in Luxemburg besteht aus drei Gerichten:

▶ Dem Europäischen Gerichtshof (EuGH);

▶ dem Gericht der Europäischen Union (EuG) – früher Gericht erster Instanz;

▶ dem Fachgericht Gericht für den öffentlichen Dienst der Europäischen Union; es ist im ersten Rechtszug zuständig für die Entscheidung von Rechtsstreitigkeiten zwischen den Gemeinschaften und ihren Bediensteten gemäß Art. 270 AEUV.

1480 Der Gerichtshof und das Gericht sichern die Wahrung des Rechts bei der Auslegung und Anwendung der Verträge (Art. 251 ff. AEUV). Hat nach Auffassung der Kommission ein Mitgliedstaat gegen eine Verpflichtung aus den Verträgen verstoßen, so gibt sie eine mit Gründen versehene Stellungnahme hierzu ab; sie hat dem Staat zuvor Gelegenheit zur Äußerung zu geben. Kommt der Staat dieser Stellungnahme innerhalb der von der Kommission gesetzten Frist nicht nach, so kann die Kommission den Gerichts-

---

1263 EuGH v. 8.10.1996 C-178/94, C-179/94, C-188/94, C-189/94 und C-190/94 Dillenkofer, Erdmann u. a., DB 1996, 2218.
1264 Aus den Gründen: „Sind keine Maßnahmen zur Umsetzung einer Richtlinie innerhalb der dafür festgesetzten Frist getroffen worden, um das durch diese Richtlinie vorgeschriebene Ziel zu erreichen, so stellt dieser Umstand als solcher einen qualifizierten Verstoß gegen das Gemeinschaftsrecht dar und begründet daher einen Entschädigungsanspruch für die Geschädigten, soweit das durch die Richtlinie vorgeschriebene Ziel die Verleihung von Rechten an den Einzelnen umfasst, deren Inhalt bestimmbar ist, und ein Kausalzusammenhang zwischen dem Verstoß gegen die dem Staat auferlegte Verpflichtung und dem entstandenen Schaden besteht."
1265 EuGH v. 10.1.2008 C-70/06 Kommission/Portugal, ABl 2008 C 64, 6.
1266 EuGH v. 25.7.1991 C-208/90 Emmott, HFR 1993, 137.
1267 BFH v. 23.11.2006 V R 51/05, BStBl II 2007, 433 m. w. N.; v. 23.11.2006 V R 67/05, BStBl 2007 II 436 – hierzu BVerfG v. 4.9.2008 2 BvR 1321/07, BFH/NV 2009, 110; BFH v. 20.10.2010 IX R 55/09, BFH/NV 2011, 767.
1268 Bsp.: Empfehlung der Kommission vom 21.12.1993 betreffend die Besteuerung bestimmter Einkünfte, die von Nichtansässigen in einem anderen Mitgliedstaat als dem Wohnsitzstaat erzielt werden, ABl 1994 L 39, 22.

hof anrufen (Art. 258 AEUV). Jeder Mitgliedstaat kann den Gerichtshof anrufen, wenn er der Auffassung ist, dass ein anderer Mitgliedstaat gegen eine Verpflichtung aus diesem Vertrag verstoßen hat (Art. 259 AEUV). Der Gerichtshof überwacht die Rechtmäßigkeit der gemeinsamen Handlungen von Europäischem Parlament und Rat sowie Handlungen des Rats, der Kommission, der Europäischen Zentralbank und des Europäischen Parlaments mit Rechtswirkung gegenüber Dritten (Art. 263 AEUV).

Ferner entscheidet der Gerichtshof im Wege der Vorabentscheidung gemäß Art. 267 AEUV über Vorlagen von Gerichten der Mitgliedstaaten.[1269] Der EuGH ist nach der Rechtsprechung des BVerfG[1270] und des BFH[1271] gesetzlicher Richter i. S. des Art. 101 GG. Letztinstanzliche Gerichte, wie der BFH, sind bei der Auslegung von EU-Recht verpflichtet, das Verfahren auszusetzen und die Entscheidung des EuGH einzuholen; umgekehrt sind erstinstanzliche Gerichte nicht zur Vorlage an den EuGH verpflichtet (Art. 267 Abs. 3 AEUV). Urteile des EuGH sind innerhalb kürzest möglicher Frist umzusetzen; anderenfalls verstößt der betreffende Mitgliedstaat gegen die Verträge.[1272] Geschieht dies nicht, macht sich der betreffende Mitgliedstaat schadensersatzpflichtig, und ihm kann ein Zwangsgeld auferlegt werden.[1273]

1481

Seit 1988 existiert das **Gericht** (bis zur Konsolidierung Gericht erster Instanz – Art. 254, 256 AEUV). Es zuständig für:

1482

- Direkte Klagen natürlicher oder juristischer Personen gegen Maßnahmen der Gemeinschaftsorgane (die an sie gerichtet sind oder sie unmittelbar und individuell betreffen) oder dagegen, dass diese Organe es unterlassen haben, einen Beschluss zu fassen;
- Klagen der Mitgliedstaaten gegen die Kommission;
- Klagen der Mitgliedstaaten gegen den Rat in Bezug auf Maßnahmen im Bereich der staatlichen Beihilfen, handelspolitische Schutzmaßnahmen („Dumping") und Maßnahmen, mit denen der Rat Durchführungsbefugnisse wahrnimmt;
- Klagen auf Schadensersatz für die von den Gemeinschaftsorganen oder ihren Bediensteten verursachten Schäden;
- Klagen auf der Grundlage von Verträgen, die von den Gemeinschaften geschlossen wurden und ausdrücklich die Zuständigkeit des Gerichts vorsehen;
- Klagen auf dem Gebiet der Gemeinschaftsmarke.

1269 BFH v. 9.11.2007 IV B 169/06, BFH/NV 2008, 390: Die Beteiligten haben kein Antragsrecht auf Einleitung eines Vorlageverfahrens nach Art. 234 EGV (Art. 267 AEUV).
1270 BVerfG v. 22.10.1986 2 BvR 197/83, DStZ/E 1987, 53 (sog. Solange II-Urteil), Leitsatz 1: „Der Gerichtshof der Europäischen Gemeinschaften ist gesetzlicher Richter im Sinne des Art. 101 Abs. 1 Satz 2 GG. Er ist ein durch die Gemeinschaftsverträge errichtetes hoheitliches Rechtspflegeorgan, das auf der Grundlage und im Rahmen normativ festgelegter Kompetenzen und Verfahren Rechtsfragen nach Maßgabe von Rechtsnormen und rechtlichen Maßstäben in richterlicher Unabhängigkeit grundsätzlich endgültig entscheidet."; v. 4.9.2008 2 BvR 1321/07, BFH/NV 2009, 110.
1271 BFH v. 11.5.2007 V S 6/07, BStBl II 2007, 653.
1272 EuGH v. 25.11.2003 C-278/01 Kommission/Spanien, ABl 2004 C 7, 7: „Artikel 228 EG gibt keine Frist an, innerhalb derer ein Urteil durchgeführt sein muss. Nach ständiger Rechtsprechung verlangt jedoch das Interesse an einer sofortigen und einheitlichen Anwendung des Gemeinschaftsrechts, dass diese Durchführung sofort in Angriff genommen und innerhalb kürzest möglicher Frist abgeschlossen wird."
1273 EuGH v. 18.7.2007 C-503/04 Kommission/Bundesrepublik Deutschland, EWS 2007, 426; v. 25.11.2003 C-278/01 Kommission/Spanien, ABl 2004 C 7, 7.

1483 Gegen Entscheidungen des Gerichts kann beim Gerichtshof innerhalb von zwei Monaten Rechtsmittel eingelegt werden, das allerdings auf Rechtsfragen beschränkt ist.

5.4 Verhältnis nationales Recht – Europarecht

1484 Da die Rechtsordnung der EU im Konfliktsfalle der nationalen Rechtsordnung vorgeht, und aufgrund der besonderen, auf Integration abstellenden Zielsetzung, spricht man auch von einer **supranationalen Gemeinschaft**; dies beinhaltet den Vorrang des Gemeinschaftsrechts.[1274] Daraus folgt, dass dem Gemeinschaftsrecht entgegenstehendes nationales Recht grundsätzlich nicht anwendbar ist.

1485 Heute vertritt das BVerfG zum Verhältnis nationales Recht einschließlich Grundgesetz zu Gemeinschaftsrecht sowie zum Grundrechtsschutz seit dem Beschluss vom 7.6.2000 zur **Bananenmarktordnung**[1275] die Auffassung, dass das Gemeinschaftsrecht grundsätzlich dem nationalen Recht – einschließlich Grundgesetz – vorgeht; denn nach Auffassung des Gerichts gewährleistet der EuGH einen wirksamen Schutz der Grundrechte gegenüber den Hoheitsgewalten der Gemeinschaften.[1276] In dem Beschluss ist weiter ausgeführt: Solange insbesondere die Rechtsprechung des EuGH einen wirksamen Schutz der Grundrechte gegenüber der Hoheitsgewalt der Gemeinschaften generell gewährleistet, der dem vom Grundgesetz als unabdingbar gebotenen Grundrechtsschutz im Wesentlichen gleich zu achten ist, zumal den Wesensgehalt der Grundrechte generell verbürgt, wird das BVerfG seine Gerichtsbarkeit über die Anwendbarkeit von abgeleitetem Gemeinschaftsrecht, das als Rechtsgrundlage für ein Verhalten deutscher Gerichte und Behörden im Hoheitsbereich der Bundesrepublik Deutschland in Anspruch genommen wird, nicht mehr ausüben und dieses Recht mithin nicht mehr am Maßstab der Grundrechte des Grundgesetzes überprüfen. In seiner Entscheidung zum **Vertrag von Lissabon**[1277] stellt das BVerfG aber klar, dass es eine Kompetenz zur Prüfung besitze, ob Rechtsakte der europäischen Organe sich unter Wahrung des gemeinschafts- und unionsrechtlichen Subsidiaritätsprinzips in den Grenzen der ihnen eingeräumten Hoheitsrechte halten würden (sog. Ultra-vires-Kontrolle).[1278] Bestätigt wurde die verfassungsrechtliche gebotene Kontrollkompetenz des BVerfG. Weiter hat das BVerfG seine Prüfungskompetenz dann verneint, wenn das zu prüfende deutsche Gesetz lediglich zwingendes Europarecht umsetzt.[1279] Die aktuelle Position ergibt sich aus der Entscheidung zur Antiterrordatei.[1280] Zu dem Rangverhältnis hinsichtlich des Grundrechtsschutzes vgl. auch die BFH-Rechtsprechung.[1281]

1274 EuGH v. 15.7.1964 C-6/54 Costa/E.N.E.L., NJW 1964, 2371; st. Rspr. des BVerfG, z. B. v. 8.4.1987 2 BvR 687/85, DB 1987, 2339; v. 28.1.1992 1 BvR 1025/82, 1 BvL 16/83 und 10/91, DB 1992, 377; v. 7.6.2000 2 BvL 1/97, NJW 2000, 3124 (Bananenmarktordnung).
1275 BVerfG v. 7.6.2000 2 BvL 1/97, NJW 2000, 3124.
1276 Ausführungen zum Rangverhältnis in BFH v. 9.8.2006 I R 31/01, BStBl 2007 II 838.
1277 BVerfG v. 30.6.2009 2 BvE 2/08, 2 BvE 5/08, 2 BvR 1010/08, 2 BvR 1022/08, 2 BvR 1259/08 und 2 BvR 182/09, NJW 2009, 2267; vertieft und verfeinert in der Entscheidung zum Euro-Rettungsschirm v. 7.9.2011 2BvR 987/10, 2 BvR 1485/10, 2 BvR 1099/10, NJW 2011, 2946.
1278 Hierzu BVerfG v. 26.8.2010 2 BvR 2661/06, NJW 2010, 3422: Umfang und Grenzen einer Ultra-vires-Kontrolle des Handelns von Organen der Europäischen Union durch das BVerfG.
1279 BVerfG v. 4.10.2011 1 BvL 3/08, DStR 2011, 2141.
1280 BVerfG v. 24.4.2013 1 BvR 1215/07, NJW 2013, 1499, Abs. 88 bis 91.
1281 BFH v. 23.2.2010 VII R 8/08, BFH/NV 2010, 1381; v. 17.7.2012 VII R 26/09, BFH/NV 2012, 190.

Ein wichtiger Unterschied besteht zwischen den Urteilen des BVerfG und denen des EuGH: Verneint das BVerfG die Verfassungsmäßigkeit einer Norm, so ist die Norm grundsätzlich nichtig. Entscheidet dagegen der EuGH, dass eine nationale Vorschrift mit EG-Recht nicht vereinbar ist, so berührt dies grundsätzlich nicht die Gültigkeit der Norm, d. h. die jeweilige nationale Bestimmung bleibt in Kraft. Aber die Anwendung der weiterhin gültigen Norm durch die Verwaltung stellt einen Verstoß dar, der nach der Rechtsprechung des EuGH eine Schadensersatzpflicht des betreffenden Mitgliedstaates auslösen kann.[1282]

5.5 Steuerliche Zielsetzungen der EU – Steuerharmonisierung

Im siebten Titel des AEUV – Gemeinsame Regeln betreffend Wettbewerb, Steuerfragen und Angleichung der Rechtsvorschriften – findet sich das Kapitel 2: Art. 110–113 AEUV – Steuerliche Vorschriften.

Art. 110 AEUV statuiert das Verbot, auf Waren aus anderen Mitgliedstaaten weder unmittelbar noch mittelbar höhere inländische Abgaben (weiter als Steuern) zu erheben, als auf gleichartige inländische Waren erhoben werden, sowie auf Waren aus anderen Mitgliedstaaten inländische Abgaben zu erheben, die geeignet sind, andere (nationale) Produkte mittelbar zu schützen (Bsp.: Besteuerung von Kraftfahrzeugen in Frankreich;[1283] Pflichtbeiträge zugunsten eines Absatzförderungsfonds in der Bundesrepublik;[1284] unterschiedliche Bemessungsgrundlage für inländische und eingeführte Erzeugnisse).[1285] Dieses **Diskriminierungsverbot**, das sich aus systematischen Gründen nur auf indirekte Abgaben bezieht, hat vor allem wettbewerbsrechtliche Bedeutung. Mit ihm soll sichergestellt werden, dass innerhalb des Binnenmarktes der Handel nicht durch Maßnahmen behindert wird, die geeignet sind, den Wettbewerb zu beeinträchtigen. Daraus folgt, dass über den Gesetzestext hinaus auch die Diskriminierung derjenigen Waren, die zur Ausfuhr in einen anderen Mitgliedstaat bestimmt sind, verboten ist.

In dem Zusammenhang mit dem freien Warenverkehr sind auch Art. 111 und 112 AEUV zu sehen:

- **Art. 111 AEUV**: Verbot der überhöhten Rückvergütung von inländischen Abgaben bei der Ausfuhr von einem in ein anderes Mitgliedsland,
- **Art. 112 AEUV**: Genehmigungsvorbehalt der EU für Rückvergütungen bei Ausfuhr in einen anderen Mitgliedstaat, soweit sich die Rückvergütung auf andere Abgaben als Umsatzsteuer, Verbrauchsabgaben und sonstige indirekte Steuern bezieht.

1282 EuGH v. 25. 11. 2003 C-278/01 Kommission/Spanien, ABl 2004 C 7, 7.
1283 EuGH v. 15. 3. 2001 C-265/99 Kommission/Frankreich, BFH/NV 2001, Beilage 2, 109.
1284 EuGH v. 27. 10. 1993 C-72/92 Herbert Scharbatke GmbH, ABl 1993 C 316, 6.
1285 EuGH v. 3. 2. 2000 C-228/98 Dounias, RIW 2000, 313.

1490 Steuerliche Kernvorschrift ist **Art. 113 AEUV: Harmonisierung der Rechtsvorschriften über Umsatzsteuer**, Verbrauchsabgaben und sonstige indirekte Steuern. Zu beachten ist, dass die Bestimmungen zur Harmonisierung **einstimmig verabschiedet** werden müssen. Das Prinzip der Einstimmigkeit ist im Vertrag von Lissabon insoweit beibehalten worden.

1491 Die **Harmonisierung der direkten Steuern** wird im AEUV nicht ausdrücklich erwähnt. Rechtsgrundlage hierfür sind die **Art. 114 ff. AEUV** über die Angleichung derjenigen Rechtsvorschriften, die sich unmittelbar auf die Errichtung oder das Funktionieren des Gemeinsamen Marktes auswirken oder den Wettbewerb verfälschen (Art. 116 AEUV). Eine Verpflichtung zur Harmonisierung besteht nicht.

1492 Hierzu heißt es in dem **Strategiepapier der Kommission vom 19. 12. 2006:**[1286] Beim derzeitigen Stand des Gemeinschaftsrechts steht es den Mitgliedstaaten weitgehend frei, wie sie ihre Steuersysteme gestalten wollen, um ihre Ziele zu erreichen und den entsprechenden Finanzbedarf zu decken. Die Wechselwirkung verschiedener Steuersysteme stellt jedoch eine Herausforderung für den Binnenmarkt dar. Nationale Steuervorschriften, die jedoch ausschließlich oder vorrangig auf die innerstaatliche Lage abstellen, können zu uneinheitlicher steuerlicher Behandlung führen, wenn sie in einem grenzüberschreitenden Kontext angewandt werden. Diese Probleme lassen sich durch einseitige Maßnahmen der Mitgliedstaaten oder durch bestehende bilaterale Steuerabkommen nur teilweise überwinden. Es muss also weiterhin dafür gesorgt werden, dass die nicht harmonisierten nationalen Steuersysteme reibungslos zusammenwirken, sowohl um die genannten Hindernisse zu überwinden, als auch um zu verhindern, dass die steuerliche Bemessungsgrundlage der Mitgliedstaaten ausgehöhlt wird. Außerdem wird zunehmend deutlich, dass die fehlende Koordinierung im Bereich der direkten Steuern auch zu unbeabsichtigter Nichtbesteuerung, zu Missbrauch und damit zur Schmälerung der Steuereinnahmen führen kann, weil sie die Möglichkeit der Mitgliedstaaten zur Anwendung effizienter und ausgewogener Steuersysteme beeinträchtigt. Dies kann die nachhaltige Finanzierung der Sozialmodelle der Mitgliedstaaten beeinträchtigen.

1493 Um die Funktionsweise der Steuersysteme im Binnenmarkt zu verbessern, haben das Europäische Parlament und der Rat am 11. 12. 2007 das sog. **Fiscalis-Programm 2013** verabschiedet.[1287] Es ist auf folgende Ziele ausgerichtet: Hohes Niveau an Übereinstimmung bei der Auslegung des Gemeinschaftsrechts, effiziente und umfassende Kooperation der Mitgliedstaaten auf dem Gebiet der Steuern, ständige Verbesserung der Verwaltungsabläufe. Dies soll erreicht werden durch eine Vereinfachung und Modernisierung der Rechtsvorschriften, Modernisierung der Verwaltung, Verbesserung der Verwaltungszusammenarbeit und Betrugsbekämpfung. Ergänzt wird dieses Programm durch eine Mitteilung der Kommission vom 6. 4. 2005 über die Gemeinschaftsprogram-

---

[1286] Mitteilung der Kommission an den Rat, an das Europäische Parlament und an den Europäischen Wirtschafts- und Sozialausschuss – Koordinierung der Regelungen der Mitgliedstaaten zu den direkten Steuern im Binnenmarkt, COM(2006) 823 final v. 19. 12. 2006; vgl. auch Tax reforms in EU Member States 2011 v. 10. 10. 2011.

[1287] ABl 2007 L 330, 1.

me „Zoll 2013".[1288] In Fortführung der beiden Programme hat die Kommission am 29.8.2012 den Vorschlag für ein Programm Fiscalis 2020 bzw. Zoll 2020 angenommen;[1289] beide Programme werden dann gemeinsam im Programm FISCUS fortgeführt.[1290]

Ausführliche Informationen zur Steuerpolitik der EU finden sich auf der Webseite der Generaldirektion Steuern und Zollunion der Kommission.

1494

5.6 Stand der Harmonisierung

5.6.1 Umsatzsteuer

Als der entscheidende Erfolg der Harmonisierungsbestrebungen kann die Harmonisierung der Umsatzsteuer in den einzelnen Mitgliedstaaten angesehen werden. Gab es im Jahre 1958 bei Inkrafttreten des EWG-Vertrages in den 6 Mitgliedstaaten noch 4 verschiedene Umsatzsteuersysteme, so gilt heute in allen Staaten der EU das Allphasen-Nettoumsatzsteuersystem mit Vorsteuerabzug. Teilweise harmonisiert ist die Bemessungsgrundlage; Unterschiede zwischen den einzelnen Mitgliedstaaten bestehen insbesondere hinsichtlich der Steuersätze und der Besteuerung bestimmter Fallgruppen.

1495

> **BEISPIEL:** Der Normalsteuersatz (Stand 1.7.2013) schwankt innerhalb der EU zwischen 15% (Bsp.: Luxemburg) und 25% (Bsp.: Dänemark, Schweden); der normal ermäßigte Steuersatz schwankt zwischen 5% (Polen) und 18% (Ungarn); ferner kennen eine Reihe von Mitgliedstaaten einen sog. Nullsatz, d.h. Steuerbefreiung mit Vorsteuerabzug, z.B. Belgien, Dänemark, Finnland, Italien.[1291]

5.6.2 Direkte Steuern

5.6.2.1 Richtlinien

Im Bereich der direkten Steuern sind folgende Richtlinien verabschiedet worden:

1496

Richtlinie 90/434/EWG über das gemeinsame Steuersystem für Fusionen, Spaltungen, die Einbringung von Unternehmensteilen und den Austausch von Anteilen, die Gesellschaften verschiedener Mitgliedstaaten betreffen, vom 23.7.1990 (sog. **Fusions-Richtlinie**),[1292] umgesetzt in nationales Recht durch die Änderung des UmwStG durch das StÄndG 1992; geändert durch die Richtlinie 2005/19/EG des Rates vom 17.2.2005 zur Änderung der Richtlinie 90/434/EWG;[1293] aktuelle Umsetzung durch das UmwStG i.d.F. des SEStEG;

1497

1288 COM(2005) 111 final v. 6.4.2005.
1289 COM(2012) 465 final v. 29.8.2012 bzw. COM(2012) 464 final v. 29.8.2012.
1290 IP/11/1328.
1291 Quelle: taxud.c.1(2013)2823545 – DE, Die Mehrwertsteuersätze in den Mitgliedstaaten der Europäischen Gemeinschaft, Stand: 1.7.2013.
1292 ABl 1990 L 225, 1.
1293 ABl 2005 L 58, 19.

1498 Richtlinie 90/435/EWG über das gemeinsame Steuersystem der Mutter- und Tochtergesellschaften verschiedener Mitgliedstaaten vom 23.7.1990 (sog. **Mutter-Tochter-Richtlinie**[1294]),[1295] umgesetzt in nationales Recht durch die Änderung des EStG, KStG und GewStG durch das StÄndG 1992; geändert durch die Richtlinie 2003/123/EG des Rates vom 22.12.2003 zur Änderung der Richtlinie 90/435/EWG;[1296]

1499 Übereinkommen über die Beseitigung der Doppelbesteuerung im Falle von Gewinnberichtigungen zwischen verbundenen Unternehmen 90/436/EWG vom 23.7.1990[1297] (sog. **EU-Schiedskonvention** oder **Schiedsrichtlinie**[1298]), umgesetzt durch Gesetz vom 26.8.1993[1299], in Kraft getreten am 1.1.1995[1300]; zu den Einzelheiten der Schiedsrichtlinie vgl. Rdn. 1503 ff.

1500 Um der Steuerflucht innerhalb der EU zu begegnen, existiert die **Richtlinie 2003/48/EG des Rates v. 3.6.2003 im Bereich der Besteuerung von Zinserträgen** – sog. **Zinsrichtlinie**.[1301] Da die Mitgliedstaaten sich nicht auf eine einheitliche Bemessungsgrundlage der Zinsbesteuerung einigen konnten, wurde ein Informationsaustauschsystem vereinbart. Da einige EU-Mitgliedstaaten (Belgien, Luxemburg und Österreich) die Informationen nicht erteilen wollen oder können, müssen diese für eine Übergangszeit eine Quellensteuer einführen und dann anonym an den Wohnsitzstaat des Zinsgläubigers überweisen. Diese Übergangszeit (Art. 10 der Richtlinie) stellt ab auf den Abschluss von Abkommen der EU mit der Schweiz, Liechtenstein, San Marino, Monaco und Andorra sowie den USA über Information (sog. **Koexistenzmodell**). Die Quellensteuer beträgt bis 30.6.2008: 15 %, bis zum 30.6.2011: 20 % und vom 1.7.2011 an 35 % (Art. 11 der Richtlinie). Über den Erfolg der Richtlinien hat die Kommission an den Rat zu berichten; der zweite Bericht vom 2.3.2012 kommt zu dem Schluss, dass eine Aktualisierung der Richtlinie und der betreffenden Vereinbarungen über die Besteuerung von Zinserträgen sowohl in Bezug auf die erfassten Produkte als auch für die einbezogenen Transaktionen und Wirtschaftsakteure dringend geboten ist, um die bestehenden Umgehungsmöglichkeiten einzuschränken.[1302]

1501 In nationales Recht wurde diese Richtlinie umgesetzt durch § 45e EStG sowie die „Verordnung zur Umsetzung der Richtlinie 2003/48/EG vom 3.6.2003 im Bereich der Besteuerung von Zinserträgen (**Zinsinformationsverordnung** – ZIV)" vom 26.1.2004.[1303] Um ein Ausweichen von Steuerflüchtlingen zu vermeiden, hat die EU Abkommen über die Besteuerung der Zinserträge u.a. mit Andorra, Liechtenstein, Monaco, San Marino

---

1294 EuGH v. 17.10.1996 C-283/94, C-291, 292/94 Denkavit International BV, DB 1996, 2313, zur Auslegung der Richtlinie sowie der Umsetzung durch das EStG; vgl. ferner EuGH v. 18.9.2003 C-168/01 Bosal, IStR 2003, 666 – hierzu Vorlagebeschluss des BFH v. 14.7.2004 I R 17/03, BFH/NV 2004, 1728.; EuGH v. 25.9.2003 C-58/01 Océ, IStR 2003, 777.
1295 ABl 1990 L 225, 6.
1296 ABl 2004 L 7, 41.
1297 ABl 1990 L 225, 12.
1298 In der Form eines multilateralen Abkommens.
1299 BGBl 1993 II 1308; BStBl 1993 I 818.
1300 BGBl 1995 II 84; BStBl 1995 I 166; Änderungsgesetz vom 17.12.1999, BGBl 1999 II 1082.
1301 ABl 2003 L 157, 38.
1302 COM(2012) 65 final v. 2.3.2012.
1303 BStBl 2004 I 297 mit nachfolgenden Änderungen.

und der Schweiz abgeschlossen.[1304] Die Mitgliedstaaten mit abhängigen und assoziierten Gebieten (Großbritannien[1305] und die Niederlande[1306]) haben zugesichert, dass sie dafür sorgen werden, dass in diesen Gebieten in Bezug auf die Besteuerung von Zinserträgen dieselben Maßnahmen getroffen werden wie in der Gemeinschaft, und dass entsprechend den Vorgaben des Verhaltenskodex für die Unternehmensbesteuerung keine neuen schädlichen Regelungen eingeführt bzw. bestehende schädliche Regelungen aufgehoben werden. Zwischenzeitlich haben alle abhängigen und assoziierten Gebiete zugesichert, die Maßnahmen der Richtlinie anzuwenden.

Die **Richtlinie 2003/49/EG des Rates vom 3. 6. 2003 über eine gemeinsame Steuerregelung für Zahlungen von Zinsen und Lizenzgebühren zwischen verbundenen Unternehmen verschiedener Mitgliedstaaten**[1307] – geändert und ergänzt durch die Richtlinie 2004/66/EG des Rates vom 26. 4. 2004[1308] und Richtlinie 2004/76/EG des Rates vom 29. 4. 2004[1309] – wurde durch das sog. EG-Amtshilfe-Anpassungsgesetz vom 2. 12. 2004[1310] umgesetzt. Mit diesem Gesetz wurde die Regelung des § 50g EStG in das Gesetz eingefügt sowie § 50d EStG ergänzt. Die Kommission hat eine alle Richtlinien zusammenfassende neue Richtlinie als Vorschlag für den Rat beschlossen.[1311]

1502

5.6.2.2 Die Schiedsrichtlinie

Die Schiedskonvention sieht, unbeschadet der im innerstaatlichen Recht der Vertragsstaaten vorgesehenen Rechtsbehelfe sowie unbeschadet eines Verständigungsverfahrens nach Art. 25 OECD-MA, ein zwingendes Verständigungs- und Schlichtungsverfahren für den Fall vor, dass aufgrund einer Gewinnberichtigung in einem Vertragsstaat eine Doppelbesteuerung entsteht. Ziel ist es, eine drohende oder bereits eingetretene Doppelbesteuerung zu beseitigen, wenn sich die Mitgliedstaaten nicht innerhalb von zwei Jahren, nachdem der Fall einer der zuständigen Behörden der beteiligten Mitgliedstaaten unterbreitet wurde, auf eine Verständigungsvereinbarung zur Beseitigung der Doppelbesteuerung einigen können.

1503

Das Schiedsübereinkommen galt zunächst für fünf Jahre vom 1. 1. 1995 bis zum 31. 12. 1999. Einige Monate vor dem Ablauf des ersten Fünfjahreszeitraums der Anwendung des Schiedsübereinkommens nahm der Rat ein Verlängerungsprotokoll an, demzufolge das Schiedsübereinkommen grundsätzlich automatisch um weitere fünf Jahre

1504

1304 Bsp.: COM(2004) 564 final v. 17. 8. 2004 (Andorra), COM(2004) 569 final v. 23. 8. 2004 (Liechtenstein); das Abkommen zwischen der Schweiz und der EU ist am 1. 7. 2005 in Kraft getreten (sog. bilaterales Abkommen II v. 26. 10. 2004, Schweizer Bundesblatt 2004, 5965; ABl 2004 L 385, 30).
1305 Insbesondere die Kanalinseln und die Isle of Man sowie die Gebiete in der Karibik.
1306 Insbesondere die Niederländischen Antillen.
1307 ABl 2003 L 157, 49.
1308 ABl 2004 L 156, 35.
1309 ABl 2004 L 195, 33.
1310 BGBl 2004 I 3112; BStBl 2004 I 1148.
1311 COM(2011) 714 final vom 11. 11. 2011.

verlängert wird, wenn kein Vertragsstaat Einwände erhebt.[1312] Dieses Protokoll ist nach Abschluss des Ratifikationsverfahrens am 1.11.2004 mit Rückwirkung zum 1.1.2000 in Kraft getreten.

1505 Das **Abkommen gilt für alle Unternehmen unabhängig von der Rechtsform**, also für Einzelunternehmen und Gesellschaften, Personen- und Kapitalgesellschaften, und unabhängig davon, ob das Unternehmen Gewinne oder Verluste erzielt; Betriebsstätten gelten als Unternehmen im Sinne der EU-Schiedskonvention. Es gilt nur für die Steuern vom Einkommen (Bundesrepublik: Einkommen-, Körperschaft- und Gewerbesteuer, soweit diese nach dem Gewerbeertrag ermittelt wird). In Art. 4 und 5 EU-Schiedskonvention werden Grundsätze für die Zurechnung von Gewinnen aufgestellt, die in groben Zügen der Regelung des Art. 9 OECD-MA entsprechen.

1506 Kommt es zu einer Berichtigung und ist ein Unternehmen der Auffassung, dass die Finanzverwaltung die in Art. 4 EU-Schiedskonvention festgelegten Grundsätze nicht beachtet hat, kann es die Einleitung eines Verständigungsverfahrens beantragen (Art. 6 EU-Schiedskonvention). Kommt es innerhalb von zwei Jahren seit Antragstellung nicht zu einer einvernehmlichen Lösung, so setzt zwingend das **Schlichtungsverfahren** (Art. 7 EU-Schiedskonvention) ein. In diesem Schlichtungsverfahren wird ein sogenannter „**Beratender Ausschuss**" eingesetzt; Einzelheiten der Zusammensetzung sowie des Zusammentretens dieses Ausschusses regeln die Art. 8 bis 10 EU-Schiedskonvention. Aufgabe des Beratenden Ausschusses ist es, innerhalb von sechs Monaten eine Stellungnahme dazu abzugeben, wie die Doppelbesteuerung beseitigt werden soll (Art. 11 EU-Schiedskonvention). Diese Stellungnahme ist in der ersten Stufe nicht verbindlich. Die Finanzverwaltungen der beteiligten Staaten haben die Möglichkeit, innerhalb von weiteren sechs Monaten eine von der Stellungnahme des Beratenden Ausschusses abweichende Vereinbarung über die Beseitigung der Doppelbesteuerung zu treffen. Kommt es hierzu nicht, wird die Stellungnahme des beratenden Ausschusses – zweite Stufe – für die beteiligten Finanzbehörden verbindlich (Art. 12 EU-Schiedskonvention).

1507 Nach Art. 8 EU-Schiedskonvention sind die zuständigen Behörden eines Mitgliedsstaates zur Einleitung eines Verständigungsverfahrens nicht verpflichtet, wenn durch ein Gerichtsurteil endgültig festgestellt ist, dass eines der beteiligten Unternehmen „einen empfindlich zu bestrafenden Verstoß gegen steuerliche Vorschriften begangen hat." Hierzu hat die Bundesrepublik erklärt, dass diese Voraussetzung durch jeden Verstoß gegen die Steuergesetze erfüllt wird, der mit Freiheitsstrafe, Geldstrafe oder Bußgeld geahndet wird.

1508 Eine „Beseitigung der Doppelbesteuerung" liegt nach Art. 14 EU-Schiedskonvention nur dann vor, wenn entweder die betreffenden Gewinne nur in einem Staat der Besteuerung unterworfen werden, oder wenn die Steuer in einem Vertragsstaat um den Betrag verringert wird, den der andere Vertragsstaat erhebt.

[1312] Protokoll vom 25.5.1999 zur Änderung des Übereinkommens vom 23.7.1990 über die Beseitigung der Doppelbesteuerung im Falle von Gewinnberichtigungen zwischen verbundenen Unternehmen; ABl 1999 C 202, 1.

Einzelheiten ergeben sich aus dem **Merkblatt zum internationalen Verständigungs- und Schiedsverfahren auf dem Gebiet der Steuern vom Einkommen und vom Vermögen** vom 13.7.2006.[1313]

1509

5.6.2.3 Das Verrechnungspreisforum

Auf Vorschlag der Kommission wurde im Juni 2002 ein „**Gemeinsames EU-Forum für Verrechnungspreise**" (sog. EU-Verrechnungspreisforum = EU Joint Transfer Pricing Forum – JTPF) errichtet. Das Forum befasst sich mit zwei Hauptaufgaben:

1510

▶ Schiedsübereinkommen zur Beilegung von Streitfällen in Verrechnungspreisfällen;
▶ andere Probleme im Zusammenhang mit Verrechnungspreisen.

Der Rat hat am 27.6.2006 einen **Verhaltenskodex für die Dokumentation bei der Ermittlung von Verrechnungspreisen für verbundene Unternehmen in der EU** verabschiedet (Verhaltenskodex zur Verrechnungspreisdokumentation für verbundene Unternehmen in der Europäischen Union – EU TPD).[1314] Der Verhaltenskodex zielt darauf ab, dass multinationale Unternehmen den Steuerbehörden eine standardisierte Dokumentation über die Ermittlung ihrer Verrechnungspreise für grenzüberschreitende konzerninterne Transaktionen vorlegen können („Verrechnungspreisdokumentation"). Dieser Verhaltenskodex, der auf den Arbeiten des Gemeinsamen EU-Verrechnungspreisforums basiert, soll die steuerlichen Schwierigkeiten der Unternehmen bei Transaktionen mit verbundenen Unternehmen in anderen Mitgliedstaaten verringern. Der Verhaltenskodex stellt eine politische Verpflichtung dar und lässt die Rechte und Pflichten der Mitgliedstaaten sowie die jeweiligen Zuständigkeiten der Mitgliedstaaten und der Gemeinschaft unberührt. Die OECD hat am 30.7.2013 ein Weißbuch zur Verrechnungspreisdokumentation veröffentlicht, welches in weiten Bereichen deckungsgleich mit diesem Verhaltenskodex ist.[1315]

1511

Für das Verhalten der Finanzverwaltung im Rahmen von Verrechnungspreisen existiert seit 2004 ein sog. **Verhaltenskodex zur effektiven Durchführung des Schiedsübereinkommens**, der auf den Vorarbeiten des Verrechnungspreisforums basiert.[1316] Dieser Verhaltenskodex regelt vor allem formale Dinge und interpretiert die einzelnen Vorschriften der Schiedskonvention. So enthält der Kodex z.B. eine Empfehlung an die EU-Mitgliedstaaten, die Erhebung der Steuer während der Dauer eines laufenden Schiedsverfahrens auszusetzen. Die Kommission hat am 14.9.2009 eine Mitteilung angenommen, einen überarbeiteten Verhaltenskodex für eine verbesserte Umsetzung der Schiedsrichtlinie dem Rat vorzuschlagen;[1317] der Vorschlag wurde vom Rat am 22.12.2009 angenommen. Durch eine einheitliche Auslegung soll das Funktionieren des Schiedsübereinkommens verbessert werden.

1512

1313 BStBl 2006 I 461.
1314 ABl 2006 C 176, 1.
1315 Public Consultation – White Paper on Transfer Pricing Documentation v. 30.7.2013 – hierzu Memorandum on Transfer Pricing Documentation and Country by Country Reporting v. 3.10.2013 bzw. Discussion Draft vom 30.1.2014.
1316 COM(2004) 297 final vom 23.4.2004.
1317 COM(2009) 472 final v. 14.9.2009.

1513 Die Kommission erstattet in regelmäßigen Abständen Bericht über die Tätigkeit des Gemeinsamen EU-Verrechnungspreisforums. Im Rahmen seiner Entscheidungen vom 4.12.2012 hat der Rat die Mitteilung der Kommission über die Arbeit des Gemeinsamen EU-Verrechnungspreisforums im Zeitraum von Juli 2010 bis Juni 2012 sowie die Berichte zu KMU und Verrechnungspreise und zu Kostenumlagevereinbarungen für Dienstleistungen, durch die keine immateriellen Wirtschaftsgüter geschaffen werden, begrüßt. Das gemeinsame EU-Verrechnungspreisforum hat ferner Beschlüsse gefasst zu folgenden Themen: Leitlinien für Verrechnungspreiszusagen innerhalb der EU, Leitlinien für konzerninterne Dienstleistungen mit geringer Wertschöpfung, mögliche Konzepte für EU-externe Dreieckskonstellationen, Bericht über kleine und mittlere Unternehmen und Verrechnungspreise, Kostenumlagevereinbarungen für Dienstleistungen, durch die keine immateriellen Wirtschaftsgüter geschaffen werden, sowie Vorschläge für Grundprinzipien der Verrechnungspreisgestaltung bei nachträglicher Einkünftekorrektur zwecks Vermeidung der Doppelbesteuerung bzw. doppelten Nichtbesteuerung. Einzelheiten – auch über die Erfolge des Verrechnungspreisforums – finden sich auf den Internetseiten der Generaldirektion Steuern und Zollunion.

5.6.2.4 Unternehmensbesteuerung

1514 Die Kommission hatte 1990 einen Ausschuss zur Untersuchung der **Unternehmensbesteuerung in der EG** eingesetzt. Aufgabe dieses Ausschusses war es zu untersuchen, inwieweit es einer größeren Harmonisierung der Unternehmensbesteuerung bedarf. Der Ausschuss hat seinen Bericht (sog. Ruding-Bericht) 1992 vorgelegt.[1318] In dem Bericht werden erhebliche Unterschiede in der Art des Körperschaftsteuersystems, bei den Regelsteuersätzen und der Bestimmung der Bemessungsgrundlage, der steuerlichen Behandlung grenzüberschreitender Einkommensströme sowie der Berücksichtigung von Verlusten ausländischer Betriebsstätten und Tochtergesellschaften festgestellt. Das Konzept aus dem Jahr 1990 wurde 1996/1997 in einer Mitteilung der Kommission weiterentwickelt.[1319]

1515 In dem Strategiepapier der Kommission vom 23.5.2001 – „Steuerpolitik in der Europäischen Union – Prioritäten für die nächsten Jahre" – wird dieser Bericht wieder aufgenommen.[1320] Für den Bereich der Unternehmensbesteuerung hat die EU-Kommission im November 2003 eine Analyse unter dem Titel „Ein Binnenmarkt ohne unternehmenssteuerliche Hindernisse, Ergebnisse, Initiativen, Herausforderungen" vorgelegt, die ein Programm für die nächsten Jahre vorsieht.[1321] Weiterentwickelt wurde dies in der Mitteilung der Kommission an den Rat und das Europäische Parlament betreffend Umsetzung des Lissabon-Programms der Gemeinschaft.[1322] Die für Steuern und Zollunion zuständige Generaldirektion der Kommission arbeitet derzeit an zwei umfassenden

---

1318 BT-Drs. 13/4138.
1319 COM(1997) 495 final v. 1.10.1997.
1320 COM(2001) 260 final v. 23.5.2001, Tz. 3.2.2; vgl. auch SEK (2001)1681 v. 23.10.2001 „Unternehmensbesteuerung im Binnenmarkt".
1321 COM(2003) 726 final v. 24.11.2003.
1322 COM(2005) 532 final v. 25.10.2005.

Ansätzen, die auf die Beseitigung steuerlicher Hindernisse für im Binnenmarkt tätige Unternehmen abzielen. Dies sind:

- Die **Gemeinsame Konsolidierte Körperschaftsteuer-Bemessungsgrundlage – GKKB (Common Consolidates Corporate Tax Base – CCCTB)**,[1323] und
- eine mögliche Pilotregelung zur Besteuerung kleiner und mittlerer Unternehmen nach den Regeln des Sitzstaates (**Sitzlandbesteuerung – Homeland Taxation**).[1324]

Nach Auffassung der Europäischen Kommission können die steuerlichen Hindernisse, mit denen Unternehmen, die in mehr als einem Mitgliedstaat tätig sind, konfrontiert sind, nur dadurch systematisch beseitigt werden, dass diesen Unternehmen die Möglichkeit eingeräumt wird, für ihre EU-weiten Tätigkeiten eine konsolidierte Körperschaftsteuer-Bemessungsgrundlage zu verwenden. Die **gemeinsame konsolidierte Bemessungsgrundlage** soll nicht die nationalen Systeme ersetzen, sondern unterstützend hinzutreten. Kapitalgesellschaften soll die Möglichkeit eingeräumt werden, anstelle des jeweiligen nationalen Körperschaftsteuersystems das GKKB anzuwenden. Nach den Angaben der Kommission sollen durch dieses neue System Verwaltungsaufwand, Befolgungskosten und Rechtsunsicherheiten vermindert werden.[1325]

1516

Weiter schlägt die Europäische Kommission vor, dass die Mitgliedstaaten den kleineren und mittleren Unternehmen gestatten sollen, ihre zu versteuernden Unternehmensgewinne nach den Steuerregelungen des Landes zu ermitteln, in dem ihre Muttergesellschaft bzw. ihre Hauptverwaltung ansässig ist. Somit könnten KMU, die eine Tochtergesellschaft oder eine Zweigniederlassung in einem anderen Mitgliedstaat gründen wollen, ihren Gewinn auf Basis der vertrauten Steuerregelungen ihres Sitzlands ermitteln. Als KMU würden dabei Unternehmen mit weniger als 250 Beschäftigten, einem Jahresumsatz von höchstens 50 Mio. € und/oder einer Jahresbilanzsumme von bis zu 43 Mio. € gelten.

1517

Sitzlandbesteuerung heißt nicht, dass ausschließlich im Sitzland Steuern erhoben werden. Es würde lediglich bedeuten, dass die Steuerbemessungsgrundlage (d. h. die steuerpflichtigen Gewinne) der KMU nach den Vorschriften des jeweiligen Sitzlandes berechnet würde. Jeder teilnehmende Mitgliedstaat würde dann seinen eigenen Körperschaftsteuersatz auf den Anteil der Gewinne anwenden, der entsprechend ihrem Anteil an der Gesamtlohnsumme und/oder des Gesamtumsatzes ermittelt würde.

1518

Weiter hat sich eine Expertengruppe mit dem Problem der Beseitigung von Steuerhindernissen für **grenzüberschreitende Risikokapitalinvestitionen** beschäftigt und am 30. 4. 2010 hierzu einen Bericht vorgelegt.[1326] Da nach Auffassung der Kommission Risikokapital ein wichtiger Wachstumsmotor für KMU darstellt, wird die Kommission prüfen, welche Maßnahmen auf der Grundlage des Berichts und im Einklang mit dem grundsätzlichen Ziel, die Doppelbesteuerung innerhalb der EU einzudämmen und zu beseitigen, zu ergreifen sind.

1519

1323 Vorschlag für eine Richtlinie des Rates über eine Gemeinsame Konsolidierte Bemessungsgrundlage, COM(2011) 121 final v. 16. 3. 2011.
1324 COM(2005) 702 final v. 23. 12. 2005.
1325 IP/11/319.
1326 IP/10/481.

5.6.2.5 Rechtsprechung des EuGH

1520 Ausgangspunkt der Rechtsprechung des EuGH im Bereich der direkten Steuern (direkte Steuern auf Unternehmensgewinne und Privateinkommen, Gesellschaftssteuern, Körperschaftsteuern, Zins- und Kapitalertragsteuern) ist die Feststellung, dass die Rechtssetzungskompetenz hierfür in die ausschließliche Zuständigkeit der einzelnen Mitgliedstaaten fällt. Zugleich betont er aber immer wieder, dass die Mitgliedstaaten dieses Recht nur unter Beachtung und Wahrung des Gemeinschaftsrechts ausüben dürfen.

1521 Ursprünglich hat sich die Rechtsprechung des EuGH im Bereich der direkten Steuern auf die Frage konzentriert, ob die unterschiedlichen Regelungen in den Einzelsteuergesetzen der Mitgliedstaaten für beschränkt und unbeschränkt Steuerpflichtige im Widerspruch zum Gemeinschaftsrecht stehen, und zwar zu Art. 118 AEUV (**Diskriminierungsverbot**, insbesondere wegen der Staatsangehörigkeit).[1327] Verboten sind danach nicht nur diskriminierende Maßnahmen, sondern auch ungerechtfertigte Behinderungen steuerlicher Art (sog. versteckte Diskriminierungen)[1328] hinsichtlich der Freizügigkeit der Arbeitnehmer und der Niederlassungsfreiheit, selbst wenn diese unterschiedslos für eigene und ausländische Staatsangehörige gelten.[1329]

1522 Im Fokus der aktuellen Rechtsprechung der letzten zehn Jahre steht die Vereinbarkeit der nationalen Regelung mit den **Grundfreiheiten**:

- **Freizügigkeit** (Art. 21 AEUV),[1330]
- **Warenverkehrsfreiheit** (Art. 28 ff. AEUV),[1331]
- **Freizügigkeit der Arbeitnehmer** (Art. 45 ff. AEUV),[1332]
- **Niederlassungsfreiheit** (Art. 49 ff. AEUV),[1333] wobei die Niederlassungsfreiheit ausdrücklich auch die Freiheit umfasst, die Rechtsform für die Ausübung der Tätigkeit frei zu wählen (Tochterkapitalgesellschaft, Betriebsstätte oder Einzelunternehmen),[1334]
- **Dienstleistungsfreiheit** (Art. 56 ff. AEUV),[1335]
- **Kapitalverkehrsfreiheit** (Art. 63 ff. AEUV).[1336]

1327 Bsp.: EuGH v. 4. 10. 1991 C-246/89 Kommission/Großbritannien, ABl 1991 C 294, 8.
1328 Bsp.: EuGH v. 12. 2. 2002 C-385/00 De Groot, IStR 2003, 58.
1329 EuGH v. 14. 12. 2000 C-141/99 AMID, IStR 2001, 86, zum Problem der sog. Inländerdiskriminierung.
1330 Bsp.: EuGH v. 9. 11. 2006 C-520/04 Turpeinen, IStR 2006, 821.
1331 Bsp.: EuGH v. 14. 12. 2001 C-463/01 Kommission/Bundesrepublik, EWS 2005, 22.
1332 Bsp.: EuGH v. 25. 1. 2007 C-329/05 Meindl, IStR 2007, 143.
1333 Bsp.: EuGH v. 13. 12. 2005 C-446/03 Marks & Spencer Plc., IStR 2006, 19; v. 12. 9. 2006 C-196/04 Cadbury Schweppes, IStR 2006, 670; v. 18. 7. 2007 C-231/05 Oy AA, IStR 2007, 631; v. 21. 2. 2013 C-123/11 A Oy, IStR 2013, 239.
1334 Bsp.: EuGH v. 23. 2. 2006 C-253/03 CLT-UFA, IStR 2006, 200; daran anschließend BFH v. 9. 8. 2006 I R 31/01, BFH/NV 2007, 158, sowie BMF v. 17. 10. 2007, BStBl I 2007, 766.
1335 Bsp.: EuGH v. 11. 9. 2007 C-318/05 Kommission/Bundesrepublik Deutschland, DStRE 2007, 1300.
1336 Bsp.: EuGH v. 5. 7. 2005 C-376/03 Fall D., IStR 2005, 483; v. 23. 2. 2006 C-513/03 van Hilten-van der Heijden, IStR 2006, 309; v. 14. 11. 2006 C-513/04 Mark Kerckhaert, Bernadette Morres, IStR 2007, 66; v. 19. 7. 2012 C-31/11 Scheunemann, IStR 2012, 723.

Nach Auffassung des EuGH wird das Recht auf Freizügigkeit durch die Regelungen der Art. 45 ff. AEUV konkretisiert, d. h. die Art. 45 ff. AEUV gehen als Lex specialis dem Art. 21 AEUV vor.

1523

Das Verhältnis zwischen Kapitalverkehrsfreiheit und Niederlassungsfreiheit hat der EuGH in folgender Weise abgegrenzt: Ob eine nationale Regelung unter die eine oder unter die andere Verkehrsfreiheit fällt, entscheidet sich nach dem Gegenstand der betreffenden nationalen Regelung: Eine nationale Regelung, die nur auf Beteiligungen anwendbar ist, die es ermöglichen, einen sicheren Einfluss auf die Entscheidungen einer Gesellschaft auszuüben und deren Tätigkeiten zu bestimmen, fällt unter die Niederlassungsfreiheit. Hingegen sind nationale Bestimmungen über Beteiligungen, die in der alleinigen Absicht der Geldanlage erfolgen, ohne dass auf die Verwaltung und Kontrolle des Unternehmens Einfluss genommen werden soll, ausschließlich im Hinblick auf den freien Kapitalverkehr zu prüfen.[1337] Nach der Rechtsprechung des EuGH liegt kein sicherer Einfluss auf die Entscheidungen der Gesellschaft bei weniger als 10 % vor.[1338] Ob ein sicherer Einfluss möglich ist, hängt (auch) vom nationalen Recht ab, in der Bundesrepublik im Hinblick auf das AktG wohl erst i. d. R. von mehr als 25 %. Andererseits hat der BFH entschieden, unter Berücksichtigung des jeweiligen DBA kann auch die im DBA vorgegebene Mindestbeteiligung für die Schachtelvergünstigung – beim DBA-USA: 10 % – ausreichend sein, welche bei typisierender Betrachtung geeignet ist, nach der einschlägigen Spruchpraxis des EuGH einen sicheren Einfluss auf die Entscheidungen der Beteiligungsgesellschaft zu ermöglichen.[1339] Kann nicht entschieden werden, ob die streitige Vorschrift vorwiegend unter Art. 49 AEUV oder unter Art. 63 AEUV fällt, ist sie dann anhand der Art. 63 AEUV und 65 AEUV wie auch von Art. 49 AEUV zu prüfen.[1340]

1524

Der EuGH hat in vier Urteilen aus den Jahren 1995 und 1996 – Rechtssache **Schumacker**,[1341] Rechtssache **Wielockx**,[1342] Rechtssache **Biehl II**[1343] und Rechtssache **Asscher**[1344] – für die Besteuerung nichtansässiger natürlicher Personen allgemeingültige Regeln entwickelt, die in den Folgejahren weiter entwickelt und verfeinert wurden.

1525

Der EuGH geht von folgenden Grundsätzen aus:

1526

▶ Die direkten Steuern fallen zwar in die Zuständigkeit der Mitgliedstaaten, aber diese haben unter Wahrung des Gemeinschaftsrechts jegliche offensichtliche oder versteckte Diskriminierung aufgrund der Staatsangehörigkeit zu unterlassen.

▶ Die Vorschriften über die Gleichbehandlung verbieten nicht nur offensichtliche Diskriminierungen aufgrund der Staatsangehörigkeit, sondern auch alle versteckten Formen der Diskriminierung, die durch die Anwendung anderer Unterscheidungsmerkmale tatsächlich zu dem gleichen Ergebnis führen.

1337 Bsp.: Urteil v. 19. 7. 2012 Marianne Scheunemann gegen FA Bremerhaven, C-31/11, IStR 2012, 723, zu § 13a ErbStG (Vorlagebeschluss BFH v. 15. 12. 2010 II R 63/09, BStBl 2001 II 221).
1338 Vgl. auch BFH v. 6. 3. 2013 I R 14/07, BFH/NV 2013, 1325 [Abs. 16]).
1339 BFH v. 29. 8. 2012 I R 7/12, BStBl 2013 II 89; v. 6. 3. 2013 I R 10/11, BStBl 2013 II 707.
1340 EuGH v. 13. 3. 2014 C-375/12 Bouanich.
1341 EuGH v. 14. 2. 1995 C-279/93 Schumacker, NJW 1995, 1207.
1342 EuGH v. 11. 8. 1995 C-80/94 Wielockx, DB 1995, 2147.
1343 EuGH v. 26. 10. 1995 C-151/94 Biehl II, ABl 1995 C 351, 1.
1344 EuGH v. 27. 6. 1996 C-107/94 Asscher, NJW 1996, 2921.

- Gebietsansässige und Gebietsfremde in einem Staat befinden sich im Hinblick auf die direkten Steuern in der Regel nicht in einer vergleichbaren Situation, denn das Einkommen, das ein Gebietsfremder im Hoheitsgebiet eines Staates erzielt, stellt meist nur einen Teil seiner Gesamteinkünfte dar, deren Schwerpunkt an seinem Wohnort liegt, und die persönliche Steuerkraft des Gebietsfremden, die sich aus der Berücksichtigung seiner Gesamteinkünfte sowie seiner persönlichen Verhältnisse und seines Familienstands ergibt, kann am leichtesten an dem Ort beurteilt werden, an dem der Mittelpunkt seiner persönlichen Interessen und seiner Vermögensinteressen liegt; dieser Ort ist in der Regel der Ort des gewöhnlichen Aufenthalts der betroffenen Person.

- Zwar knüpfen die Einkommensteuern der Mitgliedstaaten nicht an die Staatsangehörigkeit an, aber die Unterschiede zwischen beschränkter und unbeschränkter Steuerpflicht wirken sich hauptsächlich zum Nachteil der Gebietsfremden aus. Demnach stellen Steuerunterschiede zwischen unbeschränkter und beschränkter Steuerpflicht grundsätzlich eine mittelbare Diskriminierung dar.

- Steuervergünstigungen, die bei beschränkter Steuerpflicht nicht gewährt werden, stellen eine Diskriminierung i. S. des AEUV dar, wenn kein objektiver Unterschied zur unbeschränkten Steuerpflicht besteht, der eine Ungleichbehandlung rechtfertigen würde; diese Ungleichbehandlung ist dann zu bejahen, wenn die Gesamtheit oder fast die Gesamtheit des Welteinkommens im Arbeitsstaat erzielt wird, sodass die Einkünfte im Wohnsitzstaat nicht hoch genug sind, um eine Berücksichtigung der persönlichen Umstände und Leistungsfähigkeit des Steuerpflichtigen zu ermöglichen.

- Den Mitgliedstaaten ist es verwehrt, durch steuerrechtliche Maßnahmen andere Zwecke zu verfolgen, die eine Diskriminierung in anderen Rechtsbereichen darstellen oder gegen geltende EG-Bestimmungen in anderen Rechtsbereichen verstoßen, z. B. im Bereich des sozialen Systems.

1527 Weiter vertritt der EuGH die Auffassung, dass steuerliche Maßnahmen, die geeignet sind, die Ausübung einer der vorgenannten Grundfreiheiten zu beeinträchtigen, eine europarechtswidrige Grundrechtsbeschränkung darstellen (**Prinzip der Nichtbeschränkung**). Hierzu formuliert er in ständiger Rechtsprechung etwa wie folgt: „Auch wenn die Bestimmungen über die Freizügigkeit [der Arbeitnehmer] nach ihrem Wortlaut insbesondere die Inländerbehandlung im Aufnahmestaat sichern sollen, verbieten sie es doch auch, dass der Herkunftsstaat die freie Annahme und Ausübung einer Beschäftigung durch einen seiner Staatsangehörigen in einem anderen Mitgliedstaat behindert".[1345] Und der BFH hat wie folgt formuliert: Die Grundfreiheiten erfassen die gleichheitswidrige Schlechterbehandlung eines im Inland tätigen Ausländers (oder Gebietsfremden) gegenüber einem ebenfalls im Inland tätigen Inländer (oder Gebietsansässigen) oder eine Ungleichbehandlung eines im Inland ansässigen Klägers mit verwirklichtem ausländischen Sachverhalt gegenüber einem im Inland verbliebenen Gebietsansässigen, nicht hingegen eine Ungleichbehandlung des im Inland ansässigen Klägers,

---

1345 Bsp.: EuGH v. 12. 2. 2002 C-385/00 De Groot, IStR 2003, 58.

der seine Einkünfte aus einem luxemburgischen Arbeitsverhältnis erzielt, gegenüber den in Luxemburg wohnhaften Angestellten desselben Arbeitgebers.[1346]

Abgelehnt hat der EuGH eine steuerliche Gleichstellung aus Gründen des Meistbegünstigungsprinzips.[1347]

1528

Als **Rechtfertigungsgründe für eine Einschränkung der Grundfreiheiten** hat der EuGH anerkannt:

1529

- Die Notwendigkeit der Gewährleistung der Kohärenz des nationalen Steuersystems;[1348]
- die Wirksamkeit nationaler steuerlicher Kontrollen (= Wirksamkeit der Steueraufsicht);[1349] allerdings hat der EuGH in ständiger Rechtsprechung darauf verwiesen, dass Schwierigkeiten im Zusammenhang mit der Informationsbeschaffung aus dem Ausland eine Einschränkung der Grundfreiheiten nicht rechtfertigt, da sich die betroffenen Finanzbehörden aufgrund der Amtshilfe-Richtlinie an die Behörden eines anderen Mitgliedstaats wenden können, um alle Auskünfte zu erhalten, die sich als notwendig für die ordnungsgemäße Bemessung der Steuer eines Steuerpflichtigen einschließlich der Frage, ob diesem eine Steuerbefreiung gewährt werden kann, erweisen;
- die Verhinderung der Steuerumgehung.[1350]

Aber auch bei diesen Rechtfertigungsgründen muss immer der **Grundsatz der Verhältnismäßigkeit** gewahrt bleiben.[1351]

1530

In der Rechtsprechungspraxis sind diese Rechtfertigungsgründe vom EuGH nur sehr restriktiv zugelassen worden; in dem meisten Fällen wurden dagegen die jeweiligen nationalen Regelungen als nicht vereinbar mit den Grundfreiheiten angesehen.[1352] So hat der EuGH wiederholt entschieden, dass die Bekämpfung der Steuerflucht oder das Ausnützen der steuerlichen Vergünstigungen in einem anderen Mitgliedstaat nicht als Rechtfertigung für eine nationale Regelung dienen kann, die die Grundfreiheiten beschränkt.[1353]

1531

1346 BFH v. 25.1.2012 I B 103/11, BFH/NV 2012, 1141.
1347 EuGH v. 5.7.2005 C-376/03 Fall D., IStR 2005, 483.
1348 Begründet durch EuGH v. 28.1.1992 C-204/90 Bachmann, RIW 1992, 334, und v. 28.1.1992 C-300/90 Kommission/Belgien, RIW 1993, 777; dieses Prinzip bedeutet, dass unter bestimmten Umständen eine Regelung gerechtfertigt sein kann, die geeignet ist, die Grundfreiheiten zu beschränken, wenn diese Beschränkung in einem unmittelbaren inneren Zusammenhang mit der Gewährung einer steuerlichen Vergünstigung steht, z.B. Abzugsfähigkeit von Versicherungsbeiträgen und Besteuerung derjenigen Leistungen, die von Versicherungsunternehmen im Falle des Versicherungseintritts geschuldet werden; vgl. EuGH v. 10.4.2014 C-190/12, IStR 2014, 333.
1349 Bsp.: EuGH v. 14.9.2006 C-386/04 Stauffer, IStR 2006, 675, in dem sich der EuGH u.a. mit dem Einwand auseinandersetzt, dass es an einer ausreichenden Kontrolle fehlt.
1350 Bsp.: EuGH v. 18.7.2007 C-231/05 Oy AA, IStR 2007, 631.
1351 Bsp.: EuGH v. 11.9.2007 C-76/05 Schwarz und Gootjes-Schwarz, IStR 2007, 703; v. 11.9.2007 C-318/05 Kommission/Bundesrepublik Deutschland, DStRE 2007, 1300.
1352 Bsp.: EuGH v. 26.9.2000 C-478/98 Kommission/Belgien, RIW 2001, 393; ausführlich zu der § 6 AStG a.F. entsprechenden Vorschrift des französischen Einkommensteuerrechts EuGH v. 11.3.2004 C-9/02 Hughes de Lasteyrie du Saillant, IStR 2004, 236.
1353 Bsp.: EuGH v. 12.9.2006, C-196/04 Cadbury Schweppes, IStR 2006, 670.

1532 Hinsichtlich der Vereinbarkeit von Normen des deutschen Steuerrechts mit dem europäischen Recht ist festzustellen, dass am 31. 12. 2013 insgesamt 3 Vertragsverletzungsverfahren gegen die Bundesrepublik im Bereich der Steuern eingeleitet und noch anhängig waren.

5.6.2.6 Doppelbesteuerungsabkommen

1533 Die Bestrebungen, eine EU-weites DBA zu entwickeln und abzuschließen, ruhen de facto. In 2005 hat die Kommission ein Papier vorgelegt (Doppelbesteuerungsabkommen und Recht der Europäischen Gemeinschaft).[1354] Seitdem sind keine neuen Papiere, Entschließungen o. ä. zu verzeichnen.

5.6.3 Verbrauch- und Verkehrsteuern

1534 Bei den **Verbrauch- und Verkehrsteuern** sind folgende Harmonisierungserfolge zu verzeichnen (vgl. auch Richtlinie 2008/118/EG des Rates vom 16. 12. 2008 über das allgemeine Verbrauchsteuersystem):[1355]

- ▶ Harmonisierung anderer Verbrauchsteuern auf Tabakwaren als die Umsatzsteuer;
- ▶ Harmonisierung der Struktur und Annäherung der Steuersätze der Verbrauchsteuern auf Mineralöl, Alkohol und alkoholische Getränke;
- ▶ Einführung von Mindeststeuersätzen ab 1. 1. 1993 für Mineralölsteuer (einschließlich Heizöl), Weinsteuer, Biersteuer und Tabaksteuer;
- ▶ Harmonisierung der indirekten Steuern auf die Ansammlung von Kapital (Gesellschaftsteuer);[1356]
- ▶ Steuerbefreiungen für Privatpersonen. Verschiedene Richtlinien dienen der Erleichterung des grenzüberschreitenden Reiseverkehrs und behandeln so unterschiedliche Dinge wie etwa Steuerbefreiungen bei der Einfuhr von Gegenständen zum privaten Verbrauch (Bsp.: Zigaretten, Spirituosen, Wein), bei der Einfuhr von Treibstoff, bei der Einfuhr von Waren in Kleinsendungen nichtkommerzieller Art usw.

1535 Im Bereich der Verbrauchsteuern existiert eine Verordnung über die Zusammenarbeit der Verwaltungsbehörden auf dem Gebiet der Verbrauchsteuern – VO (EU) 389/2012 v. 2. 5. 2012.[1357]

1354 TAXUD E1/FR DOC (05) 2306.
1355 ABl 2009 L 9, 13.
1356 ABl 1969 L 249, 25.
1357 ABl 2012 L 121, 1.

5.7 Amts- und Rechtshilfe[1358]

Rechtsgrundlage für die zwischenstaatliche Rechts- und Amtshilfe in Steuersachen ist grundsätzlich § 117 AO, der durch die § 117a (Übermittlung personenbezogener Daten an Mitgliedstaaten der EU) und § 117b AO (Verwendung von den nach dem Rahmenbeschluss 2006/960/JI des Rates vom 18.12.2006 übermittelten Daten)[1359] ergänzt wird, die ihrerseits durch Art. 9 des Gesetzes über die Vereinfachung des Austauschs von Informationen und Erkenntnissen zwischen den Strafverfolgungsbehörden der Mitgliedstaaten der Europäischen Union[1360] vom 21.7.2012 in die AO eingefügt wurden. Der funktionierende Informationsaustausch innerhalb der EU/des EWR ist in einer ganzen Reihe von Vorschriften des deutschen Steuerrechts Voraussetzung für die Anwendung (Bsp.: § 6 Abs. 5 Satz 2 AStG). — 1536

Am 19.12.1977 hat der Rat die Richtlinie über die gegenseitige Amtshilfe im Bereich der direkten Steuern 77/799/EWG beschlossen.[1361] Mit ihr soll die Zusammenarbeit zwischen den Steuerverwaltungen innerhalb der Gemeinschaft verbessert und verstärkt werden. Ziel ist die Bekämpfung der internationalen Steuerflucht und Steuerumgehung einschließlich künstlicher Gewinnverlagerungen innerhalb von Konzernen insbesondere durch den Austausch von Informationen. In innerstaatliches Recht ist die Richtlinie 77/799/EWG durch das „Gesetz zur Durchführung der EG-Richtlinie über die gegenseitige Amtshilfe im Bereich der direkten und indirekten Steuern (EG-Amtshilfe-Gesetz – EGAHiG)" umgesetzt worden.[1362] Dieses Gesetz ist mit Wirkung vom 1.1.2013 aufgehoben worden. — 1537

Durch die Änderungs-Richtlinie vom 6.12.1979 ist die gegenseitige Amtshilfe auf die Umsatzsteuer erstreckt worden.[1363] Mit der Einführung des Binnenmarktes wurde der Anwendungsbereich ausgedehnt. Es wurden nicht nur der sachliche Umfang, sondern auch die Zielsetzung erweitert: Aufgenommen wurden die Auskünfte bezüglich der Festsetzung und Erhebung der Verbrauchsteuern auf Mineralöl, Alkohol, alkoholische Getränke und Tabakwaren sowie die Überwachung der innergemeinschaftlichen Warenströme, die diesen Verbrauchsteuern unterliegen. Zuletzt wurde die Richtlinie geändert durch Richtlinie 2006/98/EG des Rates vom 20.11.2006.[1364] — 1538

Am 15.2.2011 wurde die neue **„Richtlinie 2011/16/EU des Rates über die Zusammenarbeit der Verwaltungsbehörden im Bereich der Besteuerung und zur Aufhebung der Richtlinie 77/799/EWG"** verabschiedet.[1365] Sie ist ab dem 1.1.2013 anzuwenden; die Richtlinie 77/799/EWG wurde mit Wirkung vom 1.1.2013 aufgehoben. Die Umsetzung der neuen Richtlinie erfolgt durch das **„Gesetz über die Durchführung der gegenseiti-** — 1539

1358 Vgl. hierzu auch die Ausführungen Rdn. 1119 ff. zu der Amts- und Rechtshilfe nach DBA.
1359 ABl 2006 L 386, 89.
1360 BGBl 2012 I 1566.
1361 ABl 1977 L 336, 15; vgl. hierzu EuGH v. 13.4.2000 C-420/98 Fall W.N., IStR 2000, 334, betreffend die Unterrichtung spanischer Finanzbehörden durch die niederländischen Finanzbehörden über Unterhaltszahlungen in die Schweiz.
1362 BGBl 1985 I 2436, BStBl 1985 I 735, mit nachfolgenden Änderungen.
1363 ABl 1979 L 331, 8.
1364 ABl 2006 L 363, 129.
1365 ABl 2011 L 64, 1.

gen Amtshilfe in Steuersachen zwischen den Mitgliedstaaten der Europäischen Union (EU-Amtshilfegesetz – EUAHiG)".[1366]

1540 Nach § 1 Abs. 1 EUAHiG regelt das Gesetz den Austausch von voraussichtlich erheblichen Informationen in Steuersachen[1367] zwischen Deutschland und den anderen EU-Mitgliedstaaten. Es ist anzuwenden für jede Art von Steuern, die von einem oder für einen Mitgliedstaat oder dessen Gebiets- oder Verwaltungseinheiten einschließlich der örtlichen Behörden erhoben werden. Nicht anzuwenden ist das Gesetz nach § 1 Abs. 2 auf Umsatzsteuer (einschließlich Einfuhrumsatzsteuer), Zölle, harmonisierte Verbrauchsteuern, Beiträge und Umlagen sowie damit verbundene Abgaben und Gebühren nach dem SGB und Gebühren.

1541 Zuständige Behörde für die Amtshilfe ist grundsätzlich der BMF, zentrales Verbindungsbüro das BZSt. Vorgesehen ist

- ▶ Information auf Ersuchen von oder an einen anderen EU-Mitgliedstaat (§§ 4–6 EUAHiG),
- ▶ **Automatische Übermittlung von Informationen** (§ 7 EUAHiG) ab 1.1.2015 (§ 20 EUAHiG),
- ▶ Spontane Übermittlung von Informationen an andere und von anderen EU-Mitgliedstaaten (§§ 8 und 9 EUAHiG),
- ▶ Anwesenheit von Bediensteten in anderen Mitgliedstaaten bzw. in Deutschland (§§ 10–11 EUAHiG),
- ▶ Gleichzeitige Prüfung (§ 12 EUAHiG),
- ▶ Zustellungsersuchen (§§ 13–14 EUAHiG), sowie
- ▶ Informationsübermittlung an Drittstaaten (§ 18 EUAHiG).

1542 Die Grenzen des Auskunftsverkehrs werden durch § 4 Abs. 3 EUAHiG geregelt. So ist den deutschen Behörden z. B. der Auskunftsverkehr dann untersagt, wenn dieser die öffentliche Ordnung beeinträchtigt oder wenn die Gefahr besteht, dass durch die Auskunft ein Handels- oder Berufsgeheimnis preisgegeben wird.

1543 Das Ersuchen eines anderen Mitgliedstaates ist unverzüglich, spätestens aber innerhalb von 6 Monaten nach Eingang des Ersuchens zu beantworten (§ 5 EUAHIG).

1544 Obwohl das EUAHiG neu ist, wird man die bisherige Rechtsprechung des BFH zum EGAHiG zur Interpretation der Normen mit der gebotenen Vorsicht heranziehen können.

1545 Im Hinblick auf den Austausch personenbezogener Daten müssen die Besonderheiten nach § 117a AO beachtet werden.

1546 Einzelheiten für die Abwicklung des Auskunftsverkehrs zwischen den Finanzbehörden sind im **„Merkblatt für die zwischenstaatliche Amtshilfe durch Informationsaustausch in Steuersachen – Stand: 1.1.2012"**[1368] geregelt. In diesen Zusammenhang gehört

---

[1366] BGBl 2013 I 1809; BStBl 2013 I 802.
[1367] Vgl. Rdn. 1137.
[1368] BMF v. 25.5.2012, BStBl 2012 I 599.

auch das Schreiben betreffend „Zwischenstaatliche Rechtshilfe in Steuerstrafsachen"[1369] und das „Merkblatt zum internationalen Verständigungsverfahren und Schiedsverfahren auf dem Gebiet der Steuern vom Einkommen und vom Vermögen"[1370].

Zur Vermeidung von Umsatzsteuerausfällen hat der Rat am 7. 10. 2010 die **Verordnung über die Zusammenarbeit der Verwaltungsbehörden und die Betrugsbekämpfung auf dem Gebiet der Mehrwertsteuer-Verordnung (EU) Nr. 904/2010 des Rates** erlassen.[1371] Diese Verordnung regelt die Grundsätze des Informationsaustausches und der Amtshilfe zwischen den Finanzbehörden der Mitgliedstaaten und der Kommission auf der Basis einer elektronischen Datenbank. Die Verordnung findet keine Anwendung auf die Einfuhrumsatzsteuer. Ergänzt wird die Verordnung durch die Durchführungsverordnung (EU) Nr. 79/2012 der Kommission vom 31. 1. 2012 zur Regelung der Durchführung bestimmter Vorschriften der Verordnung (EU) Nr. 904/2010 des Rates über die Zusammenarbeit der Verwaltungsbehörden und die Betrugsbekämpfung auf dem Gebiet der Mehrwertsteuer.[1372]

1547

5.8 Die Bekämpfung des Steuerbetrugs und der Steuerhinterziehung

Sowohl die Steuererhebung als auch die Bekämpfung von Steuerbetrug und Steuerhinterziehung liegen grundsätzlich in der Zuständigkeit der EU-Mitgliedstaaten. Allerdings möchte die EU eine Plattform für einen Austausch von Informationen und eine Zusammenarbeit aller 28 EU-Mitgliedstaaten bieten, und zwar hinsichtlich aller Steuern mit den Schwerpunkten Mehrwertsteuer und Besteuerung von Zinserträgen. Am 6. 12. 2012 hat die Kommission eine Mitteilung an das Europäische Parlament und den Rat betreffend einen Aktionsplan zur Verstärkung der Bekämpfung von Steuerbetrug und Steuerhinterziehung[1373] angenommen. Dieser Aktionsplan enthält 30 Maßnahmen zur Bekämpfung von Steuerbetrug und Steuerhinterziehung, z. B. Beseitigung von Schlupflöchern bei der Besteuerung von Zinserträgen, Empfehlung betreffend aggressive Steuerplanung, Europäisches Portal für Steueridentifikationsnummern, Verwendung einer EU-weiten Steueridentifikationsnummer, verstärkte Nutzung gleichzeitiger Prüfungen und Anwesenheit ausländischer Beamter bei Steuerprüfungen, Verwendung einer EU-weiten Steueridentifikationsnummer usw. Bereits im Juni 2012 hatte die Kommission eine Mitteilung an das Europäische Parlament und den Rat betreffend konkrete Maßnahmen, auch in Bezug auf Drittländer, zur Verstärkung der Bekämpfung von Steuerbetrug und Steuerhinterziehung angenommen.[1374] Am 25. 11. 2013 hat die Kommission Vorschläge zur Änderung der Mutter-Tochter-Richtlinie vorgelegt, um die Steu-

1548

1369 BMF v. 16. 11. 2006, BStBl 2006 I 698.
1370 BMF v. 13. 7. 2006, BStBl 2006 I 461.
1371 ABl 2010 L 268, 1.
1372 ABl 2012 L 29, 13.
1373 COM(2012) 722 final.
1374 COM(2012) 351 final v. 27. 6. 2012.

erumgehung in Europa spürbar einzudämmen.[1375] Die Mitgliedstaaten sollen die geänderte Richtlinie[1376] bis zum 31.12.2014 umsetzen.

1549 Ferner existiert eine Empfehlung der Kommission vom 6.12.2012 für Maßnahmen, durch die Drittländer zur Anwendung von Mindeststandards für verantwortungsvolles Handeln im Steuerbereich veranlasst werden sollen,[1377] und eine Empfehlung der Kommission vom 6.12.2012 betreffend aggressive Steuerplanung.[1378]

1550 Die EU schließt sich dem von der OECD am 19.7.2013 vorgelegten Aktionsplan „Action Plan on Base Erosion and Profit Shifting"[1379] an.

5.9 Beitreibungshilfe

1551 Zur gegenseitigen **Unterstützung der Mitgliedstaaten bei der Vollstreckung von Erstattungen, Interventionen, Abschöpfungen, Zöllen, Verbrauchsteuern, Umsatzsteuern, Steuern vom Einkommen, Ertrag und Vermögen, Steuern auf Versicherungsprämien, Zinsen, von Verwaltungsbehörden verhängte Geldstrafen und Geldbußen** sowie Kosten, die im Zusammenhang mit den vorbezeichneten Forderungen stehen, ausgenommen jedoch Sanktionen mit strafrechtlichem Charakter, existierte seit 15.3.1976 die EG-Richtlinie 76/308/EWG.[1380] Diese wurde geändert durch die Richtlinie 2001/44/EG des Rates vom 15.6.2001.[1381] Ferner ist die Richtlinie 2002/94/EG der Kommission vom 9.12.2002 zur Festlegung ausführlicher Durchführungsbestimmungen zu bestimmten Artikeln der Richtlinie 76/308/EWG[1382] zu berücksichtigen.

1552 Umgesetzt wurde die Beitreibungs-Richtlinie durch das Gesetz zur Durchführung der EG-Beitreibungsrichtlinie (EG-Beitreibungsgesetz – EGBeitrG)[1383] vom 10.8.1979.[1384]

1553 Am 16.3.2010 hat der Rat die neue „**Richtlinie 2010/24/EU über die Amtshilfe bei der Beitreibung von Forderungen in Bezug auf bestimmte Steuern, Abgaben und sonstige Maßnahmen**" angenommen.[1385] Ziel dieser Richtlinie ist es, ihren Anwendungsbereich auf alle Steuern und Abgaben auszudehnen, die von den Mitgliedstaaten erhoben werden. Die Durchführung der Amtshilfe soll effizienter und effektiver ausgestaltet werden. Die neue Richtlinie ist seit 1.1.2012 anzuwenden. In der Bundesrepublik geschieht die Umsetzung der Richtlinie durch das „**Gesetz über die Durchführung der Amtshilfe bei der Beitreibung von Forderungen in Bezug auf bestimmte Steuern, Abgaben und**

1375 IP/13/1149.
1376 COM(2013) 814 final v. 25.11.2013 – Vorschlag für eine Richtlinie des Rates zur Änderung der Richtlinie 2011/96/EU über das gemeinsame Steuersystem der Mutter- und Tochtergesellschaften verschiedener Mitgliedstaaten.
1377 C(2012) 8805 final.
1378 C(2012) 8806 final.
1379 Vgl. Rdn. 81 ff.
1380 ABl 1976 L 73, 18.
1381 ABl 2006 L 175, 17.
1382 ABl 2002 L 337, 41.
1383 Zu den Voraussetzungen eines Beitreibungsersuchen BFH v. 11.12.2012 VII R 70/11, BStBl 2013 II 475.
1384 BGBl 1979 I 1429 mit nachfolgenden Änderungen.
1385 ABl 2010 L 84, 1.

sonstige Maßnahmen zwischen den Mitgliedstaaten der Europäischen Union (EU-Beitreibungsgesetz – EUBeitrG)".[1386] Mit dem Inkrafttreten trat das EGBeitrG außer Kraft. Ergänzt wird die Richtlinie durch die Durchführungsverordnung (EU) Nr. 1189/2011 der Kommission vom 18.11.2011[1387] und den Durchführungsbeschluss der Kommission vom 18.11.2011[1388]. Einzelheiten ergeben sich aus dem **„Merkblatt zur zwischenstaatlichen Amtshilfe bei der Steuererhebung (Beitreibung) – Stand 1.7.2011"**.[1389]

5.10 Der Europäische Wirtschaftsraum

Ausgangspunkt der Entwicklung des Europäischen Wirtschaftsraums –EWR (European Economic Area – EEA) ist die 1960 gegründete European Free Trade Association (EFTA). Gründungsstaaten waren Dänemark, Norwegen, Österreich, Portugal, Schweden, die Schweiz und Großbritannien. Es folgten Finnland (assoziiertes Mitglied 1961, Vollmitglied 1986), Island (1970) und Liechtenstein (1991). Dänemark und Großbritannien traten 1973 der EWG bei, Portugal 1986. Um die möglichst weitgehende Teilnahme der verbleibenden EFTA-Staaten am Binnenmarkt zu ermöglichen, handelten diese und die EU **1992 das Abkommen über den Europäischen Wirtschaftsraum** aus.[1390] Am 1.1.1994 trat das Abkommen für Finnland, Island, Norwegen, Österreich und Schweden in Kraft. Da das Abkommen in der Schweiz nicht ratifiziert wurde, erfolgte 1994 eine Anpassung des Abkommens. Zum 1.1.1995 traten die EFTA-Staaten Finnland, Österreich und Schweden der EU bei. Schließlich trat das EWR-Abkommen am 1.2.1995 für das Fürstentum Liechtenstein in Kraft. Heute sind nur noch Island, Liechtenstein, Norwegen und die Schweiz EFTA-Mitgliedstaaten.

1554

In dem durch die EWR-Übereinkunft bezeichneten Gebiet – EU-Mitgliedstaaten sowie Island, Fürstentum Liechtenstein und Norwegen – haben Unternehmen und Staatsbürger aus den EFTA-Staaten das Recht auf die gleiche Behandlung wie Unternehmen und Staatsbürger der EU-Staaten in der gesamten Europäischen Wirtschaftszone.

1555

Im EWR wurden die Zölle zwischen den Mitgliedstaaten abgeschafft, und es gelten ca. 80 % der Binnenmarktvorschriften der EU. Jedoch handelt es sich nicht um eine Zollunion mit gemeinsamem Zolltarif. Deshalb bleibt es weiter bei Grenzkontrollen zwischen EU und EFTA-Staaten. Auch sind Verbrauchsteuern bei der Einfuhr zu entrichten.

1556

Für die Umsetzung und Entwicklung des EWR-Vertrages wurden eigene Organe geschaffen:

1557

▶ Der **Rat** als oberstes Organ setzt sich aus den Vertretern der Regierungen der Mitgliedsstaaten zusammen. Er entwickelt die Leitlinien für die Verwirklichung und die Weiterentwicklung des EWR-Vertrages.

▶ Der **Gemeinsame Ausschuss** ist mit der Durchführung des Vertrages in der Praxis beauftragt.

1386 BGBl 2011 I 2592.
1387 ABl 2011 L 302, 16.
1388 K(2011) 8193 endgültig.
1389 BStBl 2012 I 244.
1390 ABl 1994 L 1, 3.

▶ Der **Gemischte Parlamentarische Ausschuss** setzt sich aus Mitgliedern des Europäischen Parlaments und der Parlamente der dem EWR angehörenden EFTA-Staaten zusammen. Er kann seine Meinung in Form von Berichten oder Entschließungen abgeben.

1558 Die Überwachung und Durchsetzung der Vertragsbestimmungen übernehmen in den dem EWR angehörenden EFTA-Staaten eine **EFTA-Überwachungsbehörde** sowie ein unabhängiger **EFTA-Gerichtshof**.

1559 Die Grundfreiheiten des europäischen Binnenmarktes, der freie Waren-, Dienstleistungs-, Personen- und Kapitalverkehr, wurden auf die EFTA-Länder ausgedehnt. Diese übernahmen im Wesentlichen die Binnenmarkt-Regeln der EU, d. h. alle zum Funktionieren des einheitlichen Marktes notwendigen Richtlinien, Verordnungen und Entscheidungen.

1560 Nach dem EWR-Vertrag haben die EFTA-Staaten bei den EU-Entscheidungen gewisse Konsultationsrechte. So zieht die Europäische Kommission bei der Erarbeitung von Rechtsvorschlägen in unter das EWR-Abkommen fallenden Bereichen auch Sachverständige aus den dem EWR angehörenden EFTA-Staaten hinzu. Im Gemeinsamen EWR-Ausschuss werden diese EFTA-Staaten über Gesetzesinitiativen der Kommission informiert und konsultiert; sie haben jedoch kein Mitentscheidungsrecht.

1561 Die EFTA-Staaten sind nicht in die gemeinsame Agrarpolitik der EU oder den Binnenmarkt für landwirtschaftliche Erzeugnisse einbezogen. Jedoch wurden verschiedene Vereinbarungen getroffen, um den Handel mit bestimmten landwirtschaftlichen Erzeugnissen zu vereinfachen. Ferner umfasst das EWR-Abkommen nicht die Bereiche Gemeinsame Steuerpolitik, Außen- und Sicherheitspolitik sowie Justiz und Innenpolitik.

1562 Die **Schweiz** hat als einziger EFTA-Staat das EWR-Abkommen nicht ratifiziert und nimmt somit am EWR nicht teil. Sie genießt jedoch in den EWR-Gremien Beobachtungsstatus. Dies ermöglicht es der Schweiz, die Entwicklung des EWR- und des EU-Rechts aus der Nähe zu verfolgen und ggf. die eigenen Vorschriften entsprechend anzupassen. In der Vergangenheit wurden diverse Abkommen zwischen der EU und der Schweiz abgeschlossen,[1391] so z. B. das sog. Freizügigkeitsabkommen.[1392] Allerdings lehnt die EU seit 2010 diesen Sonderweg ab. Unter Hinweis auf seine Schlussfolgerungen von 2010 bekräftigt der Rat, dass der von der Schweiz verfolgte Ansatz, sich durch sektorale Abkommen in immer mehr Bereichen an der Politik und den Programmen der EU zu beteiligen, ohne dass es einen horizontalen institutionellen Rahmen gibt, an seine Grenzen gestoßen ist und einer Überprüfung unterzogen werden muss. Jede neue Ausweitung des komplexen Systems von Abkommen wird die Homogenität des Binnenmarktes gefährden und die Rechtsunsicherheit vergrößern und außerdem die Verwaltung eines solchen umfangreichen und heterogenen Systems von Abkommen wei-

---

[1391] 21.6.1999: Unterzeichnung der Bilateralen Verträge I; 26.10.2004: Unterzeichnung der Bilateralen Verträge II.

[1392] Abkommen zwischen der Europäischen Gemeinschaft und ihren Mitgliedstaaten einerseits und der Schweizerischen Eidgenossenschaft andererseits über die Freizügigkeit vom 21.6.1999 (Freizügigkeitsabkommen – FZA –; vgl. Zustimmungsgesetz vom 2.9. 2001, BGBl II 2001, 810; hierzu Rechtsprechung des BFH.

ter erschweren. Angesichts der weit fortgeschrittenen Integration der Schweiz mit der EU, würde eine neuerliche Ausweitung dieses Systems zusätzlich das Risiko einer Beeinträchtigung der Beziehungen der EU zu ihren EWR-EFTA-Partnern in sich bergen.[1393]

Vorläufig nicht besetzt 1563–1599

[1393] Rat der EU, Beratungsergebnis v. 20.12.2012, Schlussfolgerungen des Rates zu den Beziehungen zwischen der EU und den EFTA-Ländern, unter Bezugnahme auf Entschließung des Europäischen Parlaments vom 7.9.2010 zu dem Thema EWR-Schweiz: Hindernisse für die vollständige Verwirklichung des Binnenmarktes (2009/2176(INI)).

KAPITEL 6: STEUERAUSLÄNDER MIT INLANDSBEZIEHUNGEN – DIE EINZELSTEUERGESETZE

				Rdn.	Seite
6.1	Einkommensteuerrecht			1600	347
	6.1.1	Beschränkte Steuerpflicht – § 1 Abs. 4 EStG		1600	347
	6.1.2	Inländische Einkünfte – § 49 EStG		1603	347
		6.1.2.1	Überblick	1603	347
		6.1.2.2	Einkünfte aus Land- und Forstwirtschaft – § 49 Abs. 1 Nr. 1 EStG	1607	349
		6.1.2.3	Einkünfte aus Gewerbebetrieb – § 49 Abs. 1 Nr. 2 EStG	1611	349
		6.1.2.4	Einkünfte aus selbständiger Arbeit – § 49 Abs. 1 Nr. 3 EStG	1625	353
		6.1.2.5	Einkünfte aus nichtselbständiger Arbeit – § 49 Abs. 1 Nr. 4 EStG	1629	354
		6.1.2.6	Einkünfte aus Kapitalvermögen – § 49 Abs. 1 Nr. 5 EStG	1633	355
		6.1.2.7	Einkünfte aus Vermietung und Verpachtung – § 49 Abs. 1 Nr. 6 EStG	1639	357
		6.1.2.8	Sonstige Einkünfte – § 49 Abs. 1 Nr. 7 bis 10 EStG	1642	358
		6.1.2.9	Internationale Luft- und Schifffahrt – § 49 Abs. 3 und 4 EStG	1650	359
	6.1.3	Durchführung der Besteuerung		1651	359
		6.1.3.1	Sondervorschriften für beschränkt Steuerpflichtige – § 50 EStG	1651	359
			6.1.3.1.1 Ermittlung des zu versteuernden Einkommens – § 50 Abs. 1 EStG	1652	360
			6.1.3.1.2 Steuerabzug mit abgeltender Wirkung – § 50 Abs. 2 EStG	1655	361
			6.1.3.1.3 Anrechnung und Abzug ausländischer Steuern – § 50 Abs. 3 EStG	1660	362
			6.1.3.1.4 Steuererlass, Steuerpauschalierung – § 50 Abs. 4 EStG	1661	362
		6.1.3.2	Steuerabzug bei beschränkt Steuerpflichtigen – § 50a EStG	1664	363
			6.1.3.2.1 Darbietungen – § 50a Abs. 1 Nr. 1 EStG	1665	364
			6.1.3.2.2 Verwertung von Darbietungen – § 50a Abs. 1 Nr. 2 EStG	1668	365
			6.1.3.2.3 Nutzungsvergütungen – § 50a Abs. 1 Nr. 3 EStG	1670	365
			6.1.3.2.4 Aufsichtsratsvergütungen – § 50a Abs. 1 Nr. 4 EStG	1671	366

				Rdn.	Seite
		6.1.3.2.5	Bruttobesteuerung und Steuersatz – § 50a Abs. 2 EStG	1673	367
		6.1.3.2.6	Ausnahme: Nettobesteuerung – § 50a Abs. 3 EStG	1676	367
		6.1.3.2.7	Steuerabzug auf der „zweiten Stufe" – § 50a Abs. 4 EStG	1680	368
		6.1.3.2.8	Verfahrensregelungen – § 50a Abs. 5 EStG	1681	369
	6.1.3.3		Zinsen und Lizenzgebühren – § 50g EStG	1687	369
	6.1.3.4		Besonderheiten bei Doppelbesteuerungsabkommen – Entlastung von Abzugsteuern nach § 50d EStG	1692	370
	6.1.3.5		Besteuerung bestimmter Einkünfte und Anwendung von Doppelbesteuerungsabkommen gemäß § 50i EStG	1711	377

6.2	Körperschaftsteuerrecht		1713	378
	6.2.1	Beschränkte Körperschaftsteuerpflicht – § 2 Nr. 1 KStG	1713	378
	6.2.2	Gesellschafter-Fremdfinanzierung – § 8a KStG a. F.	1727	381
	6.2.3	Ermäßigung bei ausländischen Einkünften	1732	383

6.3	Erbschaft- und Schenkungsteuerrecht	1734	384

Kapitel 6: Steuerausländer mit Inlandsbeziehungen – Die Einzelsteuergesetze

6.1 Einkommensteuerrecht

6.1.1 Beschränkte Steuerpflicht – § 1 Abs. 4 EStG

Wie bereits oben ausgeführt (Rdn. 20, 150), unterliegen diejenigen natürlichen Steuerpflichtigen, die zwar inländische Einkünfte beziehen, aber im Inland weder über einen Wohnsitz noch über einen gewöhnlichen Aufenthalt verfügen, nach § 1 Abs. 4 EStG lediglich mit diesen Einkünften aus im Inland belegenen Quellen der beschränkten Steuerpflicht.[1394] D. h. die persönliche beschränkte Einkommensteuerpflicht bezieht sich (nur) auf die inländischen Einkünfte i. S. des § 49 Abs. 1 EStG (Objektbezug). Diese Bestimmung orientiert sich im Grundsatz an den für die unbeschränkte Steuerpflicht maßgeblichen sieben Einkunftsarten nach § 2 Abs. 1 EStG, weist aber einen geringeren Umfang auf. Für jede der sieben Einkunftsarten werden sog. inländische Anknüpfungsmerkmale festgelegt. Diese sind im Laufe der Zeit immer weiter ausdifferenziert worden (vgl. § 49 Abs. 1 Nr. 1 bis 10 EStG).

1600

Die einzelnen Tatbestände orientieren sich an international anerkannten Anknüpfungspunkten für die Besteuerung. Folgende Systematik lässt sich erkennen. Einkünfte aus Land- und Forstwirtschaft (§ 49 Abs. 1 Nr. 1 EStG) und Einkünfte aus Vermietung und Verpachtung (§ 49 Abs. 1 Nr. 6 EStG) unterfallen dem **Belegenheitsprinzip**. Für Einkünfte aus Gewerbebetrieb (§ 49 Abs. 1 Nr. 2 EStG) gilt weitgehend das **Betriebsstättenprinzip**. Für die Einkünfte aus selbständiger Arbeit (§ 49 Abs. 1 Nr. 3 EStG) und aus nichtselbständiger Arbeit (§ 49 Abs. 1 Nr. 4 EStG) kommt es auf den **Ort der Tätigkeit oder der Verwertung** der Arbeit an, während die Besteuerung von Einkünften aus Kapitalvermögen (§ 49 Abs. 1 Nr. 5 EStG) im Grundsatz dem Quellenprinzip folgt. Insgesamt hat die beschränkte Steuerpflicht wegen dieser Anknüpfungspunkte einen objektsteuerähnlichen Charakter und beruht auf dem **Territorialitätsprinzip**.

1601

Mit Wirkung ab dem 1.1.2009 wurden die Vorschriften über die beschränkte Steuerpflicht durch das JStG 2009[1395] an unionsrechtliche Vorgaben und an die Regelungen in den deutschen DBA angepasst. Darauf wird im Folgenden näher eingegangen.

1602

6.1.2 Inländische Einkünfte – § 49 EStG

6.1.2.1 Überblick

Oben wurden zu § 34d EStG die ausländischen Einkünfte eines unbeschränkt Steuerpflichtigen dargestellt (Rdn. 162 ff.). Die Korrespondenzvorschrift, die sich mit den in-

1603

1394 Zum Umfang der „einfach" beschränkten Steuerpflicht sowie zum Verhältnis zur „erweitert" beschränkten Steuerpflicht gemäß § 2 AStG BFH v. 19.12.2007 I R 19/06, BStBl 2010 II 398 und BMF v. 7.4.2010, BStBl 2010 I 368; allgemein zur erweitert beschränkten Steuerpflicht gemäß §§ 2 bis 5 AStG vgl. Rdn. 1219 ff.
1395 BGBl 2008 I S. 2794, 2803.

ländischen Einkünften im Sinne der beschränkten Einkommensteuerpflicht befasst, ist § 49 Abs. 1 EStG, die aber, worauf schon an dieser Stelle hinzuweisen ist, kein absolutes Spiegelbild zu § 34d EStG darstellt.

1604 Die Tätigkeiten des Steuerausländers müssen einen Inlandsbezug aufweisen, der durch die in § 49 Abs. 1 EStG aufgeführten Merkmale konkretisiert werden soll (eingeschränktes Territorialprinzip). Soweit in der nachfolgenden Darstellung der Begriff „**Inland**" verwendet wird, vgl. oben die Ausführungen zum Begriff „Ausland" (Rdn. 91 ff.).

1605 Ein besonderes Problem, das sich u. a. auch an der Regelung des § 49 Abs. 2 EStG zeigt, ist die sog. **isolierende Betrachtungsweise**.[1396] Grundlage ist ein Urteil des BFH aus dem Jahre 1970,[1397] in dem das Gericht ausführt: Die isolierende Betrachtungsweise knüpft an den objektsteuerartigen Charakter der beschränkten Steuerpflicht an und zieht daraus die Folgerung, die Zuordnung bestimmter Einkünfte zu einer der in § 49 Abs. 1 EStG genannten Einkunftsart kann nur an Hand der Verhältnisse im Inland vorgenommen werden. D. h. z. B. die Verhältnisse im Ausland dürfen nicht dazu führen, Einkünfte, die ihrem objektiven Wesen nach einer bestimmten Einkunftsart zuzuordnen sind, nur weil sie einem im Ausland befindlichem Gewerbebetrieb zugeflossen sind, als Einkünfte aus Gewerbebetrieb zu behandeln. Im Ausland gegebene Besteuerungsmerkmale bleiben demnach außer Betracht, wenn bei ihrer Berücksichtigung Einkünfte i. S. des § 49 Abs. 1 EStG nicht angenommen werden können (§ 49 Abs. 2 EStG).

1606 § 49 Abs. 2 EStG ist dahin zu verstehen, dass nur die Priorität des inländischen Sachverhalts bei der Bestimmung der Einkunftsart sichergestellt werden soll: Ausländische Besteuerungsmerkmale sind nur insoweit unbeachtlich, als ihre Berücksichtigung eine nach den Verhältnissen im Inland begründete Steuerpflicht ausschließen würde.[1398] Für die Problematik der „Liebhaberei" z. B. bedeutet dies, dass auch bei beschränkt Steuerpflichtigen das Vorhandensein einer Einkunftserzielungsabsicht positiv festgestellt werden muss.[1399] Entscheidend ist, ob die Tätigkeit insgesamt in der Absicht der Gewinnerzielung oder ob sie aus persönlichen Gründen (Liebhaberei) betrieben wird.

> **BEISPIEL:** (1) Eine ausländische Kapitalgesellschaft, die einer AG entspricht und die im Inland keine Betriebsstätte oder ständigen Vertreter unterhält, hat Einkünfte aus der Vermietung eines ihr gehörenden Gewerbegrundstücks: Einkünfte aus Vermietung und Verpachtung nach § 49 Abs. 1 Nr. 6 EStG.[1400]
>
> (2) Eine ausländische Kapitalgesellschaft kann keine Einkünfte aus nichtselbständiger Arbeit erzielen.[1401]

1396 R 49.3 EStR.
1397 BFH v. 4. 3. 1970 I R 149/66, BStBl 1970 II 428; zuvor schon die Entwicklung dieser Rechtsgrundsätze in BFH v. 20. 1. 1959 I 112/57 S, BStBl 1959 III 133, und v. 13. 12. 1961 I 209/60 U, BStBl 1962 III 85, unter Hinweis auf Rechtsprechung des RFH; zuletzt BFH v. 27. 7. 2011 I R 32/10, IStR 2012, 74, Tz. 9 m. w. N.
1398 BFH v. 1. 12. 1982 I B 11/82, BStBl 1983 II 367.
1399 BFH v. 7. 11. 2001 I R 14/01, BStBl 2002 II 861; der zunächst ergangene Nichtanwendungserlass (BMF v. 11. 12. 2002, BStBl 2002 I 1394) wurde durch BMF v. 25. 11. 2010, BStBl 2010 I 1350 zwischenzeitlich ausdrücklich (vgl. Tz. 118) aufgehoben.
1400 BFH v. 20. 1. 1959 I 112/57 S, BStBl 1959 III 133; v. 27. 8. 1997 I R 8/97, BStBl 1998 II 163.
1401 BFH v. 30. 11. 1966 I 215/64, BStBl 1966 III 400.

6.1.2.2 Einkünfte aus Land- und Forstwirtschaft – § 49 Abs. 1 Nr. 1 EStG

Die Vorschrift ist mit § 34d Nr. 1 EStG inhaltsgleich. Voraussetzung für inländische Einkünfte aus einer im Inland betriebenen Land- und Forstwirtschaft (§§ 13, 14 EStG) ist die **Inlandsbelegenheit der bewirtschafteten Flächen**.[1402] Zu den Einkünften aus einer im Inland betriebenen Land- und Forstwirtschaft können auch Einkünfte aus der Veräußerung von Wirtschaftsgütern und Kapitalanteilen, Einkünfte aus Kapitalvermögen, Einkünfte aus Vermietung und Verpachtung und sonstige Einkünfte zählen, soweit sie wirtschaftlich zu den Einkünften aus Land- und Forstwirtschaft gehören.

1607

Werden von einem ausländischen Betrieb im Inland belegene Grundstücke bewirtschaftet, so ist bei einer Gewinnermittlung nach § 13a EStG der auf die inländischen Grundstücke entfallende Gewinn in der Weise zu ermitteln, dass der Gesamtgewinn nach dem Verhältnis der in- und ausländischen Grundstücke aufgeteilt wird.[1403]

1608

Bei buchführungspflichtigen Landwirten wird vorab ein Teil des Gesamtgewinns dem Hof zugerechnet und sodann die Aufteilung des Restgewinns nach dem Verhältnis der Flächen vorgenommen.

1609

Verluste aus einer im Inland betriebenen Land- und Forstwirtschaft sind grundsätzlich zu berücksichtigen (vgl. § 50 Abs. 1 Satz 3 EStG). Die Steuererhebung erfolgt durch Veranlagung (§ 50 Abs. 2 Satz 2 Nr. 1 EStG) und nicht durch Steuerabzug.

1610

6.1.2.3 Einkünfte aus Gewerbebetrieb – § 49 Abs. 1 Nr. 2 EStG

Die Vorschrift ist § 34d Nr. 2 EStG grundsätzlich vergleichbar, aber differenzierter strukturiert.

1611

Die gewerblichen Einkünfte nach § 49 Abs. 1 Nr. 2 Buchst. a) EStG müssen durch eine **im Inland belegene Betriebsstätte** (§ 12 AO) oder einen dort tätigen **ständigen Vertreter**[1404] (§ 13 AO) erzielt werden.[1405]

1612

Für die Begründung inländischer Einkünfte genügt es, dass im Inland eine Betriebsstätte für den Gewerbebetrieb einer ausländischen Personengesellschaft unterhalten wird und die Betriebsstätteneinkünfte anteilig dem beschränkt Steuerpflichtigen zuzurechnen sind.[1406] Ist der beschränkt Steuerpflichtige an einer inländischen Personengesellschaft beteiligt, wird der Gesellschafter so behandelt, als betreibe er mit seinem Gesellschaftsanteil ein eigenes, von den Mitgesellschaftern unabhängiges Unternehmen, für das er eine Betriebsstätte am Ort der Geschäftseinrichtung der inländischen Personengesellschaft unterhält.[1407]

1613

1402 BFH v. 17.12.1997 I R 95/96, BStBl 1998 II 260.
1403 BFH v. 17.12.1997 I R 95/96, BStBl 1998 II 260.
1404 BFH v. 28.6.1972 I R 35/70, BStBl 1972 II 785.
1405 R 49.1 EStR; s. a. Rdn. 671 ff.
1406 BFH v. 16.10.2002 I R 17/01, BStBl 2003 II 631, m. w. N.
1407 Vgl. BFH v. 12.6.2013 I R 47/12, BFH/NV 2013, 1999.

1614 Ferner fallen unter die gewerblichen Einkünfte nach § 49 Abs. 1 Nr. 2 Buchst. b) EStG **Einkünfte aus dem Betrieb von Seeschiffen und Luftfahrzeugen zwischen inländischen und von inländischen zu ausländischen Häfen**[1408] einschließlich der Einkünfte aus anderen mit solchen Beförderungen zusammenhängenden, sich auf das Inland erstreckenden Beförderungsleistungen.[1409] Für derartige Einkünfte sieht § 49 Abs. 3 EStG eine besondere Besteuerung vor: Bei Schifffahrt- und Luftfahrtunternehmen sind die Einkünfte pauschal mit 5 % der für diese Beförderungsleistungen vereinbarten Entgelte anzusetzen.[1410] Das gilt auch, wenn solche Einkünfte durch eine inländische Betriebsstätte oder einen inländischen ständigen Vertreter i. S. des § 49 Abs. 1 Nr. 2 Buchst. a) EStG erzielt werden. Diese Vergünstigung gilt nicht, soweit das deutsche Besteuerungsrecht nach einem DBA ohne Begrenzung des Steuersatzes aufrechterhalten bleibt.

1615 Als Sonderregelung zu § 49 Abs. 1 Nr. 2 Buchst. b) EStG ist die in § 49 Abs. 1 Nr. 2 Buchst. c) EStG enthaltene Regelung anzusehen: die Besteuerung der von einem Unternehmen im Rahmen einer internationalen Betriebsgemeinschaft oder eines Pool-Abkommens, bei denen ein Unternehmen mit Sitz oder Geschäftsleitung im Inland die Beförderung durchführt, aus Beförderungen und Beförderungsleistungen nach § 49 Abs. 1 Nr. 2 Buchst. b) EStG erzielten Einkünfte. Hier gilt allerdings nicht die Vergünstigung des § 49 Abs. 3 EStG.

1616 Eine Vorschrift, die erhebliche praktische Bedeutung hat, ist die Regelung in § 49 Abs. 1 Nr. 2 Buchst. d) EStG.[1411] Danach gehören zu den inländischen gewerblichen Einkünften diejenigen Einkünfte, soweit sie nicht zu den Einkünften im Sinne der Nummern 3 (Einkünfte aus selbständiger Arbeit) und 4 (Einkünfte aus nichtselbständiger Arbeit) gehören, **die durch im Inland ausgeübte oder verwertete künstlerische,**[1412] **sportliche,**[1413] **artistische, unterhaltende oder ähnliche Darbietungen**[1414] erzielt werden, einschließlich der Einkünfte aus anderen mit diesen Leistungen zusammenhängenden Leistungen,[1415] unabhängig davon, wem die Einnahmen zufließen; eine Betriebsstätte oder ein ständiger Vertreter braucht im Inland nicht unterhalten zu werden (R 49.1 Abs. 3 EStR). Die Regelung erfasst auch den Fall, dass eine Tätigkeit im Ausland ausgeübt und im Inland

---

1408 BFH v. 2. 3. 1988 I R 57/84, BStBl 1988 II 596.
1409 R 49.1 Abs. 2 EStR.
1410 Zweifel an der Vereinbarkeit dieser Regelung mit den Diskriminierungsbestimmungen eines DBA: BFH v. 14. 9. 1994 I B 40/94, BFH/NV 1995, 376, und v. 22. 4. 1998 I R 54/96, BFH/NV 1998, 1920; vgl. ferner BFH v. 24. 1. 2001 I R 81/99, BStBl 2001 II 868.
1411 Diesem Umstand trägt auch das BMF mit einem umfangreichen Schreiben (mit 118 Tz. und 26 Bsp.) Rechnung, BMF v. 25. 11. 2010, BStBl 2010 I 1350.
1412 BFH v. 2. 2. 1994 I B 143/93, BFH/NV 1994, 864, zu der Konstellation, dass eine ausländische Kapitalgesellschaft, die im Inland weder Betriebsstätte noch ständigen Vertreter hat, in der Bundesrepublik eine Konzerttournee mit einem ausländischen Sänger durchführt.
1413 Zum Problem Bandenwerbung vgl. BFH v. 16. 5. 2001 I R 64/99, BStBl 2003 II 641: Werbung anlässlich einer sportlichen Veranstaltung ist keine Werbung durch eine sportliche Veranstaltung.
1414 Zum Begriff der „ähnlichen Darbietung" vgl. BFH v. 17. 10. 2007 I R 81, 82/06, BFH/NV 2008, 356 m. w. N.
1415 BFH v. 25. 11. 2002 I B 69/02, BStBl 2003 II 189, zu der Frage, ob Einkünfte aus technischen (Neben-)Leistungen, derer es bedarf, um die Inlandstournee einer ausländischen Künstlergruppe durchführen zu können, nicht auch unter § 49 Abs. 1 Satz 1 Nr. 2 Buchst. d) EStG fallen. Vgl. ferner BFH v. 4. 3. 2009 I R 6/07, BFH/NV 2009, 1195; v. 28. 7. 2010 I R 93/09, BFH/NV 2010, 2263; Vergütungen für Werbeleistungen im Motorsport stehen in Zusammenhang mit der im Inland ausgeübten sportlichen Darbietung, vgl. BFH v. 6. 6. 2012 I R 3/11, BStBl 2013 II 430; BFH v 16. 11. 2011 I R 65/10, BFH/NV 2012, 924 stellt auf das objektive Erscheinungsbild ab.

verwertet wird (Arbeitsort- bzw. Wirkungsprinzip).[1416] Die Vorschrift wird durch die Abzugsregelung in § 50a Abs. 1 Nr. 1 EStG ergänzt.

Durch das JStG 2009 ist die Regelung in § 49 Abs. 1 Nr. 2 Buchst. d) EStG ab VZ 2009 um das Tatbestandsmerkmal **"unterhaltende Darbietungen"** erweitert worden, um sie den bestehenden DBA-Regelungen anzupassen.[1417] Damit wird der Anwendungsbereich der Vorschrift erheblich ausgedehnt. Es werden jetzt auch Darbietungen ohne spezifischen künstlerischen, sportlichen usw. Gehalt erfasst, und ihnen wird damit ebenfalls ein gewisser eigenschöpferischer Charakter zugesprochen. Damit hat der Gesetzgeber die vom BFH[1418] noch offen gelassene Frage bejaht, ob sämtliche Darbietungen mit vergleichbarem Unterhaltungscharakter oder das gesamte Show- und Unterhaltungsgeschäft unter den Begriff der ähnlichen Darbietungen fallen. Erfasst wird jetzt also insbesondere auch die Teilnahme an einer Talkshow,[1419] einer Quizsendung oder an einem Interview. 1617

BEISPIEL: ▶ Ein ausländischer Golfprofi gewinnt ein inländisches Golfturnier. Hierfür erhält er neben dem Preisgeld vom inländischen Veranstalter einen Sachpreis von einem inländischen Sponsor. Nach dem Turnier gibt er bezahlte Interviews für inländische Zeitschriften und tritt im Inland in einer Fernseh-Talkshow auf.

Sowohl das Preisgeld als auch der Sachpreis sind gemäß § 1 Abs. 4 EStG i.V.m. § 49 Abs. 1 Nr. 2 Buchst. d) EStG beschränkt einkommensteuerpflichtige inländische gewerbliche Einkünfte, die durch im Inland ausgeübte sportliche Darbietungen erzielt werden. Im Hinblick auf das Preisgeld hat der Veranstalter als Vergütungsschuldner den Steuerabzug nach § 50a Abs. 1 Nr. 1 EStG vorzunehmen. Ob der Veranstalter daneben auch für den Sachpreis die Abzugsverpflichtung nach § 50a EStG trägt oder der Steuerabzug vom auslobenden Sponsor vorzunehmen ist, hängt davon ab, ob der Sachpreis vom Sponsor zunächst an den Veranstalter oder unmittelbar an den ausländischen Golfprofi übereignet wird. Im letztgenannten Fall ist der Sponsor Vergütungsschuldner und hat damit den Steuerabzug gemäß § 50a Abs. 1 Nr. 1 EStG vorzunehmen.[1420] Die Vergütungen für die Interviews und den Talkshowauftritt sind seit dem VZ 2009 als im Inland ausgeübte unterhaltende Darbietungen beschränkt einkommensteuerpflichtig nach § 49 Abs. 1 Nr. 2 Buchst. d EStG und unterliegen ebenfalls dem Steuerabzug nach § 50a Abs. 1 Nr. 1 EStG, unabhängig davon, ob sie mit sportlichen Darbietungen zusammenhängen (Interviews) oder nicht (Talkshowauftritt). Durch Art. 17 OECD-MA wird das Besteuerungsrecht Deutschlands für das Preisgeld, den Sachpreis und die Vergütungen für die Interviews und den Talkshowauftritt auch nicht beschränkt.[1421]

Als gewerbliche Einkünfte werden nach § 49 Abs. 1 Nr. 2 Buchst. e) EStG diejenigen Einkünfte betrachtet, die unter den Voraussetzungen des § 17 EStG (**Veräußerung von Anteilen an Kapitalgesellschaften**) erzielt werden, wenn es sich um Anteile an einer Kapitalgesellschaft handelt, die entweder ihren Sitz (§ 11 AO) oder ihre Geschäftsleitung (§ 10 AO) im Inland hat (Doppelbuchst. aa) oder bei deren Erwerb auf Grund eines Antrags nach § 13 Abs. 2 oder § 21 Abs. 2 Satz 3 Nr. 2 UmwStG nicht der gemeine Wert der 1618

1416 Vgl. den Sachverhalt in BFH v. 17. 12. 1997 I R 18/97, BStBl 1998 II 440, der zur Änderung des § 49 Abs. 1 Nr. 2 Buchst. d) EStG durch das StEntlG führte: Im Ausland hergestelltes Musikwerk wird im Inland verbreitet.
1417 Vgl. BT-Drs. 16/10189, S. 58.
1418 BFH v. 17. 10. 2007 I R 81, 82/06, BFH/NV 2008, 356.
1419 Bisher als künstlerische Tätigkeit verneint; vgl. BFH v. 21. 4. 1999 I B 99/98, BStBl 2000 II 254.
1420 Vgl. BMF v. 25. 11. 2010, BStBl 2010 I 1350, Tz. 92.
1421 Vgl. BMF v. 25. 11. 2010, BStBl 2010 I 1350, Tz. 94.

eingebrachten Anteile angesetzt worden ist oder auf die § 17 Abs. 5 Satz 2 EStG anzuwenden war (Doppelbuchst. bb). Bei der Regelung in Doppelbuchst. bb) handelt es sich um eine ab dem Veranlagungszeitraum 2006 anzuwendende Tatbestandserweiterung infolge des SEStEG. Gewinne aus hinausgeschobener Entstrickung sollen auch bei späterer beschränkter Steuerpflicht erfasst werden. Zum Verhältnis zu § 6 AStG vgl. H 49.1 EStH.

1619 Der bisher auf private Veräußerungsgeschäfte von Anteilen i. S. des § 17 EStG (die innerhalb der Spekulationsfrist vollzogen werden) vorrangig anzuwendende § 49 Abs. 1 Nr. 8 Buchst. c) EStG wurde durch das UntStRefG 2008[1422] mit Wirkung ab 1.1.2009 aufgehoben. Einkünfte, die nach dem 31.12.2008 zufließen, sind somit ausschließlich nach § 49 Abs. 1 Nr. 2 Buchst. e) Doppelbuchst. bb) EStG zu behandeln. Damit wird den umfassenden Änderungen von §§ 20 und 23 EStG Rechnung getragen, wonach nunmehr eine generelle und besitzzeitunabhängige Besteuerung von Veräußerungsgewinnen erfolgt (sog. „Wertzuwachssteuer").

1620 Eine Art Auffangvorschrift stellt § 49 Abs. 1 Nr. 2 Buchst. f) EStG dar: Danach gehören (auch) zu den gewerblichen Einkünften diejenigen Einkünfte, die durch **Veräußerung von inländischem unbeweglichen Vermögen,**[1423] **von Sachinbegriffen**[1424] **oder Rechten**, die im Inland belegen oder in ein inländisches öffentliches Buch oder Register eingetragen sind **oder deren Verwertung** in einer inländischen Betriebsstätte oder anderen Einrichtung erfolgt, erzielt werden, sofern sie nicht bereits zu den gewerblichen Einkünften nach § 49 Abs. 1 Nr. 2 Buchst. a) EStG gehören. Seit 2007 (StÄndG 2007) erfasst die Vorschrift über die zeitlich begrenzte Rechtsüberlassung hinaus auch Fälle der Rechtsveräußerung (insbesondere die Fälle der sog. **verbrauchenden Rechtsüberlassung**, wie z. B. die Überlassung von Banden-Werberechten bei einer Sportveranstaltung). Als Einkünfte aus Gewerbebetrieb gelten auch die Einkünfte aus Tätigkeiten im Sinne dieser Norm, die von einer Körperschaft ohne Sitz oder Geschäftsleitung im Inland erzielt werden, die einer inländischen Kapitalgesellschaft i. S. des § 1 Abs. 1 Nr. 1 KStG oder einer sonstigen juristischen Person des privaten Rechts, die nach den Vorschriften des Handelsgesetzbuchs zur Führung von Büchern verpflichtet ist.[1425] gleichsteht.

1621 Im JStG 2009 ist der Tatbestand des § 49 Abs. 1 Nr. 2 Buchst. f) EStG durch Einfügen des Doppelbuchstabens aa) **Vermietung und Verpachtung** erweitert worden. Bisher führte die Vermietung von inländischem Grundbesitz oder von im Inland verwerteten Rechten, auch wenn sie der gewerblichen Tätigkeit des beschränkt Steuerpflichtigen zuzurechnen war, zu Vermietungseinkünften nach § 49 Abs. 1 Nr. 6 i. v. m. § 21 EStG; es sei denn, die Einkünfte waren einer inländischen Betriebsstätte zuzurechnen oder im Inland war ein ständiger Vertreter bestellt. Dagegen zählte der Veräußerungserlös eines solchen Grundstücks oder Rechts nach § 49 Abs. 1 Nr. 2 Buchst. f) EStG zu den gewerblichen Einkünften. Dadurch wurden einheitliche wirtschaftliche Vorgänge in verschie-

---

1422 BGBl 2007 I 1912.
1423 BFH v. 5.6.2002 I R 105/00, BFH/NV 2002 1433, zu der Berechnung des Veräußerungsgewinns bei einer Immobilie, sowie v. 5.6.2002 I R 81/00, BStBl 2004 II 344.
1424 Rdn. 193.
1425 Nach § 238 Abs. 1 Satz 1 HGB ist der „Kaufmann" verpflichtet, Bücher zu führen; dies führt zu den §§ 1–6 HGB; somit zählen hierzu z. B. Genossenschaften, VVaG usw.

dene Einkunftsarten aufgespalten und damit einhergehend kamen unterschiedliche Einkunftsermittlungsarten zur Anwendung, ohne dass es dafür eine einleuchtende Rechtfertigung gab. Mit der Änderung des § 49 Abs. 1 Nr. 2 Buchst. f) EStG besteuert der Gesetzgeber nunmehr ab VZ 2009 die einer gewerblichen Tätigkeit des beschränkt Steuerpflichtigen zuzuordnenden Einkünfte aus der zeitlich begrenzten Überlassung von Grundbesitz und Rechten unabhängig von einer inländischen Betriebsstätte oder einem ständigen Vertreter im Inland als gewerbliche Einkünfte.[1426] Damit unterliegen in diesen Fällen sowohl die laufenden Vermietungseinkünfte als auch der Veräußerungserlös den gleichen Gewinnermittlungsvorschriften (§§ 4 ff. EStG; Betriebsvermögensvergleich statt Einnahmen-Überschuss-Rechnung).[1427]

Gegenüber § 49 Abs. 1 Nr. 2 Buchst. f) EStG ist § 49 Abs. 1 Nr. 6 EStG subsidiär (s. u. Rdn. 1640). 1622

Seit dem VZ 2010 stellen sog. **Transferleistungen**, die ein inländischer Sportverein an einen nicht im Inland ansässigen Sportverein für die vertragliche Verpflichtung eines Berufssportlers bezahlt, gemäß § 49 Abs. 1 Nr. 2 Buchst. g) EStG beschränkt einkommensteuerpflichtige inländische Einkünfte aus Gewerbebetrieb dar.[1428] Die beschränkte Steuerpflicht gilt sowohl für die zeitlich begrenzte Spielerleihe als auch für den endgültigen Spielertransfer, während der Steuerabzug gemäß § 50a Abs. 1 Nr. 3 EStG nur bei der befristeten Spielerleihe Anwendung findet. Durch die Begrenzung des Tatbestands auf Berufssportler und das Einfügen einer Freigrenze i. H. von 10 000 € wollte der Gesetzgeber vermeiden, dass der Amateursport von der beschränkten Steuerpflicht betroffen wird.[1429] 1623

Zu **nachträglichen Einkünften aus Gewerbebetrieb** vgl. H 34d EStH, sowie Rdn. 172 und 746: Einkünfte nach Beendigung der werbenden Tätigkeit (= Schließung der Betriebsstätte, z. B. nach Beendigung der Tätigkeit der Betriebsstätte werden noch Kundenforderungen eingezogen) sind in dem Staat zu besteuern, in dem die aktive Tätigkeit ausgeübt wurde, sofern die frühere Tätigkeit der Betriebsstätte ursächlich für diese Einkünfte ist.[1430] 1624

6.1.2.4 Einkünfte aus selbständiger Arbeit – § 49 Abs. 1 Nr. 3 EStG

Zu den inländischen Einkünften zählen die Einkünfte aus selbständiger Arbeit, die im Inland ausgeübt oder verwertet wird oder worden ist, oder für die im Inland eine feste Einrichtung oder eine Betriebsstätte unterhalten wird; auf die Ausführungen oben zu § 34d Nr. 3 EStG wird verwiesen (Rdn. 175). 1625

1426 Vgl. BT-Drs. 16/10189, S. 58 f.
1427 Eingehend zu Buchführungspflichten und zur Gewinnermittlung: BMF v. 16. 5. 2011, BStBl 2011 I 530.
1428 Einfügung des neuen Buchst. g) durch das JStG 2010. Hierdurch wollte der Gesetzgeber die zuvor bestehende Besteuerungslücke bei Spielerleihe im Profifußball schließen, die der BFH mit Urteil v. 27. 5. 2009 I R 86/07, BStBl 2010 II 120 aufgedeckt hatte.
1429 Vgl. BT-Drs. 17/2249, S. 100.
1430 BFH v. 15. 7. 1964 I 415/61 U, BStBl 1964 III 451.

1626 Einkünfte der in § 49 Abs. 1 Nr. 3 EStG bezeichneten Art können nur natürliche Personen erzielen.[1431]

1627 § 49 Abs. 1 Nr. 3 EStG trifft nicht den Fall, bei dem ein Manuskript als Ergebnis einer selbständigen Arbeit nicht durch denjenigen verwertet wird, der dieses Ergebnis bewirkt hat.[1432] Zu nachträglichen Einkünften aus selbständiger Tätigkeit vgl. Rdn. 1624 entsprechend.[1433] Nicht zur selbständigen Tätigkeit gehören Honorare für die Mitwirkung bei Talkshows; derartige Einkünfte unterliegen der beschränkten Steuerpflicht nach § 49 Abs. 1 Nr. 9 EStG,[1434] seit VZ 2009 nach § 49 Abs. 1 Nr. 2 Buchst. d) EStG.

1628 Durch die ab 1.1.2004 geltende Ergänzung des § 49 Abs. 1 Nr. 3 EStG – Aufnahme der Worte „oder für die im Inland eine feste Einrichtung oder eine Betriebsstätte unterhalten wird" – soll erreicht werden, dass ausländische Mitglieder einer inländischen Sozietät mit ihrem Gewinnanteil der inländischen Besteuerung unterliegen – sog. einrichtungsbezogene Gewinnabgrenzung (Bsp.: Die in dem Büro in München arbeitenden Rechtsanwälte aus London einer internationalen Kanzlei mit Sitz in München).

6.1.2.5 Einkünfte aus nichtselbständiger Arbeit – § 49 Abs. 1 Nr. 4 EStG

1629 Diese Vorschrift entspricht in ihrer Struktur § 34d Nr. 5 EStG, so dass grundsätzlich auf die obige Darstellung verwiesen wird (Rdn. 183); allerdings ist zu beachten, dass bei Zahlungen einer öffentlichen Kasse die beschränkte Steuerpflicht in § 49 Abs. 1 Nr. 4 Buchst. b) EStG nicht voraussetzt, dass ein Dienstverhältnis zum Kassenträger besteht[1435] – vgl. ferner § 50d Abs. 7 EStG, in dem die Auslegung von Kassenstaatsklauseln i. S. von Art. 19 OECD-MA (Rdn. 1081 ff.) dergestalt geregelt ist, dass allein die Auszahlung über eine öffentliche Kasse das ausschließliche deutsche Besteuerungsrecht begründen soll.[1436]

1630 Zusätzlich ist in § 49 Abs. 1 Nr. 4 Buchst. c) EStG die Besteuerung der Vergütung, die für eine Tätigkeit als Geschäftsführer (weit zu fassen), Prokurist (§§ 48 ff. HGB) oder Vorstandsmitglied einer Gesellschaft[1437] mit Geschäftsleitung im Inland bezogen wird, geregelt. Dies gilt somit auch für das Arbeitsverhältnis mit einer Gesellschaft, die ihren formalen Sitz im Ausland hat (Bsp.: Deutscher Geschäftsführer einer formell in Delaware/USA ansässigen Inc.).

1631 Mit Wirkung ab 1.1.2004 wurde durch das StÄndG 2003 die Bestimmung des § 49 Abs. 1 Nr. 4 Buchst. d) EStG in das Gesetz aufgenommen: Steuerpflichtig sind Entschä-

---

[1431] BFH v. 20.2.1974 I R 217/71, BStBl 1974 II 511.
[1432] BFH v. 16.12.1970 I R 137/68, BStBl 1971 II 200; v. 7.7.1971 I R 41/70, BStBl 1971 II 771; Bsp.: Die ausländische X-AG besitzt die Nutzungsrechte an einem Roman des im Ausland lebenden Autors Y und vergibt nun die Filmrechte an den unbeschränkt Steuerpflichtigen D – keine Einkünfte i. S. des § 49 Abs. 1 Nr. 3 EStG.
[1433] BFH v. 12.10.1978 I R 69/75, BStBl 1979 II 64; v. 18.10.1989 I R 126/88, BStBl 1990 II 377.
[1434] BFH v. 21.4.1999 I B 99/98, BStBl 2000 II 254.
[1435] BFH v. 23.9.1998 I B 53/98, BFH/NV 1999, 458.
[1436] Vgl. BT-Drs. 13/5952, S. 49 f.
[1437] Das betreffende Gesetz muss ausdrücklich den Begriff „Vorstand" verwenden (vgl. §§ 76 ff. AktG).

digungen im Sinne des § 24 Nr. 1 EStG, die für die Auflösung eines Dienstverhältnisses gezahlt werden, soweit die für die zuvor ausgeübte Tätigkeit bezogenen Einkünfte der inländischen Besteuerung unterlegen haben.[1438] Nach der amtlichen Begründung dient diese Vorschrift der Klarstellung, dass auch Abfindungszahlungen der beschränkten Steuerpflicht unterworfen sind. Das Besteuerungsrecht nach § 49 Abs. 1 Nr. 4 Buchst. d) EStG für Abfindungen an beschränkt Steuerpflichtige wird bei Bestehen eines DBA regelmäßig durch Art. 15 Abs. 1 bzw. Art. 18 OECD-MA dem ausländischen Wohnsitzstaat zugewiesen (vgl. Rdn. 1006). Einen Rückfall des Besteuerungsrechts an Deutschland als ehemaligen Tätigkeitsstaat durch eine Verständigungsvereinbarung erkannte der BFH mangels gesetzlicher Grundlage nicht an, da Konsultationsvereinbarungen i. S. des Art. 25 Abs. 3 Satz 1 OECD-MA ohne Transformation in einfaches Gesetzesrecht nur für die beteiligten Finanzverwaltungen bindend sind.[1439] Aus diesem Grund hat der Gesetzgeber § 2 AO durch das JStG 2010 um einen neuen Absatz 2 ergänzt.[1440] Die Neuregelung enthält eine Verordnungsermächtigung zugunsten des BMF, welches hierdurch in die Lage versetzt wird, mit Zustimmung des Bundesrates Rechtsverordnungen zur Umsetzung von Konsultationsvereinbarungen zu erlassen. Hierdurch soll nach Auffassung der Finanzverwaltung die umfassende Bindungswirkung solcher Vereinbarungen (ggf. auch rückwirkend) gewährleistet werden.[1441]

Zuletzt wurde mit Wirkung ab dem 1. 1. 2007 durch das StÄndG 2007 die Bestimmung des § 49 Abs. 1 Nr. 4 Buchst. e) EStG aufgenommen. Diese Regelung schafft einen neuen Besteuerungstatbestand für (nicht in Deutschland ansässiges) Bordpersonal eines im internationalen Luftverkehr eingesetzten Luftfahrzeugs, das von einem Unternehmen mit Geschäftsleitung (§ 10 AO) im Inland betrieben wird. Hintergrund des neuen Tatbestandes ist die Regelung in Art. 15 Abs. 3 OECD-MA, die das Besteuerungsrecht für solche Einkünfte dem Tätigkeitsstaat zuweist. Für diese Einkünfte gab es bisher keine inländische Besteuerungsgrundlage mit der Folge der völligen Steuerfreiheit bei Freistellung durch den Ansässigkeitsstaat. Aus diesem Grund ist der Anwendungsbereich des § 49 Abs. 1 Nr. 4 Buchst. e) EStG auf den Bereich des internationalen Luftverkehrs beschränkt. 1632

6.1.2.6 Einkünfte aus Kapitalvermögen – § 49 Abs. 1 Nr. 5 EStG

Diese Vorschrift weicht deutlich von der Korrespondenzvorschrift des § 34d Nr. 6 EStG ab und unterlag in den letzten Jahren wiederholt einer Änderung. Grundsätzlich ist aber auch hier der Anknüpfungspunkt des inländischen Schuldners bei Kapitaleinkünften i. S. des § 20 Abs. 1 Nr. 1, 2, 4, 6 und 9 EStG (§ 49 Abs. 1 Nr. 5 Buchst. a) EStG) bzw. der inländischen dinglichen Sicherheit bei Kapitaleinkünften i. S. des § 20 Abs. 1 Nr. 5–7 1633

1438 BMF v. 1. 11. 2013, BStBl 2013 I 1326.
1439 BFH v. 2. 9. 2009 I R 111/08, BFH/NV 2009, 2044; v. 2. 9. 2009 I R 90/08, BFH/NV 2009, 2041.
1440 JStG 2010, BGBl 2010 I 1768; vgl. Rdn. 1006.
1441 Vgl. BMF v. 13. 4. 2010, BStBl 2010 I 353.

EStG (§ 49 Abs. 1 Nr. 5 Buchst. c) Doppelbuchst. aa) EStG)[1442] festzuhalten. Mit Wirkung ab 1.1.2004 ist das InvStG in die Vorschrift eingearbeitet worden.

1634 Durch das UntStRefG 2008 wurde die beschränkte Steuerpflicht ab VZ 2009 auf Veräußerungsgeschäfte ausgedehnt, die dem Kapitalsteuerabzug unterliegen (§ 49 Abs. 1 Nr. 5 Buchst. c) Doppelbuchst. cc) EStG a. F.). Diese Regelung wurde durch das JStG 2009 als § 49 Abs. 1 Nr. 5 Buchst. d) EStG neu gefasst und ihr Anwendungsbereich (§ 43 Abs. 1 Nr. 9 EStG) wird ab VZ 2009 auf Schaltergeschäfte (Tafelgeschäfte) beschränkt, bei denen die Erträge einem nicht nach § 154 AO legitimierten (unbekannten) Depotinhaber ausgezahlt werden.[1443]

1635 Ist der beschränkt Steuerpflichtige Gläubiger der Kapitalerträge, so ist grundsätzlich die Kapitalertragsteuer in der in § 43a EStG genannten Höhe vom Schuldner der Kapitalerträge einzubehalten, anzumelden und abzuführen (§ 44 EStG). Dem Gläubiger ist die Bescheinigung nach § 45a EStG zu übergeben. Eine Erstattung der Steuer kommt nicht in Betracht, sofern es sich nicht um den Sonderfall des § 44a Abs. 5 EStG handelt. Die Einkommensteuer gilt grundsätzlich durch den Steuerabzug als abgegolten (§ 50 Abs. 2 Satz 1 EStG; ab 1.1.2009 auch § 43 Abs. 5 EStG). Ab 2009 wird der Sparer-Pauschbetrag des § 20 Abs. 9 EStG in Höhe von 801 € gewährt (vgl. § 50 Abs. 1 EStG).[1444]

1636 Ist der Gläubiger in einem Staat ansässig, mit dem ein allgemeines DBA abgeschlossen worden ist, so gilt auch hier grundsätzlich, dass die Kapitalertragsteuer – unabhängig von der im Abkommen vereinbarten Höhe der Kapitalertragsteuer – in der Höhe lt. § 43a EStG einzubehalten und an das FA abzuführen ist (§ 50d Abs. 1 Satz 1 EStG – Treaty Override). Da aber die dem beschränkt Steuerpflichtigen aus dem Abkommen zustehenden Rechte durch das nationale Recht nicht beschnitten werden dürfen, ist dann auf Antrag des Gläubigers das Erstattungsverfahren nach § 50d Abs. 1, 1a EStG durchzuführen (vgl. Rdn. 1692).

1637 Als weitere Besonderheit ist bei den Kapitalerträgen beschränkt Steuerpflichtiger die Umsetzung der Mutter-Tochter-Richtlinie in § 43b EStG zu berücksichtigen: Nach § 43b Abs. 1 EStG wird auf – an das BZSt zu stellenden – Antrag die Kapitalertragsteuer nicht auf die Gewinnanteile erhoben, die eine inländische Tochtergesellschaft an ihre Muttergesellschaft mit Sitz und Geschäftsleitung im Ausland (Bsp.: X-GmbH, Hamburg, schüttet an die britische Muttergesellschaft aus) oder an eine im EU-Ausland belegene Betriebsstätte ausschüttet (Bsp.: X-GmbH schüttet an die in Paris befindliche Betriebsstätte ihrer britischen Muttergesellschaft aus). Letzteres gilt auch dann, wenn es sich um eine im EU-Ausland befindliche Betriebsstätte einer unbeschränkt steuerpflichtigen Muttergesellschaft handelt (Bsp.: Y-GmbH, München, schüttet an die in Mailand befindliche Betriebsstätte ihrer deutschen Muttergesellschaft aus). Der Begriff der Muttergesellschaft sowie der Umfang der Beteiligung wird in § 43b Abs. 2 und 3 EStG, der

---

[1442] BFH v. 28.3.1984 I R 129/79, BStBl 1984 II 620; v. 6.2.1985 I R 87/84, BFH/NV 1985, 104; v. 13.4.1994 I R 97/93, BStBl 1994 II 743.
[1443] Vgl. BT-Drs. 16/11108, S. 28.
[1444] Der Sparer-Freibetrag gemäß § 20 Abs. 4 EStG a. F. wurde vor dem 1.1.2009 beschränkt Steuerpflichtigen nicht gewährt.

Begriff der Betriebsstätte in § 43b Abs. 2a EStG definiert.[1445] Die Einzelheiten der Steuerfreistellung regelt § 50d Abs. 2 EStG.

Ist der beschränkt Steuerpflichtige Gläubiger von Erträgen aus sonstigen Kapitalforderungen i. S. des § 20 Abs. 1 Nr. 7 EStG, so ist eine Zinsabschlagsteuer nicht zu erheben.[1446] Ist sie irrtümlich erhoben worden, so hat der Steuerpflichtige seinen Erstattungsanspruch bei dem Betriebsstättenfinanzamt des Schuldners geltend zu machen.[1447]

6.1.2.7 Einkünfte aus Vermietung und Verpachtung – § 49 Abs. 1 Nr. 6 EStG

Die Vorschrift entspricht in ihrer Struktur § 34d Nr. 7 EStG, so dass grundsätzlich hierauf verwiesen wird (Rdn. 193). Eine Erweiterung erfährt die Vorschrift insofern, als steuerpflichtige Einkünfte auch dann vorliegen, wenn das vermietete Wirtschaftsgut lediglich in ein inländisches öffentliches Buch oder Register (Bsp.: Grundbuch, Luftfahrzeugrolle[1448]) eingetragen ist, ohne dass es sich im Inland befindet oder in einer inländischen Betriebsstätte oder in einer anderen Einrichtung verwertet wird. Zur Überlassung von Nutzungsrechten durch einen ausländischen Rechtsinhaber an die inländische Tochtergesellschaft vgl. BFH v. 27. 2. 2002.[1449]

Wegen der Tatbestandserweiterung in § 49 Abs. 1 Nr. 2 Buchstabe f) EStG durch das JStG 2009 (s. o. Rdn. 1622) wurde in § 49 Abs. 1 Nr. 6 EStG gleichzeitig eine Subsidiaritätsklausel eingefügt, wonach Einkünfte nur noch insoweit von § 49 Abs. 1 Nr. 6 EStG erfasst werden, als sie nicht zu den Einkünften im Sinne der Nummern 1 – 5 gehören. Damit unterliegen Einkünfte, die sowohl § 49 Abs. 1 Nr. 2 Buchst. f) EStG als auch der Nr. 6 der Vorschrift zugeordnet werden können, vorrangig der erstgenannten Norm.

Die entgeltliche (zeitlich begrenzte) Überlassung von Persönlichkeitsrechten (Namensrecht gemäß § 12 BGB, Recht am eigenen Bild gemäß §§ 22, 23 KunstUrhG) für Werbezwecke durch einen ausländischen Rechtsinhaber führt zu inländischen Einkünften aus Vermietung und Verpachtung i. S. von § 49 Abs. 1 Nr. 6 i. V. m. § 21 Abs. 1 Nr. 3 EStG.[1450] Die Verpflichtung zum Steuerabzug ergibt sich in sämtlichen Fällen der Rechteüberlassung – unabhängig von der Qualifikation als inländische Einkünfte aus Gewerbebetrieb i. S. von § 49 Abs. 1 Nr. 2 Buchst. d) EStG, als inländische Einkünfte aus selbständiger Tätigkeit i. S. von § 49 Abs. 1 Nr. 3 EStG oder als inländische Einkünfte aus Vermietung und Verpachtung i. S. von § 49 Abs. 1 Nr. 6 EStG – aus § 50a Abs. 1 Nr. 3 EStG.[1451]

1445 Als lex specialis Vorrang vor § 12 AO und dem jeweiligen DBA.
1446 Vgl. BMF v. 22. 12. 2009, BStBl 2010 I 94, Tz. 313.
1447 BMF v. 22. 12. 2009, BStBl 2010 I 94, Tz. 307.
1448 BFH v. 2. 5. 2002 IX R 71/96, BFH/NV 2002, 1288.
1449 BFH v. 27. 2. 2002 I R 62/01, BFH/NV 2002, 1142.
1450 BFH v. 19. 12. 2007 I R 19/06, BStBl 2010 II 398; BMF v. 2. 8. 2005, BStBl 2005 I 844.
1451 Ausführlich Bsp. 3 des BMF v. 25. 11. 2010, BStBl 2010 I 1350, Tz. 94.

6.1.2.8 Sonstige Einkünfte – § 49 Abs. 1 Nr. 7 bis 10 EStG

1642 Die sonstigen Einkünfte sind bei beschränkter Steuerpflicht weiter gefasst als in § 34d Nr. 8 EStG:

1643 So regelt § 49 Abs. 1 Nr. 7 EStG die Besteuerung der sonstigen inländischen Einkünfte im Sinne des § 22 Nr. 1 Satz 3 Buchst. a) EStG, die von den inländischen gesetzlichen Rentenversicherungsträgern, den inländischen landwirtschaftlichen Alterskassen, den inländischen berufsständischen Versorgungseinrichtungen, den inländischen Versicherungsunternehmen oder sonstigen inländischen Zahlstellen gewährt werden.[1452] Ab dem VZ 2010 dehnt ein in § 49 Abs. 1 Nr. 7 EStG angefügter zweiter Halbsatz die beschränkte Steuerpflicht auf ausländische Zahlstellen aus,[1453] wenn die den Leistungen zugrundeliegenden Beiträge im Inland als Sonderausgaben gemäß § 10 Abs. 1 Nr. 2 EStG berücksichtigt wurden (sog. Förderstaatsprinzip).

1644 Die Bestimmung des § 49 Abs. 1 Nr. 8 EStG befasst sich mit der beschränkten Steuerpflicht der sonstigen Einkünfte im Sinne des § 22 Nr. 2 EStG – private Veräußerungsgeschäfte –, soweit es sich um private Veräußerungsgeschäfte mit inländischen Grundstücken oder mit inländischen Rechten, die den Vorschriften des bürgerlichen Rechts über Grundstücke unterliegen, handelt.

1645 Wie erwähnt (s. o. Rdn. 1619), wurde § 49 Abs. 1 Nr. 8 Buchst. c) EStG durch das JStG 2009 aufgehoben, weil die Gewinne aus der Veräußerung von Anteilen an Kapitalgesellschaften i. S. des § 17 EStG künftig bereits über § 49 Abs. 1 Nr. 2 Buchst. e) EStG erfasst werden.

1646 Sonstige Einkünfte im Sinne des § 22 Nr. 4 EStG – Leistungen an Abgeordnete – werden der beschränkten Steuerpflicht nach § 49 Abs. 1 Nr. 8a EStG unterworfen. Ein Steuerabzug ist nicht vorgesehen; die Steuererhebung erfolgt durch Veranlagung.

1647 § 49 Abs. 1 Nr. 9 ESG stellt einen Auffangtatbestand dar, der sonstige Einkünfte im Sinne des § 22 Nr. 3 EStG – Leistungen, die zu keiner anderen Einkunftsart gehören – der beschränkten Steuerpflicht unterwirft, auch wenn sie bei Anwendung dieser Vorschrift einer anderen Einkunftsart zuzurechnen wären, soweit es sich um Einkünfte aus der Nutzung beweglicher Sachen im Inland oder aus der Überlassung der Nutzung oder des Rechts auf Nutzung von gewerblichen, technischen, wissenschaftlichen und ähnlichen Erfahrungen, Kenntnissen und Fertigkeiten, z. B. Plänen, Mustern und Verfahren, handelt, die im Inland genutzt werden oder worden sind;[1454] dies gilt nicht, soweit es sich um steuerpflichtige Einkünfte im Sinne der Regelungen in § 49 Abs. 1 Nr. 1–8 EStG handelt.

1648 Entsprechend der Tatbestandserweiterung in § 49 Abs. 1 Nr. 2 Buchst. d) EStG (s. o. Rdn. 1617) ist durch das JStG 2009 auch die enumerative Aufzählung in § 49 Abs. 1

[1452] Ab 1.1.2013 wurde § 49 Abs. 1 Nr. 7 EStG an die Neuordnung der landwirtschaftlichen Sozialversicherung angepasst, BGBl 2012 I 579.
[1453] BGBl 2010 I 386.
[1454] BFH v. 13.11.2002 I R 90/01, BStBl 2003 II 249, zur Überlassung von Kundenadressen; BFH v. 10.4.2013 I R 22/12, BStBl 2013 II 728, zur Vermietung von Lkw.

Nr. 9 EStG insoweit ergänzt worden, als ab VZ 2009 auch Einkünfte aus inländischen **unterhaltenden Darbietungen** besteuert werden können.

Das JStG 2009 hat den Katalog der beschränkt steuerpflichtigen Einkünfte des § 49 EStG ferner um eine Nr. 10 ergänzt. Danach sollten ursprünglich Leistungen aus Pensionsfonds, Pensionskassen und Direktversicherungen gemäß § 22 Nr. 5 Satz 1 EStG auch dann einer (nachgelagerten) Besteuerung im Quellenstaat Deutschland unterliegen, wenn der Empfänger nicht unbeschränkt steuerpflichtig ist,[1455] soweit die entsprechenden Zuwendungen, Beiträge oder Leistungen an diese Institutionen gemäß § 3 Nrn. 56, 63 und 66 EStG steuerfrei waren. Zur konsequenten nachgelagerten Besteuerung von Alterseinkünften wurde mit Wirkung ab dem VZ 2010 auch dieser Tatbestand – wie die Regelung des § 49 Abs. 1 Nr. 7 EStG – auf ausländische Zahlstellen ausgeweitet. In diesem Zusammenhang ist auch die ursprüngliche Beschränkung des § 49 Abs. 1 Nr. 10 EStG (Verweisungen auf § 3 Nr. 56, 63 und 66 EStG) entfallen und stattdessen wird auf die vorherige Berücksichtigung der Beitragsleistungen als Sonderausgaben gemäß § 10 Abs. 1 Nr. 2 EStG abgestellt. Von der Regelung betroffen sind vor allem deutsche Arbeitnehmer, die ihren Wohnsitz (§ 8 AO) und gewöhnlichen Aufenthalt (§ 9 AO) nach dem Eintritt in den Ruhestand ins Ausland verlegt haben.

1649

6.1.2.9 Internationale Luft- und Schifffahrt – § 49 Abs. 3 und 4 EStG

Während § 49 Abs. 3 EStG noch eine (unwiderlegbare) Gewinnvermutung in Höhe von 5 % der für die Beförderung vereinbarten Entgelte für beschränkt steuerpflichtige Schifffahrt- und Luftfahrtunternehmen enthält, sind nach § 49 Abs. 4 EStG die Einkünfte aus § 49 Abs. 1 Nr. 2 EStG (Rdn. 1611 ff.) steuerfrei, die ein beschränkt Steuerpflichtiger mit Wohnsitz oder gewöhnlichem Aufenthalt in einem ausländischen Staat durch den Betrieb eigener oder gecharterter Schiffe oder Luftfahrzeuge aus einem Unternehmen bezieht, dessen Geschäftsleitung sich in dem ausländischen Staat befindet. Voraussetzung für die Steuerbefreiung ist, dass dieser ausländische Staat Steuerpflichtigen mit Wohnsitz oder gewöhnlichem Aufenthalt in der Bundesrepublik eine entsprechende Steuerbefreiung für derartige Einkünfte gewährt und dass das Bundesministerium für Verkehr, Bau- und Stadtentwicklung die Steuerbefreiung für verkehrspolitisch unbedenklich erklärt hat. Eine vergleichbare Regelung findet sich in § 12 Abs. 2 VStG (Rdn. 472).

1650

6.1.3 Durchführung der Besteuerung

6.1.3.1 Sondervorschriften für beschränkt Steuerpflichtige – § 50 EStG

Die Sondervorschriften des § 50 EStG bestimmen, ob und in welcher Weise beschränkt Steuerpflichtige mit ihren inländischen Einkünften i. S. des § 49 EStG zu veranlagen

1651

1455 Vgl. BT-Drs. 16/10189, S. 59.

sind. Durch das JStG 2009 ist § 50 EStG neu gefasst worden, um seine Regelungen ab VZ 2009 den Vorgaben des Unionsrechts anzupassen.[1456]

6.1.3.1.1 Ermittlung des zu versteuernden Einkommens – § 50 Abs. 1 EStG

1652 Die Einkünfte und das zu versteuernde Einkommen sind grundsätzlich nach den Bestimmungen des EStG zu ermitteln. Aber eine Reihe von (subjektiven) steuerlichen Vergünstigungen (insbes. Sonderausgaben und außergewöhnliche Belastungen) wird beschränkt Steuerpflichtigen nicht gewährt, um dem objektsteuerartigen Charakter der beschränkten Steuerpflicht Rechnung zu tragen. So bestimmt § 50 Abs. 1 Satz 1 EStG, dass Betriebsausgaben (§ 4 Abs. 4 bis 8 EStG) oder Werbungskosten (§ 9 EStG) nur bei unmittelbarem wirtschaftlichem Zusammenhang[1457] berücksichtigt werden dürfen. Wegen europarechtlicher Bedenken wurde die Bestimmung des bisherigen § 50 Abs. 1 Satz 2 EStG aufgehoben, wonach § 10d EStG nur anzuwenden war, wenn sich Verluste aus Unterlagen ergaben, die im Inland aufbewahrt wurden. Aus demselben Grund werden die §§ 9a und 24a EStG (und ab dem VZ 2012 auch § 9c EStG und § 9 Abs. 5 Satz 1 EStG, soweit er § 9c Absatz 1 und 3 EStG für anwendbar erklärt) nicht mehr bei den für beschränkt Steuerpflichtige nicht anwendbaren Vorschriften aufgezählt. Ab dem VZ 2012 sind gemäß § 50 Abs. 1 Satz 3 EStG die §§ 10, 10a, 10c, § 16 Abs. 4, §§ 24b, 32, § 32a Abs. 6, §§ 33, 33a, 33b und 35a EStG nicht für beschränkt Steuerpflichtige anwendbar. Das Sonderausgabenabzugsverbot wird in der Rechtsprechung grundsätzlich für rechtmäßig erachtet, da die objektiven Unterschiede zwischen der Situation der Gebietsansässigen und derjenigen der Gebietsfremden sowohl hinsichtlich der Einkunftsquelle als auch hinsichtlich der persönlichen Steuerkraft sowie der persönlichen Lage und des Familienstands verschieden sind.[1458] Dies gilt jedoch (ausnahmsweise) nicht für den Abzug von Aufwendungen, die unmittelbar mit den zu versteuernden Einnahmen zusammenhängen, da sich hierbei Gebietsfremder und Gebietsansässiger in einer vergleichbaren Lage befinden.[1459]

1653 § 50 Abs. 1 Satz 2 EStG regelt den Grundsatz, dass beschränkt Steuerpflichtige ohne Grundfreibetrag (§ 32a Abs. 1 Nr. 1 EStG) veranlagt werden.[1460] Von diesem Grundsatz

---

1456 Vgl. BT-Drs. 16/10189 S. 59.

1457 Hierzu BFH v. 24.4.2007 I R 93/03, BFH/NV 2007, 1576; im Anschluss an EuGH v. 15.2.2007 C-345/04 Centro Equestre, IStR 2007, 212.

1458 EuGH v. 14. 2.1995 C–279/93 Schumacker, DStR 1995, 326; v. 12.6.2003 C-234/01 Gerritse, DStR 2003, 1112; v. 6.10.2009 C-562/07 Europäische Kommission/Spanien, IStR 2009, 812; BFH v. 22.1.1992 I R 55/90, BStBl 1992 II 550; FG Hamburg v. 6.2.2003 VII 240/01, n.v.; v. 11.11.2003 VII 205/00, EFG 2004, 563.

1459 Zum Verstoß gegen die Kapitalverkehrsfreiheit (Art. 63 AEUV) bei Versagung des Sonderausgabenabzugs für beschränkt Steuerpflichtige bei Vermögensübertragung gegen Versorgungsleistung s. EuGH v. 31.3.2011 C-450/09 Ulrich Schröder, DStR 2011, 664, sowie die erneute Vorlage des BFH v. 14.5.2013 I R 49/12, BStBl 2014 II 22, die beim EuGH unter dem Az. C-559/13 Grünewald anhängig ist; zum Verstoß des Ausschlusses der steuerlichen Anerkennung von Steuerberatungskosten bei beschränkter Steuerpflicht gegen die Niederlassungsfreiheit (Art. 49 AEUV) s. EuGH v. 6.7.2006 C-346/04 Conijn, BStBl 2007 II 350; BFH v. 20.9.2006 I 113/03, BFH/NV 2007, 220.

1460 Technisch erfolgt dies durch Hinzurechnung des Grundfreibetrags (ab VZ 2014: 8 354 €) zum zu versteuernden Einkommen i.S.v. § 2 Abs. 5 EStG; die Versagung des Grundfreibetrags für beschränkt Steuerpflichtige ist weder verfassungs- noch unionsrechtswidrig, FG Baden-Württemberg v. 12.7.2012, 3 K 4435/11, EFG 2012, 1932.

wird zugunsten von Arbeitnehmern, die beschränkt steuerpflichtige Einkünfte gemäß § 49 Abs. 1 Nr. 4 EStG beziehen, anteilig abgewichen. Die Ausnahme gilt für alle beschränkt steuerpflichtigen Arbeitnehmer (auch solche aus Drittstaaten). Darüber hinaus können beschränkt steuerpflichtige Arbeitnehmer bestimmte Sonderausgaben (Altersvorsorgeaufwendungen und Beiträge zur Kranken- und Pflegeversicherung) anteilig geltend machen. Durch die Neufassung von § 50 Abs. 1 Satz 2 und Satz 4 EStG durch das BeitrRLUmsG[1461] wird die Bindung der Gewährung von Grundfreibetrag und Sonderausgabenabzug an beschränkt steuerpflichtige Einkünfte aus nichtselbständiger Arbeit enger.

Die bisher in § 50 Abs. 3 Satz 2 EStG a. F. enthaltene Regelung eines Mindeststeuersatzes von 25 % für beschränkt Steuerpflichtige wurde mit Rücksicht auf das Urteil des EuGH vom 12. 6. 2003 ab dem VZ 2009 durch die Regelung in § 50 Abs. 1 Satz 2 EStG ersetzt, nach der sich die Einkommensteuer bei beschränkt Steuerpflichtigen durchgängig nach dem Tarif für unbeschränkt Steuerpflichtige (§ 32a Abs. 1 EStG) bemisst.[1462]   1654

6.1.3.1.2 Steuerabzug mit abgeltender Wirkung – § 50 Abs. 2 EStG

Das bisher in § 50 Abs. 2 EStG a. F. normierte Verbot des Verlustausgleichs bei Einkünften, die dem Steuerabzug unterliegen, ergibt sich nach der Neufassung der Vorschrift im JStG 2009 bereits aus der Abgeltungswirkung des § 50 Abs. 2 Satz 1 EStG. Die alte Regelung ist deshalb entfallen. Die abgeltende Wirkung des Steuerabzugs führt dazu, dass die betroffenen Einkünfte keine Veranlagung des beschränkt Steuerpflichtigen auslösen können und dass sie im Falle einer aus anderen Gründen durchzuführenden Veranlagung dort nicht berücksichtigt werden.   1655

Aus europarechtlichen Gründen ist ferner das zusätzliche Verbot des Verlustausgleichs bei Einkünften i. S. des § 20 Abs. 1 Nr. 5 und 7 EStG entfallen.[1463] Auch bei diesen Einkünften gilt das Verlustausgleichsverbot daher nur noch, soweit die Einkünfte einem abgeltenden Steuerabzug unterliegen.   1656

Die Abgeltungswirkung des Steuerabzugs vom Arbeitslohn (§§ 38 ff. EStG), vom Kapitalertrag (§§ 43 ff. EStG) und gemäß § 50a EStG bei beschränkt Steuerpflichtigen bleibt grundsätzlich erhalten, § 50 Abs. 2 Satz 1 EStG (bisher § 50 Abs. 5 Satz 1 EStG a. F.). Durch die Änderung von § 50 Abs. 2 Satz 2 EStG im JStG 2009 werden die Ausnahmen von diesem Grundsatz erweitert. Zunächst werden der Klarheit halber auch Einkünfte eines inländischen Betriebs in einer eigenen Nr. 1 aufgeführt. Mit der neuen Nr. 3 und dem Buchst. a) der neuen Nr. 4 werden zwei neue Fallgruppen aufgeführt, für die die Abgeltungswirkung des Steuerabzugs nicht gilt.[1464] Mit der neuen Nr. 3 wird ausdrücklich klargestellt, dass die Abgeltungswirkung nicht greift, wenn nach § 2 Abs. 7 Satz 3 EStG (Rdn. 160) die während der beschränkten Einkommensteuerpflicht erzielten Einkünfte in eine Veranlagung zur unbeschränkten Steuerpflicht einzubeziehen sind, weil im Kalenderjahr sowohl unbeschränkte als auch beschränkte Steuerpflicht bestand.   1657

1461 BGBl 2011 I 2592.
1462 EuGH v. 12. 6. 2003 C-234/01 Gerritse, BStBl 2003 II 859; BFH v. 10. 1. 2007 I R 87/03, BStBl 2008 II 22.
1463 BT-Drs. 16/10189, S. 60.
1464 BT-Drs. 16/10189, S. 60.

Aufgrund des nicht aufeinander abgestimmten Wortlauts von § 2 Abs. 7 Satz 3 EStG und § 50 Abs. 5 Satz 1 EStG (a. F.) ergab sich dies bislang nicht unmittelbar aus dem Wortlaut des Gesetzes. In Nr. 4a EStG ist seit dem BeitrRLUmsG normiert, dass die Abgeltungswirkung nicht greift, wenn als Lohnsteuerabzugsmerkmal ein Freibetrag nach § 39a Abs. 4 EStG gebildet worden ist. Dies entspricht der Regelung bei unbeschränkt Steuerpflichtigen, für die in entsprechenden Fällen ebenfalls eine Pflichtveranlagung vorgesehen ist (vgl. § 46 Abs. 2 Nr. 4 i.V. mit § 39a Abs. 1 EStG).

1658 Das Erstattungsverfahren nach § 50 Abs. 5 Satz 2 Nr. 3 EStG (a. F.) ist im JSG 2009 durch das Veranlagungswahlrecht für alle beschränkt Steuerpflichtigen aus EU- und EWR-Staaten in § 50 Abs. 2 Satz 2 Nr. 5 EStG ersetzt worden. Es gilt für alle Einkünfte, die dem Steuerabzug aufgrund des § 50a Abs. 1 Nrn. 1, 2 oder 4 EStG unterliegen.

1659 Durch Artikel 8 eines Begleitgesetzes zur zweiten Föderalismusreform wurde die Zuständigkeit für das Antragsverfahren des § 50 Abs. 2 Satz 2 Nr. 5 EStG dem BZSt zugewiesen (§ 50 Abs. 2 Satz 8 EStG).[1465] Damit werden das Steuerabzugsverfahren nach § 50a Abs. 1 EStG (Finanzamt, an das der Steuerabzug abzuführen und bei dem die Steueranmeldung einzureichen ist) und die auf Antrag im Nachhinein erfolgende Veranlagung bei einer Finanzbehörde zentralisiert. Die Maßnahme dient der Gleichmäßigkeit der Besteuerung. Sie vermeidet Zweifelsfragen über das aufgrund der Vorschriften der AO im Einzelfall zuständige Finanzamt und erleichtert das Besteuerungsverfahren für Steuerpflichtige und Finanzverwaltung.[1466] Das BZSt ist erstmals zuständig für die Durchführung der Veranlagung nach § 50 Abs. 2 Satz 2 Nr. 5 EStG für nach dem 31. 12. 2013 zufließende Vergütungen.[1467] Davor bestimmt sich die örtliche Zuständigkeit der Finanzämter nach § 19 Abs. 2 AO.[1468]

6.1.3.1.3 Anrechnung und Abzug ausländischer Steuern – § 50 Abs. 3 EStG

1660 In § 50 Abs. 3 EStG wird vom JStG 2009 die bisherige Regelung des Abs. 6 übernommen. Die Anrechnung eigener inländischer Abzugsteuer i. S. des § 36 Abs. 2 Nr. 2 EStG entfällt bei Vorrangigkeit des abgeltenden Abzugsverfahrens nach § 50 Abs. 2 Satz 1 EStG. Unter bestimmten Voraussetzungen (Einkünfte aus Land- und Forstwirtschaft, Gewerbebetrieb oder selbständiger Arbeit mit inländischem Betrieb) sieht § 50 Abs. 3 EStG auch bei beschränkt Steuerpflichtigen Steuerermäßigungen um entsprechende Auslandsteuern nach § 34c Abs. 1–3 EStG vor.[1469]

6.1.3.1.4 Steuererlass, Steuerpauschalierung – § 50 Abs. 4 EStG

1661 Nach § 50 Abs. 7 EStG (a. F.) war eine Pauschalierung oder ein Erlass der Steuer möglich, wenn dies aus volkswirtschaftlichen Gründen zweckmäßig oder wenn eine gesonderte

---

1465 Entsprechende Änderungen finden sich in § 50a und § 52 EStG sowie in den §§ 73d, 73e und 73g EStDV. Der Zeitpunkt der erstmaligen Anwendung dieser Änderungen wird durch Rechtsverordnung der Bundesregierung bestimmt, die der Zustimmung des Bundesrates bedarf; er darf nicht vor dem 31. 12. 2011 liegen, § 52 Abs. 58a Satz 2 EStG.
1466 Vgl. BT-Drs. 16/12400, S. 28.
1467 Vgl. § 1 Nr. 2 der VO v. 24. 6. 2013, BGBl 2013 I 1679.
1468 Vgl. auch BMF v. 25. 11. 2010, BStBl 2010 I 1350, Tz. 65, 73.
1469 Einzelheiten zum Anrechnungsverfahren s. o. Rdn. 247 ff.

Berechnung der Einkünfte besonders schwierig war. Um weitere Fälle einbeziehen zu können, ist die Vorschrift im JStG 2009 als § 50 Abs. 4 EStG für beschränkt Steuerpflichtige neu gefasst worden. Anknüpfungspunkt ist jetzt allein, dass ein Steuererlass oder eine Steuerpauschalierung im besonderen öffentlichen Interesse liegt. Dies wird in zwei Tatbestandsalternativen konkretisiert. Danach besteht das besondere öffentliche Interesse zum einen an der inländischen Veranstaltung international bedeutsamer kultureller und sportlicher Ereignisse, um deren Ausrichtung ein internationaler Wettbewerb stattfindet, also z. B. die Ausrichtung einer sportlichen Weltmeisterschaft; zum anderen besteht es am inländischen Auftritt einer ausländischen Kulturvereinigung (z. B. Tanzgruppe), wenn ihr Auftritt wesentlich aus öffentlichen Mitteln gefördert wird[1470] – Rdn. 1074. Die beiden Tatbestandsalternativen in § 50 Abs. 4 Nr. 1 und 2 EStG wurden durch das JStG 2010 dahingehend eingeschränkt, dass ein besonderes öffentliches Interesse an den genannten Veranstaltungen unmittelbar selbst bestehen muss. Ereignisse, die nur in Verbindung mit solchen Veranstaltungen stehen, werden nicht (mehr) erfasst.[1471] Die Konkretisierung ist nicht abschließend („insbesondere").

Bei sportlichen Großereignissen (Welt- oder Europameisterschaften, Olympiade, etc.) hat die Finanzverwaltung in der Vergangenheit auch den beschränkt steuerpflichtigen Teilnehmern (ausländische Vereine und ausländische Sportler) die Einkommensteuer erlassen.[1472] Dies geschah auch während der Fußball Weltmeisterschaft 2006.[1473] Zwischenzeitlich haben mehrere europäische Länder den Abschluss von Gegenseitigkeitsvereinbarungen abgelehnt, so dass ab dem 1. 1. 2010 für beschränkt einkommensteuerpflichtige Sportler aus Bulgarien, Griechenland, Großbritannien, Luxemburg, Österreich, Schweiz, Spanien, Ungarn oder Zypern wieder die Besteuerung durchzuführen ist.[1474]

1662

Erlass und Pauschalierung sind Billigkeitsentscheidungen, die im Ermessen (§ 5 AO) der zuständigen Behörde liegen, wenn die tatbestandsmäßigen Voraussetzungen des § 50 Abs. 4 EStG erfüllt sind.[1475] Zuständig ist die Oberste Landesfinanzbehörde mit Delegationsmöglichkeit auf die Finanzämter. Die Zustimmung des BMF ist erforderlich.

1663

6.1.3.2 Steuerabzug bei beschränkt Steuerpflichtigen – § 50a EStG

In § 50a EStG wird der besondere Steuerabzug für bestimmte Einkünfte beschränkt Steuerpflichtiger geregelt. Dieser Steuerabzug nach § 50a EStG wurde durch das JStG 2009 mit Wirkung ab VZ 2009 neu strukturiert. Er wird in einer modifizierten Form beibehalten, die den Anforderungen der EuGH-Rechtsprechung,[1476] dem DBA-Recht, aber

1664

1470 Wenigstens ein Drittel der Kosten des inländischen Auftritts; zu Einzelheiten s. BMF v. 25. 11. 2010, BStBl 2010 I 1350 Tz. 89 f.; v. 20. 3. 2008, BStBl 2008 I 538; v. 20. 7. 1983, BStBl 1983 I 382; LfSt Bayern v. 24. 10. 2011, IStR 2012, 124; OFD Berlin v. 21. 7. 1998, DStR 1999, 26.
1471 Vgl. BT-Drs. 17/3549, S. 26.
1472 Vgl. BMF v. 20. 3. 2008, BStBl 2008 I 538.
1473 OFD Münster v. 10. 2. 2006, DStR 2006, 376.
1474 Vgl. BMF v. 21. 1. 2010, BStBl 2010 I 49.
1475 Vgl. BFH v. 7. 3. 1999 I R 98/05, BStBl 2008 II 186.
1476 Vgl. EuGH v. 3. 10. 2006 C-290/04 Scorpio, BStBl 2007 II 352; dazu s. BFH v. 24. 4. 2007 I R 39/04, BStBl 2008 II 96; BFH v. 22. 8. 2007 I R 46/02, BStBl 2008 II 190; BFH v. 18. 9. 2007 I R 15/05, BStBl 2008 II 332.

auch den Anforderungen an eine effektive Besteuerung dieser Einkünfte entspricht.[1477] Die Trennung von Aufsichtsratsvergütungen (§ 50a Abs. 1 EStG a. F.) und sonstigen Einkünften (§ 50a Abs. 4 EStG a. F.) wurde aufgegeben und der sachliche Anwendungsbereich des Steuerabzugs enger gefasst.[1478] Bislang waren die einzelnen Tatbestände für die Verpflichtung zum Steuerabzug nach § 50a EStG auf die Absätze 1 und 4 verteilt. Nunmehr werden alle Tatbestände in Absatz 1 zusammengefasst und es wird eine Unterteilung durch Nummerierung vorgenommen.

6.1.3.2.1 Darbietungen – § 50a Abs. 1 Nr. 1 EStG

1665 Die Regelung knüpft an die in § 49 Abs. 1 Nr. 2 Buchst. d) EStG genannten Tätigkeiten an (s. o. Rdn. 1616 f.). Sie unterwirft – wie bisher schon § 50a Abs. 4 Satz 1 Nr. 1 EStG a. F. – **künstlerische, sportliche, artistische und ähnliche Darbietungen** einschließlich der Einkünfte aus anderen mit diesen Leistungen zusammenhängenden Leistungen[1479] dem Steuerabzug, unabhängig davon, wem die Einkünfte zufließen (§ 49 Abs. 1 Nr. 2 bis 4 und 9 EStG), soweit es sich nicht um Einkünfte aus nichtselbständiger Arbeit handelt, die dem Lohnsteuerabzug nach § 38 Abs. 1 Satz 1 EStG unterliegen.

1666 Auch in § 50a EStG wurde durch das JStG 2009 das Tatbestandsmerkmal „**unterhaltende Darbietungen**" eingefügt (vgl. Rdn. 1617) und die Vorschrift damit an § 49 Abs. 1 Nr. 2 Buchst. d) und Nr. 9 EStG angepasst. Der Steuerabzug soll mit den einschlägigen DBA-Regelungen möglichst konform gehen, nach denen es weniger auf den Status der auftretenden Person als Künstler, Sportler oder Artist ankommt, als vielmehr auf den unterhaltenden Charakter der Darbietung.

> **BEISPIEL:** Ein im Ausland ansässiger Fernsehmoderator moderiert für einen deutschen Privatsender eine Fernsehsendung. Er übt diese Tätigkeit selbständig und entgeltlich aus. Durch seine unterhaltende Darbietung erzielt der ausländische Fernsehmoderator beschränkt einkommensteuerpflichtige inländische Einkünfte aus Gewerbebetrieb i. S. von § 1 Abs. 4 i. V. mit § 49 Abs. 1 Nr. 2 Buchst. d) EStG, die dem Steuerabzug nach § 50a Abs. 1 Nr. 1 EStG unterliegen. Dies gilt auch dann, wenn ein Teil des Entgelts für die Überlassung des Rechtes zur späteren Ausstrahlung gezahlt wird, da auch bei Aufzeichnungen die Gage des Moderators üblicherweise nicht für die Übertragung von Leistungsschutzrechten, sondern für die unterhaltende Tätigkeit gezahlt wird.[1480]

1667 Die Einkünfte sog. **werkschaffender Künstler** (wie z. B. Maler, Bildhauer, Komponisten, Bühnenbildner, Choreographen, Drehbuchautoren, Regisseure, Schriftsteller, Journalisten und Bildberichterstatter) einschließlich solcher Tätigkeiten für den Rundfunk oder Fernsehfunk (§ 49 Abs. 1 Nr. 2 bis 4 EStG),[1481] unterliegen dagegen **nicht mehr** (vgl. § 50a Abs. 4 Nr. 2 EStG a. F.) dem Steuerabzug nach § 50a Abs. 2 EStG, es sei denn, die Einkünfte unterfallen dem Steuerabzug vom Arbeitslohn (nach § 39d EStG, soweit sie zu den Einkünften aus nichtselbständiger Arbeit gehören und von einem inländischen Arbeitgeber i. S. d. § 38 Abs. 1 Satz 1 Nr. 1 EStG gezahlt werden) oder dem Steuerabzug

---

1477 Vgl. BT-Drs. 16/10189, S. 61.
1478 Vgl. BT-Drs. 16/10189, S. 62; ferner s. OFD Karlsruhe v. 14. 1. 2009, IStR 2009, 214 ff.
1479 Zur Abzugsteuerpflicht bei Werbeleistungen eines ausländischen Motorsport-Rennteams, vgl. BFH v. 6. 6. 2012 I R 3/11, BStBl 2013 II 430.
1480 Vgl. BMF v. 25. 11. 2010, BStBl 2010 I 1350, Tz. 103.
1481 BMF v. 13. 3. 1998, BStBl 1998 II 351.

nach einer anderen Vorschrift des § 50a EStG. Dies sind z. B. Künstler, die keine Darbietung im Inland erbracht haben, aber z. B. ein Bild oder eine Statue ins Inland verkauft haben. Die Änderung trägt nach der Gesetzesbegründung[1482] dem Umstand Rechnung, dass nach den einschlägigen DBA das Besteuerungsrecht nur dann dem Quellenstaat zusteht, wenn die Vergütung aufgrund einer persönlich im Inland ausgeübten Tätigkeit bezahlt wird (sog. vortragende oder darbietende Künstler, wie z. B. Musiker).[1483] Daher wird jetzt – vorbehaltlich § 50a Abs. 3 EStG – der Steuerabzug nur noch auf die Verwertung inländischer Tätigkeiten beschränkt. Darüber hinaus ist der Steuerabzug nach dem bisherigen § 50a Abs. 4 Nr. 1 EStG (a. F.) zur Erfassung nichtselbständiger Arbeit (§ 49 Abs. 1 Nr. 3 und 4 EStG) nicht mehr erforderlich, weil der Steuerabzug nach § 50a Abs. 1 EStG jetzt nicht mehr gewerbliche Einkünfte des beschränkt Steuerpflichtigen voraussetzt.

6.1.3.2.2 Verwertung von Darbietungen – § 50a Abs. 1 Nr. 2 EStG

Die Verwertung von Darbietungen i. S. des § 50a Abs. 1 EStG, also die finanzielle Ausnutzung der Darbietungsleistung in grundsätzlich jeder Form, unterlag bisher schon nach § 50a Abs. 1 Satz 1 Nr. 1 EStG (a. F.) dem Steuerabzug. Die Neuregelung des § 50a Abs. 1 EStG durch das JStG 2009 verlangt allerdings ab VZ 2009 einen **doppelten Inlandsbezug**. Es muss sich um die inländische Verwertung einer im Inland erbrachten Darbietung handeln. Die Verwertung ausländischer Darbietungen wird also nicht mehr erfasst, weil für diese nach den DBA regelmäßig ein Besteuerungsrecht des Quellenstaates nicht besteht. Zwischen den einzelnen Einkunftsarten (§ 49 Abs. 1 Nr. 2 bis 4 und 6 EStG) wird auch hier nicht mehr unterschieden.

1668

Die Regelung erfasst nicht nur die eigene Verwertung durch den beschränkt steuerpflichtigen Künstler, Sportler usw., sondern auch die **Verwertung durch Dritte** wie z. B. eine Künstleragentur.[1484]

1669

> **BEISPIEL:** ▶ Ein ausländischer Sänger wird von einem deutschen Veranstalter über dessen (zwischengeschaltete) ebenfalls nicht im Inland ansässige Künstleragentur (Kapitalgesellschaft) gebucht. Der Sänger hat im Rahmen eines Rechteüberlassungsvertrages seine sämtlichen Rechte entgeltlich seiner Künstleragentur überlassen, die Vergütungsgläubigerin hinsichtlich aller Leistungen ist. Die Künstleragentur hat keine Betriebsstätte im Inland. Die Künstleragentur ist mit inländischen Einkünften aus Gewerbebetrieb gemäß § 49 Abs. 1 Nr. 2 Buchst. d) EStG i.V. m § 2 Nr. 1, § 8 Abs. 1 KStG beschränkt körperschaftsteuerpflichtig. Die Körperschaftsteuer wird gemäß § 50a Abs. 1 Nr. 2 EStG im Wege des Steuerabzugs erhoben. Der Steuerabzug ist gemäß § 50a Abs. 5 Satz 2 und 3 EStG vom inländischen Veranstalter vorzunehmen und an das BZSt abzuführen.[1485]

6.1.3.2.3 Nutzungsvergütungen – § 50a Abs. 1 Nr. 3 EStG

Der bislang in § 50a Abs. 4 Satz 1 Nr. 3 EStG (a. F.) geregelte Steuerabzug für Einkünfte aus der zeitlich befristeten Überlassung der Nutzung oder des Rechts auf Nutzung von

1670

1482 Vgl. BT-Drs. 16/10189, S. 62.
1483 Vgl. BMF v. 25. 11. 2010, BStBl 2010 I 1350, Tz. 38, 80.
1484 Vgl. BMF v. 25. 11. 2010, BStBl 2010 I 1350, Tz. 20.
1485 Vgl. BMF v. 25. 11. 2010, BStBl 2010 I 1350, Tz. 98.

Rechten (insbesondere Urheberrechten, gewerblichen Schutzrechten und Persönlichkeitsrechten)[1486] und sog. Know-how bleibt gemäß § 50a Abs. 1 Nr. 3 EStG auch ab VZ 2009 erhalten, da für derartige Einkünfte in DBA häufig ein Quellensteuerungsrecht (nach einem Satz von 5 % – 15 %) vorgesehen ist. Mit Wirkung ab dem VZ 2010 werden vom Steuerabzug auch Transferleistungen für die vorübergehende vertragliche Verpflichtung von Berufssportlern („Spielerleihe") erfasst, die nach § 49 Abs. 1 Nr. 2 Buchst. g) EStG beschränkt steuerpflichtig sind (Rdn. 1623). Ein befristeter (und kein endgültiger) Transfer liegt insbesondere vor, wenn der Sportler nach Ablauf des vereinbarten Zeitraums wieder beim ursprünglichen Verein eingesetzt werden soll. Ob die Rückkehr zum ursprünglichen Verein später tatsächlich erfolgt, soll für die Anwendung des Abzugsverfahrens unerheblich sein.[1487]

> **BEISPIEL:** Ein ausländischer Sänger produziert im Ausland eine CD. Ein inländischer Musikverlag erwirbt den Tonträger von dem ausländischen Sänger und die damit verbundenen Rechte zur zeitlich begrenzten Verbreitung und Vervielfältigung der Aufnahme. Die befristete Rechteüberlassung erfüllt den Verwertungstatbestand des § 49 Abs. 1 Nr. 2 Buchst. f) oder Nr. 6 EStG, so dass nach § 50a Abs. 1 Nr. 3 EStG ein Steuerabzug vorzunehmen ist. Eine zeitlich unbegrenzte Überlassung (= Rechteveräußerung) unterliegt nicht dem Steuerabzug des § 50a EStG.[1488]

6.1.3.2.4 Aufsichtsratsvergütungen – § 50a Abs. 1 Nr. 4 EStG

1671 Erhalten bleibt aufgrund des JStG 2009 auch der Steuerabzug für Aufsichtsratsvergütungen (bisher: § 50a Abs. 1 EStG a. F.). Nach Art. 16 OECD-MA (hierzu s.o. Rdn. 1048 ff.) können Aufsichtsrats- und Verwaltungsratsvergütungen sowie ähnliche Zahlungen, die eine in einem Vertragsstaat ansässige Gesellschaft an ihre im anderen Vertragsstaat ansässigen Mitglieder des Aufsichts- oder Verwaltungsrats für Überwachungs- und Kontrolltätigkeit tätigt, **grundsätzlich im Sitzstaat der Gesellschaft** besteuert werden (vgl. § 18 Abs. 1 Nr. 3, § 49 Abs. 1 Nr. 3 EStG, §§ 73a ff. EStDV).[1489] In der Bundesrepublik wird bei beschränkt steuerpflichtigen Aufsichtsratsmitgliedern die sog. Aufsichtsratsteuer nach § 50a Abs. 1 Nr. 4 EStG erhoben. Werden Reisekosten (Tagegelder und Fahrtauslagen) besonders gewährt, so gehören sie zu den Aufsichtsratsvergütungen nur insoweit, als sie die tatsächlichen Auslagen übersteigen.

1672 Der Schuldner, d. h. die Gesellschaft, hat die innerhalb eines Kalendervierteljahres einbehaltene Steuer jeweils bis zum 10. des dem Kalendervierteljahr folgenden Monats an das BZSt abzuführen (§ 50a Abs. 5 EStG; § 73e EStDV),[1490] und zwar ungeachtet etwaiger Steuerbefreiungen aufgrund des Abkommens (§ 50d Abs. 1 EStG); zum Erstattungsverfahren bzw. zur Freistellung nach § 50d EStG vgl. Rdn. 1692 ff.

1486 BFH v. 28. 1. 2004 I R 73/02, BStBl 2005 II 550; hierzu BMF v. 2. 8. 2005, BStBl 2005 I 844.
1487 Vgl. BT-Drs. 17/2249, S. 101.
1488 Vgl. BMF v. 25. 11. 2010, BStBl 2010 I 1350, Tz. 105.
1489 Zur Neufassung s. Art. 2 JStG 2009, BGBl 2008 I S. 2810 f.; vgl. ferner BT-Drs. 16/10189, S. 67 f.
1490 Zu Inhalt und Wirkungen einer Steueranmeldung nach § 73e EStDV vgl. BFH v. 28. 1. 2004 I R 73/02, BStBl 2005 II 550, sowie BFH v. 17. 11. 2004 I R 20/94, BFH/NV 2005, 892.

6.1.3.2.5 Bruttobesteuerung und Steuersatz – § 50a Abs. 2 EStG

Der Steuerabzug beträgt aufgrund des JStG 2009 nunmehr in den Fällen des § 50a Abs. 1 Nr. 1 – 3 EStG (Darbietungen, Verwertungen und Überlassung von Rechten) nur noch 15 % der gesamten Einnahmen (§ 50a Abs. 2 Satz 1 EStG). Durch die Absenkung des **Steuersatzes** von 20 % (§ 50a Abs. 4 EStG a. F.) auf **15 % ab VZ 2009** soll pauschal die Nichtberücksichtigung von Betriebsausgaben und Werbungskosten ausgeglichen werden. Für die Einkünfte aus Aufsichtsratsvergütungen (§ 50a Abs. 1 Nr. 4 EStG) beträgt der Steuersatz wie bisher 30 % der gesamten Einnahmen.

1673

Bemessungsgrundlage sind die **Bruttoeinnahmen**, vermindert um die vom Vergütungsschuldner ersetzten oder übernommenen Reisekosten (§ 50a Abs. 2 Satz 2 EStG). Diese sind der Höhe nach begrenzt auf die tatsächlichen Kosten im Falle von Fahrt- und Übernachtungsauslagen und auf die Pauschbeträge von § 4 Abs. 5 Satz 1 Nr. 5 EStG im Falle von Vergütungen für Verpflegungsmehraufwand. Demgegenüber gehört die Umsatzsteuer zu den maßgeblichen Einnahmen, es sei denn, sie wird im Rahmen des sog. Reverse-Charge-Verfahrens gemäß § 13b UStG vom Vergütungsschuldner als inländischem Leistungsempfänger getragen.[1491]

1674

Wegen der Absenkung des Steuersatzes auf 15 % und der Herausnahme von besonders gewährten Reisekosten aus der Bemessungsgrundlage wurde im JStG 2009 die bisherige Regelung eines Staffeltarifs (§ 50a Abs. 4 Satz 5 EStG a. F.) ab VZ 2009 bis auf die **Geringfügigkeitsgrenze** für Einkünfte aus Darbietungen gestrichen. Bei Einkünften bis 250 Euro bleibt es aufgrund der Regelung in § 50a Abs. 2 Satz 2 EStG auch weiterhin (vgl. § 50a Abs. 4 Satz 5 Nr. 1 EStG a. F.) dabei, dass ein Steuerabzug nicht erhoben wird. Bei mehreren Darbietungen ist die Milderungsregel pro Auftritt anzuwenden, auch wenn die Auftritte an einem Tag liegen und von ein und demselben Veranstalter organisiert werden.[1492] Sind mehrere Personen an der Darbietung beteiligt, ist die Milderungsregelung für jede Person auf die auf sie entfallende Vergütung anzuwenden.[1493]

1675

6.1.3.2.6 Ausnahme: Nettobesteuerung – § 50a Abs. 3 EStG

Abweichend von § 50a Abs. 2 EStG kann der Vergütungsschuldner die nach § 50a Abs. 5 EStG einzubehaltende und abzuführende Abzugsteuer gemäß § 50a Abs. 3 EStG auch auf der Grundlage eines **Nettobetrags** ermitteln. Diese Regelung setzt das EuGH-Urteil v. 3. 10. 2006 um.[1494] In diesem Urteil hat der EuGH festgestellt, dass es mit dem EG-Vertrag nicht vereinbar ist, wenn im Steuerabzugsverfahren für beschränkt Steuerpflichtige die im unmittelbaren Zusammenhang mit der inländischen Tätigkeit stehenden Betriebsausgaben des beschränkt Steuerpflichtigen, die er dem Vergütungsschuldner mitgeteilt hat, nicht geltend gemacht werden können. Die gesetzliche Änderung

1676

[1491] BFH v. 24. 4. 2007 I R 39/04, BStBl 2008 II 95; v. 5. 5. 2010 I R 104/08, BFH/NV 2010, 1814; v. 5. 5. 2010 I R 105/08, BFH/NV 2010, 2043; BMF v. 25. 11. 2010, BStBl 2010 I 1350, Tz. 45.
[1492] BMF v. 25. 11. 2010, BStBl 2010 I 1350, Tz. 55.
[1493] BMF v. 25. 11. 2010, BStBl 2010 I 1350, Tz. 54.
[1494] EuGH v. 3. 10. 2006 C-290/04 Scorpio, BStBl 2007 II 352; dazu BFH v. 22. 8. 2007 I R 46/02, BStBl 2008 II 190; v. 24. 4. 2007 I R 39/04, BStBl 2008 II 95; BMF v. 16. 2. 2011, BStBl 2011 I 528.

sieht deshalb vor, dass Betriebsausgaben oder Werbungskosten in den Fällen des § 50a Abs. 1 Nr. 1, 2 und 4 EStG von der Bemessungsgrundlage des Steuerabzugs abgezogen werden können. Die Regelung gilt somit nicht für Einkünfte gemäß § 50a Abs. 1 Nr. 3 EStG (Nutzungsüberlassung; siehe 1520), und sie gilt nur für EU- bzw. EWR-Staatsangehörige und nur für bestimmte beschränkt steuerpflichtige KSt-Subjekte (Körperschaften, Personenvereinigungen oder Vermögensmassen i. S. des § 32 Abs. 4 KStG).

1677 Ferner werden die Betriebsausgaben und Werbungskosten nur dann berücksichtigt, wenn sie in einem **unmittelbaren wirtschaftlichen Zusammenhang** mit den betreffenden Einkünften stehen. Das ist der Fall, wenn sie mit diesen untrennbar verbunden sind bzw. ohne diese nicht angefallen wären. Die einzelnen Aufwendungen (z. B. Reise-, Transport- und Unterkunftskosten) sind bestimmten Bezügen konkret zuzuordnen. Dabei kommt es weder auf den Ort noch auf den Zeitpunkt der Kostenentstehung an.[1495] Damit können inländische und ausländische ebenso wie vorweggenommene und nachträgliche Aufwendungen berücksichtigt werden. Betriebsausgaben können im Abzugsverfahren nicht gemäß § 162 AO geschätzt werden.[1496]

1678 Im Fall der Nettobesteuerung beträgt der **Steuersatz** für Vergütungen an natürliche Personen und Personenvereinigungen **30 %** (statt 15 %), weil der 30 %-ige Steuersatz der Mitte des Spektrums der Steuersätze bei unbeschränkt Steuerpflichtigen (15 %–45 %) entspricht. Bei beschränkt steuerpflichtigen Körperschaften u. dgl. bleibt der Steuersatz bei 15 %, weil aufgrund des 15 % betragenden linearen Steuertarifs des § 23 Abs. 1 KStG ein höherer Nettosteuersatz aus europarechtlichen Gründen nicht in Betracht kommt.[1497]

1679 § 73d Abs. 1 Satz 3 EStDV verpflichtet den Vergütungsschuldner, über die abgezogenen Betriebsausgaben oder Werbungskosten Aufzeichnungen zu führen und die abgezogenen Betriebsausgaben und Werbungskosten in einer für das BZSt nachprüfbaren Form zu dokumentieren. Höhe und Art der abgezogenen Betriebsausgaben oder Werbungskosten müssen dem BZSt grundsätzlich auf elektronischem Weg übermittelt werden (§ 73e Satz 4 EStDV).[1498]

6.1.3.2.7 Steuerabzug auf der „zweiten Stufe" – § 50a Abs. 4 EStG

1680 § 50a Abs. 4 EStG in der Fassung des JStG 2009 regelt den Steuerabzug bei mehrstufigen Sachverhalten, d. h. wenn eine Vergütung von einem beschränkt steuerpflichtigen Gläubiger an einen weiteren beschränkt Steuerpflichtigen weitergereicht wird. Das kann beispielsweise der Fall sein, wenn ein inländischer Konzertveranstalter eine Vergütung an eine beschränkt steuerpflichtige Konzertagentur zahlt, die ihrerseits einen beschränkt steuerpflichtigen Künstler vergütet. Wurde der Steuerabzug auf der ersten Stufe (Konzertveranstalter) von den Bruttoeinnahmen (§ 50a Abs. 2 EStG) vorgenommen, dann kann auf der zweiten Stufe (Konzertagentur) von einem weiteren Steuer-

---

[1495] Vgl. EuGH v. 3. 10. 2006 C-290/04 Scorpio, BStBl 2007 II 352; BFH v. 24. 4. 2007 I R 93/03, BStBl 2008 II 132; v. 27. 7. 2011 I R 32/10, BFH/NV 2012, 118.
[1496] BFH v. 5. 5. 2010 I R 105/08, BFH/NV 2010, 2043.
[1497] Vgl. BT-Drs. 16/10189, S. 63.
[1498] Zur Neufassung der EStDV s. Art. 2 JStG 2009, BGBl 2008 I S. 2810 f.; vgl. ferner BT-Drs. 16/10189, S. 67 f.

abzug abgesehen werden. Wurde jedoch auf der ersten Stufe der Steuerabzug von den Nettoeinnahmen (§ 50a Abs. 3 EStG) vorgenommen, dann muss auf der zweiten Stufe erneut ein Steuerabzug nach § 50a Abs. 2 oder 3 EStG erfolgen. Beim Steuerabzug von den Nettoeinnahmen ist die Vornahme des Steuerabzugs auf jeder Stufe gerechtfertigt, weil die weitergereichten Vergütungen regelmäßig als Betriebsausgaben oder Werbungskosten abgezogen werden können.

6.1.3.2.8 Verfahrensregelungen – § 50a Abs. 5 EStG

§ 50a Abs. 5 EStG regelt den Zeitpunkt der Entstehung der Steuer, der Einbehaltung und Anmeldung der Steuer sowie die Haftung des Vergütungsschuldners[1499] für die Einbehaltung und Abführung der Steuer. Die Regelung ist wegen des Wegfalls der Unterscheidung zwischen Aufsichtsratssteuer und dem bisherigen Steuerabzug nach § 50a Abs. 4 EStG (a. F.) im JStG 2009 angeglichen worden. 1681

Ergänzt wird die Regelung des § 50a Abs. 5 EStG durch die Bestimmungen der §§ 73e ff. EStDV. 1682

Der Schuldner der Vergütungen hat den Steuerabzug für Rechnung des beschränkt steuerpflichtigen Gläubigers vorzunehmen und an das BZSt abzuführen. Er ist verpflichtet, dem beschränkt steuerpflichtigen Gläubiger der Vergütungen auf Verlangen eine Steuerbescheinigung zu erteilen (§ 50a Abs. 5 Satz 6 EStG). 1683

Hat der Vergütungsschuldner keine oder eine zu geringe Abzugsteuer einbehalten, kommt eine **Haftung** des Vergütungsschuldners (gemäß § 50a Abs. 5 Satz 4 EStG, § 73g EStDV, § 219 Satz 2 AO) oder eine **Nachforderung** beim Steuerschuldner (gemäß § 50a Abs. 5 Satz 5 EStG) in Betracht. Die besonderen Voraussetzungen, die § 50a Abs. 5 Satz 6 EStG (a. F.) bislang forderte, sind mit dem JStG 2009 entfallen. Daher kann das BZSt den Vergütungsschuldner und den beschränkt steuerpflichtigen Steuerschuldner jetzt in gleicher Weise für die Steuer in Anspruch nehmen, wenn der Steuerabzug nicht vorschriftsmäßig vorgenommen worden ist. 1684

Sieht ein DBA vor, dass die abzugspflichtigen Einkünfte nicht oder nur nach einem niedrigeren Steuersatz besteuert werden können, kann nach § 50d EStG die volle oder teilweise Entlastung von der Abzugsteuer beantragt werden (vgl. Rdn. 1692 ff.). 1685

Einzelheiten bezüglich der Besteuerung ergeben sich aus den Merkblättern des BZSt über die Entlastung von Abzugsteuer aufgrund DBA[1500] sowie den entsprechenden Schreiben des BMF.[1501] Das Finanzamt des Vergütungsgläubigers kann gemäß § 50a Abs. 7 Satz 1 EStG zur Sicherung des Steueranspruchs im Einzelfall anordnen, dass der Schuldner der Zahlung einen Steuerabzug einzubehalten und abzuführen hat (sog. **Sicherungseinbehalt**). Der Steuersatz beträgt 25 % für natürliche Personen bzw. 15 % für juristische Personen, wenn der Vergütungsgläubiger nicht nach § 50a Abs. 7 Satz 2 EStG glaubhaft macht, dass die voraussichtlich geschuldete Steuer niedriger ist. Der Referentenentwurf eines StÄnd-AnpG-Kroatien v. 20. 3. 2014 sieht vor, dass die Höhe des 1686

1499 BFH v. 7. 11. 2002 I R 14/01, BStBl 2002 II 861.
1500 Veröffentlicht auf den Internetseiten des BZSt.
1501 BMF v. 7. 5. 2002, BStBl 2002 I 521, und v. 25. 11. 2010, BStBl 2010 I 1350.

Steuerabzugs flexibilisiert werden soll, so dass das Finanzamt (nach dem 31.12.2014, vgl. § 52 Abs. 45 Satz 2 EStG-E) die Höhe des Steuerabzugs von den o. g. Steuersätzen abweichend an die voraussichtlich geschuldete Steuer anpassen kann. Außerdem sollen Anmeldung und Abführung der Steuer (bisher nur vierteljährlich künftig) auch monatlich ermöglicht werden (§ 50a Abs. 7 Satz 3 EStG-E). Das Veranlagungsverbot des § 50 Abs. 2 Satz 1 EStG gilt nach § 50a Abs. 7 Satz 4 EStG nicht, so dass der Sicherungseinbehalt keine abgeltende Wirkung sondern nur vorläufigen Charakter hat.

6.1.3.3 Zinsen und Lizenzgebühren – § 50g EStG

1687 Bereits oben wurde darauf hingewiesen, dass die EU am 3.6.2003 eine Richtlinie über eine gemeinsame Steuerregelung für Zinsen und Lizenzgebühren verabschiedet hat, die die Bundesrepublik im Rahmen des EGAHiG in nationales Recht umgesetzt hat (Rdn. 1502). Mit diesem Gesetz wurde § 50g EStG in das Gesetz eingefügt.

1688 Grundsätzlich unterliegen Zinsen, die ein inländischer Schuldner an einen beschränkt steuerpflichtigen Gläubiger zahlt, dem Kapitalertragsteuerabzug nach § 43 EStG; weiter wird die Einkommensteuer bei beschränkt Steuerpflichtigen im Wege des Steuerabzugs erhoben, wenn es sich um Lizenzzahlungen i. S. des § 50a Abs. 4 Nr. 1 und 3 EStG handelt. Da diese Besteuerung aber unter dem Vorbehalt des AEUV steht, dass zum einen beschränkt Steuerpflichtige nicht diskriminiert und dass zum anderen die Grundfreiheiten des AEUV (hier insbesondere die Freiheit des Kapitalverkehrs, Art. 63 AEUV) nicht durch eine Besteuerung eingeschränkt werden dürfen, ist die Möglichkeit geschaffen worden, diese Einkünfte steuerfrei zu belassen (§ 50g Abs. 1 Satz 1 EStG).

1689 Voraussetzung ist, dass Schuldner der Zinsen oder Lizenzgebühren (Definition in § 50g Abs. 3 Nr. 4 Buchst. b) EStG) ein inländisches Unternehmen oder eine in der Bundesrepublik belegene Betriebsstätte eines in der EU[1502] ansässigen Unternehmens ist (Definition in § 50g Abs. 3 Nr. 5 EStG). Gläubiger muss entweder ein in einem anderen EU-Staat ansässiges Unternehmen oder eine in einem anderen EU-Staat belegene Betriebsstätte eines in der EU ansässigen Unternehmens (einschließlich eines unbeschränkt steuerpflichtigen Unternehmens) sein (Definition in § 50g Abs. 3 Nr. 5 EStG).

1690 Weitere Voraussetzung ist, dass der Gläubiger ein mit dem Schuldner verbundenes Unternehmen (Definition in § 50g Abs. 3 Nr. 5 Buchst. b EStG) ist.

1691 Die Missbrauchsklausel findet sich in § 50g Abs. 4 EStG, eine Ausschlussklausel für directive shopping (Rdn. 629) in § 50g Abs. 1 Satz 4 EStG.

6.1.3.4 Besonderheiten bei Doppelbesteuerungsabkommen – Entlastung von Abzugsteuern nach § 50d EStG

1692 Können Einkünfte, die dem Steuerabzug vom Kapitalertrag oder dem Steuerabzug auf Grund des § 50a EStG unterliegen, nach §§ 43b, 50g EStG oder nach einem DBA nicht

---

1502 Für Zahlungen nach dem 30.6.2005 gelten §§ 50g und 50h EStG auch für Schweizer Unternehmen gemäß § 50g Abs. 6 EStG.

oder nur nach einem niedrigeren Steuersatz besteuert werden, so sind die Vorschriften über die Einbehaltung, Abführung und Anmeldung der Steuer durch den Schuldner der Kapitalerträge oder Vergütungen ungeachtet der §§ 43b und 50g EStG und des Abkommens anzuwenden – Treaty Override (vgl. Rdn. 607). Diese Regelung stellt aus der Sicht des Gesetzgebers das (einstweilige) Steueraufkommen sicher. Da aber insbesondere bei Vorliegen eines DBA ohne Erstattungsmöglichkeit gegen das Abkommen verstoßen werden würde, wenn es nicht zu einer abkommensgerechten Besteuerung käme, sieht § 50d Abs. 1 Satz 2 EStG ein Erstattungsverfahren vor.[1503]

Die Erstattung erfolgt auf Antrag des Gläubigers der Kapitalerträge oder Vergütungen auf der Grundlage eines Freistellungsbescheids; der Antrag ist nach amtlich vorgeschriebenem Vordruck (§ 50d Abs. 1 Satz 3 EStG) an das BZSt zu stellen. Um Doppelerstattungen zu vermeiden, muss dem Antrag die Originalsteuerbescheinigung (vgl. § 45a Abs. 2, § 50a Abs. 5 Satz 7 EStG) beigefügt werden.[1504] Die Frist für den Antrag auf Erstattung beträgt vier Jahre nach Ablauf des Kalenderjahres, in dem die Kapitalerträge oder Vergütungen bezogen worden sind. Weitere Einzelheiten sind in § 50d Abs. 1 Satz 5–13 sowie Abs. 4 EStG geregelt. Für hybride Gesellschaften (Bsp.: KGaA) ordnet § 50d Abs. 1 Satz 11 EStG den Erstattungsanspruch (ohne Wahlrecht) derjenigen Person zu,[1505] der die Kapitalerträge oder Vergütungen nach den Steuergesetzen des anderen Vertragsstaats als Einkünfte oder Gewinne einer ansässigen Person zugerechnet werden. Denn es entspricht dem Sinn und Zweck der DBA, dass der Quellenstaat die Entlastung von Kapitalertrags- und Abzugsteuern der Person gewährt, der die Einkünfte nach dem Steuerrecht des anderen Staates zugerechnet werden.[1506] Der nach § 50d Abs. 1 Satz 2 EStG bestehende Anspruch eines Gesellschafters einer hybriden Gesellschaft auf Entlastung geht für Zwecke seiner Geltendmachung auf die hybride Gesellschaft über, und zwar auch in den Fällen, in denen der Gesellschafter in einem anderen Staat als dem Quellenstaat oder dem Sitz- bzw. Geschäftsleitungsstaat einer ausländischen Gesellschaft ansässig ist.

1693

Der nach § 50d Abs. 1 EStG in Verbindung mit § 50g EStG zu erstattende Betrag ist zu verzinsen (vgl. §§ 233 ff. AO); die Einzelheiten der **Verzinsung** regelt § 50d Abs. 1a EStG.

1694

In den Fällen der §§ 43b, 50a Abs. 1 sowie § 50g EStG kann der Schuldner der Kapitalerträge oder Vergütungen den Steuerabzug unterlassen oder nach einem niedrigeren Steuersatz vornehmen, wenn das BZSt dem Gläubiger auf Grund eines von ihm nach amtlich vorgeschriebenem Vordruck gestellten Antrags bescheinigt, dass die Voraus-

1695

1503 Einzelheiten auf der Homepage des BZSt; Zur Erstattung von Abzugsteuern auf Vergütungen für Fernsehübertragungsrechte, deren Besteuerung in Deutschland Art. 17 Abs. 1 Satz 2 und 3 DBA-Österreich 2000 nicht gestattet, s. BFH v. 13. 6. 2012 I R 41/11, BStBl 2012 II 880.
1504 Die amtlich vorgeschriebenen Muster I bis Muster III zur Ausstellung von Steuerbescheinigungen für Kapitalerträge nach § 45a Abs. 2 und 3 EStG finden sich in den Anlagen 1 bis 3 des BMF v. 20. 12. 2012, BStBl 2013 I 36.
1505 I. d. F. des AmtshilfeRLUmsG; die gemäß § 52 Abs. 59a Satz 7 EStG erstmals auf Zahlungen anzuwenden ist, die nach dem 30. 6. 2013 erfolgen.
1506 So und wie folgt: BR-Drs. 302/12, S. 95.

setzungen dafür vorliegen (**Freistellung im Steuerabzugsverfahren – § 50d Abs. 2 EStG**[1507]).[1508] Diese Regelung gilt auch bei Kapitalerträgen, die einer nach einem DBA im anderen Vertragsstaat ansässigen Kapitalgesellschaft, die am Nennkapital einer inländischen Tochtergesellschaft zu mindestens 10 % unmittelbar beteiligt ist und im Staat ihrer Ansässigkeit den Steuern vom Einkommen oder Gewinn unterliegt, ohne davon befreit zu sein, von der inländischen Tochtergesellschaft zufließen (Bsp.: Die inländische T-GmbH schüttet an die amerikanische Y-Inc., die zu 15 % an der T-GmbH beteiligt ist, aus). Die Voraussetzungen und Einzelheiten der Freistellungsbescheinigung regelt § 50d Abs. 2 Satz 2 bis 8 EStG.

1696   Um einem **Treaty Shopping** (Rdn. 625) entgegen zu wirken, bestimmt § 50d Abs. 3 Satz 1 EStG, dass eine ausländische Gesellschaft keinen Anspruch auf völlige oder teilweise Entlastung von den Abzugsteuern hat, soweit Personen an ihr beteiligt sind, denen die Erstattung oder Freistellung nicht zustände, wenn sie die Einkünfte unmittelbar erzielten, **und** die von der ausländischen Gesellschaft im betreffenden Wirtschaftsjahr erzielten Bruttoerträge nicht aus eigener Wirtschaftstätigkeit stammen, **sowie** in Bezug auf diese Erträge für die Einschaltung der ausländischen Gesellschaft wirtschaftliche oder sonst beachtliche Gründe fehlen (Nr. 1) **oder** die ausländische Gesellschaft nicht mit einem für ihren Geschäftszweck angemessen eingerichteten Geschäftsbetrieb am allgemeinen wirtschaftlichen Verkehr teilnimmt (Nr. 2).[1509] Die durch das JStG 2007[1510] eingeführte zusätzliche 10% Regelung, der zufolge ein Missbrauchsfall pauschal angenommen wurde, wenn die die Entlastung beanspruchende ausländische Gesellschaft nicht mehr als 10% ihrer Bruttoerträge aus eigener Wirtschaftstätigkeit erzielte (§ 50d Abs. 3 Satz 1 Nr. 2 EStG a. F.), wurde durch das BeitrRLUmsG mit Wirkung ab dem 1.1.2012 gestrichen (vgl. § 52a Abs. 16b EStG). Der Gesetzgeber verknüpft die einzelnen Entlastungstatbestände in § 50d Abs. 3 Satz 1 EStG mit der Konjunktion „und" und mit der Konjunktion „sowie". Semantisch stellt die letztgenannte eine subordinierende Konjunktion dar, so dass die (zusätzlichen) Voraussetzungen von § 50d Abs. 3 Satz 1 Nr. 1 „oder" Nr. 2 EStG (alternativ) nur dann vorliegen müssen, wenn die von der ausländischen Gesellschaft im betreffenden Wirtschaftsjahr erzielten Bruttoerträge nicht aus eigener Wirtschaftstätigkeit stammen. Folgende drei Entlastungsmöglichkeiten sind unabhängig voneinander anwendbar:

1. Bei Gesellschaftern, denen die völlige oder teilweise Entlastung auch selbst zustehen würde, wenn sie die Einkünfte der ausländischen Gesellschaft selbst unmittelbar erzielten (fiktive eigene Entlastungsberechtigung), müssen keine weiteren Voraussetzungen erfüllt sein oder

---

[1507] BFH v. 11.10.2000 I R 34/99, BStBl 2001 II 291; v. 29.1.2003 I R 10/02, BStBl 2003 II 687.

[1508] Für sonstige Freistellungen außerhalb des § 50d EStG ist nicht das BZSt, sondern das FA des Vergütungsgläubigers zuständig, vgl. BFH v. 19.11.2003 I R 21/02, BFH/NV 2004, 1076; v. 28.6.2005 I R 33/04, BStBl 2006 II 489.

[1509] Beispiele zur Entlastungsberechtigung ausländischer Gesellschaften gemäß § 50d Abs. 3 EStG finden sich im BMF v. 24.1.2012, BStBl 2012 I 171.

[1510] Durch das JStG 2007, BGBl 2006 I 2878, wurde die bisherige Rechtsauffassung der Finanzverwaltung kodifiziert, vgl. BMF v. 30.1.2006, BStBl 2006 I 166, Nichtanwendungserlass zum Urteil des BFH v. 31.5.2005 I R 74, 88/04, BStBl 2006 II 118, bestätigt durch BFH v. 29.1.2008 I R 26/06, BStBl 2008 II 978.

2. bei Gesellschaftern ohne eigene Entlastungsberechtigung müssen die im betreffenden Wirtschaftsjahr von der ausländischen Gesellschaft erzielten Bruttobeträge aus eigener wirtschaftlicher Tätigkeit stammen oder

3. bei Gesellschaftern ohne eigene Entlastungsberechtigung und ohne eigene wirtschaftliche Tätigkeit der Gesellschaft müssen für die Einschaltung der ausländischen Gesellschaft wirtschaftliche oder sonst beachtliche Gründe vorliegen und die ausländische Gesellschaft muss mit einem für ihren Geschäftszweck angemessen eingerichteten Geschäftsbetrieb am allgemeinen wirtschaftlichen Verkehr teilnehmen.

Maßgebend sind ausschließlich die Verhältnisse der ausländischen Gesellschaft; organisatorische, wirtschaftliche oder sonst beachtliche Merkmale der Unternehmen, die der ausländischen Gesellschaft nahe stehen (§ 1 Abs. 2 AStG), bleiben außer Betracht. An einer eigenen Wirtschaftstätigkeit fehlt es, soweit die ausländische Gesellschaft ihre Bruttoerträge aus der Verwaltung von Wirtschaftsgütern erzielt oder ihre wesentlichen Geschäftstätigkeiten auf Dritte überträgt (§ 50d Abs. 3 Satz 3 EStG). Nach dieser Vorschrift werden rein vermögensverwaltende (im Gegensatz zu sog. geschäftsleitenden) Holdinggesellschaften nicht begünstigt.[1511] Die Einschränkungen des § 50d Abs. 3 Sätze 1 bis 3 EStG gelten nach Satz 5 der Vorschrift nicht für Börsenhandels- und Investmentgesellschaften.

Durch das BeitrRLUmsG wurde in § 50d Abs. 3 Satz 4 EStG eine Feststellungslast für die ausländische Gesellschaft bezüglich des Vorliegens der wirtschaftlichen oder sonst beachtlichen Gründe sowie des angemessen eingerichteten Geschäftsbetriebs eingeführt. Diese gesetzlich geregelte Beweislastverteilung eröffnet zugleich die vom EuGH geforderte „Möglichkeit des Gegenbeweises",[1512] da Treaty Shopping Regelungen unionsrechtlich ohne zwingende Rechtfertigungsgründe im öffentlichen Interesse als Missbrauchsnormen auf rein künstliche Konstruktionen, die nur auf Umgehung des nationalen Steuerrechts angelegt sind, beschränkt sein müssen. Anders als die Parallelregelung in § 8 Abs. 2 AStG ist § 50d Abs. 3 Satz 4 EStG nicht auf EU-/EWR-Staaten beschränkt, sondern kann auch von in Drittstaaten ansässigen Gesellschaften beansprucht werden. Nachdem der EuGH die Europarechtswidrigkeit der abgeltenden Wirkung von Kapitalertragsteuer bei Streubesitzdividenden an Gesellschaften aus EU-/EWR-Staaten festgestellt hat,[1513] wurde die Ungleichbehandlung vom Gesetzgeber durch Einführung einer Steuerpflicht auch für inländische Streubesitzdividenden gemäß § 8b Abs. 4 KStG beseitigt (vgl. Rdn. 396).[1514]

1697

Abweichend vom Freistellungsverfahren nach § 50d Abs. 2 EStG kann das BZSt in den Fällen des § 50a Abs. 4 Satz 1 Nr. 2 und 3 EStG den Schuldner der Vergütung auf Antrag allgemein ermächtigen, den Steuerabzug zu unterlassen oder nach einem niedrigeren

1698

1511 Zum Erfordernis aktiver Beteiligungsverwaltung s. BMF v. 24. 1. 2012, BStBl 2012 I 171, Tz. 5.2 mit Verweis auf BFH v. 9. 12. 1980 VIII R 11/77, BStBl 1981 II 339.
1512 EuGH v. 12. 9. 2006 C-196/04 Cadbury-Schweppes, IStR 2006, 670; v. 14. 12. 2006, C-170/05 Denkavit, IStR 2007, 62.
1513 EuGH v. 20. 10. 2011 C-284/09 Europäische Kommission/Bundesrepublik Deutschland, IStR 2011, 840.
1514 BGBl 2013 I 561.

Steuersatz vorzunehmen (**Kontrollmeldeverfahren**).[1515] Die Einzelheiten regelt § 50d Abs. 5 Satz 2 bis 7 EStG.

1699 Zu den Zahlungen einer öffentlichen Kasse vgl. § 50d Abs. 7 EStG – abweichende Regelung gegenüber Art. 19 OECD-MA (vgl. Rdn. 1081).

1700 Zu § 50d Abs. 8 EStG – Rückfallklausel bei Einkünften aus nichtselbständiger Arbeit – vgl. Rdn. 602 sowie BMF v. 21. 7. 2005, BStBl 2005 I 821. Der BFH ist der Überzeugung, dass der **Treaty Override** des § 50d Abs. 8 EStG gegen Art. 2 Abs. 1 i.V. m. Art. 20 Abs. 3 und Art. 25 GG und Art. 3 Abs. 1 GG verstößt und hat dem BVerfG die Norm daher gemäß Art. 100 Abs. 1 GG i.V. m. § 13 Nr. 11, § 80 ff. BVerfGG zur Prüfung vorgelegt.[1516]

1701 § 50d Abs. 9 EStG enthält eine durch das JStG 2007 aufgenommene unilaterale **Switch-over-Klausel** (vgl. Rdn. 606) zur Vermeidung einer dem Sinn und Zweck der Freistellungsmethode widersprechenden (doppelten) Nichtbesteuerung (sog. weiße Einkünfte) in DBA-Fällen. Da § 50d Abs. 9 EStG nur unbeschränkt Steuerpflichtige erfasst, ist die Regelung nur auf Outboundbeziehungen und nicht auf Inboundbeziehungen (Rdn. 67) anwendbar.[1517] Die Erfüllung einer Tatbestandsalternative (Nr. 1 oder Nr. 2) reicht aus, damit die DBA-Freistellung nicht gewährt sondern unilateral von der Freistellungs- zur Anrechnungsmethode gewechselt wird.[1518] Die Vorschrift stellt somit einen Treaty Override (Rdn. 607) dar.[1519]

1702 Voraussetzung für die Anwendung des § 50d Abs. 9 Satz 1 Nr. 1 EStG ist, dass der andere DBA-Staat Abkommensregelungen anders auslegt als Deutschland und dass er dadurch gänzlich auf eine Besteuerung verzichtet oder nur eine der Höhe nach beschränkte Besteuerung vornimmt,[1520] d. h. dass die Nichtbesteuerung auf einem abkommensrechtlichen (negativen) **Qualifikationskonflikt** im weitesten Sinne, d. h. auf einem Subsumtionskonflikt, einem Auslegungskonflikt oder einem Konflikt infolge abweichenden innerstaatlichen Rechts beruht.[1521] Ursache für die Nichtbesteuerung muss aber immer die Anwendung des Doppelbesteuerungsabkommens sein. Dies ist typischerweise bei der steuerlichen Behandlung von denjenigen Gesellschaften der Fall, die nach deutschem Steuerrecht als Personengesellschaften behandelt werden.[1522] Steuerbefreiungen nach nationalem Recht, wie beispielsweise der Verzicht auf das abkommensrechtlich zugewiesene Besteuerungsrecht, rechtfertigen für sich betrachtet nicht die

---

[1515] BMF v. 7. 5. 2002, BStBl 2002 I 521; BZSt v. 1. 7. 2010, BZSt St – S 1300/07/00010, veröffentlicht auf der Internetseite des BZSt; BMF v. 18. 12. 2002, BStBl 2002 I 1386.
[1516] BFH v. 10. 1. 2012 I R 66/09, BFH/NV 2012, 1056 (beim BVerfG anhängig unter Az.: 2 BvL 1/12).
[1517] BFH v. 2. 9. 2009 I R 90/08, BStBl 2010, 394.
[1518] Vgl. BT-Drs. 16/2712, S. 61.
[1519] Zur Frage der Verfassungswidrigkeit von Treaty Override vgl. BFH v. 11. 12. 2013 I R 4/13, BFH/NV 2014, 614 (beim BVerfG anhängig unter Az: 2 BvL 15/14); v. 10. 1. 2012 I R 66/09, BFH/NV 2012, 1056, (beim BVerfG anhängig unter Az: 2 BvL 1/12).
[1520] BT-Drs. 16/2712, S. 108.
[1521] So und wie folgt: BFH v. 24. 8. 2011 I R 46/10, BFH/NV 2011, 2165, Tz. 29; zu den ernstlichen Zweifeln des BFH an der verfassungsrechtlichen Zulässigkeit der Rückwirkung von § 50d Abs. 9 EStG und des Treaty Override allgemein vgl. AdV-Beschl. v. 19. 5. 2010 I B 191/09, BStBl 2011 II 156, Tz. 31 ff.
[1522] Vgl. BMF v. 16. 4. 2010, BStBl 2010 I 354, Tz. 4.1.3.

Anwendung des § 50d Abs. 9 Satz 1 Nr. 1 EStG (Bsp.: Sachverhalt des Urteils des BFH vom 24. 8. 2011).[1523]

Nach § 50d Abs. 9 Satz 1 Nr. 2 EStG wird die DBA-Freistellung nicht gewährt, wenn die Einkünfte in dem anderen Staat nur deshalb nicht steuerpflichtig sind, weil sie von einer Person bezogen werden, die in diesem Staat nicht aufgrund ihres Wohnsitzes, ständigen Aufenthalts, des Ortes ihrer Geschäftsleitung, des Sitzes oder eines ähnlichen Merkmals unbeschränkt steuerpflichtig ist. Abs. 9 Satz 2 macht für solche Dividenden eine Ausnahme von Abs. 9 Satz 1 Nr. 2, die nach einem DBA von der deutschen Steuer ausgenommen sind (zur Besteuerung von Schachteldividenden, s. o. Rdn. 944 f.). Dem liegt der Gedanke zugrunde, dass die Einkünfte auf der ersten Ebene (bei der ausschüttenden Gesellschaft) der Besteuerung unterlegen haben und somit keine weißen Einkünfte zu befürchten sind. Zu einer Rückausnahme kommt es jedoch, soweit die Dividenden bei der Ermittlung des Gewinns der ausschüttenden Gesellschaft abgezogen worden sind (wie z. B. Vergütungen stiller Gesellschafter).

1703

Mit Urteil vom 11. 1. 2012 hat der BFH (entgegen der Rechtsauffassung der Finanzverwaltung) entschieden, dass § 50d Abs. 8 EStG zu § 50d Abs. 9 Satz 1 Nr. 2 EStG im Verhältnis der Spezialität steht.[1524] Damit schied bei Einkünften aus nichtselbständiger Arbeit, für die in einem DBA die Freistellungsmethode vorgesehen ist, die Anwendung von § 50d Abs. 9 EStG aus. Dies führte zu einer Nichtbesteuerung von Einkünften, wenn der ausländische Quellenstaat von einem in Deutschland unbeschränkt steuerpflichtigen Arbeitnehmer erzielte Einkünfte von der Besteuerung ausnahm. Durch die Neufassung des § 50d Abs. 9 Satz 3 EStG i. d. F. des AmtshilfeRLUmsG soll § 50d Abs. 9 EStG neben § 50d Abs. 8 EStG anwendbar und damit die aufgezeigte „Besteuerungslücke" geschlossen worden sein. Da die Vorschrift dem systematischen Verständnis des BFH widerspricht,[1525] ist fraglich, ob die in § 52 Abs. 59a Satz 9 EStG angeordnete Rückwirkung den verfassungsrechtlichen Vorgaben genügt.[1526]

1704

Durch das JStG 2009 wurde in § 50d EStG ein Absatz 10 eingefügt. Damit reagierte der Gesetzgeber auf das Urteil des BFH v. 17. 10. 2007[1527] und legt – davon abweichend und dem BMF[1528] folgend (sog. **rechtsprechungsbrechende Regelung**) – fest, dass Zinsen zu den in Deutschland zu besteuernden Betriebsstättengewinnen einer Mitunternehmerschaft zählen, die diese an einen ausländischen Gesellschafter zahlt. Voraussetzung dafür ist, dass das DBA keine ausdrückliche anderweitige Festlegung trifft. Systematisch soll § 50d Abs. 10 EStG die nationale Vorschrift des § 15 Abs. 1 Satz 1 Nr. 2 Satz 1 zweiter Halbsatz EStG ergänzen und Sonderbetriebseinnahme auch für Zwecke der Abkommensanwendung zu gewerblichen Einkünften umqualifizieren. Nachdem

1705

1523 BFH v. 6. 6. 2012 I R 6, 8/11, BStBl 2012 II 111; v. 24. 8. 2011 I R 46/10, BFH/NV 2011, 2165 m. w. N.
1524 BFH v. 11. 1. 2012 I R 27/11, BFH/NV 2012, 862.
1525 BFH v. 11. 1. 2012 I R 27/11, BFH/NV 2012, 862.
1526 Zum Rückwirkungsverbot BFH v. 11. 12. 2013 I R 4/13, BFH/NV 2014, 614 (bei BVerfG anhängig unter Az: 2 BvL 15/14).
1527 BFH v. 17. 10. 2007 I R 5/06, BStBl 2009 II 356 (Anwendung des Zinsartikels gemäß Art. 11 Abs. 1 OECD-MA, nicht des Artikels über Unternehmensgewinne gemäß Art. 7 Abs. 1 OECD-MA); v. 9. 8. 2006 II R 59/05, BStBl 2009 II 758.
1528 BMF v. 16. 4. 2010, BStBl 2010 I 354, Tz 5.1; v. 24. 12. 1999, BStBl 1999 I 1076 Tz 1.2.3.

der BFH in drei Entscheidungen[1529] § 50d Abs. 10 EStG wegen gesetzestechnischer Defizite nicht angewandt hat, wurde der Absatz durch das AmtshilfeRLUmsG (rückwirkend)[1530] ergänzt. Die Rückwirkung begründet nach Überzeugung des BFH (neben der Unzulässigkeit des Treaty Override) die Verfassungswidrigkeit der Vorschrift (Rdn. 607).

1706 Der Anwendungsbereich von § 50d Abs. 10 Satz 1 EStG erfasst nur (Sonder-)Vergütungen i. S. von § 15 Abs. 1 Satz 1 Nr. 2 Satz 1 zweiter Halbsatz EStG, also Vergütungen, die der Gesellschafter von der Gesellschaft für seine Tätigkeit im Dienst der Gesellschaft oder für die Hingabe von Darlehen oder für die Überlassung von Wirtschaftsgütern bezogen hat. Nicht erfasst werden nachträgliche Einkünfte i. S. von § 15 Abs. 1 Satz 1 Nr. 2 i. V. m. Satz 2 und § 24 Nr. 2 EStG.[1531] Abs. 10 tritt hinter ausdrücklichen DBA-Regelungen zurück. Als Rechtsfolge **fingiert** § 50d Abs. 10 Satz 1 EStG, dass die Einkünfte für die Zwecke der Anwendung des DBA als Unternehmensgewinne (i. S. von Art. 7 OECD-MA) des vergütungsberechtigten Gesellschafters gelten. Damit soll die in § 15 Abs. 1 Satz 1 Nr. 2 Satz 1 zweiter Halbsatz EStG getroffene Zuordnung dieser Einkünfte zu den Einkünften aus Gewerbebetrieb in den Bereich der DBA-Anwendung übertragen werden. § 50d Abs. 10 Satz 2 EStG dehnt die Reichweite der Fiktion auf die durch das Sonderbetriebsvermögen veranlassten Erträge und Aufwendungen aus. § 50d Abs. 10 Satz 3 EStG regelt die, für den Besteuerungszugriff notwendige Vorfrage der, Zurechnung[1532] dergestalt, dass die Vergütung der Betriebsstätte zuzurechnen ist, die diese als Aufwand/Betriebsausgaben geltend macht. Die Zurechnung wird gemäß § 50d Abs. 10 Satz 4 EStG auch auf mittelbar beteiligte Gesellschafter i. S. d. § 15 Abs. 1 Satz 1 Nr. 2 Satz 2 sowie auf Vergütungen, die als nachträgliche Einkünfte bezogen werden (§ 15 Abs. 1 Satz 2, § 24 Nr. 2 EStG), ausgedehnt.

1707 § 50d Abs. 10 Satz 5 und 6 EStG enthalten einen **speziellen Anrechnungstatbestand** für ausländische Steuern, die der Steuerpflichtige auf Vergütungen oder Erträge entrichten muss, die in den Anwendungsbereich von § 50d Abs. 10 Satz 1–4 EStG fallen. Die aus der Qualifikation resultierende mögliche Doppelbesteuerung (Qualifikationskonflikt) soll dadurch beseitigt werden, dass die anteilig auf die betreffenden Einkünfte entfallende ausländische Steuer bis zur Höhe der anteiligen, auf diese Einkünfte entfallenden deutschen Steuer angerechnet wird. Die Anrechnung setzt den Nachweis voraus, dass der andere Staat die Einkünfte besteuert, ohne dass es zu einer Anrechnung der in Deutschland gezahlten Steuer kommt. Außerdem muss der Steuerpflichtige Festsetzung und Zahlung der ausländischen Steuer nachzuweisen. Ermäßigungsansprüche mindern den anrechenbaren Betrag. Der verbleibende Steuerbetrag ist anzurechnen. Die Höhe der Anrechnung ist auf die anteilig auf die betreffenden Einkünfte entfallende deutsche Einkommensteuer beschränkt. Nach § 50d Abs. 10 Satz 6 EStG sind in DBA geregelte Kollisionsnormen vorrangig anzuwenden.

[1529] BFH v. 7. 12. 2011 I R 5/11, BFH/NV 2012, 556; v. 8. 11. 2010 I R 106/09, BFH/NV 2011, 365; v. 8. 9. 2010 I R 74/09, BFH/NV 2011, 138.
[1530] Gemäß § 52 Abs. 59a Satz 10 EStG findet die geänderte Fassung in allen Fällen Anwendung, in denen die Einkommen-/Körperschaftsteuer noch nicht bestandskräftig festgesetzt worden ist.
[1531] BFH v. 8. 11. 2010 I R 106/09, BFH/NV 2011, 365.
[1532] BFH v. 8. 9. 2010 I R 74/09, BFH/NV 2011, 138.

Einerseits schränkt § 50d Abs. 10 Satz 7 Nr. 1 EStG den Anwendungsbereich von § 50d 1708
Abs. 10 Satz 1 bis 6 EStG dahingehend ein, dass die Regelungen nicht für gewerblich
geprägte Personengesellschaften. i. S. von § 15 Abs. 3 Nr. 2 EStG gelten. Andererseits erweitert § 50d Abs. 10 Satz 7 Nr. 2 EStG den Anwendungsbereich durch die entsprechende Anwendung von § 50d Abs. 10 Satz 1 bis 6 EStG auf Einkünfte aus selbständiger Arbeit i. S. des § 18 EStG. Wenn ein DBA eine (Art. 14 OECD-MA entsprechende) Verteilungsnorm für Einkünfte aus selbständiger Arbeit enthält, werden Sondervergütungen zu Einkünften aus selbständiger Arbeit (anstatt zu Unternehmenseinkünften) umqualifiziert und diesen zugerechnet.

Nach § 50d Abs. 10 Satz 8 EStG wird § 50d Abs. 9 EStG nicht verdrängt. Damit soll si- 1709
chergestellt werden, dass die als Unternehmensgewinne zu behandelnden Einkünfte
nicht von der Besteuerung ausgenommen werden, wenn der Staat die Vergütung nicht
dem Art. 7 des DBA über die Unternehmensgewinne zuordnet. Auf diese Weise werden
Sondervergütungen, die ein in Deutschland unbeschränkt steuerpflichtiger Gesellschafter von einer ausländischen Personengesellschaft erhält und die einer ausländischen
Betriebsstätte zuzurechnen sind, nicht von der Besteuerung ausgenommen, wenn sie
wegen der fehlenden Zuordnung zu den Unternehmensgewinnen im ausländischen Betriebsstättenstaat nicht oder nur zu einem durch Abkommen begrenzten Steuersatz
besteuert werden.

Mit Wirkung zum 1.1.2012 wurde § 50d EStG um einen Abs. 11 ergänzt.[1533, 1534] Die 1710
Norm beschränkt die in den DBA vorgesehene Steuerfreistellung von ausländischen
Schachteldividenden, soweit die Dividenden unabhängig von der Qualifikation des
Empfängers als Kapitalgesellschaft nach deutschem Recht einer anderen Person zuzurechnen sind (Bsp.: KGaA). Die Freistellung soll nur erfolgen, wenn auch der Zahlungsempfänger nach DBA von der Steuer freigestellt wäre (Vermeidung einer Keinmalbesteuerung). Die Vorschrift stellt ebenfalls ein sog. „Nichtanwendungsgesetz" als Reaktion auf die Rechtsprechung des BFH dar.[1535] Zweck der Regelung ist es, den steuerfreien Bezug von (Schachtel-)Dividenden bei persönlich haftenden Gesellschaftern von
hybriden Gesellschaften[1536] auszuschließen.

6.1.3.5 Besteuerung bestimmter Einkünfte und Anwendung von Doppelbesteuerungsabkommen gemäß § 50i EStG

Zur Sicherstellung des deutschen Besteuerungsrechts bei **grenzüberschreitenden ge-** 1711
werblich geprägten Personengesellschaften ist § 50i EStG durch das AmtshilfeRLUmsG
in das Gesetz eingefügt worden. § 50i Satz 1 EStG regelt den Fall, dass Wirtschaftsgüter
des Betriebsvermögens oder Anteile i. S. von § 17 EStG vor dem 29.6.2013 in das Be-

---

1533 Gemäß § 52 Abs. 59a Satz 12 EStG findet die Neuregelung auf alle Dividendenzahlungen Anwendung, die nach dem 31.12.2011 erfolgen.
1534 BGBl 2012 I 1030.
1535 BFH v. 19.5.2010 I R 62/09, BFH/NV 2010, 1919 zu einer KGaA.
1536 Typisches Beispiel für eine hybride Gesellschaft ist die amerikanische LLC, die für deutsche Besteuerungszwecke als Personengesellschaft/Mitunternehmerschaft und für US-Steuerzwecke als Kapitalgesellschaft behandelt wird, so dass Qualifikationskonflikte entstehen.

triebsvermögen einer Personengesellschaft i. S. des § 15 Abs. 3 Nr. 2 EStG zu Buchwerten übertragen oder überführt worden sind. In diesem Fall soll der Gewinn, den ein Steuerpflichtiger, der im Sinne eines DBA im anderen Vertragsstaat ansässig ist, aus der Veräußerung bzw. Entnahme erzielt, ungeachtet der Bestimmungen eines DBA zu versteuern sein.

> **BEISPIEL:** A ist unbeschränkt einkommensteuerpflichtig und an einer inländischen D-GmbH i. S. von § 17 EStG beteiligt. Dies Beteiligung hat A 2010 gemäß § 4 Abs. 1 Satz 8 EStG i.V. mit § 6 Abs. 1 Nr. 5 Buchst. b) EStG mit den Anschaffungskosten in eine gewerblich geprägte GmbH & Co. KG eingelegt.[1537] Anschließend hat A 2011 seinen Wohnsitz in einen DBA-Staat verlegt. Im Zeitpunkt des Wegzugs wurden die stillen Reserven in den Anteilen an der D-GmbH nicht wegzugsbesteuert, weil § 6 AStG nur für Anteile i. S. des § 17 EStG gilt, also nur für solche die sich im Privatvermögen befinden und nicht für im Betriebsvermögen befindliche Anteile. Auch eine Entstrickung nach § 4 Abs. 1 Satz 3 und 4 EStG kann unterbleiben, wenn Deutschland auch nach dem Wegzug weiterhin das Besteuerungsrecht an den in den Anteilen ruhenden stillen Reserven nach Art. 7 Abs. 1 OECD-MA zusteht. Hierfür reichte nach Auffassung der Finanzverwaltung die gewerbliche Prägung einer GmbH & Co. KG gemäß § 15 Abs. 3 Nr. 2 EStG aus,[1538] so dass in der Vergangenheit eine Entstrickung im oben geschilderten Fall vermieden werden konnte. Nach Auffassung des BFH müssen „gewerbliche Gewinne eines Unternehmens" i. S. von Art. 7 Abs. 1 OECD-MA ihrer Art nach einer „unternehmerischen" Tätigkeit entspringen,[1539] sodass an die Definition des § 15 Abs. 2 EStG anzuknüpfen ist und die GmbH & Co. KG originär gewerbliche Einkünfte erzielen muss. Veräußert A die Anteile an der D-GmbH in 2013 soll § 50i EStG zur Anwendung kommen und in Altfällen den Steuerausfall vermeiden, der dadurch entsteht, dass ein Gesellschafter nach steuerfreier Einbringung von GmbH-Anteilen in eine gewerblich geprägte Gesellschaft ins Ausland verzogen ist, ohne dass eine Wegzugsbesteuerung nach § 6 AStG (Rdn. 1243 ff.) oder eine Entstrickung nach § 4 Abs. 1 Satz 3 und 4 EStG (Rdn. 214 ff.) vorgenommen wurde.

1712 Nach § 50i Satz 2 EStG sind auch die laufenden Einkünfte der in Satz 1 beschriebenen Personengesellschaft ungeachtet der Bestimmungen eines DBA in Deutschland zu besteuern. § 50i Satz 3 EStG ordnet die entsprechende Anwendung der Sätze 1 und 2 an, wenn die Personengesellschaft in Folge einer **Betriebsaufspaltung** Einkünfte aus Gewerbebetrieb erzielt. Auch § 50i EStG normiert ein Treaty Override („ungeachtet entgegenstehender Bestimmungen eines Abkommens zur Vermeidung der Doppelbesteuerung").[1540]

6.2 Körperschaftsteuerrecht

6.2.1 Beschränkte Körperschaftsteuerpflicht – § 2 Nr. 1 KStG

1713 § 2 KStG regelt den Kreis der lediglich beschränkt körperschaftsteuerpflichtigen Subjekte sowie den Umfang der objektiven beschränkten Körperschaftsteuerpflicht (Womit

---

1537 Zur Behandlung der Einbringung zum Privatvermögen gehörender Wirtschaftsgüter in das betriebliche Gesamthandsvermögen einer Personengesellschaft s. a. BMF v. 11. 7. 2011, BStBl 2011 I 713.
1538 Vgl. BMF v. 16. 4. 2010, BStBl 2010 I 354, Tz. 2.2.1.
1539 BFH v. 28. 4. 2010 I R 81/09, BFH/NV 2010, 1550; v. 19. 5. 2010 I B 191/09, BStBl 2011 II 156; v. 9. 12. 2010 I R 49/09, BStBl 2011 II 482; v. 4. 5. 2011 II R 51/09, BFH/NV 2011, 1602; v. 25. 5. 2011 I R 95/10, BFH/NV 2011, 1602; v. 24. 8. 2011 I R 46/10, BFH/NV 2011, 2165.
1540 Rdn. 607.

sind die beschränkt steuerpflichtigen Subjekte im Inland steuerpflichtig?). Dabei wird zwischen zwei Gruppen von beschränkt steuerpflichtigen Körperschaften unterschieden: Körperschaften, Personenvereinigungen und Vermögensmassen, die weder Sitz (§ 11 AO) noch Geschäftsleitung (§ 10 AO) im Inland haben (= ausländische Körperschaftsteuersubjekte, die hinsichtlich ihrer rechtlichen Struktur einer deutschen Kapitalgesellschaft entsprechen – vgl. Rdn. 926 ff.) sowie sonstige Körperschaften, Personenvereinigungen und Vermögensmassen, die zwar Sitz oder Geschäftsleitung im Inland haben, die aber aus anderen Gründen nicht unbeschränkt steuerpflichtig sind.[1541]

Ausländische Körperschaftsteuersubjekte unterliegen mit ihren inländischen Einkünften der beschränkten Körperschaftsteuerpflicht.[1542] Der Kreis der nach § 2 Nr. 1 KStG beschränkt steuerpflichtigen Körperschaftsteuersubjekte ist nicht nur auf rechtsfähige Körperschaftsteuersubjekte beschränkt.[1543] Anders als in § 1 Abs. 1 KStG werden die Körperschaftsteuersubjekte nicht näher bezeichnet, sondern es wird die allgemeine Umschreibung verwandt, was zugleich bedeutet, dass unter § 2 Nr. 1 KStG u. U. auch Gebilde fallen können, die nicht unter § 1 Abs. 1 KStG zu subsumieren sind. Die beschränkte Steuerpflicht kann ferner auch dadurch ausgelöst werden, dass die ausländische Körperschaft im Inland (lediglich) eine rechtlich unselbständige Betriebsstätte unterhält.[1544] 1714

Zur steuerlichen Behandlung von **ausländischen Familienstiftungen** i. S. des § 15 AStG vgl. Rdn. 1362 ff. 1715

Ausländische Körperschaften des öffentlichen Rechts unterliegen – im Gegensatz zu inländischen Körperschaften des öffentlichen Rechts (§ 4 Abs. 1, 4 KStG) – mit allen ihren inländischen Einkünften uneingeschränkt der beschränkten Körperschaftsteuerpflicht, d. h. sie sind auch mit den Einkünften aus Land- und Forstwirtschaft sowie Vermietung und Verpachtung steuerpflichtig. 1716

Zur steuerlichen Behandlung von sog. ausländischen Zwischengesellschaften i. S. der §§ 7 ff. AStG vgl. Rdn. 1277 ff. Die Hinzurechnungsbesteuerung der von der ausländischen Zwischengesellschaft erzielten Einkünfte bei den unbeschränkt Steuerpflichtigen (vgl. § 10 AStG) lässt eine eigene beschränkte Körperschaftsteuerpflicht der ausländischen Körperschaft, Personenvereinigung oder Vermögensmasse hinsichtlich der von ihr erzielten inländischen Einkünfte unberührt.[1545] 1717

Die **beschränkte Körperschaftsteuerpflicht** i. S. des § 2 Nr. 1 KStG **beginnt**, wenn entweder eine Körperschaft, Personenvereinigung oder Vermögensmasse, die im Übrigen die Voraussetzungen des § 2 Nr. 1 KStG erfüllt, inländische Einkünfte erzielt, d. h. wenn ihr Einkünfte steuerlich zuzurechnen sind (R 4 Abs. 1 KStR). Der bloße Besitz von im Inland belegenen Wirtschaftsgütern oder von inländischen Beteiligungen führt für sich allein 1718

1541 Bei den zuletzt genannten „sonstigen Körperschaften" wurde § 2 Nr. 2 KStG durch Gesetz v. 14. 8. 2007 (BStBl 2007 I 630) um einen zweiten Halbsatz ergänzt, der Umgehungsgestaltungen im Zusammenhang mit der sog. Wertpapierleihe verhindern soll; vgl. hierzu auch § 32 Abs. 3, § 5 Abs. 2 Nr. 1 und § 8b Abs. 10 KStG.
1542 BFH v. 21. 8. 1974 I R 183/72, BStBl 1974 II 776; v. 9. 8. 2006 I R 31/01, BStBl 2007 II 838.
1543 BFH v. 3. 2. 1988 I R 134/84, BStBl 1988 II 588.
1544 BFH v. 3. 2. 1993 I R 80, 81/91, BStBl 1993 II 462.
1545 Vgl. Tz. 7.0.4 AStG-AE; zur Steueranrechnung in diesem Fall vgl. § 12 AStG (Rdn. 1346).

noch nicht zur beschränkten Steuerpflicht; denn Sinn und Zweck der Steuerpflicht ist es, Einkünfte zu besteuern.

1719 Ferner beginnt die unbeschränkte Körperschaftsteuerpflicht dann, wenn eine Körperschaft, Personenvereinigung oder Vermögensmasse Geschäftsleitung und Sitz vom Inland ins Ausland und somit aus der unbeschränkten Steuerpflicht hinaus verlegt. Schließlich kann § 2 Nr. 1 KStG dann erfüllt sein, wenn eine ausländische Körperschaft, Personenvereinigung oder Vermögensmasse als Körperschaftsteuersubjekt entsteht und inländische Einkünfte erzielt.

1720 Die **beschränkte Körperschaftsteuerpflicht endet**, wenn entweder das Subjekt keine inländischen Einkünfte mehr erzielt, das Körperschaftsteuersubjekt aufhört, als juristische Person zu existieren, oder wenn die unbeschränkte Körperschaftsteuerpflicht beginnt.

1721 Die Körperschaftsteuerpflicht gemäß § 2 Nr. I KStG erstreckt sich nur auf die **inländischen Einkünfte**.[1546] Wegen der Verweisung des § 8 Abs. 1 KStG auf die Vorschriften des EStG bestimmt sich der Begriff der inländischen Einkünfte nach § 49 EStG;[1547] die ergänzenden Bestimmungen, z. B. §§ 50 ff. EStG, sind dabei zu berücksichtigen (vgl. R 32 Abs. 1 KStR). Besonders zu berücksichtigen ist bei der Besteuerung der ausländischen Körperschaft die isolierende Betrachtungsweise gemäß § 49 Abs. 2 EStG.

1722 Von den in § 49 Abs. 1 EStG genannten inländischen Einkünften kann aus der Natur der Sache heraus die ausländische Körperschaft keine Einkünfte aus selbständiger Arbeit (§ 49 Abs. 1 Nr. 3, § 18 EStG), aus nichtselbständiger Arbeit (§ 49 Abs. 1 Nr. 4, § 19 EStG), aus Leistungen gesetzlicher Rentenversicherungen (§ 49 Abs. 1 Nr. 4, § 22 EStG) sowie sonstige Einkünfte gemäß § 49 Abs. 1 Nr. 8a, § 22 Nr. 4 EStG erzielen, da diese Einkünfte eine natürliche Person als Subjekt der Einkunftserzielung voraussetzen.

1723 Zu den inländischen Einkünften gehört in der Praxis vor allem der Gewinn aus Gewerbebetrieb i. S. des § 49 Abs. 1 Nr. 2 i.V. mit § 2 Abs. 1 Nr. 2, § 15 Abs. 1 Nr. 1 und Abs. 2 EStG und § 8 Abs. 1 KStG. Dabei ist gemäß § 49 Abs. 1 Nr. 2 Buchst. a) EStG vorrangig zu prüfen, ob eine Betriebsstätte (§ 12 AO) oder ein ständiger Vertreter (§ 13 AO) im Inland existiert. Anders als bei der unbeschränkten Körperschaftsteuerpflicht, bei der gemäß § 8 Abs. 2 KStG alle Einkünfte als Einkünfte aus Gewerbebetrieb umqualifiziert werden, kann eine beschränkt steuerpflichtige Körperschaft auch inländische Einkünfte aus Kapitalvermögen (§ 49 Abs. 1 Nr. 5 EStG)[1548] und aus Vermietung und Verpachtung (§ 49 Abs. 1 Nr. 6 EStG)[1549] erzielen, da diese Einkünfte nicht an natürlichen Personen vorbehaltene Tätigkeitsmerkmale anknüpfen. Zwei wichtige Besonderheiten sind bei der Ermittlung der Überschusseinkünfte beschränkt Körperschaftsteuerpflichtiger zu beachten: Erstens sind bei (beschränkt steuerpflichtigen) Körperschaften im Zuge der

---

[1546] BFH v. 18.12.1974 I R 161/73, BStBl 1975 II 464; v. 27.1.1982 I R 5/78, BStBl 1982 II 374; v. 18.9.1996 I R 59/95, BFHE 181, 419.

[1547] BFH v. 3.2.1993 I R 80-81/91, BStBl 1993 II 462; v. 9.8.2006 I R 31/01, BStBl 2007 II 838; vgl. R 4 Abs. 1 Satz 1 KStR.

[1548] In diesem Zusammenhang muss seit dem VZ 2009 die durch das JStG 2009 eingefügte Sondervorschrift des § 8 Abs. 10 KStG beachtet werden.

[1549] Das Subsidiaritätsprinzip des § 21 Abs. 3 EStG wurde durch JStG 2009 auch ausdrücklich in § 49 Abs. 1 Nr. 6 EStG aufgenommen.

Überschussermittlung auch die §§ 9, 9a und 11 EStG anzuwenden. Zweitens sind Werbungskosten nicht abziehbar, wenn wegen ausschließlich abzugspflichtiger Einkünfte keine Veranlagung stattfindet (§ 8 Abs. 6 KStG).

Die **Ermittlung der (Gewinn-)Einkünfte** (des sog. Betriebsstättengewinns) richtet sich nach deutschem Steuerrecht durch Betriebsvermögensvergleich (§ 4 Abs. 1 EStG i.V. mit § 8 Abs. 1 KStG).[1550] Die Anwendung der deutschen Gewinnermittlungsvorschriften ist dabei auf den durch die inländische Zweigniederlassung erzielten Gewinn beschränkt.[1551] Bei der Gewinnermittlung darf die Körperschaftsteuer nicht gewinnmindernd abgezogen werden (§ 10 Nr. 2 KStG).

1724

Die **Besteuerung** richtet sich nach den allgemeinen Grundsätzen (§ 31 Abs. 1 Satz 1 KStG), so wie sie oben zu den unbeschränkt steuerpflichtigen Körperschaften dargestellt wurde; insbesondere ist auch § 8b KStG in vollem Umfang anwendbar. Der bis einschließlich Veranlagungszeitraum 2000 geltende Sondersteuersatz von 40 % gilt seit der Körperschaftsteuerreform 2001 nicht mehr. Im Hinblick darauf, dass der tarifliche Körperschaftsteuersatz seit der Unternehmensteuerreform 2008 15 % (§ 23 Abs. 1 KStG), der Kapitalertragsteuersatz gemäß § 43, § 43a Abs. 1 EStG aber 25 % beträgt, erfolgt gemäß § 44a Abs. 9 KStG für beschränkt körperschaftsteuerpflichtige Gläubiger der Kapitalerträge eine Erstattung der Kapitalertragsteuer i. H. von 2/5.

1725

Von den oben dargestellten Vorschriften für beschränkt Einkommensteuerpflichtige gelten diejenigen, die nicht an eine natürliche Person als beschränkt Steuerpflichtigen anknüpfen. Als Sondervorschrift ist § 32 Abs. 1 Nr. 2, Abs. 2 KStG zu berücksichtigen. Die mangelnde Erstattungsfähigkeit von Kapitalertragsteuer für beschränkt körperschaftsteuerliche Kapitalgesellschaften außerhalb des Anwendungsbereichs der Mutter-Tochter-Richtlinie, insbesondere unterhalb der Mindestbeteiligungsquote von 10 %, verstieß gegen die Kapitalverkehrsfreiheit (Art. 63 AEUV).[1552] Diese Diskriminierung wurde für Bezüge, die nach dem 28. 2. 2013 zufließen (§ 34 Abs. 7a Satz 2 KStG), durch Einführung einer Steuerpflicht auch für inländische Streubesitzdividenden beseitigt, § 8b Abs. 4 KStG.[1553]

1726

6.2.2 Gesellschafter-Fremdfinanzierung – § 8a KStG a. F.

Dem Gesellschafter einer Kapitalgesellschaft steht es aus steuerrechtlicher Sicht grundsätzlich frei, wie er seine Gesellschaft finanziert. In Betracht kommen u. a. zum einen Ausstattung mit Eigenkapital und zum anderen Darlehensgewährung durch den Gesellschafter. Die steuerlichen Folgen sind bei der Kapitalgesellschaft zum einen bei der Gewinnermittlung nicht abzugsfähige Dividendenausschüttungen (§ 8 Abs. 3 KStG) und zum anderen als Betriebsausgaben bei der Gewinnermittlung abzugsfähige Darle-

1727

1550 BFH v. 13. 9. 1989 I R 117/87, BStBl 1990 II 57.
1551 BFH v. 17. 12. 1997 I R 95/96, BStBl 1998 II 260.
1552 EuGH v. 20. 10. 2011 C-284/09 Europäische Kommission/Bundesrepublik Deutschland, IStR 2011, 840; zur analogen Anwendung von § 50d Abs. 1 EStG und zur Zuständigkeit der Finanzämter s. BFH v. 11. 1. 2012 I R 25/10, BFH/NV 2012, 871; v. 11. 1. 2012 I R 30/10, BFH/NV 2012, 1105.
1553 BGBl 2013 I 561; Rdn. 396.

henszinsen. Diese „Ungleichbehandlung" egalisiert sich grundsätzlich, wenn es sich beim Empfänger der Leistungen der Kapitalgesellschaft um einen unbeschränkt Steuerpflichtigen handelt, weil dieser – sieht man vom Sparer-Pauschbetrag einmal ab – in beiden Fällen die Einkünfte mit seinem höchstpersönlichen Einkommensteuersatz versteuern muss. Der steuerliche Minderertrag (aus der Sicht des Fiskus) auf der Ebene der Kapitalgesellschaft bei Zinszahlungen wird durch die entsprechend umfangreiche Besteuerung auf der Ebene des Darlehensgebers grundsätzlich ausgeglichen. Bei beschränkt steuerpflichtigen Darlehensgebern, die in einem DBA-Staat ansässig sind, ist dagegen davon auszugehen, dass die Besteuerung der Zinsen grundsätzlich dem Wohnsitzstaat zugewiesen wird. Somit hat der Sitzstaat der Gesellschaft zum einen die Verminderung des zu versteuernden Einkommens der Kapitalgesellschaft hinzunehmen und zum anderen verfügt er über keinen steuerlichen Ausgleich in Form der Besteuerung desjenigen, der die Zinseinkünfte vereinnahmt. Konsequenz dieser Regelung kann es demnach sein, den Gewinn einer inländischen Kapitalgesellschaft weitestgehend durch Darlehensgewährung steuerfrei ins Ausland abzusaugen[1554] und dort einer niedrigeren Besteuerung zu unterwerfen.

1728 Um in diesem Zusammenhang Missbräuchen zu begegnen, hat der Gesetzgeber erstmals mit dem StandOG das Problem der Gesellschafter-Fremdfinanzierung mit Einführung des § 8a KStG a. F. geregelt.[1555] Die Vergütungen für ein vom Gesellschafter gewährtes Darlehen werden unter gewissen Voraussetzungen – so insbesondere bei einer unangemessenen Zinsvereinbarung oder bei Übersteigen eines bestimmten Eigen-/Fremdkapitalverhältnisses – in verdeckte Gewinnausschüttungen umqualifiziert, die bei der Ermittlung des Gewinns der Kapitalgesellschaft nicht abzugsfähig sind. Dies traf ursprünglich (fast) nur den ausländischen Anteilseigner.

1729 In seinem Urteil vom 12.12.2002 in der Rechtssache Lankhorst-Hohorst hat der EuGH die Bestimmung des § 8a KStG a. F. als mit dem AEUV für unvereinbar erklärt.[1556] Nach Auffassung des Gerichts beschränkte die bestehende Regelung die Niederlassungsfreiheit i. S. des Art. 49 AEUV. Der Gesetzgeber musste darauf reagieren und hat § 8a KStG a. F. durch das „Gesetz zur Umsetzung der Protokollerklärung der Bundesregierung zur Vermittlungsempfehlung zum Steuervergünstigungsabbaugesetz" vom 22.12.2003 geändert;[1557] die Gesellschafter-Fremdfinanzierung durch Steuerinländer wie durch Steuerausländer wurde fortan gleich behandelt. Diese weite Fassung war grundsätzlich zwischen dem 1.1.2004 und dem 31.12.2007 anzuwenden;[1558] in diesem Zeitraum wurden dazu umfangreiche Anwendungsschreiben veröffentlicht.[1559]

1730 § 8a Abs. 1 KStG a. F. qualifizierte Vergütungen für Fremdkapital, das eine – unbeschränkt oder beschränkt steuerpflichtige – Kapitalgesellschaft nicht nur kurzfristig von einem Anteilseigner erhalten hat, der zu einem Zeitpunkt im Wirtschaftsjahr we-

---

1554 Vgl. etwa den Sachverhalt in BFH v. 29.7.1992 II R 39/89, BStBl 1993 II 63.
1555 Hierzu BMF v. 15.12.1994, BStBl 1994 I 25.
1556 EuGH v. 12.12.2002 C-324/00 Lankhorst-Hohorst, IStR 2003, 55.
1557 BGBl 2003 I 2480; BStBl 2004 I 14.
1558 Bei kalendergleichem Wirtschaftsjahr; zu den Einzelheiten der zeitlichen Anwendung der Neuregelung vgl. § 34 Abs. 6a S. 3 KStG.
1559 BMF v. 15.7.2004, BStBl 2004 I 593; v. 22.7.2005, BStBl 2005 I 829; v. 19.9.2006, BStBl 2006 I 559.

sentlich am Grund- oder Stammkapital beteiligt war,[1560] in verdeckte Gewinnausschüttungen um, wenn die Voraussetzungen der Vorschrift vorlagen.[1561]

Dieses Konzept wurde durch das UntStRefG 2008 aufgegeben.[1562] Die neue Fassung von § 8a KStG regelt die Voraussetzungen, unter denen die Zinsschrankenregelung des § 4h EStG bei Körperschaften anwendbar ist. Die Zinsschranke verbietet den Abzug von Zinsaufwendungen eines Betriebs in bestimmten Grenzen.[1563] Während die ursprüngliche Fassung des § 8a KStG a. F. im Wesentlichen auf die Gesellschafter-Fremdfinanzierung deutscher Kapitalgesellschaften durch ausländische Anteilsinhaber ausgerichtet und damit als eine Missbrauchsvermeidungsvorschrift zu qualifizieren war, versteht sich die Neuregelung als eine allgemeine Gewinnermittlungsvorschrift.

1731

6.2.3 Ermäßigung bei ausländischen Einkünften

Handelt es sich um eine beschränkt steuerpflichtige Körperschaft i. S. des § 2 Nr. 1 KStG, so kann diese nach § 8, § 26 Abs. 6 Satz 1 KStG i.V. mit § 50 Abs. 6 [seit dem JStG 2009: § 50 Abs. 3] EStG die Anrechnung der ausländischen Steuer auf die inländische Körperschaftsteuer nach § 34c Abs. 1–3 EStG beanspruchen.

1732

BEISPIEL: Die chilenische C SA unterhält in Frankfurt eine rechtlich unselbständige Zweigniederlassung ihrer in Santiago/Chile gelegenen Maschinenfabrik. Zu den Einkünften der deutschen Niederlassung zählen Gewinne aus einer Montage in Riad/Saudi-Arabien. Soweit in Saudi-Arabien eine Ertragsteuer erhoben wurde, kann diese Steuer im Rahmen der Steuerermäßigung nach § 26 Abs. 6 Satz 1 KStG i.V. mit § 50 Abs. 3, § 34c Abs. 1–3 EStG angerechnet werden.

§ 26 Abs. 2 KStG i. d. F. des AmtshilfeRLUmsG ordnet die entsprechende Anwendung des § 50d Abs. 10 EStG (Rdn. 1705 ff.) und die Steueranrechnung bei grenzüberschreitenden Sondervergütungen an. Die Vorschrift soll sicherstellen, dass Sondervergütungen eines beschränkt steuerpflichtigen Mitunternehmers wie Gewinnanteile (gem. Art. 7 Abs. 1 OECD-MA) in Deutschland besteuert werden können.[1564] Anders als § 34c EStG und § 26 Abs. 1 KStG sieht § 50d Abs. 10 Satz 5 EStG eine Anrechnungspflicht auch bei fehlender unbeschränkter Steuerpflicht vor. Nach § 34 Abs. 11c Satz 5 KStG ist § 26 Abs. 2 KStG in allen Fällen anzuwenden, in denen § 50d Abs. 10 EStG i. d. F. des AmtshilfeRLUmsG anzuwenden ist. Dies ist gemäß § 52 Abs. 59 Satz 10 EStG immer dann der Fall, wenn die Einkommen- und Körperschaftsteuer noch nicht bestandskräftig festgesetzt worden ist. Der BFH ist davon überzeugt, dass § 52 Abs. 59a Satz 10 EStG i. d. F. des AmtshilfeRLUmsG (auch) wegen Verstoßes gegen das Rückwirkungsverbot (Art. 20

1733

1560 Vgl. § 8a Abs. 3 KStG.
1561 Zu den tatbestandlichen Voraussetzungen der Altregelung s. Wilke, Internationales Steuerrecht, 8. Auflage, Herne/Berlin 2006.
1562 BStBl 2007 I 630.
1563 Zur potentiellen Verfassungswidrigkeit der Neuregelung wegen Durchbrechung des objektiven Nettoprinzips vgl. BFH v. 13. 3. 2012 I B 111/11, BStBl 2012 II 611 sowie FG Baden-Württemberg v. 26. 11. 2012 6 K 3390/11, BB 2013, 2646; Az. der Revision beim BFH: I R 2/13; FG Niedersachsen v. 11. 7. 2013 6 K 226/11, EFG 2013, 1790, Az. der Revision beim BFH: I R 57/13.
1564 Vgl. BR-Drs. 139/13, S. 140 f.

Abs. 3 GG) verfassungswidrig ist und hat die Norm (auch) aus diesem Grund dem BVerfG[1565] zur Entscheidung vorgelegt.[1566]

6.3 Erbschaft- und Schenkungsteuerrecht

1734 Bereits oben (Rdn. 474) wurden die verschiedenen grenzüberschreitenden Konstellationen dargestellt, die der Besteuerung nach dem ErbStG unterliegen. Die beschränkte Erbschaft- und Schenkungsteuerpflicht ist in § 2 Abs. 1 Nr. 3 ErbStG geregelt. Sie ist dann zu bejahen, wenn weder der Erblasser noch der Erbe bzw. weder der Schenker noch der Beschenkte Inländer i. S. von § 2 Abs. 1 ErbStG sind und sich die betroffenen Vermögensgegenstände im Inland befinden.

1735 Der beschränkten Erbschaft- und Schenkungsteuerpflicht unterliegt nicht das gesamte Vermögen, sondern nur der Vermögensanfall, **der in Inlandsvermögen im Sinne des § 121 Nr. 1 bis 9 BewG** besteht. Die Zuordnung einzelner Wirtschaftsgüter zu den in § 121 BewG aufgezählten Vermögensgruppen richtet sich ausschließlich nach dem deutschem Recht (sog. isolierende Betrachtungsweise) – s. a. Rdn. 484.

1736 Bei **Anteilen an Kapitalgesellschaften** verlangt § 121 Nr. 4 BewG i.V. mit § 2 Abs. 1 Nr. 3 ErbStG, dass der Erblasser/Schenker mindestens zu 10 % am Grund- oder Stammkapital der inländischen Kapitalgesellschaft beteiligt war, so dass die Beteiligungshöhe des Erwerbers vor oder nach der Zuwendung unerheblich ist. Bei der Berechnung der Beteiligungsquote des Erblassers/Schenkers zählen auch mittelbar gehaltene Anteile mit (R 4 Abs. 3 Satz 3 ff. ErbStR).

1737 Wird nur ein Teil einer solchen Beteiligung durch Schenkung zugewendet, gelten die weiteren Erwerbe aus der Beteiligung, soweit die Voraussetzungen des § 14 ErbStG erfüllt sind, auch dann als Erwerb von Inlandsvermögen, wenn im Zeitpunkt ihres Erwerbs die Beteiligung des Erblassers oder Schenkers weniger als ein Zehntel des Grund- oder Stammkapitals der Gesellschaft beträgt (vgl. § 2 Abs. 1 Nr. 3 Satz 3 ErbStG).

1738 Zum **Inlandsvermögen** gehören weiter u. a. land- und forstwirtschaftliches Vermögen, Grundbesitz, Beteiligungen an Personengesellschaften im Inland (einschließlich der Beteiligung an einer Komplementär-GmbH), Urheberrechte (R 4 Abs. 4 ErbStR), typisch stille Beteiligungen (R 4 Abs. 5 ErbStR), Nutzungsrechte wie z. B. Patente, Know-How (R 4 Abs. 6 ErbStR), Hypotheken, Grundschulden (H 4 ErbStH).

1739 Umgekehrt gehören zu den **steuerfreien Vermögensgegenständen** all diejenigen Wirtschaftsgüter, Gegenstände und Rechte, die in § 121 BewG nicht aufgezählt sind, z. B. Bank- und Sparguthaben bei deutschen Kreditinstituten, der Übergang von ungesicherten Forderungen gegen inländische Schuldner, der Übergang in Deutschland deponierter Wertpapiere, der Übergang im Inland befindlicher Kunstgegenstände oder Hausrat.

[1565] Die konkrete Normenkontrolle ist dort unter dem Az. 2 BvL 15/14 anhängig.
[1566] BFH v 11. 12. 2013 I R 4/13, BFH/NV 2014, 614.

Dem Steuerpflichtigen werden die sachlichen Steuerbefreiungen gewährt, die persönlichen dagegen nicht (§ 17 ErbStG knüpft an § 16 Abs. 1 ErbStG an, der seinerseits an § 2 Abs. 1 Nr. 1 ErbStG anknüpft) bzw. nur eingeschränkt (§ 16 Abs. 2 ErbStG). 1740

Ein Abzug von Schulden und Lasten ist nur insoweit möglich, als sie in wirtschaftlichem Zusammenhang mit steuerpflichtigen Vermögensgegenständen stehen (§ 10 Abs. 6 Satz 2 ErbStG, R 31 ErbStR). Die Rechtsprechung nimmt einen wirtschaftlichen Zusammenhang zwischen einem Vermögensgegenstand und einer Schuld oder Last an, wenn deren Entstehung ursächlich und unmittelbar auf Vorgängen beruht, die diesen Vermögensgegenstand betreffen.[1567] Besonderheiten können sich aus dem einzelnen DBA ergeben (vgl. z. B. Art. 10 DBA-USA/ErbSt, Art. 9 DBA-Schweiz/ErbSt). 1741

Die deutsche Erbschaftsteuer entsteht endgültig; eine Anrechnung nach § 21 ErbStG scheidet aus, da diese nur in den Fällen des § 2 Abs. 1 Nr. 1 ErbStG zulässig ist. Die Steuersätze bei beschränkter Steuerpflicht sind dieselben wie bei unbeschränkter Steuerpflicht. 1742

Die „normale" beschränkte Erbschaft- und Schenkungsteuerpflicht wird um die Regelungen der sog. **erweiterten beschränkten Steuerpflicht** in den § 4, § 5 Abs. 1 Satz 2 AStG ergänzt. Diese sollen die Umgehung der deutschen Erbschaftsteuerpflicht durch Auswanderung des Erblassers/Schenkers verhindern und den Anreiz zur Wohnsitzverlagerung in Niedrigsteuergebiete verringern. 1743

Personen, die aus Deutschland in ein aus ertragsteuerlicher Sicht sog. Niedrigsteuerland oder in ein Land mit einer sog. Vorzugsbesteuerung ausgewandert sind und vorher lange Zeit in Deutschland ansässig und deutsche Staatsangehörige gewesen sind, werden gemäß § 4 AStG i.V. mit § 2 Abs. 1 Satz 1 AStG noch für 10 Jahre von der erweiterten beschränkten Erbschaftsteuerpflicht erfasst. Der Erbschaftsteuer unterliegt dann das sog. **erweiterte Inlandsvermögen**. Das ist vereinfacht gesagt alles Vermögen, das nicht Auslandsvermögen ist (vgl. Tz. 4.1.1 AStG-AE).[1568] 1744

Der Erwerber kann bei allen Erwerben, bei denen die ErbSt nach dem 13. 12. 2011 entsteht (vgl. § 37 Abs. 7 Satz 1 ErbStG), gemäß § 2 Abs. 3 Satz 1 ErbStG zwischen der beschränkten Steuerpflicht nur des Inlandsvermögens i. S. von § 121 BewG und der unbeschränkten Steuerpflicht des Welterwerbs i. S. von § 2 Abs. 1 Nr. 1 ErbStG wählen. Bei der **Option zur unbeschränkten Steuerpflicht** kommen dem Erwerber aber die höheren persönlichen Freibeträge des § 16 Abs. 1 ErbStG (und ggf. auch des § 17 ErbStG) zugute. Die Antragsberechtigung[1569] setzt allerdings gemäß § 2 Abs. 3 Satz 1 ErbStG voraus, dass zumindest ein Beteiligter (Erblasser/Schenker oder Erwerber) zur Zeit der Entstehung der Steuer (§ 9 ErbStG) seinen Wohnsitz im Gebiet der EU bzw. des EWR hat. Die Neuregelung basiert auf der Entscheidung des EuGH v. 22. 4. 2010,[1570] nach der es 1745

1567 BFH v. 21. 7. 1972 III R 44/70, BStBl 1973 II 3.
1568 BMF v. 14. 5. 2004, BStBl 2004 I Sondernummer 1 (Anwendungserlass).
1569 Stellt der Erwerber keinen Antrag gemäß § 2 Abs. 3 ErbStG, unterwirft die Finanzverwaltung den Vermögensanfall der beschränkten Steuerpflicht (§ 2 Abs. 1 Nr. 3 ErbStG), so dass nur der geringe persönliche Freibetrag nach § 16 Abs. 2 ErbStG in Anspruch genommen werden kann; vgl. gleichlautender Ländererlass v. 15. 3. 2012, BStBl 2012 I 328, Tz. 10.
1570 EuGH v. 22. 4. 2010 C-510/08 Mattner, DStR 2010, 861.

unionswidrig ist, beschränkt Steuerpflichtigen EU/EWR-Erwerbern, gemäß § 16 Abs. 2 ErbStG, nur einen verwandtschaftsunabhängigen, persönlichen Freibetrag von lediglich 2 000 € zu gewähren. Im Optionsfall sind nach § 2 Abs. 3 Satz 2 ErbStG alle Erwerbe innerhalb von zehn Jahren vor dem Vermögensanfall und innerhalb von zehn Jahren nach dem Vermögensanfall als unbeschränkt steuerpflichtig zu behandeln und nach § 14 ErbStG zusammenzurechnen.

1746 Zu der Streitfrage der Nichtgewährung des Ehegattenfreibetrags nach § 16 Abs. 1 Nr. 1 ErbStG an einen Schweizer Erben, der mit einer Schweizer Erblasserin verheiratet war – beide ansässig in der Schweiz – vgl. Rnd. 507 den Fall Welte.

STICHWORTVERZEICHNIS

(Es sind jeweils die Randnummern – Rdn. – angegeben.)

183-Tage-Regelung 684, 1009 ff., 1027 f., 1029, 1034, 1629

A

Abfindungen 658, 1006, 1052, 1631
Abgabenpflichtiger 48, 98
Abkommensberechtigung (DBA) 610, 625, 627, 628, 631 ff., 963
Abkommensmissbrauch 81, 625 ff., 942, 1691
Abzug bei der Ermittlung der Einkünfte 63, 373 ff.
Abzugsteuer 1660, 1676, 1684 ff., 1692 ff.
Advance Pricing Agreement 900 ff.
Aggressive Steuerplanung 69
Aktive Einkünfte 1297 ff., 1330
Aktive Tätigkeit 172, 244, 1624
Aktivitätsklausel 242 f., 308, 337, 731, 940, 945
Amts- und Rechtshilfe 236, 1117 ff., 1141, 1265, 1315, 1536 ff., 1553
Amts- und Rechtshilfeverträge 1140
Amtsermittlungspflicht 104
Angemessenheitsdokumentation 841, 861
Anlagen (DBA) 564
Anrechnung, AStG 1346 ff.
– Berechnung (EStG) 262 ff.
– DBA 588 ff.
– ErbStG 475, 485 ff.
– EStG 61, 247 ff.
– fiktive Steuer 62, 296, 302, 443, 589 f., 950
– InvStG 251, 1404
– KStG 368 ff.
– VStG 471
Anrechnungsüberhang 273, 302, 347, 370, 494
Ansässigkeit (DBA) 617 ff.
Antarktis 305
Anti-Organ-Klausel 726
Authorised OECD Approach – AOA 733 ff., 752, 754 ff., 1206
Arbeitgeber 184, 314, 321, 1017 ff., 1021 ff., 1039, 1041 ff., 1667

Arbeitnehmer, Freizügigkeit, s. Freizügigkeit
Arbeitnehmerentsendung 719, 870 ff., 1029 ff.
Arbeitnehmerverleih 1021 ff.
Arbeitslohn 209, 319 ff., 1000, 1005, 1029, 1657, 1667
Arbeitsortsprinzip 183, 995
Artisten, s. Einkünfte, Künstler, Sportler
Attraktionsprinzip 730
Atypisch stille Gesellschaft 912
Aufsichtsrat, s. Einkünfte aus Aufsichtsrats- oder Verwaltungsratstätigkeit
Aufsichtsratsteuer 1681
Aufsichtsratsvergütungen, s. Einkünfte aus Aufsichtsrats- oder Verwaltungsratstätigkeit
Aufzeichnungspflichten 106, 109, 202, 794 ff., 840 ff., 845 ff., 853 ff., 1209
Auskunftsklausel, große 1121, 1122, 1140
– kleine 1121, 1123, 1315
Ausland (Begriff) 91 ff.
Ausländische Einkünfte, s. Einkünfte
Ausländische Steuer 89, 255
Ausländische Währung, s. Umrechnung
Auslandstätigkeitserlass 305, 313 ff.
Auslandsvermögen 471 ff., 474 ff., 487, 1744
Auslegung (DBA), dynamische 571
– statische 571
Ausschüttungsfiktion 1278, 1335
Außergewöhnliche Geschäftsvorfälle 842, 846, 856, 1209
Ausüben, Ausübung einer Tätigkeit 175 f., 184, 669, 680, 777, 981 ff., 1015, 1044, 1057, 1073
Autor, Autorenrechte 176, 193, 988, 1667
Avoir fiscal 953

B

Bagatellgrenze 1321
Ballooningmodell 392
Bananenmarktverordnung 1485

387

Basisgesellschaft   205, 1200 ff.
Bauausführung   691 ff.
Beherrschender Einfluss   806, 1283
Beitreibung   15, 578, 1141 ff., 1551 ff.
Benennung von Dritten   204 ff., 809, 1382
BEPS   81 f.
Berlin-Klausel   645
Berufssportler, s. Sportler
Beschränkte Steuerpflicht, s. Steuerpflicht
Besonderer Steuersatz   65, 327
Besteuerung, extra-territoriale   916
- nach dem Aufwand   1231
- nach der Leistungsfähigkeit   1, 85, 395, 583, 1148, 1526
- niedrige   1229 f., 1318 ff.
Betriebsgemeinschaft   772, 1615
Betriebsstätte (Definition)   671 ff.
Betriebsstätte, Verwaltungsgrundsätze   442, 738, 798
- Vertreterbetriebsstätte   709 ff.
Betriebsstättenausnahmen   706 ff., 726
Betriebsstättengewinn   213, 219, 666, 733 ff., 737 ff., 752 ff., 754 ff., 771
Betriebsstättengewinnaufteilungsverordnung   213, 735, 762
Betriebsstättenvorbehalt   710, 729, 914 f., 957, 970, 1095
Betriebsvermögen   226, 238, 420, 440, 446, 455, 462, 464, 466, 729, 742, 914, 957, 972, 1336, 1706 ff.
Bewegliches Vermögen, s. Vermögen
Beweisbeschaffungspflicht, -vorsorgepflicht   102
Bezahlte Untätigkeit   1003
Billige Flaggen   235
Binnenschiffe, Binnenschifffahrt, s. Schifffahrt
Briefkastengesellschaft   933, 1200
Briefwechsel (DBA)   564
Bundesbahn   186
Bundesbank   186, 1086
Bundesrepublik Deutschland (Begriff, DBA)   645
Büsingen   95

C

Centros-Fall   432, 930

CFC   1239
Container   42, 674
Cross-Border-Leasing   89

D

DBA   550 ff.
- Aufbau   572
- Auslegung, s. Auslegung
- Erbschaftsteuer   499, 552
- Geltungsbereich, allgemein   608 ff.
- Geltungsbereich, persönlicher   608 ff.
- Geltungsbereich, räumlich   643 ff.
- Geltungsbereich, sachlich   643 ff.
- Geltungsbereich, steuerlich   650 ff.
- Geltungsbereich, zeitlicher   654 ff.
- Verhältnis zum AStG   1394 ff.
- Zuordnungsprinzipien   656 ff.

DDR   91, 648
Dealings   734, 752, 756, 758, 762
Dealing-at-arm's-length   739, 810, 964
Dienstleistungsbetriebsstätte   684, 695, 744
Dienstleistungsfreiheit   1522
Diplomaten   33, 57, 353 ff., 1144
Directive shopping   629, 1691
Diskriminierung, Diskriminierungsverbot   578, 615, 1039, 1082, 1145 ff., 1488, 1521 ff., 1688
Dividenden, Begriff (DBA)   911
Dokumentationspflicht   106, 793 ff., 839 ff., 861
Domizilgesellschaft   204, 299, 1200, 1382
Doppelbesteuerung, effektive   50, 70, 90, 550
- Methoden zur Vermeidung   66, 572, 577
- virtuelle   50, 69 f., 85, 593 ff.
- wirtschaftliche   53, 775
Doppelte Ansässigkeit   618 f.
Dotationskapital   212, 744, 752, 757, 762, 798
Double Dip   80, 89

E

Effektive Doppelbesteuerung, s. Doppelbesteuerung
EFTA   1554 ff.
EG-Amtshilfe-Gesetz   1537
EG-Beitreibungsgesetz   1552
Einkommensteuerpflicht, s. Steuerpflicht

Stichwörter | **VERZEICHNIS**

Einkünfte, aktive   1297 ff.
- als Künstler oder Sportler   175, 583, 584, 984 ff., 992, 1069 ff., 1616 ff., 1665, 1667, 1669
- als Schriftsteller   176, 1667; s. auch Autor
- andere   194
- aus Aufsichtsrats- oder Verwaltungsratstätigkeit   155, 985, 1048 ff., 1664 f., 1671 f.
- aus Dienstleistungen   684, 715, 1305 f., 1396
- aus Dividenden   907 ff.
- aus Gewerbebetrieb   89, 167 ff., 220, 307, 346, 402, 660, 681, 683, 919, 967, 1072, 1336, 1601, 1605, 1611 ff., 1624, 1640, 1706
- aus Handel   1302
- aus Kapitalvermögen   89, 189 ff., 226 ff., 266, 281, 295, 300, 919, 1208, 1238, 1633 ff.; s. auch Zinsen bzw. Dividenden
- aus Land- und Forstwirtschaft   163 ff., 238, 660, 690, 1299, 1336, 1371, 1601, 1607 ff., 1660
- aus Lizenzen, s. Lizenz
- aus nichtselbständiger Arbeit, s. aus unselbständiger Arbeit
- aus öffentlichen Kassen   151, 185 ff., 314, 615, 1074, 1081 ff., 1629, 1699
- aus Renten   1038, 1078, 1080, 1094, 1643, 1722
- aus Ruhegehältern   1006, 1078 ff., 1081
- aus selbständiger Arbeit   89, 175 ff., 307, 346, 669, 973, 979 ff., 1050, 1336, 1396, 1601, 1625 ff.
- aus unbeweglichem Vermögen, s. auch Einkünfte aus Vermietung und Verpachtung
- aus unselbständiger Arbeit   183 ff., 313 ff., 332, 602, 995 ff., 1032 ff., 1005, 1078, 1088, 1601, 1616, 1629 ff.,1653, 1667, 1700, 1704
- aus Veräußerungen, s. Veräußerungsgewinne
- aus Vermietung und Verpachtung, s. Einkünfte aus unbeweglichem Vermögen
- aus Zinsen, s. Zinsen
- Ermittlung   51, 155, 164, 199 ff., 226 ff., 228 ff., 231 ff., 279, 284, 332, 360 ff., 827, 1269, 1370, 1652 ff., 1724
- gemischte   1321, 1330, 1348
- Journalist   155, 1667
- nachträgliche   172, 746, 1005, 1078, 1624, 1627, 1706
- negative ausländische   238 ff.
- passive   1297, 1301, 1312 ff., 1321, 1326, 1330
- sonstige   196, 1094, 1642 ff.

Einkunftsabgrenzung   787 ff., 809 ff., 861, 864, 870, 885

Emmot'sche Fristenhemmung   1477

Empfehlung (EU)   1464, 1478

Enkelgesellschaft (Begriff)   923

Entscheidungsharmonie   569 f.

Entstrickung   214, 363, 420, 435, 442, 466, 1248, 1618

Entwicklungshilfe   316, 1401

Erbanfallsteuer   490

Ermäßigungsanspruch   247, 257, 292, 301, 368, 485, 491, 965, 1274, 1707

Ermittlung der Einkünfte, s. Einkünfte

Erstattung von Steuern   257, 273, 494, 591, 943, 947, 1156, 1635, 1638, 1658, 1692 ff., 1725

Erweitert beschränkte Einkommensteuerpflicht   1219 ff., 1223 ff.

Erweitert beschränkte Erbschaftsteuerpflicht   481, 1220, 1240 f., 1744

Erweitert unbeschränkte Steuerpflicht   151 f.

EU-Amtshilfegesetz   1539 ff.

EU-Beitreibungsgesetz   1553

Europäische Gerichtshof   1456, 1479 ff.

EWR   1554 ff.

F

Familienstiftung   1362 ff, 1386, 1390

Farm   236, 690

FATCA   86, 628

Ferienwohnung   229, 619

Feste Einrichtung   307, 670, 684, 981, 989, 1625, 1628

Festlandsockel   92, 647

Fiktive Anrechnung, s. Anrechnung

Filmrechte   193

Filmschauspieler   1003

Finale Betriebsaufgabe   220

Finale Entnahme   219

Finaler Verlust   767

Fishing Expeditions   1137

Fliegende Bauten   674

Flugzeug, s. Luftfahrt

Förderstaatsprinzip   1643

Französische Dividenden   953 f.

Freier Beruf   983, 986

Freigrenze (AStG)   1321 ff., 1357

Freistellung   60, 66, 70, 222, 304, 313, 321, 367, 420, 581, 583, 584 ff., 593, 595, 601, 606, 665, 731, 944, 995, 1036, 1068, 1074, 1087, 1395 f., 1632, 1637, 1672, 1693, 1695, 1698, 1701, 1703, 1710

Freizonen   95

Freizügigkeit   236, 1221, 1261, 1521 ff., 1527

Freizügigkeitsabkommen   236, 314, 1562

Fremdvergleich, Fremdvergleichsgrundsatz, Fremdvergleichspreis   734, 739, 756, 759, 762, 793 f., 810, 826, 828, 841, 845, 854, 864, 873, 881, 885, 891, 894, 964, 1029, 1205, 1209, 1212 f., 1317

Funktionaler Zusammenhang   1313

Funktionsverlagerung   3, 79, 884 ff., 1205

Fusions-Richtlinie   437, 454, 1497

G

Gastdozent, Gastlehrer   1090 f.,

Gebietshoheit   11, 13 f., 16 f., 199

Gebot der Nichteinmischung   11

Geltungsbereich, s. DBA

Gemeinsame konsolidierte Körperschaftsteuer-Bemessungsgrundlage – GKKB   1515 f.

Gemischte Einkünfte, s. Einkünfte

Genuine Link   933

Geschäftsführer   38, 44, 340, 712, 1002 f., 1051, 1630

Geschäftsführungskosten   744

Geschäftsleiter, ordentlicher und gewissenhafter   811, 812, 879

Geschäftsleitung   37 ff., 176, 189, 196, 223, 238, 358, 393, 397, 416, 617, 624, 686, 742, 772, 928, 935, 974, 1041 f., 1098, 1281, 1314, 1320, 1615, 1618, 1630, 1637, 1703, 1713
– Ort der tatsächlichen   358, 624, 772, 974, 1041, 1098

Geschäftsstellen   685, 688

Geschäftsvorfallbezogene Gewinnaufteilungsmethode   787, 821, 823

Gesellschaft (Begriff – DBA)   609, 611

Gesellschaft, hybride   81, 465, 1693, 1710

Gesellschafter-Fremdfinanzierung   81, 361, 1727 ff.

Gewerbliche Einkünfte, s. Einkünfte

Gewinnabgrenzungsaufzeichnungsverordnung   106, 795, 853 ff.

Gewinnermittlungsmethode, direkte   213, 227, 740 f.
– indirekte   213, 750

Gewinnverlagerung   77, 81, 743, 775, 1204, 1537

Gewöhnlicher Aufenthalt   1, 20, 34 ff. 150 f., 416, 478, 621, 1032, 1148, 1247, 1249, 1600

Grenzgänger   36, 1032 ff., 1075, 1082

Grundbesitz, s. Vermögen, unbewegliches

Grundfreiheiten   1522, 1527, 1529, 1559, 1688

Gründungstheorie   614, 929 f., 936

Gruppenanfrage   1137

H

Haftung   1474, 1681, 1684

Handelsschiffe, s. Schifffahrt

Helgoland   95

Hilfs- oder Nebentätigkeiten   675, 707, 709

Hinzurechnungsbesteuerung   81 f., 162, 305, 1277 ff., 1281 f., 1283, 1296, 1297, 1304, 1318, 1333 ff., 1338 f., 1341, 1344, 1348 f., 1375, 1396, 1717
– übertragende   1354

Hinzurechnungsbetrag   1277, 1321, 1323 ff., 1335 ff., 1346, 1350 f., 1389

Hohe See   93, 681, 1044

Homeland Taxation   1515

Hybride Finanzierungsinstrumente   380, 917

I

Identität des Abgabenpflichtigen   48, 98 ff., 432, 835

IFSC-Gesellschaften   1201

Inbound   67, 452, 813, 1701

Informationsaustausch   69, 86, 551, 578, 1117 f., 1119 ff.

Inkrafttreten (DBA)   579, 654

Inland (Begriff)   91 ff.

Inlandsvermögen   484, 488, 1234, 1240, 1735, 1737 f., 1744 f.

Interessenidentität   803, 808

Internationale Kanzlei   1628

Internationaler Gerichtshof   1115

Internationales Schachtelprivileg, s. Schachtelprivileg

Internationales Steuerrecht (Begriff)   1 ff.

Internet-Server   682

Investmentvermögen   580, 1156, 1405

Isolierende Betrachtungsweise   484, 1605 ff.

J

Journalist, s. Einkünfte

Juristische Person   22, 99, 307, 611, 613 f., 636 ff., 923, 928, 935 f., 1036, 1064, 1216, 1383

K

Kapitalanlagecharakter, s. Zwischeneinkünfte

Kapitalanlagen, Schutz von   552

Kapitaleinkünfte, s. Einkünfte

Kapitalgesellschaft (Begriff)   927 ff.

Kapitalspiegelmethode   213

Kapitalverkehrsfreiheit   236, 507, 1522, 1524, 1726

Kaskadenbesteuerung   395

Kassenstaatsprinzip   185, 1081, 1083 f., 1629

Kehrbezirk (Betriebsstätte)   674

Klein-Walsertal   95

Kohärenz-Prinzip   1529

Konsuln   33, 57, 353 ff., 1144

Konsultationsvereinbarung, Konsultationsverfahren   624, 1006, 1109 ff., 1560, 1631

Kontroll- und Koordinierungsstellen   688

Kontrollmeldeverfahren   1698

Kontrollorgan, s. Aufsichtsrat

Korrekturvorschriften   502, 668, 778, 780 ff., 816 ff., 964, 1271, 1350

Kostenaufschlagsmethode   787, 816, 819

Kostenumlage, s. Umlageverträge

Kraftfahrzeugsteuer   552, 566, 1141

Künstler, s. Einkünfte als

Kulanzauskunft   1132, 1287

Kulturaustausch   1074

Kundendienstbüro   688

Kursgewinne   210

L

Land- und Forstwirtschaft, s. Einkünfte aus

Lehrlinge   1087

Lex fori-Prinzip   570

Lizenz   155, 176, 193, 257, 308, 589, 744, 968 ff., 1146, 1152, 1687 ff.

LOB-Klausel   628

Luftfahrt   56, 552, 667, 772 ff., 1151, 1614, 1650

Luftsäule (Staatsgebiet)   94

M

Maastricht-Vertrag   1450

Malta-Modell   1319

Mehrfachansässigkeit, s. doppelte Ansässigkeit

Meistbegünstigungsklausel   1154

Methodenartikel   577, 596, 731, 925, 947

Mezzanines Kapital   918

Mindeststeuersatz   1654

Missbrauch, s. Abkommensmissbrauch

Mittelpunkt der geschäftlichen Oberleitung   37, 42, 44

Mittelpunkt der Lebensinteressen   27 f., 619 ff.

Mitwirkungspflichten   101 ff., 324, 486, 793, 838 ff., 861 ff., 1275 f., 1381 ff.

Monaco-Fall   625

Montage, Montagebetriebsstätte   316, 691 ff., 747, 750, 876, 1300, 1732

Motivtest   1314 f.

Mutter-Tochter-Richtlinie   596, 940 ff., 945, 1498, 1548, 1637, 1726

N

Nacherklärungspflicht   325

Nachlasssteuer   490

Nachträgliche Einkünfte, s. Einkünfte

Nachversteuerung   348, 764 ff., 1400

Nachweispflichten, s. Mitwirkungspflichten

Nachzahlung von Arbeitslohn   1005

Nahestehende Personen   81, 106, 381, 787, 789, 792, 794, 818 f., 830, 835, 840 f., 845, 848, 854, 859 ff., 885, 888, 899, 1000, 1205, 1207 ff., 1287, 1301 ff.

NATO-Angehörige   353 ff.

Nebenerträge 914, 1312 ff.
Nettomargenmethode 787, 821 f.
Nichteinmischung, Gebot der 11
Nichtselbständige Arbeit, s. Einkünfte aus unselbständiger Arbeit
Niederlassungsfreiheit 215, 414, 427, 432, 507, 930 f., 1280, 1521 ff., 1729
Niedrigere Besteuerung, s. Besteuerung
Notenaustausch (DBA) 563
Nutzungsberechtigter 909 f., 955, 964

O

Oasenbericht 1200
Oasenländer, s. Steueroasen
Obergesellschaft 1003, 1354, 1356, 1358 ff.
OECD 555
OECD-Musterabkommen 1963 555
OECD-Musterabkommen 1966 (Erbschaften) 558
OECD-Musterabkommen 1977 555 ff.
OECD-Musterkommentar 556
OECD Transfer Pricing Guidelines 752, 787, 887
Öffentliche Kasse, s. Kassenstaatsprinzip
Öffentlicher Dienst 1081 ff.
Organschaft 342 ff., 393, 397 ff., 400, 938
Ort der Leitung 685 ff.
Outbound 67, 813, 1701

P

Paraphierung (DBA) 563, 565
Partiarisches Darlehen 238, 912, 922
Passive Einkünfte, s. Aktive Einkünfte
Pauschalierung 64, 303 ff., 388, 473, 1349, 1661 ff.
Pauschalierungserlass 307 ff.
Payroll-Split-Modell 1030
Pension, s. Einkünfte aus öffentlichen Kassen
Per-Country-Limitation 276, 498
Person (Begriff, DBA) 608 ff.
Personalhoheit 14 ff., 19
Personengesellschaft (DBA) 630 ff.
Personengesellschaft, gewerbliche geprägte, gewerblich infizierte 640, 1708, 1711

Personenvereinigung (Begriff DBA) 609, 612
Pool 772, 865 ff., 1615
Praktikanten 1087
Preisvergleichsmethode 787, 816 ff., 881
Prinzip der Nichtbeschränkung 1527
Private Equity 920
Produktivitätsklausel, s. Aktivitätsklausel
Profit Split 787, 821, 826
Progressionsvorbehalt 60, 65, 158, 161, 312, 321, 327 ff., 330 ff., 337 f., 339 ff., 342 ff., 356 f., 367, 475, 501 ff., 583 ff., 635, 656, 731, 763, 772, 993, 1000, 1008, 1031, 1047, 1068, 1238
– negativer 73, 237, 334 ff.
Protokoll 556, 580, 922, 1136, 1158

Q

Qualifikationskonflikt 88 ff., 98, 380, 606, 1048, 1702, 1707
Qualifizierter Geschäftsbetrieb 1303
Quellenbesteuerung 18 ff., 47, 52, 81, 580, 638, 909, 913, 955, 1067, 1156
Quellensteuer, fiktive 62, 443, 465, 589 ff.
Quintett-Beteiligung 626, 942

R

Ratifikation (DBA) 563, 654
Real Estate Investment Trust, REIT 665, 975, 1296 ff., 1310, 1334, 1361
Rechtshilfe, s. Amts- und Rechtshilfe
Remittance-Base-Prinzip 595 ff.
Renten, s. Einkünfte aus
Revisionsabkommen 70, 555
Richtlinie, EU (Grundlagen) 1464, 1467
Rohrleitung 672, 674, 694, 703
Rückfallklausel 595 ff., 1631, 1700
Rückhalt im Konzern 744, 814, 830
Rückwirkung (DBA) 654, 1504, 1704, 1705
Ruhegehälter, s. Einkünfte aus
Rule shopping 629

S

Sachverhaltsdokumentation 841, 860
Schachteldividenden 923 ff.

Schätzungsrahmen 847 f.

Schiedskonvention, Schiedsrichtlinie 863, 1499, 1503 ff.

Schiedsverfahren 762, 837, 1103, 1112 ff., 1116 ff., 1546

Schifffahrt, Schiffe 56, 231 ff., 401, 667, 772 ff., 1041 f., 1614, 1650

Schriftsteller 176, 193, 988, 1667

Selbständige Arbeit, s. Einkünfte aus

Sitz 46

Sitztheorie 928 f., 933

Sondervergütung 641, 967, 1708 f.

Sonstige Einkünfte, s. Einkünfte

Souveränität 9 ff., 15, 935, 1081, 1102

Spontanauskunft 1130, 1541

Sportler, s. Einkünfte

Staatenlose 12, 1153

Staatsangehörigkeit 14, 151 f., 353, 480, 614 ff., 1039, 1146 ff., 1220, 1223, 1247, 1521, 1526

Staatsgebiet 8, 94, 643

Ständige Einrichtung, s. feste Einrichtung

Ständige Wohnstätte 619 f.

Ständiger Aufenthalt, s. gewöhnlicher Aufenthalt

Ständiger Vertreter, s. Vertreter

Steueranrechnung, s. Anrechnung

Steuerbefreiung, s. Freistellung

Steuerflucht 69, 74 f., 83, 85, 1204, 1220, 1239, 1500, 1537

Steuergefälle 1204

Steuergeheimnis, Internationales 1125

Steuerharmonisierung 58, 1487 ff.

Steueroase 86, 103, 1200

Steuerpflicht, beschränkte ErbStG 484, 1734 f.
- beschränkte EStG 20, 23, 160, 1600 ff.
- beschränkte KStG 1713 ff.
- erweitert beschränkte AStG 481, 1219 ff., 1223 ff., 1240
- erweitert unbeschränkte 151 ff.
- unbeschränkte ErbStG 477 ff.
- unbeschränkte EStG 22, 28, 34, 150 ff., 160
- unbeschränkte KStG 359
- unbeschränkte auf Antrag EStG 153 ff.
- Wechsel 160
- zeitweise unbeschränkte 343

Steuerumgehung 70, 80, 1157, 1201, 1242, 1529, 1537

Steuerwettbewerb 83

Stiller Gesellschafter 238, 912, 1703

Streubesitz 396, 909, 946, 1697, 1726

Studenten 1087 ff.

Subject-to-tax-Klausel 595 ff.

Supranationale Maßnahmen 58, 68, 1484

Switch-over-Klausel 606 ff., 1395, 1701

Symmetrie-These 334, 763

T

Tätigkeitsortsprinzip, s. Arbeitsortsprinzip

Territorialhoheit, Territorialitätsprinzip 11, 15, 16, 768, 1601, 1604

TIEA 1138

Tie-breaker-rule 618, 1031

TNMM 787, 821, 826

Tochtergesellschaft (Definition) 923

Tonnagebesteuerung 231 ff., 374

Transferpreise, s. Verrechnungspreise

Treaty Override 199, 607, 1636, 1692, 1700, 1712

Treaty Shopping 625 f., 628, 1696 f.

Trust 492, 975, 1369

U

Überdachende Erbschaftsbesteuerung 480, 507

Übersetzung 324, 486

Umlageverträge 744, 790, 864 ff., 1513

Umrechnung 209 f.

Unbewegliches Vermögen, s. Vermögen

Unselbständige Arbeit, s. Einkünfte aus

Untätigkeit, bezahlte 1003 f.

Untergesellschaft 1316, 1354 ff.

Unternehmensgewinne 584, 660, 666, 727 ff., 915, 967, 1517, 1706, 1709

Unterzeichnung (DBA) 563, 565, 653

Ursprungsprinzip 981

V

Venezuela-Fall 937

Venture Capital 919

Veräußerungsgewinne   179 ff., 196, 209, 659, 972 ff., 1251 ff., 1271, 1334 ff., 1619 ff., 1634, 1644
Verbundene Unternehmen   775 f., 779, 801 ff., 865, 1511
Verflechtung   776, 787, 803
Verlustabzug, Verlustausgleich   236 ff., 287, 334, 596, 764, 769 f., 1331, 1655 ff.
Vermietung und Verpachtung, s. Einkünfte aus
Vermögen, bewegliches   179, 973 ff., 1097
– unbewegliches   18, 179, 193, 238, 337, 656 ff., 972 ff., 1095, 1096, 1620
Vermögensbesteuerung   471 ff.
Vermögenszuwachsbesteuerung   1243 ff.
Verordnung (EU)   1464 ff.
Verrechnungspreise, Verrechnungspreisdokumentation   81, 752, 758, 775, 787 ff., 809 ff., 840 ff., 886, 900, 904, 1510 ff.
Verständigungsverfahren   91, 569, 578, 606, 837, 1006, 1101 ff., 1257, 1503 ff.
Vertreter (DBA)   709 ff.
Verwaltungskosten, allgemeine   227, 744
Verwertung   176, 184, 988, 1601, 1620, 1668 f.
Verwurzelung   680, 705
VG-DBA   561
Virtuelle Doppelbesteuerung   50, 69, 70, 593 ff.
Vollstreckung, s. Beitreibung
Vorabentscheidung   1481
Vorteilsausgleich   825
Vorzugsbesteuerung   1230, 1744

W

Währung, s. Umrechnung

Währungsverlust   209 ff., 212
Waffen   242, 308,
Wegzugsbesteuerung   215, 978, 1243 ff.
Weiße Einkünfte   71, 85, 380, 595, 1701, 1703
Welteinkommen   1, 17, 150, 203, 236, 304, 327, 359, 763, 946, 1238, 1526
Wertzuwachssteuer   1619
Wesentliche Beteiligung   803 f., 1094
Wiederverkaufsmethode   787, 793, 816, 818, 822
Wiener Übereinkommen   57, 345, 562, 1144
Wirtschaftliche Interessen   1226, 1234 f.
Wirtschaftszone   93
Wohnsitz (Begriff)   23 ff., 353 ff., 617 ff.
Wohnsitzbesteuerung   19 f., 47, 52, 1009
Wohnstätte, ständige   619 f.

Z

Zahlungsempfänger, Benennung von   204
Zinsen   227, 257, 372, 380, 658, 744, 955, 1152, 1502, 1551, 1687 ff., 1705
Zinsinformationsverordnung   1501
Zinsschranke   225, 361, 954, 1731
Zustimmungsgesetz   199, 567, 1101
Zweigniederlassung   504, 685, 687, 1724
Zwischeneinkünfte   1278, 1321 ff, 1329 ff., 1354
– mit Kapitalanlagecharakter   1291 ff., 1314
Zwischengesellschaft   1242, 1277, 1281 ff., 1291 ff., 1314, 1353 ff., 1359, 1375, 1388, 1391
Zwölf-Seemeilen-Zone   93

NWB Internationales Steuer- und Wirtschaftsrecht

Weltweit an Ihrer Seite!

Ein Muss bei grenzüberschreitenden Sachverhalten.

Von A wie Argentinien bis Z wie Zypern: IWB bietet Ihnen sichere Orientierung im Gesetzes-Dschungel und umfassende Informationen für Ihre Mandate mit Auslandsbezug. Ob Sie sich mit einem grenzüberschreitenden Erbfall in den USA beschäftigen oder Ihr Mandant unternehmerische Aktivi-täten in Frankreich plant – mit IWB erhalten Sie einen zuverlässigen und stets aktuellen Überblick über die steuerlichen und wirtschaftsrechtlichen Bedingungen in den Staaten der Welt.

▶ Optimal beraten bei internationalen Steuerfragen: Außensteuerrecht, DBA, Verrechnungspreise, Standortfragen, Investitionen im Ausland, grenzüberschreitende Umsatzsteuerfragen u.v.m.

▶ Aufzeigen und Bewertung aktueller Entwicklungen im internationalen Steuerrecht durch ausgewiesene Experten, insbesondere durch die Herausgeber
Prof. Dr. Dietmar Gosch,
RA/StB Prof. Dr. Heinz-Klaus Kroppen, LL.M.
sowie Prof. Dr. Roman Seer.

▶ Einfach und treffgenau recherchieren.

Jetzt 4 Wochen kostenlos testen!

Die perfekte Einheit:
Die IWB, gedruckt und fürs Tablet.
Inklusive NWB Datenbank für PC und Smartphone.

Hier anfordern: **www.nwb.de/go/iwb**

▶ **nwb** GUTE ANTWORT

Steuerfachkurs

Aktuelles Praxiswissen für eine erfolgreiche Prüfung.

Die bewährte Fallsammlung zum internationalen Steuerrecht.

Mit dieser bewährten Fallsammlung gehen Sie bestens vorbereitet in Klausuren und Prüfungen. Anhand von 151 praxisnahen Fällen üben und vertiefen Sie Ihr Wissen rund um das internationale Steuerrecht. Vom einfachen bis hin zum komplexen Fall auf Prüfungsniveau behandelt das Werk alle relevanten Themen wie Abgabenordnung, Einkommensteuer, Körperschaftsteuer, Erbschaftsteuer, DBA-Recht und Außensteuergesetz. Lösungen, Berechnungsbeispiele und vielfältige Verweise auf Rechtsprechung und Verwaltungsanweisungen helfen Ihnen, Sachverhalte richtig einzuordnen und die steuerrechtlichen Regelungen sicher anzuwenden.

Die Aktualität des Werkes garantiert Ihnen, dass Sie auch über neueste und bevorstehende Änderungen, wie z. B. durch das Amtshilferichtlinie-Umsetzungsgesetz, bestens informiert sind. Der Anhang enthält das OECD-Musterabkommen in deutscher Übersetzung. So schaffen Sie sich praxisnah und effizient eine hervorragende Grundlage für eine erfolgreiche Prüfung.

Aktuell, praxisnah, umfassend und bewährt!

Fallsammlung Internationales Steuerrecht
Wilke
10. Auflage. 2013. XXI, 261 Seiten. € 32,90
ISBN 978-3-482-**72420**-6
Online-Version inklusive

Bestellen Sie jetzt unter **www.nwb.de/go/shop**

Bestellungen über unseren Online-Shop:
Lieferung auf Rechnung, Bücher versandkostenfrei.

NWB versendet Bücher, Zeitschriften und Briefe CO$_2$-neutral. Mehr über unseren Beitrag zum Umweltschutz unter www.nwb.de/go/nachhaltigkeit

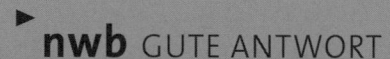

nwb GUTE ANTWORT